ASCENSÃO
—E—
queda
DO PLANEJAMENTO ESTRATÉGICO

SOBRE O AUTOR

Henry Mintzberg é Bronfman Professor of Management na McGill University e recebeu duas vezes o prestigiado Prêmio McKinsey pelo melhor artigo na *Harvard Business Review*. Membro da Royal Society of Canada – o primeiro membro eleito de uma faculdade de administração – é autor de vários livros clássicos, incluindo *Safári de Estratégia* (Bookman, 2000).

M667a   Mintzberg, Henry
                Ascensão e queda do planejamento estratégico /
           Henry Mintzberg; trad. Maria Adelaide Carpigiani – Porto
           Alegre : Bookman, 2004.

                ISBN 978-85-363-0305-5

                1. Administração – Planejamento Estratégico.
           I. Título.

                CDU 65.012.122

Catalogação na publicação: Mônica Ballejo Canto – CRB 10/1023

HENRY MINTZBERG

ASCENSÃO E queda DO PLANEJAMENTO ESTRATÉGICO

Tradução:
MARIA ADELAIDE CARPIGIANI

Consultoria, supervisão e revisão técnica desta edição:
ALZIRO RODRIGUES
Docteur ès-science de Gestion (HEC, França)
Professor da PUCRS

Reimpressão 2008

bookman®

2004

Obra originalmente publicada sob o título:
The Rise and Fall of Strategic Planning
© Prentice Hall Europe, 1994
© Pearson Education Limited, 2000

ISBN 0-273-65037-8

A tradução desta obra é resultado de acordo com
Pearson Education Limited.

Capa:
GUSTAVO MACRI

Preparação do original:
MARCOS RUBENICH

Leitura final:
LETÍCIA VASCONCELLOS ABREU

Supervisão editorial:
ARYSINHA JACQUES AFFONSO

Editoração eletrônica:
AGE – ASSESSORIA GRÁFICA E EDITORIAL LTDA.

Reservados todos os direitos de publicação, em língua portuguesa, à
ARTMED® EDITORA S.A.
(BOOKMAN® COMPANHIA EDITORA é uma divisão da ARTMED® EDITORA S.A.)
Av. Jerônimo de Ornelas, 670 - Santana
90040-340 Porto Alegre RS
Fone (51) 3027-7000 Fax (51) 3027-7070

É proibida a duplicação ou reprodução deste volume, no todo ou em parte,
sob quaisquer formas ou por quaisquer meios (eletrônico, mecânico, gravação,
fotocópia, distribuição na Web e outros), sem permissão expressa da Editora.

SÃO PAULO
Av. Angélica, 1091 - Higienópolis
01227-100 São Paulo SP
Fone (11) 3665-1100 Fax (11) 3667-1333

SAC 0800 703-3444

IMPRESSO NO BRASIL
PRINTED IN BRAZIL
Impresso sob demanda na Meta Brasil a pedido de Grupo A Educação.

*Não às nossas fantasias
– que elas, na sua maioria, caiam
tão rápido quanto se elevam –
mas às maravilhas da realidade.*

Créditos

O autor e o editor deste volume desejam agradecer as seguintes fontes de material:

De H. I. Ansoff, *Corporate Strategy* (McGraw-Hill, 1965). Excertos e diagramas usados com permissão do autor.

De H. I. Ansoff, *Implanting Strategic Management*, © 1984. Reproduzido com permissão da Prentice Hall, Englewood Cliffs, New Jersey.

Reproduzido de *The Politics of Expertise* de A. Benveniste (Glendessary Press, 1972), com permissão da South-Western Publishing Co. Copyright 1972 por South-Western Publishing Co. Todos os direitos reservados.

De Joseph L. Bower, *Managing the Resource Allocation Process: A Study of Corporate Planning and Investment*. Boston: Divisão de Pesquisa, Harvard Business School, 1970. Reproduzido como um Classic Harvard Business School Boston: Harvard Business School Press, 1986.

De *A Behavioral Theory of the Firm* de R. M. Cyert e J. G. March (Prentice Hall, 1963; edição revisada, 1992). Reproduzido com permissão de R. M. Cyert.

De *Planning in Practice: Essays in Aircraft Planning in War-Time* de E. Devons (Cambridge University Press, 1950). Reproduzido com permissão da Cambridge University Press.

Diagrama de *Strategic Management: A Stakeholder Approach* de R. E. Freeman (Pitman Publishing, 1984). Reproduzido com permissão do autor.

De "Organizing Competitor Analysis Systems" de S. Ghoshal e D. E. Westney (*Strategic Management Journal*, 1991, 12:17-31). Reproduzido com permissão.

De *Institutionalizing Innovation* de M. Jelinek, pp. 136-141. © 1979 de Marian Jelinek. Publicado em 1979 por Praeger Publishers, uma marca do Greenwood Publishing Group, Inc., Westport, CT. Reproduzido com permissão.

Reproduzido de *Long Range Planning*, vol. 21, no. 3, A. Langley, "The Roles of Formal Strategic Planning," pp. 40-50. Copyright 1988 com permissão da Pergamon Press Ltd., Headington Hill Hall, Oxford OX3 0BW, UK.

Citações reproduzidas com permissão da The Free Press, uma Divisão da Macmillan, Inc., de *Forecasting, Planning, and Strategy for the 21st Century* de Spyros G. Makridakis. Copyright © 1990 por Spyros G. Makridakis.

Figura de "A Note on Intuitive vs. Analytic Thinking" de J. T. Peters, K. R. Hammond e D. A. Summers. *Organizational Behavior and Human Performance*, 1974:12:125-131. Reproduzido com permissão da Academic Press.

De "We Are Left-Brained or Right-Brained" de Maya Pines. *The New York Times*, 9 de setembro de 1973. Copyright © 1973 de The New York Times Company. Reproduzido por permissão.

Figura reproduzida com a permissão da The Free Press, uma Divisão da Macmillan, Inc., de *Competitive Strategy: Techniques for Analyzing Industries and Competitors* de Michael E. Porter. Copyright © 1980 de The Free Press.

De *Strategies for Change: Logical Incrementalism* de J. B. Quinn (Irwin, 1980). Reproduzido com permissão do autor.

De "Strengthening the Strategic Planning Process" de J. D. C. Roach e M. G. Allen. Em K. J. Albert, ed., *The Strategic Management Handbook* (McGraw-Hill, 1983), Capítulo 7. Reproduzido com permissão da McGraw-Hill.

Figura de "How to Ensure the Continued Growth of Strategic Planning," de W. E. Rothschild. © 1980 *Journal of Business Strategy*, Faulkner & Gray Publishers, New York, NY. Reproduzido com permissão.

Figura reproduzida com a permissão da The Free Press, uma Divisão da Macmillan, Inc., de *Top Management Planning* de George A. Steiner. Copyright © 1969 de Trustees of Columbia University in the City of New York. Reproduzido também com permissão da Kaiser Aluminum.

Figura reproduzida com a permissão da The Free Press, uma Divisão da Macmillan, Inc., de *Strategic Planning: What Every Manager Must Know* de George A. Steiner. Copyright © 1979 por The Free Press.

Figura de *A Framework for Business Planning* de R. F. Stewart (Stanford Research Institute, 1963). Reproduzido com permissão do SRI International.

De "If Planning Is Everything Maybe It's Nothing" de A. Wildavsky. *Policy Sciences, 4* (Kluwer Academic Publishers, 1973). Reproduzido com permissão do autor.

De *Speaking Truth to Power: The Art and Craft of Policy Analysis* de Aaron Wildavsky (Little, Brown & Co., 1979). Reproduzido com permissão.

Agradecimentos

Sempre fico incomodado quando os autores finalizam esta seção com: apesar de toda esta maravilhosa ajuda e conselhos, tudo o que está errado é mesmo culpa minha. Devo esperar que sim! Pois na sociedade quase não existe um produto de massa tão pessoal quanto um livro. De fato, o conteúdo depende muito do trabalho e da boa vontade de outras pessoas – dos autores que vieram antes, assim como dos conselheiros que apareceram durante. Na produção, porém, o autor é totalmente dependente dos outros (e de fato pode culpá-los, embora, felizmente, eu não precise fazê-lo aqui).

Devo agradecer a algumas pessoas especiais que tentaram fazer com que me situasse corretamente no conteúdo. Eu ouvi, garanto a você, mesmo que algumas vezes discordasse ou então estivesse obstinado demais. Ann Langley leu todo o manuscrito com muito cuidado e deu muitos conselhos sensatos, alguns deles sensatos demais para pessoas como eu. Entretanto, se você achar o tom de alguns trechos da discussão um pouco agudo, imagine como estava antes de Ann fazer seus comentários! Da mesma forma, comentários úteis foram feitos por Bob Simons, que, como Ann, mesmo em meio aos estudos de doutorado, tem sido um colega muito compreensivo e incentivador.

George Sawyer não somente forneceu *feedback* útil, mas defendeu este livro desde o princípio de uma maneira que achei muito animadora, especialmente pelo seu papel ativo no campo do planejamento e no The Planning Forum em particular. Todos sentiremos a sua falta.

Segui todos os conselhos – não me atreveria a não seguir – de Kate Maguire-Devlin, que administra minha vida profissional e gerenciou a preparação deste manuscrito, assim como os de Jody Bessner e David Myles, que trataram de todos os pequenos detalhes, que às vezes se tornam um pequeno pesadelo. Sei que tudo foi desculpa para bater papo no escritório, pessoal, mas assim mesmo estou agradecido – eu também adoro isso!

Agradeço também à Prentice Hall International. É uma ironia que este seja o primeiro livro que publico exclusivamente com esta parte da empresa, apesar de ela ter apoiado minhas publicações anteriores da Prentice Hall Inc. com tanto vigor e sucesso. Agradeço especialmente a Cathy Peck e também a Bob Wallace, Celia Knight e Lisa Cuff, da Free Press, que fizeram a edição americana do livro.

A McGill continua a me apoiar maravilhosamente bem e escrevo isso no INSEAD, que é muito gentil em me deixar "passear" quando a ânsia de voltar à França me domina de novo.

Finalmente, dediquei meu primeiro livro a Susie e Lisa "que me governam" e "que sabem bem que [seu pai] escreve livros no porão e que não deve ser incomodado. Psiu . . ." Bem, mal sabiam elas que exatamente duas décadas depois, seria eu quem as estaria incomodando da França, fazendo-as descer várias vezes ao porão para desenterrar todo tipo de referências e citações obscuras, o que elas fizeram com a maior bondade. Acreditem-me, crianças, o plano não era esse.

FONTAINEBLEAU, FRANÇA
Maio de 1993

Uma nota para o leitor

Eu ficaria encantado em saber que todos leram tudo. E consternado em descobrir que ninguém leu nada. Desconfio, porém, que a maioria de vocês lerá alguma coisa. Por isso, deixe-me pelo menos tentar encorajá-lo a ler tanto quanto possível do que lhe interessa.

Este livro é composto, em sua maior parte, por capítulos longos. Sei que deveria ter dezesseis capítulos em vez de seis – todos sentimo-nos realizados ao terminar um capítulo e, assim, este livro poderia ter proporcionado muito mais realização. Ainda assim, francamente, isso não o teria tornado mais curto ou melhor, e não houve uma maneira lógica de dividi-lo de forma diferente. (Não há planejadores de trinta minutos aqui, muito menos gerentes-minuto.) Há seis temas básicos que se desenvolvem até o quinto capítulo deste livro. No sexto, consideramos as conseqüências: uma introdução aos conceitos (Capítulo 1); uma análise do que tem sido o planejamento estratégico (2); evidências sobre seu desempenho (3); dois conjuntos de críticas ao processo, um de suas "armadilhas" mais evidentes (4), o outro de suas "falácias" mais profundas (5) e, finalmente, o que os planejadores poderiam fazer a respeito de tudo isso (6).

O verdadeiro âmago da questão está no Capítulo 5, sobre as falácias. Quero crer que existam aqui vários pontos importantes, que na verdade vão bem além da prática de planejamento. E, por isso, se você se deu ao trabalho de comprar este livro, ou mesmo se o pegou emprestado, recomendo que leia este capítulo, ou quase todo ele. Algumas de suas seções poderiam ser puladas, entre elas "Previsão como mágica" e "Previsão e 'turbulência'" (na verdade, penso que ambas são bem divertidas), "Cenários em vez de previsões," "Planejamento de contingência em vez de planejamento determinista" e "Miopia da 'miopia em *marketing*'" (também engraçadas).

Entretanto, não importa o que mais você leia, por favor, não pule nem a introdução do livro nem o Capítulo 1. Não são muito longos e devem ser lidos com atenção. Caso contrário, você ficará coçando a cabeça do começo ao fim, perguntando-se o que, afinal de contas, eu quero dizer com planejamento ou com estratégia ou com escola de posicionamento, etc.

Afora isso, você pode escolher de acordo com suas próprias necessidades. O Capítulo 2 analisa a estrutura básica e os modelos do processo conhecido como planejamento estratégico, conforme descrito na literatura. Se o conhece, você pode pular ou pelo menos passar os olhos por grande parte desse capítulo. Entretanto, recomendo que leia a minúscula seção chamada "Falta um detalhe", e veja a seção seguinte chamada "Seleção das quatro hierarquias", que apresenta esses processos de uma forma diferente. Leia especialmente a introdução dessa seção e sua subseção final chamada "A 'grande divisão' do planejamento". Você pode ter interesse na seção seguinte, que apresenta "Formas de planejamento estratégico" sob essa nova perspectiva.

O Capítulo 3 examina algumas evidências sobre planejamento, seguidas pela resposta dos planejadores às mesmas. As "Evidências de levantamentos sobre 'O planejamento compensa?'" concluem que nem sempre. Pode ser interessante se quiser saber como os acadêmicos podem se enrolar. As "Evidências anedóticas" são breves e divertidas de ler, mas até lá você saberá o que tenho em mente. As "Algumas evidências mais profundas" são simplesmente isso e devem ser de maior interesse, especialmente "Algumas evidências sobre a orçamentação de capital," as quais, imagino, contêm pontos importantes. A última seção, sobre "As respostas dos planejadores às evidências," mostra como algumas delas podem ser tão ruins quanto acadêmicas. (Veja especialmente as subseções chamadas "Política planejada: análise dos *stakeholders*" e "Calcular a cultura.") A maior parte deste material é leve e fácil de ler (a não ser que, claro, você seja o alvo). Foi preciso incluir a subseção "As elaborações de Ansoff", e ela é necessariamente longa, mas pode ser de interesse especial para leitores que conhecem bem o trabalho desse importante autor.

O Capítulo 4 reformula as "armadilhas" clássicas do planejamento. (Você terá de ler a última seção do Capítulo 3 sobre as "Armadilhas: 'eles, não nós'" para entender isso.) Ele mostra como alguns dos argumentos favoritos dos planejadores podem ser virados ao contrário para demonstrar como o planejamento pode desencorajar o comprometimento, impedir mudanças importantes e encorajar a política. Mesmo se tudo isso fosse pulado, o Capítulo 5 ainda faria sentido, mas penso que existem aqui vários pontos dignos de consideração atenta. Esse capítulo é uma amostra dos problemas com planejamento, portanto sinta-se à vontade para escolher o que quiser. As subseções de que mais gosto incluem "Comprometimento no alto escalão" e "Comprometimento mais abaixo", "Comprometimento *versus* cálculos", "Planejamento flexível: querer as coisas de ambas as maneiras," "Os vieses da objetividade", "Obsessão pelo controle", "Nossa era é turbulenta, Chicken Little" (não pule essa!) e "Ilusão de controle?".

O Capítulo 6 é escrito especialmente para planejadores e para as pessoas que trabalham intimamente com eles. Ele apresenta uma espécie de modelo reformulado dos papéis de planejamento, planos e planejadores, resumidos na seção curta (no meio do capítulo) chamada "Um plano para planejadores". Eu também recomendaria ler a breve seção que a segue, chamada "Um planejador para cada lado do cérebro". Afora isso, a seção introdutória, "Reunir análise e intuição", é curta e apresenta o que vem depois. A discussão dos vários papéis, bem detalhada, será de maior interesse para profissionais e pode ser objeto de uma leitura dinâmica (com a ajuda dos vários diagramas). A subseção sobre "Controle estratégico" apresenta uma perspectiva diferente deste processo, enquanto o "Primeiro papel dos planejadores: descobridores de estratégias" que foi proposto é incomum. Penso que a discussão do "Terceiro papel dos planejadores: catalisadores" seja digna de nota, pois seu tom é um pouco diferente da discussão habitual sobre esse assunto. Também penso que as subseções aqui sobre o "Papel da formalização" e "Limites da formalização" são de especial importância. Na última seção, sobre "Planejadores no contexto", leia a breve introdução "Formas de organização" e, então, escolha seu(s) próprio(s) contexto(s) para ler de acordo com ele(s).

Acima de tudo, não planeje excessivamente. Simplesmente leia!

Sumário

1 Planejamento e estratégia 21
Afinal, o que é planejamento? 21
Por que planejar (segundo os planejadores)? 28
O argumento de Jelinek para planejamento 32
E o que é estratégia? 34
Planejadores, planos e planejamento 39
Um plano para este livro 41

2 Modelos do processo de planejamento estratégico 43
O modelo básico de planejamento 43
O modelo essencial da "escola do *design*" 43
Premissas da escola do *design* 45
Premissas da literatura de planejamento 46
O modelo inicial de Ansoff 49
O modelo da corrente principal de Steiner 51
Decomposição do modelo básico 54
O estágio de definição de objetivos 57
O estágio de auditoria externa 58
O estágio de auditoria interna 59
O estágio de avaliação da estratégia 60
O estágio de operacionalização da estratégia 62
Programação de todo o processo 65
Falta um detalhe 67
Seleção das quatro hierarquias: objetivos, orçamentos, estratégias, programas 68
Hierarquia de objetivos 71
Hierarquia de orçamentos 72
Hierarquia de estratégias 74
Hierarquia de programas 75
A "grande divisão" do planejamento 76
Formas de planejamento estratégico 79
Planejamento estratégico convencional 79
"Planejamento estratégico" como jogo de números 81
Orçamentação de capital como controle *ad hoc* 83

3 Evidências em planejamento 87
Evidências de levantamentos sobre "O planejamento compensa?" 87
Evidências anedóticas 91
   A experiência FIFO da General Electric 94
Algumas evidências mais profundas 97
   O estudo de Sarrazin sobre planejamento exemplar 97
   O estudo de Gomer sobre o planejamento na crise 99
   As descobertas de Quinn sobre planejamento sob "incrementalismo lógico" 99
   A pesquisa da McGill sobre "rastreamento de estratégias" 101
   O estudo de Koch da "fachada" do planejamento do governo francês 105
   Algumas evidências sobre a experiência SPPO 106
   Algumas evidências sobre a orçamentação de capital 110
   Conclusão da evidência mais profunda 118
As respostas dos planejadores às evidências 120
   Fé: "Não há problema" 120
   Salvação: "O que importa é o processo" 122
   Elaboração: "É só esperar" 123
   Reversão: "De volta ao básico" 132
   Armadilhas: "Eles, não nós" 133

4 Algumas verdadeiras armadilhas do planejamento 138
Planejamento e comprometimento 138
   Comprometimento no alto escalão 139
   Comprometimento mais abaixo 141
   Planejamento "descentralizado" 142
   Planejamento e liberdade 143
   Compromento *versus* cálculo 146
Planejamento e mudança 148
   A inflexibilidade dos planos 148
   A inflexibilidade do planejamento 149
   Mudança planejada como incremental 150
   Mudança planejada como genérica 153
   Mudança planejada como curto prazo 154
   Planejamento flexível: querer as coisas de ambas as maneiras 155
Planejamento e política 159
   Os vieses da objetividade 159
   As metas implícitas no planejamento 162
   A política do planejamento 165
   Política acima do planejamento 168
Planejamento e controle 169
   Obsessão pelo controle 169
   "Nossa era é turbulenta, Chicken Little" 171
   Visão estratégica e aprendizado estratégico 175
   Ilusão de controle? 176
   Planejamento como relações públicas 179

5 Falácias fundamentais do planejamento estratégico 183
Algumas suposições básicas por trás do planejamento estratégico 183
   A mensagem de Taylor que faltou 186

A falácia da predeterminação 187
    O desempenho da previsão 188
    A previsão de descontinuidades 190
    Previsão como mágica 193
    Previsão como extrapolação 193
    Previsão e "turbulência" 194
    A dinâmica da formação de estratégia 196
    Previsão como controle (e planejamento como decreto) 200
    Cenários em vez de previsões 202
    Planejamento de contingência em vez de planejamento determinista 205

A falácia do desligamento 207
    Ver a floresta e as árvores 208
    O baixo ventre vulnerável dos dados factuais 210
    O desligamento dos planejadores da formulação de estratégia 216
    O desligamento de gerentes que dependem do planejamento na formulação de estratégia 219
    Aprendizado sobre forças e fraquezas 223
    Miopia da "miopia em *marketing*" 226
    Ligar a formulação à implementação 227
    União entre pensamento e ação 233

A falácia da formalização 236
    O fracasso da formalização 236
    Afinal, alguém já tentou a formalização? 238
    A natureza analítica do planejamento 239
    Intuição reconhecida 243
    Os hemisférios têm mentes próprias? 244
    A visão analítica de intuição de Simon 247
    Transformar rapidamente intuição em análise 249
    Planejamento à esquerda e administração à direita 251
    A imagem da administração 254
    A grande falácia 256

6 Planejamento, planos, planejadores 257
Reunir análise e intuição 257
    O dilema do planejamento 257
    Comparação entre análise e intuição 258
    Análise e intuição na formação de estratégia 261
    Uma estratégia para planejar 262
    Análise "flexível" 263

Papel do planejamento: programação estratégica 264
    Etapa 1: Codificação da estratégia 267
    Etapa 2: Elaboração da estratégia 269
    Etapa 3: Converter a estratégia elaborada 270
    Condições de programação estratégica 271

Primeiro papel dos planos: meios de comunicação 278
Segundo papel dos planos: instrumentos de controle 280
    Controle estratégico 282

Primeiro papel dos planejadores: descobridores de estratégia 285
    A lógica em ação 286

A busca desesperada de estratégias 287
Planejadores não-convencionais 289
Segundo papel dos planejadores: analistas 290
Análise estratégica para administradores 291
Análise estratégica externa 294
Análise estratégica interna e o papel da simulação 296
Exame minucioso de estratégias 298
Terceiro papel dos planejadores: catalisadores 300
Abrir o pensamento estratégico 300
Papel da formalização 302
Limites da formalização 304
O controle interativo de Simons 305
Desempenhar o papel de catalisador 306
O planejador como estrategista 308
Um plano para planejadores 308
Um planejador para cada lado do cérebro 310
Planejadores no contexto 312
Formas de organização 312
Programação estratégica na organização máquina 313
Planejadores destros e canhotos na organização máquina 315
Programação estratégica sob outras condições 316
Análise estratégica na organização profissional 318
Planejamento e análise na organização *adhocracia* 321
Papéis mínimos na organização empreendedora 322
Controle de desempenho na organização diversificada 323
Planejamento sujeito a política e cultura 323
Planejamento em culturas diferentes 325

Referências 327

Índice 348

Introdução:
a "escola do planejamento" no contexto

> "Eu estava em uma cama quente e, de repente, sou parte de um plano."
>
> Woody Allen em *Neblina e Sombras*

Este é um livro da história de tipos do chamado planejamento estratégico. Através de sua literatura, traçamos a história desse conceito, de suas origens por volta de 1965 até sua ascensão à notoriedade e queda subseqüente. Fazendo isso, procuramos aprender sobre o planejamento, a estratégia e a relação entre os dois. Também procuramos entender, de forma mais minuciosa, como a literatura de administração pode, às vezes, perder o controle; de forma mais ampla, qual é o lugar apropriado para análise nas organizações; e de forma mais prática, os papéis que podem ser desempenhados nas organizações de hoje por planejadores e planos, assim como pelo planejamento. A história da ascensão e queda do planejamento estratégico, em outras palavras, ensina não apenas a técnica formal, mas também como as organizações funcionam e como os gestores estão ou não estão à altura desse funcionamento; também como nós, seres humanos, pensamos e, às vezes, paramos de pensar.

Este livro começou como parte de um trabalho maior. Em 1968, decidi escrever um texto chamado *The Theory of Management Policy*, reunindo a literatura baseada em pesquisa que ajuda a descrever os processos da administração geral. Seriam capítulos sobre gestão empresarial, estrutura organizacional e poder na organização, entre outros, bem como um capítulo sobre o processo de formação da estratégia. Mas depois que cada um desses três primeiros capítulos tornou-se um livro diferente (Mintzberg, 1973, 1979a, 1983), era justo que o capítulo restante também constituísse um livro. Entretanto, isso não aconteceu. Em linhas gerais, ele se mostrou longo demais para um livro e, por isso, foi dividido em dois volumes, o primeiro chamado *Strategy Formation: Schools of Thought*, e o outro, *Strategy Formation: Toward a General Theory*. O primeiro volume foi bem até eu escrever o terceiro capítulo, sobre a "escola do planejamento". Esse também ficou muito longo. Assim surgiu publicação: um livro dentro de um livro dentro de um livro dentro de um livro.

Colocar este livro em seu contexto pode ajudar a explicar seu foco específico, que alguns leitores podem achar estreito, especialmente quanto à visão de planejamento. Mas embora realmente restrinja os limites do planejamento, faço-o porque acredito que a definição estreita que atribuo ao processo é apropriada. Um dos problemas, como veremos, é a relutância dos proponentes do planejamento em limitar de alguma forma o conceito. Na verdade, em outros aspectos, este livro tenta ser bastante amplo, ao tratar, por tentativas, a questão mais importante: o lugar certo da análise, não somente nas nossas organizações, mas também em nossa composição cognitiva como seres humanos. Confundir análise com "racionalidade" – chamando-a de "sistemática," "objetiva," "lógica" e outras coisas boas – estreitou nossa visão do mundo, às vezes com conseqüências desastrosas. A estreiteza pela qual prefiro ser acusado está em tentar levar os processos analíticos que menosprezam nossa capacidade de síntese de volta para o lado da cognição humana (o hemisfério esquerdo do cérebro?), onde é seu lugar.

Vale a pena falar um pouco sobre as dez escolas de pensamento de formação de estratégia antes de começarmos (ver Tabela 1, também Mintzberg, 1990b). Três são prescritivas, buscando explicar as maneiras "corretas" de se ocupar com a elaboração da estratégia. A primeira eu chamo de "escola do *design*", que considera a formulação de estratégia como um processo informal de concepção, normalmente na mente consciente de um líder. O modelo da escola do *design*, às vezes chamado SWOT (para comparar forças [*Strengths*] e fraquezas [*Weaknesses*] internas com oportunidades [*Opportunities*] e ameaças [*Threats*] externas), também embasa a segunda, que chamo de "escola do planejamento" e que acata as premissas da anterior, exceto duas (a serem discutidas no Capítulo 1): que o processo deve ser informal e o executivo-chefe, o ator principal. Essas diferenças podem parecer sutis, mas veremos que são fundamentais. A terceira, que chamo de "escola do posicionamento", enfoca mais o conteúdo das estratégias (diferenciação, diversificação, etc.) do que os processos prescritos para fazê-las (que, em geral, se supõe implicitamente que sejam os da escola do planejamento). Em outras palavras, a escola do posicionamento simplesmente extrapola as mensagens da escola do planejamento para o domínio do conteúdo da estratégia real. Como pouparei meus comentários sobre essa escola para um volume posterior, peço ao leitor que por favor perdoe a escassez de referências aqui aos rapazes do Boston Consulting Group (BCG), às homilias da PIMS sobre participação de mercado, etc., e às idéias mais substantivas de Michael Porter. Chegarei a eles no devido tempo.

Neste momento não escreverei muito sobre as outras sete escolas de formação de estratégia, escolas mais *des*critivas que *pres*critivas por natureza, porque isso poderia revelar um tema que fundamenta as conclusões deste livro (que é – não leia – que deve haver outras maneiras além do planejamento para formular estratégia). Vou apenas mencioná-las: a "escola cognitiva" considera o que acontece em uma cabeça humana que tenta lidar com a estratégia; a "escola empreendedora" descreve a elaboração de estratégia como o processo visionário de um líder forte; a "escola do aprendizado" acha que a estratégia surge em um processo de aprendizado coletivo; a "escola política" enfoca o conflito e a utilização do poder no processo; a "escola cultural" considera a dimensão coletiva e cooperativa do processo; a "escola ambiental" vê a formulação de estratégia como uma resposta passiva às forças externas; e a "escola de configuração" procura colocar todas as outras escolas nos contextos de episódios específicos no processo. Este livro fará referência a algumas dessas escolas de vez em quando. Também referir-se-á ocasionalmente a seus conceitos de cultura e política, entre outros, e em especial fará comparações propositais entre formulação de estratégia como um processo de planejamento e um processo de visão e especialmente de aprendizado. Nesta história de ascensão e queda do processo conhecido como planejamento

TABELA 1 Escolas de pensamento na formação da estratégia (Mintzberg, 1990b)

Escola	Visão do Processo
Design	Conceitual
Planejamento	Formal
Posicionamento	Analítica
Cognitiva	Mental
Empreendedora	Visionária
Aprendizado	Emergente
Política	Poder
Cultural	Ideológica
Ambiental	Passiva
Configuração	Episódica

estratégico, contada por meio de sua literatura, procuramos as lições que podem ser tiradas dessas experiências.

Agora, talvez seja o momento certo para publicar um livro assim. Ele poderia ter sido rejeitado antes de 1973, quando planejar era perfeito e depois disso submergiu na onda de antiplanejamento que continuou por uma década ou mais. Depois da surra que o planejamento levou, talvez agora as pessoas estejam mais inclinadas a considerá-lo de maneira razoável, nem como uma panacéia, nem como um inferno, mas como um processo que apresenta um benefício específico em contextos específicos. Em outras palavras, creio que agora estamos prontos para retirar o bebê planejamento de todo esse banho de planejamento estratégico. Detonar todos os planejadores em grandes banhos de sangue não faz mais sentido do que esperar que seus sistemas formulem estratégia para todos os demais. Está na hora de determinar um conjunto de papéis equilibrados para planejamento, planos e planejadores em organizações.

Um último ponto: um certo tom de cinismo permeia grande parte deste livro. Talvez o leitor o releve ao ter em mente que deve ver apenas o resultado do meu trabalho. Eu, por minha vez, tive de ler uma grande quantidade de uma literatura terrivelmente banal. No meio disso, ouvi uma notícia na rádio canadense sobre a abertura de uma nova mina da qual os proprietários esperavam extrair cerca de 23,5 g de ouro de cada tonelada de minério. Minha reação imediata foi: se eu conseguisse me sair tão bem com este livro! Mas de fato, encontrei um pouco de ouro, que me permitiu terminar esta obra com uma nota positiva. Na verdade, existem maneiras de combinar as habilidades e inclinações dos planejadores com a autoridade e flexibilidade dos gerentes para garantir um processo de formulação de estratégia informado, integrativo e responsivo às mudanças no ambiente de uma organização.

Planejamento e estratégia | 1

Qual é a relação entre planejamento e estratégia? A formulação de estratégias é um processo de planejamento, como os proponentes do planejamento têm insistido com tanta veemência? Ou, no outro extremo, o planejamento estratégico é apenas um outro oximoro, como conservador progressista ou camarão gigante (ou engenheiro civil?). Em outras palavras, a estratégia deve ser sempre planejada, nunca deve ser planejada, ou deve ser planejada ocasionalmente? Ou deve se relacionar com o planejamento de alguma outra forma?

Quase tudo o que foi escrito sobre planejamento ou estratégia fornece respostas respeitáveis a essas perguntas. Este livro procura fazer o mesmo. Começamos este capítulo tratando de algumas outras perguntas básicas. Primeiro perguntamos: "Afinal, o que é planejamento?". Depois de considerar diversas respostas bem conhecidas, nós as reduzimos a uma definição própria. Em seguida, perguntamos "Por que planejar?" e damos as respostas de acordo com os planejadores. (Nossas respostas vêm depois). Finalmente, perguntamos "E o que é estratégia?" e respondemos de maneira oposta ao planejamento, insistindo na necessidade de várias definições. Então, depois de considerarmos brevemente planejamento, planos e planejadores, concluímos este capítulo de abertura com o plano para o resto do livro.

AFINAL, O QUE É PLANEJAMENTO?

Esta pode parecer uma pergunta estranha a se fazer no fim do século 20, tendo em vista a longa popularidade do planejamento, especialmente (ironicamente) na América Corporativa e na Europa Comunista. Em grande parte um exercício orçamentário na América dos anos 1950, ele começou a se difundir com rapidez, tendo se instalado firmemente na maioria das corporações de grande porte em meados de 1960 (Gilmore, 1970:16; Chamberlain: 1968:151). Naquela época, a noção de planejamento estratégico entrou em ação, para em dez anos se tornar uma obsessão virtual entre as corporações norte-americanas (e no governo norte-americano, na forma do Sistema de Planejamento-Programação-Orçamentação, ou SPPO).

Na verdade, entretanto, o conceito data de muito antes. Há até uma referência a um "diretor de Planejamento Estratégico" em *The Art of War** (1971:146) de

---

* N. de R.: *A arte da guerra.*

Sun Tzu, originalmente escrito há cerca de 2.400 anos (embora um de meus alunos chineses considere esse título uma tradução livre demais do idioma chinês). Mas não há dúvida sobre a tradução da obra de Henri Fayol. Escrevendo suas experiências como executivo-chefe de uma mineradora francesa, ele registrou a existência de "previsões para dez anos . . . revisadas a cada cinco anos" (1949:47). Apesar de toda essa atenção, a pergunta "Afinal, o que é planejamento?" nunca foi respondida corretamente – na verdade, poucas vezes foi levada a sério – na própria literatura de planejamento.

Em 1967, no que continua sendo um dos poucos artigos cuidadosamente racionais sobre o assunto, Loasby escreveu que "a palavra 'planejamento' é normalmente usada com tantos e tão variados sentidos que está correndo o risco de degenerar em um ruído emotivo" (1967:300). Quase ao mesmo tempo, uma das reuniões mais marcantes entre os envolvidos em planejamento foi realizada em Bellagio, Itália, (Jantsch, 1969) com o patrocínio da OECD. A "reflexão" de Jay Forrester sobre a conferência incluiu o comentário de que "os esforços para definir os termos [planejamento e previsões de longo prazo] fracassaram" (1969a:503). Desde então, têm fracassado.

Aaron Wildavsky, cientista político conhecido por suas críticas ao planejamento, concluiu que, ao tentar ser tudo, o planejamento se tornava nada:

> O planejamento se projeta em tantas direções que o planejador não consegue mais discernir sua forma. Ele pode ser economista, cientista político, sociólogo, arquiteto ou cientista. Mesmo assim, a essência de sua vocação – planejamento – lhe escapa. Ele a encontra em toda parte e em nenhum lugar específico. Por que o planejamento é tão ilusório? (1973:127)

O "planejamento" pode ser tão ilusório porque seus proponentes estão mais preocupados em promover ideais vagos do que em conseguir posições viáveis, mais preocupados com o que o planejamento poderia ser do que com o que ele se tornou de fato. Por isso, falta ao planejamento uma definição clara de seu próprio lugar nas organizações e no estado. Contudo, nossa opinião é que o planejamento construiu um núcleo viável para si por meio de seus próprios sucessos e fracassos. A necessidade, portanto, não é criar um lugar para o planejamento, mas apenas reconhecer o lugar que ele já ocupa.

Este livro tenta descrever esse lugar quanto à estratégia – de fato desenvolver uma definição *operacional* de planejamento no contexto de elaboração de estratégia. Entretanto, não começamos com a suposição de que o planejamento seja alguma coisa que as pessoas denominadas planejadores façam por acaso, ou de que seja qualquer processo que gere planos formais. As pessoas denominadas planejadores podem, às vezes, fazer coisas estranhas, da mesma forma que as estratégias podem, às vezes, resultar de processos estranhos. Precisamos delinear a palavra cuidadosamente se não quisermos que ela seja suprimida da literatura administrativa como irremediavelmente contaminada. Começamos aqui a considerar as definições *formais* de planejamento; o restante deste livro trata da definição operacional.

Para algumas pessoas, **(1) planejamento é pensar no futuro**, simplesmente levar o futuro em consideração. "Planejamento denota pensar no futuro", escreveu Bolan (1974:15). Ou, nas palavras mais poéticas de Sawyer, "Planejamento é ação traçada antecipadamente" (1983:1).

O problema dessa definição é que ela não pode ser limitada. Que atividade organizacional, seja de curto prazo ou reativa, não considera o futuro? Newman reconheceu o problema em 1951, quando citou Dennison em que "Quase todo trabalho, para ser realizado sob qualquer condição, deve ser planejado, pelo menos informalmente e alguns minutos antes" (1951:56). Por essa definição, o planejamento inclui tanto pedir um sanduíche para o almoço quanto criar uma divisão para inundar o mercado de sanduíches. Na realidade, Fayol entendeu essa amplitude do termo em 1916, quando escreveu que:

> A máxima "administrar significa olhar à frente" dá uma idéia da importância dada ao planejamento no mundo dos negócios, e é verdade que, se previsão não é a totalidade da administração, no mínimo constitui uma parte essencial dela. (1949:43, publicado em francês em 1916)

Entretanto, se isso é verdade – se, como Dror colocou com menos rodeios, "planejamento, em uma palavra, é administração" (1971:105) – por que dar-se ao incômodo de usar a palavra "planejamento" quando "administração" funciona tão bem?

Para outros, **(2) planejamento é controlar o futuro**, não apenas pensar nele, mas agir sobre ele, ou como Weick (1979) gosta de dizer, sancioná-lo. "Planejamento é o projeto de um futuro desejado e de maneiras efetivas de realizá-lo", escreveu Ackoff (1970:1). Outros expressaram o mesmo pensamento quando definiram o objetivo do planejamento como "criar mudança controlada no ambiente" (Ozbekhan, 1969:152), ou, mais incisivamente, "o projeto de sistemas sociais" (Forrester, 1969b:237). Quanto a isso, John Kenneth Galbraith afirmou em seu livro, *The New Industrial State*, que a empresa de grande porte se engaja em planejamento para "substituir o mercado," para "exercer controle sobre o que é vendido . . . [e] o que é fornecido" (1967:24).

No entanto, essa segunda definição de planejamento, realmente o outro lado da moeda em relação à primeira, padece do mesmo problema de amplitude excessiva. Ao se associar planejamento com livre-arbítrio, ele se torna novamente sinônimo de usos populares da palavra administração e então perde o significado distintivo.

> Como praticamente todas as ações com conseqüências futuras são ações planejadas, o planejamento é tudo, e mal se pode dizer que existe a falta de planejamento. A falta de planejamento só existe quando as pessoas não têm objetivos, quando suas ações são aleatórias e não dirigidas para metas. Se todos planejam (bem, quase todos) não é possível distinguir ações planejadas de não-planejadas. (Wildavsky, 1973:130)

Um autor presta aqui uma ajuda conceitual.[1] Distinguindo-se o passado do futuro, atos de eventos e certo de incerto, são construídos oito casos possíveis:

1. ato-passado-certo;
2. ato-futuro-certo;
3. ato-passado-incerto;
4. ato-futuro-incerto;
5. evento-passado-certo;
6. evento-futuro-certo;
7. evento-passado-incerto;
8. evento-futuro-incerto (188-189).

---

1. Referência perdida inexplicavelmente; minhas desculpas ao autor.

Essa abordagem é usada para esclarecer palavras como "plano", "previsão" e "estimativa", e podemos usá-la aqui para ajudar a posicionar o planejamento. As duas primeiras definições da lista parecem colocar o planejamento nos casos 2 e 4 – como agir no futuro, seja certo ou incerto, ou como torná-lo certo sancionando-o. Qualquer coisa relacionada com eventos – coisas que "simplesmente acontecem" – está fora do domínio do planejamento: "usar a palavra 'planejamento' para assuntos fora do controle do planejador é absurdo," embora isso possa fazer parte da "previsão" (189). Assim, o planejamento está excluído, por exemplo, dos casos 5 e 8, o passado conhecido e o futuro incerto, incontrolável, embora o autor observasse a freqüência com que as previsões do caso 8 são "apresentadas como se fossem planos"(189). Alternativamente, "são formuladas 'estimativas' que, examinadas, demonstram ser planos"(190). Quanto ao passado (p.ex., caso 1), o planejamento dificilmente teria um papel a desempenhar aqui, embora, como veremos perto do final deste livro, os próprios planejadores possam desempenhar papéis, visto que estudos do comportamento passado podem influenciar eventos futuros (casos 2 e 4).

Não obstante, precisamos de uma definição de planejamento que não nos diga *que* temos de pensar no futuro, nem mesmo que devemos tentar controlá-lo, mas *como* fazê-lo. Em outras palavras, o planejamento deve ser definido pelo *processo* que representa. A esse respeito, vários escritores têm proposto, às vezes inadvertidamente, que **(3) planejamento é tomada de decisão**. Em 1949, Goetz definiu o planejamento como "fundamentalmente optar" (em Steiner, 1979:346) e, em 1958, Koontz o definiu como "a determinação consciente de medidas destinadas a cumprir objetivos. Planejar é, portanto, decidir"(1958:48). Igualmente, Snyder e Glueck, sem rotulá-lo de tomada de decisão, definiram o planejamento como "as atividades que estão interessadas especificamente em determinar quais ações e/ou recursos humanos e materiais são necessários para atingir uma meta. Incluem identificar alternativas, analisar cada uma e selecionar as melhores" (1980:73). Da mesma forma, em parte da literatura do setor público (o chamado planejamento público), o termo planejamento tem sido usado praticamente como um sinônimo de tomada de decisão e gerenciamento de projeto (veja, como exemplo, os vários escritos de Nutt [p.ex., 1983, 1984]). Outros tentaram nuançar essa definição: Drucker, por exemplo, que discute o "futuro de decisões presentes" (1959:239) e Ozbekhan, que descreve o "processo de decisão dirigido para o futuro"(1969:151).

Entretanto, a menos que se possa pensar em um processo de decisão que não seja dirigido para o futuro, essas nuanças ajudam pouco.[1] Supondo que decisão significa comprometimento com a ação (veja Mintzberg, Raisinghani e Théorêt, 1976), toda decisão considera o futuro por meio de uma promessa de agir, seja ela para comercializar um produto em dez anos ou despachá-lo um em dez minutos. Rice reconheceu isso quando afirmou que "todas as decisões são tomadas com premeditação," que todo tomador de decisões tem "uma razão para tomar sua decisão," que corresponde a um "plano" (1983:60).[2]

---

[1] Como as de Dror, que descreveu o planejamento como "um meio de melhorar as decisões" (1971:105), e de Ansoff e Brandenburg, que o caracterizaram como "um processo de fixar diretrizes formais e restrições para o comportamento da empresa"(1967:B220).

[2] Rice, porém, foi adiante, como os outros citados acima, e equiparou o planejamento à tomada de decisão. "Observando a existência de decisões estratégicas, é possível deduzir que o planejamento estratégico ocorreu de fato, embora possa não ter sido extensivo, formalizado ou preciso" (1983:60).

Assim, essa terceira definição se restringe à primeira e, como o comprometimento é um ato de livre-arbítrio, também à segunda. Portanto, o planejamento se torna novamente sinônimo de tudo o que os administradores fazem, "parte do processo intelectual que o fazedor de políticas utiliza para chegar a sua decisão," mesmo se "informal, desestruturado" (Cooper, 1975:229). Na verdade, para justificar que os administradores realmente planejam, Snyder e Glueck usaram o exemplo de um supervisor escolar que lida com os esforços de um conselheiro para perturbar as reuniões do conselho e desacreditá-lo. No entanto, se o planejamento é reagir a tais pressões a curto prazo, então o que não é planejamento? Realmente, esses autores citaram George (1972), em que:

> *Planejamento*, claro, não é um ato isolado, reconhecível . . . Todo ato administrativo, mental ou físico está inexoravelmente entrelaçado com o planejamento. É tanto parte de todo ato administrativo, como respirar o é para a vida humana. (1980:75, em itálico no original)

No entanto, se isso é verdade, por que descrever o que as organizações fazem mais como planejamento, do que descrever o que as pessoas fazem como respirar? Em outras palavras, quem precisa do rótulo de planejamento quando tomada de decisões ou até administração serve? Como observou Sayles, planejamento (presumivelmente, a partir de qualquer dessas definições iniciais) e tomada de decisões "estão indissoluvelmente amarrados à base do modelo de interação [do administrador] e é uma abstração falsa separá-los" (1964:2087).[3]

Portanto, vamos começar a considerar definições mais limitadas de planejamento como um processo. **(4) Planejamento é tomada de decisão integrada**. Para Schwendiman, é uma "estrutura de decisão integrada" (1973:32). Para van Gunsteren, "quer dizer combinar atividades contínuas em um todo significativo" (1976:2): Planejamento implica se organizar um pouco mais . . . Significa fazer um compromisso viável em torno do qual os modos de agir já disponíveis se organizam" (2-3).

A última definição pode parecer próxima da anterior. Mas como ela não está tão preocupada com a tomada de decisões quanto com a tentativa consciente de integrar decisões diferentes, é fundamentalmente diferente e começa a identificar um posicionamento para o planejamento. Considere as palavras de Ackoff:

> É necessário planejamento quando a condição futura que desejamos envolve um conjunto de decisões interdependentes; isto é, um sistema de decisões . . . (em que) a principal complexidade do planejamento deriva da inter-relação das decisões em vez das decisões em si . . . (1970:23)

---

[3] A confusão entre planejamento e tomada de decisões corresponde à confusão de planos e decisões. Aos oito anos, minha filha Susie disse: "Tenho um plano. Toda noite, sempre que tiver tempo, cortarei o gelo da janela e levarei embora." (O telhado estava vazando. Como muitos planos, por acaso, esse tinha mais intenções que ações.) O que ela queria dizer? Um ano depois, perguntada sobre o que era um plano, ela disse, "Um plano é quando você apronta alguma coisa." Sua irmã Lisa, de sete anos, foi mais clara: "Um plano é algo que você vai fazer." Em outras palavras, é um comprometimento com ação – uma decisão. (Susie e Lisa estavam apenas refletindo um sentimento comum, que espero que não tivessem aprendido com seu pai!)

Essa visão de planejamento nos conduz finalmente à esfera da elaboração da estratégia, pois esse processo também trata das inter-relações entre as decisões (importantes) em uma organização. Entretanto, como isso normalmente deve acontecer com o tempo, tal coordenação entre as decisões é dificultada. Ainda assim, o planejamento como tomada de decisão integrada impõe uma condição particularmente rigorosa: que as decisões em questão venham em lotes – sejam de tempos em tempos integradas em um único processo, firmemente ligado, para que todas elas possam ser tomadas (ou pelo menos aprovadas) na mesma hora. Como Ozbekhan observou sobre o resultado, "plano se refere a uma restrição à ação organizada hierarquicamente integradora em que vários tipos de decisões são ordenados de modo funcional" (1969:153).

É essa condição que pode ajudar a explicar por que o planejamento às vezes é tratado como sinônimo de tomada de decisão. Se for preciso agrupar decisões diferentes, elas podem chegar a se parecer com uma decisão única. Daí os escritores de planejamento confundirem tomada de decisão com formulação de estratégia, supondo que a última envolva necessariamente a seleção de um único modo de agir – a escolha de uma estratégia integrada em um determinado momento. Na verdade, Normann fez esta consideração sobre os conhecidos escritos de Igor Ansoff sobre planejamento:

> Ansoff vê a seleção de estratégia e a formulação de política sobretudo como um processo de decisão: primeiro, são fixadas metas, após o que (usando uma série de técnicas analíticas) são desenvolvidas alternativas e (ainda usando técnicas analíticas) é feita uma escolha entre elas, talvez após alguns ajustes nas metas originais. (1977:8-9)

Ainda assim, como veremos, pelo fato de existirem outras maneiras de elaborar estratégia, em particular dinamicamente *com* o tempo, o processo de integrar decisões em um determinado momento torna-se não a elaboração de estratégia, mas simplesmente o *método de planejamento* para elaboração de estratégia, a situação a que restringe a *si mesmo*. Dessa forma, sua posição fica mais clara, mas ainda não o suficiente. Líderes visionários também integram decisões, em seus casos informalmente, ou, se preferir, intuitivamente. No entanto, incluir seu comportamento no rótulo de planejamento pareceria, de novo, ampliá-lo além do uso razoável (e corrente). (Na verdade, como veremos, alguns dos escritores mais influentes nesse campo opõem o processo de planejamento *à* intuição gerencial.) Assim, é preciso algo mais para identificar o planejamento.

Esse algo, na nossa visão, é a chave para entender o planejamento – a formalização. **(5) Planejamento é um procedimento formal para produzir um resultado articulado, na forma de um sistema integrado de decisões.** Para nós, o que capta a idéia de planejamento acima de tudo – distinguindo sua literatura mais claramente e diferenciando sua prática dos outros processos – é sua ênfase na formalização, a sistematização do fenômeno ao qual se pretende aplicar o planejamento. Assim, Bryson se referiu a planejamento estratégico como um "esforço disciplinado," na realidade, "simplesmente um conjunto de conceitos, procedimentos e testes" (1988:512), ao passo que, em parte da literatura de pesquisa, o termo PEF foi substituído por planejamento estratégico, em que F significa formal (p.ex., Pearce *et al.*, 1987).

Formalização aqui pareceria significar três coisas, especialmente (a) decompor, (b) articular e, especialmente, (c) racionalizar os processos pelos quais as decisões são tomadas e integradas nas organizações.

Uma ênfase em *racionalidade* formal permeia a literatura de planejamento. Denning comparou o "sistemático" com o "casual" (1973: 26-27), enquanto Steiner argumentou que "planos podem e devem ser objetivos, factuais, lógicos e realistas ao máximo possível para fixar objetivos e arquitetar meios de obtê-los" (1969:20). Da mesma forma, Dror sustentou que no setor público "o planejamento é, no momento, o modo mais estruturado e profissional de fazer política", devido à sua "atenção explícita à consistência interna" e ao seu "esforço para proporcionar racionalidade estruturada" (1971:93).

A racionalidade desse tipo formal, é claro, está enraizada em análise, não em síntese. Acima de tudo, o planejamento é caracterizado pela natureza de decomposição da análise – reduzindo situações e processos a suas partes. Assim, o processo é formalmente reducionista por natureza. Isso pode parecer estranho, dado que a intenção do planejamento é *integrar* decisões. No entanto, o desempenho do planejamento também tem sido estranho por essa mesma razão, como veremos. Aqui, de qualquer maneira, procuramos caracterizar o planejamento pela natureza de seu processo, não por seus resultados esperados. Na realidade, a principal suposição, se implícita, subjacente ao planejamento estratégico é que a *análise produzirá a síntese*: a decomposição do processo de formulação de estratégia em uma série de passos articulados, cada um a ser realizado como especificado em seqüência, produzirá estratégias integradas. Essa, de fato e não por acaso, é a velha suposição da "máquina", a que fundamenta o modelo da linha de montagem de fabricação – ela mesma um tipo de máquina de etapas humanas. Se cada componente for produzido pela máquina conforme especificado e montado na ordem prescrita, surgirá um produto integrado no fim da linha. Certamente, como veremos, essa analogia sustenta um dos pensamentos mais importantes no campo do planejamento e revelou-se evidentemente falsa. As estratégias organizacionais não podem ser criadas pela lógica usada para montar automóveis.

Juntamente com a racionalidade e a decomposição, a articulação é o terceiro componente-chave da formalização. O produto do planejamento – os planos em si – depois de terem sido cuidadosamente decompostos em estratégias e subestratégias, programas, orçamentos e objetivos, devem ser rotulados clara e explicitamente – por palavras e, de preferência, números em folhas de papel. Assim, Zan, em um ensaio meticulosamente racional chamado "O que resta para o planejamento formal?", concluiu que "a característica comum" de vários sistemas de planejamento é "o processo de tornar as coisas explícitas", em termos tanto dos processos como de suas conseqüências (1987:193). George Steiner, provavelmente o mais prolífico dos escritores de planejamento de negócios, observou que a palavra planejamento vem do latim *planum*, "que quer dizer superfície plana" (1969:5). Deixando de lado os poderes proféticos dos romanos a respeito de uma literatura que deveria surgir dois milênios depois, Steiner foi além para observar que a palavra "entrou na língua inglesa no século dezessete, referindo-se principalmente a formas, como mapas ou plantas, que eram desenhadas em superfícies planas" (1969:5-6). Assim, a palavra tem sido associada com documentos formais há muito tempo.

Então, parece que agora temos uma definição mais operacional de planejamento, já que a palavra pode ser identificada com dois fenômenos observáveis em organizações – o uso de procedimento formal e a existência de resultado articulado, especialmente no que diz respeito a um sistema integrado de decisões.

Para algumas pessoas, essa pode parecer uma definição desnecessariamente restrita do termo. Achamos que não. Na introdução deste livro, sugerimos que o planejamento é uma abordagem proposta para a formulação de estratégia entre várias possíveis. Ele certamente não engloba todo o processo. Os teóricos do planejamento podem ter pretendido uma definição mais ampla da palavra, mas a realidade do planejamento – sua prática real, sem falar em suas realizações tangíveis – conta uma história muito diferente. Nossa reivindicação, que pensamos estar demonstrada no restante deste livro, é que a definição aqui proposta está, em virtude dos próprios comportamentos dos planejadores, mais próxima daquela que o planejamento criou e certamente escolheu para si, embora de modo implícito. Em outras palavras, neste livro, o planejamento está definido pelo que *é* (e que, conforme deveria ser observado entre parênteses em uma exceção de Wildavsky, é alguma coisa!).

Para algumas pessoas, quando os executivos das empresas vão a um retiro nas montanhas para discutir estratégia, isso é planejamento. Para outras, a adaptação a pressões externas de maneira informal ao longo do tempo também é planejamento. Em princípio, não há problema. Na prática, porém, isso cria todo tipo de confusão. Por exemplo, os planejadores podem não entender por que os executivos no retiro não estruturaram suas discussões mais sistematicamente. Se eles tivessem simplesmente chamado seu retiro de "pensamento estratégico," isso não aconteceria. Como a palavra planejamento, implícita quando não explicitamente, está associada com formalização, o seu uso pressupõe a decomposição, articulação e racionalização indispensáveis. Entretanto, para aqueles leitores que ainda não estão convencidos de nosso uso do termo, sugerimos que toda vez que escrevermos planejamento, leiam planejamento formal. No fim, talvez vocês provavelmente desistam do adjetivo porque, esperamos, comecem a concordar conosco em vez de simplesmente cansarem.

Obviamente, formalização é um termo relativo, não absoluto. E obviamente os planejadores realizam uma gama de atividades, algumas mais, outras menos formais. Ainda assim, como processo, aqui sustentamos que o planejamento está situado na extremidade formal do *continuum* do comportamento organizacional. (Especificaremos isso no último capítulo.) Ele deve ser visto não como tomada de decisão, não como formulação de estratégia e, com certeza, não como administração, ou como a maneira preferida de fazer qualquer dessas coisas, mas simplesmente como o esforço de formalizar partes delas – por meio da decomposição, articulação e racionalização.

POR QUE PLANEJAR (SEGUNDO OS PLANEJADORES)?

Supondo que isso seja planejamento, a pergunta então se torna por que fazê-lo? Em resumo, por que formalizar? E, desse modo, por que decompor, por que articular e por que racionalizar? A resposta deve se estender durante toda a nossa discussão: de certa forma, é disso que trata este livro – por que fazer e por que não fazer essas coisas. Contudo, neste momento, é apropriado considerar como os próprios planejadores responderam a pergunta.

Discutiremos essas respostas na forma de imperativos, pois é assim que elas costumam ser encontradas em grande parte da literatura de planejamento. Para muitos de seus escritores, o planejamento se tornou não apenas *uma* abordagem para administrar o futuro da organização, mas a *única* concebível, ao extremo de uma religião a ser proclamada com o fervor de missionários. "Se você disser: 'toda peça da GE é planejada estrategicamente?' Devo dizer que não," comentou um homem que chefiava essa função na que foi outrora conhecida como a empresa mais voltada para o planejamento da América. Ele concluiu: "Algumas UENs [Unidades Estratégicas de Negócios] não têm boas estratégias!" (Rothschild *in* Cohen, 1982:8). Em um legado, e uma frase, herdado de Frederick Taylor, que desenvolveu a prática inicial de "administração científica" e a aprimorou por meio século de abordagens cada vez mais racionalistas de administração, o planejamento se consagrou como "a melhor maneira."

1. As organizações devem planejar para coordenar suas atividades. "Coordenar," "integrar" e "abrangente" são palavras muito usadas no vocabulário de planejamento. Um argumento principal a favor do planejamento, conforme sugerido na terceira definição apresentada antes, é que as decisões tomadas em conjunto formalmente em um único processo garantirão que os esforços da organização sejam coordenados de maneira adequada. Assim, Porter sustentou na Introdução de seu livro, *Competitive Strategy*:

> A ênfase atual no planejamento estratégico em firmas dos Estados Unidos e do exterior reflete a proposição de que existem benefícios significativos a ganhar por meio de um processo *explícito* de formulação de estratégia, para garantir que pelo menos as políticas (se não as ações) de departamentos funcionais sejam coordenadas e dirigidas a algum conjunto comum de metas. (1989:xiii, itálico no original)

Quando as diferentes atividades de uma empresa são realizadas de forma desencontrada – o pessoal de vendas vendeu, mas a fábrica não consegue produzir, ou a torre de escritórios construída ontem está pequena demais hoje – o problema geralmente é atribuído à falta de planejamento (efetivo). Decompondo uma estratégia, ou suas conseqüências, em intenções atribuíveis a cada parte da organização, garantimos que o trabalho global será feito – contanto que, é claro, cada um realize (isto é, "implemente") seu plano. Aqui, novamente, temos aquela velha suposição da máquina.

Além disso, a articulação dos planos fornece um mecanismo de comunicação que promove coordenação entre as diferentes partes da organização. Sawyer, por exemplo, escreveu sobre "a necessidade [por meio de planejamento] de revelar o processo administrativo da organização das mentes individuais de um ou uns poucos líderes e pôr em um fórum juntamente com um grupo da administração" (1983:5), onde possa ser partilhado e discutido, talvez, como Zan sugeriu, ajudando a criar consenso (1987:192). Alguns escritores, de fato, alegaram que o planejamento tem valor em e por si ("o que importa é o processo") devido a sua capacidade de aumentar a comunicação na organização, por exemplo, "melhorando o entendimento comum [das pessoas] dos objetivos e negócios da empresa" (Hax e Majluf, 1984:66). Fayol até afirmou que "O Plano . . . constrói unidade e confiança mútua," e que "leva a . . . uma perspectiva ampliada" (1949:xi).

Não duvidamos de que planos e planejamento podem servir de mecanismos importantes para entrelaçar atividades díspares. Entretanto, considerar isso um imperativo ou, como Weick caracterizou a suposição subjacente, que as "organizações são arranjos racionais de pessoas e assessores que se mantêm unidos por planos" (1969:101), é outra coisa. A coordenação também pode ser feita de outras maneiras – pela comunicação informal entre atores diferentes (chamada "acordo mútuo"), pela partilha das normas e crenças de uma cultura comum, e também por meio da supervisão direta de um único líder (veja Mintzberg, 1979a:2-7). E mesmo quando os planos desempenham um papel de coordenação, não se pode supor que o planejamento (isto é, procedimento formal) tenha criado esses planos. Quanto à alegação de que o processo de planejamento aumenta naturalmente a comunicação, bem, reuniões feitas para qualquer finalidade podem fazer isso!

2. As organizações devem planejar para assegurar que o futuro seja levado em consideração. "A primeira razão para olhar para o futuro de forma sistemática é entender as implicações futuras de decisões presentes" e também "as implicações presentes de eventos futuros" (Loasby, 1967:301). O que o planejamento faz especificamente a esse respeito é introduzir "uma *disciplina* para pensamento de longo prazo na firma (Hax e Majluf, 1984:66, grifo nosso).

O futuro pode ser considerado de três maneiras básicas (parafraseando Starr, 1971:315):

1. preparar-se para o inevitável
2. antecipar o indesejável
3. controlar o controlável

Evidentemente, nenhum gestor com amor-próprio seria pego evitando qualquer dessas coisas. Há uma boa razão para tentar considerar o futuro. Entretanto, isso precisa ser feito sistemática e formalmente, isto é, por meio de planejamento? Em muitos casos, sem dúvida, sim, mas sempre? O futuro também pode ser levado em conta de outras maneiras, por exemplo, informalmente, por um indivíduo criterioso e, na verdade, até por instinto. O esquilo que junta nozes para o inverno com certeza leva o futuro em conta. Na verdade, ele faz todas as três coisas da lista acima ao mesmo tempo, pois o inverno é inevitável, a fome é indesejável e as nozes são controláveis! Portanto, devemos concluir que os esquilos são mais sofisticados do que pensamos, ou que o planejamento é menos?

Uma resposta óbvia a isso, comum na literatura, é que os gestores (ao contrário dos esquilos, talvez) têm tantas coisas na cabeça que correm o risco de esquecer o futuro de longo prazo. O planejamento pode ser, pelo menos, "um meio de pôr os tópicos na agenda" (Loasby, 1967:303). Como March e Simon afirmaram em seu 'A 'Lei de Gresham' de Planejamento: A rotina expulsa o planejamento" (1958:185), ou, conforme reformularam, tarefas altamente programadas costumam ter precedência sobre as altamente não-programadas. Dessa forma, o planejamento se torna um meio de programar o não-programado: nas palavras de um planejador da GE, "programa o tempo de um executivo" (Hekhuis, 1979:242). Entretanto, forçar o reconhecimento formal do futuro, sem formalizar como ele é tratado, significa necessariamente que o futuro é considerado de modo correto?

3. As organizações devem planejar para ser "racionais". A principal razão proposta para se engajar em planejamento é que ele é simplesmente uma forma superior de administração: a tomada de decisão formalizada é melhor que a não-formalizada. Nas palavras de Schwendiman, ele "força o pensamento mais profundo" (1973:64). "O pensamento estratégico raras vezes ocorre espontaneamente," afirmou Michael Porter em *The Economist* (1987:17). Pondo de lado o fato de que nenhuma evidência foi oferecida para essa declaração surpreendente, existe também alguma evidência de que o pensamento estratégico seja promovido por planejamento estratégico? "Sem diretrizes," Porter prosseguiu, "poucos gerentes sabiam o que era pensamento estratégico" (17). Ele estava realmente afirmando que com essas diretrizes eles, de repente, sabiam o que era isso? Era tão fácil assim? Os gerentes precisavam mesmo que os planejadores lhes falassem sobre pensamento estratégico? Novamente, Wildavsky captou bem o sentimento.

> O planejamento não é realmente defendido pelo que faz, mas pelo que simboliza. Identificado com a razão, é concebido para ser a maneira de aplicar inteligência a problemas sociais. Os esforços dos planejadores são presumivelmente melhores que os das outras pessoas porque resultam em propostas de políticas que são sistemáticas, eficientes, coordenadas, consistentes e racionais. São palavras como essas que transmitem a superioridade do planejamento. O mérito deste é que ele incorpora normas universais de escolha racional. (1973:141)

A literatura tem sido ágil em salientar o que se ganha formalizando o comportamento, embora raramente com provas que o apóiem. No entanto, quase nunca considerou o que se poderia perder. Um exemplo típico foi um comentário de Charles Hitch para justificar os maiores esforços (e fracassos) de planejamento de todos os tempos, sua instalação do SPPO nas forças armadas dos EUA e, depois, no restante do governo na década de 1960. O argumento de Hitch foi que os gerentes não estão apenas ocupados, mas também sobrecarregados de informações e, portanto, não conseguem tomar decisões efetivamente sem a ajuda de análise formal.

> Dificilmente encontramos uma pessoa com um domínio intuitivo de todos os campos de conhecimento relevantes a um problema de defesa importante . . . em geral, e especialmente quando a escolha não está entre duas, mas várias alternativas, a análise sistemática é essencial . . . E sempre que os fatores relevantes forem variados e complexos, como geralmente são em problemas de defesa, a intuição desamparada é incapaz de pesá-los e chegar a uma decisão correta. (1965:56)

Entretanto, a "análise sistemática" consegue fazer isso? Até que ponto ela não ajuda a intuição, mas a obstrui? Mesmo se fosse verdade que o planejamento enfoca "o conjunto certo de problemas," como afirmado por dois escritores conhecidos no setor (Lorange e Vancil, 1977:x), mais uma vez sem prova que o apóie, poderíamos ter certeza de que os enfoca da maneira correta? Na verdade, há prova de que o "mecanismo que regula a marcha atenção-direção" chamado planejamento (Yavitz e Newman, 1982:109) estimula mesmo a pensar a longo prazo? E, acima de tudo, melhoramos o pensamento não programado programando-o? A evidência que apresentaremos adiante neste livro, incluindo aquela do fracasso do exercício do SPPO de Hitch (veja Capítulo 3), colocará em dúvida a inclinação da literatura de planejamento por admitir respostas consistentemente favoráveis a todas essas perguntas.

4. As organizações devem planejar para controlar. O uso de planejamento para controlar é um assunto melindroso nessa literatura, pois também se alega que o planejamento estimula a participação e facilita o consenso. No entanto, a intenção de planejar para exercer controle (as duas palavras são muitas vezes usadas simultaneamente, se não de modo intercambiável, como em "sistemas de planejamento e controle") nunca está muito abaixo da superfície, e freqüentemente está sobre ela. "Planejamento é uma atividade pela qual o homem em sociedade se empenha em obter domínio sobre si e modelar seu futuro coletivo pela força de sua razão" (Dror, 1971:105).

O controle por meio de planejamento se estende em todas as direções, como fica evidente nas razões para planejar apresentadas anteriormente. Para estar seguro, o planejamento destina-se a controlar outros na organização, isto é, aqueles cujo trabalho é "coordenado". Assim, entre as "responsabilidades básicas" do pessoal de planejamento, Schwendiman lista:

1. A equipe de planejamento da empresa deve ter a responsabilidade de planejar o "sistema" e fazer com que as etapas sejam realizadas na seqüência correta.
2. A equipe deve garantir qualidade, exatidão e integridade no planejamento feito por outros.
3. A equipe deve ser responsável por coordenar o esforço global de planejamento e reunir as partes individuais. (1973:50)

Observe que não são apenas aqueles em posição inferior na hierarquia cujo trabalho é controlado; se o planejamento formaliza a elaboração de estratégia, ele também controla um pouco do trabalho da alta administração. Entretanto, o controle em planejamento não pára aí. O planejamento também significa controlar o futuro da organização e, portanto, o ambiente fora da organização. "Se o mercado não for confiável," como John Kenneth Galbraith escreveu, a empresa "não conseguirá planejar". Portanto, "muito do que a empresa considera planejamento consiste em minimizar ou se livrar de influências do mercado" (1967:26). Realmente, como na citação de Dror a respeito do "domínio sobre si mesmo," o planejamento controla até os planejadores, cujas intuições são prejudicadas antecipadamente por seus procedimentos racionais. E quando Zan escreveu sobre planejamento "como um meio de reduzir a complexidade externa a formas 'administráveis'" (1987:192), ele quis dizer controle *conceitual* – tornar o mundo simples o suficiente para compreender. Assim Lorange, em um artigo intitulado "Papéis do CEO nos processos de planejamento estratégico e controle," observou que ao mesmo tempo em que o CEO "normalmente não pode fazer ele próprio a implementação dos temas do projeto, ele precisa estar suficientemente envolvido para controlar os processos" (1980b:1), o que, é claro, deve fazer por meio de planejamento. "Na verdade, ele poderia até concluir que essa . . . é sua única opção realista para administrar uma grande organização complexa" (2). Talvez Lorange devesse chamar isso de "controle *remoto*"!

O ARGUMENTO DE JELINEK PARA PLANEJAMENTO

Em seu livro, *Institutionalizing Innovation*, Mariann Jelinek apresentou um dos poucos argumentos meticulosamente racionais a favor do planejamento estratégico. Atacando o problema de frente, Jelinek tentou justificar a formalização por si, baseando seu argumento no desenvolvimento histórico da ciência da administração, ou, mais precisamente, administração científica, já que esse termo foi cunhado no início do século passado para o trabalho de Frederick Taylor.

Como Jelinek mostrou, a contribuição de Taylor em suas famosas experiências no estudo formal e rotinização do trabalho manual não foi somente para melhorar em muito os procedimentos, mas para iniciar uma verdadeira revolução na maneira de organizar o trabalho – "a codificação das tarefas rotineiras". Taylor "tornou possível, pela primeira vez, a coordenação de detalhes em larga escala – com uma política de planejamento e pensamento, acima e além dos detalhes da tarefa em si"(1979:136). Isso levou a uma divisão fundamental de trabalho – entre o desempenho da tarefa e sua coordenação. E isso, por sua vez, capacitou a administração a ser "abstrata", distante das operações do dia-a-dia, para que "pudesse se concentrar nas exceções" (137).

Jelinek foi além e salientou que os esforços de Taylor foram estendidos à função da administração por Alexander Hamilton Church, na área de contabilidade de custos, "fornecendo o meio para abstrair a administração, possibilitando a descrição e o monitoramento do desempenho" (138). Então o trabalho foi estendido ao nível mais sênior da administração pela introdução da forma de estrutura divisionalizada, inicialmente na Du Pont e depois na General Motors. Essa inovação formalizou a separação entre operar um negócio e desenvolver uma estratégia corporativa.

> [Isso] possibilitou pela primeira vez a coordenação combinada . . . e política de verdade para essas organizações. Enquanto a administração for assoberbada pelos detalhes de desempenho da tarefa, o planejamento e a política não ocorrerão. . . Isto é, até que a rotina seja sistematizada e que o desempenho seja reproduzível sem atenção excessiva da administração, a atenção desta se concentrará necessariamente na rotina. Na época da Du Pont e da General Motors, a especificação de tarefas tinha migrado de codificar as atividades rotineiras dos operários para codificar as atividades rotineiras dos gerentes. (138-139)

Isso levou Jelinek a seu ponto básico: a revolução que Taylor iniciou na fábrica estava em vias de ser repetida no ápice da hierarquia, e *não seria fundamentalmente diferente*. E o motor dessa nova revolução – o equivalente aos métodos de estudo do trabalho de Taylor, embora em um nível mais alto de abstração – foi esse conjunto de sistemas formais de planejamento estratégico e controle: "É através de sistemas administrativos que o planejamento e a política são possibilitados, porque os sistemas captam conhecimento a *respeito* da tarefa . . ." (139). Tais sistemas "criam um modelo compartilhado de pensamento, com o foco explicitamente voltado para o *modelo*, em vez do conteúdo específico"; eles "generalizam conhecimento muito além de seu descobridor original ou situação de descoberta"; e "generalizando os discernimentos que codificam, também os tornam acessíveis à mudança e ao refinamento". Assim, "a verdadeira administração por exceção e a verdadeira direção política são agora possíveis, exclusivamente porque a administração não está inteiramente imersa nos detalhes da própria tarefa" (139, itálico no original).

O livro de Jelinek é sobre um sistema chamado OET (Objetivos, Estratégias e Táticas) desenvolvido na empresa Texas Instruments no início da década de 1960 e que constitui, na visão dela, outra etapa na seqüência de idade secular, essa "preocupada com um nível lógico mais alto":

> Em vez de coordenar múltiplas tarefas rotineiras, o OET se concentra em gerar tarefas novas que, no fim, podem, elas mesmas, virar rotina... Como sistema, o OET

generaliza um procedimento para adquirir o conhecimento novo necessário, criando um modelo compartilhado de pensamento *quanto à inovação* . . . O OET especifica como proceder, monitorar e avaliar. (141)

Assim, Jelinek ressaltou algumas premissas centrais que sustentam a prática do planejamento estratégico: a administração da estratégia pode ser nitidamente separada da gerência de operações, e o próprio processo de elaboração de estratégia pode ser programado – de acordo com suas palavras, "institucionalizado" – pelo uso de sistemas formais; na verdade, somente por meio dessa institucionalização essa separação se torna possível. O que Taylor fez na fábrica, os sistemas de planejamento poderiam então realizar por extrapolação no âmbito executivo. Graças a seus poderes de formalização, o planejamento se torna o meio de criar e também de operacionalizar a estratégia. Em outras palavras, o planejamento estratégico é a elaboração de estratégia, pelo menos na melhor prática. Daí a tendência comum de usar os dois termos de modo intercambiável.

O argumento de Jelinek é fundamental, talvez o mais corajoso da literatura e, certamente, um dos mais sofisticados. Ele expõe as premissas-chave que, se verdadeiras, fornecem a base para o planejamento e, se falsas, enfraquecem alguns dos seus esforços mais ativos. Portanto, retornaremos a seus argumentos (assim como a suas próprias visões posteriores) em um ponto-chave de nossas discussões. Neste momento, fazendo uma última pergunta, queremos começar o exame da premissa de que planejamento estratégico e elaboração de estratégia são sinônimos, pelo menos na melhor prática.

E O QUE É ESTRATÉGIA?

Pergunte a qualquer um, planejador ou não, "o que é estratégia?" e, quase com certeza, lhe dirá que **(a) estratégia é um plano**, ou algo equivalente – uma direção, um guia ou curso de ação para o futuro, um caminho para ir daqui até ali, etc. Então peça à mesma pessoa para descrever a estratégia que sua organização, ou um concorrente, realmente seguiu ao longo dos últimos cinco anos e você irá constatar que as pessoas, em sua maioria, ficam muito satisfeitas em responder a essa pergunta, ignorando o fato de que ela viola sua própria definição do termo.

Acontece que estratégia é uma dessas palavras que inevitavelmente definimos de uma forma, mas freqüentemente usamos de outra. **(b) Estratégia também é um padrão**, isto é, consistência em comportamento ao longo do tempo. Uma empresa que comercializa perpetuamente os produtos mais caros da sua indústria segue a chamada estratégia de segmento superior, assim como uma pessoa que sempre aceita a função mais desafiadora segue uma estratégia de alto risco.

Ambas as definições parecem válidas – as organizações desenvolvem planos para seu futuro e também extraem padrões de seu passado. Podemos chamar uma de estratégia *pretendida* ou intencional e a outra de estratégia *realizada*. Assim, a pergunta importante passa a ser: as estratégias realizadas devem ter sido sempre pretendidas?

Há uma maneira fácil de descobrir: simplesmente pergunte às pessoas que descreveram alegremente suas estratégias (realizadas) ao longo dos últimos cinco anos quais eram suas estratégias pretendidas nos mesmos cinco anos. Poucas podem afirmar que suas intenções foram perfeitamente realizadas. Suspeite da honestidade delas. Outras podem afirmar que suas realizações não tinham nada a ver com suas intenções. Suspeite do comportamento delas. A maioria, sugerimos, dará uma resposta que cai entre esses dois extremos. Isto porque, afinal de contas, realização perfeita significa previsão brilhante, para não mencionar inflexibilidade, ao passo que a não-realização sugere negligência. O mundo real envolve inevitavelmente pensar à frente e também uma certa adaptação durante o percurso.

Como mostra a Figura 1.1, as intenções plenamente realizadas podem ser chamadas de estratégias *deliberadas*. As não-realizadas podem ser chamadas de estratégias *não-realizadas*. A literatura de planejamento reconhece ambas, com preferência óbvia pela primeira. O que ela não reconhece é o terceiro caso, que chamamos de estratégia *emergente* – no qual um padrão realizado não foi expressamente pretendido. Foram tomadas providências, uma a uma, que convergiram com o tempo para algum tipo de consistência ou padrão. Por exemplo, ao invés de perseguir uma estratégia (leia-se plano) de diversificação, uma empresa simplesmente toma decisões de diversificação, uma por vez, na verdade testando o mercado. Primeiro, ela compra um hotel urbano; a seguir, um restaurante, depois, um hotel *resort*; depois, outro hotel urbano com restaurante, depois um terceiro e, assim por diante, até que finalmente surge uma estratégia (padrão) de diversificar para hotéis urbanos com restaurantes.

Como inferido antes, poucas estratégias podem ser puramente deliberadas (se é que alguma pode) e poucas, puramente emergentes. Uma sugere aprendizado zero, a outra, controle zero. Todas as estratégias do mundo real precisam misturar as duas de alguma forma – tentar controlar sem interromper o processo de aprendizado. As organizações, por exemplo, freqüentemente perseguem o que pode ser chamado de estratégias *guarda-chuva*: as linhas gerais são deliberadas ao passo que os detalhes são deixados para emergir dentro delas. Assim, as estra-

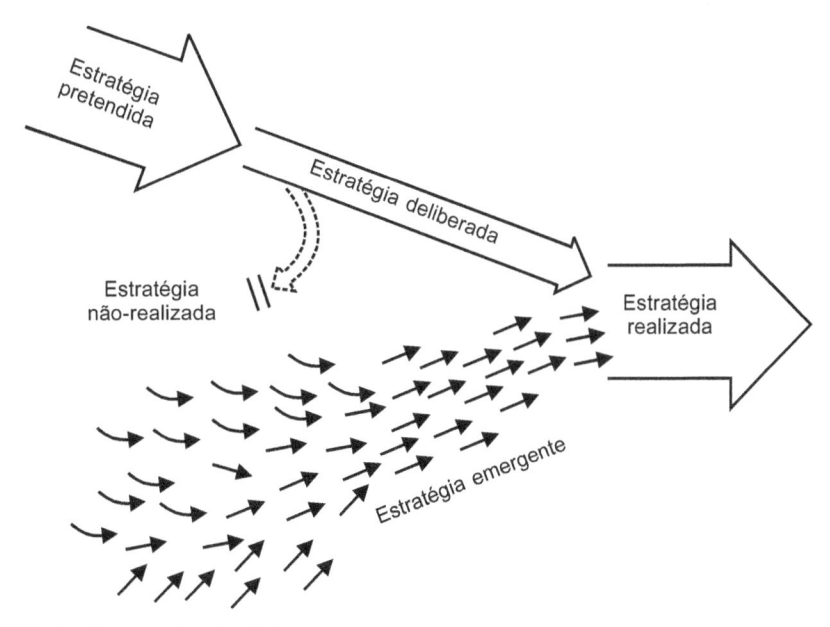

FIGURA 1.1 Formas de estratégia.

tégias emergentes não são necessariamente más, e as deliberadas, boas; as estratégias eficazes misturam essas características de maneira que reflitam as condições existentes, especialmente a capacidade para prever e também a necessidade de reagir a eventos inesperados.

Contudo, a literatura de planejamento, incluindo o livro de Jelinek, considera a formulação eficaz de estratégia um processo totalmente deliberado, com a quase exclusão dos elementos emergentes. De vez em quando, se fala em planejamento flexível, mas, como no caso de uma virgem grávida, a contradição óbvia raramente é considerada – exceto, é claro, pelos que acreditam em planejamento como concepção imaculada.

Walter Kiechel, da revista *Fortune,* uma vez colheu opiniões de consultores que afirmaram que menos de 10% das estratégias são implementadas com sucesso; Tom Peters considerou esse número "altamente inflacionado!" (Kiechel, 1984:8). Muitas vezes, quando uma estratégia fracassa, os que estão no topo da hierarquia culpam a implementação mais abaixo: "Se vocês, idiotas, dessem valor à bela estratégia que formulamos . . ." Bem, esses idiotas mais abaixo bem que poderiam responder: "Se vocês são tão espertos, por que não levaram em conta o fato de que somos idiotas?" Em outras palavras, todo fracasso de implementação também é, por definição, um fracasso de formulação. Se deve haver uma separação entre as duas, para que um lado pense antes de o outro lado agir, então, evidentemente, a capacidade de agir deve ser levada em consideração no processo de pensamento.

No entanto, um pensador pode ser tão esperto? Em outras palavras, o verdadeiro problema poderia não estar tanto na implementação insatisfatória ou na formulação fraca quanto em forçar uma separação artificial entre as duas? Se os formuladores ficarem mais perto de sua implementação (o que é típico dos empresários), ou se os implementadores tiverem mais influência sobre a formulação (que é o significado de *intrapreneurship*), talvez possa haver sucessos maiores na formulação de estratégia. A estratégia deliberada conta com essa separação artificial, ao passo que a emergente não. Realmente, no caso da estratégia emergente, o termo *formulação* deve ser substituído por *formação* porque aqui as estratégias podem se formar sem ser formuladas. Assim, no restante deste livro, usaremos o termo formação de estratégia, não porque as estratégias tenham de ser puramente emergentes, mas apenas para levar em conta o fato de que podem ser (ou mais especificamente, é quase inevitável que sejam) *parcialmente* emergentes.

Há uma outra implicação importante da estratégia emergente, também desconsiderada na maior parte da literatura de planejamento. As estratégias não precisam emanar de um centro. Implícita na estratégia deliberada está a crença de que a estratégia se origina repentinamente em algum lugar central – isto é, gerência geral (ou então o departamento de planejamento). Nas metáforas populares, a cabeça pensa e o corpo age, ou o arquiteto projeta (no papel) para que os construtores possam construir com tijolos e argamassa. No entanto, no caso da estratégia emergente, como grandes estratégias podem nascer de pequenas idéias (iniciativas), e em lugares estranhos, para não falar em momentos inesperados, quase qualquer pessoa na organização pode se revelar uma estrategista. Tudo o que ela precisa é de uma boa idéia, de liberdade e dos recursos necessários para segui-la. Na verdade, até a difusão de uma iniciativa estratégica em toda a organização (para se tornar uma estratégia com base ampla) não precisa ser controlada centralmente, muito menos planejada centralmente, com um processo formal em alguma programação formal. Por exemplo, um vendedor pode ter a idéia de vender um produto existente a alguns clientes novos. Quando os outros vendedores percebem o que essa pessoa está fazendo, eles também começam a fazer e, um dia, meses depois, a gerência descobre que a empresa entrou em um mercado novo. O novo padrão certamente não foi planejado. Ao contrário, para apresentar uma distinção que faremos muito neste livro, ele foi *assimilado*, em um processo coletivo. Entretanto, isso é ruim? Às vezes sim, às vezes não, exatamente como em comportamentos que são planejados com cuidado.

Uma implicação final da estratégia emergente: na literatura de planejamento, há uma longa tradição, herdada dos militares, de distinguir estratégias de táticas. Essa distinção é conveniente para uma literatura que gosta de decompor e determinar a importância das coisas *a priori*. As estratégias se referem às coisas importantes; as táticas, a simples detalhes. No entanto, o verdadeiro sentido da estratégia emergente é que nunca se pode ter certeza de quais demonstrarão ser o quê. Em outras palavras, simples detalhes podem vir a se mostrar estratégicos. Afinal de contas, como foi salientado em um antigo verso infantil, a guerra bem que poderia ter sido perdida só pela falta de um prego na ferradura de um cavalo. Portanto, deve-se tomar cuidado para não se precipitar em rotular as coisas como intrinsecamente táticas ou estratégicas. (A empresa no exemplo de diversificação anterior pode ter comprado seu primeiro hotel urbano inadvertidamente.) Para citar Richard Rumelt, "a estratégia de um é a tática de outro – o que é estratégico depende de onde você está sentado" (1979a:197). Também depende de *quando* você se senta, pois o que ontem pareceu tático amanhã poderia se mostrar estratégico. Assim, o termo tático não será usado neste livro, ao passo que estratégico será usado como adjetivo que significa relativamente conseqüente, em configurações depois que providências são tomadas e também nas intenções que as precedem.

Ainda não acabamos as definições de estratégias, pois ao lado de *plano* e *padrão*, podemos acrescentar pelo menos mais duas palavras com "p". Há alguns anos, a McDonald's lançou um novo produto chamado Egg McMuffin – o *breakfast* americano em um pãozinho. O objetivo era encorajar a freqüência em seus restaurantes pela manhã. Se você perguntar a um grupo de gerentes se o Egg McMuffin era uma mudança estratégica para a McDonald's, irá inevitavelmente ouvir duas respostas: "Claro que sim; ele os colocou no mercado de *breakfast*", e "Ora, por favor, é a mesma coisa de sempre – à maneira McDonald's – só que em uma embalagem diferente". Em nossa visão, a verdadeira diferença entre esses gerentes não está tanto em que essa foi uma mudança estratégica, mas em como, a princípio, definem implicitamente o conteúdo da estratégia.

Para algumas pessoas, especialmente Porter (1980, 1985) e seus seguidores, **(c) estratégia é posição**, isto é, a definição de determinados produtos em determinados mercados. Para outras, entretanto, **(d) estratégia é perspectiva**, isto é, a maneira de a organização fazer as coisas, de acordo com a frase de Peter Drucker, seu conceito do negócio. Como posição, a estratégia olha *para baixo* – para o "x" que marca o ponto onde o produto encontra o cliente – e olha *para fora* – para o mercado externo. Como perspectiva, ao contrário, a estratégia olha *para dentro* – dentro da organização, de fato, dentro das cabeças dos estrategistas coletivos – mas também *para cima* – para a grande visão da empresa (será essa floresta vista acima das árvores, ou serão as nuvens que estão sendo percebidas?!).

Como veremos, a tendência na literatura de planejamento tem sido a de preferir posição à perspectiva. A despeito de alegações, assim que os aspectos práticos de formalizar coisas entram em ação, a estratégia inevitavelmente se reduz a um conjunto de posições. Todos esses "x" podem ser marcados facilmente – identificados e articulados – ao passo que a perspectiva não se presta facilmente à decomposição.

Entretanto, mais uma vez, precisamos de ambas as definições. O McDonald's introduziu o Egg McMuffin com sucesso porque a nova posição estava consistente com a perspectiva que já existia. Os executivos do McDonald's pareceram entender bem (embora não necessariamente nestes termos) que não se ignora a perspectiva casualmente. (Alguém quer um McDuckling à l'Orange?) Mudar de posição dentro da perspectiva pode ser fácil; mudar a perspectiva, mesmo mantendo a posição, não é. (Pergunte aos relojoeiros suíços sobre a introdução da tecnologia do quartzo.) A Figura 1.2 mostra exemplos disso.

É claro que as organizações precisam considerar ambas as posições e perspectivas em sua formação de estratégia. Uma literatura que prefere uma à outra faz um desserviço a esse processo.[4]

Ainda assim, a literatura de planejamento faz exatamente isso, da mesma forma que prefere plano a padrão. Nossa conclusão é que "planejamento estraté-

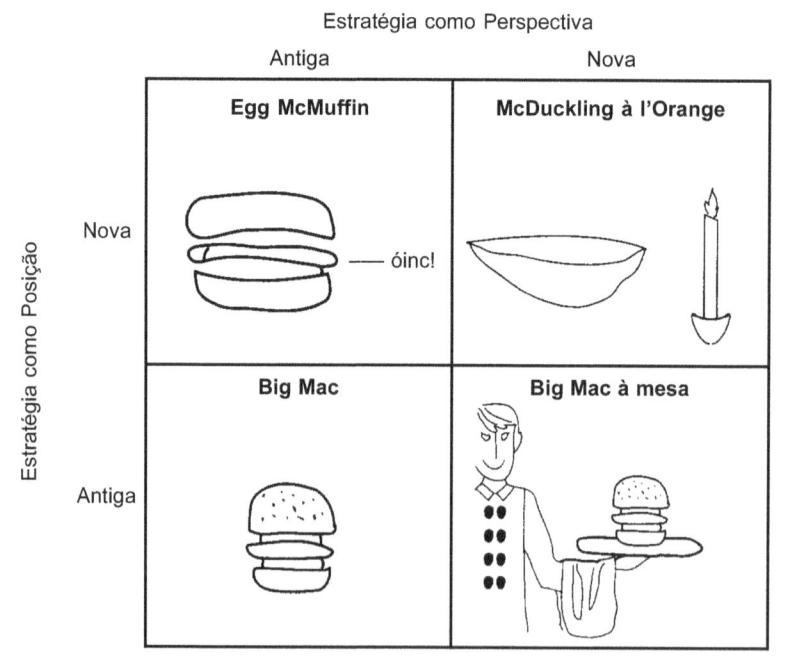

FIGURA 1.2 Estratégia como perspectiva *versus* estratégia como posição.

---

[4] Um quinto "p", com uso comum para a palavra estratégia, poderia ser acrescentado neste ponto – **estratégia como truque** (em inglês, *ploy*), uma manobra específica para desconcertar um oponente ou concorrente (como no livro de Schelling [1980], *The Strategy of Conflict*; veja também os capítulos de Porter sobre "Market Signals" e "Competitive Moves" em seu livro, *Competitive Strategy* [1980]).

gico" não pode ser sinônimo de formação de estratégia, que abrange tudo isso, e certamente não é eficaz nesse processo. A implicação disso é que o planejamento pode ter menos a ver com formação de estratégia do que geralmente se alega, mas, também, que os planejadores provavelmente têm mais trabalho a fazer do que às vezes percebem!

PLANEJADORES, PLANOS E PLANEJAMENTO

Muitos escritores de planejamento empresarial discutem a importância da alta administração na formação de estratégia, vendo o executivo-chefe como o principal planejador. Entretanto, muito do que já foi escrito revela um ponto de vista bem diferente. Se a intuição é realmente casual e duvidosa, como em geral se alega nessa literatura (como veremos), o papel dos administradores deve ser restringido; se, como também se alega, os administradores realmente são ocupados demais para planejar, eles não podem desempenhar o papel principal no processo de planejamento; se os sistemas formais devem mesmo ser usados para fazer estratégia, então talvez os gerentes não devam; e se a estratégia de fato deve estar separada das operações, por meio do uso de sistemas como OET (Objetivos, Estratégias, Táticas) e SPPO (Sistema de Planejamento, Programação e Orçamentação), talvez o planejamento também deva estar separado da administração.

Em um relatório publicado pelo Boston Consulting Group e intitulado "O Impacto do Planejamento Estratégico sobre o Comportamento Executivo", Robert Mainer comparou "o trabalho de *planejar* . . . com o trabalho de *administrar* um negócio que é tradicional para a organização":

> O ponto crucial da questão é que os requisitos comportamentais do planejamento como tarefa administrativa são muitas vezes diferentes dos processos e conteúdo do trabalho administrativo que normalmente predominam na organização ou entram em conflito com os mesmos. . . Em um âmbito mais legítimo, o planejamento é um novo tipo de atividade administrativa. (1965:1)

Por isso, é aí que entra o planejador. O papel desse ator no processo de formação de estratégia foi raramente definido e quase nunca estudado de forma sistemática. Ao contrário, o que aparece nos escritos é o fato de o planejador ser um indivíduo, ou parte de um departamento especializado, sem qualquer responsabilidade pelas operações de linha em si, mas com algum mandato vago com relação ao planejamento – seja fazê-lo, estimulá-lo ou simplesmente coordenar a realização por parte de outros. Evidentemente, como a gerência de linha detém o poder formal, os escritores em geral tiveram o cuidado de relegar o papel formal do planejador a um papel secundário de apoio:

> [Um] princípio fundamental da teoria do planejamento é que "o planejamento sempre é feito pela linha." O pessoal de planejamento deve desempenhar um papel de apoio aos gerentes de linha e geralmente está encarregado de manter o "sistema" de planejamento operante. (Schwendiman, 1973:43)

No entanto, os verdadeiros sentimentos dessa literatura estão em outro lugar – com os próprios planejadores. Assim, Steiner alegou que "se houver um talento intuitivo na direção, não será necessário qualquer planejamento formal". Seria possível supor, portanto, que as organizações dirigidas por pessoas comuns precisam planejar. Não exatamente. "Mesmo entre empresas não tão afortunadas, têm-se alcançado sucesso sem planejamento formal. Por exemplo, uma empresa pode ter sorte" (1979:44). A mensagem de Steiner é clara, no entanto, para empresas que, por coincidência, não têm uma pessoa genial nem a configuração adequada das estrelas.

De vez em quando, os escritores ficam até mais atrevidos. Leontiades, por exemplo, questionou "o preceito de que o grupo de planejamento corporativo só existe para ajudar os gerentes a planejarem," salientando situações em que "podem ser os gerentes de linha que desempenham um papel secundário no cumprimento do objetivo global da empresa" (1979-80:22, 25-26). Ainda assim, é quase possível ouvir seus colegas aconselhando o Professor Leontiades a morder a língua. Mesmo nos anos 1990, o chefe de planejamento de uma das principais corporações da América (Bell & Howell) referiu-se aos planejadores estratégicos como sendo *encarregados* de dar orientação ao rumo da empresa" (Marquardt, 1990:8, grifo nosso).[5]

Entretanto, Leontiades e Marquardt podem ser os que são sinceros. Pois, se o planejamento se destina a programar a formação de estratégia, e se essa programação deve ser realizada por sistemas formais, com certeza, o projeto, bem como a operação desses sistemas, deve caber a pessoas com o tempo necessário e habilidades técnicas para conseguira fazê-lo. E, de um modo ou de outro, a isso se referem os planejadores. Assim, quando essa literatura desce às particularidades, os papéis destinados aos gerentes e planejadores tornam-se mais claros. Considere as diretrizes de Pennington para planejadores, as quais incluem "envolver os executantes no planejamento" e "envolver a alta direção nos pontos-chave, somente neles" (1972:3). O que isso significou em seu exemplo de uma grande siderúrgica foi que o "envolvimento importante" do executivo principal significava "apenas quatro pontos do processo de planejamento, um dia de cada vez": em outubro, o CEO (executivo principal) "revisa" a previsão (em seguida, os planos corporativos são preparados por outros); em fevereiro, "participa" de uma conferência de planejamento que examina os espaços vazios entre desempenho e objetivos; em junho, ele "reexamina" o plano atualizado de cinco anos e "dá sua bênção"; e, em setembro, "revisa e aprova – às vezes, após modificar – os planos anuais" (5). Uma vez, Lucy disse a Charlie Brown que um trabalho importante não pode ser feito em meia hora; leva pelo menos quarenta e cinco minutos. Quatro dias por ano do CEO dedicados ao futuro da empresa! Isso não é conseqüência natural do processo de institucionalização de Jelinek?

Por enquanto, nesta introdução, discutimos planejamento e apresentamos os planejadores. Como observamos antes, tomamos o substantivo *planejamento* para significar o procedimento formalizado para produzir resultado articulado,

---

[5] Melhor ainda é o exemplo de Keane em um artigo sobre "o facilitador externo de planejamento estratégico". O presidente "incumbiu um consultor de planejamento estratégico" de desenvolver um plano. O consultor iniciou um grande estudo de pesquisa de consumidores, entrevistou todas as pessoas relevantes, fez um estudo ambiental e organizou e presidiu uma série de sessões de planejamento estratégico com os altos executivos. "Tudo isso se acumulou no primeiro plano estratégico da empresa" – "*inteiramente composto pelo consultor externo*". Keane foi além vangloriou-se de que "no processo, o consultor desempenhou, em grau variável, a maioria dos papéis descritos neste artigo" (1985:155, grifo nosso). Grande "facilitador"!

na forma de um sistema integrado de decisões. Quanto aos *planejadores*, nós os consideraremos como sendo pessoas com esse título (ou algo parecido), mas sem responsabilidades (operacionais) de linha e, por isso, com tempo disponível para se preocupar com o futuro da organização que os emprega (embora muitos sejam pegos administrando sistemas de planejamento que nem sempre fazem isso). Outro termo que aparece com destaque em nossa discussão é plano. Usaremos o substantivo *plano* para significar uma declaração explícita de intenções (escritas em uma superfície plana!), geralmente consideradas específicas, elaboradas e documentadas na literatura de planejamento (Chamberlain, 1968:63). Entretanto, usaremos o verbo planejar para significar simplesmente levar o futuro em conta, seja formal ou informalmente.

Uma grande suposição da literatura de planejamento estratégico, para sintetizar nosso argumento neste ponto, é que todos esses termos necessariamente seguem juntos: **formação de estratégia é um processo de planejamento, idealizado ou apoiado por planejadores, para planejar a fim de produzir planos**. Assim, para citar Steiner que, por sua vez, citou J. O. McKinsey (1932): "Um plano ... é 'evidência tangível do pensamento de administração.' Resulta do planejamento" (Steiner, 1969:8). No entanto, Sawyer forneceu uma exceção notável e bem-vinda em sua monografia de planejamento: "Os sistemas formais são apenas um meio para um fim – eles não fazem com que o planejamento ocorra, e podem até impedi-lo quando enfatiza demais a forma em vez da substância" (1983:145).

Em oposição, prosseguiremos com a suposição de que todos esses termos podem ser independentes entre si: uma organização pode planejar (considerar seu futuro) sem se engajar em planejamento (procedimento formal) mesmo se produzir planos (intenções explícitas); alternativamente, uma organização pode se engajar em planejamento (procedimento formalizado) apesar de não planejar (considerar seu futuro); e os planejadores podem fazer tudo isso ou apenas parte, às vezes nada disso, mas como veremos na conclusão, ainda serem úteis à organização.

UM PLANO PARA ESTE LIVRO

Se essa tentativa de esclarecer os termos básicos confundiu o leitor, então bemvindo a bordo: não houve qualquer diferença do restante desta introdução. De fato, isso nos orgulha, embora seja modesto. Foi esse o nosso plano.[6] Os psicólogos sociais concluíram que para mudar uma pessoa, você precisa antes "descongelar" suas crenças básicas. Como todos sabem *o que* é planejamento, *como* ele deve

---

6 Lorange, pelo contrário, uma pessoa bem informada a respeito dessa literatura que, presumivelmente, não tinha um plano assim, foi forçado a concluir sua revisão da literatura de base empírica com o seguinte comentário:

> Tendo chegado ao fim de uma parte considerável da literatura para a finalidade desta pesquisa, ficamos com a desconfortável sensação de que é difícil ajustar as coisas pequenas entre si. Parece haver uma considerável falta de consenso na literatura quando se trata de questões centrais, como quais são os elementos críticos da natureza dos sistemas de planejamento, ou quais constituem áreas empíricas relevantes de pesquisa e assim por diante. (1979:240)

ser feito e *que* obviamente ele é bom ("como a maternidade," escreveu Wildavsky, "todo mundo é a favor por parecer tão virtuoso" [1973:149]), fizemos desta introdução uma tentativa de descongelar. O resto do livro será dirigido para os dois estágios que costumam vir em seguida: "mudar" as crenças e "recongelar" em torno das novas crenças.

Prosseguiremos descrevendo, no Capítulo 2, o modelo básico de planejamento estratégico conforme proposto na literatura, com algumas de suas variações mais conhecidas. Depois de revisarmos suas diversas etapas, inclusive um detalhe perdido (a fonte das próprias estratégias), consideraremos esse modelo e suas variações em termos de uma estrutura de quatro hierarquias – objetivos, orçamentos, estratégias e programas.

O Capítulo 3 considera as evidências – de avaliação, anedóticas e intensivas – indicando se esse modelo realmente funciona. Essas evidências não são muito animadoras. Nem a resposta dos escritores de planejamento a elas, que consideramos a seguir. Essa resposta parece o que os psicólogos chamam de "vôo": os planejadores recorrem à fé, esperam a salvação, propõem aperfeiçoamentos ou retornam aos "fundamentos". Entretanto, a reação mais popular tem sido "culpá-los", geralmente com o rótulo de "armadilhas": os administradores que não apóiam o planejamento como deveriam ou as organizações que abrigam climas impróprios ao planejamento. No Capítulo 4, analisamos essas armadilhas em detalhes, lançando nossa séria crítica à escola de planejamento. Reviramos as armadilhas para apresentar algumas "características de armadilhas de planejamento" – elas podem impedir o comprometimento, desencorajar uma mudança importante e promover a política nas organizações. Descreve-se uma "obsessão por controle" como a raiz dessas dificuldades.

Como "um *expert* é uma pessoa que sabe o suficiente sobre o assunto para evitar as muitas armadilhas em seu caminho até a grande falácia," no Capítulo 5, nos voltamos para uma consideração das falácias fundamentais do planejamento – que acreditamos serem as verdadeiras razões do fracasso do planejamento estratégico. Discutimos as falácias da predeterminação (prever o futuro), do desligamento (entre a estratégia e as operações e entre os gerentes e aquilo que supostamente gerenciam) e, finalmente, da formalização, vendo que todas correspondem à grande falácia: que análise pode produzir síntese. Essa será a essência de nossa crítica.

Neste ponto, deixamos para trás o tom negativo de nossa discussão. O Capítulo 6 parte para posicionar o planejamento, assim como os planos e os planejadores. Consideramos primeiro o papel efetivo do planejamento, investigando melhor seu significado e seu uso apropriado. Então dedicamo-nos aos papéis que pensamos serem efetivamente desempenhados pelos planos, bem como pelos planejadores, incluindo papéis bem independentes do planejamento em si. Em conclusão, sugerimos que pode existir um tipo diferente de planejador para cada lado do cérebro. O livro termina com a discussão do contexto de planejamento – quais circunstâncias e tipos de organizações parecem favorecer os vários papéis do planejamento, dos planos e dos planejadores.

Esse é nosso plano para o livro; nós o planejamos deste jeito – sem a ajuda do planejamento ou de planejadores.

Modelos do processo de planejamento estratégico | 2

Começando talvez em 1962, se não antes, com um artigo de Gilmore e Brandenburg na *Harvard Business Review* intitulado "Anatomia do Planejamento Corporativo," a literatura de planejamento tem oferecido literalmente centenas de modelos de um processo pelo qual, supostamente, a estratégia pode ser desenvolvida e operacionalizada de maneira formal. Na verdade, com algumas exceções específicas (particularmente orçamentação de capital e seu equivalente governamental, SPPO), eles se basearam em uma única estrutura conceitual, ou modelo básico, diferindo menos nos fundamentos que nos níveis de detalhe. Eles têm variado da simples elaboração dessa estrutura à especificação altamente detalhada de seus estágios, usando todos os tipos de *checklists*, tabelas, diagramas e técnicas.

Começaremos nossa discussão com o modelo básico e então apresentaremos duas de suas versões bem conhecidas. Em seguida, vamos decompor o planejamento estratégico de duas maneiras, primeiro nas etapas básicas delineadas pelos próprios autores, depois em nosso próprio conjunto de quatro hierarquias distintas que parecem sustentá-lo – de objetivos, orçamentos, estratégias e programas. Essa última decomposição nos permitirá reconstruir várias formas distintas de planejamento estratégico no final deste capítulo.

O MODELO BÁSICO DE PLANEJAMENTO

O modelo essencial da "escola do *design*"

Um conjunto particular de conceitos engloba todas as propostas para formalizar o processo de formação de estratégia. Às vezes chamado de modelo SWOT (para *Strengths* [forças] e *Weaknesses* [fraquezas], *Opportunities* [oportunidades] e *Threats* [ameaças]) e mais conhecido nos escritos do pessoal de política de negócios da Harvard (especialmente Kenneth Andrews, nos seus livros [1971, 1980] e em um livro didático com vários colegas [Learned *et al.*, 1965; Christensen *et al.*, 1982, etc.]), suas idéias básicas remontam, pelo menos, ao influente livro de Philip Selznick, *Leadership in Administration*.

Preferimos chamá-lo de modelo da escola do *design* (veja Mintzberg, 1990a), porque se baseia na crença de que a formação de estratégia é um processo de concepção – o uso de algumas idéias básicas para traçar a estratégia. Dessas, a mais essencial é a da congruência, ou adaptação, entre fatores externos e organizacionais. Nas palavras de Andrews: "A estratégia econômica será vista como a combinação entre qualificações e oportunidade que posiciona uma empresa em seu ambiente" (*in* Christensen *et al.*, 1982:164). "Agarre o sucesso" parece ser o lema.

Conforme mostrado na Figura 2.1 em nossa versão do modelo, parecido com outros, a estratégia é criada na interseção de uma avaliação externa das ameaças e oportunidades com que uma organização se defronta em seu ambiente, consideradas em termos de fatores-chave para o sucesso, e uma avaliação interna das forças e fraquezas da própria organização, destiladas em um conjunto de competências distintivas. As oportunidades externas são exploradas pelas forças internas, ao passo que as ameaças são evitadas e as fraquezas, contornadas. Considerados, tanto na criação das estratégias como na avaliação subseqüente para escolher a melhor, estão os valores da liderança, assim como a ética da sociedade e outros aspectos da chamada responsabilidade social. Depois que a estratégia tiver sido escolhida, será implementada.

Isso é essencialmente tudo – uma simples "idéia informativa", assim afirmou Andrews, que nem quis chamá-la de modelo (*in* Christensen *et al.*, 1982:12, embora ele e seus colegas afirmassem que seu uso não era natural mas precisava ser aprendido, formalmente, de preferência em um estudo de caso em sala de aula [6]).

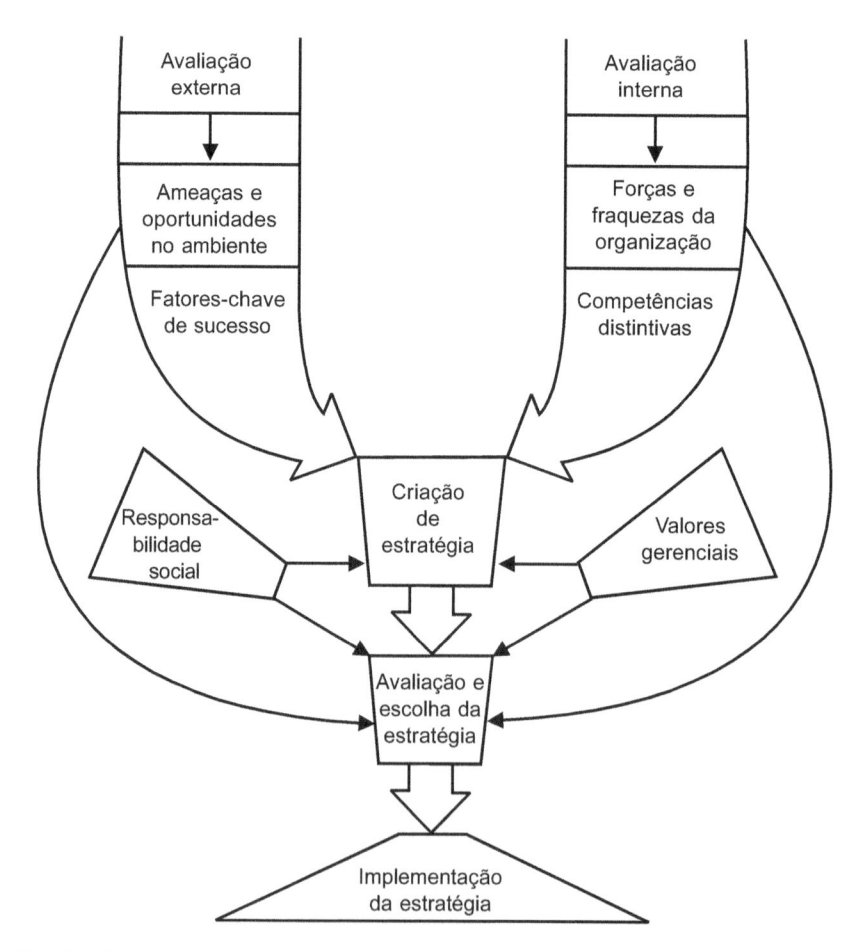

FIGURA 2.1 Modelo básico de formação de estratégia da escola do *design*.

Premissas da escola do *design*

Várias premissas fundamentam o que, todavia, preferimos referir como sendo este modelo, conforme divulgado por membros do que chamamos de escola do *design* de administração estratégica – aqueles que ficaram com este modelo em sua forma mais simples (em vez de elaborá-lo no espírito da escola de planejamento). Listamos abaixo essas premissas com as referências correspondentes, todas da versão do livro didático da Harvard de 1982 (Christensen *et al.*, que inclui o texto de Andrews), a menos que mencionado de outra forma.

1. **A formação de estratégia deve ser um processo de pensamento controlado e consciente** (6, 94, 185, 543). Aqui, a ação não recebe tanta atenção quanto a razão – estratégias formadas por meio de um processo rigidamente controlado de pensamento humano consciente. (Supõe-se que a ação venha em seguida, depois que as estratégias tiverem sido elaboradas.) Assim, as estratégias não devem ser desenvolvidas nem de forma intuitiva nem emergente; em vez disso, elas devem ser "tão deliberadas quanto possível" (Andrews, 1981:24). Andrews também escreveu sobre a necessidade de mudar a "aptidão intuitiva" para a "aptidão consciente" (105-106) e comparou "objetivo" com "improvisação" e "progresso planejado" com "tendência" (20), descartando a estratégia emergente em um dado lugar como "erosão" (544) e, em outro, com o rótulo de "oportunismo," como "a inimiga conceitual da estratégia" (829).
2. **A responsabilidade pelo processo deve ser do executivo principal: essa pessoa é O estrategista** (3, 19, 545). (Hayes referiu-se a isso como a "mentalidade de comando e controle" [1985:117]). "Arquiteto" tem sido a metáfora favorita dessa literatura, pois o executivo principal é visto como o projetista cujos projetos todos os demais constroem (19). Os outros membros da organização são, assim, relegados a papéis subordinados no processo, assim como os atores externos (com exceção dos diretores que aconselham o CEO). Daí a ênfase em responsabilidade social: o líder é responsável pelas necessidades da sociedade, não é a sociedade que exerce influência sobre a organização, pelo menos se o líder for socialmente responsável de forma voluntária.
3. **O modelo de formação de estratégia deve ser simples e informal** (12, 14). Os proponentes rigorosos desta escola são contrários à elaboração do modelo. Em última análise, ele é "um ato de julgamento" (108).
4. **As estratégias devem ser únicas: as melhores resultam de um processo de *design* criativo** (107, 186, 187). As estratégias se baseiam em competências *distintivas* (agora chamadas *essenciais*), levando Hofer e Schendel a se referirem a esta abordagem como a "filosofia da situação" (1978:203).
5. **As estratégias devem resultar do processo de *design* plenamente desenvolvido**. A formulação chega ao fim com a delineação e escolha de uma determinada estratégia. Assim, Andrews se referiu várias vezes à "escolha" de uma estratégia e à formação de estratégia, como um processo de "decisão" (p.ex., xiv). O resultado foi, até certo ponto, bíblico: o aparecimento repentino da grande estratégia, plenamente formada. Daí nossa caracterização do processo como um processo de concepção!

6. **As estratégias devem ser explícitas e, se possível, articuladas, o que significa que precisam ser simples** (105-106, 554, 835). Dessa forma elas podem ser "testadas ou contestadas" (105). Assim, a "simplicidade é a essência da boa arte; uma concepção de estratégia traz simplicidade para organizações complexas" (554). Ou, para citar um planejador da General Electric, "uma boa estratégia pode ser explicada em duas páginas. Caso contrário, não é boa" (Michael Carpenter, citado em Allio, 1985:20).
7. **Finalmente, depois de essas estratégias únicas, desenvolvidas, explícitas e simples terem sido totalmente formuladas, devem então ser implementadas**. Por exemplo, a estrutura deve seguir a estratégia (543, 551), sendo reconsiderada cada vez que uma nova estratégia é formulada. Assim, vários mecanismos administrativos – orçamentos, programações, incentivos, etc. – são postos em jogo para a implementação.

Premissas da literatura de planejamento

A literatura de planejamento se desenvolveu ao lado da literatura da escola do *design* – na realidade, seu antigo livro mais conhecido (Ansoff, 1965) foi publicado no mesmo ano do livro didático original de Harvard. Como já observamos, o modelo básico mostrado na Figura 2.1 também serviu de base para a escola de planejamento, e talvez a única diferença real seja uma ênfase na fixação de objetivos formais no lugar da incorporação implícita dos valores gerenciais. Muitas das premissas eram comuns, em especial a descrição da formação de estratégia como um processo deliberado, cerebral, que produz suas estratégias desenvolvidas para serem então articuladas e implementadas formalmente. Entretanto, também havia diferenças nas premissas – uma (manter o processo simples e informal) em particular; uma segunda (o CEO como o estrategista) na realidade, se não sempre em palavras; e uma terceira (sobre as estratégias terem de ser únicas) de fato.

As duas literaturas se distinguiam, principalmente, na premissa de manter o processo simples e informal. Como foi observado antes, o planejamento é caracterizado, acima de tudo, pelos esforços de formalizar o processo. Assim, o que era, para o pessoal do *design*, uma estrutura conceitual solta, com os elementos delineados no papel mas não separados nitidamente na prática (exceto para implementação[1]), passou a ser, na literatura de planejamento, um procedimento altamente formalizado, decomposto em uma seqüência elaborada de etapas apoiadas por técnicas, executadas quase mecanicamente. O conhecido modelo Ansoff, por exemplo (reproduzido na Figura 2.2), contém cinqüenta e sete caixas. Assim, um ano após o aparecimento dos dois primeiros livros, Learned, o principal autor do livro didático de Harvard, escreveu com seu colega Sproat:

> Uma... diferença distintiva entre Ansoff e o grupo de Harvard pode ser encontrada na tentativa do primeiro de rotinizar – tanto quanto possível – o processo de tomada

---
[1] Veja Mintzberg (1990a:179-180) para uma discussão das afirmações contrárias de Andrews e nossa resposta.

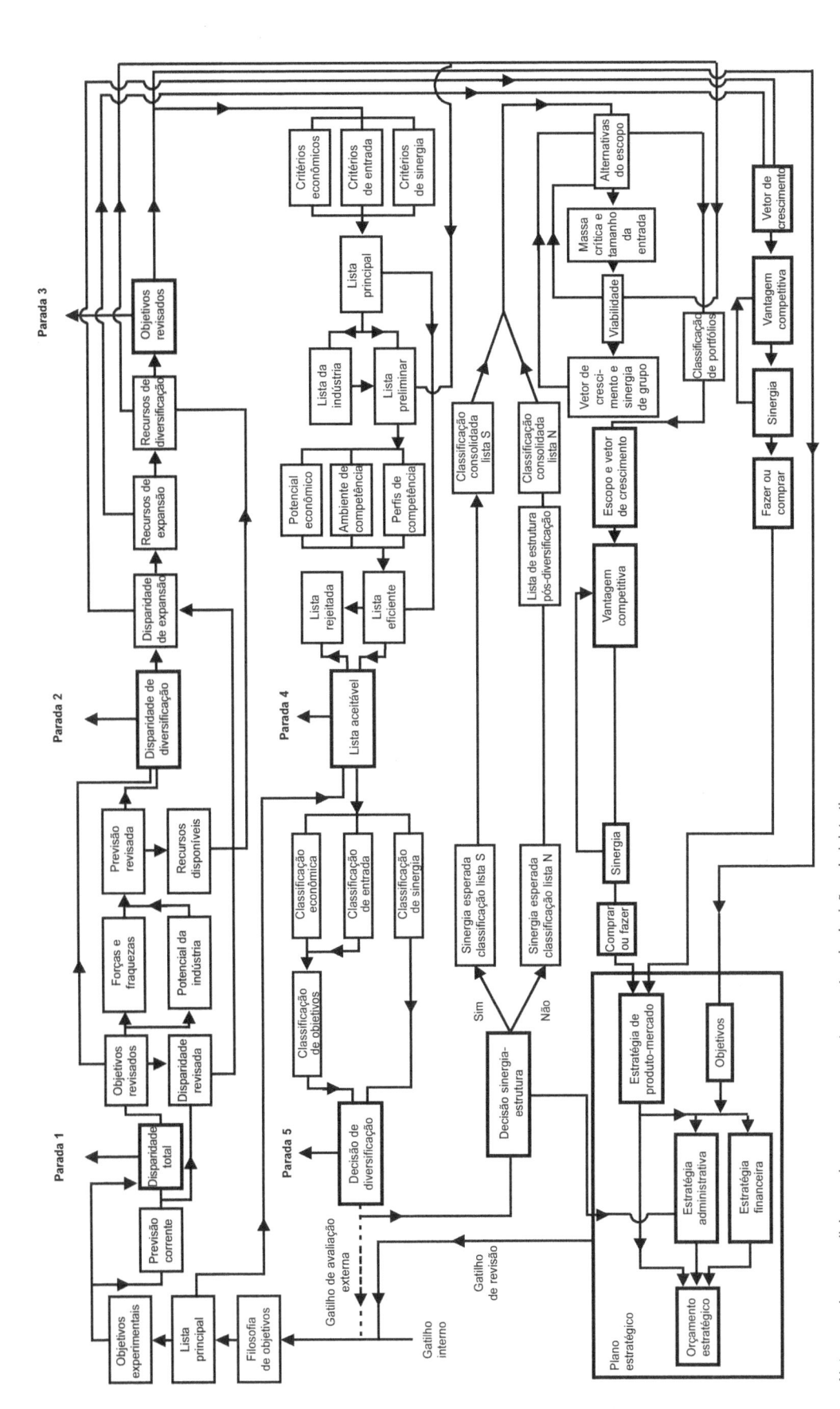

Nota: as caixas com linhas mais grossas representam pontos de decisão administrativa.

FIGURA 2.2 O modelo Ansoff de planejamento estratégico (Ansoff, 1965:202-203).

de decisão estratégica. Ele o faz fornecendo *checklists* bem detalhados de fatores que o estrategista deve considerar, mais indicadores para atribuir peso a esses fatores e estabelecer prioridades entre eles, além de muitos diagramas de fluxo de decisão e regras de escolha. (1966:95-96)

Essa divergência entre as duas literaturas, apesar de compartilharem o mesmo modelo básico, talvez seja mais bem ilustrada pelas tentativas de Andrews de distanciar seus próprios escritos daqueles do pessoal de planejamento: seu texto, afirmou, não é "uma lista de verificação de como fazer para planejadores corporativos. Na verdade, ele praticamente ignora os mecanismos de planejamento baseado no fato de que, desligados da estratégia, eles malogram" (*in* Christensen *et al.*, 1982:10).

A premissa do executivo principal como arquiteto da estratégia não foi somente dispensada como evitada. Como vimos, enquanto eram feitos elogios falsos a esse respeito ao gerente superior de linha, uma boa parte da literatura implicitamente trouxe o planejador para a frente e para o centro – como veremos, às vezes como um conselheiro com influência mais que passiva, às vezes como projetista do sistema de formação de estratégia, ou até das estratégias em si (o que poderia relegar o CEO/arquiteto ao papel de aprovar em vez de conceber estratégias), e às vezes como o policial que garantiu que todos os demais planejassem (o que significa que realizassem os procedimentos de planejamento indicados).

Por fim, como a premissa de manter as estratégias únicas em geral não foi tratada diretamente – essa literatura trata mais do processo de planejamento do que do conteúdo dos planos – conforme discutiremos no Capítulo 4, a própria natureza desse processo, baseado na formalização, muitas vezes solapou a criatividade e, assim, promoveu estratégias mais genéricas que únicas.[2]

Então, podemos resumir as premissas básicas da escola de planejamento assim:

1. **A formação de estratégia deve ser um processo controlado e consciente, bem como formalizado e elaborado, decomposto em etapas distintas, cada uma delineada por *checklists* e apoiada por técnicas.**
2. **A responsabilidade por todo o processo compete, em princípio, ao executivo principal; na prática, a responsabilidade pela execução é da equipe de planejadores.**
3. **As estratégias provêm desse processo prontas, geralmente como posições genéricas, devendo ser explicadas para que possam então ser implementadas pela atenção detalhada a objetivos, orçamentos, programas e planos operacionais de vários tipos.**

O leitor em busca de modelos de um processo como esse encontrará uma enorme diversidade de escolhas. Não pretendemos apresentar vários deles. Ao contrário, começaremos com apenas dois, um antigo, significativo em seu impac-

---

[2] Evidentemente, mais uma vez estamos separando a literatura da escola de posicionamento da de planejamento, sendo que a primeira se origina da segunda. Entretanto, a concentração da primeira no conteúdo da estratégia não muda nossa conclusão: na verdade, o termo estratégia genérica é um dos mais difundidos na literatura de posicionamento (p.ex., Porter, 1980, 1985).

to e exemplo primoroso de elaboração detalhada e o outro, posterior, mais difundido quando a literatura de planejamento estava no ápice de sua popularidade e um bom exemplo de elaboração menos extensiva.

O modelo inicial de Ansoff

A publicação do livro *Corporate Strategy*, de H. Igor Ansoff, foi um acontecimento importante no mundo da administração em 1965. Logo que apareceu, o livro representou uma espécie de crescendo no desenvolvimento da teoria do planejamento estratégico, oferecendo um grau de elaboração raramente tentado desde então (ou ao menos publicado). Curiosamente, Ansoff não tratou do processo de planejamento estratégico em geral; em vez disso, concentrou seu modelo na questão mais restrita da expansão e diversificação corporativas – um reflexo do bom astral da década de 1960 – que ele inseriu no contexto de estratégia de produto-mercado.

> O produto final de decisões estratégicas é enganosamente simples; uma combinação de produtos e mercados é selecionada pela firma. Chega-se a essa combinação pela adição de novos produtos-mercados, renúncia a outros antigos e expansão da posição presente. (1965:12)

A visão de estratégia de Ansoff, característica da literatura de planejamento em geral, era como posição (e plano, é claro), mas não perspectiva: "a estratégia é vista como um "operador" destinado a transformar a empresa da posição presente para a posição descrita pelos objetivos, sujeito aos obstáculos das competências e do potencial" (205).

Ansoff usou em seu livro o subtítulo *Uma Abordagem Analítica da Política de Negócios para Crescimento e Expansão*, embora em um artigo publicado no ano anterior, ele houvesse se referido à abordagem como "quase-analítica". Ao contrário do "esforço inicial [que] tomou a forma de listas de verificação dos ingredientes importantes do problema estratégico," seu esforço "dá a [esses] itens uma relação lógica, estrutura a análise dentro de cada um e fornece uma metodologia global" (1964:74).

A Figura 2.2 dá uma idéia da complexidade do modelo de Ansoff; é uma reprodução de seu próprio sumário dos vários diagramas apresentados ao longo do livro.[3] Ansoff caracterizou seu modelo como uma "cascata de decisões, começando com as altamente agregadas e prosseguindo para as mais específicas" (1965:201). Como observou antes no livro, "isso dá a impressão de resolver o problema muitas vezes, mas com resultados muito mais precisos" (24). A primeira etapa é decidir diversificar, ou não, a empresa; a segunda, escolher um escopo amplo de produto-mercado; e a terceira, refinar esse escopo. Assim, Ansoff ligou essa seqüência a seu diagrama sumário:

---

[3] Note que o "esquema simplificado deste diagrama" de Ansoff (28), Figura 2.1 na página 27 de seu livro, é muito parecido com nosso modelo básico da escola de planejamento (Figura 2.1 deste livro).

O fluxo de decisão procede das primeiras decisões de diversificação [Etapa 1] através de três estágios preliminares sucessivos baseados em informações consecutivamente maiores [Etapa 2], [Etapa 3] e [Etapa 4] até a decisão final de diversificação [Etapa 5]. Depois, toma-se uma decisão importante sobre a estratégia organizacional (decisão sinergia-estrutura) da empresa seguida por decisões sucessivas sobre os quatro componentes da estratégia (escopo de produto-mercado, vetor de crescimento, sinergia, vantagem competitiva) e culminando na decisão de fazer ou comprar. (201)

Como, neste momento, não podemos revisar todo o processo, que se torna incrivelmente detalhado em algumas partes, desejamos mesmo é captar sua essência. Dois conceitos são centrais para seu entendimento. O primeiro é a análise da *disparidade*.

O procedimento em cada etapa da cascata é parecido. (1) Fixa-se um conjunto de objetivos. (2) Avalia-se a diferença (a "disparidade") entre a posição corrente da empresa e os objetivos. (3) Propõe-se um ou mais cursos de ação (estratégia). (4) Esses são testados quanto às suas "propriedades para reduzir a disparidade". Se um curso eliminar substancialmente essas disparidades, será aceito; se não, tentar-se-ão alternativas novas. (25-26)

O segundo é *sinergia*, um conceito que mais tarde se tornou tão difundido em administração que provavelmente se apresenta como a contribuição mais constante do livro.[4] O *Random House Dictionary* define sinergia como "ação cooperativa" ou "combinada", como entre os nervos em um corpo ou as drogas em química. Ansoff usou-o para ajudar a explicar a noção básica para ajustar-se ao *design* da estratégia organizacional. Ele primeiro se referiu a ele "como o efeito do '2+2=5' para assinalar o fato que a empresa busca uma postura de produto-mercado com um desempenho combinado que seja maior que a soma de suas partes" (75). Depois, Ansoff ampliou sua definição do conceito para incluir qualquer "efeito que possa produzir um retorno combinado dos recursos da empresa maior que a soma de suas partes" (79). (Hofer e Schendel se referiram de forma mais sucinta a "efeitos conjuntos" [1978:25]). Obviamente, como observou Ansoff, a sinergia também pode ser negativa (o que Loasby rotulou de "alergia" [1967:301]).

Em essência, a sinergia funciona como um rótulo atrativo (ou talvez medida) do conceito mais básico do modelo da escola do *design*, isto é, a adaptação ou congruência, a ligação dos componentes para obter vantagem competitiva. Nas palavras de Ansoff, a "medição da sinergia é de várias maneiras similar ao que é freqüentemente chamado de 'avaliação de forças e fraquezas'" (76).

Ansoff desenvolveu seu modelo em diversas etapas. Primeiro, dedicou muita atenção aos objetivos, especialmente ao desenvolvimento de "um sistema prático de objetivos," o título do segundo de seus dois capítulos sobre o tema. Somente sob sua "hierarquia" dos objetivos de retorno sobre o investimento, listou 19 deles. Em seu modelo, esses objetivos devem ser desenvolvidos experimentalmente e então revisados de acordo com o resultado das avaliações interna e externa.

Outra etapa importante é a construção de "perfis de competência" para "acomodar sinergia, forças e fraquezas na mesma estrutura analítica" (91). As avalia-

---

[4] Sinergia realmente é mencionada no documento de 1962 de Gilmore e Brandenburg, mas esses autores agradecem Ansoff pelo termo.

ções vêm em seguida. A "avaliação interna está preocupada com o fato de a empresa poder ou não resolver seus problemas sem diversificar" (140), isto é, se ela consegue atingir seus objetivos através das oportunidades de crescimento e expansão oferecidas por suas estratégias correntes de produto-mercado. Se os objetivos não puderem ser atingidos, será feita uma "avaliação externa". Isso "pede um levantamento das oportunidades fora do atual escopo de produto-mercado da empresa" (140), incluindo o desenvolvimento do perfil de competência desta em cada indústria possível para avaliar o potencial de sinergia. Ansoff fornece listas de verificação detalhadas nessa seção (por exemplo, uma lista de 29 itens para fazer "análise da indústria," [146]), e o texto se torna terrivelmente complicado.

Finalmente, são construídos "portfólios alternativos de entradas de produto-mercado" e, depois de uma avaliação cuidadosa de cada um em função dos objetivos, considerando a teoria da decisão, elabora-se uma estratégia total de produto-mercado e suas conseqüências financeiras, administrativas e orçamentárias (às quais Ansoff se referiu como o "plano estratégico," como pode ser visto na parte inferior esquerda da Figura 2.2).

Há muito mais sobre *Corporate Strategy* do que descrevemos aqui (além de muito mais detalhes para cada uma dessas etapas). Há muito bom senso em todo o texto (p. ex., "é importante evitar confundir competência abundante com excelente" [194]) e a análise do próprio "conceito de estratégia," em um capítulo com esse título, permanece entre as melhores da literatura de negócio. Esse capítulo, e outros, também desenvolveu algumas idéias interessantes de estratégia do tipo genérico (veja, p. ex., p. 109 e 132) muito antes de esse conceito se tornar conhecido na literatura (com a publicação de *Competitive Strategy* de Porter em 1980), embora, com exceção da distinção entre estratégias de expansão e diversificação, não fossem realmente enfatizadas como temas centrais no modelo Ansoff.

O impacto principal do livro é, naturalmente, o próprio modelo que, nas palavras da sobrecapa original, realizou um escopo analítico de modo diferente do de qualquer outro, "o qual fornece uma estrutura conceitual e metodológica *global* para resolver o problema estratégico *total* da empresa". A primeira parte, sobre o escopo, pode até ser verdadeira. (Deve-se observar que o livro foi reeditado em 1988 como *The New Corporate Strategy*; mais tarde, mencionaremos essa edição em nossa discussão.) A questão pendente é se isso já funcionou, se Ansoff resolveu mesmo algum "problema de estratégia," sem falar no "total". Ele contribuiu com um modelo viável de formação de estratégia ou simplesmente (mas, de jeito nenhum, meramente) com várias idéias interessantes, bastante bom senso e um pouco de vocabulário útil?

O modelo da corrente principal de Steiner

Em muitas páginas sobre o planejamento rigoroso, George Steiner foi mais prolífico que Igor Ansoff (que, como veremos, mudou para uma perspectiva um tanto diferente) e, provavelmente, mais que todos os demais neste tipo de literatura. Seu livro principal, *Top Management Planning*, publicado em 1969, tem quase 800 páginas e foi precedido e seguido por vários outros. Contudo, o modelo de Steiner é menos desenvolvido que o de Ansoff e, segundo a consideração geral, mais convencional e menos sofisticado. De certa forma, Steiner foi menos um lançador de bases que um popularizador das visões geralmente aceitas de planejamento: na realidade, seu livro de 1979, *Strategic Planning*, tem o subtítulo *What Every Mananger Must Know**. Fazemos aqui um sumário do modelo de Steiner em seu livro de 1969, como a essência da corrente principal de pensamento na área durante a década de 1970.

Depois de uma introdução de quatro capítulos (sobre a natureza do planejamento, a introdução ao modelo, a importância do planejamento abrangente e o papel da alta direção neste), Steiner dedicou sete capítulos ao "processo de desenvolver planos", cobrindo assuntos como a organização para o planejamento, os objetivos corporativos (dois capítulos), a avaliação ambiental, a natureza das estratégias, as políticas e os procedimentos e o passar do planejamento à ação. Uma terceira seção do livro trata das "ferramentas para planejamento mais racional", incluindo ferramentas quantitativas e sistemas de informação gerencial, enquanto uma quarta trata do planejamento em várias áreas funcionais, incluindo comercialização, finanças e diversificação.

O modelo em torno do qual Steiner constrói sua discussão está reproduzido na Figura 2.3.[5] Embora pareça muito semelhante ao da escola do *design*, exceto por uma decomposição das etapas que se seguem à implementação, ele difere nitidamente nas suposições a respeito de sua abrangência, na rígida seqüência de suas etapas e no detalhamento de sua execução. (Isso talvez seja melhor indicado pelo índice detalhado de Steiner, rotulado de "Índice Analítico", que tem dez páginas!) Para citar trechos das seções de sua introdução ao modelo:

> O assunto que pode estar contido no planejamento estratégico inclui todo tipo de atividade de interesse para uma empresa. Entre as áreas, estão lucros, dispêndios de capital, organização, preços, relações de trabalho, *marketing,* finanças, pessoal, relações públicas, propaganda, capacidades tecnológicas, aperfeiçoamento de produtos, pesquisa e desenvolvimento, questões legais, seleção e treinamento gerencial, atividades políticas, etc. (34)

> Programação de médio prazo é o processo no qual são feitos planos detalhados, ordenados e abrangentes para funções selecionadas de um negócio, dispondo recursos para atingir objetivos seguindo políticas e estratégias traçadas no processo de planejamento estratégico. Todos os programas e prazos de médio prazo cobrem o mesmo período, geralmente de cinco anos. Seja qual for o período coberto, os planos são elaborados com detalhes consideráveis para cada ano do período de planejamento. (35)

> Os orçamentos de curto prazo e planos funcionais detalhados incluem assuntos como metas de curto prazo para vendedores, orçamentos para compras de material, planos de propaganda de curto prazo, reposição de estoque e programas de emprego. (35)

Qualquer dúvida quanto ao resultado se enquadrar no que chamamos de escola de planejamento pode ser dissipada na Figura 2.4, que reproduz a ilustração de Steiner de planejamento em uma corporação importante.

---

* N. de T.: O que todo administrador precisa saber.
[5] Sua versão de 1979 desse modelo (17) rotulou novamente algumas das caixas – por exemplo, "objetivos" e "valores" passaram a ser "expectativas externas importantes" e "interesses internos", e "planejamento estratégico" e "planos" se tornaram "estratégias mestre" e "estratégias de programa"; também em 1979, "o plano para planejar" foi acrescentado à frente de todos.

MODELOS DO PROCESSO DE PLANEJAMENTO ESTRATÉGICO 53

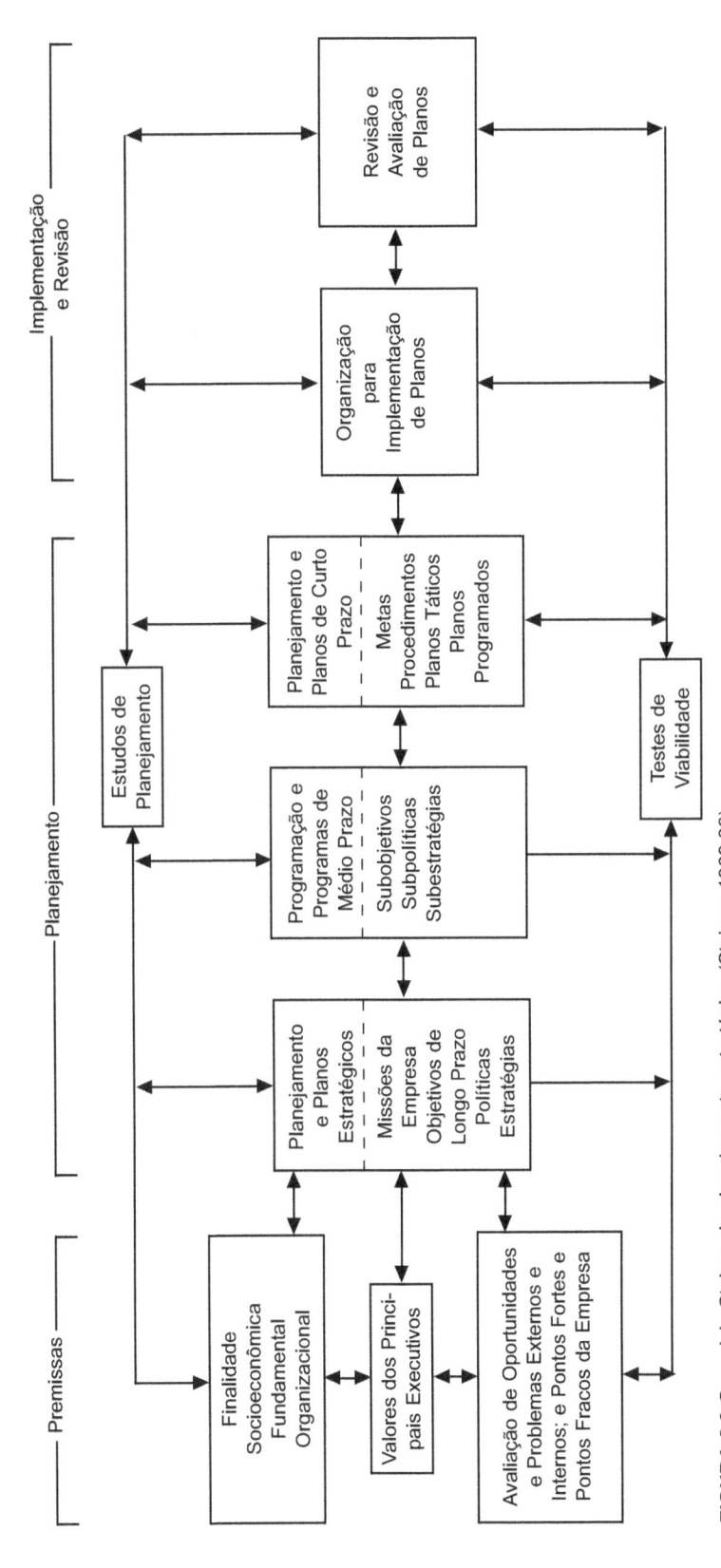

FIGURA 2.3 O modelo Steiner de planejamento estratégico (Steiner, 1969:33).

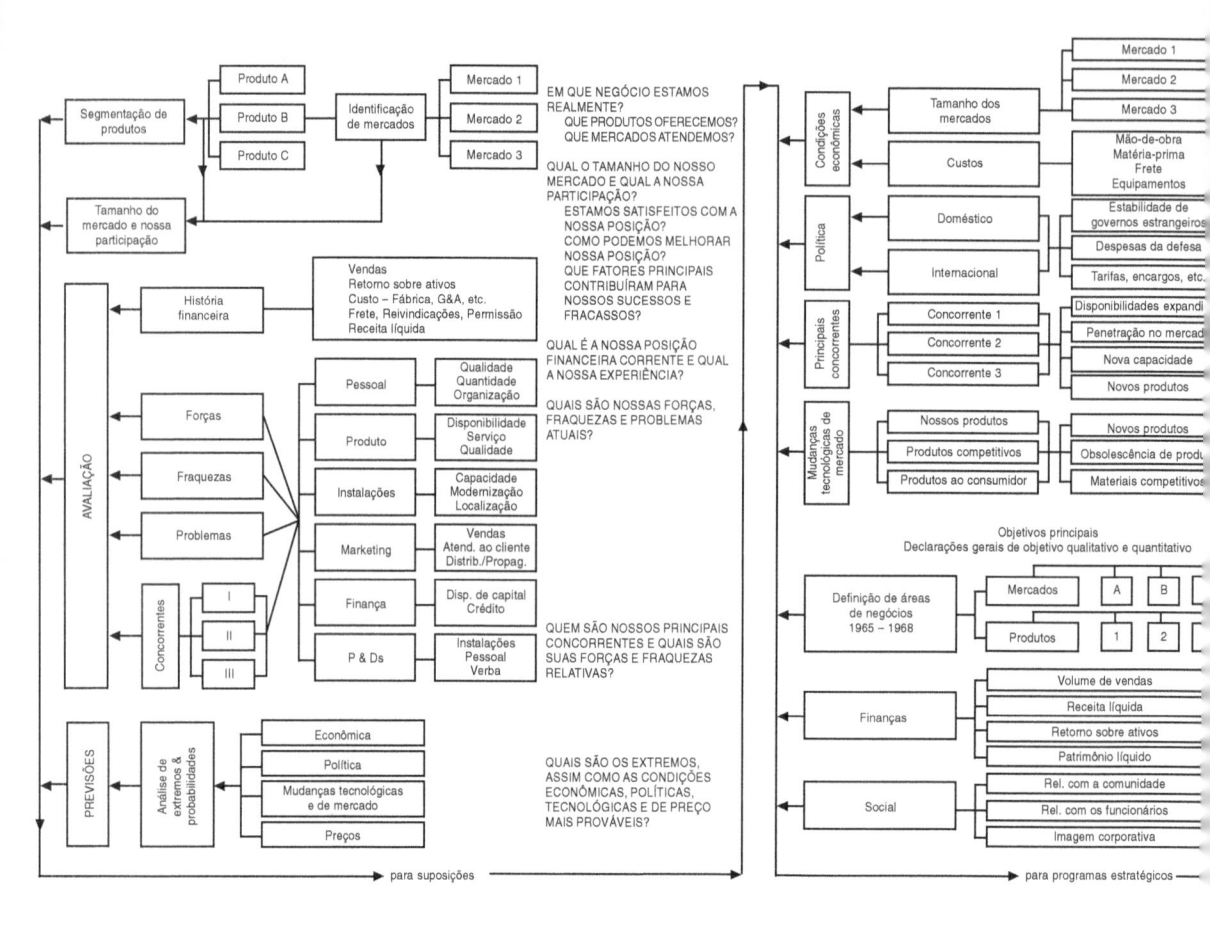

FIGURA 2.4 O processo de planejamento na Kaiser Aluminium, por volta de 1964 (reproduzido de Steiner, 1969:50-5

O leitor interessado em uma versão do setor público do modelo básico de planejamento do mesmo período pode dar uma olhada na Figura 2.5. Ela apresenta o planejamento estratégico no Exército dos EUA, por volta de 1970, uma coleção verdadeiramente surpreendente de acrônimos. (Para quem estiver interessado, JSOP, por exemplo, quer dizer Joint Strategic Objectives Plan [Plano Conjunto de Objetivos Estratégicos], ASA significa Army Strategic Appraisal [Avaliação Estratégica do Exército], etc.) Não é de admirar que um planejador japonês, a quem tinham acabado de mostrar um abrangente processo de planejamento estratégico de uma firma norte-americana, comentasse: "Meu Deus, parece tão complicado quanto construir uma fábrica de produtos químicos!" (citado em Ohmae, 1982:224).

DECOMPOSIÇÃO DO MODELO BÁSICO

Cada caixa desses gráficos, e cada acrônimo, geralmente era apoiada por detalhes consideráveis, que às vezes poderiam ser levados a extremos – no caso do Exército

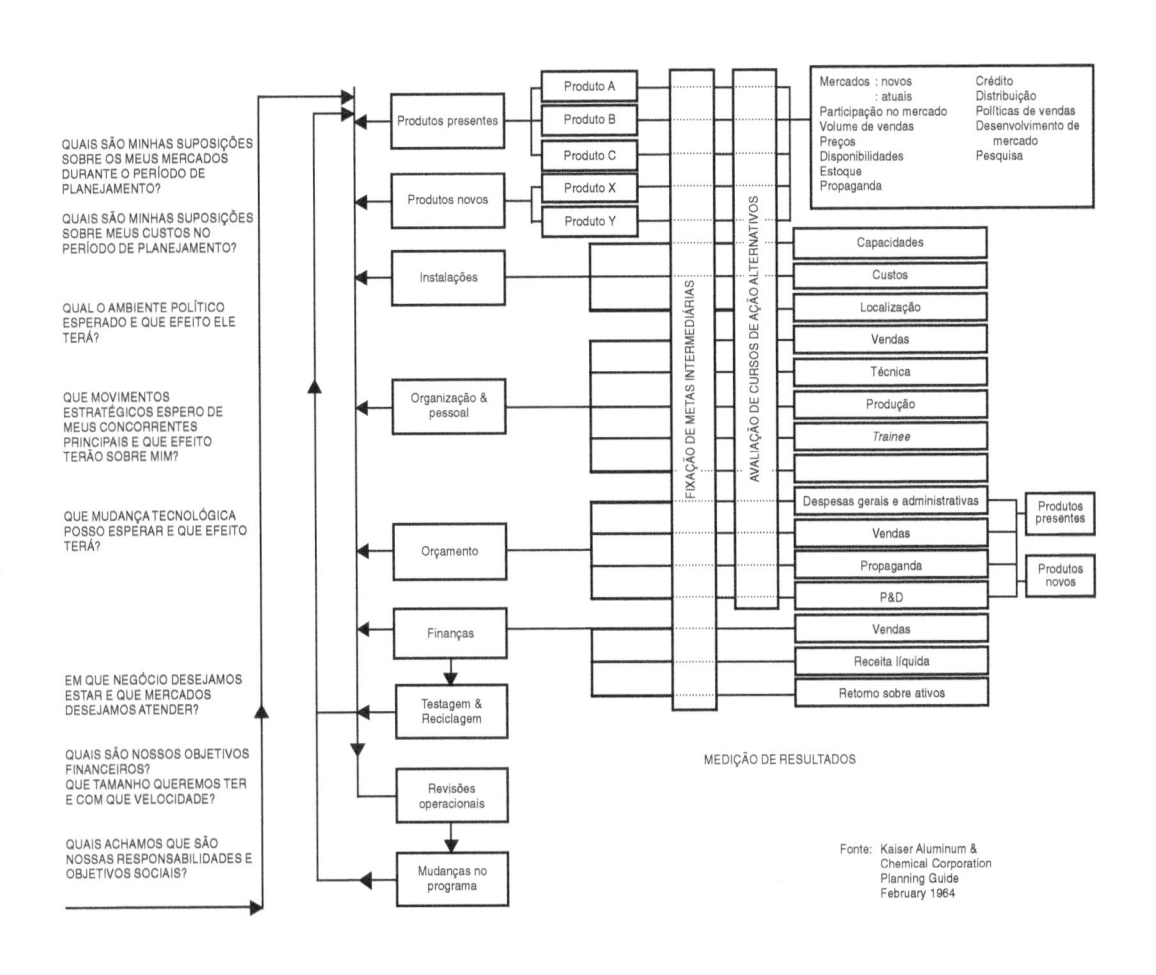

MODELOS DO PROCESSO DE PLANEJAMENTO ESTRATÉGICO   55

[Diagrama de fluxo do processo de planejamento estratégico]

QUAIS SÃO MINHAS SUPOSIÇÕES SOBRE OS MEUS MERCADOS DURANTE O PERÍODO DE PLANEJAMENTO?

QUAIS SÃO MINHAS SUPOSIÇÕES SOBRE MEUS CUSTOS NO PERÍODO DE PLANEJAMENTO?

QUAL O AMBIENTE POLÍTICO ESPERADO E QUE EFEITO ELE TERÁ?

QUE MOVIMENTOS ESTRATÉGICOS ESPERO DE MEUS CONCORRENTES PRINCIPAIS E QUE EFEITO TERÃO SOBRE MIM?

QUE MUDANÇA TECNOLÓGICA POSSO ESPERAR E QUE EFEITO TERÁ?

EM QUE NEGÓCIO DESEJAMOS ESTAR E QUE MERCADOS DESEJAMOS ATENDER?

QUAIS SÃO NOSSOS OBJETIVOS FINANCEIROS? QUE TAMANHO QUEREMOS TER E COM QUE VELOCIDADE?

QUAIS ACHAMOS QUE SÃO NOSSAS RESPONSABILIDADES E OBJETIVOS SOCIAIS?

Fonte: Kaiser Aluminum & Chemical Corporation Planning Guide February 1964

dos EUA, provavelmente salas cheias de documentos. No mínimo, eram fornecidas listas de verificação, às vezes com seqüências claras; além disso, especialmente a partir de meados de 1970, foram propostas técnicas sistemáticas de ciência da administração para tratar dos vários assuntos em questão.[6] Drucker talvez tivesse razão em argumentar que planejamento estratégico "não é uma caixa de truques, um pacote de técnicas" (1973:123), mas sua afirmação não teria muito significado para pessoas como Rea, que escreveu que "A abordagem geral ao *design* de sistemas de previsão e planejamento é (1) identificar as funções que precisam ser realizadas no processo de alocação de recursos, (2) procurar ferramentas analíti-

---

[6] O livro *Strategic Formulation: Analytical Concepts*, de Hofer e Schendel (1978) forneceu uma extensa lista de técnicas disponíveis no fim da década de 1970 (veja também Huff e Reger [1987] para uma literatura posterior sobre técnicas de planejamento estratégico). Na realidade, o livro de Hofer e Schendel pode ser considerado próximo à transição da escola de planejamento para a escola de posicionamento, indo além da especificação de processos para a aplicação da técnica, mas não organizado realmente em torno da articulação do conteúdo. Isso, porém, aconteceu logo depois.

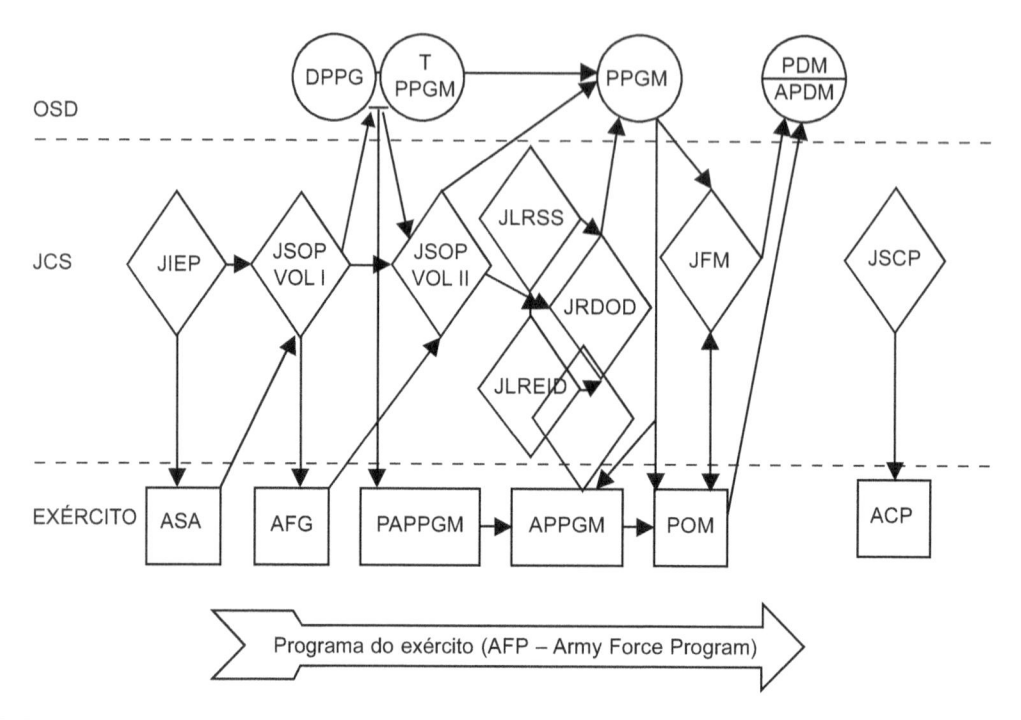

FIGURA 2.5 Planejamento estratégico no Exército dos EUA (Chapman e Gabrielli, 1976-77:280).

cas que possam ser usadas para realizar essas funções, (3) analisar os insumos, resultados, benefícios e custos de cada ferramenta, (4) avaliar seus requisitos e desempenho em função dos critérios estabelecidos e (5) escolher a melhor combinação de ferramentas para formar o sistema" (1968:205).

No entanto, independentemente da atenção à técnica, havia quase um consenso de que as diferentes etapas devem ser delineadas precisamente e então ligadas em seqüências prescritas com clareza. Assim, Steiner se referiu a seu livro de 1979 como "um guia passo a passo," enquanto Linneman e Kennell descreveram o propósito de seu artigo de 1977 na *Harvard Business Review* como "oferecer um método simplificado de dez etapas para desenvolver estratégias flexíveis por meio do que chamamos de análise de múltiplos cenários" (p. ex., "Etapa 3: dar uma boa olhada no passado... Etapa 7: construir cenários", 142). Em uma pesquisa posterior com quase mil planejadores norte-americanos, Ginter *et. al.* encontraram grande concordância sobre a seqüência subjacente de etapas (como eles as caracterizaram: missão, objetivos, análise externa, análise interna, desenvolvimento de estratégias alternativas, seleção da estratégia, implementação e controle da estratégia, sendo que apenas a missão recebeu uma ênfase relativamente pequena em termos de importância). Eles concluíram:

> Ainda que o modelo normativo de administração estratégica pareça idealista e excessivamente mecanicista, no sentido de que parece progredir seqüencialmente de um estágio bem definido para outro, contra as expectativas de alguns, isso não con-

funde ou intimida os que estão de fato engajados na administração estratégica nas organizações contemporâneas. Pelo contrário, eles parecem se identificar muito facilmente com o modelo normativo. (1985:588)

Abaixo, recapitulamos brevemente (com uma exceção) os principais estágios do modelo básico, na seqüência normalmente prescrita. (Nós os chamamos de estágios porque cada um deles geralmente agrupa muitas "etapas".)

O estágio de definição de objetivos

Os escritores de planejamento aperfeiçoaram a simples idéia da responsabilização por valores na formação de estratégia desenvolvendo procedimentos extensos para explicar e, sempre que possível, quantificar as metas da organização (geralmente colocadas como objetivos em forma numérica). Já vimos a atenção à fixação de objetivos nos trabalhos de Ansoff e Steiner. Outros deram um tratamento parecido, em alguns casos recorrendo a técnicas imprecisas como o método Delphi (que verifica e encoraja o consenso entre as opiniões de vários participantes por meio de sucessivas estimativas por um ou mais parâmetros).

Em seu conhecido livro *Strategic Management*, baseado em uma importante conferência do setor realizada em 1977, Schendel e Hofer (1979:16) criaram um caso com a distinção entre "(1) aqueles [modelos] que separam as tarefas de formulação de metas e estratégias (Ansoff, 1965; Cannon, 1968; McNichols, 1972; Paine e Naumes, 1974; Glueck, 1976; Hofer e Schendel, 1978); e (2) aqueles que as combinam (Learned *et al.*, 1965; Katz, 1970; Newman e Logan, 1971; Uyterhoeven *et al.*, 1977)". Por coincidência, o primeiro grupo é formado, na maior parte, por pessoas que escreveram a partir de uma perspectiva de planejamento, enquanto as do segundo eram partidárias da escola do *design*. Em outras palavras, é mais provável que as pessoas predispostas à abordagem de planejamento tentem distinguir metas de estratégias.

Presume-se que essa distinção só possa ser feita se houver algum ponto razoavelmente claro onde as metas terminam e as estratégias começam. Uma pessoa poderia pensar que esse ponto é fácil de identificar. No entanto, tendo em vista que escritores proeminentes de planejamento como Ansoff (1965) incluíram "expansão de linhas de produto" e "fusão" na lista de objetivos, enquanto Lorange (1980a) usou a palavra objetivos querendo dizer estratégias,[7] essa pessoa desiste. Uma distinção que, às vezes, pode estar clara nos extremos parece desaparecer na grande distância entre eles, da mesma forma que a distinção entre estratégias e táticas.

Schendel e Hofer "preferem a separação dos processos de formulação de metas e estratégias porque está claro que esses processos são, de fato, separados em várias organizações e porque os valores pessoais e os costumes sociais são, quase sempre, muito mais influentes na formulação de metas que na for-

---

[7] "O primeiro estágio, a fixação de objetivos, serve principalmente para identificar alternativas estratégicas relevantes, para onde ou em qual direção estratégica a empresa como um todo, bem como suas subunidades estratégicas, deverá ir" (1980:31).

mulação de estratégias" (1979:16). Entretanto, a primeira afirmação não está absolutamente clara – e nenhuma evidência foi fornecida para sustentá-la – deixando a segunda, no mínimo, questionável. De qualquer maneira, como é possível fazer tais afirmações, a não ser que se tenha dividido o mundo em categorias arbitrárias? As organizações podem definir no papel o que escolhem como metas e estratégias. No entanto, o que os rótulos têm a ver com fenômenos reais e processos de trabalho? Como é possível, por exemplo, negar o impacto dos valores sobre a formulação de estratégia, na realidade, até medi-lo?

O que temos nesse suposto problema reflete uma importante tendência na própria abordagem de planejamento, certamente um reflexo de um de *seus* próprios valores: que se captou um fenômeno porque ele está descrito, rotulado e colocado em uma caixa, teoricamente representado por números. Como Wildavsky comentou sobre objetivos no governo: "Todos caprichosamente rotulados como se tivessem saído de uma fantástica máquina nacional de salsichas no céu" (1973:134).

Na verdade, os valores são os elementos menos operacionais do modelo de planejamento, especialmente no contexto coletivo das organizações. A quantificação, como veremos no Capítulo 5, ainda que seja possível em princípio – qualquer um pode colocar um número em algo que quiser em um pedaço de papel – na prática pode fazer uma terrível injustiça com o complexo conjunto de valores contido no sistema humano chamado organização. Todavia, o modelo de planejamento dedica muita energia a um simples exercício. Na verdade, veremos que grande parte da chamada atividade de planejamento estratégico se reduz a pouco mais que a quantificação de metas como meio de controle.

O estágio de auditoria externa

Uma vez estabelecidos os objetivos, os dois estágios seguintes, como no modelo da escola do *design*, são para avaliar as condições externas e internas da organização. No espírito da abordagem de planejamento formalizada, sistemática, vamos chamá-los de auditorias.

Um elemento importante da auditoria do ambiente externo da organização é o conjunto de previsões feitas sobre condições futuras. Os teóricos do planejamento há muito se preocupam com essas previsões, porque, se não podem controlar o ambiente, a incapacidade para prever seu curso significa a incapacidade para planejar. Assim, "prever e preparar" (Ackoff, 1983:59) tornou-se o lema desta escola de pensamento. Extensas listas de verificação foram propostas para cobrir todo e qualquer evento externo, e inúmeras técnicas foram desenvolvidas, desde as simples (médias móveis, etc.) até as extremamente complexas (veja Makridakis e Wheelwright [1981] para uma revisão de métodos de previsão). Recentemente, tornou-se comum a construção de cenários (p. ex., Porter, 1985: Capítulo 13; Wack, 1985a e b; discussão no Capítulo 5), na qual são postuladas visões alternativas dos possíveis estados do ambiente futuro de uma organização. Discutiremos isso com mais detalhes no Capítulo 5.

Além do tema da previsão em si, uma parte da literatura se desenvolveu em inteligência estratégica, voltada em boa parte para métodos mais amplos, porém mais imprecisos, de coletar informações sobre o ambiente externo (veja Huff, 1979, para uma boa revisão disso até então). A maioria dos modelos de planejamento apresenta listas de verificação de fatores a considerar na auditoria externa, em geral categorizados como econômicos, sociais, políticos e tecnológicos. Além disso, uma literatura importante se desenvolveu nos anos 1980 em torno do que é geralmente chamado de análise da indústria ou dos concorrentes, estimulada, em particular, pelo livro de Porter de 1980, *Competitive Strategy*. A Figura 2.6 mostra sua estrutura básica para fazer a análise da concorrência. Entretanto, apesar de toda essa atenção e esforço, um estudo das experiências de grandes empresas consideradas líderes nessa área verificou que elas tinham "dificuldade em fazer análise ambiental, se adequar ao processo de planejamento e avaliar suas contribuições" (Lenz e Engledow, 1986:82). Em um estudo de acompanhamento efetivamente publicado no ano anterior (Engledow e Lenz, 1985), esses pesquisadores encontraram uma atenção reduzida à prática formal.

O estágio de auditoria interna

Mantendo o espírito da abordagem de planejamento, mais uma vez o estudo de forças e fraquezas foi sujeito a uma extensa decomposição, embora, aqui, o uso de técnica em geral tinha dado lugar a *checklists* e tabelas mais simples de vários

O que orienta o concorrente		O que o concorrente está fazendo e pode fazer
METAS FUTURAS		**ESTRATÉGIA ATUAL**
Em todos os níveis da administração e em múltiplas dimensões		Como a empresa compete atualmente

PERFIL DE RESPOSTA DO CONCORRENTE

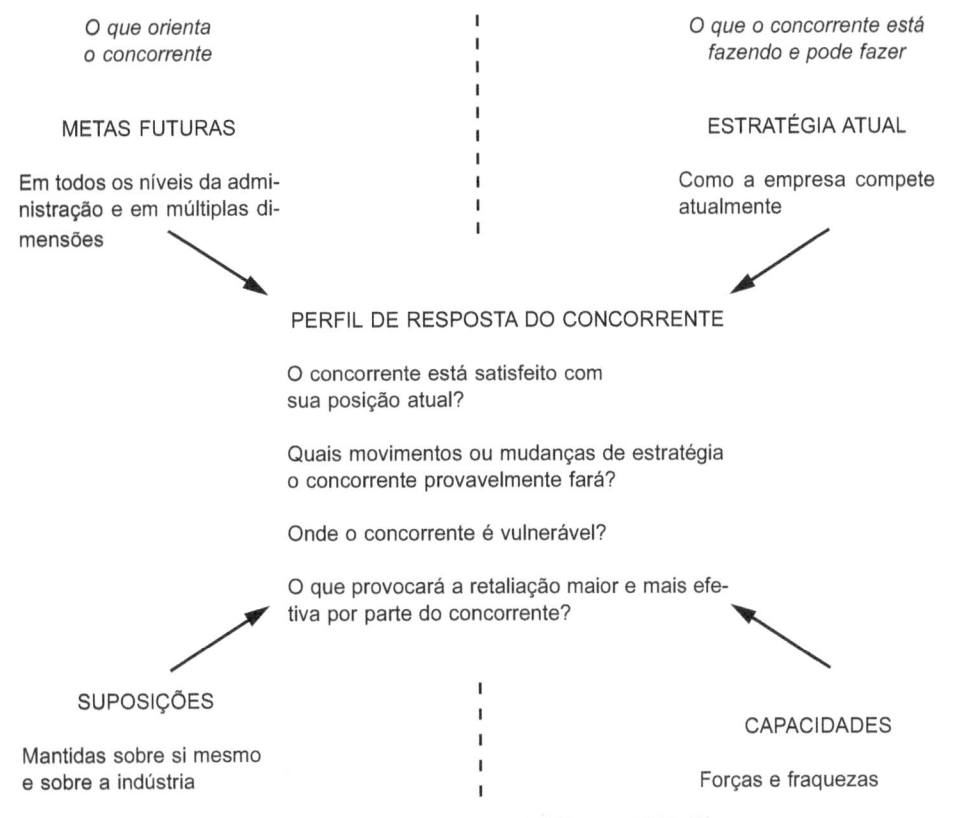

O concorrente está satisfeito com sua posição atual?

Quais movimentos ou mudanças de estratégia o concorrente provavelmente fará?

Onde o concorrente é vulnerável?

O que provocará a retaliação maior e mais efetiva por parte do concorrente?

SUPOSIÇÕES		CAPACIDADES
Mantidas sobre si mesmo e sobre a indústria		Forças e fraquezas

FIGURA 2.6 "Componentes da análise da concorrência" (Porter, 1980:49).

tipos, o que Jelinek e Amar chamaram de "estratégia corporativa por listas de lavanderia" (1983:1). Talvez a avaliação de competência *distintiva* seja necessariamente mais subjetiva e, portanto, menos receptiva à análise rigorosa (se não a tentativas de decomposição).

A estrutura de Ansoff para o "perfil de competência", uma matriz de áreas funcionais e tipos de capacidades organizacionais (pessoal, instalações e equipamentos, etc.), parece ter estabelecido o padrão para grande parte do trabalho que se seguiu. Está reproduzida na Figura 2.7 a partir de seu livro de 1965. Entre as poucas inovações desde então, constavam esforços estimulados pelo Boston Consulting Group e pela McKinsey Company junto com a General Electric para marcar a posição de um negócio em uma matriz de forças competitivas e atributos de mercado (dando origem ao famoso estábulo do BCG de cães, vacas leiteiras, gatos selvagens, etc. [veja Henderson, 1979]). Entretanto, em geral, a auditoria interna avançou pouco desde o livro de Ansoff, tornando-se não mais que um julgamento apoiado por listas de verificação, não muito diferente das afirmações genéricas do modelo básico da escola do *design*.

O estágio de avaliação da estratégia

Neste próximo estágio, avaliação de estratégias, a literatura de planejamento recuperou o que havia perdido no anterior. Muitas técnicas surgiram simplesmente porque o processo de avaliação se presta à elaboração e quantificação, variando da simples noção inicial da análise de retorno sobre o investimento até uma onda de técnicas mais recentes, como "avaliação da estratégia competitiva" (Williams, 1984), "análise de risco" (Hertz e Thomas, 1984), "curva do valor" (Strategic Planning Associates, 1984) e os vários métodos de "valor para o acionista" (Rappaport, 1986).

Como os nomes das técnicas mencionadas acima evidenciam, quase todas são orientadas para a análise financeira, como se somente as conseqüências monetárias da estratégia (ou desempenho, pois, às vezes, a estratégia também é esquecida) importassem realmente, e essas podem ser medidas diretamente. Assim, "criação de valor" tornou-se um termo popular na literatura de planejamento, considerando questões como a relação valor de mercado/valor contábil da empresa e o custo do patrimônio líquido (Hax e Majluf, 1984: Capítulo 10). A suposição subjacente parece ser que as empresas ganham dinheiro administrando dinheiro, livres dos abomináveis fatores de produtos e mercados e clientes. Mais tarde demonstraremos que essa obsessão por quantificação financeira pode ter justamente o efeito contrário, que pôr a carroça financeira na frente dos bois da estratégia pode, na verdade, piorar o desempenho real da empresa.

De qualquer maneira, vemos aqui especialmente que, enquanto a abordagem do *design* procurou apenas entender em sentido geral se a estratégia proposta poderia funcionar, a abordagem de planejamento preferiu o cálculo preciso da viabilidade das estratégias propostas. Mais uma vez, uma formalizou o que a outra apenas considerou. Entretanto, isso teve como conseqüência uma diferença de tipo, não somente de grau.

Com os anos, dedicou-se um pouco de atenção à outra abordagem da avaliação de estratégias, talvez mais sensível na teoria, embora, na prática, mais difícil de executar. Foi a tentativa de usar simulações abrangentes da empresa por com-

FIGURA 2.7 Grade de perfil de capacidade (Ansoff, 1965:98-99)

	Instalações e equipamentos	Habilidades pessoais	Capacidades organizacionais	Capacidades gerenciais
Administração geral & finanças	Equipamentos para processamento de dados	Profundidade da administração geral Finanças Relações industriais Legal Recrutamento e treinamento de pessoal Contabilidade Planejamento	Estrutura multidivisional Financiamento para o cliente Financiamento industrial Planejamento e controle Processamento de dados de negócio automatizado	Gerenciamento de investimento Controle centralizado Gerenciamento de grandes sistemas Controle descentralizado Empresa intensiva em P&D Empresa intensiva em capital-equipamento Empresa intensiva em *merchandising* Negócios cíclicos Muitos clientes Poucos clientes
Pesquisa e desenvolvimento	Equipamentos especiais de laboratório Equipamentos genéricos de laboratório Instalações para testes	Áreas de especialização Pesquisa avançada Pesquisa aplicada Projeto de produto: industrial consumidor militares especificação Projeto de sistemas Projeto industrial: consumidor industrial	Desenvolvimento de sistemas Produtos desenvolvimento industrial consumidor processo Militar cumprimento de especificações	Utilização do estado-da-arte avançado Aplicação do estado-da-arte atual Otimização de custo-desempenho
Operações	Usinagem geral Maquinaria de precisão Equipamento de processo Produção automatizada Instalações amplas com pé direito alto Ambiente controlado	Operação de usinagem Fabricação de ferramentas Montagem Maquinaria de precisão Trabalho com tolerância limitada Operação de processo Planejamento de produto	Produção em massa Processo de fluxo contínuo Processo em lotes Oficina sob encomenda Montagem de grandes produtos complexos Integração de subsistemas Controle de produtos complexos Controle de qualidade Compras	Operação de demanda cíclica Exército especificações qualidade Controle de custos rígido Programação rígida
Marketing	Armazenagem Lojas varejistas Escritórios de vendas Postos de atendimento Equipamentos de transporte	Vendas de porta em porta Vendas varejistas Vendas atacadistas Vendas diretas da indústria Vendas para o Ministério da Defesa Vendas entre indústrias Engenharia de aplicações Propaganda Promoções de vendas Assistência técnica Administração de contrato Análise de vendas	Vendas diretas Cadeia de distribuição Rede varejista Organização de atendimento ao cliente Organização de atendimento industrial Apoio de produto ao Departamento da Defesa Estoque distribuição e controle	*Marketing* industrial *Merchandising* Marketing para o Departamento da Defesa *Marketing* estadual e municipal

putador para testar as conseqüências das estratégias propostas. Essas simulações apareceram no final da década de 1960 (p. ex., Gershefski, 1969) e se transformaram em problemas na década de 1970 (veja Hall, 1972/1973), embora seus proponentes renovassem seu entusiasmo na década de 1980 (p. ex., Shim e McGlade, 1984). No entanto, pode-se imaginar que a literatura tenha ido muito além da prática neste ponto, visto que os proponentes dessas simulações pareciam mais interessados em desenvolvê-las que em aplicá-las, como na citação de Shim e McGlade sobre a descoberta de um estudo: "Os usuários finais dos modelos geralmente eram grupos de planejamento estratégico, a tesouraria e a controladoria" (1984:887). Uma exceção notável foi um artigo de Hall e Menzies (1983), que detalhava o uso de um modelo de dinâmica de sistemas em, quem diria, um clube esportivo, para testar os efeitos, que as várias estratégias teriam sobre os sócios. Em resposta à simulação, sabe-se que o clube alterou várias de suas estratégias-chave.[8]

É preciso ter em mente o que o estágio de avaliação de estratégia supõe: em um determinado momento, as estratégias não são evoluídas ou desenvolvidas tanto quanto *delineadas*. E não apenas uma, mas várias, são delineadas para que possam ser avaliadas e uma delas seja selecionada definitivamente. Os comentários de Sawyer indicam isso:

> Da mesma forma que, ao planejar a conquista da França, o estado-maior da Alemanha definiu uma série de estratégias alternativas e preparou um plano de batalha completo para cada estratégia antes de fazer sua escolha, muitas vezes é necessário considerar os resultados que várias alternativas de negócios poderiam produzir, antes que uma determinada estratégia possa ser escolhida e posta em movimento. (1983:14)

O estágio de operacionalização da estratégia

Aqui, a maioria dos modelos se torna muito detalhada (sendo uma exceção notável o de Ansoff), quase como se o processo de planejamento de repente passasse por um gargalo de formulação de estratégia de um túnel de vento para acelerar, dentro dos espaços aparentemente abertos da implementação. Na verdade, a realidade da formação de estratégia pareceria ser exatamente oposta: a formulação deve ser o processo aberto, divergente (no qual a imaginação pode florescer na criação de estratégias novas), ao passo que a implementação deve ser o processo fechado, convergente (no qual essas estratégias são submetidas às restrições da operacionalização). No entanto, devido à necessidade de formalização do planejamento, é uma ironia o fato de ser a formulação que se torna restrita, ao passo que a implementação propicia liberdade para decompor, elaborar e racionalizar, descendo por uma hierarquia cada vez mais larga. (Como conseqüência, como veremos, como planejamento, a formulação perde seu potencial criativo, enquanto a implementação proporciona grandes poderes de controle.) Assim, a partir das dificul-

---

[8] Certamente, esses modelos por computador também poderiam ser usados no estágio da auditoria externa para entender o funcionamento do ambiente, supondo que os parâmetros críticos possam ser quantificados. A simulação dos acasos de Roger Hall (1976) da revista *Saturday Evening Post*, feita retrospectivamente, mostrou como esses modelos poderiam ser usados como ferramenta de diagnóstico.

dades de avaliar o ambiente externo, das ambigüidades de identificar competências distintivas e da arbitrariedade de impor a técnica na avaliação de estratégias, o modelo de planejamento chega naturalmente aos detalhes concretos para tornar as estratégias operacionais – naturalmente receptivo à formalização.

A decomposição estava claramente na ordem do dia. Segundo Steiner, "Todas as estratégias precisam ser divididas em subestratégias para o sucesso da implementação" (1979:177), como se nenhum outro meio de implementar estratégia (p. ex., pela transmissão metafórica da visão) fosse concebível. Bower referiu-se ao resultado total como uma "cascata dedutiva" (1970a:286), enquanto Normann e Rhenman (1975) chamaram-no de "modelo de meios-fins". Eles o atribuíram a Herbert Simon, cuja "noção, que tem atraído muito os adeptos das técnicas de planejamento 'racional', [é] que um problema de planejamento pode ser resolvido por uma divisão racional do problema todo em fins e meios, ordenados em uma hierarquia" (13).

A operacionalização de estratégias dá origem a todo um conjunto de hierarquias, consideradas existentes em diferentes níveis e perspectivas de tempo. No topo, estão os planos de longo prazo, abrangentes ou "estratégicos", para alguns anos (em geral, cinco), seguidos pelos de médio prazo, talvez para dois ou três anos, e embaixo estão os planos operacionais e de curto prazo para o ano seguinte. O corte vertical desses planos produz, em primeiro lugar, uma hierarquia de objetivos, na qual as metas básicas a serem cumpridas por toda a organização são decompostas em alvos específicos, divididos em uma hierarquia de subobjetivos. As conseqüências desses são, por sua vez, transformadas em toda uma hierarquia de orçamentos, os quais impõem as restrições financeiras (ou incentivos motivacionais, dependendo de como você as vê) sobre cada unidade da organização.

Enquanto isso, as próprias estratégias são aperfeiçoadas em uma hierarquia completa das subestratégias comentadas por Steiner. Essas existem em três níveis – estratégias *corporativas,* para considerar a carteira de negócios global da empresa diversificada (i.e., seu conjunto de posições em diferentes indústrias); estratégias *de negócios,* para descrever as posições de produto-mercado de cada negócio individual (ou UEN – unidade estratégica de negócio – como o termo foi cunhado para o planejamento da General Electric no começo dos anos 1970 [Hamermesh, 1986:188][9]); e estratégias *funcionais,* para definir os métodos de comercialização, fabricação, pesquisa, etc. As conseqüências de todas essas subestratégias – como posições, não como perspectivas – são, por sua vez, traduzidas em outra hierarquia, de programas de ação: introduzir novos produtos específicos, lançar campanhas de propaganda específicas, construir novas fábricas, etc., cada um com um cronograma específico.

Por fim, todo o conjunto – objetivos, orçamentos, estratégias, programas – é reunido em uma disposição conjunta de planos operacionais, cuidadosamente integrados, às vezes chamada de "plano mestre". "As características essenciais desse plano mestre são que ele é *abrangente* – isto é, cobre todos os elementos principais do negócio – e está *integrado* em um programa equilibrado e sincronizado para toda a operação" (Newman, Summer e Warren, 1972:396). É desnecessário dizer que isso pode se tornar demasiadamente elaborado, como sugere a Figura 2.8, que mostra o conhecido "Sistema de Planos" do Stanford Research Institute.

---

[9] As UENs podem ou não corresponder a divisões formais, com algumas delas englobando diversas UENs.

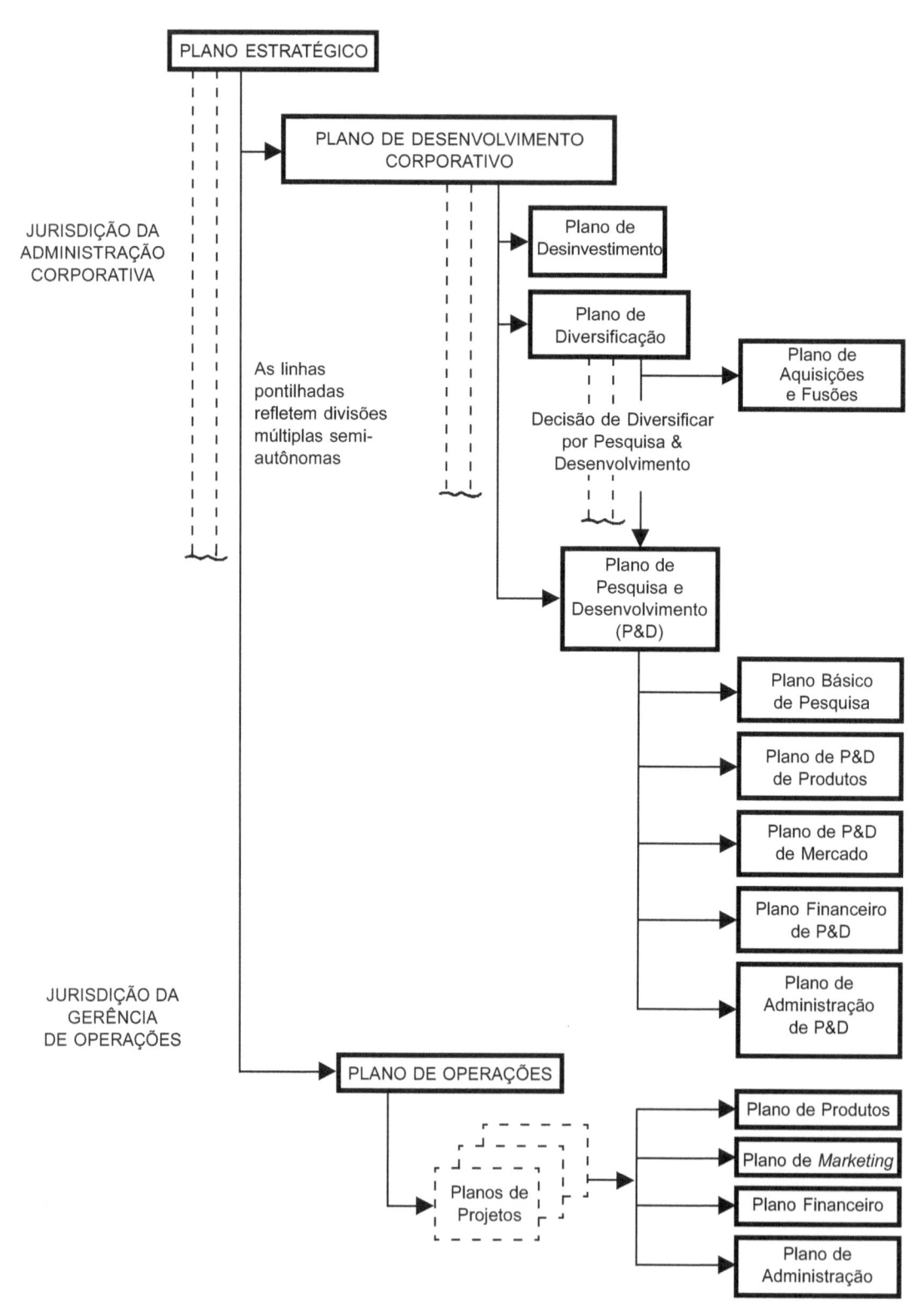

FIGURA 2.8 "Sistema de Planos" proposto pelo Stanford Research Institute (Stewart, 1963:i).

O rótulo de todo esse esforço de operacionalização era *planejamento*, mas a intenção era na verdade *controle*. Cada orçamento, subobjetivo, plano operacional e programa de ação foi superposto a uma entidade distinta da organização – alguma unidade, seja ela divisão, departamento ou filial, ou mesmo um indivíduo – para ser executado conforme o especificado. Como colocou Loasby, as responsabilidades foram alocadas "de uma forma bem categórica" (1967:304). Steiner argumentou que "todas as estratégias precisam ser divididas em subestratégias para o sucesso da implementação" devido a sua suposição de que todos precisam receber intenções precisas para realizar seu próprio trabalho: "a etapa final da implementação diz respeito a controlar e motivar as pessoas a agirem em conformidade com os planos" (1979:215). Se a decomposição for feita corretamente, todas essas tarefas individuais se somarão para realizar as intenções estratégicas globais das organizações. Tudo muito caprichado e arrumado, como uma máquina na linha de montagem.

Programação de todo o processo

Não só todas as etapas do processo de planejamento eram programadas de modo ostensivo, mas também o cronograma pelo qual elas supostamente eram executadas (para não falar nos resultados em si, os planos, os quais deviam impor um cronograma para todos os programas e um prazo para todos os orçamentos). Em seu livro de 1979, Steiner acrescentou, na frente de seu modelo total, uma etapa inicial denominada "plano para planejar": se o planejamento é bom, ele também deve ser bom para os planejadores. A Figura 2.9 mostra o programa anual de planejamento usado pela General Electric (por volta de 1980), que teve início em 3 de janeiro e terminou em 6 de dezembro. Outro planejador da General Electric descreveu o processo, quase na mesma época, da seguinte forma:

1. Janeiro: Uma revisão do ambiente em nível corporativo identifica assuntos de interesse em nível corporativo em toda a empresa, como o impacto de uma inflação de dois dígitos ou uma crise de energia. As UENs recebem diretrizes corporativas indicando as principais prioridades e metas da empresa.
2. Fevereiro-junho: Cada Unidade Estratégica de Negócio atualiza seu plano estratégico para cinco anos. O foco principal é melhorar sua posição competitiva a longo prazo. Afora isso, determina sua resposta às diretrizes corporativas.
3. Julho-setembro: O Comitê Administrativo Corporativo, composto pelo Presidente, Vice-presidente e pelos executivos do alto escalão, revisa os planos das UENs. Eles julgam a qualidade do plano, avaliam os riscos e decidem as prioridades de alocação de recursos. A direção da empresa concentra-se nos objetivos e nas necessidades de recursos, minimizando seu envolvimento nas estratégias de UENs específicas para atingir os objetivos.
4. Outubro-dezembro: Cada UEN desenvolve programas operacionais e orçamentos detalhados para o ano seguinte.
5. Dezembro: Os orçamentos das UENs recebem aprovação final em nível corporativo; eles fornecem a base para medir as operações no ano seguinte. (Hekhuis, 1979:242-243)

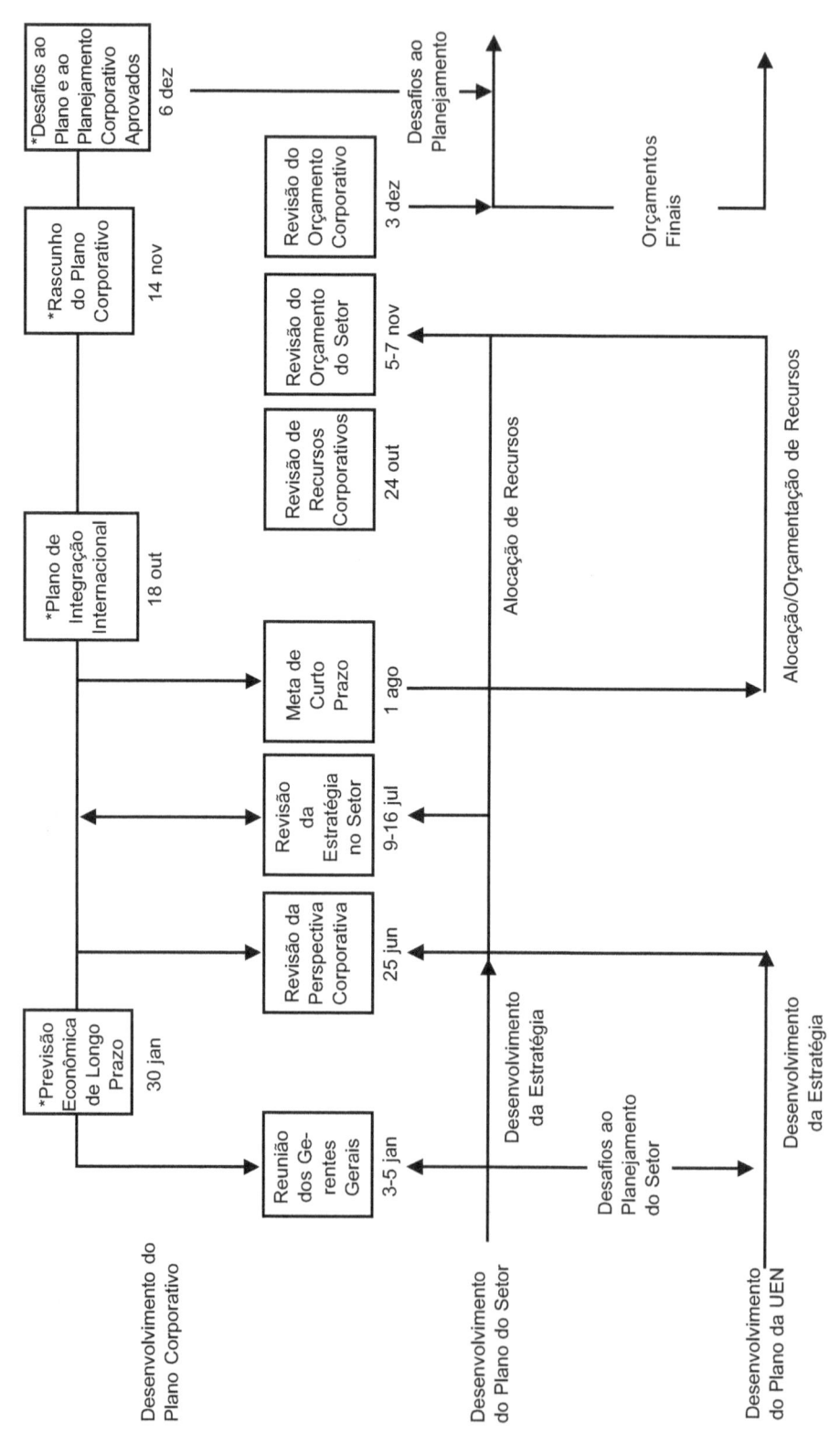

FIGURA 2.9 Ciclo de Planejamento Anual na General Electric (Rothschild, 1980:13).

Isso indica – embora, não tão bem quanto alguns gráficos e descrições que explicam tudo nos mínimos detalhes – a natureza travada de tal programação, destinada a programar quando coisas específicas irão acontecer. "Em meados de junho," escreveram Lorange e Vancil sobre o planejamento em uma grande multinacional diversificada, "a alta direção prepara uma declaração explícita da estratégia e das metas corporativas" (1977:31). Pode-se imaginar os executivos sentados em torno de uma mesa, às 11 da noite de 14 de junho, trabalhando freneticamente para concluir sua estratégia. Embora Lorange afirmasse que o modelo de planejamento "especifica uma seqüência lógica de etapas que devem ser realizadas para fazer o processo ganhar vida dentro de uma organização" (1980a:54-55), em vez disso, pode-se imaginar quanta vida corporativa ele aniquilou.

Falta um detalhe

Como vimos, todo este exercício de planejamento foi programado detalhadamente: a delineação das etapas, a aplicação de listas de verificação e técnicas para cada uma delas, a programação do conjunto, tudo minuciosamente considerado. Exceto por um pequeno detalhe: *a formação da estratégia em si*. De alguma forma, o objetivo final de todo o exercício se perdeu no exercício. Em nenhum lugar foi dito como criar estratégia. Como coletar informações, sim. Como avaliar a estratégia, sim. Como implementá-la, com certeza. No entanto, não como criá-la, a princípio. Todos os escritores trataram dessa etapa superficialmente. Quando Malmlow, em um artigo de 1972 na revista *Long Range Planning*, inseriu quadros em seu gráfico de planejamento com títulos como "capte insumos" e "acrescente *insight*" ele estava apenas apresentando o pior exemplo de um problema sintomático de toda a literatura: supor que um fenômeno foi captado e que a ação ocorrerá, simplesmente porque foi rotulado em um quadro num pedaço de papel. Com toda essa decomposição, nunca houve qualquer integração. Não obstante, a conversa de Ansoff sobre sinergia, o Humpy Dumpty ("O ovo" – personagem de Alice no País das Maravilhas) do planejamento jaz aos pedaços sobre sua monótona superfície. Claro, tudo isso devia ser considerado em uma etapa, chamada formulação de estratégia. No entanto, esqueceram de especificar essa etapa – sem decomposição, sem articulação, sem racionalização, na verdade, sem descrição!

Na realidade, nosso entendimento de como a estratégia é ou deve ser formulada simplesmente não avançou com todos esses esforços. Pode ser que eles tenham servido principalmente para desviar alguns indivíduos talentosos de se atracarem com os problemas espinhosos da criação de estratégia. Assim, Steiner, depois de toda a preocupação com a formalização, admitiu em seu texto de 1979 que "embora tenha sido feito muito progresso no desenvolvimento de ferramentas analíticas para identificar e avaliar estratégias, o processo ainda é principalmente uma arte" (178). Parece que voltamos ao modelo da escola do *design*![10]

No entanto, se o processo permaneceu uma arte, então onde entrou o planejamento? Se a formalização é a essência do planejamento, e se a criação de estra-

---

[10] Esse modelo em si não ajudou muito. Como Bryson comentou, "A principal fraqueza do modelo de Harvard é que ele não faz uma recomendação específica sobre como desenvolver estratégias, exceto para notar que as estratégias efetivas irão se basear nas forças, aproveitar as oportunidades e superar ou minimizar as fraquezas e ameaças" (1988:31).

tégia não pode ser formalizada, então o que o "planejamento estratégico" estava fazendo todos esses anos? Ele precisou ser relegado à fixação de objetivos em um extremo e à operacionalização de estratégias (de onde quer que elas venham) no outro, onde a formalização é possível?

SELEÇÃO DAS QUATRO HIERARQUIAS: OBJETIVOS, ORÇAMENTOS, ESTRATÉGIAS, PROGRAMAS

Deixando de lado esse "pequeno" detalhe, a perfeita ordem do modelo de planejamento esconde muita confusão em todo o processo. Em particular, o sistema oferece uma série completa de componentes, cujas relações nunca tinham sido esclarecidas na prática. Objetivos, orçamentos, estratégias e programas não se entrosam tão claramente quanto se pensava no modelo básico. Sobre a implementação, Ansoff nos disse que:

> A etapa seguinte é converter os níveis planejados em programas de ação coordenada para várias unidades da empresa. Esses programas especificam os planos de ações, metas e cotas, os pontos de controle e os marcos. Os programas de ação são então traduzidos em orçamentos de recursos em termos de pessoal, materiais, dinheiro e espaço necessários para apoiar os programas. Os programas de ação e os orçamentos de recursos formam a base dos orçamentos de lucros – medidas do custo líquido – efetividade de realização dos níveis de desempenho propostos. (1967:6-7)

Ainda assim, ninguém jamais tratou com firmeza o modo como essa interpretação deve ocorrer. A prática, portanto, quase sempre levou a resultados diferentes, gerando todos os tipos de queixas sobre a raridade de implementações bem-sucedidas (lembre-se do comentário de Peters sobre o índice de sucesso "altamente inflacionado" de 10% em implementação de estratégia). Outra consequência tem sido a popularidade de modelos menos ambiciosos e menos abrangentes, como orçamentação de capital, que se revelaram mais práticos na sua aplicação. Em parte, esses problemas provavelmente refletem a subespecificação do modelo básico – todas as relações que permaneceram insolúveis ou ambíguas. De modo mais expressivo, pensamos que isso reflete suposições erradas no próprio modelo.

De acordo com o modelo abrangente, as organizações começam com objetivos que devem emanar de cima (como um reflexo dos valores básicos da alta direção) e fluir para baixo na hierarquia dessa cascata dedutiva. Entretanto, se eles fizerem parte daquele sistema outrora em moda chamado APO (administração por objetivos), então eles também devem fluir para cima na hierarquia de forma cumulativa e, nesse caso, fica pouco nítido onde os valores globais entram no quadro. De qualquer forma, os objetivos devem estimular o desenvolvimento de estratégias (como na análise de disparidades de Ansoff), embora Steiner parecesse sustentar que eles também podem derivar de estratégias ("o processo de planejamento pode começar com estratégias. Depois que forem formuladas estratégias confiáveis, será fácil determinar os objetivos que serão atingidos se as estratégias forem implementadas corretamente" [1979:173])[11]. Então virá uma cascata de estratégias, que deve dar origem a mais uma cascata de programas. Entretanto, em orçamentação de capital, que geralmente é mais estabelecida do que o planejamento estratégico convencional, a suposição é que os programas são iniciados embaixo e fluem para cima na hierarquia para aprovação e, nesse caso, não fica claro onde entram as estratégias. Uma terceira cascata de orçamentos parece brotar dos objetivos de maneira rotineira, independente das estratégias (deixando de lado o problema de os orçamentos, bem como os objetivos, geralmente serem negociados de baixo para cima). Todavia, supõe-se que os orçamentos também reflitam mudanças na estratégia, presumivelmente em base *ad hoc* (pois é assim que as próprias estratégias mudam). Na verdade, a relação entre orçamentos rotineiros e estratégias *ad hoc* parece nunca ter sido tratada de maneira importante.

O que, então, está realmente acontecendo nesse processo? Os planejadores que conviveram com sistemas de planejamento específicos, em situações específicas, podem saber a resposta em particular. Em outras palavras, eles podem ter resolvido coisas para sua própria organização – feito suas próprias conciliações. No entanto, qualquer um em geral sabe? Existe mesmo aqui algum conhecimento conceitual claro? Ou a literatura de planejamento só confundiu suposição com prática?

Vamos adotar uma outra conduta para tentar ordenar um pouco as coisas. Objetivos, orçamentos, estratégias e programas parecem ser fenômenos muito diferentes que não se ligam com tanta facilidade quanto sugeriu a literatura de planejamento. É mais provável que as ligações sejam tanto inexistentes formalmente quanto muito mais complexas que o indicado. Parece bastante razoável concluir que as estratégias específicas às vezes irritam os programas *ad hoc*, ou que os objetivos ajudam a determinar os orçamentos. No entanto, não é razoável concluir que qualquer uma dessas hierarquias se aninhem convenientemente uma na outra – por exemplo, que a de orçamentos emana da de estratégias (ou vice-versa). A maneira de os programas, essencialmente *ad hoc* (para cada caso), se incorporarem aos orçamentos, rotineiros por natureza, é muito menos clara; não é mais clara a maneira de os objetivos estimularem a criação de estratégias. Além disso, conforme foi mencionado antes, o fluxo prescrito no modelo básico parece ser contradito por sistemas como a APO ou a orçamentação de capital, que podem fluir em direções totalmente opostas. Todas essas contradições continuam sem solução.

Para fazer algum progresso em meio a essa confusão, sentimos a necessidade de envolvermo-nos em decomposição por conta própria. Contudo, faremos cortes verticais, por assim dizer, separando completamente as quatro hierarquias de objetivos, orçamentos, estratégias e programas para considerar novamente o que algumas das ligações entre elas poderiam ser na prática. Usamos a palavra "poderiam" porque, neste momento, só podemos especular; qualquer outra coisa exigirá uma pesquisa empírica muito cuidadosa. A Figura 2.10 mostra essas quatro hierarquias delineadas desta forma, em quatro níveis administrativos diferentes – corporativo, de negócio, funcional e operacional – embora qualquer hierarquia de unidades estruturais possa ser substituída. Na parte inferior da Figura, são mostradas as ações empreendidas pela organização, o alvo de todo esse esforço.

A Figura 2.11 sobrepõe a isso o modelo de planejamento plenamente desenvolvido *em teoria*. (Veja Lorange [1980a:55-58] para um exemplo de um processo passo a passo mais ou menos consistente com isso.) O ponto de partida é delinear os objetivos globais da empresa (#1), que, de um lado, dê origem a todo um sistema de subobjetivos (1a-1c) e, do outro, gere o desenvolvimento de uma cas-

---

[11] Mais confusa ainda é ainda uma outra alternativa, em que "por meio da análise das oportunidades, ameaças, forças e fraquezas da empresa, os gerentes e funcionários identificarão objetivos e estratégias alternativos, a partir dos quais, no fim, serão fixados objetivos para a empresa" (172).

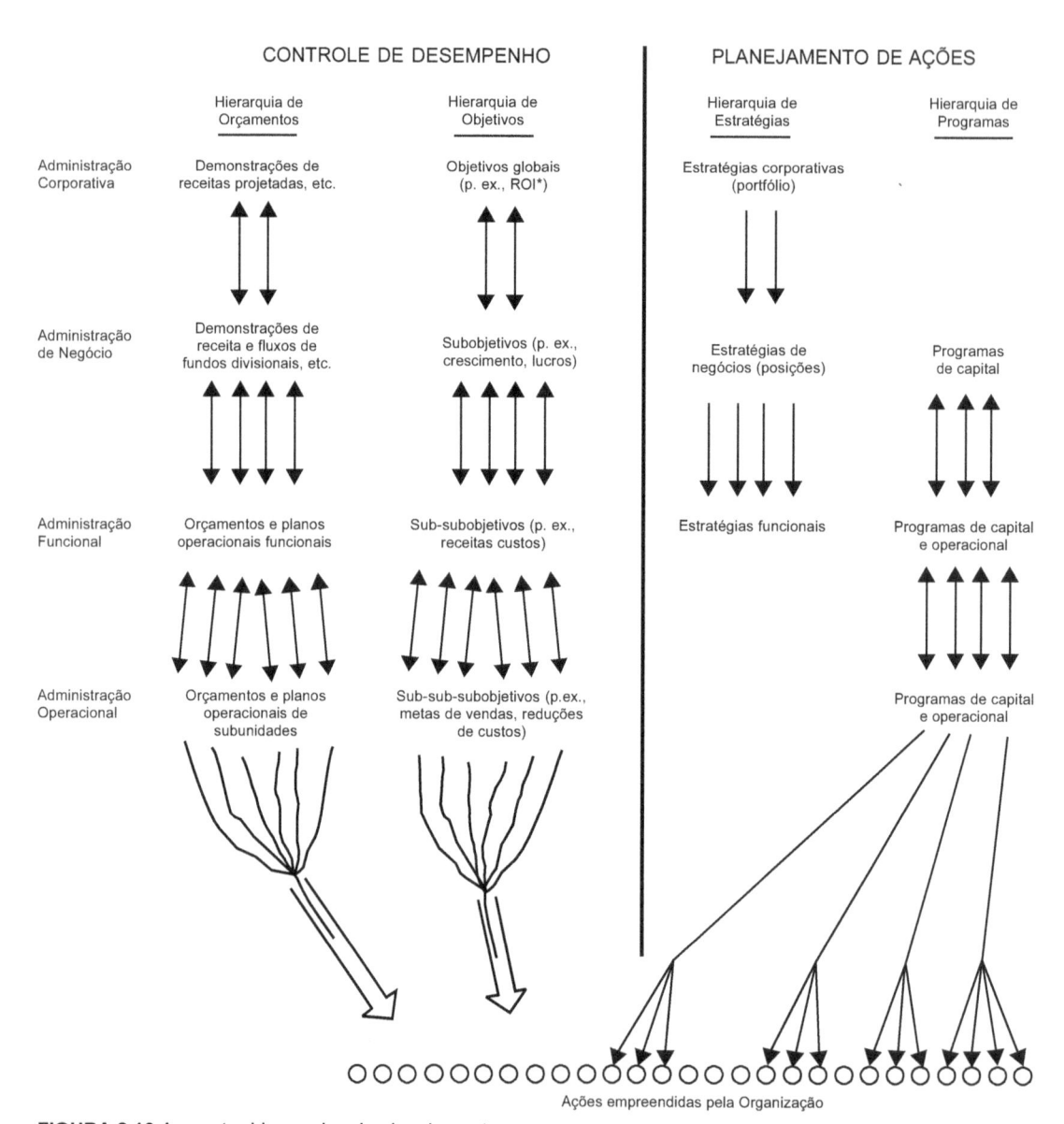

FIGURA 2.10 As quatro hierarquias de planejamento.

cata de estratégias de cima para baixo (2a-2c), que, por sua vez, leve a uma hierarquia de capital e programas operacionais (3a-3c) que determine as ações da empresa. Enquanto isso, os objetivos e os subobjetivos alimentam o processo de orçamentação em vários níveis (4a-4d), assim como as conseqüências dos vários programas, cujos efeitos nos orçamentos devem ser considerados. É mais ou me-

---

[12] Como discutiremos mais tarde, o exercício de SPPO no governo dos EUA nos anos 1960 prosseguiu, em grande parte, da mesma maneira, exceto em que tinha mais jeito de orçamentação de capital de baixo para cima e era ainda mais ambicioso em sua suposta abrangência.

* N. de R.: *Return On Investiment* – retorno sobre o investimento.

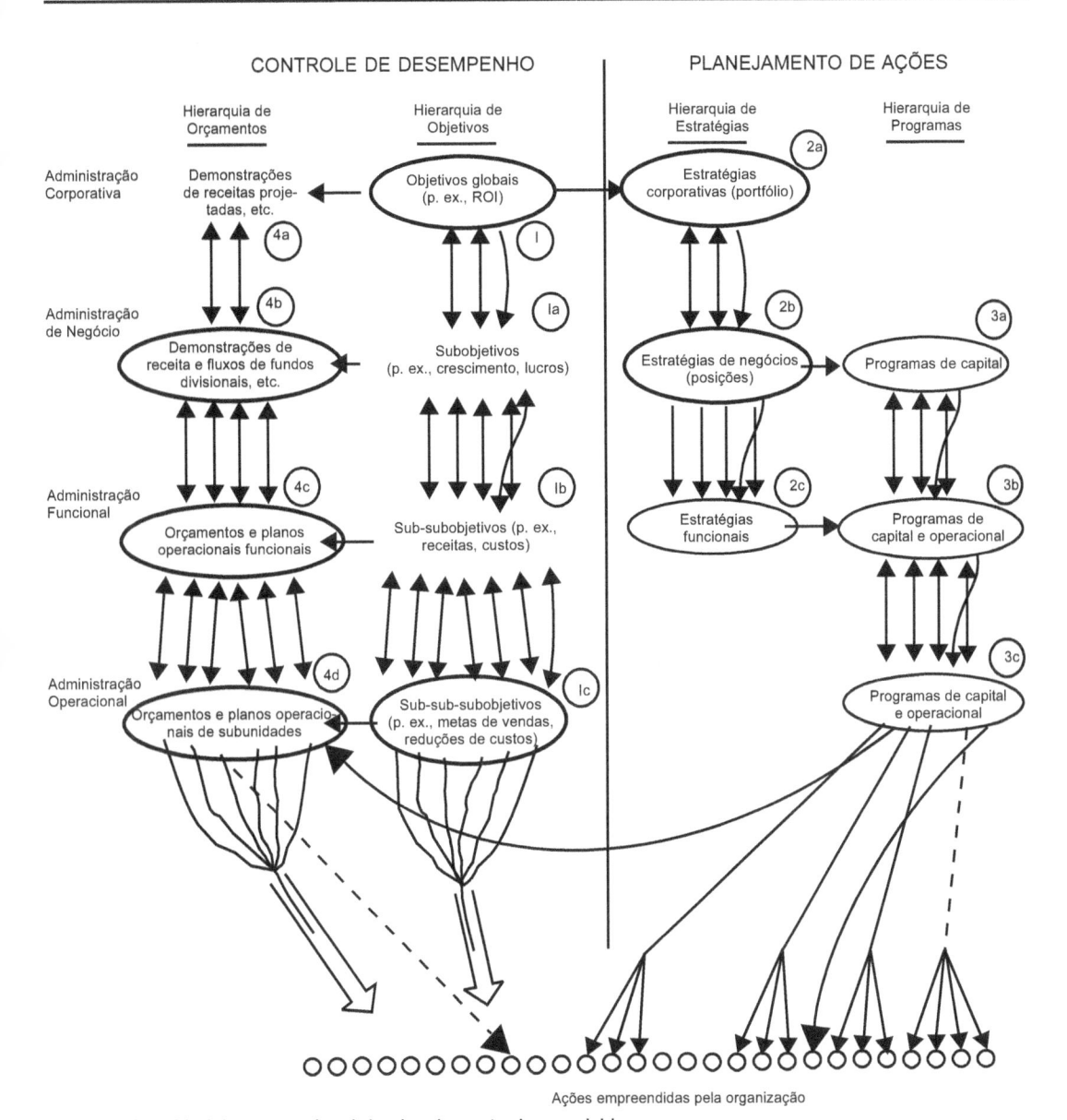

FIGURA 2.11 Modelo convencional de planejamento desenvolvido.

nos assim que o sistema como um todo deve se interligar.[12] Agora vamos ver mais de perto seus componentes antes de voltarmos a esse assunto. Revisaremos cada uma das quatro hierarquias e então consideraremos suas inter-relações.

Hierarquia de objetivos

O planejamento estratégico parece supor que os objetivos sejam decididos pela alta direção para toda a organização, que, por sua vez, origina o processo de formulação de estratégia. Os objetivos, então, descem em cascata na hierarquia estrutural, como mecanismos de motivação e controle – isto é, fornecendo incentivos como meios de referência para avaliar o desempenho. Entretanto, se os objetivos existem exatamente para motivar, então, de acordo com os cientistas comportamentais, as pessoas precisam estar envolvidas na fixação dos objetivos próprios. Por isso, em vez de descer em cascata, os objetivos precisam ser feitos em locais diferentes e depois agregados para cima. No entanto, assim sendo, como eles podem se relacionar com as estratégias? Com um agregando para cima e o outro cascateando para baixo, como eles se juntam? Para citar Eigerman, "Em um sistema totalmente de baixo para cima, a integração de estratégia entre as unidades é obtida com um grampeador"! (1988:41)

Assim, com exceção de algumas impressões muito genéricas da literatura, a ligação entre a fixação de objetivos e a criação de estratégias permanece indefinida. Uma coisa é descrever estratégia como sendo dirigida por valores de modo geral, como faz a escola do *design*, outra estabelecer uma ligação com alvos formais e quantitativos.

Hierarquia de orçamentos

Os orçamentos não são tão diferentes dos objetivos, pois são conjuntos integrados de alvos (basicamente financeiros), decompostos de acordo com unidades na hierarquia. (Aqui também poderíamos incluir planos operacionais de vários tipos, referentes a finanças, pessoal, material e outros recursos, bem como fluxo de fundos e demonstrações de receita *pro forma*.) Como os objetivos, os orçamentos podem descer em cascata na hierarquia estrutural, se agregarem para cima ou fluírem em ambas as direções através de um processo de negociação. Da mesma forma, os orçamentos objetivam basicamente o controle (mas, talvez, menos do que a motivação) e costumam ser aplicados a toda subunidade da organização. E, similarmente, costumam ser estabelecidos em base regular (p. ex., anualmente), mesmo se forem revisados em intervalos mais freqüentes (p. ex., mensalmente ou a cada trimestre).

Poucos negariam que esses orçamentos são elementos cruciais para quase toda organização: são mecanismos inevitavelmente fundamentais para alocação e controle dos recursos. Como Siegel observou no contexto do governo:

> O orçamento é a declaração de política mais importante de qualquer governo. O lado das despesas do orçamento nos diz "quem recebe o que" nos fundos públicos e o lado das receitas do orçamento "quem arca com o custo". Existem poucas atividades ou programas governamentais que não exigem um dispêndio de fundos, e nenhum fundo público pode ser gasto sem autorização orçamentária... Os orçamentos determinam quais programas e políticas devem ser ampliados, reduzidos, encerrados, iniciados ou renovados. Os orçamentos estão no centro da política pública. (1977:45)

No entanto, a pergunta pendente para essa última afirmação é: como e de que forma? Orçamentos formulam a estratégia, expressam-na, reagem a ela ou mesmo existem sem ela? Poucos escritores examinaram além das questões óbvias associadas com a orçamentação – os atritos e as manobras políticas, os vários jogos para aumentar os orçamentos, as tendências para extrapolação automática de orçamentos de um ano para outro. Uma exceção foi Wildavsky, que apresentou um dos mais sofisticados estudos de orçamentação do setor público em seu livro *The Politics of the Budgetary Process*. Ele abriu a discussão com algumas reflexões sobre o que é realmente um orçamento – uma previsão, um plano, um contrato, um precedente. Vale a pena citar seus comentários:

> Presumivelmente, aqueles que fazem orçamentos pretendem que haja uma ligação direta entre o que está escrito nele e os eventos futuros. Por isso, poderíamos imaginar um orçamento como um comportamento pretendido, como uma previsão... O orçamento... passa a ser uma ligação entre os recursos financeiros e o comportamento humano para alcançar objetivos políticos...
>
> O orçamento [também pode] ser caracterizado como uma série de metas com etiquetas de preço afixadas. Como os fundos são limitados e precisam ser divididos de uma forma ou de outra, o orçamento se torna um mecanismo para fazer opções entre gastos alternativos. Quando as opções são coordenadas a fim de atingir as metas desejadas, o orçamento pode ser chamado de plano...
>
> Visto de outra forma, o orçamento pode ser considerado um contrato. O Congresso e o Presidente prometem prover fundos de acordo com condições especificadas e as agências concordam em gastá-los de modo combinado...
>
> Depois de aprovado, o orçamento se torna um precedente; o fato de algo ter sido feito uma vez aumenta muito as chances de ser feito novamente. Como só os desvios significativos do orçamento do ano anterior são examinados de modo intensivo, um item que permanece inalterado provavelmente será transportado para o ano seguinte como algo natural...
>
> Agora deve estar aparente que os propósitos dos orçamentos são tão variados quanto os propósitos dos homens. (1974:1-4)

Todas essas definições parecem mesmo ter um elemento comum: elas sugerem que os orçamentos são expressões de política pública, em outras palavras, os *resultados* do processo de formação de estratégia. Como Wildavsky disse, "o orçamento registra o resultado da luta" por controle da política nacional. "Se alguém pergunta 'quem recebe o que o governo tem de dar?', as respostas de um determinado momento estão registradas no orçamento" (4). Mas eles também podem ser insumos: as estratégias que podem ser formuladas (ou, mais precisamente, aquelas que não podem) são muito influenciadas pelos orçamentos que foram alocados, especialmente quando eles são apertados. No entanto, de qualquer maneira, como é feita a interpretação entre estratégias e orçamentos?

Shank *et al.* (1973:91) discutiram três formas de ligação entre os ciclos de planejamento e orçamentação, isto é, "entre a formulação da estratégia e a explicação quantificada dessa estratégia": ligação de conteúdo (dos dados de planos e orçamentos, onde eles notaram o problema da diferença de formatos entre os dois documentos); ligação organizacional (entre as unidades responsáveis por ambos, especialmente o papel do controlador, responsável pelos orçamentos, em relação ao do planejador) e a ligação de sincronização (referente à seqüência dos dois, principalmente o que é feito antes). Os autores então compararam ligação frouxa (planejamento antes) com ligação firme (orçamentação antes, planejamento logo depois). A ligação firme "pode debilitar a atividade estratégica" por dar uma atenção excessiva ao corte de custos e ao controle (Jelinek e Schoonhoven, 1990:221), ao passo que a ligação frouxa pode dar liberdade para a formação de estratégia criativa, mas deixa sem resposta a pergunta de como, em vez de até que ponto, fazer a conexão.

Hierarquia de estratégias

Conforme observado por conversação, a hierarquia das estratégias é por convenção descrita como um fluxo das estratégias corporativas (intenções referentes ao portfólio de negócios) para as estratégias de negócios (posições pretendidas em produtos-mercados específicos), para as estratégias funcionais (intenções referentes a comercialização, produção, terceirização, etc.). A suposição aparente no modelo de planejamento estratégico é que tudo isso é posto em dúvida toda vez que se realiza o exercício, em geral anualmente, com uma programação bem definida, que começa com as estratégias corporativas no topo e desce. Entretanto, não há razão para pensar que as estratégias devem mudar, podem mudar, ou mudam mesmo em uma programação regular, sem falar em uma programação anual. Na verdade, todas as evidências (algumas delas são citadas no próximo capítulo) apontam para o contrário: a mudança estratégica verdadeira é *ad hoc* e irregular, sendo que as estratégias geralmente permanecem estáveis por longos períodos e depois repentinamente mudam de uma vez. Todos podem estar com tudo decidido para aquela reunião de 14 de junho para finalizar as estratégias. Contudo, isso poderia incluir o principal concorrente, que simplesmente inicia seus movimentos em 15 de junho. E então? A empresa deve esperar até o próximo 14 de junho para reagir?

Também não existe qualquer evidência de uma cascata dedutiva de estratégias que flua suavemente. Os orçamentos se dividem e se somam aritmeticamente com facilidade; as estratégias não. Como poderiam, se até a literatura de planejamento fracassou em distinguir objetivos de estratégias? As estratégias não são entidades precisamente definidas para ser empilhadas como engradados em um depósito. Elas são concepções únicas que só existem nas mentes das pessoas. Portanto, adjetivos e locuções adjetivas como corporativa, de negócios e funcional podem parecer bons no papel, mas, na realidade, estão longe de ser claros, mais do que as distinções entre estratégias e táticas, as quais eles refletem. Da mesma forma, os orçamentos se sobrepõem naturalmente à hierarquia estrutural, ao passo que as estratégias não. Ninguém jamais explicou a relação das estratégias corporativas com as estratégias de negócios ou destas com as funcionais. E quando se considera o processo de um ponto de vista emergente, surgem problemas ainda maiores, pois as iniciativas na hierarquia mais abaixo podem causar mudanças estratégicas mais acima – não pretendidas e, portanto, não planejadas.

Hierarquia de programas

Os programas parecem claros o suficiente – atividades *ad hoc*, por exemplo, para adquirir uma empresa estrangeira, comercializar um novo produto, expandir a fábrica, ou provê-la de pessoal, normalmente com uma especificação de tempo chamada de programa. Mesmo as relações hierárquicas podem parecer claras – por exemplo, o programa para expandir a fábrica a partir do departamento de manufatura, dotando-o de pessoal em nível do gerente de fábrica. Alguns programas são considerados de natureza de *capital* (o primeiro), alguns de natureza *operacional* (o segundo).

É evidente que os programas podem ser iniciados independentemente em qualquer nível da hierarquia (por exemplo, substituir uma máquina de manutenção em uma oficina), embora os que envolvem grandes dispêndios de capital geralmente precisem de aprovação pelos níveis seniores da hierarquia. O fluxo ascendente na hierarquia é, portanto, comum entre os programas e, quando sujeitos aos formatos de relatório e programações comuns, incluindo sua consideração simultânea em determinados períodos do ano, eles se tornam parte do sistema formal conhecido como orçamentação de capital. Entretanto, essa forma de orçamentação, que lida com projetos *ad hoc*, não deve ser confundida com a orçamentação regular por subunidades discutida antes. (A chamada orçamentação de base zero parece combinar as duas: a existência contínua de cada unidade de orçamento é reconsiderada em intervalos regulares como se fosse um projeto de capital, por exemplo, no caso de um governo que todo ano precisa decidir se deseja continuar tendo uma força policial.)

No planejamento estratégico convencional, por natureza de cima para baixo, as estratégias pretendidas são simplesmente convertidas nos programas de capital e operacionais necessários para implementá-las, como no momento em que uma estratégia de expansão na empresa automobilística origina um programa para adquirir concorrentes a fim de ampliar suas fábricas. No entanto, onde termina a estratégia e começa o programa? E se uma empresa, ao adquirir uma determinada empresa a fim de obter uma fábrica particularmente desejável, descobrir que também comprou uma fazenda de criação de porcos e, depois, quando o seu negócio de automóveis tropeçar, a fazenda de porcos estiver indo maravilhosamente bem e a salvar? O programa não causou uma mudança na estratégia? Ou devemos chamar o objetivo de expansão e a estratégia de criação de porcos? Grossman e Lindhe insistiram em que "As decisões de orçamentação de capital devem ser tomadas no contexto da estratégia de longo prazo de uma organização" (1984:105). Por quê? Porque isso torna as coisas mais nítidas para os planejadores? Mesmo quando algo inesperado no projeto pode levar a uma estratégia melhor? Tudo deve ser sempre deliberado de modo tão central? E se o CEO tivesse uma idéia de criar porcos e, na verdade, tivesse comprado aquela empresa para realizar seu desejo secreto? As estratégias e os objetivos devem mudar de lugar?

Nosso ponto não é *onde* traçar a linha; é, em primeiro lugar, *como*. Ou, mais especificamente, *por que*, afinal, essas linhas devem ser traçadas. A teoria do planejamento, tentando traçar linhas arbitrárias em toda parte, muitas vezes serviu mais para confundir as coisas do que para esclarecê-las. Se estratégia quer dizer superar os concorrentes, ou simplesmente colocar a empresa em um nicho seguro, então ela é um fenômeno criativo que depende mais de redesenhar as linhas do que de respeitá-las.

E sobre a relação entre orçamentação de capital e estratégia? Duffy alegou que "a fase de programação... preenche a lacuna entre as fases de planejamento e de orçamentação" (1989:167). Camillus (1981), por sua vez, argumentou que a ligação entre as estratégias e os programas em si está entre as mais fracas na literatura. Os projetos de capital são desenvolvidos tendo em mente as estratégias existentes? Em caso afirmativo, em primeiro lugar, como essas estratégias entram nas mentes? E se elas não vierem à mente? E se um projeto for desenvolvido independentemente das estratégias que existem? Como ele fica ligado às estratégias? Na realidade, o que acontece quando os programas dirigem as estratégias, como em nosso exemplo da criação de porcos?

Em uma pequena monografia criteriosa sobre orçamentação de capital, Marsh et al. (1988) perguntaram: "O que vem antes, a estratégia ou os projetos?". Apesar das alegações na literatura, eles consideraram o assunto "longe de poder dispensar explicações". O que eles chamaram de tomada de decisão estratégica de investimento "é um processo complexo de aprendizado e exploração, incluindo uma extensa preocupação com detalhes operacionais. Esses detalhes determinam o quanto a estratégia é apropriada e implementável" (15). Assim, eles encontraram "apenas ligações muito tênues... entre as 'estratégias de grupo' e os três projetos divisionais que [eles] monitoraram"; na verdade, em um determinado caso, os dois "pareceram muito inconsistentes" (17). Eles concluíram que "é quase impossível responder" a pergunta que colocaram, a única coisa "clara [era] que o projeto não fluía de qualquer processo *formal* de planejamento" (20, em itálico no original). Eles até sugeriram que talvez o termo acomodação estratégica pudesse ser mais preciso.

E, olhando de outra forma, como a hierarquia de programas se relaciona com a de orçamentos? O planejamento convencional sugere que a primeira se incorpora à segunda, que os planos *ad hoc* para atividades específicas conseguem chegar aos planos rotineiros para unidades. No entanto, ninguém jamais explicou como.

A "grande divisão" do planejamento

Para resumir nossa discussão, embora por tentativas, quando investigamos as relações claras entre essas quatro hierarquias, descobrimos todos os tipos de fantasias e confusões. Em especial, parecemos ter dois lugares ermos em planejamento, dois conjuntos isolados de atividades, separados pelo que podemos chamar de "a grande divisão" do planejamento. Na Figura 2.10, um é rotulado de *controle de desempenho*, o outro de *planejamento de ações* (discutido antes em Mintzberg 1979a:Capítulo 9).

À esquerda, ficam as duas hierarquias de objetivos e orçamentos. Essas são rotineiras por natureza, realizadas logicamente em base regular, quantitativas em abordagem e, em grande parte, a preocupação do pessoal da contabilidade; são mapeadas facilmente na estrutura existente e engrenadas com a motivação e o controle – daí o rótulo *controle de desempenho*. A cada período, toda unidade da organização se vê recebendo ou negociando um orçamento e conjunto de objetivos destinados a originar um determinado nível de desempenho, em relação ao qual seus resultados podem ser medidos. Observe que aqui o controle se dá após o fato. Em outras palavras, os objetivos e os orçamentos não estão interessados em predeterminar ações *específicas*, mas em controlar o desempenho global, isto é, nas consequências cumulativas de muitas ações. Assim, eles têm pouco a ver com a formulação de estratégia *em si*. Ao contrário, o controle de desempenho constitui uma maneira *indireta* de influenciar as ações empreendidas por uma organização. Os planos operacionais, objetivos e orçamentos apenas delineiam os resultados gerais esperados de toda uma série de ações de unidades específicas; por exemplo, tudo o que for feito pela divisão de criação de porcos durante o próximo ano produzirá um lucro de 1 milhão de dólares. Por isso, as linhas contínuas que descem do lado esquerdo da Figura 2.10 param antes das ações indicadas na parte inferior da Figura.

Do lado direito, estão as hierarquias de estratégias e de programas. Juntas, elas são rotuladas de *planejamento de ações*, porque a intenção é a especificação do comportamento antes do fato: as estratégias devem a originar programas que prescrevam a execução de ações tangíveis (como em uma estratégia pretendida de expansão manifestada em um programa de aquisição, que leve à adição de fábricas específicas). Portanto, temos as linhas diretas da hierarquia de programas até as ações específicas na parte inferior da Figura 2.10 (e, por isso, Newman *et al.* se referiram a elas como "planos de uso único" ao contrário dos "planos permanentes" de desempenho [1982:56]). Em comparação com os objetivos e os orçamentos, as estratégias e os programas tendem a ser muito menos quantitativos, se não não-quantitativos, e mais a competência dos gerentes de linha, talvez apoiada pelos planejadores. Aqui as ligações são muito menos especificadas.

Ainda assim, por mais direta que seja a ligação entre programas e ações, em geral não existe qualquer ligação direta entre programas e unidades estruturais na hierarquia. É claro que uma unidade específica pode estar encarregada de um programa específico, mas não necessariamente. Na verdade, forçar essa correspondência pode vir a ser artificial – os programas de ação tangíveis têm suas próprias necessidades, quase sempre independentes do modo como a organização costuma ser estruturada (o que também é válido em estratégias específicas de negócios ou funcionais). Assim, o planejamento de ações não se sobrepõe à hierarquia estrutural facilmente (como descobriram os planejadores em seus esforços para aplicar o conceito de UEN em negócios e de SPPO no governo).

Lewis fez uma distinção parecida com a nossa em sua comparação do "planejamento por persuasão" com o "planejamento por direção". Constatou que o primeiro, em que o planejamento influencia o comportamento indiretamente (como em controle de desempenho), é mais comum no planejamento econômico governamental da Europa Ocidental, onde o orçamento "é o principal instrumento de planejamento." O segundo, em que as ordens específicas fluem do topo da hierarquia para baixo (como no planejamento de ações), era mais comum no planejamento econômico dos estados da Europa Oriental sob o regime comunista:

> A União Soviética é uma economia de "comando". Isso significa que, se o plano determina que x milhões de toneladas de pregos precisam ser produzidas em 1968, o governo manda uma ordem para cada fábrica de pregos informando quantas toneladas é a sua cota, quantos funcionários pode ter, de quem comprará o ferro e para quem venderá os pregos. (1969:iv)

Manter os lados separados, concentrando o controle em um dos dois, parece ser bem fácil. Os verdadeiros problemas surgem na hora de combiná-los. Considere as palavras de Novick (que, por "plano" parecia querer dizer o que chamamos de plano de ação):

> Na literatura sobre a orçamentação de negócios, é muito comum dizer, "o orçamento é a expressão financeira de um plano"... Todavia, estamos todos familiarizados com o orçamento desenvolvido sem um plano (especialmente um plano de longo prazo). Na realidade, provavelmente seja justo dizer que, na maioria dos orçamentos, o

planejamento é uma projeção do *status quo* com o acréscimo de incrementos baseados na experiência mais corrente. Aproveitando o outro lado da moeda, todos nós sabemos de planos que nunca foram transformados em orçamentos. (1968:208)

Neste ponto, entra a grande divisão em planejamento: como passar de controles de desempenho, de um lado, para planos de ação, do outro, ou vice-versa – como ligar objetivos e/ou orçamentos gerais com estratégias e/ou programas tangíveis.

Lorange, em um artigo com Murphy, reconheceu o "problema" da "suposição de que o orçamento esteja mesmo adequadamente ligado ao plano estratégico." Muitos orçamentos "*não* são reflexos explícitos das estratégias" mas, em vez disso, meramente "atualizações das porcentagens" anuais (1983:126). Para os teóricos de planejamento, essa era uma situação a ser corrigida. No entanto, raramente explicavam como. Como Gray observou, "o conflito entre planos estratégicos e orçamentos é a área de dissonância percebida mais comumente" (1986:95). "A maioria dos CEOs anseia" por orçamentos que lhes mostrem as conseqüências de suas estratégias, mas "os mesmos CEOs são informados de que tais orçamentos não são possíveis sem a desorganização de todo o sistema de contabilidade" (96).

Em um artigo de 1981, Camillus tentou estabelecer uma "estrutura conceitual integrativa" para "definir os estágios na transição de estratégia para ação" (1981:257, 253). Todavia, ficou só nisso – uma delineação dos estágios como caixas pretas (de "estratégia de negócio" para "planejamento de ação" para "orçamentação" para "ação executiva"), com pouco discernimento do funcionamento prático das ligações. Na realidade, o artigo de Camillus proporcionou uma extensa bibliografia (76 itens) – muitos deles inseridos em uma matriz desses quatro estágios pelas "dimensões da ligação" de "estrutura", "processo" e "conteúdo". Todavia, quase tudo isso é, como seu próprio artigo, conceitual em vez de empírico, o que significa que está enraizado em crenças a respeito do planejamento e não em sua prática. Camillus nunca foi realmente além de dizer a seu leitor que "as ligações de estrutura e de conteúdo entre planejamento de ações e orçamentação" estão entre "as mais fracas... da literatura pertinente" (255).

Em um artigo cuidadoso, Piercy e Thomas observaram que "vários estudos sugerem que a integração ineficaz [de planejamento corporativo e orçamentação] é uma fonte de fracassos de planejamento... e que os planos corporativos podem se tornar distantes do centro de tomada de decisões por meio de uma fraca ligação de orçamentação" (1984:51). "Em último grau" está a opinião de que os dois "exigem tratamento separado" (53). Todavia em geral, "nem na literatura de planejamento corporativo nem na de orçamentação existe qualquer atenção explícita firme para integrar os dois sistemas" (54). Esses autores mostraram várias diferenças conceituais entre os dois: apreciativo *versus* quantitativo (ou avaliativo), longo prazo *versus* curto prazo, racional *versus* político, dirigido por metas *versus* focado em atividades, não-incremental *versus* incremental e "método global" *versus* dados mais rigorosos. Eles então consideraram os esforços para ligar a divisão, geralmente "tentativa[s] de estender o que corresponde a uma estrutura de orçamentação no planejamento corporativo" (57), como no exercício do SPPO do governo. Dentre os "mecanismos de integração" que encontraram em um exemplo, estavam "o uso de orçamentos de programa, o modelo financeiro e, implicitamente, a rotatividade de pessoal entre a unidade de planejamento corporativo e operações ou outras funções de pessoal" (61), que chamaram de "integração total de 'livro didático'" (66).

Entretanto, em geral, a literatura permaneceu no nível de Bryson, que comentou em seu livro de 1988 que, embora "sejam necessários esforços especiais para que as ligações importantes sejam feitas e as incompatibilidades, reduzidas," isso "não deve dificultar indevidamente o processo" (65). No entanto, por que não? Porque ele quer? Embora as ligações em cada lado de nossa divisão possam parecer claras – por exemplo, entre objetivos e orçamentos – as passagens entre os dois lados geralmente são mais supostas que especificadas. Vamos considerar algumas delas no contexto de diferentes tipos de planejamento.

FORMAS DE PLANEJAMENTO ESTRATÉGICO

Agora podemos usar as quatro hierarquias para mapear os fluxos de diferentes conjuntos de procedimentos que têm sido usados sob o rótulo de planejamento estratégico.

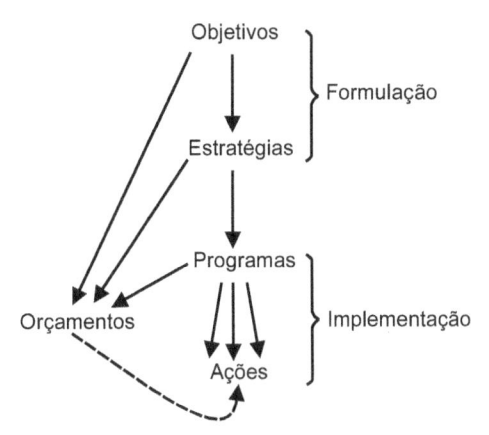

Planejamento estratégico convencional

O planejamento estratégico convencional normalmente não seria mostrado nos termos de nossa Figura 2.10, pois as diferentes hierarquias seriam consideradas em relação hierárquica *entre si*, por exemplo, programas subordinados a estratégias. A Figura 2.12 mostra suas inter-relações de modo mais convencional, com os objetivos sobre estratégias (juntos denominados formulação) e estas sobre os programas, sendo que os três dirigem os orçamentos (por convenção, os dois últimos são rotulados de implementação, embora a verdadeira implementação – isto é, empreender de fato as ações físicas – nunca pareça figurar na discussão do processo de modo algum!). Entretanto, é instrutivo considerar a visão convencional sobreposta em nosso diagrama das quatro hierarquias e com suas ambigüidades, as quais mostramos na Figura 2.13, ajustadas.

Começamos com os objetivos globais ligados à hierarquia de estratégias por uma linha pontilhada para indicar que, mesmo que um costume acionar o outro, essa ligação é indireta e, na realidade, não é bem entendida. Então, em vez de

FIGURA 2.12 Planejamento estratégico convencional.

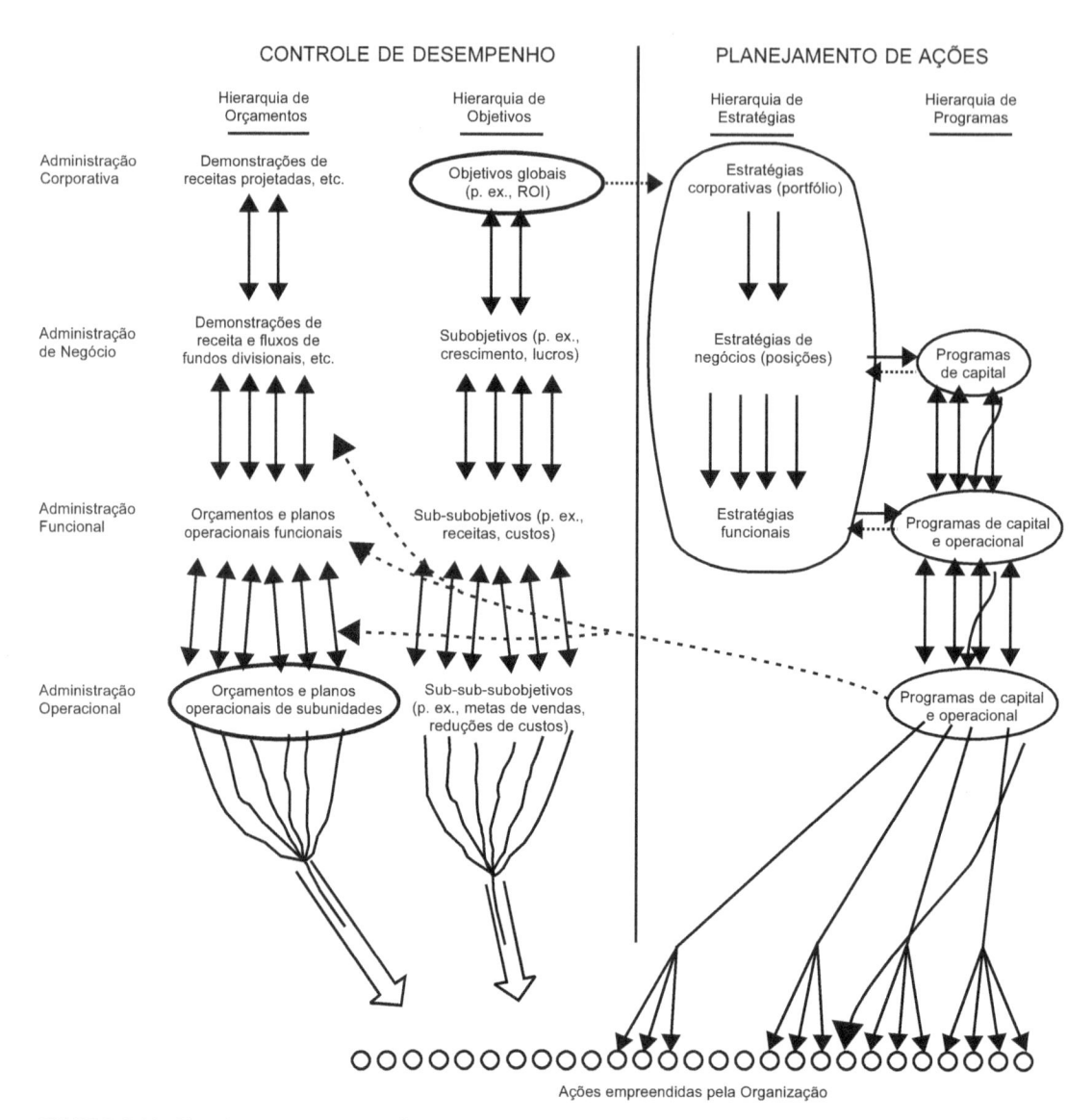

FIGURA 2.13 "Planejamento estratégico" convencional.

mostrar uma cascata hierárquica de estratégias, fazemos um círculo em toda a hierarquia de estratégias para sugerir que suas operações internas constituem uma misteriosa "caixa preta" de formação de estratégia, difícil de entrar e entender formalmente. As estratégias pretendidas (embora formuladas) são então mostradas originando programas, os quais são elaborados abaixo nessa hierarquia, o que finalmente leva a ações organizacionais (por isso, todas são mostradas em linhas contínuas). No entanto, como os programas também podem produzir estratégias, mostramos também uma linha pontilhada de volta. Finalmente, as conseqüências dessas mudanças de programação *ad hoc* devem ser incorporadas à orçamentação financeira rotineira, de algum modo e em algum lugar. No entanto, como não sabemos como nem onde, indicamos essa ligação também com uma linha pontilhada.

Planejamento estratégico como jogo de números

Enquanto isso, voltando para o aspecto do controle de desempenho, ocorre um outro tipo de procedimento de planejamento, que na verdade parece ser mais comum, embora às vezes receba equivocadamente o nome de planejamento estratégico. A razão de ser mais comum é que é muito mais fácil de fazer; a razão pela qual recebe o mesmo nome pode refletir tanto o pensamento desejoso (esperança de que os objetivos produzam estratégias por mágica, algumas vezes até a suposição de que os objetivos *são* estratégias) quanto a ação desejosa (de que simular algo chamado planejamento estratégico seja a mesma coisa que criar estratégias).

De qualquer maneira, o processo é o que descrevemos do lado esquerdo do diagrama e é mostrado na Figura 2.14: o desenvolvimento de uma hierarquia de

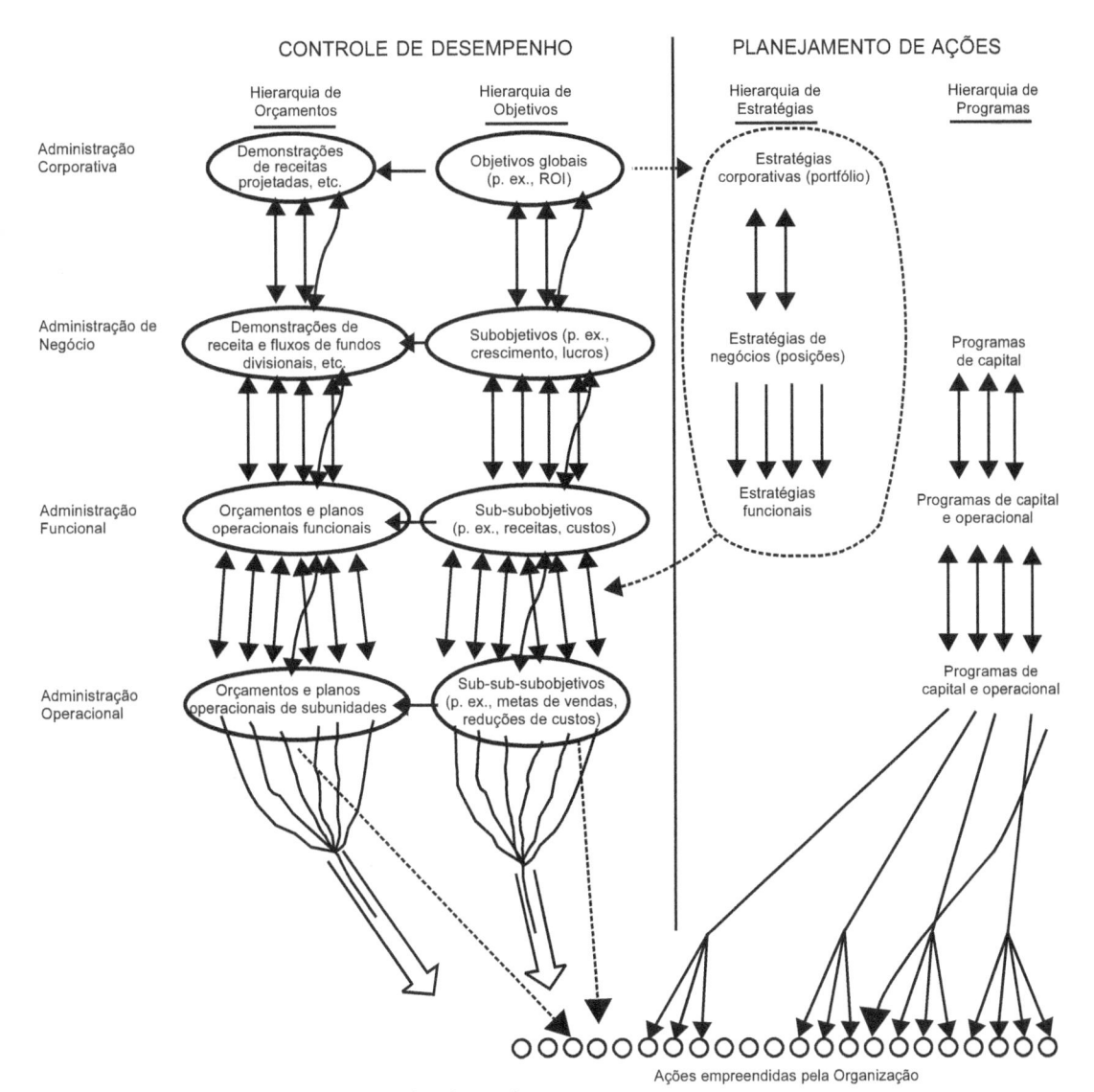

FIGURA 2.14 Planejamento como "jogo de números".

objetivos e de uma hierarquia de orçamentos (sejam elas de cima para baixo, de baixo para cima ou negociadas), cujos objetivos em cada nível alimentam como um determinado do orçamento. Esse tipo de controle de desempenho certamente é mais fácil de entender e de fazer do que o planejamento estratégico convencional da Figura 2.13; na verdade, não é raro as organizações tentarem o processo completo, mas acabarem somente com esse. Em outras palavras, os chamados exercícios de planejamento estratégico geralmente se reduzem à geração de números, não de idéias – objetivos e orçamentos, mas não estratégias. Sob a perspectiva da formação de estratégia, portanto, isso constitui um jogo de números, um rótulo que tem uma certa aceitação nas próprias organizações.

Gray constatou que esse jogo ainda era muito comum em meados dos anos 1980: "Aproximadamente sete em dez empresas em nossa amostra não levam a formulação de estratégia muito além de alguma declaração geral de investida, como penetração de mercado ou eficiência interna, e alguma meta generalizada como excelência" (1986:94). Notou-se que essas estratégias "mal acabadas" ou "financeiras" eram geralmente consideradas desenvolvidas sem considerar questões estratégicas como "reações competitivas... e outros problemas que ficam sob os números... A estratégia financeira não é conciliada com as outras estratégias, mas substitui-as na qualidade de árbitro final da alocação de recursos corporativos" (95). As descobertas de Gray foram consistentes com descobertas anteriores de Franklin *et al.* de que 55% dos "planejadores se identificavam mais" com uma abordagem muito parecida com essa, e somente 59% optavam por algo semelhante ao que chamamos de planejamento estratégico convencional e 10%, pelo modelo básico da escola do *design* (que eles chamam de Harvard) (alguns escolheram mais de um método de planejamento corporativo e outros não escolheram planejamento algum). Esses autores também constataram que "70% dos planejadores corporativos mencionaram ter algum tipo de relatório financeiro *pro forma* em seus planos. Sessenta por cento dos planos corporativos incluíam planos e orçamentos *específicos* para áreas como pessoal, fábrica e equipamentos, P&D, etc." (1981:16). Todavia, não faziam qualquer menção de quantos planos continham estratégias!

Evidentemente, quando tomado pelo que é – um sistema de controle de desempenho – isso não é exatamente um jogo, mas, talvez, um meio válido de motivar os funcionários e regular seu comportamento. Assim, Allaire e Firsirotu comentaram o que chamaram de "planejamento orientado por números": tudo quanto possa estar incluído no plano, a essência do planejamento aqui se resume a preparar e monitorar um conjunto de números que possa ser amarrado a um pacote de remuneração" (1990:109). Isso só será um jogo quando for confundido com formação de estratégia: isto é, quando as organizações fingem que um ritual anual para produzir um montão de números satisfaza sua necessidade de se engajar em pensamento estratégico, e quando pensam que estabelecer controle é apontar a direção (e não simplesmente mantê-la). Para citar os mesmos autores em uma monografia anterior, esses "planos estratégicos... são apenas planos operacionais eufemísticos com as palavras estratégia e estratégico intercaladas para um efeito dramático em algumas sentenças" (1988:63). Em toda essa literatura, Tilles mostrou inicialmente que o jogo de números é um tanto diferente de pensamento estratégico – por nossas definições, que se engajar em "planejamento" não é necessariamente "planejar":

Em muitas empresas, o pouco que se pensa sobre o futuro é basicamente em termos de dinheiro. Não há nada errado com o planejamento financeiro. A maioria das empresas deve fazê-lo mais. No entanto, existe uma falácia básica em confundir um plano financeiro com pensar que tipo de empresa você deseja que a sua venha a ser. É como dizer: "Quando tiver 40 anos, vou ser *rico*." (1963:112)

O jogo de números pode de fato impedir que o pensamento estratégico concentre tanta atenção em extrapolações do *status quo* ao ponto de nunca sequer cogitar mudanças sérias em estratégia. Tenha em mente que o controle de desempenho, ao contrário do planejamento de ação, sobrepõe-se naturalmente à estrutura organizacional *existente*; isso torna difícil considerar mudanças que reconfigurem essa estrutura, o que geralmente acontece com mudanças sérias em estratégia. Assim, todo o jogo de números geralmente se resume em um exercício para repetir o que todos já sabem, ajustado para a geração de um conjunto de alvos e padrões dentro do contexto das estratégias existentes (e até ignorando quais mudanças em estratégia poderiam estar acontecendo de forma emergente). Em um livro anterior que delineava diferentes formas de "sistemas de planejamento e controle," Anthony foi um dos poucos a admitir isto:

> Na verdade, as características do processo de planejamento a longo prazo são mais parecidas com as que identificamos no processo de controle administrativo do que com as do processo de planejamento estratégico. Um plano de cinco anos geralmente é uma projeção dos custos e receitas esperados, de acordo com as políticas e os programas *já aprovados*, em vez de um mecanismo para considerar e determinar políticas e programas novos. O plano de cinco anos reflete decisões estratégicas já tomadas; não é a essência do processo de tomar decisões novas. (1965:57-58)

Na realidade, boa parte do chamado planejamento estratégico nos anos 1970 se transformou apenas nisto: formação de estratégia ritualista sobreposta à "mastigação de números" mais séria que, na verdade, impedia a mudança estratégica. Rogers referiu-se a isso como "previsão e orçamentação estritamente financeiras", embora envolvesse "formulários geralmente longos e complexos" a serem preenchidos (p. ex., 20 páginas para cada gerente de divisão na Motorola), comentando que:

> Muitas vezes, a papelada disfarçava o fato de o planejamento financeiro ser predominante. As folhas a serem preenchidas bem podiam incluir previsões complexas de mercado, análises competitivas, ou planos detalhados para todas as áreas funcionais; somente o gerente de divisão experiente sabia "no que a matriz estava realmente interessada." (1975:59)

Orçamentação de capital como controle *ad hoc*

Nossa terceira forma de planejamento estratégico fica ao lado do planejamento de ações em nosso diagrama, mas como flui para cima ao invés de para baixo e, em última análise, contorna inteiramente esse misterioso processo de formação de estratégia, é capaz de funcionar mais ou menos conforme especificado. Isso é orçamentação de capital, um sistema para manobrar a aprovação de grandes dispêndios de capital. (Para uma revisão de seu uso comum em negócio, com base em levantamentos de 1970, 1975 e 1980, veja Klammer e Walker, 1984).

Conforme indicado na Figura 2.15, um projeto novo (como a criação de uma nova instalação ou a compra de uma nova unidade de maquinário) é concebido por algum patrocinador em algum nível abaixo na hierarquia (muitas vezes, sem dúvida alguma, em um departamento funcional, segundo Yavitz e Newman [1982:189]). Lá, com o tempo, é feita uma avaliação de seus custos e benefícios, normalmente em termos quantitativos, teoricamente com o fluxo de caixa descontado, para que seu desempenho global possa ser estimado (p. ex., retorno sobre o investimento). O programa é então proposto a um ou mais níveis sucessivamente mais altos na hierarquia, onde deve ser comparado com projetos e financiado se tiver classificação elevada o suficiente para merecer o que sobrar no orçamento de capital.

Parece ser verdade que esses projetos sejam gerados e avaliados dessa forma e que fluam para uma hierarquia para análise, mas não que suas avaliações sejam objetivas (sendo feitas em meio a todo tipo de incertezas futuras por seus próprios defensores tendenciosos) ou que a apreciação seja um processo direto (dado todo o esforço político investido para levá-los até ali, p.ex., Bower, 1970b). Além disso, como a orçamentação de capital foi associada com a formação de estratégia (Berg, por exemplo, intitulou seu artigo sobre o assunto, na *Harvard Business Review,* em 1965, "Planejamento Estratégico em Empresas Conglomeradas"), as ligações entre os dois processos estão longe de ser claras. Como a formação de estratégia influencia a geração e a seleção de projetos, ou como os projetos influenciam a formação de estratégia (ou mesmo de que forma a influência deve fluir), nunca foi especificado com precisão.

Assim, mostramos o procedimento de orçamentação de capital na Figura 2.15 começando dentro da hierarquia de programas e passando por cima da caixa preta de formação de estratégia em seu caminho para a hierarquia de orçamentos, onde a restrição monetária é imposta aos programas propostos antes de os bem-sucedidos retornarem para ser implementados na hierarquia de programas. Na verdade, a orçamentação de capital parece basicamente um meio para controlar gasto de capital – especificamente, rever o impacto financeiro de projetos individuais. Para citar a frase de Bower que abre o conhecido estudo empírico do processo, ela é um "problema de alocação eficiente de recursos" (1970b:1). Mesmo o conjunto de decisões sobre os diferentes projetos não está integrado de forma alguma senão para garantir que, juntos, eles não violam as restrições de capital. (De volta à integração de Eigerman com um grampeador.) Para citar Yavitz e Newman, "o modelo admite que os projetos borbulham de baixo e que a seleção pode ser baseada na taxa de retorno estimada com pouca ou nenhuma atenção à estratégia de longo prazo" (1982:189).

Mais tarde, iremos rever algumas evidências de orçamentação de capital em relação à formação de estratégia, assim como a experiência associada do SPPO no governo. Esta última, uma tentativa mais ambiciosa de ligar a formação de estratégia a um tipo de orçamentação de capital e também à orçamentação regular (em conjunto, provavelmente o maior esforço jamais feito para aplicar o modelo de planejamento plenamente desenvolvido, mas com elementos de baixo para cima) redundou em um jogo de números e em um exercício de orçamentação de capital; fracassou como processo de formação de estratégia.

MODELOS DO PROCESSO DE PLANEJAMENTO ESTRATÉGICO **85**

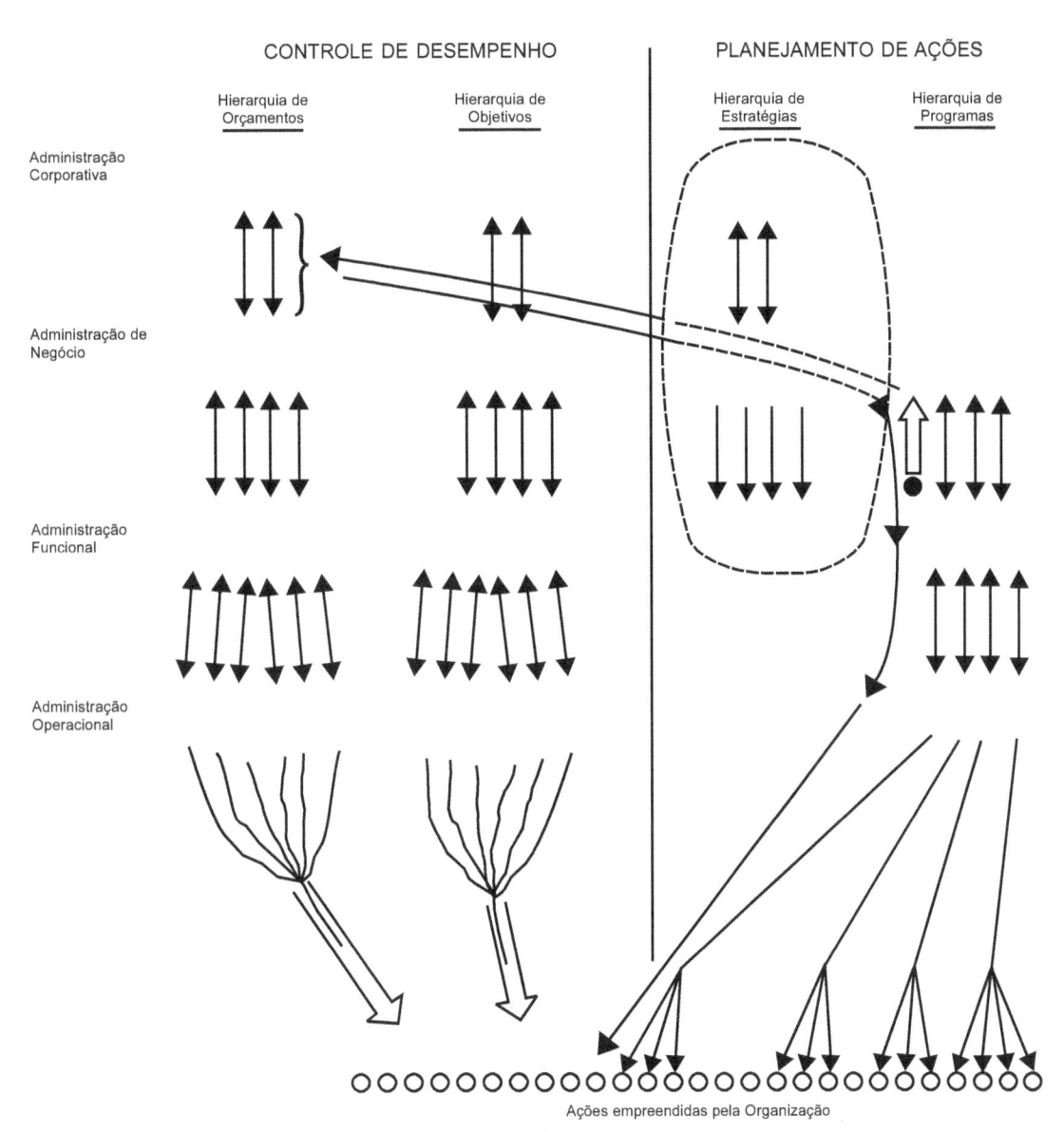

FIGURA 2.15 Orçamentação de capital como controle *ad hoc*.

Em resumo, o que fica do planejamento estratégico é, na verdade, um conjunto de três abordagens independentes – um tipo de portfólio de técnicas de planejamento, se quiser. De um lado, está um jogo de números, engrenado com motivação e controle, mas não com formação de estratégia. Do outro, está a orçamentação de capital, uma técnica de portfólio para controlar o dispêndio de capital pelas tomadas de decisões, mas não a formação de estratégia. E no meio está um processo que parece ser da formação de estratégia, porém mais no nome que no contexto, pois permanece muito indefinido. A caixa preta da formação de estratégia nunca foi aberta, nem suas ligações com as outras hierarquias especificadas.

Nossa discussão sugere que a própria natureza da abordagem de planejamento enfatizando a decomposição levou à decomposição de seus próprios esforços nessas três abordagens independentes. Alguns escritores de planejamento (p. ex., Gluck *et al.*, 1980 e Ansoff, 1967, 1984:258) afirmaram que essas abordagens se desenvolveram mutuamente com o tempo para emergir como um sistema integrado. Primeiro veio o jogo de números, em seguida, as técnicas de previsão, depois a introdução de métodos para formular estratégia e assim por diante, resultando finalmente em um sistema abrangente de planejamento que inclui todos esses elementos (veja, por exemplo, Lorange, 1980a:55-58). No entanto, fora dos livros didáticos e manuais de planejamento, é difícil encontrar evidência sistemática de que qualquer dessas coisas realmente tenha acontecido. Em outras palavras, ainda não encontramos coisa alguma para ligar o planejamento diretamente com a formação de estratégia. Para investigarmos isso melhor, agora nos voltaremos para uma revisão da evidência no desempenho do planejamento em si.

Evidências em planejamento | 3

Como tem sido o desempenho do planejamento em si? Neste capítulo, apresentamos três formas de evidências: de levantamento, anedótica e intensiva. Depois examinamos algumas evidências de como os próprios planejadores lidaram com as mesmas.

Os planejadores têm sido particularmente relutantes em estudar seus próprios esforços – não somente o que realmente *fazem*, porém, mais importante, o que eles e seus processos de planejamento *conseguiram fazer*, em termos de impacto no funcionamento e efetividade de suas organizações. Os planejadores estiveram tão ocupados contatando todo mundo para coletar dados e sendo objetivos que raramente se voltaram para fazer o mesmo nas suas próprias atividades. Starbuck, por exemplo, não conseguiu encontrar qualquer estudo que tenha "avaliado as conseqüências de apoiar ou evitar planos de longo prazo" (1985:371). E Lorange, que, no final das estonteantes décadas de planejamento de 1960 e 1970, tentou "levantar a literatura de pesquisa de bases empíricas sobre os processos de planejamento formal de longo prazo para corporações" (1979:226), conseguiu citar menos de 30 estudos empíricos em sua bibliografia, que consistia quase inteiramente em pesquisas a distância baseadas em questionários sobre "O planejamento compensa?". (Alguns eram estudos experimentais que ostensivamente simulavam o planejamento em um ambiente de laboratório.) Pense nisso em termos do tamanho da bibliografia do livro de Steiner, *Top Management Planning*: ela tem 38 *páginas* – e essa é apenas a edição de 1969!

Todavia, não faltam evidências anedóticas sobre o desempenho do planejamento em cenários específicos, principalmente a partir do início da década de 1980, quando a comunidade de planejamento ficou sob fogo cerrado. E, aqui e ali, geralmente enterrado em algum canto obscuro da literatura de administração (não de planejamento), há um estudo intensivo sobre o que o planejamento realmente fez (ou deixou de fazer) em um ou muito poucos cenários específicos. Analisamos esses diferentes conjuntos de evidências um de cada vez.

EVIDÊNCIAS DE LEVANTAMENTOS SOBRE "O PLANEJAMENTO COMPENSA?"

Se o planejamento produz lucros mais altos, como seria possível alguém criticá-lo? Conseqüentemente, começando no fim da década de 1960, vários acadêmicos se propuseram a provar que o planejamento compensa. Na maioria dos casos, suas induções eram muito grosseiras.[1]

A abordagem era simples. Você media o desempenho, o que era bem fácil, ao menos se ficasse restrito às medidas convencionais de desempenho econômico de curto prazo em negócios (ou, melhor ainda, à classificação subjetiva do desempenho de suas empresas pelos pesquisadores, como fizeram alguns estudos). Depois, avaliava o planejamento, o que também parecia bem fácil: simplesmente enviava um questionário ao chefe de planejamento (ou ao executivo-chefe, que muito provavelmente iria mesmo dá-lo aos planejadores, se não o jogasse fora[2]), pedindo ao pesquisador para lhe informar em escalas de sete pontos ou algo parecido o tanto de planejamento que havia ocorrido na empresa. Então você jogava todas as respostas em um computador, relaxava e lia os coeficientes de correlação. Você nem precisava sair de seu escritório na universidade.[3] E isso significava que nunca tinha de enfrentar todas as distorções inerentes em tal pesquisa.

A primeira delas é a questão da confiabilidade da informação. As respostas têm pouco valor em escalas de sete pontos. No entanto, os planejadores conseguem ser objetivos ao avaliar o planejamento? Para citar a crítica de Starbuck a esses estudos: "Quase todos esses estudos coletaram seus dados por questionários enviados pelo correio que podiam ser preenchidos rapidamente ["em alguns minutos", para citar um estudo] e que eram preenchidos por auto-escolhidos com poucas razões para responder precisamente e que podiam não saber do que estavam falando" (1985:370). Starbuck também documentou a baixa taxa de resposta desses questionários enviados pelo correio, geralmente da ordem de 20%, mas algumas em torno de 7%. Em um estudo, Welch explicou seu uso de questionários pelo correio como sendo melhor para "obter informações factuais em vez de examinar detalhadamente o processo de planejamento" (1984:144). Entre as "informações factuais," ele incluiu: se a empresa "identificou e analisou opções estratégicas alternativas" e "planejou cursos de direção sujeitos" a esses fatores!

A segunda é o problema de avaliar o planejamento (Foster, 1986). Como Pearce *et al.* mostraram em sua análise de dezoito desses estudos, "embora o termo *planejamento estratégico formal* fosse usado com liberdade em todo o seu trabalho, os autores de apenas um dos dezoito artigos deram uma definição conceitual (1987:659).[4] Na verdade, Armstrong, que também analisou alguns desses

---

[1] Lembro-me de comparecer a uma apresentação em uma conferência na Academy of Management em que o pesquisador explicou que havia testado os dados de uma maneira e a relação desejada não havia aparecido, então tentou de outra e outra e outra maneira, sempre sem sucesso (com as palavras dele). E então concluiu publicamente que sua metodologia deveria estar errada, nem sequer cogitando a possibilidade de que sua hipótese original pudesse ser imperfeita.

[2] Em uma pesquisa de 1972 sobre um assunto ligeiramente diferente (as "armadilhas" do planejamento), George Steiner enviou questionários a 600 empresas "tentando obter respostas de um grupo representativo de executivos principais, gerentes de divisão e gerentes dos quadros da matriz." Das 215 respostas, "*inesperadamente*... a maioria das empresas [75%] decidiu fazer somente o planejador corporativo preencher o formulário" (1979:287-288, grifo nosso).

[3] Em uma exceção notável, Grinyer e Norburn (1974) suplementaram seu questionário enviado pelo correio com entrevistas. Entretanto, elas não refletiram as tendências de muitos dos outros pesquisadores.

[4] Grinyer e Norburn (1974) novamente.

estudos, comentou que "de fato, na maioria dos estudos, não consegui encontrar *qualquer* descrição do processo de planejamento" (1982:204).[5] Mesmo deixando isso de lado, produzir documentos chamados planos, ou alegar o uso de muitos procedimentos e técnicas, ou mesmo ter um departamento chamado planejamento ou pessoas chamadas planejadores indica realmente que a organização incorporou o "planejamento" (por qualquer definição razoável)? Como Wildavsky colocou, "Tentativas de planejar são planejamento tanto quanto o desejo de ser sábio pode ser chamado de sabedoria ou o desejo de ser rico permite a um homem ser chamado de rico" (1973:129). Até Lorange criticou o tratamento do planejamento formal nesses estudos "como um fenômeno amplo" com "pouco esforço... feito para distinguir de que tipo de planejamento formal se tratava" (1979:230).

Em seu estudo de técnicas de orçamentação de capital, que investigaram a fundo três casos, Marsh *et al.* afirmaram que "as três teriam aparecido em [estudos de levantamento] 'usando' técnicas [de fluxo de caixa descontado], e todas estariam na extremidade mais sofisticada do espectro," ainda que "existissem diferenças muito difundidas entre os sistemas formais e a realidade" (1988:27). O melhor que pode ser dito sobre a pesquisa equivalente sobre planejamento em geral é que ela nem mesmo chegou a revelar tais problemas!

A terceira e talvez a mais importante é o problema de inferir a causa. Esses estudos foram de correlação, não de causa. Uma correlação positiva entre planejamento e desempenho não permite quem quer que seja concluir que o planejamento compensa. A causa também pode ter outro sentido: somente as organizações ricas podem custear o planejamento ou, pelo menos, os planejadores. Starbuck (1985:370-371) levantou aqui uma outra possibilidade: as firmas que vão bem naturalmente enfatizam suas atividades de planejamento (pois atingiram ou superaram seus objetivos), ao passo que aquelas que vão mal passam a ter pouca confiança nelas e não lhes dão ênfase. E então, de novo, planejamento e desempenho podem ser independentes entre si, ambos dirigidos por uma terceira força comum (digamos, gerentes espertos, que melhoram o desempenho por outros meios e também sabem que é melhor ter planejamento, nem que seja só para impressionar os analistas de mercado). Acima de tudo, a suposição de que o número final em alguma "linha do resultado" remota tem uma relação identificável e, portanto, mensurável com algum processo que a organização costuma usar – um entre centenas – pareceria ser, se não extraordinariamente arrogante, surpreendentemente ingênua.

Apesar de todos esses problemas, esses estudos nem mesmo provaram seu próprio ponto principal. Alguns apoiaram a relação, enquanto outros não. Os resultados globais foram "inconclusivos" para citar uma análise (Bresser e Bishop, 1983:588), "inconsistentes e geralmente contraditórios", para citar outra (Pearce *et al.*, 1987:671, que intitularam seu artigo de "A Tênue Ligação entre Planeja-

---

[5] Ele acrescentou: Um estudo, de Leontiades e Tezel, tratou essa falta de definição como vantagem. Eles pediram aos executivos principais para classificar a importância do planejamento, mas não lhes deram nem pediram uma definição. Eles alegaram que "uma vantagem de nossa abordagem... é que ela elimina a necessidade de fazer um julgamento externo sobre a qualidade do planejamento formal" (Armstrong, 1982:204). Contudo, dadas as fantasias da própria palavra (como observamos no princípio de nossa discussão), essa alegação é mesmo surpreendente.

mento Estratégico Formal e Desempenho Financeiro"; veja também Shrader, Taylor e Dalton, 1984, para outra análise meticulosa com a mesma conclusão). Ou, como concluiu Lorange, "ainda persiste o problema de decidir qual tipo de atividades de planejamento formal demonstrou ser vantajoso" (1979:230).

Um dos primeiros estudos, publicado em 1970, provavelmente o mais citado – e um dos mais meticulosos – foi conduzido por Thune e House. Suas descobertas foram muito favoráveis. No entanto, deve-se observar sua medida de planejamento formal: "Respostas de questionários indicando que [a empresa] havia determinado estratégias e metas corporativas para, no mínimo, mais três anos, e se elas haviam estabelecidos programas de ação, projetos e procedimentos específicos para atingir as metas" (82). Ansoff e seus colegas publicaram outro estudo no mesmo ano indicando que as empresas engajadas em atividade de aquisição de forma "planejada e sistemática" conseguiam, em média, um desempenho mais alto e previsível, embora "várias das não-planejadoras tivessem desempenhos que ultrapassaram o melhor desempenho no grupo de planejadoras" (1970:6). Quando Herold apoiou essas descobertas dois anos depois (1972), tudo parecia muito cor-de-rosa para o planejamento.

Ainda assim, 1973 não foi um ano bom para o planejamento, mesmo sem considerar a crise de energia. A primeira rachadura apareceu em um ensaio de Rue e Fulmer (1973; veja também Rue e Fulmer, 1974), que concluiu que, embora o planejamento compensasse em negócios de bens duráveis, uma falta de planejamento compensava nos negócios de serviços, e não estava claro o que compensava nos negócios de bens não duráveis. Daí em diante, a relação estava aberta a todos. Em 1975, Malik e Karger encontraram resultados favoráveis, enquanto Sheehan (1975) e Grinyer e Norburn (1974), "provavelmente o melhor estudo... até agora" segundo Starbuck [1985:371]), não encontraram. Depois, Wood e La-Forge (1979) encontraram uma relação positiva para grandes bancos, seguidos por Robinson e Pearce (1983) que não encontraram qualquer relação com bancos pequenos. Shapiro e Kallman (1978) não encontraram qualquer relação entre planejamento e desempenho em transportadoras, nem Leontiades e Tezel conseguiram encontrar uma relação com uma amostra mais geral, "independentemente do modo como os dados foram manipulados" (1980:74), nem Kudla, embora observasse que o planejamento parece realmente proporcionar uma redução "transitória" no risco (1980:5).

Em um estudo de 1986 sobre pequenas empresas em um "ambiente estável, maduro" (lavanderias), no qual os autores fizeram distinção entre "planos estratégicos estruturados" e "operacionais estruturados", "intuitivos" e "desestruturados", Bracker e Pearson constataram que o melhor desempenho no crescimento estava associado aos primeiros (e os outros três não puderam ser diferenciados entre si quanto ao desempenho). Mas, os tipos mais intuitivos, especialmente o mais bem-sucedido, estariam inclinados a preencher questionários? Dos membros da associação pesquisados, 53% não responderam, apesar de repetidos contatos pelo correio e até pelo telefone. No mesmo ano, Rhyne (1986) constatou, entre as empresas da Fortune 1000, que aquelas com mais orientação para o "planejamento estratégico" (ao contrário de "planejamento a longo prazo", "planejamento anual", etc.) mostravam melhor desempenho, embora houvesse uma certa variação de ano para ano.

A pesquisa continuou, com a adição de mais e mais variáveis, procurando relações ainda mais contingentes. No ano seguinte, Rhyne fez novo relatório, que não encontrou "relação nenhuma" com formalidade, mas os bons desempenhos "pareciam desenvolver sistemas de planejamento menos complexos" (1987:380);

Javidan (1987) entrou em detalhes sobre a efetividade dos diferentes papéis desempenhados pelos planejadores; Ramanujam e Venkatraman sugeriram que a "resistência ao planejamento" e os "recursos providos para o planejamento" tinham "impacto dominante na efetividade do sistema de planejamento, amplamente explicado" (1987:453); e Rule (1987), um consultor canadense, constatou que os planejadores eficazes com auto-consideração obtinham maior retorno sobre o patrimônio.

Em 1988, um artigo de Bracker *et al.* sobre a "sofisticação do processo de planejamento" e o desempenho das pequenas empresas em uma indústria em crescimento deu apoio aos resultados da pesquisa anterior, em que "empresários oportunistas que empregam processos estruturados de planejamento estratégico podem estar mais bem preparados para desenvolver uma estrutura para prever ou enfrentar a mudança", embora as "empresas remanescentes não estejam necessariamente condenadas!" (602). Robinson e Pearce apresentaram um estudo complexo com análises que relacionavam "orientação estratégica" (consistência e compromisso com estratégia) e "sofisticação do planejamento", que descobriu que as empresas de melhor desempenho são fortes em ambas. Outros tipos de estudos apareceram em 1989 (p. ex., Kukalis, sobre a relação entre as características da empresa e do planejamento [veja também Kukalis, 1988]) e em 1990 (p. ex., Sinha, sobre a contribuição do planejamento formal para diferentes tipos de decisão).

Finalmente, quando este livro estava quase pronto, Boyd publicou uma "revisão meta-analítica" longa e detalhada desses estudos. Ele encontrou, no total, 49 artigos em publicações e capítulos de livros, algumas análises e repetições mútuas, outras cujos autores responderam a seu pedido com a alegação de que os dados de apoio necessários estavam "indisponíveis" (1991:356). Reduzindo a 29 o número de estudos empíricos que podia usar, de uma amostra total de 2.496 organizações, Boyd considerou "o efeito global do planejamento sobre o desempenho... muito fraco" (362). Entretanto, com desdobramento suficiente das medidas de desempenho (em nove tipos), as correlações foram rotuladas de "modestas" (353). No entanto, "os extensos problemas de medição sugerem que essas descobertas *subestimam* a *verdadeira* relação entre planejamento e desempenho" (353, grifo nosso). Além disso, "embora o tamanho médio do efeito seja pequeno, muitas empresas reportam benefícios quantificáveis significativos da participação no processo de planejamento estratégico" (369). Chega de objetividade científica! Boyd terminou com um pedido de "medição mais rigorosa", "mais controles" e "análises separadas" (369). Boa idéia!

Sem dúvida, mais evidências virão, proporcionando mais detalhes, se não discernimento. O que Pearce *et al.* indicaram em 1987, após dezessete anos de pesquisa, como sendo "uma questão problemática e não resolvida" continua problemática e não resolvida. No mínimo, constatamos que o planejamento não é "a melhor maneira", que, de um modo geral, certamente não compensa e que, na melhor das hipóteses, pode até ser adequado em contextos específicos, como organizações maiores, de produção em massa, etc.

EVIDÊNCIAS ANEDÓTICAS

Como bons cientistas, a expectativa é de que todos confiem em dados factuais coletados sistematicamente. A evidência anedótica costuma ser tolerante, tendenciosa e superficial. Todavia, acabamos de ver exatamente o mesmo a respeito dos dados factuais – que têm um baixo ventre decididamente vulnerável. A coleta sistemática de dados sobre processos mal especificados não proporciona muito discernimento sobre o que está acontecendo por aí.

Portanto, vamos considerar algumas evidências anedóticas, não para resolver qualquer problema, mas para obter um pouco de discernimento sobre várias delas. A seleção de histórias seguinte pode sugerir nossas próprias tendências, pois as selecionamos para ressaltar os problemas no planejamento. No entanto, também parece que, quanto mais específica a história sobre planejamento na imprensa popular, maior a probabilidade de ela ser negativa: os elogios costumam vir em comentários generalizados, as críticas em exemplos dirigidos.

As evidências que estamos citando remontam aos primeiros anos do planejamento estratégico, começando como um fio d'água que se tornou uma corrente importante em meados dos anos 1970 e uma verdadeira torrente nos anos 1980. As anedotas reproduzidas aqui contam essa história.

- 1970: Na primeira página daquele que se tornaria um livro muito lido sobre planejamento, um dos tecnocratas mais dedicados da América escreveu: "Recentemente perguntei a três executivos corporativos quais decisões tinham tomado no último ano que não teriam tomado se não fosse por seus planos corporativos. Todos tiveram dificuldade de identificar uma dessas decisões. Como cada um dos seus planos era 'secreto' ou 'confidencial', perguntei-lhes como os concorrentes poderiam tirar proveito da posse de seus planos. Todos responderam com constrangimento que seus concorrentes não se beneficiariam. Contudo, esses executivos eram fortes defensores do planejamento corporativo" (Ackoff, 1970:1). Assim também era esse autor, que seguiu esse comentário, não com uma investigação de suas causas, mas com 144 páginas sobre as glórias e os procedimentos do planejamento corporativo.
- 1972: Um conhecido proponente de planejamento, tendo visitado muitas empresas européias e norte-americanas entre 1967 e 1972, concluiu em uma importante publicação de planejamento: "A maioria das empresas acha que o planejamento formal não tem sido a panacéia ou solução pensada originalmente. O sucesso no planejamento não vem fácil... não somente nos Estados Unidos e na Europa, mas também no Japão, nos países comunistas e até nas nações em desenvolvimento [que] abraçaram, geralmente com grande entusiasmo", o conceito do planejamento corporativo organizado (Ringbakk, 1972:10). Contudo, essa publicação continuou a abraçar o conceito, sempre com grande entusiasmo.
- 1972: O vice-presidente de uma corporação dos EUA, escrevendo na mesma publicação no mesmo ano, foi mais direto: "Na prática, o planejamento tem sido um fracasso retumbante e dispendioso" (Pennington, 1972:2).
- 1973: Um tímido acadêmico, que, no fim dos anos 1960, havia cerrado os dentes e se aventurado fora do ambiente protegido da universidade para observar o que os gerentes de carne e osso da América realmente faziam, voltou para contar a história: "com poucas exceções, as atividades gerenciais em meu estudo envolviam assuntos específicos, em vez de gerais. Durante o expediente, era raro ver um executivo principal participando de uma discussão abstrata ou fazendo planejamento geral... Evidentemente,

a visão clássica do gerente como planejador não está de acordo com a realidade. Se o gerente planeja de verdade, não é trancando a porta, fumando cachimbo e pensando em grandes idéias" (Mintzberg, 1973:37).
- 1972: Outro acadêmico se aventurou fora de sua universidade para descobrir se os altos gerentes realmente consideram úteis os modelos de sistemas computadorizados para planejamento. Sua conclusão, em resumo: "Não". Em muitos casos, os esforços de desenvolvimento haviam sido reduzidos ou interrompidos; muitos dos esforços que foram concluídos não haviam sido implementados; e a maioria dos que haviam sido implementados não influenciaram significativamente o processo de formação de estratégia na empresa (Hall, 1972/73:33).
- 1977: Um acadêmico renomado em seu campo, que passou muito tempo trabalhando com praticantes, falou claramente. Mais de uma década depois de seu livro pioneiro, Igor Ansoff comentou que "a despeito de quase 20 anos de existência da tecnologia de planejamento estratégico, a maior parte das empresas, hoje, se engaja no planejamento de longo prazo por extrapolação, muito menos ameaçador e perturbador" (1977:20).
- 1977: Voltando àquela importante publicação de planejamento alguns anos depois, dois acadêmicos, após notarem que "existem poucos axiomas na literatura administrativa mais geralmente aceitos sem questionamento, além daqueles que afirmam a necessidade de planejamento estratégico sólido", um ponto em que "acadêmicos e pesquisadores são... praticamente unânimes" (praticamente, incluindo muita evidência em contrário, como de costume), constataram, como Ansoff, que nenhuma das cinco "principais" corporações norte-americanas estudadas "se engajava em planejamento estratégico de verdade" (Saunders e Tuggle, 1977:19).
- 1978: Um professor francês que pesquisou várias empresas européias depois da crise de energia de 1973, algumas das quais reduziram seu horizonte de planejamento ou abandonaram completamente o planejamento como conseqüência, citou um executivo de uma empresa de 7000 funcionários: "Quem diz que faz planos e que eles funcionam é mentiroso. O termo planejamento é imbecil; tudo pode mudar amanhã". Disse um outro executivo: "A crise nos mostrou que o planejamento de longo prazo é inútil" (Horowitz, 1978:49, nossa tradução do francês).
- 1980: As empresas não apenas pareciam não fazer planejamento estratégico como prescrito, como algumas pareciam não poupar esforços para evitá-lo. Um grupo de consultores percebeu que os gerentes de linha até tomavam a medida incomum de renunciar à autoridade formal para não precisar planejar. "Os gerentes de divisão são conhecidos por tentar escapar do ônus do planejamento anual 'inútil' propondo que incorporem seus negócios a outras UENs, ao menos para fins de planejamento" (Gluck, Kaufman e Walleck, 1980:159).
- 1985: Javidan perguntou aos gerentes de quinze empresas se estavam satisfeitos com o desempenho de suas equipes de planejamento. "Não muito" foi a resposta curta (1985:89). Nenhum as considerou "muito bem-sucedidas", metade dos executivos principais considerou-as "relativamente bem-sucedidas". (Os gerentes de planejamento pesquisados foram um pouco mais positivos [p.93].) Muitos ponderaram que o planejamento ti-

nha um "efeito negativo" sobre as decisões estratégicas da empresa e sobre sua capacidade de inovação gerencial (91).
- 1985: Robert Hayes, professor da Harvard Business School, informou a respeito de "um tema recorrente nas explicações [que inúmeros gerentes de linha] dão para as dificuldades competitivas de sua empresa": "Eles repetem o argumento de que muitas dessas dificuldades – particularmente nas empresas de manufaturas – têm origem nos processos de planejamento estratégico das empresas. Sua queixa, entretanto, não é a respeito do *mau* funcionamento do planejamento estratégico, mas sobre os aspectos danosos do seu funcionamento *adequado*!" (1985:111).
- 1987: Em um artigo em *The Economist*, Michael Porter comentou que "A crítica ao planejamento estratégico foi merecida. Na maioria das empresas, o planejamento estratégico não contribuiu para o pensamento estratégico" (17). Sua solução: "o planejamento estratégico precisa ser repensado" (por meio de planejamento?).
- 1988: Walter Schaffir, Diretor do Strategic Planning Conference Program do The Conference Board, referiu-se ao planejamento estratégico como tendo sido "formalizado e sistematizado, criticado, reformado, mal entendido, vendido em excesso (e comprado em excesso), novamente redefinido, mal empregado, descartado... e revitalizado". Afirmou que ele está "vivo e bem no mundo real de negócios," notando que "ainda assim – o planejamento estratégico havia ficado com má fama em alguns lugares – e em geral merecida", referindo-se à "natureza superficial do 'exercício'... sem significado verdadeiro" (1988:xiii).

A experiência FIFO da General Electric

Em 1984, Lauenstein observou que "empresas como a International Harvester e a AM International estavam se gabando em seus relatórios anuais de seus sistemas de planejamento estratégico pouco tempo antes de enfrentarem um desastre" (1984:89). O fenômeno, na verdade, se revelou extremamente comum. Em um artigo de 1975, Ansoff observou que:

> Em meados da década de 1960, a direção de um dos maiores conglomerados mundiais exibia orgulhosamente seu planejamento e controle. Uma semana após a exibição pública, a mesma direção admitiu, ruborizada, duas surpresas de muitos milhões de dólares: um excedente de vulto na divisão de móveis de escritório e outro na divisão de construção naval. (1975a:21)

Contudo, Ansoff argumentou em um livro posterior que "a história dos sistemas administrativos é uma sucessão de invenções," algumas das quais "fracassaram", outras "deram certo", mas, em geral, constitui um avanço para um aperfeiçoamento. "Por exemplo, o principal praticante de planejamento estratégico atualmente, a norte-americana General Electric Company, tentou e recuou duas vezes antes do atual processo bem-sucedido ser estabelecido como parte da administração geral da empresa" (1984:188).

Entretanto, Ansoff também tinha escolhido um momento infeliz, pois aquele "processo bem-sucedido" tinha acabado de cair aos pedaços, dessa vez com bastante publicidade.

Em 1984, como as críticas ao planejamento se intensificavam, a *Business Week* rematou a discussão com uma matéria de capa que fez um ataque forte e impiedoso ao planejamento: "Depois de mais de uma década de controle quase ditatorial sobre o futuro das corporações americanas, o reinado do planejador estratégico pode estar no fim"; "poucas das estratégias supostamente brilhantes elaboradas pelos planejadores foram implementadas com sucesso"; o CEO da General Motors, depois de três "tentativas mal-sucedidas" de estabelecer um sistema de planejamento na sede, foi citado por sua afirmação de que "juntamos esses grandes planos, pusemo-nos na prateleira e partimos para fazer o que estaríamos fazendo de qualquer modo. Demoramos um pouco para perceber que não estava nos levando a parte alguma". Para a *Business Week*, a revolução era "nada menos" que uma "batalha sangrenta entre planejadores e gerentes" (1984a:62); "o resultado é que os planejadores estratégicos desorganizam a capacidade da empresa de avaliar o mundo exterior e criar estratégias para uma vantagem competitiva sustentável" (64).

Uma empresa dominava o artigo da *Business Week*, uma vez que tinha a doutrina do planejamento quase desde o início: a General Electric Company. Os contadores dificilmente ficariam constrangidos por darmos à experiência da GE com planejamento o rótulo de FIFO *(first in-first out,* ou primeiro a entrar, primeiro a sair).

Para os defensores do planejamento, a General Electric sempre tinha sido a empresa exemplar (p. ex., Blass, 1983:6-7, ao lado de Ansoff). Um número impressionante de técnicas e conceitos que se tornaram largamente aceitos viu a luz do dia no seu departamento de planejamento: a unidade estratégica de negócio (UEN), o projeto PIMS (Profit Impact of Market Strategies – Impacto das Estratégias de Mercado nos Lucros), a matriz 3×3 de atratividade da indústria/força do negócio e outros. Os planejadores da General Electric estavam entre os mais prolíficos da literatura (p. ex., Wilson, 1974; Allen, 1977; Rothschild, 1976, 1979, 1980; veja também entrevistas com os planejadores da GE Rothschild [Cohen, 1982] e Carpenter [Allio, 1985]). Para citar um artigo do *Washington Post,* "a GE literalmente escreveu o livro sobre o assunto" (Potts, 1984).

O planejamento na GE teve um grande avanço com Reginald Jones, executivo principal de 1972 a 1981. Em um artigo de 1979, ele remontou as origens da "era do planejamento estratégico" na GE a uma recentralização do poder depois do desastre da investida da empresa no negócio de computadores. Como Hamermesh recontou a história, lucros sem brilho no final da década de 1960 mais ameaças à "sagrada" classificação AAA dos títulos da GE encorajaram a empresa a "começar a procurar novas formas de planejamento estratégico" (1986-183).

Hamermesh descreveu o desenvolvimento do planejamento sob a tutela de Jones com detalhes consideráveis, observando, por exemplo, que em 1980 havia aproximadamente 200 planejadores de nível sênior na empresa (193), todos, juntamente com os gerentes gerais das UENs, com a obrigação de participar de seminários especiais de planejamento estratégico (nos quais recebiam exibições em *slides* e fitas gravadas para transmitir a mensagem a seu pessoal). Sua descrição retratava uma organização tentando obter, continuamente, a fórmula certa para capacitar uma administração sênior a entender uma empresa complexa e diversificada dentro de um tempo limitado. Por exemplo, Jones ficou muito entusiasmado com o conceito de "setores" (agrupamentos de unidades estratégicas de negócio, originalmente 6 ao todo, para 43 destas) introduzido em 1977. "Pude dar uma olhada em seis livros de planejamento e entendê-los o suficiente para fazer as perguntas certas" (202).

O estardalhaço associado ao verdadeiro significado das tentativas e tribulações da GE com o planejamento (em vez do sistema perfeitamente afiado descrito na literatura) continuou nos anos 1970, de modo que, quando o novo vice-presidente sênior de planejamento visitou o Departamento de Defesa para saber mais a respeito de uma extensa pesquisa feita sobre sistemas de planejamento, disseram-lhe que ele "provavelmente estava herdando o sistema de planejamento estratégico mais efetivo do mundo e que o Número Dois estava muito atrás" (Hamermesh, 181).

Entretanto, havia um problema. Conforme Walter Kiechel, escritor da *Fortune*, embora "o planejamento estratégico fosse o evangelho" da GE, suas "ações foram negociadas praticamente no mesmo nível agonizante em toda a década de 1970, com o PE declinando gradualmente" (1984:8).

Assim, no início dos anos 1980, logo depois de entrar em cena como Presidente do Conselho e CEO, Jack Welch – um tipo muito diferente de administrador – desmantelou o sistema. Voltando àquele artigo da *Business Week* (1984a), Welch "reduziu o grupo de planejamento corporativo de 57 para 33, e muitos planejadores foram demitidos em setores operacionais, grupos e divisões da GE" (62).

O Grupo de Eletrodomésticos foi um exemplo. Seu vice-presidente foi citado na *Business Week* como tendo "conquistado o domínio do negócio, arrancando-o de uma 'burocracia isolada' de planejadores" (62). Para os escritores da *Business Week*, as experiências desse grupo "servem como um excelente estudo de caso sobre como o planejamento estratégico pode ser desorganizador" (64). Os planejadores do grupo, que eram 50 até o fim da década de 1970, muitos deles ex-consultores, criaram uma "'resistência natural' que se transformou em completa hostilidade" aos gerentes de linha. Entre os problemas, "estava a obsessão dos planejadores em prever o imprevisível – como o preço do petróleo – e então reagir precipitadamente quando os eventos não aconteciam como esperado" (65). Outro problema era a confiança "em dados, não em instintos de mercado, para fazer julgamentos", que criava suposições erradas e estratégias ruins. Mais esclarecedor é o comentário que "a alta direção, que também não tinha contato com o mercado, não viu que os dados dos planejadores não contavam a história verdadeira" (65). Assim, quanto mais "burocrático" se tornava o processo de planejamento, mais os "gerentes começaram a confundir estratégia com planejamento e implementação". A *Business Week* afirmou que *não* restou planejador *algum* com o vice-presidente do Grupo de Eletrodomésticos em 1984![6]

---

[6] Devido a essa mudança, é interessante voltarmos dois anos a uma entrevista na *Planning Review*, com Rothschild, o planejador da GE, inoportunamente intitulada "Na GE, Planejamento Coroado com Sucesso" (Cohen, 1982). O entrevistador parecia ignorar que a guilhotina estava prestes a cair – suas perguntas refletiam a atitude otimista sobre planejamento na GE ("todos pensam estrategicamente e o sistema de planejamento funciona" [8]). No entanto, o que estava por vir foi sugerido em algumas respostas de Rothschild, por exemplo, seu derradeiro comentário em resposta a "Para onde a GE está indo agora?"

> O desafio de meu trabalho é ajudar Jack Welch a encontrar alguns outros. Gosto de ser desafiado e de que as pessoas discutam comigo. A propósito, nosso novo presidente também gosta disso. A nova palavra-chave por aqui é administração por controvérsia. Eu diria que é onde estamos e para onde estamos indo. (11)

A irritação do vice-presidente desse Grupo com o planejamento não era rara. Em nossas próprias experiências, freqüentemente entramos em contato com organizações que estão passando por processos de planejamento formalizados e não nos lembramos de encontrar algum gerente de linha de nível médio que afirmasse gostar de verdade do processo! Todavia, não faltam aqueles que detestam tudo a seu respeito, e que se referiam a ele como "algum tipo de imposição perversa da administração" (Eckhert em Bryson, 1988:66).

ALGUMAS EVIDÊNCIAS MAIS PROFUNDAS

A pesquisa de avaliação que discutimos analisou o planejamento à distância, de forma imparcial, e por isso revelou muito pouco a respeito de seu verdadeiro desempenho no contexto. Mesmo a evidência anedótica, embora conte uma história, não entrou muito a fundo nos problemas. Obviamente, toda essa evidência clama por uma investigação profunda do planejamento em si. Depois de todos esses anos cronometrando operários nas fábricas, não estaria na hora de submeter esses dispendiosos planejadores ao mesmo escrutínio, para descobrir o que eles próprios fizeram e produziram de fato? "Analista, estuda a ti mesmo", implorou Wildavsky (1979:10).

Infelizmente, poucos o fizeram, ao menos em detalhes. O próprio pedido de Lorange de "projeto de pesquisa com base clínica, enfatizando uma avaliação profunda das necessidades e capacidades de planejamento de uma determinada empresa" (1979:230) nunca foi atendido no campo do planejamento, nem por ele, nem por mais ninguém. Entretanto, do lado de fora, alguns pesquisadores remexeram o processo para descobrir o que realmente aconteceu, às vezes para sua própria surpresa. Revisamos aqui alguns desses estudos.

O estudo de Sarrazin sobre planejamento exemplar

Dois estudos muito interessantes foram realizados na França como teses bem pouco conhecidas. Os franceses há muito são apaixonados por planejamento formal, talvez devido a suas tradições cartesianas que enfatizam racionalidade e ordem. Jacques Sarrazin (1975, 1977/1978), então um jovem pesquisador de administração da Ecole Polytechnique, o verdadeiro centro de tal pensamento, partiu para documentar o processo de planejamento na equivalente francesa da General Electric, a firma mais renomada por seu planejamento. Teve belas surpresas. Em poucas palavras, concluiu que o planejamento era um processo ineficiente para tomar

---

Todavia, outros comentários de Rothschild podem ajudar a explicar por que os gerentes de linha da GE acabaram se rebelando. Em resposta a por que o sistema da GE dava certo, em comparação com os "muitos exemplos de sistemas de planejamento que se auto-destroem, ou talvez pior, não valem nada", Rothschild respondeu em parte: "Posso garantir-lhe que um sujeito que não implementa a estratégia pode estar em grandes apuros", e depois, "informamos ao CEO quando um gerente não está participando do plano" (10). (Mais tarde, em resposta a "O que os gerentes da UENs devem dizer a respeito [da integração do planejamento]?", Rothschild citou uma pesquisa indicando que 85% deles alegavam que continuariam a fazer planejamento estratégico se a própria empresa parasse de fazê-lo; uma repetição três anos depois elevou esse número a 90%. "Portanto, sim, nosso planejamento estratégico realmente faz parte da cultura" [11]. Outro exemplo da confiança "em dados, não em instintos do mercado"!)

decisões estratégicas, mas mantido como uma ferramenta de controle, talvez de natureza política – para centralizar o poder na organização.

Sarrazin constatou que o processo de planejamento não integrava os resultados de estudos estratégicos específicos; esses estudos simplesmente não ficavam prontos a tempo. "A empresa não pode se dar ao luxo de esperar, todo ano, pelo mês de fevereiro para tratar de seus problemas" (1975:79).[7] Assim, "poucas das decisões críticas da organização eram tomadas durante o ciclo de planejamento" (78). O processo também não permitia "integração genuína" (56): ele simplesmente não conseguia lidar com as complexidades associadas. "... no caso das corporações maiores, a complexidade do ambiente torna quase impossível definir o plano como um processo de decisão considerando todas as suas atividades futuras"; havia simplesmente dados em excesso, e muitos poucos deles disponíveis para o planejamento. Na melhor das hipóteses, o plano oferecia uma "integração depois do fato" (137), ou "sanção oficial para ações já decididas e dificilmente sujeitas a análise e revisão naquele momento" (1977/78:48). Eles não serviam para evitar inconsistências futuras, mas para revelar as que já existiam (1975:137).[8]

O problema para realizar a integração é que a organização não consiste em um "único centro de tomada de decisões" pressuposto no modelo clássico de planejamento (1977/78:48), mas ela depende de múltiplos centros de decisão e várias "lógicas de ação": os gerentes "fazem maior uso de suas visões da estratégia da empresa do que da estratégia real imaginada pelos altos executivos" (50). Assim, em vez de integrar os esforços das pessoas, o planejamento intensifica o conflito entre elas.

Por que então a organização se engajou no processo de planejamento? Primeiro, ele "formaliza uma série de decisões tomadas em outro lugar"; a esse respeito, o plano permite que "determinadas coisas sejam registradas em preto e branco", além de comprometer os gerentes com determinados princípios de ação (1975:146). Segundo, o planejamento propiciou um sistema de coleta de informações sobre as atividades da organização. Terceiro, o planejamento, por expor determinadas lacunas, ajudou a iniciar alguns estudos estratégicos. Finalmente, o planejamento foi usado pela alta administração como uma ferramenta para tentar recuperar o controle de sua organização:

> Os altos gerentes tentam utilizar o processo de planejamento existente para recuperar o controle da tomada de decisão estratégica, perdido devido à multiplicidade de centros de decisões reais e, também, para obter um grau mínimo de coerência entre essas decisões e a estratégia da empresa. (1977/78:56)

Na visão de Sarrazin, "isso fornece uma explicação possível para o fato de as maiores empresas francesas geralmente manterem procedimentos de planejamento a despeito do custo e do evidente fracasso" (56).

---

[7] Traduzi citações da tese de Sarrazin (1975); seu artigo de 1977/78 é uma síntese das constatações em inglês.

[8] Considerando nossa discussão de estratégias *versus* orçamentos, é interessante observar no comentário de Sarrazin que, na sua opinião, "parece que a síntese plano-orçamento é difícil", basicamente porque a orçamentação é um processo separado do planejamento, geralmente já funcionando com necessidades próprias quando o planejamento estratégico é introduzido e não modificada para acomodá-lo (1977/78:52).

O estudo de Gomer sobre o planejamento na crise

A segunda tese foi escrita na França por um sueco, Hakan Gomer (1973, 1974, veja também 1976), que estava particularmente interessado no papel dos sistemas de planejamento em resposta à crise de energia de 1973 – a drástica elevação dos preços do petróleo devido à criação do cartel da OPEP*. Gomer estudou três empresas importantes em seu país (uma de seguros, a segunda diversificada de uma base na indústria primária e uma terceira fabricante de equipamentos para mineração e outras indústrias), cujas atividades de planejamento "refletiam o modelo de planejamento geral" (1976:10).

Em essência, Gomer concluiu que "o planejamento formal deu algum apoio *avaliativo* às atividades para resolver problemas relacionados com a crise, mas não forneceu "aviso prévio" ou de outra forma tornou a empresa mais sensível à mudança ambiental" (1). Em outras palavras, "os planejadores não contribuíram para a *fase de reconhecimento* do processo de resposta", pela qual os gerentes seniores se responsabilizaram (8). Ao contrário, o planejamento emergiu deste estudo como um "sistema lento" (1), mais preocupado com o resultado *da* formação de estratégia do que com o insumo *para* ela. Gomer constatou que os planejadores eram usados para estimar o impacto da crise sobre padrões de desempenho, conduzir estudos especiais, resumir estimativas feitas por vários gerentes, sugerir medidas emergentes e avaliar orçamentos divisionais. No nível divisional, planos e orçamentos serviam também de modelos, por exemplo, para estimar o impacto dos aumentos de preços sobre o desempenho.

Assim, embora os *planejadores* ajudassem a lidar com a crise, o *planejamento*, como concebido convencionalmente, não. Ele "parece ter pouquíssimo uso como método para solucionar problemas, estando mais relacionado à implementação de medidas" (16). Na verdade, Gomer se referiu à "contribuição global" do planejamento como "relativamente insignificante", depois de observar que "em mais de 12 horas de entrevistas não dirigidas com gerentes de linha sobre a resposta de sua organização à crise, os componentes [do sistema de planejamento formal] ou temas relacionados vieram à tona em menos de oito minutos" (16).

As descobertas de Quinn sobre planejamento sob "incrementalismo lógico"

Sarrazin e Gomer estudaram o planejamento diretamente; outros, que se concentraram mais no processo de formação de estratégia, também acharam o planejamento conspícuo por sua ausência. Um deles foi James Brian Quinn, cujas investigações desse processo em várias firmas grandes (principalmente americanas) levaram à descrição em seu livro de 1980 como "incrementalismo lógico" – um processo da evolução gradual da estratégia dirigido por pensamento gerencial consciente. Sobre o planejamento, Quinn concluiu:

> Meus dados sugerem que, ao serem bem gerenciadas, as principais organizações fazem mudanças significativas na estratégia; as abordagens que usam freqüente-

---

* N. de R.T. Organização dos Países Exportadores de Petróleo.

mente têm pouca semelhança com os sistemas racionais, analíticos, descritos com tanta freqüência na literatura de planejamento. (1980a:14)

Resumindo, "os sistemas de planejamento formal raramente elaboraram uma estratégia central de uma corporação" (38).

De acordo com Gomer, Quinn constatou que "o próprio processo de planejamento estratégico raramente era (nunca no estudo) a fonte de novos assuntos chave ou desvios radicais para domínios de produtos/mercados inteiramente diferentes. Esses quase sempre vieram de eventos precipitados, estudos especiais ou concepções implantadas" de outras maneiras, "embora os planejadores individuais da equipe pudessem identificar problemas em potencial e trazê-los à atenção da alta administração" (40). Na verdade, Quinn concluiu que "as próprias práticas de planejamento formal geralmente institucionalizam uma forma de incrementalismo" (40), de modo bem "apropriado", segundo ele (41).

Quinn deu duas razões para a inclinação do planejamento ser incremental. Em primeiro lugar, a maior parte do planejamento era realizada de baixo para cima por gerentes respondendo às necessidades limitadas dos produtos, serviços ou processos de suas unidades dentro de uma estrutura de suposições existente há muito, etc. E em segundo, os planos eram "feitos adequadamente" pela maioria dos gerentes para ser flexíveis, "idealizados somente como estruturas para orientar e dar consistência a decisões futuras tomadas incrementalmente durante ciclos operacionais de prazos mais curtos" (40-41).

De fato, porém, ao passo que os planos eram feitos pela gerência para ser flexíveis, o próprio planejamento formal demonstrou ser inflexível:

> Esquadrinhar freqüentemente o horizonte tornou-se uma rotina destinada basicamente a justificar os planos em andamento, e os planos de contingência se tornaram programas pré-embalados (e postos na prateleira) para responder de maneiras precisas a estímulos que nunca ocorreram exatamente como esperado... Até os planos de P&D mostraram todas as pessoas comprometidas com um ano de antecedência, supondo (muitas vezes previsivelmente), desta maneira, que não aconteceria algo novo que exigisse mudança. (122)

Muitas vezes, o planejamento formal resultou "basicamente em declarações de princípios disformes e prolixas ou em planos de orçamentação detalhados"; ele "é atenuante contra a geração dos impactos interdivisionais e padrões de compromisso coordenados que são a essência da estratégia"; ele "enfatiza demais as metodologias de análise financeira que excluem opções estratégicas significativas, estimula atitudes e comportamento de curto prazo, intimida inovações importantes em potencial, dirige mal a alocação de recursos e destrói ativamente as estratégias pretendidas da empresa"; e, finalmente, "transforma os departamentos de planejamento em agências burocratizadas remoendo planos anuais, em vez de grupos catalisadores que intervenham adequadamente nos processos incrementais que determinam a estratégia" (154). Que lista de doenças para um autor que se considera simpatizante do processo de planejamento!

No entanto, Quinn encontrou um papel para o planejamento, semelhante àquele sugerido por Sarrazin e Gomer. Ele "fornece um mecanismo por meio do qual as decisões estratégicas iniciais eram confirmadas"; em outras palavras, o planejamento ajudava a codificar, bem como a formalizar e calibrar "metas de comum acordo, padrões de compromisso e seqüências de ações" (41, 38). Na esfera da tomada de decisões, ele também "fornecia um meio sistemático para avaliar e refinar os orçamentos anuais", "formava uma base para proteger investimentos e compromissos de longo prazo" e "ajudava a implementar mudanças estratégicas já decididas." No "domínio do 'processo'", "criava uma rede de informações", alargava a perspectiva dos gerentes operacionais e ajudava a reduzir a incerteza sobre o futuro, além de "estimular 'estudos especiais' de longo prazo" (38-39).

A pesquisa da McGill sobre o "rastreamento de estratégias"

Nossos estudos na McGill University, nos quais rastreamos as estratégias de várias organizações para descobrir como elas se formavam e mudavam, reforçam várias dessas conclusões. Em geral, constatamos que a formação de estratégia é um processo complexo, interativo e evolucionário, mais bem descrito descrito como um aprendizado adaptável. A mudança estratégica foi considerada desigual e imprevisível, em que as principais estratégias muitas vezes permaneciam relativamente estáveis por longos períodos, às vezes décadas, e então repentinamente passavam por uma grande mudança. O processo quase sempre era significativamente emergente, em especial quando a empresa enfrentava mudanças imprevistas no ambiente, e todos os tipos de funcionários podiam ficar muito envolvidos na criação de novas estratégias. Na verdade, as estratégias apareceram de maneiras estranhas nas organizações estudadas. Muitas das mais importantes pareciam surgir dos "funcionários comuns" (como ervas daninhas que podem aparecer em um jardim e mais tarde se descobre que dão frutos aproveitáveis), em vez de todas serem impostas de cima para baixo, no estilo "estufa" (veja Mintzberg e McHugh, 1985).

A metáfora apropriada para o processo, em forte contraste com a metáfora da arquitetura na escola do *design* e a de manter um navio no curso na escola de planejamento, bem que poderia ser artesanato. Para citar um artigo conciso sobre essa pesquisa, intitulado "Crafting Strategy":

> Imagine alguém planejando estratégia. O que provavelmente vem à mente é uma imagem do pensamento ordenado: um gerente sênior, ou um grupo deles, sentado em um escritório, elaborando cursos de ação que todos os demais implementarão na hora certa. A tônica é razão – controle racional, análise sistemática de concorrentes e mercados, das forças e fraquezas da empresa, a combinação dessas análises produzindo estratégias claras, explícitas, plenamente desenvolvidas.
>
> Agora imagine alguém "construindo" estratégia. Surge uma imagem totalmente diferente, tão diferente do planejamento quanto o artesanato é da mecanização, pois evoca habilidade tradicional, dedicação, perfeição por meio do domínio dos detalhes. O que vem à mente não é tanto pensamento e razão quanto envolvimento, uma sensação de intimidade e harmonia com os materiais disponíveis, desenvolvidos por uma longa experiência e comprometimento. Elaboração e implementação se fundem em um processo fluido de aprendizado por meio dos quais as estratégias criativas evoluem.
>
> Minha tese é simples: a imagem do artesanato capta melhor o processo pelo qual as estratégia efetivas passam a existir. A imagem do planejamento, há muito popular na literatura, distorce esses processos e, por isso, orienta mal as organizações que o abraçam sem cuidados. (Mintzberg, 1987:66)

Os estudos da McGill não pesquisaram os processos de planejamento em si. Na verdade, nossa intuição era de que, para descobrir o papel do planejamento na formação de estratégia, era preciso estudar o processo de formação de estratégia diretamente e inferir onde o planejamento entrava (e não entrava) no quadro (tanto quanto no estudo de Gomer). Ele apareceu em dois de nossos estudos em particular, bem como em um terceiro, um estudo associado.

Em nosso estudo da Steinberg Inc. (Mintzberg e Waters, 1982), uma rede de supermercados grande e empreendedora, constatamos que o planejamento formal foi introduzido para satisfazer a uma necessidade externa da organização. Quando a firma quis entrar nos mercados de capital pela primeira vez, simplesmente teve de divulgar planos. Seu fundador e executivo principal não podia escrever nos prospectos "vejam, sou Sam Steinberg, com meu incrível histórico profissional. Por isso, façam o favor de me dar 5 milhões dos seus dólares". Ao contrário, ele precisou mostrar planos aos mercados financeiros. No entanto, eles não refletiam qualquer processo formal para chegar a uma estratégia; a firma já tinha sua estratégia, na visão de seu líder (expandir a rede de grandes supermercados no Quebec, basicamente por meio da construção de *shopping centers*). Tudo o que o plano fez foi articular a estratégia – explicá-la, justificá-la, elaborá-la (o número de lojas a serem construídas, em que prazo específico, etc.). Concluímos, portanto, que o planejamento não criou estratégia, simplesmente programou uma estratégia que já existia:

> ... as empresas planejam quando *têm* estratégias pretendidas, não para consegui-las. Em outras palavras, não se planeja uma estratégia, mas as suas conseqüências. O planejamento põe ordem na visão e lhe dá forma em consideração à estrutura formalizada e expectativa ambiental. Pode-se dizer que o planejamento operacionaliza a estratégia. (498)

Não obstante, as conseqüências disso não eram acidentais: "O resultado inevitável de programar a visão do empreendedor é restringi-la":

> O empreendedor, mantendo sua visão pessoal, é capaz de adaptá-la à vontade a um ambiente em mudança. Ao ver forçado a articulá-la e programá-la, ele perde essa flexibilidade. O perigo, enfim, é que... o procedimento tenda a substituir a visão, de forma que a formação de estratégia se torne mais extrapolação que invenção... Na ausência de uma visão, o planejamento opta por extrapolar o *status quo*, levando, na melhor das hipóteses, a mudanças marginais na prática corrente. (498)

Outro desses estudos considerou a Air Canada (Mintzberg, Brunet e Waters, 1986), uma empresa sem tradição empreendedora, mas que construiu uma tradição muito forte de planejamento, ao menos nas esferas operacionais e administrativas. Isso refletia sua suprema necessidade de coordenação precisa (nas operações das aeronaves, entre aviões, horários de rotas, tripulações dos vôos, etc. e nos dispêndios de capital, entre a chegada de equipamentos novos e o desenvolvimento da estrutura das rotas), assim como suas preocupações com a segurança, os altos custos de aeronaves novas e os longos tempos de espera para acrescentar novas rotas. Essas necessidades resultaram em padrões de ação muito ordenados e estáveis.

A Figura 3.1, por exemplo, mostra o padrão de aquisição (e venda) de aeronaves ao longo do tempo. Observe a chegada constante e sistemática de novas

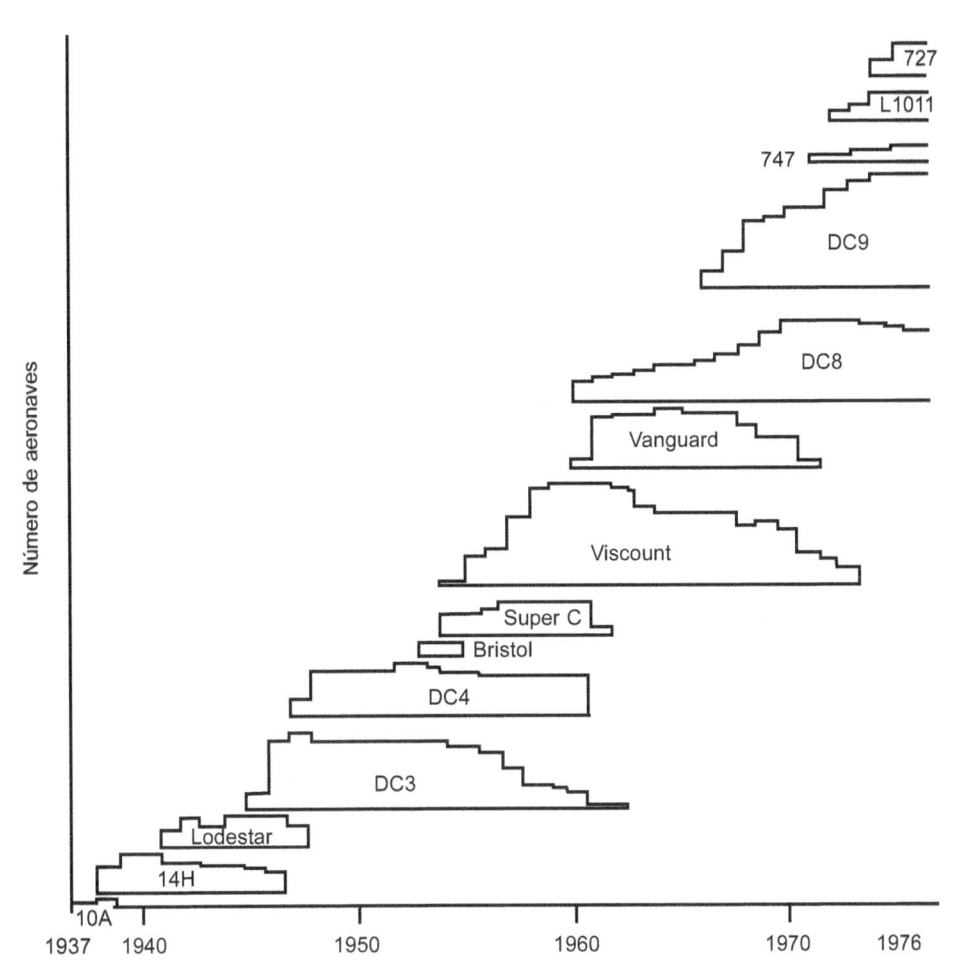

FIGURA 3.1 O padrão de aquisição e venda de aeronaves da Air Canada, 1937-1976.

aeronaves depois de meados de 1950 (época em que os detalhados procedimentos de planejamento estavam firmemente estabelecidos), comparada com sua chegada escalonada em blocos de antes. Na verdade, uma curiosidade do gráfico é que, como empilhamos as figuras das diferentes aeronaves em ordem cronológica, descobrimos que duas linhas paralelas próximas abrangiam quase todas as aeronaves adquiridas depois de 1955, exceto os DC8s e os 747s, os quais chegaram em ritmo mais lento, embora ainda mais regular, provavelmente um reflexo dos grandes gastos que envolviam.

No entanto, a Air Canada exibia uma outra característica interessante: depois que o planejamento passou a predominar, as estratégias dificilmente mudaram (até o fim do nosso período de estudo, em 1976). Concluímos que os dois fatores estavam relacionados, especificamente que o planejamento formal, assim como as forças que o encorajam, não somente não constituía formação de estratégia, mas de fato desencorajava-a positivamente, impedindo o pensamento e a mudança estratégica. "Quanto mais a empresa contava com especificação detalhada, sistemática e rotineira de seus procedimentos existentes, menos o seu pessoal se sentia estimulado a pensar além desses procedimentos para novas orientações..." (36). A estratégia como perspectiva, mesmo como posição, foi assumida dentro do plano, não posta em dúvida por ele.[9]

Havia um excelente exemplo disso, relativo à decomposição da organização em cinco setores operacionais para fins de planejamento. (Isso começou em 1955 e continuou pelo menos até 1976.) Chamadas de as "cinco pequenas companhias aéreas," elas incluíam um setor rotulado de rotas "magras" do sul (das cidades do Canadá para as ilhas do Caribe, etc.). Observe o efeito do rótulo: as rotas do sul são magras, subentendendo uma estratégia estável ou, no mínimo, estimulando a estabilização da estratégia. Como conseqüência, o planejamento impôs (ou, ao menos, usou) categorias que concretizavam a estratégia existente – trancavam-na no lugar. Como concluímos em nosso relatório:

> O planejamento formal, e as forças associadas que o estimulam, pode desencorajar o próprio estado mental necessário para conceber novas estratégias – um estado de abertura e flexibilidade natural que encoraja as pessoas a se afastar da realidade operacional e questionar as crenças aceitas. Em suma, a administração estratégica formal pode se mostrar incompatível com o verdadeiro pensamento estratégico. (40)

Entretanto, isso demonstrou ter um benefício inesperado. Quando, como resultado de uma consultoria, a organização passou por uma grande reorganização que paralisou seus altos escalões administrativos durante um grande período, a rotina imposta pelo sistema de planejamento manteve sua continuidade. Como um executivo de planejamento afirmou: "Durante a crise da McKinsey, os planos detalhados, fielmente implementados pelo pessoal de operações, salvaram o dia. A administração não sabia qual caminho tomar durante algum tempo, mas os aviões continuaram voando" (28).

Havia uma *tese* de MBA escrita por Claude Dubé, relacionada com a pesquisa da McGill sobre o comportamento da formação de estratégia das forças armadas canadenses depois da Segunda Guerra Mundial. Suas descobertas despertaram muita curiosidade. Em poucas palavras, ou a organização planejava ou agia; afora isso, ambas pareciam não relacionadas. Quando o exército não tinha nada para fazer, ele planejava, quase como um fim em si mesmo:

> Uma das características singulares desta organização é que sua principal ocupação é estar pronta para agir. No entanto, na maior parte do tempo, não há necessidade de agir (não há guerra). E então muita atividade dedica-se à busca de um papel ativo durante esses períodos de espera, na verdade, de uma "razão de ser" para o momento. Uma maneira pela qual esta organização tentou resolver esse problema foi institucionalizar o processo de planejamento para que os planos existentes fossem revisados constantemente, novos planos fossem introduzidos, [com] os mais sofisticados

---

[9] Em um estudo de outra companhia aérea, Air France, Hafsi e Thomas chegaram a uma conclusão que reforçou a nossa sobre a Air Canada no mínimo em um ponto, sobre o planejamento como programação feito pela rede de supermercados Steinberg: "O planejamento era, como esperávamos, uma ferramenta altamente técnica e não relacionada com estratégia. O importante era ser capaz de prever tráfego, custos, etc. e conduzir um negócio em ordem dentro dos limites das instruções precisas vindas da burocracia" (1985:16). A mesma impressão foi dada pela descrição de Guiriec e Thyreau (1984) do papel de comunicação desempenhado pelo planejamento na Air France.

métodos de planejamento substituindo os antigos. Todos esses planos tentam levar em conta todas as eventualidades. Esse é um empreendimento sem fim, pois é impossível planejar para tudo... (1973:71-72)

Ainda assim, quando o exército canadense tinha algo para fazer (como lutar na Coréia), punha de lado seus planos e agia. Da mesma forma que no estudo de Gomer, a organização não previu as contingências ou cenários que surgiram de fato. Quanto ao planejamento formal, ele parece mais adequado à tranqüilidade dos tempos de paz que à desorganização da guerra, especialmente uma guerra imprevista. Para citar um escritor militar, "a 'preparação para a guerra' trata com valores fixos, quantidades físicas e ação unilateral, e a 'guerra propriamente dita' ocupa-se de quantidades variáveis, forças e efeitos intangíveis e uma interação contínua de opostos" (Summers, 1981:114), dificilmente a condição mais favorável para o planejamento. Uma implicação do estudo de Dubé é que as organizações planejam formalmente para ter algo a fazer, quando, de outra forma, carecem de uma razão de ser!

O estudo de Koch da "fachada" do planejamento do governo francês

O exército é, obviamente, um braço do governo. E, enquanto as grandes empresas dificilmente ficam indiferentes ao planejamento, os governos fortes estão particularmente interessados nele. Isso pode ter acontecido especialmente na Europa Oriental comunista, mas as mesmas inclinações dificilmente estiveram ausentes no Ocidente. Como a rede de supermercados de Steinberg ao se tornar pública, mas com mais intensidade, o governo forte deve ser publicamente responsável por suas ações; como a Air Canada, deve coordenar a alocação de enormes recursos e ser especialmente sensível a perdas (dinheiro, se não vidas); como os gestores da General Electric, seus líderes devem tentar enfrentar coisas que conhecem pouco. O planejamento formal parece proporcionar essa responsabilidade, fazer essa coordenação, evitar essa perda, prover esse conhecimento. A questão importante, com certeza, é se ele melhora a qualidade da elaboração da política pública.

Infelizmente, com metas de governo tão vagas, medidas de desempenho tão insatisfatórias e beneficiários de políticas tão dispersos, é praticamente impossível responder a pergunta. E, por isso, os governos persistem em tentar planejar formalmente, apesar da forte evidência que atesta os fracassos do planejamento.

Provavelmente, nenhum governo que nós, ocidentais, chamaríamos de democrático esteve mais obcecado com planejamento que o da França, pelo menos até alguns anos atrás. Koch documentou os esforços altamente divulgados da França em planejamento nacional abrangente, a que ele se referiu como "fachada" democrática: "Contrário à imagem propagada pelo executivo, o plano francês se encaixa em um modelo de não-planejamento não-democrático" (1976:374).

Na visão de Koch, era simplesmente impossível ter êxito no esforço, devido à inviabilidade da suposição de que todas as informações relevantes pudessem ser levadas a um lugar e integradas em uma única estrutura. Simplesmente não havia jeito de reunir os especialistas necessários e lhes dar tempo suficiente para produzir resultados aproveitáveis, não importando quanto fosse investido no esforço. O resultado "foi uma mixórdia política de intenções elitistas com bases sólidas, intenções gerais com bases inadequadas, compromissos sinceros e promessas vazias... com certeza, não um 'plano,' mas também não era amplamente aceitável"; "ele simplesmente não podia prever o futuro econômico e social com exatidão alguma" (assim, "os planejadores podiam apenas ficar sentados inutilmente enquanto fenômenos como a crise de energia devastavam suas previsões"); "ele não podia controlar as ações dos múltiplos atores internacionais e nacionais privados que afetavam sua execução" e, acima de tudo, "o Plano nunca foi executado de acordo com o Plano" (381, 382). Assim, Leon Trotsky, que vivenciou o planejamento econômico nacional em uma sociedade dependente do seu sucesso, uma vez comentou:

> Se existisse a mente universal que se projetava na fantasia científica de Laplace; uma mente que registraria simultaneamente todos os processos da natureza e da sociedade, que pudesse medir a dinâmica de seu movimento e prever os resultados de suas interações, essa mente, obviamente, poderia, *a priori,* redigir um plano econômico perfeito e completo, começando com o número de hectares de trigo e indo até o último botão de um colete. Na realidade, a burocracia geralmente imagina que uma mente assim está à sua disposição; é por isso que ela se exime com tanta facilidade do controle do mercado e da democracia soviética. (Lewis, 1969:19).

Algumas evidências sobre a experiência SPPO

Os governos de tradição anglo-saxônica podem ter se interessado menos em planejamento econômico nacional. No entanto, dificilmente estiveram menos interessados em outras formas de planejamento. O governo americano, nos estonteantes dias dos anos 1960 do Presidente Kennedy, precisou se colocar próximo à experiência francesa quanto à intensidade do esforço, bem como ao absoluto fracasso. Foi a época em que Robert McNamara trouxe para Washington, dos corredores da Harvard University e da Rand Corporation, o SPPO, junto com seus jovens talentos (a quem Halberstam [1972] apelidou de "os melhores e mais brilhantes"). Como a experiência foi amplamente divulgada, foi também muito avaliada e criticada; portanto, revisamos aqui não um único estudo, mas as evidências mais amplas de vários.

Como Secretário de Defesa de Kennedy, McNamara impôs o SPPO ao sistema militar; mais tarde, o Presidente Johnson decretou seu uso em todo o governo e daí se estendeu aos governos estaduais e imitadores em outros países. Em seu aclamado livro, *The Politics of the Budgetary Process*, Aaron Wildavsky resumiu sucintamente a experiência: "O SPPO fracassou em toda parte e sempre" (1974:205).

O SPPO representava uma tentativa formal de juntar *planejamento estratégico* com *programação* e *orçamentação* em um único *sistema*. Segundo Alain Enthoven (1969a:273), o analista chefe de McNamara, isso deveria ser feito com base nos "resultados" e não nos "insumos" – "elementos construtivos orientados pela missão", como as Forças Estratégicas de Retaliação ou a Defesa Civil, em vez das divisões estruturais internas como o Exército, a Marinha ou a Força Aérea. Assim, o planejamento não deveria ser feito em torno dos departamentos existentes, mas em torno de golpes estratégicos (UENs governamentais, se quiser, ou "missões de mercado," como Smalter e Ruggles as chamaram em um artigo da *Harvard Business Review* que pretendia levar as "lições do Pentágono" aos negócios [1966:65]). É evidente que eles chegaram a ter vida própria, da mesma forma que as cinco pequenas companhias aéreas da Air Canada. Para citar Enthoven, o "SPPO permite que o Secretário da Defesa, o Presidente e o Congresso concentrem sua atenção nas principais missões do Departamento de Defesa, não em listas de itens de gastos não-relacionados" (1969a:274).

Supunha-se que tudo isso gerasse pensamento estratégico e também permitisse que o planejamento estratégico fosse amarrado à orçamentação de capital e operacional. No entanto, no governo certamente não há qualquer medida global disponível que relacione os custos diretamente aos benefícios para permitir uma comparação numérica de projetos diferentes (o que a medida do retorno sobre o investimento faz no processo de orçamentação de capital das empresas). Então, para chegar o mais perto possível disso, os planejadores do governo deram muita ênfase à quantificação de custos e benefícios, cada um nos próprios termos, para que ao menos as alternativas pudessem ser comparadas dentro das missões (p. ex., mísseis *versus* bombardeiros em termos da "maior explosão por dólar" dentro da missão das forças estratégicas de retaliação).

Van Gunsteren descreveu a "idéia central" do SPPO como "reunir análise, planejamento, tomada de decisão estratégica e tomada de decisão orçamentária cotidiana em uma estrutura unificada de informação e poder, para tornar o planejamento e a análise mais relevantes e efetivos e a orçamentação mais racional e informada" (1976:54). Ele foi adiante para delinear as etapas no SPPO:

> Formular os objetivos finais das atividades do governo ou dos seus segmentos de atividade. Relacionar os resultados dos programas (seus impactos favoráveis) a esses objetivos. Relacionar os resultados aos insumos do programa (impactos desfavoráveis). Pôr valores, de preferência dinheiro, nos resultados e nos insumos. Agregar os resultados de um programa e denominá-los benefícios totais. Agregar os insumos do mesmo programa e denominá-los custos. Fazer isso para a duração total esperada do programa. Estabelecer a relação custo-benefício do programa e a diferença líquida entre benefícios e custos. Considerar os programas existentes e inventar novos programas alternativos. Realizar a mesma seqüência para os programas alternativos, começando com a relação de resultados com objetivos. Escolher entre os programas alternativos. Determinar toda essa seqüência como parte do procedimento regular de revisão do orçamento. (54)

Grande parte da responsabilidade pela implementação do SPPO no sistema de defesa de McNamara recaiu sobre os ombros de Enthoven; ele expressou sua confiança nele em seu artigo:

> ... a tomada de decisões em estratégia, forças, programas e orçamentos agora está unificada... O *mecanismo* para fazer isso é o Sistema de Planejamento-Programação-Orçamentação... O Secretário de Defesa revisa os dados dos [planos da missão] com os Chefes do Estado Maior e das Forças Armadas; obtém seus conselhos e toma decisões sobre as forças. Daí em diante, a subdivisão do orçamento por Serviço e título de apropriação é largamente derivativa, um processo deixado principalmente para a assessoria. (1969a:273-274, grifo nosso)

Há várias coisas interessantes a respeito desses comentários: a suposição de que o Sistema – o "mecanismo" – fazia o trabalho, a crença de que a orçamentação de alguma forma era feita em ligação com a estratégia, a separação subentendida entre formulação e implementação. Na verdade, a última distinção ficava no centro do SPPO, assim como no modelo da escola do *design*. Descreveu-se McNamara sentado bem à vontade em seu escritório e tomando decisões complexas depois de ser informado, da mesma forma que fazia anos antes como aluno nas aulas de estudos de caso na Harvard Business School. Enthoven salientou que, "certamente, o método exige muito do Secretário da Defesa". No entanto, é claro que o programa de MBA de Harvard também exigia algo bem parecido: ele era obrigado a "se inteirar em detalhes dos méritos de muitas propostas" e "deve ter um fluxo de informações sistemático sobre as necessidades, a efetividade e o custo de programas alternativos". No entanto, não se preocupe, Enthoven se apressou em acrescentar, "estamos organizados para fornecer essas informações" (273). Tudo isso vinha elegantemente empacotado nos "Memorandos Presidenciais Preliminares", que "resumiam as informações relevantes sobre a ameaça, nossos objetivos, a efetividade e o custo das alternativas que ele havia considerado e suas conclusões experimentais" (274). Para proteger o "mundo livre," eles estavam escrevendo estudos de caso para McNamara no Pentágono! E também escreviam o que o pessoal da Harvard chamava de WACs *(written analysis of cases* – análise de casos por escrito). Afinal de contas, eles tinham o "mecanismo".

O artigo de Enthoven foi publicado em 1969, outra data profética, visto que foi exatamente quando todos os esforços estavam se despedaçando nas plantações de arroz do Vietnã. O Sistema, o mecanismo, McNamara e seus jovens talentos estavam levando a América para seu mais humilhante desastre militar de todos os tempos.

O Coronel Harry Summers Jr. do Exército dos EUA mais tarde considerou essa experiência da perspectiva dos oficiais da linha, em um livro intitulado *On Strategy: The Vietnam War in Context*. Como Dubé, ele fez distinção entre "mera preparação para a guerra" e "guerra propriamente dita" (1981:28, citando Clausewitz, 1966). O SPPO, em sua opinião, cobria "apenas metade da equação," a primeira (28), ao passo que, para a segunda, ele refletia "uma incapacidade culta para ver a guerra sob sua luz verdadeira" (29). Contudo, os planejadores de McNamara tomaram o controle da preparação para a guerra, bem como da guerra propriamente dita, por exemplo, bloqueando o acesso dos oficiais seniores do exército ao Presidente (31).

O argumento de Summers, baseado em temas que já discutimos antes, é que o planejamento se mostrou inflexível e também incremental, inadequado a "um objeto vivo que *reage*" (para citar novamente Clausewitz, 29), mais conhecido como inimigo, com vontade própria:

> A abordagem racionalista é... caracterizada pela pretensão de universalidade de suas soluções, sua intolerância proveniente da tradição e da autoridade, quantificação, simplificação e falta de flexibilidade. Sua própria eficiência evita a flexibilidade, eliminando o que não contribui para atingir os objetivos correntes, de modo que não haverá meios alternativos disponíveis se o objetivo for mudado. (29, citando o analista britânico de defesa Gregory Palmer)

Na visão de Summers, "a falha fatal foi que a *consistência* era uma premissa da política racionalista, e a guerra não é algo consistente". Ou, nas palavras mais diretas de um oficial do exército dos EUA: "Qualquer idiota consegue escrever um plano. É a execução que o deixa todo atrapalhado" (29). Assim, "as forças armadas se viram projetando armas com base em critérios abstratos, realizando estratégias nas quais não acreditavam realmente e, no fim, conduzindo uma guerra que não entendiam" (Henry Kissinger, citado em 30). Além disso, os procedimentos de política, sendo, por natureza, essencialmente econômicos, "dirigem a investigação exclusivamente para quantidades físicas, enquanto toda a ação militar é entrelaçada com forças e efeitos psicológicos", especialmente vontade e comprometimento (citando Clausewitz [32], cujas "palavras poderiam ter sido escritas sobre o método SPPO para a Guerra do Vietnã").

É interessante que Halberstam (1972) tenha usado muitos dos mesmos argumentos a respeito do SPPO para apresentar suas razões *contra* a guerra (por exemplo, que o exército e o pessoal da inteligência no campo perceberam a futilidade da guerra muito antes dos planejadores isolados em Washington). Em outras palavras, o planejamento se mostrou um impedimento a pensamento e ação estratégicos efetivos, fossem estratégias militares dos "falcões" (que apoiavam o uso da força) ou estratégias políticas dos "pombos" (que preferiram a paz). Summers citou Smith e Enthoven em seu comentário "malicioso" de que:

> O SPPO não estava envolvido nas questões realmente cruciais sobre a guerra do Vietnã. Em primeiro lugar, os Estados Unidos deveriam ter entrado no Vietnã? Entramos no momento certo, da maneira certa e na escala certa? Que nível de força deveríamos ter tido, e como essas tropas deveriam ter sido usadas? Qual cronograma deveríamos ter estabelecido para as retiradas? Qual a melhor forma de conseguir um acordo rápido e justo? (1981:32).

Como todos os planejadores convencionais de apoio, eles estavam tentando distanciar seus procedimentos das escolhas políticas que precisavam ser feitas pelos gerentes de linha. Entretanto, como todos esses planejadores, eles estavam novamente se iludindo: o problema não era tanto o SPPO tentar ditar essas escolhas diretamente, mas, em virtude de como ele necessariamente funcionava – o que o planejamento excluía, bem como o que incluía –, influenciar muito a maneira de os outros fazerem essas escolhas.

Assim, depois que toda a poeira assentou – e grande parte dela foi espalhada nos anos 1960 – de toda a excitação a respeito do SPPO, ele não se mostrou mais competente em realizar suas intenções que qualquer outro modelo de planejamento. A afirmação de unir uma intenção de planejar estrategicamente com programação e orçamentação não conseguiu coisa alguma; na verdade, como foi um esforço muito ambicioso aplicado de forma tão maciça, o SPPO simplesmente desabou de forma muito mais violenta.

Em 1974, Wildavsky – o principal estudioso de orçamentação do setor público da América – pôde escrever, seguindo seu comentário "o SPPO fracassou em toda parte e sempre", que:

> Em lugar nenhum o SPPO (1) foi estabelecido e (2) influenciou as decisões do governo (3) de acordo com os próprios princípios. As estruturas do programa não fazem sentido algum. Na verdade, elas não são usadas para tomar decisões de qualquer importância. (1974:205)[10]

---

[10] Talvez Wildavsky devesse ter acrescentado o adjetivo "bem-sucedidas" antes de "decisões," com relação à experiência no Vietnã.

Mais tarde, ele escreveria que "a introdução indiscriminada do SPPO apresentou dificuldades de cálculo insuperáveis"; em essência, "ninguém sabe como fazer" isso; não há sequer um "acordo sobre o que a palavra significa" (1979:201). Da mesma forma, recapitulando a experiência canadense, os franceses se referiram ao SPPO como uma "tentativa estéril de estruturar as ações presentes e futuras do governo" que foi "completamente incapaz de enfrentar as realidades de governar no nível nacional" (1980:18, 27).

O fato elementar é que eles nunca puseram P e PO juntos em um S que funcionasse. Assim, Wildavsky pediu uma anulação do "casamento forçado entre a análise política e a orçamentação" (1974:205). Tampouco conseguiram endireitar o primeiro P. O planejamento – a criação de estratégia – permaneceu uma profissão de fé ou, como no estudo de Sarrazin, uma fachada para o controle político. O Secretário McNamara certamente exerceu esse controle, mas de uma forma que mostrou ser – em seu maior teste – arbitrária e ineficiente, não "racional" até em suas próprias palavras. (Halberstam salientou que o próprio McNamara distorceu relatórios para o Congresso sobre o custo da guerra de 1965-1967, com a desculpa: "Vocês acham mesmo que, se eu tivesse estimado corretamente o custo da guerra, o Congresso teria dado mais para escolas e habitação?" [1972:610].) "Os planos", como Charles Lindblom observou mais tarde, eram "em sua maioria, nada mais que propostas para investimentos de capital" (1977:317). Em outras palavras, o sistema de fato se reduzia à orçamentação de capital – ou, talvez, digamos, nunca tenha passado disso. O SPPO foi realmente SpPO, ou talvez, mais apropriado, SppO.

Algumas evidências sobre a orçamentação de capital

Se o SPPO – assim como algumas práticas de negócios chamadas de planejamento estratégico – nunca significou muito mais que orçamentação de capital, a pergunta óbvia seguinte é se a própria orçamentação de capital constitui uma forma de elaboração de estratégia. Vamos considerar algumas evidências a seu respeito.

A orçamentação de capital, conforme já observamos, é um procedimento pelo qual os gerentes de unidades (chefes de divisão, gerentes funcionais, etc.) propõem projetos individuais para a aprovação da hierarquia superior. Tais projetos são supostamente avaliados em termos de custos e benefícios (combinados no negócio para indicar retorno sobre o investimento), de forma que os gerentes gerais possam avaliar cada um, compará-los e classificá-los, aceitando apenas tantos quantos permitam os fundos de capital disponíveis para um dado período.[11] Devido ao ímpeto do fluxo dos gerentes de unidades para os gerentes gerais, a orçamentação de capital é, às vezes, chamada de planejamento estratégico de baixo para cima.

As evidências sobre a prática real de orçamentação de capital contam uma história muito diferente e põem em dúvida sua relação com a formação de estratégia. Em um dos estudos mais conhecidos, uma sondagem intensiva do processo em uma grande empresa divisionalizada, Bower constatou que a gerência geral tinha uma propensão a aprovar todos os processos que alcançassem seu nível.

---

[11] Pode-se observar, de relance, que embora esse tipo de controle antes – na aprovação do processo – receba atenção considerável, o controle depois – se o projeto acabado chegou de fato a alcançar seus objetivos declarados – permanece quase completamente ignorado.

Os projetos que têm a aprovação de um gerente-geral de divisão raramente são recusados pelo seu grupo – embora, muitas vezes, sejam solicitadas pequenas modificações – e os projetos que chegam ao comitê executivo quase nunca são rejeitados. (1970a:57)

"A pergunta importante", escreveu Bower, "era se o grupo de executivos que detinha o poder para movimentar propostas através do processo de provisão de fundos optava por identificar uma determinada proposta para patrociná-la" (322) – porque, uma vez que isso acontecesse, as propostas tinham passagem relativamente livre.

Em um estudo posterior, Marsh *et al.* examinaram cuidadosamente três empresas que usavam o procedimento de orçamentação de capital. (Ao revisar a literatura, notaram que, em um "respeitado" livro didático de finanças, somente dois entre mil estudos empíricos citavam "relacionado com decisões de investimento reais" [1988:3].) Embora, como observamos antes, "as três empresas aparecessem [na pesquisa] na extremidade mais sofisticada do espectro" do uso dessa técnica (27), os pesquisadores encontraram todo o tipo de problemas. Primeiro, seus manuais de procedimentos sobre o processo "mostraram-se muito difíceis de localizar!"(22); depois, a apresentação ao conselho divisional em uma empresa "foi descrita como 'um trabalho de vigarista'"; em outra, "a aprovação do grupo, como 'formalidade burocrática'" (23). Os erros na aplicação da técnica (23) e "custos e benefícios difíceis de qualificar eram excluídos da análise financeira". Quanto aos dados quantitativos, havia referências a "mudar o modelo financeiro para dar-lhe as respostas desejadas" – afinal de contas, "os proponentes do projeto... sabiam que seria difícil para os que estivessem acima deles conferir previsões detalhadas" (28).

Uma crítica especialmente forte da orçamentação de capital foi incluída em um livro didático popular, *Dynamic Manufacturing*, de Hayes, Wheelwright e Clark, que reagiram com indignação aos efeitos negativos que o processo tivera sobre a competitividade de empresas fabricantes americanas. Eles também discutiram os problemas de excluir os dados flexíveis que "poderiam levantar suspeita" entre os "céticos" da corporação (1988:69).

> Deixar [as considerações flexíveis] de fora da análise só porque não são facilmente quantificáveis ou para evitar a introdução de "opiniões pessoais" claramente predispõe decisões contra investimentos que provavelmente tenham impacto significativo sobre considerações importantes, como a qualidade do produto, a velocidade e a confiabilidade da entrega, e a rapidez com que os novos produtos podem ser lançados. (77)

No entanto, a crítica mais severa desses observadores dizia respeito à artificialidade da decomposição forçada na organização pelos orçamentos de capital. "Focalizando as várias propostas de expansão uma a uma, e avaliando cada uma por um curto período, a análise ignorava vários aspectos estratégicos da situação" (72). "As empresas," notaram, "não são apenas conjuntos de ativos tangíveis; são também conjuntos de pessoas, interligadas por vínculos e lealdades complexos que refletem entendimentos e compromissos desenvolvidos durante um longo tempo" (78). Certamente, "vários projetos [poderiam ser] tratados como um projeto grande e avaliados em conjunto". Contudo, "à medida que as interdependências entre os projetos ficam mais numerosas e complicadas, é difícil ver onde parar. Levado ao seu extremo lógico, é preciso combinar cada projeto novo com todos os projetos anteriores e futuros" (81).

Hayes *et al.* também perceberam "uma predisposição para projetos grandes," mesmo com a exigência de preparar a análise (87). E isso também estimulou a dominação da tomada de decisões sobre os investimentos por parte do pessoal: assim, "as divisões desenvolvem suas próprias equipes (defensores da proposta) para tratar com a equipe corporativa (protetores do dinheiro)", sendo que as duas "geralmente se envolvem em uma dança de acasalamento quase ritualista" (86). Enquanto isso, investimentos necessariamente incrementais que "costumam borbulhar, de uma forma empresarial" (87) são desprezados, e isso "costuma isolar os níveis mais baixos das organizações das questões estratégicas" (78).

Esses problemas pareciam estar embutidos diretamente na própria técnica de orçamento de capital e, de fato, revelaram algumas fraquezas importantes do planejamento em geral. Em orçamentação de capital, as informações sobre os projetos cabem aos patrocinadores abaixo, não aos revisores acima. Os primeiros concebem os projetos, fazem as análises de custo-benefício e se comprometem a gerenciar os aprovados em base intensiva, geralmente durante anos. Eles são de fato os "defensores". Os revisores não têm muito tempo nem compromisso com um determinado projeto, pois precisam analisar muitos. Por isso, permanecem essencialmente desinformados ou, no mínimo, têm apenas conhecimento superficial de qualquer projeto. Ao discutir isso como "a amplitude de conhecimento" necessária para revisar projetos (1988, 29), Marsh *et al.* se referiram a um vice-presidente de grupo que afirmou ter gasto "pelo menos um dia inteiro" em um projeto importante. Imagine só! (O gerente de divisão encarregado do projeto "estimava que teria despendido oito meses [equivalente a tempo integral]" nele antes da aprovação, e "os membros de sua equipe teriam levado mais dois homens-ano"!) Em outro caso, os próprios pesquisadores acumularam mais de 2.000 páginas de documentos sobre um projeto que acabou como "uma síntese de duas páginas para o Conselho do Grupo"! (30)

Com certeza, a suposição realista subjacente à orçamentação de capital é que alguns números reforçados por uma breve síntese podem dar à gerência sênior as informações de que ela precisa para analisar o projeto. (Isso ficou claro no comentário de Enthoven, "nós estamos organizados para fazer isso", em que "nós" significa o pequeno gabinete do Secretário da Defesa e "isso", a revisão de todos os muitos programas de SPPO do exército americano.) A suposição conjunta é que a análise é objetiva, os números são exatos. Na verdade, como vimos, ambas não são garantidas.

Muito julgamento subjetivo deve entrar nas projeções de custos e benefícios: elas são previsões e, como Spiros Makridakis, uma autoridade em previsão, salientou nesse contexto, as "considerações de previsão e planejamento" de muitos investimentos de capital "geralmente resistem ao tratamento analítico" (1990:132). Quanto maior o alcance da projeção, é claro, maior a subjetividade, especialmente como Bower sustentou (1970a:20) sobre as estimativas de volumes de vendas e preços.

> Embora todos compreendam que o retorno a longo prazo é o objeto, os únicos dados quantitativos confiáveis são de curto prazo, de modo que o comportamento observado geralmente consiste em vários tipos de subotimizações de curto prazo e/ou um

número limitado de medidas importantes justificadas por julgamentos de conseqüências estratégicas a longo prazo. (1970b:6)

Acrescente-se a isso o fato que os responsáveis pelas análises são os próprios patrocinadores – dificilmente imparciais (digamos entusiastas, quando não francamente manipuladores) – e você obtém facilmente estimativas não confiáveis. É possível fazer parecer bom quase todo projeto plausível. E boa aparência pode significar mais do que apenas garantir que os números estão certos. "Em um incidente que ainda causa ressentimento" a Jack Welch, CEO da General Electric, "os gerentes do setor de lâmpadas incandescentes gastaram 30.000 dólares fazendo um filme engenhoso para demonstrar alguns equipamentos de produção que desejavam" (Allaire e Firsirotu [1990:112], citando a *Business Week*). Na verdade, Broms e Gahmberg, que citaram evidências de projetos de capital em algumas empresas finlandesas e suecas "que erravam várias vezes o alvo" (p. ex., precisavam de 25% de retorno sobre o investimento, mas rendiam consistentemente cerca de 7%), chegaram a descrever esses planos como "mantras", que "as organizações liam para si mesmas, dizendo repetidas vezes: 'É assim que deveríamos ser!'". Ele chamou esse "autoengano" de "fato socialmente aceito" (1987:121).

Ora, os gerentes seniores não são estúpidos – eles mesmos foram defensores de projetos alguma vez. Conhecem o jogo e percebem que não podem ganhar – pelo menos, não conforme especificado nos procedimentos formais. Entretanto, têm uma maneira de fazer essas escolhas complicadas. Podem escolher os defensores, se não os projetos. Em outras palavras, embora eles possam ser incapazes de conhecer e julgar os projetos, são pagos para conseguir conhecer e julgar as pessoas. Seu trabalho, então, passa a ser garantir que pessoas dignas de confiança proponham projetos; daí, podem endossar automaticamente suas propostas. Dessa forma, a rejeição de uma proposta equivale à rejeição do patrocinador. Como Bower observou ao considerar um nível intermediário no processo de revisão:

> Quando um projeto é patrocinado, quase sempre é aprovado pela alta administração. Seus membros são avessos a censurar os julgamentos dos homens selecionados para a gerência de nível médio precisamente com base em sua capacidade de avaliar o conteúdo técnico-econômico de planos e projetos das subunidades de produtos-mercados. É por isso que o registro de sucessos é tão importante. Ele reflete a capacidade dos gerentes de nível médio para julgar generalistas de nível mais baixo. (1970b:6)

As ligações entre orçamentação de capital e formação de estratégia. Em nosso diagrama das quatro hierarquias (Figura 2.10), mostramos orçamentação de capital – em teoria – como planejamento de baixo para cima. Agora precisamos esclarecer isso. Em primeiro lugar, na melhor das hipóteses, a passagem de programas de um nível para os orçamentos, no nível seguinte, é sutil e deve ser pontilhada. Em segundo, deve-se acrescentar uma linha pontilhada de objetivos a programas para sugerir que a maneira de os patrocinadores levarem em conta os objetivos pode, na melhor das hipóteses, estar implícita.

Todavia, e a ligação de programas à hierarquia de estratégias? Em outras palavras, qual a relação entre formação de estratégia e a orçamentação de capital? Nada do que vimos até agora dá qualquer indicação de que a orçamentação de capital representa um processo para planejar estratégia. Ao contrário, ela parece ser um meio formal de estruturar a consideração de projetos e informar a gerência sênior a respeito de projetos futuros e seus custos e também, talvez, primeiramente um meio informal de controlar gastos devido aos projetos que os patrocinadores relutantes nunca propuseram.

Na verdade, três possibilidades se apresentam na relação entre orçamentação de capital e planejamento estratégico: as estratégias novas ou existentes influenciam os projetos de capital propostos, os projetos propostos influenciam as estratégias adotadas, ou os dois coexistem independentemente. Como a terceira possibilidade depende da ausência das outras duas, vamos considerá-las.

Pode-se presumir que os teóricos do planejamento que afirmam que orçamentação de capital não é um processo para formular estratégia ainda acreditem que ela deve tomar como exemplo as estratégias pretendidas, por mais que sejam formuladas. Para citar Marsh *et al.*, na maior parte do trabalho sobre a orçamentação de capital, há "uma suposição de que os projetos de investimento podem, de alguma forma, estar subordinados a definições anteriores de estratégia, e que isso constitui basicamente o domínio da alta administração" (1988:4). Em outras palavras, os programas costumam ser propostos à luz das estratégias explicitamente formuladas pela gerência sênior. Tanto quanto se presume que os patrocinadores sejam influenciados pelos objetivos da organização, também se presume que seu comportamento seja dirigido pelas estratégias existentes. Faz pouco sentido, por exemplo, propor a construção de um laboratório para pesquisa de produtos básicos quando a gerência sênior acaba de decidir buscar uma estratégia de liderança em custos, baseada em produtos não diferenciados.

Entretanto, *como* essa ligação é estabelecida é uma outra questão. Que ela poderia funcionar *informalmente* – pois os patrocinadores tentam levar as intenções da gerência sênior implicitamente em conta nos projetos que propõem (subentendendo uma linha pontilhada da estratégia aos programas) – é fácil de imaginar, contanto que essas intenções sejam de alguma forma transmitidas aos patrocinadores linha abaixo. Ainda assim ela funcionar *formalmente* – que os projetos propostos sejam, de alguma forma, determinados pelas estratégias pretendidas (sugerindo uma linha contínua na Figura 2.15) – não é a mesma coisa. Obviamente, ao transmitir suas estratégias pretendidas aos gerentes subordinados, os gerentes seniores podem exigir projetos em resposta, até delinear (de acordo com o espírito daquilo a que nos referimos antes como estratégia de guarda-chuva) as áreas gerais nas quais esperam ver tais projetos aparecer.

Nossa suspeita, porém, é que as ligações são, na melhor das hipóteses, tipicamente informais e que, na verdade, a maior parte da orçamentação de capital ocorre no contexto das estratégias existentes implícitas, em vez de estratégias novas expostas. Isso significa que a maior parte da orçamentação de capital provavelmente ocorre na ausência de qualquer atividade de formulação de estratégia nova, talvez até de qualquer discussão de estratégia em si. Supõe-se implicitamente que a estratégia é um dado. Se a demanda por "coisas" aumentar, se propõe uma expansão da fábrica: todos sabem que a empresa está no negócio de "coisas" para ficar. (Na realidade, a estratégia como posição fica materializada como perspectiva.) Como Yavitz e Newman observaram:

Causadas por uma necessidade relacionada com atividades existentes, poucas [propostas de dispêndio de capital] se desviam muito do *status quo*. Algumas dessas propostas de baixo para cima são de projetos necessários – a troca de um elevador inseguro, por exemplo. Outras propõem maneiras melhores de desempenhar as atividades presentes, como o controle informatizado de contas a receber. Outras, ainda, podem tratar da expansão natural – digamos, uma filial de vendas na Costa Oeste ou a aquisição de mais uma mina de carvão por uma empresa de serviços públicos. Se a unidade de negócio deseja prosseguir na estratégia existente, tais propostas são bem apropriadas. (1982:189)

A estratégia pode influenciar a orçamentação de capital dessas maneiras, mas os projetos de capital propostos também podem influenciar a estratégia seguida. Isso pode ocorrer de duas maneiras. Em primeiro lugar, como foi sugerido antes, funcionando em um determinado contexto estratégico, a orçamentação de capital pode reforçar a estratégia real (i.e., realizada) já seguida – em outras palavras, os projetos propostos extrapolam os padrões já formados. No entanto, uma segunda maneira pode ser mais importante. Um projeto de capital pode romper um padrão estabelecido e, com isso, criar um precedente que muda a estratégia. Quando o vice-presidente de P&D propõe e consegue seu novo laboratório de pesquisa básica, apesar de uma estratégia estabelecida de liderança em custo, ele pode estar forçando o caminho para uma estratégia futura de diferenciação de produtos. Se a gerência sênior não percebe o que está acontecendo – talvez aprove o projeto só para deixar o vice-presidente de P&D satisfeito – então a mudança estratégica deve ser considerada emergente.

Isso quer dizer que o processo de orçamentação de capital pode dirigir o processo de formação de estratégia inadvertidamente, por meio da emergência de estratégia. A organização, em outras palavras, simplesmente toma suas decisões em base *ad hoc*, projeto por projeto; durante esse processo, os padrões se organizam para se tornar estratégias. Novos projetos não muito consistentes com as estratégias existentes podem criar precedentes que levam a novos padrões. Colocado de outro modo, uma pequena abertura através da orçamentação de capital pode estimular uma grande mudança, ainda que inesperada, na estratégia. Assim, a orçamentação de capital se torna um fator nos processos pelos quais as estratégias se formam, mas não são formuladas.

Obviamente, os patrocinadores não precisam ler isto para saber que aqueles determinados a mudar uma estratégia diante da resistência da alta administração há muito usam a orçamentação de capital desta maneira – podemos chamá-la de política – tanto que ela tem até um nome na literatura de orçamentação: a técnica do "pé-na-porta." Criar uma pequena abertura por meio de um investimento inicial de capital e então continuar forçando incrementalmente até que a porta esteja toda aberta – até que o padrão esteja firmemente estabelecido. Na verdade, ao propor o projeto, o patrocinador está mesmo defendendo uma estratégia, mas de maneira clandestina. Para ele, ela é deliberada, mas (ainda) não para a organização como um todo.[12]

Talvez por isso, um papel-chave, ainda que implícito, da orçamentação de capital – dado que ela não seja particularmente efetiva em seu papel especificado

---

[12] Para uma discussão desse tipo de comportamento no contexto de "risco corporativo interno" em corporações diversificadas, veja Burgelman (1983a:232, 237-238).

– possa ser oferecer aos gerentes seniores a possibilidade de peneirar as propostas para esses fins, a fim de apanhar as que possam causar *desvios estratégicos* (se nos permitem cunhar este termo). É claro que, ao serem encontradas, tais propostas não precisam ser interrompidas; a gerência sênior também pode observar as regras do jogo, deixando a porta aberta apenas o suficiente para testar a iniciativa, embora preparada para fechá-la hermeticamente mais tarde, se necessário.

Assim, podemos concluir que, quando as estratégias mudam deliberadamente, é provável que alguns programas propostos sigam essas mudanças, embora a conexão seja informal e mal entendida. Entretanto, quando os programas são propostos isoladamente, independentes da atividade de formação de estratégia ou na ausência dela, então as estratégias podem ser reforçadas ou mudadas como conseqüência. A conclusão irônica é que, na primeira situação, em que a orçamentação de capital funciona mais ou menos conforme especificado no modelo formal, ela fica fora do processo de formação de estratégia, ao passo que na segunda, em que funciona fora do modelo formal, ela pode entrar nesse processo, mas contribuindo para a formação de estratégias emergentes e não de estratégias deliberadas.

Ainda falta um último ponto: o efeito da técnica em si sobre a propensão das organizações para empreender mudança estratégica. Agora queremos argumentar e apresentar evidências de que, tanto no nível do patrocinador quanto no do revisor, a orçamentação de capital normalmente atua para impedir essa mudança e desencorajar o pensamento estratégico.

Nosso argumento está enraizado nas características essenciais de todos os sistemas de planejamento – formalização por meio de decomposição. Formalizar requer análise, especificamente a redução de um processo a um procedimento, uma série de etapas, cada uma relativa a uma categoria bem definida. Além disso, o próprio resultado do processo deve ser decomposto na forma de planos. Em orçamentação de capital, isso se manifesta na separação dos projetos entre si. Em outras palavras, a orçamentação de capital é um processo desarticulado, ou melhor, *desarticulante*. Espera-se que os programas sejam propostos ao longo de linhas departamentais ou divisionais. (Na verdade, se Yavitz e Newman estavam certos em que "a maioria das propostas de dispêndio de capital tem origem nos departamentos funcionais de uma unidade de negócio..." [1982:189], onde os interesses são especialmente locais, então o problema torna-se muito mais sério.[13]) Quaisquer efeitos conjuntos que diferentes propostas possam ter – quaisquer sinergias que possam existir naturalmente ou poderiam ser estimuladas entre elas – devem ser ignorados para a conveniência da análise formal (a não ser que, como observado antes por Hayes *et al.*, todas as propostas devam ser combinadas em uma maior). No entanto, como a sinergia é a verdadeira essência da estratégia criativa – a realização de combinações novas e vantajosas – então a orçamentação de capital deve desencorajar o pensamento estratégico criativo. Como Bower observou em seu estudo do processo:

> A água flui e se mistura conforme imaginado [no conceito mecânico de orçamentação de capital], mas as idéias não. A menos que a gerência de nível mais alto interve-

---

[13] SPPO era, obviamente, um esforço para mudar dos interesses funcionais para os interesses da missão (como o conceito da UEN), como vimos, mas padeceu do mesmo problema de decomposição. O mesmo aconteceu com uma série de técnicas posteriores conhecidas como "planejamento de portfólio," que tentaram categorizar negócios inteiros segundo seu potencial de desempenho e, desse modo, dar aos gerentes seniores um outro padrão para avaliação.

nha, é mais provável que a soma de planos novos seja mais catálogo sem sentido do que qualquer outra coisa. (1970a:336)

Como discutimos antes, a orçamentação de capital é essencialmente um processo de tomada de decisão: concentra-se em opções de alocação de recursos específicos. E tomada de decisão não é formação de estratégia. Uma trata de compromissos únicos com ação, a outra da conexão de diferentes compromissos ao longo do tempo. Assim, a orçamentação de capital viola a formação de estratégia, separando exatamente as coisas que devem ser conectadas. Ela se reduz a uma técnica de portfólio, em outras palavras, um meio de revisar projetos independentes.[14]

Em sua crítica ao planejamento formal, Quinn argumentou que "certos procedimentos analíticos solapam exatamente as estratégias que deveriam criar" (1980a:169). Neste ponto, ele apontou a orçamentação de capital como principal acusada. Entre suas razões, estavam os efeitos disfuncionais de contar com medidas quantitativas, as quais desconsideram classes inteiras de opções potencialmente benéficas (como reflorestamento ou pesquisa básica). "Se seguida rigorosamente, [a prática da orçamentação de capital] deixa rapidamente fora de cogitação a maioria das opções com desfechos ou custos que: (1) estejam além do horizonte de tempo de quatro a cinco anos ou (2) resistam a uma quantificação razoável em termos financeiros" (171). Quinn também notou que a orçamentação de capital "essencialmente impede a inovação interna radical" (171). Dada uma antecedência normal de "7 a 13 anos da primeira descoberta à rentabilidade," e "dados o custo de capital e as avaliações de rentabilidade geralmente impostos por grandes empresas, poucas inovações radicais poderiam sobreviver às práticas formais de triagem" (173-174).

> Se os participantes-chave tivessem agido de acordo com as informações financeiras racionais disponíveis na ocasião, não teria havido a xerografia, nem esquis de metal, nem aviões, nem motores a jato, nem televisão, nem computadores, nem comunicações sem fio, nem vidro plano, e assim por diante, *ad infinitum*. Em todos os casos, os cálculos financeiros padrão (incluindo estimativas de mercados, probabilidades de sucesso técnico, tempos de espera e retornos sobre o investimento) teriam dirigido os fundos para opções menos arriscadas ou mais rentáveis. (174)

Imagine-se como um gerente sênior revisando propostas de capital baseados em projeções financeiras de desempenho. Como pensar estrategicamente quando tudo chega a você dividido em pedaços, em termos concisos, numéricos e essencialmente desconectados? Está tudo tão bem embalado; tudo o que você precisa fazer é relaxar e emitir seu parecer, dentro do prazo. Que motivação você tem para se envolver e estimular os centros criativos do seu cérebro? Mesmo se quiser, como pode deslindar a riqueza da idéia da pobreza de sua apresentação? Como

---

[14] Em uma crítica à orçamentação de capital, no contexto de "expansões de capacidade" como decisões, Porter argumentou que sua "essência" não é "análise financeira", "não é cálculo do fluxo de caixa descontado", mas os "números que entram neles", que devem abranger a análise da indústria e da concorrência e considerar a incerteza (1980:325). Contudo, isso não trata nem da necessidade de integrar essa decisão com outras e conectá-las à formação de estratégia e nem da necessidade de abranger fatores não-quantificáveis.

Quinn observou, as técnicas "interditam o equilíbrio dos compromissos de unidades operacionais em um padrão coeso entre todas as divisões" (171). Além disso, a prática de usar "pontos de corte de capital" ou "taxas mínimas de retorno", "geralmente destrói quaisquer padrões estratégicos que a alta administração possa ter selecionado antes" (172).

Imagine-se agora como o proponente do projeto, sentado com sua calculadora. Você não está sendo solicitado a conceber estratégias, nem mesmo a pensar no futuro de sua organização. Não, tudo o que querem de você é a justificação quantitativa para os movimentos que pretende fazer, cada um separado em um belo pacote para a compreensão conveniente dos seus superiores. E seria melhor entregar esses pacotes no prazo. A fábrica pode ter sido destruída pelo fogo há pouco, mas (ao menos, na teoria) eles não estão considerando propostas para mais oito meses. Tudo deve esperar por aquela "grande categorização," como colocaram Yavitz e Newman (1982:189). Ironicamente, entretanto, as pressões sobre você são para produzir mais cedo, não mais tarde. "O mundo dos gerentes operacionais e dos engenheiros de projeto está cheio de problemas presentes, locais, e as remunerações tipicamente estão ligadas a soluções de curto prazo para esses problemas. Assim, as propostas oriundas de baixo naturalmente têm uma tendência de curto prazo" (Yavitz e Newman, 1982:190). Por isso, você volta a sua caixa burocrática e joga o jogo deles, com o equipamento adequado. Caso você seja um pensador estratégico, é melhor não deixar ninguém saber disso. Ao contrário, você propõe projetos isolados que sejam úteis para sua própria unidade, mesmo se eles podarem o do vizinho. Ninguém ficará sabendo, supondo que a técnica se destina expressamente a impedir a sinergia. O exercício completo emprega o que Quinn chama de modo "operacional-extrapolativo" (1980a:174).

Para concluir, com seriedade, nossa discussão de orçamentação de capital, em seus próprios termos, constatamos não só que ela não é formação de estratégia, mas ela decididamente impede sua formação. Entretanto, por seus efeitos, ela pode, às vezes, ter uma influência inadvertida sobre as estratégias que as organizações realmente buscam, em contradição com os ditames do seu próprio modelo. Seria melhor que os gerentes presos a ela levassem isso a sério, pelo menos para atenuar suas conseqüências negativas.

Conclusão da evidência mais profunda

O que, então, concluímos de toda essa revisão das evidências mais sérias sobre o desempenho do planejamento em si? Na Declaração de Planejamento de Bellagio (Jantsch, 1969), muito divulgada, os participantes desse "Simpósio de Trabalho de Previsão e Planejamento a Longo Prazo da OECD" fizeram vários pronunciamentos ambiciosos, incluindo os seguintes:

1. O planejamento deve se preocupar com o projeto do sistema em si e se envolver na formação de política. A simples modificação de políticas já comprovadamente inadequadas não resultará no que é certo...
2. O escopo do planejamento deve ser ampliado para incluir a formulação de políticas alternativas e o exame, a análise e a estipulação explícita dos valores e das normas subjacentes.

3. O planejamento deve enfrentar as situações novas, inventando novos procedimentos... (8)

Em contraste com essas visões do que o planejamento *deve* fazer – sua própria lista – está a avaliação de Wildavsky do que o planejamento *fez*:

> Das velhas cidades americanas às novas cidades britânicas, dos países mais ricos aos mais pobres, os planejadores têm dificuldade em explicar quem são e o que é esperado deles. Eles devem medicar sociedades doentes, mas o paciente parece nunca melhorar. Por que os planejadores não conseguem nem parecer fazer a coisa certa? (1973:127)

"Até aqui, tudo mal," concluiu Wildavsky (128).

As evidências que citamos neste Capítulo dificilmente encorajariam alguém a contestar Wildavsky. Vários pesquisadores tendenciosos resolveram provar que o planejamento compensa, sem sucesso. Todos os tipos de histórias salientaram uma ladainha de problemas com planejamento, e os fatos sobre esforços de ponta para aplicar planejamento, fosse o "planejamento estratégico" na GE ou o SPPO no governo americano, se mostraram ainda mais desanimadores. Sondagens mais profundas no processo, incluindo uma quantidade razoável de evidências sobre a orçamentação de capital, aumentaram o buraco e misturaram as relações entre o planejamento e a formação de estratégia.

Ainda assim, não precisamos ser tão pessimistas. Nossa revisão também sugeriu que o planejamento tem mesmo vários papéis viáveis a desempenhar nas organizações, mesmo se diferirem das intenções declaradas de seus proponentes e, de fato, parecem existir fora do processo de formação de estratégia. Da mesma forma, os planejadores podem ter papéis a desempenhar próximos a esse processo, mesmo se não constituírem planejamento em si. Na verdade, recentemente surgiu uma parte da literatura que defende a questão para ambas as possibilidades – que outras coisas úteis estão acontecendo no mundo da análise, fora do planejamento estratégico formalizado.

Em um estudo sofisticado sobre o papel da análise formal nas organizações, Langley (1986; veja também 1988, 1989) constatou papéis importantes bem diferentes dos geralmente sustentados na literatura de planejamento – "papéis periféricos ao processo de desenvolvimento e implementação de estratégia" – que chamou de "relações públicas, informações, terapia de grupo, e direção e controle" (1988:40). Da mesma forma, em uma série de ensaios, Simons (1987, 1988, 1990, 1991) argumentou que os gerentes seniores costumam fazer um tipo de sistema de controle analítico "interativo" para orientar o surgimento de estratégias novas, por exemplo, como um mecanismo de "focalização da atenção" para forçar a análise e dirigir o debate. Em sua monografia de 1988, Marsh *et al.* constataram propósitos similares para a orçamentação de capital. E, por fim, até Jelinek, em seu estudo posterior com Schoonhoven, descreveu a interação dos processos formais com os informais "que funcionam baseados em idéias 'no ar'" (1990:194).

Voltaremos às conclusões desses estudos no Capítulo 6. No entanto, para entender o que poderia estar certo sobre essas abordagens diferentes, precisamos antes entender o que deu errado com as abordagens convencionais. Neste capítulo, tentamos indicar que algo realmente deu errado. Os Capítulos 4 e 5 tentam explicar o que deu errado. Todavia, primeiro devemos considerar como os próprios planejadores responderam aos tipos de evidências aqui apresentadas. Suas respostas – uma em particular – nos levarão à discussão do Capítulo 4 de algumas características importantes do processo de planejamento. E isso vai nos preparar para considerar, no Capítulo 5, o que pode estar fundamentalmente errado no conceito de planejamento estratégico.

AS RESPOSTAS DOS PLANEJADORES ÀS EVIDÊNCIAS

Como os planejadores responderam a essas evidências, ao fracasso em provar que o planejamento compensava nas muitas histórias da imprensa popular, bem como ao eventual estudo de pesquisa mais profundo, de que o planejamento estratégico não estava funcionando conforme prescrito? Dada essa ladainha de dificuldades, seria possível esperar que eles saíssem correndo e procurassem as raízes do problema. Contudo, isso nunca aconteceu – os planejadores nunca estudaram planejamento. Um conselho útil de Anthony em um de seus primeiros livros de planejamento nunca recebeu atenção: "Independentemente de quantos teóricos tenham defendido um procedimento, se ele passou por um teste cuidadoso e, então, foi abandonado, há uma forte suposição de que ele seja inseguro" (1965:166).

Em vez de questionar o planejamento, os planejadores convencionais se recolheram a um conjunto de comportamentos que os psicólogos poderiam chamar de vários tipos de "vôo" – retirada, fantasia, projeção. Eles negaram o problema, recorrendo à fé; reconheceram algumas dificuldades superficiais, mas promoveram o processo assim mesmo; aceitaram os fracassos até então, mas insistiram que mais planejamento os resolveria; e, finalmente, projetaram as dificuldades nos outros, visivelmente nos gestores "que não dão apoio" e em climas "inadequados", com o rótulo de "armadilhas" de planejamento. Vamos considerar essas respostas brevemente antes de investigar a última delas, pelo que as chamadas armadilhas revelaram a respeito das características básicas do planejamento em si. Então estaremos preparados para discutir algumas "falácias" mais fundamentais do planejamento. Pedimos ao leitor que nos perdoe o tom negativo do que segue: acreditamos que se justifique pelos comportamentos em questão.

Fé: "Não há problema"

Alguns defensores do planejamento simplesmente fecharam os olhos, negando quaisquer evidências desfavoráveis ao mesmo. Por exemplo, alguns críticos da pesquisa "O planejamento compensa?" citaram apenas os estudos favoráveis. Bresser e Bishop (1983:588) chamaram Donnelly *et al.* (1981) e Thompson e Strickland (1980) de "autores [que] citam evidências apoiando o planejamento formal como uma causa de sucesso embora negligenciem resultados que não concordam". A eles devem ser acrescentados Steiner, que reconheceu apenas um dos estudos que havia misturado os resultados em seu livro de 1979 (veja 1979:43 e 350), e Ansoff, que mencionou somente um estudo seu para sustentar sua afirmação em 1988 para "deixar... de lado" o argumento de que a formulação de estratégia deve ser um processo informal, comentando que "vários dos estudos de pesquisa subseqüentes confirmaram nossas descobertas, isto é, que a formulação de estratégia explícita pode melhorar o desempenho" (80, 81).[15]

Depois, há aqueles que estudaram a evidência e a rejeitaram de um jeito ou de outro. Lorange, que revisou uma gama de estudos de "O planejamento compensa?", contudo, conseguiu concluir que o planejamento estratégico "parece compensar nas corporações que o usam e, portanto, é uma ferramenta administrativa útil" (1979:238). Ou, nas palavras mais audaciosas de um consultor da Arthur D. Little:

> Evidências como essas não dizem que o planejamento fracassou. Digamos que ele apenas não deu certo em aspectos que podem ser medidos diretamente e creditados ao planejamento no sistema corporativo de múltiplas variáveis. (Wright, 1973:615-616)

No mesmo nível de lógica, estão Lorange e Vancil, que, depois de estimarem a "dizimação" ou "eliminação" de um quarto a um terço dos departamentos de planejamento corporativos durante a recessão de 1970-71, concluíram que "os sobreviventes sabiam que haviam 'tido sucesso' – que a atividade de planejamento tinha sido reexaminada cuidadosamente e deveria ser mantida" (1977:xi). No entanto, graças à crise de energia dois anos depois, seguida por uma nova dizimação dos planejadores, o momento desse comentário também foi um pouco infeliz.

"Abandonar o planejamento... obviamente é uma tolice irresponsável", escreveu Higgins da academia (1976:41), enquanto Unterman, um homem de negócios que virou acadêmico, sugeriu que "qualquer tipo de planejamento estratégico é melhor para uma organização do que nenhum planejamento" (1974:47). E suas opiniões pessoais foram plenamente refletidas na prática, na qual a pesquisa de Gray de firmas americanas diversificadas constatou que "a maioria das empresas de nossa amostra permanece firmemente comprometida com o planejamento estratégico, embora 87% relatem sentimentos de desapontamento e frustração com seus sistemas" (1986:90). Não é de admirar que Wildavsky comentasse que os planejadores "são irredutíveis em suas crenças, aconteça o que acontecer. O planejamento é bom se ele tem sucesso e a sociedade é má se ele fracassa. É por isso que os planejadores, com tanta freqüência, não conseguem aprender com a experiência. Para aprender, é preciso cometer erros, e o planejamento não pode ser um deles" (1973:151). Assim, ele se referia aos planejadores como pessoas "com fé secular".

Se o planejamento tivesse coroado seu crente mais leal nos anos 1970, bem que poderia ter sido George Steiner, que escreveu que "O melhor planejamento provavelmente ocorrerá nas organizações com a melhor administração" (1979:103), embora nunca se desse ao trabalho de mencionar o que constitui a melhor administração, exceto que ela supera "preconceitos contra o planejamento." Os segundos colocados poderiam ter sido Roach e Allen, que mencionaram "a

---

[15] Outra inclinação foi rebaixar os estudos desfavoráveis como metodologicamente mais fracos. Armstrong classificou os estudos por muitos fatores, concluindo que "no conjunto, os estudos tiveram classificações insatisfatórias", 1,5 em relação à pontuação ideal de 6, mas que as metodologias relativamente melhores mostraram resultados mais positivos para o planejamento (1982:207, 208; veja Foster [1986] para uma crítica do esquema de classificação de Armstrong). Starbuck, porém, considerando a conclusão de Armstrong, argumentou que "os piores estudos encontraram a relação mais forte entre planejamento e desempenho, ao passo que os melhores estudos não encontraram qualquer relação significativa" (1985:369).

obrigação rigorosa de planejar estrategicamente", para honrar "a obrigação inerente à administração" (1983:7-44). E, na década de 1980, Ansoff bem que poderia ter reconquistado seu manto dos anos 1960 com o comentário de que embora "fossem expressadas dúvidas a respeito da viabilidade da análise estratégica sistemática" quando publicou seu livro em 1965, "desde então as dúvidas desapareceram e a prática da formulação de estratégia sistemática floresceu" (1988:22). Talvez isso tenha acontecido porque, para citar uma das declarações verdadeiramente estarrecedoras nessa literatura de declarações estarrecedoras, "planejamento formal a longo prazo parecia quase uma dádiva de Deus aos [altos executivos de organizações diante do aumento da complexidade]... Anunciar que sua organização realizaria um programa formal de planejamento estratégico era quase como um anúncio público de que ele ia parar de fumar. Obrigava o executivo principal a tentar mudar o próprio comportamento da forma que ele sabia ser desejável" (Lorange e Vancil, 1977:x). Todavia, o prêmio por fé cega deve ir para Ekman, cujo discurso a favor do planejamento foi precedido pelo seguinte comentário:

> Hoje em dia, há muito poucas pessoas que questionariam o valor do planejamento a longo prazo, ainda que, de fato, saibamos bem pouco a respeito das reais contribuições do planejamento e de sua tecnologia ao avanço do governo, de empresas e outras atividades. Sabemos menos ainda sobre o estrago que o planejamento tem causado, e que poderia ser considerável. (1972:609)

Salvação: "O que importa é o processo"

Os proponentes de planejamento também responderam de forma ligeiramente mais pragmática, mas não menos devota: planejamento não é utopia, mas sim a estrada para ela. Em uma versão mais popular – "O importante é o processo" – lembramos do padre cujo único objetivo é fazer as pessoas entrarem, não importando o que aconteça lá dentro.[16]

Steiner disse a seus leitores que não são os planos que importam, "mas o desenvolvimento de habilidades intelectuais", uma "idéia... captada na antiga máxima: 'Às vezes os planos são inúteis, mas o processo de planejamento é sempre indispensável'" (1983:15). Ackoff incitou seus leitores a tratarem o planejamento "não como um ato, mas como um processo... que não tem conclusão natural ou ponto final" (1970:3). Isso significa que ele não gera planos? (Até Steiner admitiu que "planejamento sem planos é perda de tempo" [1969:8] – presumivelmente até quando os planos são "inúteis"!) E, depois, houve o comentário de Ringbakk sobre uma das "razões por que planejamento fracassa": a percepção errada e aparentemente estranha, em muitas empresas, de que a gerência realmente "espera que os planos sejam concretizados como foram desenvolvidos" (1971:21). Imagine só!

Tomando isso como exemplo, há alguns anos, o gabinete do Auditor Geral do Governo do Canadá determinou-se a fazer "auditorias abrangentes" de depar-

---

[16] Allaire e Firsirotu responderam de forma parecida com a nossa, mas com uma metáfora diferente: "talvez o planejamento seja o equivalente gerencial da corrida; não é um meio eficiente de chegar a qualquer lugar e na verdade nem pretende isso; mas se praticada regularmente, fará com que você se sinta melhor" (1988:50).

tamentos governamentais para avaliar sua efetividade global (estudos que ficaram conhecidos como "valor do dinheiro"). No entanto, bloqueado freqüentemente por um desempenho que não podia ser medido, o gabinete recuava em vez de se certificar da presença de técnica administrativa adequada, incluindo planejamento sistemático. Em outras palavras, se o departamento em questão planejava, ele tinha de ser eficiente. O importante era o processo. Como Wildavsky observou, "definir planejamento como racionalidade aplicada" dirige a atenção "para as qualidades internas das decisões e não para seus efeitos externos". O resultado é que "Planejamento é bom... não tanto pelo que ele faz, mas por como ele se ocupa sem fazê-lo" (1973:130, 139). Não é de admirar que Quinn comentasse:

> Uma boa parte do planejamento corporativo que tenho observado é como um ritual de dança da chuva; não tem efeito algum sobre o tempo, mas os que dele participam pensam que tem. Além disso, parece-me que muitos dos conselhos e instruções relacionados com o planejamento corporativo são dirigidos para melhorar a dança, não o tempo. (1980a:122)

Elaboração: "É só esperar"

Um pouco mais sofisticados – e um pouco menos apaixonados pelo *status quo* – foram aqueles que reconheceram as evidências, mas prometeram que a salvação já estava chegando. "É só esperar", suplicavam, "estamos trabalhando nisso; logo todos os problemas estarão resolvidos." Assim, catorze anos após a publicação de *Corporate Strategy*, Ansoff afirmou:

> O livro continua vendendo bem. Todavia, muitas aplicações práticas de prescrições parecidas com as minhas fracassaram, a expansão do planejamento estratégico é lenta, e somente agora, dez [sic] anos depois, a prática do planejamento estratégico genuíno está emergindo. (1979:65)

Aqui é preciso lembrar da velha piada sobre o médico que examina a Sra. Jones, constata que ela é virgem e fica pensando como isso pôde acontecer. "Toda noite," ela explica, "meu marido senta-se na beirada da cama e me diz como isso vai ser bom!" No entanto, isso não é piada para muitos dos objetos do planejamento, por exemplo, os moradores da cidade cujas vidas foram significativamente afetadas por planejadores urbanos que acreditaram que poderiam projetar uma cidade aceitável a partir do zero. Há alguns anos, no *The New York Times*, uma escritora do assunto se referiu a esses exercícios de planejamento urbano completo como "um fracasso tão evidente nos últimos 15 anos que o planejamento doutrinário, e seus partidários, estão muito desacreditados e desordenados. As impressionantes teorias e apresentações que parecem tão intelectualmente atrativas viram fumaça diante da equação humana e política" (Ada Louise Huxtable, citada em Chandler e Sayles, 1971:42).

Contudo, eles continuaram tentando, sempre alegando que o último fracasso revelara os verdadeiros problemas, que seriam resolvidos da próxima vez. As premissas que sustentavam todo o exercício nunca foram postas em dúvida: que os planejadores, ou, pelo menos, seus sistemas, podem ser talentosos o suficiente para calcular centralmente a dinâmica de uma cidade inteira, o futuro completo de toda uma empresa, as políticas integradas de todo um governo.

Entretanto, houve uma importante conseqüência para essa resposta: toda vez que fracassavam, os planejadores aumentavam o valor da aposta no escuro. Mais recursos tornaram-se necessários: mais planejadores, mais tempo gerencial para planejamento, mais tecnologia, mais documentos. Enquanto os planejadores corriam com evasivas tapando os buracos de sua prática, todos os demais tinham de pagar a conta. Se isso não tivesse acabado, todos nós não estaríamos fazendo nada além de planejar. (Na verdade, naquilo que se tornou o sistema de planejamento definitivo do mundo, a União Soviética, uma estimativa para 1969 colocou o número de economistas, "na maior parte pessoal administrativo ligado ao planejamento," em 800.000! [Lewis, 1969:19]).

A previsão é um bom exemplo. Quando as simples extrapolações não funcionaram, os previsores desenvolveram técnicas matemáticas cada vez mais enroladas; quando as previsões isoladas fracassavam, tinham de ser inventados múltiplos "cenários"; quando as estimativas de curto prazo se mostravam incertas, os planejadores precisaram confiar em prazos ainda mais longos. Para citar Godet:

> A considerável promessa de estudos futuros e prováveis, seguindo o fracasso da previsão clássica... até aqui não correspondeu às expectativas. A crescente incerteza sobre o futuro aponta a necessidade de melhoria nos próximos estudos e, ao mesmo tempo, identificou as atuais limitações práticas destes estudos. (1987:xiv)

Todo fracasso levou à inclusão de novos fatores, cada um estimulando a proliferação de planejadores e de planejamento. Assim, em um ponto, o fracasso do planejamento foi atribuído ao fato de os planejadores não planejarem para si mesmos, daí a proposta de "meta-planejamento" ("o plano para planejar") para transformar "uma atividade de planejamento relativamente ineficiente em algo que tenha as características prescritas pelos teóricos do planejamento" (Emshoff, 1978:1095). Quando o planejamento operacional não era adequado, tínhamos o planejamento funcional – planejamento de *marketing*, planejamento de produtos, planejamento financeiro, planejamento de P&D, planejamento internacional, planejamento de fabricação, planejamento organizacional, planejamento de relações públicas, até planejamento de diversificação (tudo em Steiner, 1969, Seção IV). Então, todos deveriam se reunir no planejamento de negócio, depois, no planejamento a longo prazo, e, mais adiante, no planejamento estratégico. Depois disso, tínhamos planejamento corporativo e planejamento de portfólio. Quando se considerou que forças políticas eram o problema, o planejamento de *stakeholder** foi acrescentado: logo depois disso, como a con-

---

* N. de R. T. *Stakeholders*: termo criado para diferenciar os *shareholders* (acionistas) dos membros da sociedade que atuam como pilares de sustentação à atividade empresarial, tendo recebido a denominação de teoria dos *stakeholders* (Freeman, 1984). *Stakeholders* podem ser considerados quaisquer atores (pessoa, grupo ou entidade) que tenham interesses e expectativas sobre a organização. São todas as partes interessadas nos rumos estratégicos da organização e que a influenciam ou por ela são influenciados, devendo, por isto, ser considerados nos processos de tomada de decisão (Fonte: Freeman, R. Edward. *Strategic Management: a stakeholder approach*. Boston, Pitman, 1984).

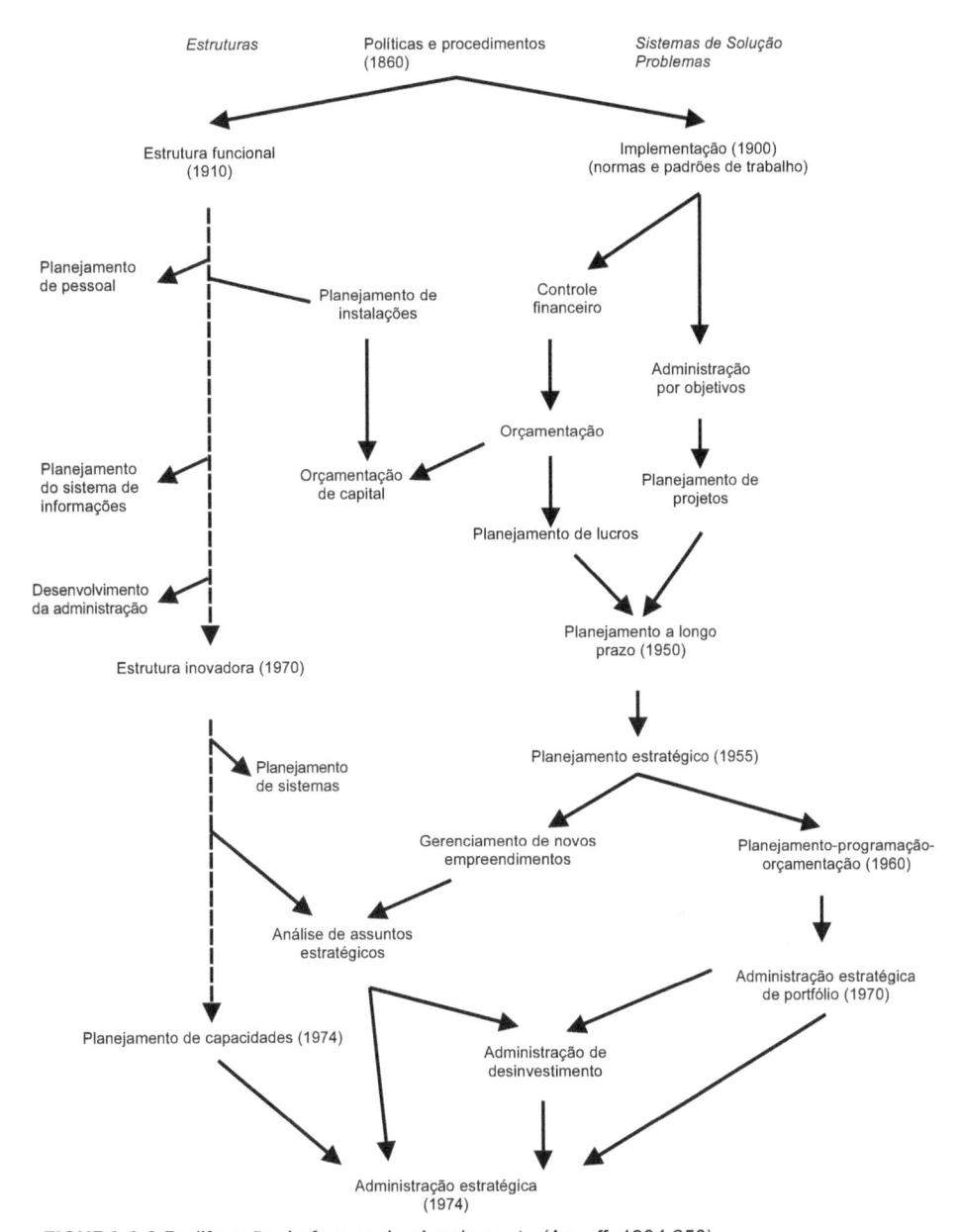

FIGURA 3.2 Proliferação de formas de planejamento (Ansoff, 1984:258).

corrência do Japão se tornou acirrada (na opinião de Pascale [1984], porque os japoneses tinham menos pretensões sobre o planejamento formal), o planejamento cultural passou a ser imperativo. (Ansoff captou grande parte dessa proliferação graficamente, conforme reproduzido na Figura 3.2 – e isso só foi tabulado até 1974!)

Vamos considerar estas duas últimas elaborações (pelo menos, em teoria; é difícil acreditar que muitas firmas as tenham levado a sério na prática), pois elas parecem, ao menos para este observador, refletir as proporções bizarras atingidas nesta resposta de elaboração.

Política planejada: análise dos *stakeholders*. Na chamada análise dos *stakeholders*, os desejos e as necessidades dos diferentes grupos influentes em torno da organização deveriam ser calculados sistematicamente e decompostos em fatores no processo de planejamento, de alguma forma hábil, que cobrisse todos os casos confusos de poder e política. Considere a descrição de Bryson:

> Uma análise completa dos *stakeholders* exigirá que a equipe de planejamento estratégico identifique os *stakeholders* da organização, sua participação nesta ou seus resultados, seus critérios para julgar o desempenho da organização, o desempenho da organização em relação a esses critérios, o modo como os *stakeholders* influenciam a organização e, em geral, qual a importância dos vários *stakeholders*. (1988:52)

A Figura 3.3 mostra o modelo de Freeman do "Processo de Formulação de Estratégia dos *stakeholders*", no qual "Análise do Comportamento dos *stakeholders*", "Explicação do Comportamento dos *stakeholders*" e "Análise de Coalizões" levam a "Estratégias Genéricas", que dão origem a "Programas Específicos para os *stakeholders*" e "Programa de Integração dos *stakeholders*".

Tudo parecia tão lógico – somente uma elaboração daquelas caixas chamadas "valores" e "ética" no modelo original da escola do *design* (para citar Freeman: "explicar os valores intrínsecos" dos executivos e da própria organização, "analisar as diferenças" entre os dois, sendo "explícito sobre onde existem conflitos e inconsistências", repetir para os *stakeholders,* e assim por diante [1984:98-99]). Exceto em que era tão mecânico que dava para imaginar que a lógica havia

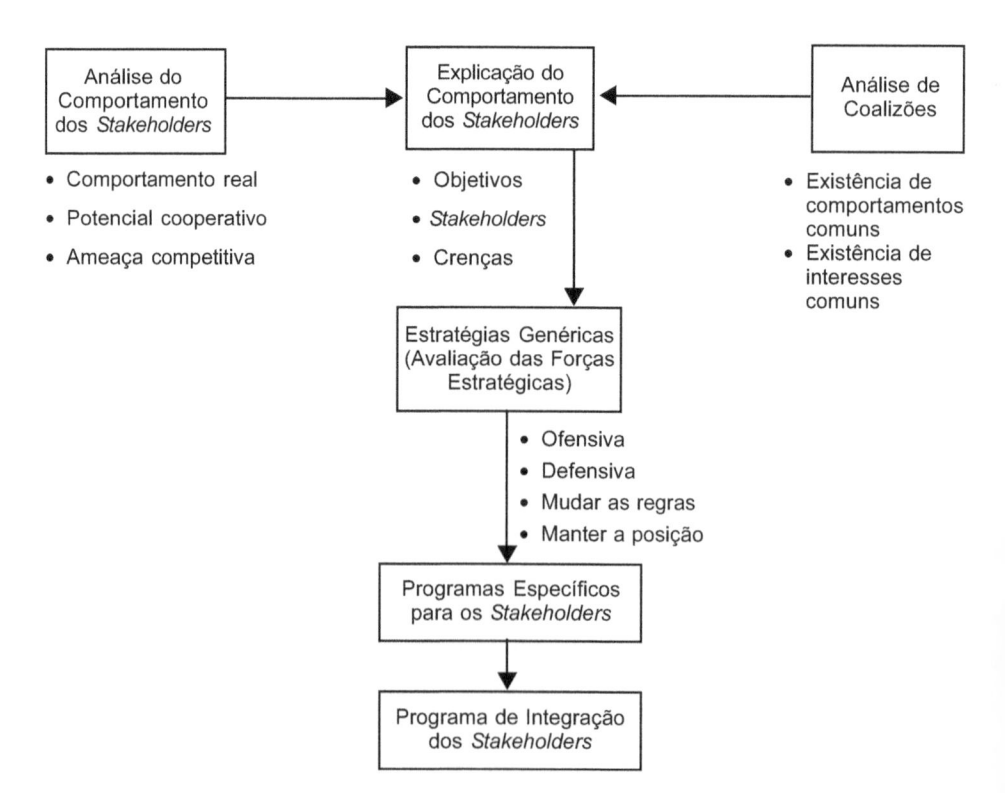

FIGURA 3.3 "Processo de Formulação de Estratégia dos *Stakeholders*" (Freeman, 1984:131).

se tornado o problema em vez da solução. Mesmo se os planejadores exibissem de fato a suposta objetividade para ficar de lado (ou acima) e calculassem as necessidades de todos os demais, mesmo se, em primeiro lugar, esses cálculos fossem possíveis (duas suposições provavelmente falsas), o resultado seria tão estéril que qualquer *stakeholders* com um pingo de sensibilidade consideraria todo o exercício inviável. Considere um exemplo:

> A New England Telephone adotou uma abordagem de *stakeholders* para implementar um plano de cobrança pelo Auxílio à Lista em Massachusetts (Emshoff e Freeman, 1979). A análise racional do ambiente dos *stakeholders* foi correta e o processo de planejamento usado para mapear um cenário de implementação foi bem-sucedido. Entretanto, suas transações com vários *stakeholders*-chave, o que é mais surpreendente e irônico, seu próprio sindicato, e também a Assembléia Legislativa Estadual, não tiveram êxito. O sindicato usou uma parte da legislação proibindo o plano da empresa aprovado pela Assembléia Legislativa Estadual, e embora a empresa fosse bem-sucedida em persuadir o Governador de Massachusetts a vetar as leis, como não houve qualquer apoio público, a Assembléia Legislativa Estadual passou por cima do veto do Governador, ao custo de 20 milhões de dólares para os clientes da New England Telephone. (Freeman, 1984:70)

A análise foi "correta", o processo, "bem-sucedido"; só que alguns maus *stakeholders* atrapalharam e puseram-no a pique. Ironicamente, Freeman contou a história para criar um caso clássico sobre a resposta de "elaboração": talvez "as transações entre a empresa e os parceiros não tenham proporcionado à estratégia e ao processo um teste justo" (70). Na verdade, eles podem ter feito exatamente o contrário: concedido um teste generoso a um procedimento incorreto. (Os planejadores trabalhavam para a administração ou para o sindicato?) Em outras palavras, um exercício assim fez mais do que estimular uma batalha política desnecessária e, portanto, perdê-la tentando combater o fogo com frivolidades?

Calcular a cultura. Quando os japoneses perturbaram as maneiras americanas de fazer negócios, o pêndulo do planejamento balançou de volta para o planejamento econômico. Contudo, não como antigamente. Com os japoneses dizimando seus mercados, alguns planejadores americanos voltaram sua atenção para a cultura. E, por isso, um novo conjunto de fatores foi devidamente inserido nas fórmulas de planejamento, em quatro etapas fáceis, é claro:

Etapa 1: Definir a cultura e as subculturas relevantes da organização...
Etapa 2: Organizar essas definições sobre a cultura da empresa em termos de gerentes, tarefas e suas relações-chave...
Etapa 3: Avaliar o risco que a cultura da empresa representa à realização do esforço estratégico planejado...
Etapa 4: Identificar e concentrar-se nos aspectos da cultura da empresa que são tanto importantes para os sucessos estratégicos quanto incompatíveis com os métodos organizacionais planejados (Schwartz e Davis, 1981:47).

Era tão simples fazer disso "uma parte do processo de planejamento estratégico da corporação" (47). Só precisava de muitos recursos (especialmente para os consultores que inventavam esses procedimentos) e de um olho cego para o modo como ele violava o funcionamento natural da organização. De qualquer maneira, imaginar que é possível sentar e calcular coalizões parece bastante tolo, mas tomar a cultura – enraizada tão profundamente na história e nas tradições de uma organização e, ao menos para os japoneses, na longa evolução de uma sociedade – e transformá-la nos procedimentos convenientes do ciclo de planejamento parece extraordinariamente ingênuo. Fica-se compelido a imaginar os japoneses tremendo nas casas de gueixas com a idéia de os americanos fazerem tal planejamento. Mais uma vez, esse esforço dificilmente significou mais que uma confusão insignificante.

As elaborações de Ansoff. De certa forma, desde a publicação de seu livro clássico sobre planejamento em 1965, Ansoff tornou-se parte dessa resposta de elaboração, embora, mais uma vez, em sua maneira singular e interessante. Vale a pena rever isso, pelo que revela sobre planejamento, sobre o campo da administração estratégica em geral e, não por acaso, sobre o próprio H. Igor Ansoff, geralmente reconhecido como o pai da matéria.

Ansoff publicou constantemente depois de 1965, desenvolvendo suas idéias em estágios, que, muitas vezes, eram confusos para o leitor (pelo menos para este). No entanto, embora nunca repudiasse completamente seu trabalho anterior sobre planejamento estratégico, abria todo o processo (de acordo com o que passou a ser seu rótulo preferido de administração estratégica) para o que considerava o ambiente cada vez mais turbulento dos negócios e, por isso, a necessidade de dar respostas cada vez mais flexíveis, porém pró-ativas e institucionalizadas. "Hoje, por volta de 1977, este problema [de mudança rápida na forma do problema estratégico] é muito diferente de dez anos atrás, quando meu primeiro livro sobre o assunto foi publicado." Apareceram "novos tipos de turbulência" importantes, na forma de "ligações comerciais, interação sócio-política com o ambiente e concorrência por recursos escassos" (1979a:5). Em 1984, Ansoff reuniu todas as suas idéias em um livro intitulado *Implanting Strategic Management*.

Esse livro é interessante, cheio de idéias novas e com uma mensagem importante a transmitir, mas difícil de acompanhar em determinadas partes. Para nossas finalidades, ele chegou em uma relação muito curiosa com o processo de planejamento. Isso se dá porque Ansoff quase abandona o planejamento em determinados pontos, apesar de, no final, se agarrar firmemente a ele. Enfim, ele acreditava que podia conciliar a necessidade de resposta flexível com a decomposição e institucionalização do procedimento, em outras palavras, com a abordagem de planejamento. Pensamos que nunca conciliou as duas e concluímos (baseados em argumentos desenvolvidos mais adiante neste livro) que não poderia. Ansoff queria ambas, o que acreditamos, em última análise, ser uma incompatibilidade.

De um lado, Ansoff acreditava firmemente que a turbulência exigia resposta flexível e que as formas tradicionais de planejamento – chamadas de "planejamento a longo prazo" e "planejamento estratégico" – não admitiam isso. E, por isso, propôs maneiras alternativas de gerenciar a estratégia, as quais denominou, em um capítulo sumário, "modos de comportamento estratégico", incluindo "administração *ad hoc*", administração da postura estratégica" e "aprendizado estratégico" (1984:459-469).

O texto de Ansoff torna-se confuso, porém, sobre como e quando esses métodos devem ser usados. Em termos gerais, ele sugeriu o que os teóricos das organizações chamam de abordagem de "contingência": o modo usado (incluindo o planejamento convencional) deve depender dos graus de previsibilidade, complexidade e novidade das condições enfrentadas. Não obstante, isso é diminuído por sua crença, repetida em várias partes do livro, em que as empresas, em geral, têm avançado em meio a uma crescente turbulência. No começo do livro, por exemplo, ele rastreou o "nível turbulento" das organizações de "estável" ou "repetitivo", em 1900, passando por "reativo" e "em expansão", na metade do século, a mais "descontínuo", nos últimos anos, e "cheio de surpresas", no futuro próximo. Assim, Ansoff parecia preferir os modos mais flexíveis, como o "aprendizado estratégico".

No entanto, essa não foi sua posição definitiva, pois, por fim, ele se posicionou a favor da abrangência sempre crescente: queria que as empresas combinassem todas essas abordagens, o planejamento abrangente para algumas partes e o que chamou de "administração de assuntos estratégicos" para outras (348). Na verdade, no fim do livro, ele previu que o " 'planejamento do planejamento' – um desenvolvimento previdente de novas abordagens sistemáticas – seria cada vez mais usado nos anos 1980" (470).

Além disso, embora reconhecendo esses modos alternativos de comportamento estratégico, Ansoff inseriu até os modos mais flexíveis (pelo menos, os seus preferidos, não a "adaptação orgânica não-gerenciada" [459-460]) em uma estrutura que se encaixa claramente na abordagem de planejamento, nos termos das premissas básicas que descrevemos no Capítulo 1. Para Ansoff, o processo de estratégia deve ser sempre controlado, consciente e nitidamente pró-ativo ("as empresas não-gerenciadas dão pouco lucro e estão propensas a surpresas estratégicas" [460], uma condição que ele equiparou à "administração intuitiva" [460]); as estratégias devem sempre ser tornadas explícitas (31ff); e o analista ou planejador tem um papel importante a desempenhar no processo, embora os gerentes seniores sejam como os reconhecidos elaboradores de estratégia (p. ex., em um artigo de 1975, "o pessoal de planejamento detecta, rastreia e analisa os assuntos estratégicos; a gerência geral mantém atualizada a lista de assuntos estratégicos importantes, determina assuntos específicos para o planejamento, aprova os planos e monitora a execução" [1975a:31]).

O mais importante é que o processo seja elaborado conscientemente por meio de extensa decomposição. Ansoff, por exemplo, fez uma nítida distinção entre "as duas principais formas de administrar" da administração estratégica e da de operações (183-184) e, em uma parte do texto, chegou a propor que, no advento de uma surpresa estratégica, "as responsabilidades da alta administração sejam divididas" em um grupo que se ocupe com o controle e a manutenção da moral, outro que toque o negócio como de costume e um terceiro que trate da surpresa (24). Na clássica distinção entre formulação e implementação, Ansoff saltou para a frente e para trás. Em alguns pontos do texto, ela foi adotada naturalmente (p. ex., 242, 259); em outros, foi formalmente rejeitada, pelo menos sob determinadas condições (p. ex., 435, 466). Contudo, nem isso foi feito de forma consistente. Por exemplo, ao administrar surpresas, onde poderíamos esperar rejeição, em um ponto Ansoff propôs que "o grupo da alta administração formule a estratégia global, determine as responsabilidades pela implementação e coordene a implementação" (25).

Finalmente e acima de tudo, Ansoff permaneceu comprometido com a formalização, ou institucionalização, do procedimento, a característica mais importante da abordagem de planejamento. Ele o fez com consistência absoluta, em todos os seus escritos. Embora intitulasse um capítulo do seu livro de 1984 "Institucionalização da sensibilidade estratégica", ele também poderia ter dado o mesmo título ao livro. Como escreveu naquele artigo de 1975, captando a verdadeira essência de sua abordagem:

"Se, como sugere a experiência, a tecnologia de planejamento moderno não protege contra surpresas, a *tecnologia* precisa ser desenvolvida para assegurar tal proteção" (1975a:21, grifo nosso). Ou, como colocou em seu livro de 1984: "Se a empresa esperar sua turbulência ambiental chegar ao nível cinco [cheio de surpresas], precisará investir em *mais um sistema*, um sistema de surpresas estratégicas" (24, itálico no original). No fim do livro, Ansoff previu "o uso crescente de abordagens sistemáticas em administração estratégica" (471), presumivelmente em face do que acreditava ser a turbulência crescente enfrentada pelas organizações contemporâneas.

Assim, Ansoff parecia querer as vantagens, mas sem as desvantagens. Reconhecia a necessidade de as organizações serem flexíveis e sensíveis às condições dinâmicas, mas pensava que elas podiam contar com a decomposição e formalização dos procedimentos – essencialmente a institucionalização na tradição de planejamento – para consegui-lo. E isso levou a sua curiosa posição sobre o planejamento em si.

Ansoff não hesitou em apontar os problemas do planejamento convencional. "Os esforços iniciais para usar o planejamento estratégico encontraram sérias dificuldades," escreveu no livro de 1984 (460). E, em algumas partes, questionou a abrangência (461), a fim de obter rapidez de reação (sem tratar realmente de como a administração deveria coordenar tudo). No entanto, não estava pronto para abraçar a "administração intuitiva" como alternativa. Em vez disso, propôs "um tipo apropriado de planejamento" que "realmente funciona quando é instalado na empresa de maneira correta" (461), para o qual ele alegou "prova empírica e prática" (na verdade, sem dar nenhuma). Esse "planejamento" passou a ser a "administração de assuntos específicos", na realidade, análise de estratégias específicas, que "trata de assuntos estratégicos um de cada vez", executada prontamente (462). Deste modo, a mais contemporânea forma de planejamento de Ansoff tornou-se a resposta formalizada, institucionalizada, porém *ad hoc*, à descontinuidade – uma interpretação bem generosa da palavra planejamento, para dizer o mínimo.[17] Na análise final, Ansoff identificou o planejamento mais com formalização e institucionalização que com a própria abrangência. (Isso, porém, não quer dizer que tenha rejeitado a abrangência. Sua resposta preferida ao que ele viu como os problemas da empresa contemporânea – seu mundo ideal, quando possível – foi combinar abrangência com formalização e institucionalização.)

Então, afinal, a própria resposta de Ansoff às evidências sobre os fracassos do planejamento foi para elaborá-lo, sempre aprofundando o grau de formalização e sempre alargando a extensão da abrangência. Quando seu planejamento corporativo de 1965 não deu certo, ele elaborou todos os tipos de procedimentos nos anos 1970

---

[17] Para dizer um pouco mais, no "glossário de termos" no fim de seu livro de 1984, Ansoff definiu "Administração *Ad Hoc*" como "um processo administrativo no qual a resposta aos desafios é sistemática, mas sem referência a um plano ou estratégia global" (475), que abusa ainda mais da palavra planejamento (sendo o planejamento meramente "sistemático"). Sob esse aspecto, acho irônico o fato de Ansoff ter me criticado (gentilmente, devo acrescentar) nessa seção de seu livro por não ser claro a respeito das diferentes formas de planejamento: "Uma explicação para a discordância [a respeito da utilidade do planejamento com condições dinâmicas] provém do fato de Mintzberg não fazer uma diferenciação clara entre os vários tipos de planejamento. Com certeza, nos primórdios destes quando o planejamento a longo prazo por extrapolação era a única alternativa para administração *ad hoc*, o conselho de Mintzberg [sobre a necessidade de confiar no comportamento intuitivo] foi bem dado. Naquela ocasião, quando os ambientes ficaram turbulentos, foi melhor voltar a uma 'administração' não assistida, desestruturada, porém flexível, que supor (como é feito no planejamento a longo prazo) que o futuro será uma extrapolação do passado" (466).

para lidar com descontinuidades, sinais fracos e forças sociais no ambiente, tentando, finalmente, juntá-los em um sistema abrangente na década de 1980. Como Dill escreveu em 1979 sobre o trabalho de Ansoff (embora estivesse ainda mais correto em 1984): "Atualmente, depois de centenas de mapas e diagramas, Ansoff introduziu muitos elementos novos em seu plano mestre de administração. A resposta de Ansoff ao fracasso é sempre tornar o esforço de formulação de estratégia mais abrangente" (1979:48).

Tudo isso parece confuso, mas gostaríamos de pensar que reflete o livro de Ansoff de 1984 e não nossa interpretação errônea dele. Mais uma vez, Ansoff produziu um trabalho importante baseado em premissas que consideramos questionáveis – um livro que é estimulante e cheio de idéias novas e interessantes (os conceitos de "surpresa estratégica" e a necessidade de reagir a "sinais fracos" não são as menores). Tiradas de seu contexto – isto é, longe dos sistemas e das tecnologias nos quais ele tentou embuti-las – muitas dessas idéias são úteis. Em outras palavras, em nossa opinião, Ansoff novamente identificou problemas importantes e forneceu conceitos interessantes no processo para desenvolver procedimentos questionáveis. Consideramos sua contribuição real, o que talvez o decepcione, não como sendo *prescritiva*, mas *descritiva*![18]

E, para completar esta discussão, as elaborações de planejamento propostas, mesmo nas formas desenvolvidas por Ansoff, sem falar na análise dos *stakeholders* ou cultural ou até dos cenários (a ser discutida mais adiante), não consideraram as evidências negativas sobre planejamento de modo algum. Se chegaram a considerar, elas provavelmente agravaram o problema oferecendo mais para o que parece ser sua causa – jogando lenha na fogueira, se quiser. Assim, Huff e Reger observaram:

> Bresser e Bishop [1983:595], em um trabalho teórico sério, exploraram a possibilidade de o planejamento formal poder, de fato, aumentar as contradições intra-organizacionais, em parte responsáveis pela introdução do planejamento formal. As organizações, sugeriram, podem estar fazendo armadilhas para si mesmas na amplificação disfuncional dos laços do planejamento mais formal, levando a mais contradições que conduzem a um planejamento mais formal, o qual, por sua vez, pode ameaçar a viabilidade da organização. (1987:221)

---

[18] Ansoff também reeditou seu primeiro livro *Corporate Strategy* como *The New Corporate Strategy* em 1988. Os primeiros dois terços deste, chamados "Parte 1: Formulação de Estratégias", constituem o livro original com várias mudanças em exemplos e parte do material conceitual, etc., ao passo que o último terço, intitulado "Parte 2: Implementação de Estratégias", foi acrescentado, mais novo para esse livro específico que para o portfólio existente de publicações de Ansoff (veja a revisão de Fahey dele, na qual este mencionou que a Parte 2 fornece "pouco, se é que algum, material novo", aparentemente "anexado" com "pouco esforço para ligar diretamente as partes 1 e 2" [1989:460]). No prefácio da nova edição, Ansoff observou que uma "deficiência que marca o *Corporate Strategy* é seu foco quase exclusivo no raciocínio analítico" (p.v.) Contudo, em uma parte posterior do livro, em uma passagem nova do texto antigo, escreveu: "Este livro se concentra em administração estratégica em ambientes difíceis e turbulentos. Por isso, agora passaremos a descrever o método de planejamento estratégico abrangente" (1988:102). Entretanto, em um artigo de jornal publicado em 1987, Ansoff apresentou um caso mais equilibrado, defendendo a inclusão, ao lado do "modelo sistemático", cujos "resultados eram freqüentemente decepcionantes", de um "modelo orgânico... baseado em uma ótica político-social", de um "modelo de inércia organizacional" baseado em uma ótica "sócio-antropológica", e de um "modelo de administração *ad hoc*" baseado em uma ótica "psico-sociológica". "Embora a ótica limitada da administração sistemática estivesse o mais longe possível da realidade, muitas evidências sugerem que todas as óticas são relevantes para todas as organizações..." (1987:509, 510).

Como Oakeshott observou, o racionalismo está "sem poder para corrigir suas próprias falhas; ele não tem qualidade homeopática; você não consegue se desvencilhar de seus erros tornando-se mais sincera ou mais profundamente racionalista" (citado em van Gunsteren, 1976:20).

Reversão: "De volta ao básico"

Em maio de 1986, na primeira conferência do The Planning Forum (formado pela fusão das duas maiores sociedades de planejamento), Michael Naylor, executivo encarregado do Planejamento Estratégico Corporativo da General Motors e um dos principais porta-vozes da profissão, fez uma palestra intitulada "Administração Inovadora e Concorrência Global". Em nossa opinião, o discurso foi marcado pela abordagem exatamente oposta, pelo menos em relação ao primeiro tema. Ao criticar o planejamento convencional, Naylor redescobriu o velho modelo da escola do *design* – isto é, a estrutura básica que sustentou o planejamento estratégico desde o começo, menos as características de formalização e elaboração do próprio planejamento. Ele falou em estabelecer uma posição competitiva, avaliar forças e fraquezas e encontrar vantagem competitiva sustentável e se referiu várias vezes à "implementação do plano". Assim, em vez de fornecer ele mesmo a inovação, Naylor mostrou um retorno ao *status quo* do passado.

Diante de todas as reclamações sobre o planejamento estratégico, essa se tornou outra resposta bem conhecida pelos planejadores em meados da década de 1980 – voltar ao modelo mais simples da escola do *design*. Por exemplo, a *Planning Review* entrevistou Michael Carpenter, outro planejador-chefe da General Electric, dessa vez em 1985, depois de o planejamento ter caído em desgraça na empresa. Ele foi citado como segue:

> Faço uma distinção entre planejamento e estratégia – são duas coisas diferentes. Estratégia significa ponderar a base de vantagem competitiva de uma empresa – a maneira de a economia funcionar; para onde vão os concorrentes; como fechar um negócio com o outro cara e ter a taxa de retorno e o lucro bruto mais altos da indústria. Planejamento, por outro lado, concentra-se em fazer a estratégia funcionar – adicionando capacidade, por exemplo, ou aumentando a força de vendas. Historicamente, a abordagem estratégica da GE enfatizou mais o planejamento do que a estratégia... Se você pensar em estratégia da maneira como a defini, é um processo ponderado, conceitual. É um processo mais difícil de pensar, não mais difícil de tentar. (Allio 1985:18)[19]

Os consultores também redescobriram o modelo quase ao mesmo tempo. Walker Lewis, fundador da Strategic Planning Associates, argumentou em um

---

[19] Conforme sugerido no título, "GE = Gigante Empreendedor?", aqui o modelo da escola do *design* foi associado com empreendedorismo. Ansoff fez a mesma coisa em um artigo de 1977, referindo-se ao "planejamento empreendedor" como um novo tipo de sistema de planejamento, capaz de enfrentar descontinuidades (1977:14; veja especialmente a versão gráfica do mesmo na p.15 sobre as similaridades com o modelo da escola do *design*). Há uma certa ironia nisso, devido aos esforços do principal porta-voz da escola do *design*, Kenneth Andrews, para distanciar o modelo do comportamento empreendedor (embora o terreno que ele tentou usar para isso, entre empreendedorismo e planejamento, possa ser estreito). Entretanto, chegar ao modelo da escola do *design* pela perspectiva do planejamento, com sua ênfase na formalização do procedimento, pode parecer empreendedorismo!

artigo de 1984 que "o CEO deve ser um generalista informado"; "deve promover a construção de vantagem comparativa", fazer isso "sabendo como integrar ou sintetizar" as informações relevantes sobre "operações internas" e "forças externas" para gerar "estratégia abrangentemente desenvolvida"; e "deve estimular a corporação ao longo do caminho até a implementação" (1984:1, 2, 6). Como Naylor, a afirmação de Lewis, "chegar a um acordo com essas mudanças exige mais que as velhas respostas", (6) é desmentida por suas palavras, que só oferecem isso.

Voltar a uma interpretação mais pura do modelo da escola do *design* pode melhorar alguns dos piores excessos do modelo de planejamento formalizado. No entanto, isso não resolve qualquer problema fundamental, pois as premissas das duas abordagens, em sua maioria, são idênticas (especialmente na maneira de ignorar o aprendizado estratégico). Portanto, devemos procurar em outra parte a explicação para as evidências dos problemas de planejamento.

Armadilhas: "Eles, não nós"

A maioria dos planejadores tem feito exatamente isso. Entretanto, não de maneira construtiva, em nossa visão. De longe, a resposta mais popular dos planejadores às evidências críticas sobre sua prática tem sido admiti-las e imediatamente atribuí-las a um conjunto de supostas "armadilhas".

As armadilhas são para o planejamento aquilo que os pecados são para a religião: impedimentos que devem ser repelidos, manchas superficiais perfeitamente compreensíveis que devem ser removidas, para que o trabalho mais nobre de servir o todo-poderoso possa prosseguir. Exceto por uma diferença fundamental: as armadilhas são, na maioria das vezes, cometidas por "eles", não por "nós", por gestores ou por organizações, não pelos planejadores ou por seus sistemas. O erro pode não estar nas estrelas, mas tampouco pode ser encontrado no planejamento. Assim, na pesquisa de Gray, em que 87% dos respondentes expressaram desapontamento e frustração com seus sistemas de planejamento, 59% atribuíram esse "descontentamento principalmente às dificuldades enfrentadas na implementação dos planos", não aos planos em si nem ao processo de planejamento (1986:90). Para citar um respondente, neste caso um gerente de linha sênior: "De fato, costumávamos dizer a nós mesmos que o nosso sistema de planejamento estava certo, embora admitíssemos que se desintegrou na implementação. Essa foi a forma de dizer a nós mesmos que a dificuldade não estava no topo" (93). Nem era nova essa dificuldade específica. Eis o que Emmanuel Kant tinha a dizer sobre o planejamento há dois séculos:

> A formação de planos é principalmente um exercício mental arrogante, presunçoso, porquanto o planejador alega algum gênio criativo quando exige dos outros o que não pode fazer sozinho, ou culpa os demais pelo que não pôde fazer... (Spender, 1989:12)

Abell e Hammond comentaram que "As causas fundamentais dos problemas [para fazer o planejamento funcionar] raramente são deficiências técnicas no processo de planejamento ou nos métodos analíticos. Ao contrário, são problemas humanos e administrativos" e "têm como fonte a natureza dos seres humanos" (1979:432, 434). Isso parece significar que os sistemas funcionariam bem se não fosse por todas essas malditas pessoas. Isso, obviamente, explica com facilidade todos os problemas que o planejamento teve, pois ele só foi tentado em organizações compostas por pessoas! No entanto, até que estejamos dispostos a nos livrar das pessoas pelo bem do planejamento, seria melhor procurarmos em outra parte a explicação para os problemas do planejamento.

Steiner escreveu muito a respeito das armadilhas do planejamento. Em uma pesquisa entre várias centenas de empresas, principalmente entre as maiores, ele pediu respostas para 50 armadilhas listadas. O fato de quaisquer acréscimos à lista "serem modificações [das 50 armadilhas] ou subconjuntos delas... confirmou minha convicção de que [a lista] inclui as ciladas mais importantes, tanto conceitual como operacionalmente, que devem ser evitadas para que um sistema de planejamento formal seja efetivo" (1979:288). Confirmou *sua convicção*, talvez, mas certamente não confirmou a conclusão. Se Steiner não pensou além das armadilhas, o que poderia esperar dos seus entrevistados? Diante de uma lista de 50 itens, que limitavam o assunto, que gerentes atarefados estariam inclinados a acrescentar mais, ou a repensar a estrutura toda? Essa responsabilidade era de Steiner, não deles. Por isso, a pesquisa não revelou necessariamente as ciladas mais importantes; apenas delineou as que Steiner imaginou quando enviou o questionário. (Há uma similaridade apropriada no ritual de preenchimento de questionários de pesquisa e dos próprios documentos de planejamento, cada um com suas categorias preconcebidas.)

De qualquer maneira, Steiner concentrou sua análise nas dez armadilhas com menção mais freqüente, que listamos em nossa Tabela 3.1.[20] Outras listas de armadilhas do planejamento – sejam de pesquisas ou dos próprios autores – são muito parecidas com estas (p. ex., Ringbakk, 1971, a primeira destas pesquisas; Lorange, 1980a:133ff; veja também a revisão de Lorange de outros estudos de armadilhas, 1979:231-235). Encabeçando quase todas as listas, de uma forma ou de outra, está a ausência de apoio ou compromisso da gerência sênior com o planejamento, enquanto um segundo tema comum tem a ver com a atitude ou "clima" da organização em relação ao planejamento. Na pesquisa de Steiner, de fato, seis ou sete das dez armadilhas parecem se encaixar nessas duas categorias (números 1, 2, 4, 7, 10 e talvez 9, na primeira e a número 6 na segunda). Em um caso, a administração é ostensivamente culpada e, no outro, toda a organização.

A armadilha do "apoio da alta administração". Depois que a opinião de Ringbakk sobre esta armadilha foi publicada pela primeira vez em 1968 ("nem os gerentes corporativos nem os divisionais aceitaram plenamente o planejamento formal como parte de sua responsabilidade"; eles "em geral delegam as tarefas de planejamento ao pessoal de apoio" [1968:354]), desenvolveu-se praticamente um coro de reclamações, acompanhado por uma orquestração de chavões, sempre com o mesmo refrão. Onze anos depois, Steiner nos informou de que "não pode haver nem haverá qualquer planejamento estratégico formal em uma organização cujo executivo principal não lhe dá apoio constante e nem verifica se os demais na organização entendem a intensidade do seu compromisso"

---

[20] Repetições da mesma pesquisa no Japão, no Canadá, na Inglaterra, na Itália e na Austrália produziram resultados semelhantes (298). Steiner também pediu a seus pesquisados americanos para expressar seu grau de satisfação com seus sistemas de planejamento. Sua afirmação de que "eles informaram muito mais satisfação que descontentamento" (289) é desmentida por seus próprios números, que mostram apenas uma inclinação para a satisfação: 10% se disseram muito satisfeitos, 8,5% muito insatisfeitos, 34,1% acima da média de satisfação e 15,2% abaixo da média, com 32,2% na média (295). Leve em consideração que esse nível medíocre de satisfação foi expresso, em grande parte, pelos próprios planejadores, que representavam 75% dos entrevistados.

(1979:80). Nesse mesmo ano, Abell e Hammond afirmaram que "o apoio da gerência sênior é uma necessidade absoluta" (1979:434) e, no ano seguinte, Lorange acrescentou que o executivo principal "só receberá do sistema o que nele introduzir" (1980a:258). Em 1989, duas décadas depois, Reid acrescentou que "sem o compromisso do executivo principal com os objetivos, bem como com o processo de planejamento, o processo deixará de ser efetivo" (1989:557).

No entanto, os executivos principais não poderiam, às vezes, receber do planejamento menos do que lhe deram? E, às vezes, eles podem ter boas razões para não se comprometer, até para resistir ativamente ao planejamento? Eles poderiam saber algo que os perpetradores das armadilhas não sabem? Jacques Sarrazin (1981), que citou algumas das passagens reproduzidas acima, salientou ponderadamente que "é mesmo surpreendente que tal discrepância entre a teoria e a prática a respeito do papel da alta administração no planejamento corporativo ainda exista 10 anos depois de ter sido trazida à luz pela primeira vez". Ele ofereceu duas opções: continuar a tentar convencer os gerentes a "adequar sua prática à teoria" ou então "tentar primeiro entender as causas da discrepância" (10).

Os autores sobre planejamento quase inevitavelmente se concentraram na primeira. Se ao menos a alta direção ouvisse – mudasse seu comportamento, visse a luz – tudo ficaria bem com o planejamento. No entanto, este último não está nisso sozinho: toda nova técnica, sistema ou função disputa o apoio da alta administração. Na análise final, alguns conseguem e outros não, não porque têm o apoio da alta administração em si, mas porque proporcionam alguma coisa de valor (e, por isso, obtêm esse apoio). As relações públicas ficaram bem estabelecidas na General Motors, mas lá não há (presumivelmente) qualquer programa de aulas de balé para executivos. Todo o apoio da alta administração do mundo não teria ajudado a segunda, ao passo que as relações públicas poderiam muito bem ter sucesso sem tal apoio. A experiência de planejamento ao longo das duas últimas décadas nos diz que o

TABELA 3.1 "As dez armadilhas mais importantes que devem ser evitadas conforme classificação pelos entrevistados (N=159)" (Steiner, 1979:224)

Descrição
1. A suposição da alta administração de que pode delegar a função de planejamento a um planejador.
2. A alta administração fica tão absorvida nos problemas correntes que aplica tempo insuficiente no planejamento a longo prazo, e o processo fica desacreditado entre os outros gerentes e o pessoal.
3. Fracasso em desenvolver metas adequadas da empresa como base para formular planos a longo prazo.
4. O pessoal de linha principal não assume o envolvimento necessário no processo de planejamento.
5. Deixar de usar os planos como padrões para medir o desempenho gerencial.
6. Deixar de criar um clima na empresa que seja apropriado e aberto ao planejamento.
7. Supor que planejamento corporativo abrangente é uma coisa separada de todo o processo administrativo.
8. Injetar tanta formalidade no sistema que ele perde a flexibilidade, a folga e a simplicidade, impedindo a criatividade.
9. A alta administração não revisa com os chefes departamentais e divisionais os planos a longo prazo que eles desenvolveram.
10. A alta administração rejeita consistentemente o mecanismo de planejamento formal tomando decisões intuitivas que conflitam com os planos formais.

apoio da alta administração pode ser uma condição necessária de sucesso, mas certamente não é a condição suficiente. Na verdade, como Pennington mostrou, "o planejamento formal, em geral, tem recebido da alta administração o tipo de apoio com o qual a maioria das técnicas emergentes só pode sonhar" (1972:2). Obviamente, alguma outra coisa deve estar errada.

Ringbakk foi um dos poucos a considerar a segunda opção de Sarrazin – até certo ponto. Ele deu várias explicações para a discrepância entre a teoria e a prática, dentre as quais, uma particularmente pretensiosa foi que os gerentes demonstravam "uma falta de entendimento das diferentes dimensões de planejamento" (1971:19). Mais tarde, outros concordaram. "Um número surpreendentemente alto daqueles com que se contam para planejar simplesmente não entende como planejar" (Abell e Hammond, 1979:433). Ansoff estendeu esse argumento, no tom e também na implicação: "Alguns gerentes temem que o planejamento exponha sua incompetência" (1977:20). Ele também sugeriu que os gerentes "temem a incerteza e a ambigüidade que o planejamento traz para suas vidas" (20). Saunders e Tuggle comentaram, na mesma linha, que a falta de concorrência acirrada faz com que os gerentes "fiquem satisfeitos em um nível mais confortável" em vez de precisar otimizar, como o planejamento supostamente faz (1977:21).

Mais tarde, tentaremos mostrar como todas essas declarações podem ser precisamente falsas, que é o planejamento que muitas vezes se satisfaz, que o planejamento pode reduzir artificialmente incerteza e ambigüidade e, em especial, que pode ser que os planejadores – pelos menos, os simpatizantes dos tipos de argumentos acima, os planejadores *convencionais* a que nos referimos – não entendam de administração. Entre outras coisas, suas pretensões atrapalham.

Escrevendo em 1980, um pouco antes do planejamento estratégico ser destronado na General Electric, um de seus planejadores seniores atribuiu sua aceitação "primeiramente" ao "comprometimento e envolvimento do gabinete executivo" (Rothschild, 1980:13). Reginald Jones, CEO na época, sem dúvida entendeu o processo. No entanto, podemos dizer que seu sucessor, Jack Welch, que logo depois dizimou o planejamento formal na GE, o entendeu menos? Na verdade, Welch provavelmente o entendia mais, pois, como gerente de divisão, tinha de fazê-lo ele mesmo, não apenas forçar os outros a fazer. Se o planejamento é tão bom, por que a empresa americana com mais experiência no processo se virou contra ele? Por que a GE foi "a primeira a sair" depois de ter sido "a primeira a entrar"? Welch sabia demais?

Acreditamos que sim e desenvolveremos a essência de nosso argumento no Capítulo 4. Entre os pontos que consideraremos está que o planejamento, em sua própria armadilha, pode corroer o mesmo comprometimento que tanto exige.

A armadilha do "clima apropriado para o planejamento". Naquilo que muitas vezes parece uma tautologia, os autores sobre planejamento se referiram a um clima "apropriado" para o planejamento (Steiner, conforme observado; também Steiner e Kunin, 1983:14-15). Respondendo a "perguntas sobre a utilidade de [sua] prescrição original" 14 anos depois, Ansoff replicou:

> Continuo acreditando que a prescrição foi e permanece válida, desde que seja aplicada em um clima organizacional apropriado, e, vice-versa, que o planejamento estratégico será rejeitado quando o clima no qual for implantado estiver errado. (1979a:6)

Isso seria ótimo se nos dissessem qual é o clima certo (além de dar apoio ao planejamento). Na realidade, não ajuda em coisa alguma alegar, como fez Steiner, que "é preciso gerar um certo entusiasmo pelo planejamento e evitar a resistência cega a ele. Não deve haver qualquer preconceito sério contra o planejamento" (1983:15). Steiner acrescentou que o clima "deve promover o pensamento criativo em vez do pensamento trivial" e que "os gerentes devem ter capacidade para o pensamento conceitual" (15). Todavia, que evidências ele e os outros ofereceram de que tais climas são de fato apropriados para o planejamento?

De novo, o ponto que queremos desenvolver no Capítulo 4 é exatamente o oposto, isto é, que o planejamento convencional costuma ser um processo conservador, às vezes estimulando comportamento que corrói tanto a criatividade quanto o pensamento estratégico. Enfim, ele pode ser inflexível, criando resistência à mudança estratégica importante e desencorajando idéias verdadeiramente novas em favor da extrapolação do *status quo* ou da adaptação sem muita importância, concentrando, por isso mesmo, a atenção no curto prazo e não no longo prazo. Também forneceremos evidências de como o planejamento pode impedir o pensamento conceitual dos gerentes. Além disso, mostraremos como o clima político interno considerado tão antiético para o planejamento pode, às vezes, ajudar a promover a mudança estratégica necessária nas organizações, enquanto o planejamento em si pode, às vezes, promover a atividade política disfuncional. Por fim, então, concluiremos que um clima apropriado para o planejamento pode, *às vezes*, ser antiético para a formação de estratégia efetiva e, por isso, o clima "certo" pode, às vezes, ser hostil ao planejamento.

Na verdade, as próprias armadilhas do planejamento servem inadvertidamente de contrastes para nos ajudar a descobrir alguns dos sérios problemas do processo, permitindo que investiguemos algumas de suas características básicas. À medida que considerarmos essas armadilhas reais no Capítulo 4, seguido pelo Capítulo 5 sobre as mais sérias falácias do planejamento, entraremos, de fato, em nossa crítica do processo.

Algumas verdadeiras armadilhas do planejamento | 4

Nossa crítica ao planejamento continua em dois níveis. O primeiro, tratado neste capítulo, leva em conta algumas das características gerais do planejamento que ajudam a explicar suas dificuldades. O tom desta discussão, e até o próprio conjunto de assuntos discutidos, corresponde ao da literatura sobre as armadilhas do planejamento, exceto em que aqui fazemos as armadilhas convencionais se voltarem contra si mesmas. Isso significa que este capítulo trata de algumas das características mais evidentes que impedem a prática bem-sucedida do planejamento em geral. No Capítulo 5, examinaremos a fundo as principais causas dos fracassos do planejamento estratégico em particular.

Este capítulo reverte as duas principais "armadilhas" do planejamento, procurando mostrar que não somente elas erram o alvo, mas que, muitas vezes, pode ser o oposto do que se sustentava. Em outras palavras, o planejamento pode impedir a *si mesmo* de funcionar como seus proponentes afirmaram que devia. Certamente, o planejamento não pode funcionar de maneira efetiva sem o *apoio* das pessoas que ocupam cargos seniores nas organizações, nem sobreviver em *climas* hostis à sua prática. Entretanto, as verdadeiras perguntas são por que, afinal, esse apoio é negado com tanta freqüência e por que esses climas aparecem.

Ao sugerir algumas respostas, introduzimos várias características problemáticas do planejamento. Essas incluem um afastamento "objetivo" que muitas vezes abala o comprometimento e suscita a política, bem como uma tendência para o conservadorismo e uma obsessão pelo controle que pode provocar um clima de conformidade e inflexibilidade, o qual prefere a mudança incremental, genérica, focada no curto prazo. Essas podem ser as verdadeiras armadilhas do planejamento.

PLANEJAMENTO E COMPROMETIMENTO

A armadilha mais conhecida do planejamento diz respeito ao comprometimento. A suposição é de que, com o apoio e a participação da alta administração, tudo irá bem. Todavia, é preciso perguntar: bem com o que e bem para quem? Para os planejadores? Com certeza. E para a organização?

Essa suposição está enraizada na noção da "melhor maneira", para voltarmos à frase favorita de Frederick Taylor. Presume-se que o planejamento seja a melhor maneira de elaborar e implementar estratégias. O fato de ele não ser – não somente de haver outras maneiras de fazê-lo, mas de que estas podem ser superiores – é um tema que permeia todo este livro e não precisa ser tratado especificamente neste momento.

Aqui, o que precisa mesmo ser questionado e elaborado são as suposições ingênuas da literatura sobre a relação entre o planejamento e o comprometimento: primeiro, a de que o comprometimento da alta administração promove automaticamente a aceitação do planejamento e, segundo, a de que o planejamento em si automaticamente gera comprometimento dentro da organização (p. ex., na introdução do livro de David Hussey intitulado *The Truth About Corporate Planning*: "Um processo de planejamento corporativo ajudará as empresas a obter um maior nível de envolvimento dos gerentes no desenvolvimento da organização" [1983:5]).

Para sermos mais específicos, a questão não é simplesmente se a administração está comprometida com o planejamento ou não. Também é (a) se o planejamento está comprometido com a administração, (b) se o comprometimento com o planejamento gera comprometimento com o processo de formação de estratégia, com as estratégias que resultam desse processo e, por último, com a tomada de medidas efetivas pela organização, e (c) se a própria natureza do planejamento promove de fato o comprometimento gerencial com ele. A discussão seguinte colocará em dúvida cada uma dessas crenças.

Comprometimento no alto escalão

O planejamento sempre teve uma relação peculiar com a alta administração. De um lado, ele se submeteu ao poder de autoridade, pelo menos formalmente, ao longo do processo em si. Em outras palavras, o planejamento aceitou uma alta administração toda-poderosa e centralizada que deve juntar as coisas e fazer com que elas aconteçam (em especial, o próprio planejamento). Até Ansoff se referiu a isso como uma "suposição estranhamente ingênua": "Se os gerentes [nos níveis mais baixos] não planejarem de boa vontade, ameace-os com o desagrado do patrão e diga-lhes que ele adora planejamento" (1977:19).

Do outro lado, seja implícita ou explicitamente, o planejamento é idealizado por sua própria natureza, para reduzir grande parte do poder da alta administração sobre a formação de estratégia. Independentemente de elogios da boca para fora ao controle definitivo da alta administração sobre o processo, não se pode negar que, por meio da formalização, o planejamento procura colocar um pouco desse poder em seus próprios sistemas, e especificamente à custa da intuição gerencial. Assim, Lorange argumentou que o "CEO não é a pessoa mais indicada para a realização detalhada do planejamento estratégico e o controle do processo", pois ele "em geral poderia não ter tempo ou temperamento para fazer isso". Ou, em outras palavras, "ele é o *designer* do sistema, em um sentido geral" (1980b:2). *Controle remoto* parece ser a postura preferida de Lorange para o CEO.

Obviamente, ninguém quis eliminar inteiramente a alta administração. Os modelos de planejamento sempre tiveram o cuidado de deixar um papel para os altos gerentes. No ilustrativo "cronograma de um plano corporativo para cinco anos" de Steiner, por exemplo, das 31 etapas delineadas de agosto a dezembro, a alta administração pôde se envolver em oito:

- Em agosto:

1. A Equipe de Planejamento Corporativo (EPC) reúne-se com os executivos corporativos e elabora um cronograma de planejamento com a equipe divisional de planejamento.

2. A EPC troca idéias com os executivos da empresa a respeito de mudanças em objetivos básicos, estratégias e políticas que devem servir de diretrizes novas para o programa de planejamento...

- Em novembro:

1. Se o presidente do CPC [Conselho de Planejamento Corporativo] não for o executivo principal (CEO), o presidente e o diretor de planejamento corporativo discutirão as questões importantes com o executivo principal...

- E em dezembro:

1. Uma conferência de dois dias sobre o planejamento é realizada fora da empresa, com a participação dos altos executivos e de cada divisão. Cada divisão apresenta seus planos e seus problemas, são discutidas alternativas e determinados os cursos de ação. O executivo principal é o presidente desta conferência.
2. No final da conferência, o executivo principal, que é o presidente da conferência de fato, decide como cada plano deve ser modificado como resultado das atas da conferência...
3. Um procedimento alternativo em muitas empresas é cada divisão apresentar planos individualmente aos altos executivos...
4. Uma visão geral e partes selecionadas do plano são apresentadas à diretoria pelo planejador da empresa.
5. São feitas revisões anuais do orçamento e as aprovações para as operações do próximo ano pelo executivo principal... (1969:133-134)

Isso é quase como se os gerentes seniores devessem estar agradecidos pelos papéis que lhes foram concedidos. Afinal, foram consultados sobre as mudanças no princípio, e o CEO presidiu a conferência de planejamento de dois dias no final, na verdade, para "decidir" como os planos deveriam ser modificados (mesmo que não tenha chegado a apresentar o plano ao conselho!). Não faz mal que a alta administração não tivesse um papel a desempenhar nas cinco etapas de setembro, nas quatro de outubro, ou em outras sete das oito de novembro; o processo estava nas mãos competentes da EPC, que se reuniu com os gerentes de divisão para "discutir completamente seus planos em conformidade com o manual da EPC", que decidiu "as áreas de estudo para auxiliar a avaliação de planos quando recebidos [e] modificar estratégias existentes", e que "agregou e revisou" planos divisionais.

Em uma coluna intitulada "Como implementar planos estratégicos", publicada por uma revista de estratégia com grande circulação, o autor comentou em uma seção sobre "um CEO comprometido" que o executivo principal "deve tomar e executar decisões corporativas que sejam indicadas pelos planos estratégicos" (Collier, 1984:92, que não acrescentou "goste delas ou não"). Se esse é o significado de comprometimento, até na forma ligeiramente mais sutil de Steiner, então como alguém no mundo deve esperar o apoio da alta administração?

Uma coisa é deixar os gerentes seniores fora da essência do processo, mas insultar sua maneira de trabalhar é outra. "Se a organização é administrada por gênios intuitivos, não há necessidade de planejamento estratégico formal.

No entanto, quantas organizações são tão abençoadas? E, se forem, quantas vezes os intuitivos estão certos em seus julgamentos?" (1979:9).

Mais tarde, quando tratarmos diretamente dos problemas de planejamento mais graves, contestaremos as suposições de Steiner de que a boa intuição é um artigo raro em administração e, mesmo quando presente, geralmente é falível (ou, pelo menos, menos confiável que o planejamento). Neste ponto, queremos perguntar como o planejamento espera gerar comprometimento da alta administração quando degrada o lado mais humano da administração. Se o planejamento não está comprometido com a administração – nem ao ponto de respeitar o que pode ser sua verdadeira essência – então como esta pode se comprometer com o planejamento?

Comprometimento mais abaixo

Ao menos as atitudes expressadas acima eram abrandadas; ao em lidar com gerentes com menos autoridade, os escritos de planejamento ficavam menos circunscritos. Isso está claro na própria ilustração de Steiner, em que, por exemplo, em setembro, "as equipes divisionais de planejamento se reúnem com os gerentes de divisão para discutir a conclusão de seus planos em conformidade com o manual da EPC" e "os executivos funcionais da empresa se reúnem com a EPC para discutir a natureza e a relação de seus planos e dos planos divisionais" (1969:133). Não é de admirar que o chefe do Grupo de Eletrodomésticos da General Electric falasse com tanta veemência em "arrancar" seu negócio de "uma burocracia isolada" de planejadores. Tudo o que ele queria era o comprometimento pessoal com sua própria estratégia, pelo qual teve de combater os planejadores!

Se os planejadores são os donos do processo, se tomam conta da integração dos planos de diferentes subunidades, na verdade tiram o controle sobre a estratégia das próprias pessoas que devem concebê-la. Com os planejadores isolados em seus escritórios entregando tudo para a alta administração, todos os demais ficam reduzidos a meros implementadores. E isso abala o compromisso com o processo de formação de estratégia e também com as estratégias resultantes, "sufocando a iniciativa de operadores e supervisores individuais" (Newman, 1951:67). Bass demonstrou isso em experimentos conduzidos em várias partes do mundo. As pessoas eram mais produtivas e estavam mais satisfeitas quando operavam os próprios planos e não os das outras pessoas. Ele sugeriu várias razões para isso:

> A produtividade e a satisfação são mais baixas quando se planeja para outros porque (1) a sensação de realização é menor quando se executa o plano de outra pessoa; (2) há uma menor tendência de tentar confirmar a validade do plano de outrem executando-o com sucesso – menos confiança em que pode ser feito; (3) há menos comprometimento em verificar se o plano funciona bem; (4) há menos flexibilidade e menos espaço para a modificação e a iniciativa fazerem melhorias em um plano prescrito; (5) há menos entendimento de um plano prescrito; (6) os recursos humanos não são tão bem utilizados; (7) há mais problemas de comunicações e erros e distorções conseqüentes ao seguir instruções; (8) existem sentimentos competitivos nascidos entre planejadores e executores, ao ponto de parecer que se os primeiros "ganham", os últimos "perdem." (1970:159)

Planejamento "descentralizado"

É claro que nenhum planejador com amor próprio hoje apoiaria qualquer das posições atribuídas ao planejamento que vimos anteriormente. O planejamento estratégico é função dos gerentes de linha; os planejadores só dão apoio – eles "facilitam". Contudo, e se os gerentes de linha não quiserem formular estratégia daquela maneira; e se insistirem em usar sua intuição, e se eles se recusarem a coordenar com seus colegas? Os planejadores simplesmente relaxam e dão de ombros? Não na experiência deste observador.

A "descentralização" do processo de planejamento é um método admitido. No entanto, o que isso significa, se o verdadeiro objetivo do planejamento é garantir a coordenação entre unidades diferentes? Como Durand concluiu em sua pesquisa sobre o planejamento na França, "planejamento descentralizado não significa tomada de decisões descentralizada" (1984:14). Enquanto o planejamento descentralizado exigir que os gerentes de nível mais baixo realizem determinados procedimentos em determinados prazos de acordo com premissas determinadas por outros na hierarquia acima deles, ninguém deverá esperar muito comprometimento. Engolir o grão de baixo para cima não dá ao ganso mais autonomia do que empurrá-lo goela abaixo, especialmente para gansos que não precisam de tantos grãos.

O apelo por planejamento descentralizado evita um dilema óbvio. Nas palavras de Erich Jantsch, o "processo de planejamento deve ser... democrático, isto é, baseado em iniciativa descentralizada e síntese centralizada" (1969:473). Isso soa bem. Exceto em que a síntese centralizada tem a tendência de corroer a iniciativa descentralizada, como ficou claro em muitas das evidências apresentadas no Capítulo 3 por Sarrazin, Gomer e Koch, e na General Electric, na Air Canada e na experiência do SPPO no governo americano (que tinha "uma tendência de centralização extrema" [Wildavsky, 1974:188]). Para citar o que escrevemos em uma publicação anterior sobre a análise em geral: "Em sua busca pela função *do* objetivo, a análise ignora o conflito e a coalizão em favor *da* palavra *do* chefe...; em seu apelo por apoio da alta administração para implementar suas soluções, supõe controle centralizado; em sua busca pela solução ótima – *a* resposta lógica, 'a melhor maneira'... – desencoraja o pluralismo na estrutura organizacional" (Mintzberg, 1979b:131).

A síntese do problema é coordenação – juntar todo o exercício de planejamento de alguma forma. Como de costume, Wildavsky não mediu palavras, rotulando coordenação de "um outro termo para coerção":

> Como os atores A e B discordam da meta C, eles só podem ser coordenados dizendo-lhes o que fazer e fazendo-o. A palavra alemã Gleichschaltung, usada pelos nazistas no sentido de obrigar a uma conformidade rígida, pode nos dar algum discernimento para esse uso específico da coordenação. Para coordenar, é preciso ser capaz de conseguir que os outros façam coisas que não querem fazer. (1973:143)

É claro que os planejadores não precisam impor o plano por si; em vez disso, podem pedir todos os tipos de participação daqueles a serem afetados por ele. No entanto, a menos que todas essas pessoas consigam chegar informalmente ao próprio consenso sobre metas e estratégias e programas de ação e alocações de orçamento – um feito nada simples em qualquer organização grande – então algum grupo central deve fazer a coordenação para elas e impor o resultado. O líder pode, obviamente, fazer isso por meio de uma visão pessoal. Ainda assim, isso está enraizado em intuição, um processo tabu para os que concordam com a escola de planejamento. A coordenação deve ser formalizada e isso quer dizer planejada. E por isso, embora a participação possa ser encorajada obtendo-se insumos para o processo, ela costuma ser evitada na determinação do resultado. Eis como Meyerson e Banfield caracterizaram uma experiência de planejamento urbano na cidade de Chicago:

> O melhor que uma agência como a Autoridade podia fazer... era coletar as informações que conseguisse sobre as intenções dos outros, usá-las para causar o máximo possível de coordenação voluntária e então escolher seu curso de ação de forma a alcançar seus fins sem interferir na (talvez até na complementação da) atividade das agências e indivíduos cujos fins desejava incrementar. (1955:275)

Nossa conclusão é que o planejamento é um processo centralizador, desencorajando o mesmo compromisso que afirma, com veemência, precisar. Quem duvida disso poderia querer considerar a resposta dos próprios planejadores sujeitos ao planejamento, conforme descrita por Ely Devons em seu relato lúcido do processo nas forças armadas britânicas na Segunda Guerra Mundial:

> No nível superior, havia um conflito entre os coordenadores centrais no Gabinete Ministerial e no Ministério da Produção e os planejadores nos departamentos individuais. Os coordenadores superiores lutavam por mais centralização e os planejadores em cada departamento, por mais liberdade de ação. Todavia, dentro de cada departamento, os planejadores, que defendiam a delegação ao lidar com os órgãos centrais do governo, defendiam a centralização de decisões dentro dos próprios departamentos. (1950:14)

A resposta sincera, então, quando atividades diferentes precisam ser coordenadas firme e formalmente, talvez fosse esquecer a participação e o comprometimento e simplesmente impor o planejamento central. Como Bass colocou, "se as ações dos executores forem totalmente programadas pelos planejadores, o ganho na previsibilidade de desempenho pode ser anulado pela perda de interesse do executor" (1970:167). E quando o comprometimento é decisivo, a resposta apropriada pode ser esquecer o planejamento, ao menos como praticado de maneira convencional.

Planejamento e liberdade

Esta questão tem sido discutida intensamente no setor público, onde não só o funcionário público, mas também o cidadão em geral é afetado. Há alguns anos, surgiu um grande debate a respeito de "planejamento e liberdade", obviamente com fortes implicações ideológicas.[1] Um lado argumentava que ambos são fundamentalmente antiéticos, o outro, que a própria liberdade exige um certo grau de planejamento.

---

[1] Veja, como exemplo, o livro de Frederick Hayek, *The Road to Serfdom* (1944), a resposta de Barbara Wootton, *Freedom Under Planning* (1945) e a revisão de Chester Barnard do segundo (1948:176-193).

Reduzido a ideologia pura, em que o planejamento passa a ser quase sinônimo de qualquer tipo de intervenção do governo no mercado "livre", o debate perde seu significado, ao menos para os que acreditam nos direitos coletivos ao lado dos direitos individuais. No entanto, visto como o "conflito óbvio entre eficiência do sistema, que se baseia na ordem, e espontaneidade, que provém da autonomia do indivíduo", é difícil contestar as conclusões de Chamberlain de que a "ordem planejada não é a antítese da liberdade individual, mas é necessária para ela", pelo menos, até certo ponto, de modo que "a questão não é plano *ou* individualismo, mas quanto de cada um" (1968:154-155).

Ainda assim, aceitar que os próprios *planos* sejam necessários para atuar em uma sociedade livre não leva à conclusão de que o *processo de planejamento* é em si fundamentalmente democrático. (Lembre-se da caracterização de Koch do planejamento estatal da França como uma "fachada" de democracia e participação.) Lewis explicou bem o caso:

> Por conta de sua complexidade, o planejamento por direção não aumenta, mas, ao contrário, diminui o controle democrático. Um plano não pode ser feito pelo "povo" ou pelo parlamento ou pelo governo; ele deve ser feito por funcionários públicos, pois consiste em milhares de detalhes ajustados entre si. Seus resultados são incorporados em milhares de ordens e decisões administrativas, das quais o parlamento e os ministros só conseguem ter o conhecimento mais conciso... (1969:19)

Obviamente, mesmo um processo de planejamento bem centralizado pode refletir a vontade democrática do povo, contanto que tire sua direção do consenso popular ou de funcionários eleitos democraticamente. Na verdade, Richard French mostrou que, em uma sociedade democrática, deve ser assim. "O planejamento não pode criar convicção política... Sem convicção política baseada em percepções populares, a realização do planejamento é como uma planta de estufa, com belas flores e sem raízes" (1980:153).

De fato, como cidadãos, temos de ser privados de certas liberdades de escolha para ganhar outros benefícios. Isso se assemelha ao que concluímos a respeito das próprias organizações, que, às vezes, precisam perder participação em proveito de desempenho. É evidente que desistir de toda liberdade de escolha pelo bem do planejamento não faz sentido. Todavia, não faz mais sentido desistir de toda coordenação formal pelo bem da livre escolha individual. Simplesmente precisamos reconhecer os custos das permutas necessárias para chegar ao equilíbrio conveniente. E também devemos perceber o fato de que o próprio planejamento não é neutro; como veremos mais adiante neste capítulo, existem preferências no processo de planejamento que afetam os resultados.

As experiências dos Estados comunistas servem de exemplos dramáticos da suspensão das liberdades individuais em benefício do planejamento desimpedido, com suas próprias preferências tão evidentes, que hoje é muito difícil alguém propor seriamente o planejamento extensivo da economia pelo governo. A grande ironia, então, é que as grandes corporações ocidentais – as instituições centrais na chamada economia de livre mercado, não planejada – tenham sido as mesmas a liderar os esforços do Ocidente para institucionalizar o planejamento formal! O que era ruim para o Estado, devido a seus efeitos sobre participação, compromisso e flexibilidade, passou a ser bom para as empresas, apesar de produzir exatamente os mesmos efeitos. Na verdade, esses efeitos se estenderam além dos funcionários para os cidadãos em geral, se aceitarmos os argumentos de John Kenneth Galbraith sobre os "novos estados industriais". Neste ponto, lembramo-nos dos planejadores que tanto resistiam em ser objeto de planejamento, embora eles próprios insistissem em submeter todos os demais a seu planejamento.

Sob esse aspecto, não conseguimos resistir à tentação de citar Lorange e Vancil sobre o planejamento formal como um meio de atender ao objetivo de melhorar a formação de estratégia:

> Um sistema formal explícito, altamente visível, era uma maneira de cumprir o objetivo, mesmo se também envolvesse uma certa documentação burocrática e formalidades. Em muitas empresas, esse objetivo já foi atingido e pode-se permitir que algumas das pompas do aparato formal definhem. (1977:xiv)

Sua escolha de palavras é intrigante, pois não se pode deixar de lembrar das promessas dos bolcheviques sobre o "definhamento" da burocracia estatal quando a revolução comunista estivesse consolidada. Na realidade, o definhamento voluntário de grupos de planejamento parece ter sido quase tão comum nas corporações americanas quanto nos governos comunistas!

À medida que as corporações crescem, é claro, o planejamento estatal e o privado ficam mais próximos. Para citar Galbraith, "a grande corporação moderna e o moderno aparato do planejamento socialista são acomodações variantes da mesma necessidade" (1967:33). Ou, como disse Lewis de forma mais simples, "a verdade é que agora somos todos planejadores" (1969:4 e apesar da queda do consumismo poderíamos acrescentar).

Em 1959, James Worthy articulou esse mesmo ponto, comparando especialmente o planejamento oriental com a administração científica ocidental (que Jelinek afirmou ser a precursora do planejamento corporativo):

> Existem paralelos interessantes entre o comunismo e a administração científica. Nos dois casos, os trabalhadores são considerados meios em vez de fins, executores em vez de planejadores ou iniciadores, a serem manipulados – por persuasão, se possível, por coerção, se necessário – em outros interesses e para outras necessidades diferentes das próprias. (1959:78)

Na verdade, Worthy salientou que a Rússia Soviética era o lugar onde "a administração científica havia desabrochado mais plenamente... E o planejamento da Rússia foi caracterizado como 'uma tentativa de fazer em escala nacional o que a administração científica estava fazendo na fábrica individual'" (77, citando Filipetti). Worthy, de fato, lembrou os esforços dos primeiros seguidores americanos de Taylor para impor este exato planejamento sobre a sociedade americana. Por exemplo, ele citou Henry Gantt, para quem "finanças e indústria devem ser socializadas de alguma forma", propondo "A Nova Máquina", que Worthy chamou de "uma organização fantástica" para criar a "Sociedade Planejada" (76). Isso pode parecer exagero, mas o aviso de Worthy em 1959 parece terrivelmente contemporâneo:

> Hoje em dia, não está na moda falar em planejamento fora da empresa privada – pois isso envolve o governo e todas as "pessoas corretas" querem menos, interferência do governo nos assuntos econômicos, e não mais. No entanto, deixe haver um

sério declínio no negócio, deixe o atual funcionamento tranqüilo dos mercados ruir com os golpes da adversidade econômica, e a estrutura mental que pensa em termos de organização mecanicista da empresa tornará fácil pensar em termos de organização mecanicista da economia. (1959:79)

Comprometimento *versus* cálculo

Conforme observado, ao optar por planejar formalmente, as organizações às vezes precisam desistir da participação em prol do desempenho. No entanto, como Allaire e Firsirotu demonstraram, de vez em quando, elas de fato adotam o planejamento para compensar a falta desse comprometimento em primeiro lugar. Esses autores constataram que cada vez mais empresas ocidentais "são povoadas por gerentes e técnicos volúveis e calculistas que não aceitam (e não lhes é oferecido) o contrato psicológico tradicional de emprego vitalício e promoções garantidas em troca de lealdade e devoção aos objetivos da empresa" (1990:106). Isso costuma "cortar de modo irreversível" o "vínculo de legitimidade e credibilidade" entre os gerentes seniores e os demais, "sem nada para substituí-lo além do controle por números ou por imposição da equipe corporativa de auxiliares" (12).

Isso sugere que cultura e planejamento podem ser maneiras alternativas para administrar uma organização, sendo a primeira mais interessada em compromisso, e o segundo, em previsão.

A ênfase do planejamento em formalização mostra que ele está mais interessado no cálculo de coisas do que no comprometimento de pessoas. Isso pode ser visto no tratamento da formação de estratégia como um processo isolado, analítico, que deve ser executado por sistemas em vez de pessoas. Analise como Ansoff resumiu o próprio modelo:

> A metodologia subjacente é uma sucessão de etapas de redução da diferença: identifica-se um conjunto de objetivos para a empresa, faz-se um diagnóstico da situação corrente em relação aos objetivos e determina-se a diferença entre eles (ou o que chamamos de *"gap"*). Então é instituída uma busca por um operador (estratégia) que possa reduzir o *gap*. O operador é testado por suas qualidades para "reduzir *gap*." Se as qualidades forem satisfatórias (o *gap* está essencialmente coberto), o operador será aceito; se o *gap* estiver parcialmente coberto, ele será aceito provisoriamente e procurar-se-á um operador adicional; se o operador não conseguir cobrir o *gap*, ele será rejeitado e procurar-se-á um operador novo. (1964:73)

No jargão atual, Ansoff poderia ser acusado de "lançar bombas de nêutrons" no processo de formação de estratégia: eliminar as pessoas para que os procedimentos possam dar prosseguimento ao processo! O problema, infelizmente, é que o desligamento analítico na frente, na formulação, costuma impedir o comprometimento pessoal atrás, na implementação.

Há alguns anos, a Air Canada embarcou no "Rapidair," um serviço experimental de ponte aérea entre Montreal e Toronto. Todavia, falhou na garantia de reserva no avião. Embora os clientes continuassem a reservar lugares, a companhia aérea voltou atrás na natureza do serviço de ponte aérea – depois de apenas alguns *dias*. A atitude não foi de compromisso – "Vamos fazer esta coisa funcionar" – mas de cálculo – "Oh, bem, nós tentamos, não é?" (Mintzberg, Brunet e

Waters, 1986). Compare isso com o desenvolvimento na IBM do sistema de computadores 360 nos anos 1960 (Wise, 1966, a, b). O projeto foi iniciado como um ato de fé: os executivos da empresa decidiram repensar toda sua linha de produtos com apenas um conjunto genérico de diretrizes relativas a uma forma de tecnologia, a ligação de modelos diferentes e assim por diante. Nenhuma previsão séria era possível. E por isso, em lugar de planejamento detalhado no começo, houve um compromisso muito firme de levá-lo avante. Essa mudança foi sustentada pela inspiração, enquanto a outra foi arruinada pelos cálculos.

Brunsson foi um dos poucos a tratar dessa questão em nível conceitual. Ele comparou um comportamento do "tipo que cria compromisso" – mais um ato de vontade do que um processo cognitivo, que costuma ter alto índice de aceitação – com um comportamento do "tipo escrutínio crítico", do qual escreveu:

> O risco pessoal é evitado principalmente abstendo-se de responsabilidade e comprometimento. Os avaliadores tentam enfrentar a incerteza na situação com processos cognitivos. Tenta-se considerar todas as variáveis importantes para calcular qual é a melhor decisão. O envolvimento emocional nos projetos admitidos é desprezado. Este tipo está mais apto a rejeitar do que a aceitar... Além disso, as aceitações não são muito comprometedoras. (1976:172)

Não queremos levar essa distinção muito longe – é claro que as organizações precisam de cálculo e comprometimento. No entanto, queremos mostrar que, ao inclinar tanto suas prioridades para um lado, a escola de planejamento pode ter causado um efeito negativo sobre o comprometimento pessoal nas organizações.

Os membros das equipes analíticas, inclusive os planejadores, algumas vezes acusam os gerentes de serem muito emocionais, muito envolvidos em seus projetos favoritos, carecendo do desligamento necessário para avaliar as propostas objetivamente. Sem dúvida, uma crítica válida. Contudo, o outro lado da moeda – claro na história do 360 da IBM e na incrível popularidade do livro de 1982 de Peters e Waterman, Em Busca da Excelência – é que compromisso profundo, o apoio sem reservas, é um pré-requisito necessário para a busca bem-sucedida de cursos de ação difíceis. E o comprometimento parece vir do controle pessoal, uma sensação de propriedade de um projeto (daí a popularidade da palavra "defensor"), que não seja profundamente restringido pelas condições específicas dos planos formais nem pelo desligamento dos chamados cálculos objetivos. Quando um gerente de planejamento britânico recentemente comentou de forma espontânea para um entrevistador que "por meio do processo de controle, podemos fazer os gestores pararem de se apaixonar por seus negócios" (Goold, 1990), ele pode ter pensado em gerentes de linha entusiasmados demais. Entretanto, considerada isoladamente, a afirmação surpreende.

O que às vezes não é apreciado é que não existe a tal estratégia "ótima", calculada por meio de algum processo formal. As estratégias pretendidas não têm valor em e por si mesmas; elas só passam a ter valor quando pessoas empenhadas as enchem de energia (parafraseando Selznick, 1957). É por isso que todo problema de implementação também é um problema de formulação – não somente para as estratégias reais concebidas, mas também para o processo pelo qual ocorre a concepção. E é por isso que a armadilha da falta de apoio da alta administração ao planejamento acaba não explicando coisa alguma.

PLANEJAMENTO E MUDANÇA

Agora, passemos à armadilha de um clima apropriado para o planejamento. Mais uma vez, queremos mudar de direção, sugerindo que um clima apropriado para o planejamento nem sempre é apropriado à formação de estratégia efetiva; às vezes, um clima hostil pode ser mais eficaz para a formação de estratégia.

A inflexibilidade dos planos

No primeiro capítulo, foram delineadas várias razões por que os planejadores acreditam que as organizações devem planejar. O planejamento é proposto para garantir que as organizações coordenem e controlem suas atividades, considerem o futuro e atuem "racionalmente". Por alguma razão, essas características estão implicitamente ligadas às afirmações a respeito de o planejamento estimular a criatividade, bem como prover um meio de lidar com a mudança, em geral, e com condições "turbulentas", em particular. Assim, o *The Journal of Business Strategy* (November-December, 1990:4) apresentou um artigo com a afirmação: "Como o processo de planejamento é o local de origem da mudança, os planejadores estão em uma posição singular para fornecer a liderança". E Lorange, Gordon e Smith propuseram que "uma medida da efetividade do planejamento... será a freqüência com que ocorrem importantes mudanças organizacionais e em outros sistemas" (1979:32). Na verdade, não há evidência sistemática de que o planejamento faça qualquer dessas coisas e não há falta de evidências anedóticas (e também algumas sistemáticas) de que pode fazer exatamente o contrário.

Há quase um século, Henri Fayol, um dos primeiros e mais conhecidos defensores do planejamento, observou que o seu verdadeiro objetivo não é estimular a flexibilidade, mas reduzi-la, isto é, estabelecer uma orientação clara dentro da qual os recursos podem ser consignados de forma coordenada. Nos anos seguintes, a mensagem de Fayol não influenciou mais que uns poucos escritores. Um deles foi William Newman, que escreveu em 1951: "O estabelecimento de planos avançados tende a tornar a administração inflexível; quanto mais detalhados e difundidos forem os planos, maior a inflexibilidade" (63). Ou, como disseram Ramanujam e Ventakraman posteriormente, "os sistemas de planejamento precisam ser mais rígidos do que a sabedoria convencional advoga atualmente... O concreto não é um material tão ruim para se traçar um plano – comparado com argila ou massa de vidraceiro!" (1985:23, 24).

Newman atribuiu a inflexibilidade do planejamento a vários fatores psicológicos: fazer "o executivo sentir-se seguro demais e, assim, desatento a mudanças"; "uma tendência, depois de ter preparado um plano, de 'fazê-lo dar certo'"; e "resistência psicológica" devido ao estabelecimento de "idéia fixa" e medo de "perder o prestígio" se os planos forem mudados (1951:63). Seus argumentos receberam, de fato, apoio no laboratório de psicologia. Até dos "planos" informais que desenvolvemos em nossas mentes, Miller, Galanter e Pribram afirmaram:

> Constatar que um Plano duradouro deve ser mudado em um nível estratégico pode causar uma reviravolta considerável na Imagem da pessoa, bem como em seus Planos. Uma regra que a maioria das pessoas parece aprender, provavelmente quando ainda é bem jovem, é: quando, na execução de um Plano, se descobre que um sub-

plano pretendido não é relevante ou viável, deve-se tentar antes as menores substituições possíveis por subplanos táticos alternativos, e a mudança na estratégia deve ser adiada tanto quanto possível. (1960:114)

Esses pesquisadores na verdade sugeriram que o abandono de planos pessoais pode causar problemas psicológicos, sendo a mudança "acompanhada por muita agitação emocional", possivelmente seguida de "ansiedade"; o indivíduo (muito semelhante a algumas organizações que todos conhecemos) "pode então desenvolver Planos para enfrentar a ansiedade (mecanismos de defesa) em vez de desenvolver novos Planos para enfrentar a realidade!" (116).

Essa pesquisa diz respeito apenas a indivíduos. Imagine, então, ter de mudar os planos formais de uma organização inteira – de centenas ou milhares de indivíduos já orientados para se comportar de determinada maneira. Como Lewis observou:

> O planejamento por direção deve ser inflexível. Depois que os planejadores fizeram os milhares de cálculos necessários para ajustar o plano e deram suas orientações, qualquer pedido para revisar qualquer número deve encontrar resistência. Esse plano, depois de feito, deve receber adesão simplesmente porque não se pode alterar qualquer parte dele sem alterar o todo, e alterar o todo é um trabalho complicado demais para ser feito com freqüência. (1969:17)

O planejamento, como observado, destina-se à coordenação. E quanto mais firmemente coordenado o plano, menos flexível deve ser. Mude uma parte importante de um plano integrado e ele se *des*integrará.

A literatura de planejamento evidencia a necessidade de tornar a estratégia explícita. Quanto mais claramente articulada a estratégia, maior a resistência à sua mudança – devido ao desenvolvimento tanto do *momentum* psicológico como organizacional. Na realidade, Kiesler (1971) constatou que fazer as pessoas em um laboratório de psicologia articularem uma estratégia que iam aplicar de qualquer maneira aumentava sua resistência a mudanças posteriores. Quanto ao *momentum* burocrático, vimos no nosso estudo das estratégias do governo americano no conflito do Vietnã (Mintzberg, 1978) que, quando Lyndon Johnson articulou formalmente a estratégia de escalada que estava emergindo há quatro anos, a burocracia concordou com ela além de suas expectativas – eles entenderam *bem demais* a estratégia explicada – e, posteriormente, ficou muito mais difícil interrompê-la.

Uma estratégia é formulada para conduzir as energias em uma determinada direção; *momentum*, portanto, é não somente o resultado inevitável, mas o desejado. E quanto mais claramente articulada a estratégia, mais profundamente ela se internaliza, tanto nos hábitos da organização quanto nas mentes das pessoas. Desta maneira, seu *momentum* torna-se maior. O preço, é claro, é a capacidade da organização de mudar quando for preciso, mais cedo ou mais tarde. Se for mais tarde, a articulação poderá demostrar que foi uma coisa boa. No entanto, no fim, esse preço deverá ser pago. Embora os planejadores possam estar seguros agora, não podem estar seguros para sempre.

A inflexibilidade do planejamento

Até agora, nossos argumentos sobre inflexibilidade se concentraram nos planos em si, os quais, especialmente quando bem articulados, tendem a alimentar a resistência à mudança. Todavia, e o processo de planejamento? Naquilo que pode ser um ponto mais controverso, mas afinal mais importante, queremos argumentar que o próprio planejamento alimenta uma inflexibilidade básica nas organizações e, por isso, uma resistência a mudanças significativas. Unterman, por exemplo, depois de revisar o famoso "método Stanford" de planejamento estratégico, concluiu de sua própria experiência em consultoria que "ainda estava para ver qualquer revisão corporativa drástica ou importante que resultasse dele" (1974:41).

O planejamento é fundamentalmente um processo conservador: atua para conservar a orientação básica da organização e, de modo mais específico, suas categorias existentes. Assim, o planejamento pode promover mudança na organização, mas de um tipo específico: mudança dentro do contexto da orientação global da organização, mudança, na melhor das hipóteses, nas posições estratégicas dentro da perspectiva estratégica global. Falando de outro modo, em nossa opinião, o planejamento funciona melhor quando os contornos gerais de uma estratégia já estão prontos, não quando é necessária mudança estratégica significativa do processo em si.

A mudança planejada formalmente do tipo que estamos sugerindo costuma ter três características essenciais: (a) é incremental em vez de quântica, (b) é genérica em vez de criativa e (c) é orientada para curto prazo em vez de longo. Vamos considerar uma de cada vez.

Mudança planejada como incremental

Como observamos em nossa crítica ao estudo de Quinn (1980a), a prática de planejamento "geralmente institucionalizou uma forma de incrementalismo" (veja também Burgelman, 1983c:1359 e Brunsson, 1982:43). Isso provavelmente acontece porque a mudança incremental – pequena mudança, de escopo limitado – é consistente com a orientação estabelecida da organização, como o próprio planejamento. Em comparação, a mudança quântica – que significa reorientação abrangente (Miller e Friesen, 1984) – desorganiza todas as categorias estabelecidas da organização, das quais o planejamento depende. Por isso, essa mudança tende a encontrar resistência, ou, mais comumente, ser ignorada no processo de planejamento.

Lembre-se de que o planejamento depende de decomposição, que fornece conjuntos bem definidos de categorias. Esses quase sempre refletem o que já existe na organização. Em outras palavras, o planejamento mapeia as categorias usadas no momento, estratégicas e também estruturais, não costuma inventar categorias novas. Por exemplo, o planejamento tende a atuar em função das estratégias de produtos-mercados existentes (às vezes, definidas como unidades estratégicas de negócio). Anteriormente, discutimos o planejamento da Air Canada em termos de cinco pequenas companhias aéreas, uma das quais chamada de rotas "magras" do sul. Conforme observamos, como a empresa poderia pensar em engrossá-las se o seu planejamento prosseguia com a suposição de que eram magras? Como Tregoe e Zimmerman comentaram:

> Sem uma estrutura estratégica clara para definir o que a organização quer ser, o planejamento a longo prazo é forçado a fazer uma fotomontagem da organização,

projetando para a frente cada detalhe do negócio... Tal esforço atua como um impedimento à mudança; ele transforma a maioria dos planos de prazo mais longo em estruturas góticas de inflexibilidade. (1980:26)

Perceba uma implicação-chave disso: em vez de criar estratégias novas, o planejamento não consegue prosseguir sem sua existência anterior. Freeman oferece aqui uma analogia útil para o gerente cujo sistema de arquivo desmorona porque as categorias antigas não se ajustam aos documentos novos e, por isso, todos acabam em "Diversos". "As referências cruzadas transformaram-se em um pesadelo tão grande que você e sua secretária finalmente desistem. O planejamento impõe um sistema de arquivo fixo sobre a organização, bom apenas enquanto as velhas categorias são relevantes" (1984:7).

Talvez o mais importante seja que o planejamento quase inevitavelmente recobre essas estratégias existentes, assim como os próprios procedimentos da estrutura existente da organização. Em outras palavras, as organizações desenvolvem seus planos em função das subunidades que já possuem – sejam funções, divisões ou departamentos. Como Durand observou em sua pesquisa de planejamento em empresas francesas, "... na maioria das firmas, os Procedimentos de Planejamento Estratégico foram elaborados de acordo com a estrutura organizacional. Na verdade, para conseguir apresentar seus procedimentos de planejamento, a maioria dos entrevistados primeiro delineou a estrutura de sua empresa" (1984:11).

O problema, mais uma vez, é que o planejamento em função das categorias existentes desencoraja a reordenação das coisas, que geralmente é um pré-requisito para uma mudança importante – estratégica e também estrutural.[2] Como Gray observou:

> Quando o planejamento estratégico está recém-instalado, em geral supõe-se que as unidades organizacionais já preparadas devam tratar do planejamento. Essas unidades, entretanto, talvez sejam limitadas por muitos fatores que as tornam inadequadas para servir como base para o planejamento: geografia, conveniência administrativa, condições de transações antigas de aquisição, linhas de produtos, centros de lucro tradicionais, crença em concorrência interna sadia ou idéias antigas sobre centralização e descentralização. (1986:93)

Além disso, como Tregoe e Zimmerman salientaram, existe o problema de fazer mudanças quando o planejamento consiste em integrar os planos existentes das unidades em um plano abrangente. "Os planos de longo prazo são desenvolvidos a partir dos níveis mais baixos, onde existem informações para fazer projeções. Essas projeções de várias partes da empresa são consolidadas e, no total, tornam-se o plano recomendado. Quando esses planos acumulados e detalhados chegam ao topo, praticamente não há qualquer oportunidade de adicionar novos *insights* sobre o futuro" (1980:25).[3]

---

[2] Isso pode explicar porque a escola de planejamento parece ter dado muito menos atenção ao desenho da estrutura, na fase da implementação, que a escola do *design*. A estrutura também é menos mutável quando serve de moldura para o planejamento.

[3] As organizações se atrapalharam muito tentando evitar esses problemas. Por exemplo, no SPPO, McNamara tentou separar as categorias "operacionais" da estrutura (Exército, Marinha, Aeronáutica,

O planejamento tem outras características que encorajam a mudança incremental à custa de mais mudança quântica. Uma é sua programação "cerrada", que deixa "pouca ou nenhuma folga" e põe "grandes pressões de tempo sobre os gestores para manterem o sistema no cronograma" (deVillafranca, 1983b:1). Isso dificilmente os anima a considerar alternativas desorganizadoras. Além disso, "problemas, oportunidades e 'idéias brilhantes' não aparecem de acordo com algum cronograma determinado; precisam ser tratados sempre que forem percebidos" (Anthony, 1965:38; Gomer [1974] deixou isso claro em seu estudo das respostas das firmas suecas à crise de energia). Como argumentamos em outras partes, a natureza repetitiva do processo de planejamento anual "pode facilmente se tornar uma inferência mecânica das informações. Esse tipo de exercício, como 'excesso de alarmes falsos', pode na verdade desestimular os altos gerentes para questões estratégicas, de forma que a necessidade de mudança substantiva pode não ser reconhecida quando surge" (Mintzberg e Waters, 1982:494). Os gerentes podem estar tão ocupados discutindo as estratégias e os orçamentos programados, ano após ano, que não percebem quando uma mudança real se torna necessária.

Como Quinn comentou, a "mecânica geralmente começa a sobrecarregar os processos cerebrais" (1980a:169). Quando isso acontece, as organizações nem mesmo conseguem mudança incremental, mas extrapolação direta do *status quo*. "O que passa por planejamento é muitas vezes a projeção do que é conhecido para o futuro", afirmou Henry Kissinger (1969:20). Ou, para citar outra figura política famosa: "Planejamento é decidir pôr um pé na frente do outro" (Winston Churchill, em Rogers, 1975:56).

Na verdade, os esforços para amarrar o planejamento estratégico à orçamentação operacional – que recebeu muita atenção na literatura de planejamento, ao menos em princípio – também encorajam a mudança incremental, pois da mesma forma que se supõe que a estratégia dirija o orçamento, o orçamento também restringe a estratégia. A orçamentação operacional é um mecanismo de controle a

---

Fuzileiros Navais, Guarda Costeira) das categorias da "missão" da estratégia (dissuasão, operação de guerra limitada, etc.). No entanto, "essa divisão criou conflitos e falta de coordenação" (Ansoff, 1984:40). E então a General Electric "usou uma solução diferente": tentar responsabilizar as unidades estratégicas de negócio pelas estratégias e pelas operações. "Todavia, como ela e outras empresas constataram, a estrutura organizacional histórica não mapeia apenas as [Unidades Estratégicas de Negócio] recém identificadas, e as responsabilidades resultantes não são definidas e claras" (40). Como Gluck *et al.* observaram:

> Você só consegue saber a definição correta de uma UEN quando tem uma estratégia ajustada: ataques estratégicos diferentes exigem a inclusão de diferentes unidades de produtos-mercados e capacidades funcionais na UEN. Ainda assim, um objetivo da estratégia da UEN é fornecer uma estrutura para o planejamento. Quem veio antes, a estratégia ou a estrutura?
>
> Em segundo lugar, na maioria das empresas, a estrutura de planejamento é encaixada à força na estrutura organizacional corrente, ou vice-versa. Ambas são igualmente insatisfatórias. A estrutura de planejamento deve ser modelada em torno dos conceitos de negócio do amanhã. Uma estrutura organizacional é responsável por implementar também as estruturas de hoje; quando as duas são diferentes, o conflito é inevitável.
>
> Não deve ser surpreendente, portanto, que ninguém tenha sido capaz de prescrever uma definição inteiramente aceitável de UEN, ou descrever de maneira satisfatória como montar uma estrutura de UEN. A definição de UEN continua sendo coisa de magia negra... (Hax e Majluf, 1984:37).

curto prazo, não de mudança a longo prazo ("os números devem estar de acordo com o orçamento do próximo ano, que é tradicionalmente um método de restrição e controle" [Rossotti, s.d., cerca de 1965:6]). Além disso, essa orçamentação também é mapeada na estrutura organizacional existente, nesse caso geralmente para baixo até a menor subunidade. Por isso, a tendência, mais uma vez, é preservar a direção estabelecida.

Assim, no contexto da empresa comercial, até Ansoff comentou que "o planejamento teve mais sucesso ao lidar com extrapolação da dinâmica passada da empresa e menos sucesso com grandes desvios não-incrementais das tendências históricas de crescimento da empresa" (1975b:75). No contexto de administração pública, Lindblom observou os países do leste europeu, os quais destinaram tamanhos recursos ao processo, que o "planejamento econômico... consiste em alterações corretivas, seqüenciais e incrementais da produção programada para o período anterior" (1977:325). E, mesmo no contexto do pensamento individual, Miller, Galanter e Pribram observaram que "provavelmente, a maior fonte de Planos novos são os Planos velhos. Mudamo-nos um pouco a cada vez que os usamos, mas são basicamente os mesmos Planos velhos com pequenas variações. Às vezes, podemos tomar emprestado um Plano novo de outra pessoa. Todavia, em geral, não criamos um Plano completamente novo" (1960:117). Independentemente do contexto, então, o planejamento parece se tornar um outro "aspecto daquilo que Jouvenel chama de 'fatalismo moderno', isto é, a concepção do futuro como derivações, em sua maioria, lineares do presente" (Gluntz, 1971:11). Ironicamente, então, dadas nossas inclinações atuais, para tomar nosso destino nas próprias mãos – para nos tornar verdadeiramente pró-ativos – parece que não precisamos de mais planejamento, mas de menos!

Mudança planejada como genérica

A criatividade, por definição, reorganiza as categorias estabelecidas. O planejamento, por sua própria natureza, as preserva. Essa é uma razão pela qual o planejamento não tem facilidade para lidar com idéias verdadeiramente criativas. Portanto, não deve ter sido surpresa para Michael Allen, ex-chefe de planejamento da General Electric, que "a despeito de todos os [seus] ganhos, o desenvolvimento de estratégia criativa... continua sendo o calcanhar de Aquiles do planejamento de negócios" (1985:6). Em uma pesquisa publicada em 1985, Javidan constatou que 60% dos CEOs, 50% dos gerentes de divisão e mesmo 40% dos próprios executivos-chefes de planejamento responderam que o departamento de planejamento tinha "um impacto um tanto negativo" sobre a inovação gerencial (1985:91). Para citar David Hurst:

> [O planejamento estratégico] é útil para olhar para *trás*, ao invés de à *frente*, pelo que *exclui* e não pelo que *contém*. [O planejamento estratégico] não pode dizer aos gerentes para aonde estão indo, somente onde estiveram. Ele é útil para administrar o negócio atual, o negócio que já existe. (1986:15)

Estar sujeito ao planejamento significa estar preso a categorias estabelecidas que, em geral, desencorajam a criatividade real. Como Newman escreveu em 1951, a ascensão de departamentos de planejamento e planos:

Tende a circunscrever a liberdade de ação do homem na linha de fogo. Assim, geralmente é verdade que, com planejamento mais extensivo, um grande grupo de funcionários tem menos liberdade no exercício do próprio julgamento. Espera-se deles conformidade e não originalidade. Essa restrição às iniciativas costuma apagar a faísca criativa tão essencial em empresas de sucesso, além de ter um efeito ruim sobre a moral. (1951:68)

"A criatividade", para citar outro dos planejadores da GE, "encolhe sob o peso de grandes pastas de couro" (Carpenter, em Potts, 1984). Na verdade, os planos são antolhos usados para bloquear a visão periférica – para manter seus subordinados nitidamente focalizados na direção estabelecida. E, somando-se a nossa discussão anterior, a criatividade depende, acima de tudo, do comprometimento sincero do originador, que os cálculos de planejamento podem desencorajar. "O pensamento criativo exige um ato de fé" (George Gilder, citado em Peters e Waterman, 1982:47).

Sawyer comentou eloqüentemente que "um plano, como uma foto de um processo, é uma análise fechada de um sistema aberto" (1983:180). Ainda assim, quando caracterizou a "planejamento como processo criativo" (como o título da última seção e com o adjetivo "corporativo" de toda a sua monografia), argumentando que o processo, bem como a função, "logicamente passa a ser o centro de atividade criativa e inovadora da empresa" (174), separamo-nos dele, concluindo que seu efeito é, com mais freqüência, exatamente o oposto. Na 3M, por exemplo, uma empresa conhecida por sua criatividade, o sistema de planejamento foi descrito por um executivo como "excepcionalmente bom... para a análise e direção dos negócios existentes", mas "'bastante fraco' para identificar oportunidades" (Kennedy, 1988:16).

Genérico significa bem definido, pertencente a uma classe, o que subentende que as categorias de mudança já foram elaboradas, talvez por alguma outra organização que inovou (como quando o Burger King "McDonaldizou" sua estratégia anos atrás). Isso parece ser mais compatível com o planejamento formalizado. De fato, suspeitamos que a proliferação de estratégias "da linha principal", ou genéricas, em empresas americanas nos últimos anos (e do próprio conceito de "estratégias genéricas" na literatura, datando originalmente de Porter, 1980) corresponde à popularização dos procedimentos formais de planejamento. Assim, Quinn encontrou nas "formalidades" da tomada de decisão "uma importante razão pela qual a maioria das inovações revolucionárias tem origem fora das indústrias que ela prejudica" (1980a:174).

Mudança planejada como curto prazo

O planejamento, é claro, deve olhar bem à frente. "Quanto mais rápido se dirige, mais longe os faróis devem iluminar", argumentou Godet (1987:xiv, citando Berger) em um discurso que fez em apoio ao planejamento.[4] No entanto, os faróis só

---

[4] Outra pérola foi "quanto mais tempo a árvore levar para crescer, menos tempo se tem a perder em plantá-la", sem se incomodar em explicar porque alguns dias usados para encontrar o lugar certo fariam tanta diferença nas décadas em que a árvore crescerá.

projetam seus feixes de luz bem à frente (com a diminuição da iluminação efetiva em função da distância, deve-se acrescentar), ao passo que as estradas costumam ter inclinações e curvas; dirigir assim tão rápido pode ser uma maneira certa de se matar.

Portanto, este é outro problema do planejamento: ele só examina o futuro do modo como os faróis iluminam uma estrada. Isso quer dizer (como discutiremos em detalhes no Capítulo 5) que o planejamento se baseia em técnicas formais de previsão para examinar o futuro, e a evidência demonstra que nenhuma delas consegue prever mudanças descontínuas no ambiente. Por isso, o planejamento, de novo, sempre no sentido formal, não consegue fazer muito mais que projetar as tendências conhecidas do presente.

É por isso que Weick concluiu que "Os planos parecem existir mais em um contexto de justificação que de previsão. Eles se referem mais ao que foi realizado do que ao que ainda deve ser" (1969:102). Quando "muito à frente" significa diretamente à frente, o planejamento só poderá ser a longo prazo se o ambiente cooperar – ou permanecer imutável, ou for facilmente previsível (em termos de tendências ou ciclos conhecidos), ou concordar com quaisquer estratégias que a organização resolva lhe impor. Caso contrário, a perspectiva passa a ser de curto prazo.

Além disso, na medida em que o planejamento se liga à orçamentação (ou se torna sinônimo dela), a atenção dos gerentes mais embaixo é fixada no curto prazo. Como Quinn observou, "esses gerentes operacionais sabem que seus planos de longo prazo logo serão transformados em orçamentos operacionais apertados, compromissos com programas para um a seis meses e sistemas de medição do desempenho financeiro que enfatizam o presente, o mês corrente ou o trimestre corrente" (1980a:175). Então, por que eles deveriam se preocupar com o longo prazo quando fazem o planejamento?

Planejamento flexível: querer as coisas de ambas as maneiras

George Steiner uma vez reconheceu a inflexibilidade do planejamento: "Planos são compromissos, pelo menos deveriam ser, e, assim, limitam a escolha. Tendem a reduzir a iniciativa a uma gama de alternativas além dos planos". Depois acrescentou: "Isso não deve ser uma limitação séria, mas deve ser observado" (1979:46). No entanto, por que não é? Porque ele diz que não. Na verdade, é uma limitação profunda.

Neste ponto, Steiner reflete uma tendência comum nesta literatura: querer ter as coisas de ambas as maneiras. Anteriormente, discutimos o desejo de planejamento descentralizado – gerar participação enquanto se mantém a coordenação firme. E antes disso Ansoff queria formalizar o processo de planejamento enquanto permitia à organização conservar seu caráter empreendedor. Ackoff caracterizou o planejamento como um processo contínuo que, de alguma forma, consegue expelir estratégias no tempo certo (1970:3). Entretanto, isso não é problema (ao menos, para ele), pois o plano é apenas "um relatório provisório" (5). Todavia, e os que esperam implementá-lo? Ansoff, assim como Ackoff (que promoveu a abordagem de "sistemas"), argumentou que o planejamento pode, de algum modo, se tornar ainda mais abrangente sem nunca perder o controle sobre a programação dos detalhes. Foi como se não existissem dilemas nesse campo, que pode apenas refletir como a retórica passou muito à frente da prática. Como disse Wildavsky, "planejamento quer dizer conflitos não resolvidos" (1973:146).

O principal entre eles é que a suposição "seja flexível, mas não altere seu rumo", de novo nas palavras de Wildavsky (146). Na primeira edição do *Academy of Management Journal*, em 1958, Harold Koontz escreveu que o "planejamento efetivo exige que a necessidade de flexibilidade seja uma consideração importante na seleção dos planos" (55). Três décadas depois, Gluck *et al.* acrescentaram que "embora planejem de modo mais abrangente e completo possível, as empresas [mais avançadas] também tentam manter seu processo de planejamento flexível e criativo" (1980:159). O homem que ocupou o que foi um dos cargos de planejamento mais prestigiados da América, chefiando-o na General Motors, deve ter escutado, pois, em sua palestra sobre "Administração Inovadora", na Conferência do The Planning Forum de 1986, continuou a falar em "administrar nossos negócios para ficar nessa trajetória" ou "rota de vôo pré-planejada" ao lado de lembretes de que "mudança é um modo de vida", sem sequer se referir à contradição óbvia.[5]

De qualquer maneira, os planejadores querem reter a estabilidade que o planejamento traz para a organização – sua principal contribuição – ao mesmo tempo em que a tornam apta a reagir rapidamente a mudanças externas no ambiente – o principal castigo do planejamento. É surpreendente o fato de a contradição dificilmente ser referida por alguém. Como um conservador progressivo, o planejamento flexível continua sendo apenas mais uma contradição, um reflexo de esperanças vãs em vez de realidades práticas.

O que os escritores de planejamento deixaram de considerar foi o dilema fundamental dos estrategistas: conciliar as necessidades coexistentes, porém conflitantes, de mudança e estabilidade. De um lado, o mundo está sempre mudando – mais *ou* menos – e, portanto, as organizações devem se adaptar. Do outro, as organizações precisam de uma estabilidade básica para funcionar eficientemente. Weick captou bem o dilema, comparando sacrificar a "adaptabilidade futura pela boa adequação atual", ou estar perpetuamente pronto para reagir a tudo, em princípio, mas a nada, na prática (1979:247).

Como já discutimos, o planejamento, por sua própria natureza, em geral opta pela estabilidade acima da adaptabilidade. Lorange *et al.* (1979), por exemplo, compararam tipos de planejamento "de adaptação" com "de integração" em quatro companhias aéreas, um interessado em desenvolvimento da estratégia e o outro, em controle e implementação, e constataram que enquanto o segundo tipo tendia a ser bem estabelecido e formalizado, o primeiro recebia menos atenção e, em geral, era realizado apenas informalmente pela própria gerência. Na realidade, conforme observamos em nosso estudo de outra companhia aérea, a Air Canada, durante uma crise provocada por uma reorganização, o planejamento ganhou a batalha garantindo a continuidade operacional enquanto os gerentes seniores lutavam com as mudanças.

Projetando essa orientação para a estabilidade, Marks, um praticante de planejamento, reclamou do hábito "especialmente perigoso" de "reações *ad hoc*" em períodos de mudança rápida; o que as empresas precisam, argumentou, é de "ação

---

[5] Os comentários verbais de Michael Naylor foram gravados pelo autor na conferência do The Planning Forum em Montreal, 5 de maio de 1986.

consistente"(1977:5). Entretanto, como é possível uma administração ser consistente quando tem de reagir a um mundo que se desdobra de maneira inesperada? O planejamento pode, sem dúvida, prover "ação consistente" mas enraizada em uma estabilidade perdida.

O que parece ser esquecido em grande parte da retórica de planejamento é que as organizações devem funcionar não só *com* a estratégia, mas *durante* os períodos da formação da mesma, quando o mundo está mudando de maneiras que ainda não foram bem entendidas. O perigo durante esses períodos é o *fechamento prematuro*, decidir muito cedo sobre essa "ação consistente", especialmente quando já está pronta para condições anteriores. Nesses momentos, perguntas podem ser melhores que respostas.

Um perigo inerente em todas as abordagens analíticas, inclusive planejamento, é a tendência de fechar estratégias prematuramente: se omitir do estágio criativo, porém desconfortável, de inventar novos modelos ou estratégias para tratar da tarefa mais ordenada de programar as conseqüências das facilmente disponíveis. Assim, a gerência não pode recorrer à prática de planejamento convencional diante de mudança incerta (embora possa ser capaz de encontrar ajuda de planejadores não-convencionais, conforme discutiremos no Capítulo 6).

Assim, "o planejamento flexível" reduz o processo a uma confusão absoluta, ou então, se reconhecido pelo que é, simplesmente se mistura em outro processo conhecido comumente como administração.[6] A verdadeira razão para as organizações usarem planejamento é serem inflexíveis – fixarem a direção – "embora", como Kepner e Tregoe colocaram, os planos "sejam geralmente apresentados em pastas com três aros como prova de sua flexibilidade" (1980:26). Assim, Lenz e Lyles relataram que "quando questionado sobre o plano estratégico de sua empresa, [um executivo de planejamento que eles entrevistaram] colocou diante de nós uma pasta de oito centímetros de grossura contendo, em detalhes aparentemente infindáveis, o plano anual. Ele o apelidou de 'a fera'!" (1985:69). Quanta flexibilidade!

A condição insustentável da visão de mudança do planejamento é refletida no uso de uma analogia de um veleiro por Henri Fayol, na virada do século, para enfatizar o papel do planejamento para manter a estabilidade:

> Mudanças de curso injustificadas são perigos ameaçando constantemente as empresas sem um plano. O mais fraco vento contrário pode desviar de seu curso um barco que não esteja em condições de resistir.... mudanças lamentáveis de curso podem ser decididas sob a influência de perturbação profunda, porém transitória... [comparadas com] um programa ponderado cuidadosamente em um período tranqüilo... o plano protege a empresa não somente contra mudanças de curso indesejáveis que podem ser produzidas por fatos graves, mas também contra os que têm origem simplesmente em mudanças por parte de autoridade mais alta. Também, protege contra mudanças imperceptíveis a princípio, mas que acabam desviando-a de seus objetivos. (1949:49)

---

[6] "Quando o planejamento é introduzido no contexto de ajuste contínuo, fica difícil distingui-lo de qualquer outro processo de decisão", ou, mais especificamente, "deixando o planejamento razoável, nós o tornamos inseparável das técnicas de decisão que ele foi idealizado para suplantar" (Wildavsky, 1973:135 e 1979:128).

As suposições contidas nesses comentários são curiosas: que a mudança de curso é uma coisa ruim, os "ventos contrários" são ameaças e as respostas organizacionais a eles são "indesejáveis" e "lamentáveis". Os cursos devem ser fixados em períodos "tranqüilos", isto é, antes de o vento começar a soprar. Acima de tudo, a organização nunca deve ser desviada de seu curso original. Talvez seja uma boa maneira de lidar com rajadas de vento ocasionais, mas é uma péssima maneira de enfrentar furacões (sem falar em *icebergs,* ou notícias da descoberta de ouro em uma ilha diferente).

É claro que Henri Fayol pensava em rajadas de vento – perturbações menores em vez de descontinuidades importantes. E supôs que a organização conhecia muito bem as águas em questão. Obviamente, são essas as condições em que o planejamento faz mais sentido, em que o preço da inflexibilidade é relativamente baixo (supondo a capacidade de fazer previsões exatas). Como Makridakis salientou,

> a estratégia... pode não mudar ao primeiro sinal de dificuldade. Será necessária uma boa porção de persistência para superar dificuldades e problemas. Por outro lado, se estiverem ocorrendo mudanças ambientais substanciais, se as reações dos concorrentes tiverem sido mal avaliadas, ou se o futuro estiver se revelando contra as expectativas, a estratégia deverá ser modificada para levar essas mudanças em conta. Em outras palavras, a estratégia deve se adaptar: é melhor seguir uma viela secundária que leva a algum lugar do que acabar em um beco sem saída. (1990:173)

E nesse caso, a organização pode muito bem ser aconselhada a descartar seus planos, assim como seu processo formal de planejamento. Um problema comum é que ela não faz isso.

A "perturbação" na infame batalha de Passchendaele na Primeira Guerra Mundial não foi o vento, mas a chuva. Segundo Feld, fazia sol quando os planos foram feitos no quartel-general do exército; por isso, 250 mil soldados britânicos tombaram:

> Os críticos argumentaram que o planejamento de Passchendaele foi feito ignorando-se quase totalmente as condições nas quais a batalha tinha de ser travada. Nenhum oficial sênior da Divisão de Operações do Quartel General, alegou-se, sequer pôs os pés (ou os olhos) no campo de batalha de Passchendaele durante os quatros meses em que foi travada. Os relatórios diários sobre a condição do campo foram a princípio ignorados, e então mandaram descontinuá-los. Só depois da batalha, o chefe do estado-maior do Exército ficou sabendo que havia mandado os homens avançarem através de um mar de lama. (1959:21)

Para citar o relato de Stokesbury em sua história da Primeira Guerra, o "grande plano" foi implementado apesar do efeito da chuva constante encharcando o campo de batalha – apesar do fato de as armas entupirem, os soldados, que carregavam pesadas munições escorregarem de suas trilhas em covas enlameadas de obuses e se afogarem, de os canhões não conseguirem avançar e os feridos não poderem ser resgatados. "Ainda assim, o ataque continuou; eles dormiam nos lençóis do quartel-general e lamentavam que a infantaria não mostrasse espírito mais ofensivo."

> [Um] oficial do estado-maior veio ver o campo de batalha depois que estava tudo calmo novamente. Ele contemplou pasmo o mar de lama, então disse meio para si

mesmo: "Meu Deus, mandamos os homens avançarem nisto?" Depois desandou a chorar e seu acompanhante o levou embora. Oficiais do estado-maior... reclamaram que os soldados da infantaria não batiam mais continência. (1981:241, 242)

O que faz os seres humanos se comportarem desse jeito? A história é um extremo, mas uma pessoa que tenha passado algum tempo no mundo das organizações sabe que comportamentos parecidos são muito comuns. O que há no planejamento que nos induz a fechar nossas mentes, bloquear nossas percepções? Medo da incerteza? Ou estamos tão apaixonados por nossas próprias capacidades formais de raciocínio?

Para concluir esta discussão de planejamento e mudança: primeiro, ela sugere várias razões, além das óbvias, para as organizações planejarem, algumas ligadas a nossa constituição psicológica como seres humanos, um ponto que retomaremos em breve. Depois, aprendemos que o planejamento parece mais adequado à manutenção de operações estáveis para fins de eficiência do que à criação de novas operações para fins de mudança. No devido tempo, voltaremos também a esse ponto. Por fim, constatamos que as pessoas podem resistir ao planejamento, não por causa de seu "medo de mudança" (para citar Taylor, 1976:67), mas exatamente pela razão oposta: algumas pessoas podem resistir ao planejamento devido a seu medo da *estabilidade*, ao passo que outras podem *abraçá-lo* devido a seu medo da mudança!

PLANEJAMENTO E POLÍTICA

A implicação na literatura das armadilhas é que a atividade política interfere no planejamento, que o planejamento é um exercício apolítico, objetivo, abalado pela busca do interesse próprio por meio de confrontação e conflito. Aqui, queremos derrubar esse argumento, mostrando, primeiro, que o planejamento não é tão objetivo quanto afirmam seus proponentes. Segundo, que, às vezes, ele pode de fato alimentar certos tipos de atividade política e, terceiro, que outros tipos de atividade política podem ser, algumas vezes, mais funcionais para as organizações que o planejamento.

Os vieses da objetividade

Qual tipo de clima o próprio planejamento promove? Quais são seus valores? Os planejadores estão aptos a responder que seus próprios processos são isentos de valor, que eles reagem à situação presente com uma objetividade e uma racionalidade destinadas a garantir que a organização persiga *seus* valores *próprios* tão eficientemente quanto possível. Em outras palavras, eles se descrevem como pistoleiros profissionais, com técnicas nos coldres. No entanto, consideremos a racionalidade própria dos planejadores e a racionalidade *dele* (do planejamento) – isto é, se a objetividade do planejamento é mesmo tão objetiva.

Para começar, os planejadores convencionais têm sua noção própria de objetividade. Para tomar emprestada uma citação usada para outro grupo de analistas (pesquisadores de operações), eles "exibem uma fixação apaixonada por imparcialidade" (Corpio *et al.*, 1972:B-621). Ou, como disse Orlans, "o cérebro não é um órgão exangue" (1975:107). Como já vimos, os processos que não são objetivos *de modo verificável* – sendo a intuição um bom exemplo – costumam ser rejeitados pelos planejadores. Como alternativa, os processos que *parecem* formalmente racionais – sendo o próprio planejamento o melhor exemplo – são abraçados como exemplares. Típico desse sentimento (mais ruidosamente expressado) é o comentário de Collier de que as empresas que ainda estão para entender o planejamento são "imaturas", ao contrário das "empresas grandes, bem estabelecidas... com um modelo claro de sistema de administração, entendido em todos os seus níveis" (1968:79). Planejadores como esses não são nada objetivos – nem sobre planejamento, técnica, análise ou mesmo sobre as organizações que os usam (já que, por exemplo, eles costumam preferir organizações grandes, isto é, as mais inclinadas a usar o planejamento formal).

Em seu livro sobre *The Art and Craft of Policy Analysis*, Aaron Wildavsky tratou dessa questão com alguma profundidade, especialmente o conceito de "racionalidade". Vale citar seus comentários em detalhes:

> Na verdade, o planejamento não é defendido pelo que realiza, mas pelo que simboliza – a racionalidade. O planejamento é concebido para ser a maneira de aplicar a inteligência a problemas sociais... Muitas vezes, aparecem palavras-chave: o planejamento é bom porque é *sistemático*, e não aleatório, *eficiente*, e não perdulário, *coordenado*, e não confuso, *consistente*, e não contraditório e, acima de tudo, *racional*, e não irracional. (1979:129)

Wildavsky, então derrubou essas palavras, uma a uma:

- O que significa dizer que as decisões devem ser tomadas de maneira sistemática? Uma palavra como "cuidadosa" não serve, pois é impossível supor que os planejadores sejam mais cuidadosos que as outras pessoas. Talvez "ordenada" seja melhor; subentende uma lista de verificação dos itens a serem considerados, mas qualquer um pode fazer uma lista. "Sistemática" como designação subentende, além disso, que a pessoa conhece as variáveis certas na ordem correta para pôr na lista e consegue especificar suas relações. O significado essencial de sistemática, portanto, é ter qualidades de um sistema – isto é, uma série de variáveis cujas interações são conhecidas e cujos resultados podem ser previstos conhecendo-se seus insumos... Conseqüentemente, dizer que alguém está sendo sistemático subentende que essa pessoa tenha conhecimento de causa, tendo ou não. (131)
- Coordenação é uma das palavras áureas do nosso tempo. De imediato, não consigo pensar em alguma forma em que a palavra seja usada sugerindo desaprovação. As políticas devem ser coordenadas; elas não devem circular desordenadamente. Ninguém quer ver seu filho descrito como descoordenado. Muitos dos males do mundo são atribuídos à falta de coordenação do governo. No entanto, o que isso quer dizer? As políticas devem se apoiar mutuamente em vez de ser contraditórias. As pessoas não devem trabalhar com objetivos contrários... Coordenação significa obter eficiência e confiabilidade, anuência e coerção. Portanto, dizer a outras pessoas para conseguir coordenação não lhes diz se devem coagir ou barganhar, nem determina qual mistura de eficiência e confiabilidade tentar. (131, 133)

- A consistência pode ser vista como vertical (em uma série de períodos estendendo-se para o futuro) ou horizontal (em um momento determinado). A consistência vertical exige que a mesma política seja seguida durante algum tempo; a consistência horizontal, que ela se entrelace com outras ao mesmo tempo... Uma exige rigidez para garantir continuidade; a outra, flexibilidade para se ajustar com outras políticas. Seja firme, seja maleável, são instruções difíceis de seguir ao mesmo tempo. (133)
- Por "racional"... queremos dizer algo como pretendido, intencional ou proposital. Algo acontece porque é provável que aconteça. Comportamento racional é a ação calculada adequadamente para alcançar uma situação desejada... Os chamados padrões de racionalidade... são destituídos de conteúdo, pois não dizem o que escolher. (135)

Vamos considerar a objetividade de focalizar meios específicos para atingir quaisquer fins. Como "pistoleiros profissionais", ostensivamente no local para ajudar os administradores a perseguir quaisquer metas que achem melhores para a organização, os planejadores apenas fornecem os meios. Como Majone disse, os planejadores "estão mais inclinados a decisões justificadas que a decisões corretas" (1976-77:204). O importante é o processo. Todavia, e se o processo influir nos resultados, com os meios influenciando os fins (como fez com os pistoleiros profissionais de verdade)? Considere o seguinte. Ringbakk escreveu que "a experiência demonstrou que 'se você não consegue pôr no papel, não pensou o suficiente'" (1971:18). Aqui, ele está só expressando sua crença de longa data em planejamento sobre o valor da formalização e articulação. No entanto, a experiência nunca demonstrou nada do tipo. Nem demonstrou que "se você *pôs* no papel, *pensou* o suficiente". (É preciso apenas ler grande parte da própria literatura de planejamento, sem falar em muitos dos planos corporativos!)

O fato lamentável é que é mais fácil pôr algumas coisas no papel que outras – números, por exemplo, ao contrário de impressões. Por isso, o planejamento sistematicamente favorece esses tipos de informações. Voltaremos a este ponto importante mais tarde. Aqui queremos apenas notar, citando Wildavsky, que "procedimentos aparentemente racionais [podem] produzir resultados irracionais". O planejamento "sacrifica a racionalidade dos fins pela racionalidade dos meios" (1979:207).

Outro problema da objetividade é que ela pode ser parcial com pessoas. Como já se disse de maneira espirituosa, ser objetivo quase sempre significa tratar pessoas como objetos. Anteriormente, vimos como os cálculos embutidos no planejamento podem desencorajar o compromisso daqueles submetidos a ele. Victor Thompson referiu-se aos planejadores e a outros analistas do corpo de auxiliares como os "novos Tayloretes," para os quais "a motivação humana não é problemática; ela pode ser presumida" (1968:53).

Essa propensão também ajuda a explicar por que os planejadores convencionais desconfiam tanto da intuição. Ela não pode ser explicada – posta no papel formalmente – e, portanto, não pode ser decomposta, ordenada, controlada. O processo é misterioso, está escondido no fundo do subconsciente e sujeito aos mais humanos dos sentimentos. No entanto, porque a intuição não é *formalmente* racional, isso não a torna necessariamente *irracional*.

As metas implícitas no planejamento

Os planejadores podem alegar que trabalham pelas metas determinadas pela administração. Não obstante, seus processos podem ter um profundo efeito sobre o que essas metas se tornam. Em outras palavras, existem metas implícitas no uso do próprio planejamento que são, ao menos em parte, forçadas em qualquer organização que dependa do processo. Como todos nós, os planejadores preferem quaisquer metas que os favoreçam.

Em primeiro lugar, como já observamos, o planejamento mostra uma tendência a um tipo específico de mudança nas organizações – não mudança quântica, a qual seus procedimentos têm dificuldade de enfrentar, mas incremental. A mudança quântica deve ser controlada pelos gerentes seniores de linha, se for mesmo para controlá-la, ou então, ela pode emergir por meio das ações de muitas pessoas em níveis operacionais (veja, por exemplo, Mintzberg e McHugh, 1985).

Quanto ao ritmo da mudança, a organização que nunca muda dificilmente precisa de planejadores (ao menos, após o primeiro plano ser feito), ao passo que aquela que muda esporadicamente pode recorrer a seus planejadores de vez em quando. Por isso, os planejadores que desejam maximizar sua influência e manter emprego regular naturalmente favoreceriam a mudança incremental que seja constante, teoricamente seguindo a programação embutida no ciclo de planejamento (veja Mintzberg, 1979b:126).

Uma preferência pela mudança incremental constante se transforma em metas conservadoras que preservam as perspectivas existentes e evitam maiores riscos. Assim, Sheehan descobriu que as empresas com maior experiência em planejamento experimentaram menos variabilidade em desempenho que as outras (e, de fato, acima de tudo, índices de crescimento mais baixos), resultando, nas palavras dele, em "maior estabilidade e segurança para a empresa" (1975:182). Da mesma maneira, Hamermesh constatou, em seu estudo de planejamento de portfólio na General Electric, que "atividades de planejamento focalizadas nas UENs resultaram mais em recomendações de desinvestimento do que em iniciativas de negócio arrojadas" (1986:198).

O planejamento também influencia as metas organizacionais por sua insistência na articulação dessas metas em alvos quantificáveis, necessários para os modelos de planejamento, especialmente a fixação de objetivos na frente e a orçamentação atrás.[7] Os planejadores convencionais naturalmente pressupõem que essas metas estão disponíveis de imediato e nada é perdido no processo de quantificação.

Para trazer à tona as metas de que precisam, os planejadores, em geral, não tentam obter consenso de todos aqueles que têm uma reivindicação legítima sobre o comportamento da organização – para usar aquela chamada "análise dos interessados". Que essas pessoas estariam dispostas a articular suas próprias metas, quanto mais conseguir obter consenso coletivo sobre suas metas diferentes, é quase evidente, para dizer o mínimo. Além disso, os planejadores são contratados

---

[7] Bourgeois (1980b:230), enfatizando a necessidade de metas operacionais no começo do processo de planejamento, referiu-se a praticamente um "quem é quem" dos escritores da escola de planejamento, incluindo Ackoff (1970), Ansoff (1965), Hofer e Schendel (1978), Steiner (1969), Anthony (1965) e Lorange e Vancil (1977).

pelos gerentes seniores, não pelos outros parceiros. Portanto, para evocarem as metas, eles geralmente recorrem a esses gerentes, supondo que, de alguma forma, conciliarão todos os interesses diferentes. E isso, é claro, promove uma certa centralização na organização, implicitamente concentrando influência no alto de sua hierarquia interna.

A expectativa de metas formais supõe não apenas que cada uma das diferentes dimensões de valores da organização pode ser articulada, mas que todas as compensações entre elas também podem. Em outras palavras, supõe-se que todas as metas sejam conciliáveis em uma única declaração de objetivos. Como Wildavsky identificou no setor público, essas metas "existem de alguma forma 'por aí afora'", conforme citamos anteriormente, cada uma "rotulada como se tivesse saído de uma fantástica máquina nacional de salsichas no céu" (1973:134). Faz-se uma outra suposição de que a função do objetivo e, portanto, das metas, permanecerá estável durante o período de planejamento, sem ser influenciada por mudanças nas condições externas nem pelo realinhamento das coalizões de poder.

O planejamento viveu seus fracassos mais dramáticos onde todas essas suposições perduram menos – mais obviamente no governo, mas de forma similar em qualquer sistema de poder complexo, que deve incluir boa parte das empresas grandes. Aqui, porém, o sucesso às vezes pode ser mais oneroso, porque em geral significa que os valores da alta administração têm precedência sobre aqueles de outros influentes. Pedir aos gerentes seniores para priorizar valores amplos para a organização parece bem razoável, mas deve-se reconhecer que essas pessoas também têm seus interesses pessoais, por exemplo, uma preferência pelo crescimento da organização à maximização do valor para o acionista em si (p. ex., Berle e Means, 1968). Assim, van Gunsteren argumentou que os planejadores são levados a "respeitar as desigualdades de poder existentes", ou a "reproduzir ou reforçar as configurações de poder existentes" (1976:10):

> O planejador faz mais do que reformular determinadas metas. Ele participa da fixação de metas e, assim, se envolve em política. Além disso, só idealizará planos que sejam politicamente viáveis e, por isso, toma o partido de algumas pessoas contra outras. (9)

Charles Lindblom, que passou a carreira toda estudando a formulação de política no governo, constatou que todo o processo de articulação de metas é artificial. Ele o considerou enraizado no conceito econômico da função de utilidade ou bem-estar, sobre o que escreveu: "A razão fundamental para os analistas não empregarem um sistema dedutivo racional ou uma função de bem-estar na análise da política é simplesmente que ninguém sequer conseguiu, de fato, desenvolver qualquer um deles" (Braybrooke e Lindblom, 1963:22). Lindblom apresentou diversas razões para isso, incluindo a "multiplicidade de valores" que entram na formulação de política e os conflitos entre eles, e também "a instabilidade dos valores" que "mudam com o tempo e a experiência" (23, 26).

É claro que o governo é um dos mais complexos sistemas humanos. Ainda assim, mesmo nos mais simples – nos quais um único indivíduo é responsável pela tomada de decisões – Soelberg descobriu, em um estudo de alunos de mestrado em administração que estavam escolhendo seu primeiro emprego (pois estavam se formando pela Sloan School of Management do MIT e muito imersos em técnicas analíticas), que:

A teoria da utilidade escalar é uma maneira insatisfatória de representar a estrutura dos valores humanos. Os atributos do valor da decisão em geral são multidimensionais; eles não são comparados ou mutuamente substituídos durante a escolha. Nenhuma função [de sobrecarga] de utilidade invariável pode ser [sonegada] a um tomador de decisão antes de sua escolha de uma alternativa preferida, e tampouco isso parece pesar no processamento da decisão de cada pessoa. (1967:22)

Se os indivíduos não conseguem fazer isso, então como as coleções de indivíduos chamadas organizações conseguem?

Cyert e March deram uma sugestão sobre como as organizações conciliam metas diferentes (digamos, lucros a curto e longo prazos, crescimento e risco). Eles a chamaram de "atenção seqüencial às metas" (1963:118). Metas diferentes são favorecidas durante algum tempo (ou até ao longo de uma decisão) para que, com o decorrer do tempo e não a um tempo determinado, seja mantido algum tipo de equilíbrio aproximado. No entanto, esse tipo de adaptação é incompatível com o planejamento convencional, o qual exige consistência de ação.

Muito mais sérias do que o problema de quem expressa as metas ou como elas são expressas são as verdadeiras conseqüências do próprio processo de expressão, que, em nossa opinião, produzem uma tendência sistemática importante. O planejamento, como vimos, está preocupado com meios, não fins. Entretanto, seu meio favorito é a articulação, de preferência, a quantificação, e algumas metas se prestam a isso mais facilmente do que outras. O planejamento, portanto, favorece essas metas. Como Marsh *et al.* constataram em seu estudo de orçamentação de capital, "normalmente, custos e benefícios difíceis de quantificar eram excluídos da análise financeira" (1988:26).

Ackerman (1975) e outros mostraram que, ao menos em negócios, as metas econômicas, especialmente as de prazo mais curto (como lucro imediato e crescimento nas vendas) são mais fáceis de quantificar. Outras metas, de prazos mais longos e, em alguns casos, sociais (variando da qualidade do produto ao comprometimento do funcionário), que podem de fato promover lucro em uma base mais sustentada, não são tão fáceis de quantificar. Desta maneira, as organizações que planejam podem ser dirigidas para um foco econômico de curto prazo que pode atrapalhar não apenas o desempenho econômico social, mas, ironicamente, também o de longo prazo.[8]

As conseqüências disso em negócios podem ser uma tendência a priorizar estratégias de "liderança em custo" (isto é, as que enfatizam eficiências operacionais internas, em geral mensuráveis) ao invés de estratégias de liderança em produtos (que enfatizam projetos inovadores ou de melhor qualidade, os quais tendem a ser menos mensuráveis), e também a ignorar estratégias que atendam a parceiros externos exceto acionistas (pois suas necessidades, em geral, não são tão fáceis de expressar como alvos qualitativos). Em geral, o efeito pode ser reduzir as estratégias a seus elementos mais básicos, distantes de uma percepção rica e integrada do que uma organização pode fazer. Como escreveu Bernard Taylor,

---

[8] Hayes argumentou que um foco econômico de curto prazo não promove "vantagem competitiva sustentável de fato", que leva tempo para se desenvolver. "As metas que podem ser atingidas em cinco anos em geral são muito fáceis ou se baseiam em comprar e vender algo. No entanto, o que uma empresa pode comprar ou vender provavelmente também está disponível para compra ou venda por seus concorrentes" (1985:113).

proponente da escola de planejamento e editor de *Long Range Planning*, uma de suas publicações mais conhecidas:

> Pelo menos até agora, os sistemas de planejamento formal superestimaram determinados aspectos da administração, isto é, os econômicos e os quantitativos, e subestimaram ou omitiram outras considerações – por exemplo, os aspectos sócio-políticos, empreendedores e criativos da estratégia. No planejamento formal, a estratégia é quase sempre reduzida a um jogo de alocação de recursos, em vez de um diálogo sobre o caráter da empresa e seu futuro. (1975:29)

Portanto, encontramos todos os tipos de tendências sistemáticas possíveis no planejamento: ao planejamento como um fim em si mesmo ("o que importa é o processo") e a estreita forma de racionalidade que representa; distante da intuição, criatividade e outras formas de expressão humana; à mudança incremental constante em vez de mudança quântica periódica e, por isso, distante de risco e coragem; ao poder centralizado nas organizações e interesses do *status quo* e distante das necessidades dos influentes cujo interesse na organização não é formalmente econômico; a metas econômicas de curto prazo e distante das de longo prazo relacionadas com qualidade, inovação, necessidade social e, até, com o desempenho econômico a longo prazo; e a formas mais simples, empobrecidas, das próprias estratégias.

A política do planejamento

As armadilhas do "clima apropriado para o planejamento" citam inevitavelmente a atividade política como prejudicial ao planejamento. Como o planejamento é objetivo e abrangente, argumenta-se, a política, sendo subjetiva e limitada, o ameaça. Por exemplo, Wildavsky comentou que "McKean e Anshen falam em política em termos de 'ajustes de pressão e expediente', 'atos casuais... que não correspondem a uma análise planejada das necessidades de projeto de decisão eficiente'. Da estrutura política, eles esperam apenas 'resistência e oposição'..." (1966:309).

Ainda assim, como consideramos alguns dos efeitos reais do planejamento – a promoção da estabilidade em nome da mudança, reificação em nome da flexibilidade, desligamento em nome do comprometimento, etc. – poderíamos também começar a imaginar se o próprio planejamento não promove o conflito em nome da harmonia. Mais uma vez, portanto, queremos virar a armadilha ao contrário, para sugerir que o próprio tipo específico de objetividade do planejamento, entre outras coisas, pode ser subjetivo e limitado, encorajando o mesmo clima que considera inadequado para sua própria prática.

Todos sabemos que os problemas são, muitas vezes, resolvidos mais facilmente em contextos específicos que em princípios gerais. Por exemplo, fazer os gerentes de *marketing* e produção concordarem sobre a importância relativa de maximizar vendas em vez de minimizar custos pode ser impossível. No entanto, essas pessoas concordam sem demora, todos os dias, sobre metas de vendas e custos de produtos específicos (talvez pela atenção seqüencial de Cyert e March a suas respectivas metas). O fato aparece ainda mais nítido na arena política: os partidos da esquerda e da direita podem nunca concordar em princípio sobre o esforço que deve ser feito para estimular a economia em vez de aumentar os programas de assistência social, mas fazem acordos específicos sobre essas questões o tempo todo.

Ao forçar os gerentes a decidir sobre compensações de metas no abstrato em vez de escolhas no contexto, o planejamento "pode ter o efeito de aguçar as diferenças que os participantes percebem entre si e os outros, desta forma aumentando o conflito na organização" (Whitehead, 1967:164). Por exemplo, isso pode revelar "muitos conflitos geralmente reprimidos" (Gluntz, 1971:7). Em outras palavras, o simples ato de fixar objetivos em um processo de planejamento pode aumentar a atividade política entre os gerentes.

Talvez seja por isso que Bourgeois, em um estudo de doze empresas, constatou que a concordância sobre estratégias era um fator "muito mais importante" para explicar o desempenho do que a concordância sobre metas (1980b). Para sermos específicos, as firmas cujos gerentes concordavam sobre estratégias mas discordavam sobre metas exibiam, de longe, o melhor desempenho, ao passo que aquelas cujas concordâncias eram o oposto (sobre metas, mas *não* sobre estratégias) apresentavam desempenho negativo![9] A implicação parece ser que a jornada é mais importante do que o destino: as organizações podem estar em melhor situação concordando sobre como estão viajando, para que todos possam cooperar, em vez concordar sobre aonde elas estão indo.

Também existem maneiras mais diretas pelas quais o planejamento, por meio de sua própria prática, pode produzir atividade política em organizações, como já vimos em vários pontos de nossa discussão. Quando os planejadores desconsideram a intuição dos gerentes seniores, quando opõem seus sistemas centralizados às responsabilidades de tomar decisões dos gerentes de linha de nível médio, quando atuam como cães de guarda para a alta administração, criam um alto potencial de conflito na organização. (Recorde o comentário de Rothschild sobre a General Electric, "contamos ao CEO quando um gerente não está seguindo o planejamento", a resposta do chefe do Grupo de Eletrodomésticos da GE a esses planejadores e a descrição de Sarrazin de como os altos gerentes da empresa francesa que estudou usavam o planejamento como ferramenta política para tirar o poder dos gerentes em posições mais baixas na hierarquia.) Na verdade, todo o estardalhaço na primeira armadilha sobre a necessidade de apoio da alta administração também pode ser interpretado como uma manobra política para dominar o poder de autoridade sobre os gerentes juniores que podem resistir ao planejamento. (Lembre também o comentário crítico de Anthony: "Se os gerentes não planejarem de boa vontade, ameace-os com o desagrado do patrão e diga-lhes que ele adora planejamento".)

Allaire e Firsirotu salientaram que "o processo de planejamento pode se transformar em uma briga de gato e rato entre planejadores e gerentes de linha" (1990:110). Parte do problema é que "o planejamento é facilmente englobado pela equipe de apoio":

---

[9] A concordância, assim como a discordância, em ambas foi associada com níveis intermediários de desempenho. Essas descobertas foram reforçadas pelas de Grinyer e Norburn (1977/78). É claro que permanece o problema de inferir causalidade nesses estudos de correlação. Como o próprio Bourgeois salientou, o desempenho insatisfatório poderia fazer os gerentes discordarem sobre quais estratégias rejuvenesceriam a organização (1980b); da mesma forma, todos poderiam concordar sobre as metas necessárias para a reviravolta.

A proximidade e o acesso [dos planejadores] à fonte básica de poder, seu conhecimento de informações estratégicas corporativas, sua superioridade cognitiva nos jogos de planejamento e análise proporcionam-lhes muitas oportunidades para jogar e ser vistos como CEOs substitutos. Alguns gerentes de linha tentam se aproximar deles, acatam suas opiniões; outros tentam cooptá-los e gerenciar os números e processos que parecem importantes e relevantes para eles. Esse gosto por poder e autoridade inebriou muitos planejadores da equipe de apoio... (1990:113).

Na verdade, planejamento significa controle, no mínimo sobre os processos pelos quais as decisões são tomadas e inter-relacionadas, mas, de maneira mais comum, sobre as premissas que sustentam essas decisões, se não sobre as próprias decisões reais. Agora, se fosse possível demonstrar empiricamente que o planejamento é superior aos outros métodos de tomar decisões e formular estratégias, os planejadores poderiam usar argumentos lógicos para tirar o controle dos gerentes de linha. No entanto, como vimos, tal evidência sistemática não existe, de modo que os planejadores às vezes recorrem a argumentos que, se não são baseados na pura fé, acabam se tornando políticos por natureza. Já vimos muitos casos assim, por exemplo, em declarar arbitrariamente a superioridade do planejamento, rejeitar a intuição e usar a objetividade como um porrete contra os que resistem ao planejamento.

Os comentários de Ringbakk, embora educados, ilustram a questão. "Se o estilo da gerência geral for baseado em decisões de *última hora*, alcançadas *apressadamente* por intuição, o planejamento não se encaixará. Ele resulta *naturalmente* quando a gerência usa a análise *sensata*" (1971:17, grifo nosso). "Você quer esta carne magra de bom gosto, ou esta gordurosa de baixa qualidade?" é como um amigo respondeu a essas afirmações. Menos educadas são as palavras de Chakraborty e David em um artigo da *Planning Review* sobre os gerentes que "saltam para soluções simplistas, ingênuas", que "recorrem ao caminho de menos resistência para se proteger", que "estão sempre ocupados", tudo isso para evitar um processo de planejamento que "expõe inconsistências intuitivas" (1979:19, 18 – nem precisa de itálico!). Ou as de Kyogoku, que afirma que a formação de estratégia "não pode mais depender da sorte do resultado de algum processo vago, desestruturado ou controlado pelo ego" (Heirs e Pehrson, 1982, xxi). E os planejadores acusam os gerentes de provocar conflito político!

Quando começa a batalha entre a análise e a intuição, o conflito político ocorre inevitavelmente, pois ambos se apóiam em terreno escorregadio. Não há argumentos lógicos para rejeitar ou apoiar a intuição, pois ela não funciona de acordo com a lógica convencional. É um processo subconsciente, que ninguém entende realmente, exceto por algumas de suas características (como a rapidez com que consegue produzir respostas às vezes). Assim, rejeitar a intuição como um processo irracional é, por si, irracional, da mesma forma que abraçá-la como um processo superior à lógica formal é, por si, ilógico.

Quando a análise e a intuição não encontram um equilíbrio natural em uma organização, baseado em avaliação mútua das respectivas forças e fraquezas, os defensores de cada uma são atraídos por argumentos políticos, pois cada lado usa qualquer base de poder que possa reunir para proclamar a própria superioridade. Aqueles que preferem a intuição em geral contam com o poder da autoridade, ao passo que os que preferem o planejamento costumam recorrer ao uso da racionalidade como um porrete. "A relação entre os gerentes operacionais e os planejadores estratégicos do Grupo de Eletrodomésticos [da General Electric] era 'nós contra eles' desde o início" (*Business Week*, 1984a:64). A batalha, de fato, é antiga, começou pelo menos há um século nas fábricas que Frederick Taylor estudou, encontrando depois sua manifestação-chave em escritórios de executivos:

> Com alguns portões trancados para eles, os gerentes científicos estão entrando por outro. O brasão é diferente. Sem cronômetros ou pares de engrenagens ou cabeças quebradas. Uma nova posição foi alcançada com o título de "planejadores". As ferramentas são basicamente as mesmas, mas, agora, são muito mais poderosas e as apostas, muito mais altas. (Wrapp, 1963:102)

Política acima do planejamento

Há um último ponto a ser discutido sobre planejamento e política. Da mesma forma que o planejamento pode evocar exatamente o clima que considera inadequado para si, às vezes um clima de política, que pode ser inadequado ao planejamento, se mostra apropriado para a efetividade da organização. Em outras palavras, a política também tem papéis funcionais a desempenhar nas organizações (tanto quanto papéis disfuncionais), às vezes acima do planejamento.

Como argumentamos em outro livro (Mintzberg, 1983:229-230), o sistema de política em uma organização pode promover a mudança estratégica necessária bloqueada pelos sistemas mais legítimos de influência. É claro que o primeiro sistema legítimo é o da autoridade formal. Um grande defeito desse sistema é que, ao concentrar o poder no alto de uma hierarquia unitária, ele tende a promover apenas um único ponto de vista, em geral o considerado preferido acima. Em outras palavras, um único indivíduo no ápice da hierarquia – o executivo principal – pode bloquear a mudança estratégica necessária, conscientemente ou não. Como já vimos, o planejamento depende desse sistema de autoridade – tanto pelas metas que introduz no seu processo quanto para apoiar seu processo, bem como dos planos resultantes – e, por isso, se submete (se bem que, às vezes, com relutância) a um poder central no seu topo. Desta forma, o planejamento reforça a noção de uma hierarquia unitária, centralizada.

No entanto, a reorientação estratégica verdadeira – uma grande mudança na perspectiva quântica por natureza – geralmente exige a defesa de um ponto de vista novo e a contestação de suposições estabelecidas, incluindo categorias fixas de estratégia e de estrutura. Por isso, ela deve ocorrer quase sempre fora dos procedimentos formais de planejamento e também dos canais formais de autoridade. A arena onde ela, às vezes, deve ocorrer é a rotulada apropriadamente de política, um nome para o sistema de influência que é tecnicamente ilegítimo (ou, mais precisamente, não-legítimo, o que significa além da influência sancionada formalmente). Todavia, essa não-legitimidade se refere ao *meio* de política, pois quando ela é usada para contestar a autoridade formal que está resistindo à mudança necessária para a organização, seu *fim* deve ser considerado legítimo.

Um exemplo comum disso ocorre quando uma gerência insensível à mudanças no mercado é desafiada politicamente por um grupo de "jovens turcos" *. Eles

---

* N. de R.T.: Jovens Turcos – grupos de estudiosos da Academia Imperial da Medicina de Istambul e de membros descontentes do Exército da Macedônia, que lideraram um movimento revolucionário contra o regime autoritário do sultão otomano Abdul Hamid II, culminando no estabelecimento de um governo constitucional, em 1908.

podem, por exemplo, passar por cima do executivo principal e levar seu caso diretamente ao conselho de diretores ou ao público em geral. Ou simplesmente tomar a si o encargo de mudar a estratégia da organização de maneira clandestina (e emergente). Na verdade, é surpreendente o quanto a mudança estratégica importante em grandes organizações é iniciada por atividade política. Nossa conclusão é que a política, como a intuição, pode ser uma alternativa viável e, em algumas circunstâncias, preferível ao planejamento formal para promover mudança. (Obviamente, os planejadores podem ser também – e, muitas vezes, têm sido – esses "jovens turcos", mas não devido a seus procedimentos formais. Voltaremos aos planejadores "não-convencionais" no Capítulo 6.)

Para concluir esta discussão, não estamos argumentando que o planejamento seja eliminado em favor da política. No entanto, argumentar que a política interfere na prática do planejamento é ignorar os efeitos políticos do planejamento, de um lado, e os efeitos positivos da política, do outro.

Em seu governo, os Jovens Turcos introduziram programas que modernizaram o Império Otomano e promoveram um novo espírito de patriotismo na Turquia. No entanto, a incapacidade em lidar com assuntos de política exterior, como a participação equivocada na Primeira Guerra Mundial, resultou na dissolução do Estado Otomano.

PLANEJAMENTO E CONTROLE

Anteriormente, mencionamos o interesse do planejamento em controlar. Ao concluirmos esta discussão das suas armadilhas, queremos desenvolver mais o ponto, pois ele ratifica em grande parte o que observamos a respeito das características do planejamento.

Obsessão pelo controle

George Bernard Shaw disse uma vez que "Estar no inferno é ficar à deriva; estar no céu é pilotar." Esse poderia ser o lema do planejador convencional.

Talvez o tema mais recorrente na literatura de planejamento seja sua obsessão pelo controle – de decisões e estratégias, do presente e do futuro, de pensamentos e ações, de funcionários e gerentes, de mercados e clientes. Assim, Dror escreveu (citando Friedman) que "planejamento é uma atividade pela qual o homem em sociedade se empenha em conquistar domínio sobre si e modelar seu futuro coletivo por força de sua razão" (1971:105).[10]

---

[10] O planejamento pareceria passar muito perto disso, dada a descrição feita por Jelinek de Frederick Taylor como o verdadeiro pai do planejamento. Sobre Taylor, J. C. Worthy escreveu:

> A personalidade de Taylor emerge com grande clareza de seus escritos. Sua obsessão em controlar o ambiente ao seu redor estava expressa em tudo o que fez; sua vida doméstica, sua jardinagem, seus jogos de golfe; até seu passeio à tarde não era um acontecimento casual, mas algo planejado com cuidado e seguido à risca. Nada era deixado ao acaso se pudesse ser evitado de alguma forma. Toda ação pessoal era ponderada cuidadosamente, todas as contingências eram consideradas, e tomavam-se medidas para a proteção contra acontecimentos externos. E quando, apesar de todas as precauções, acontecia alguma coisa para atrapalhar seus planos, ele dava indícios de grande aflição interna – aflição que, às vezes, se manifestava como raiva flamejante e, algumas vezes, como meditação sombria. (1959:74)

Mais indicativos disso, talvez sejam os comentários de um chefe de planejamento da AT&T, que perguntou a si mesmo, "se o planejamento corporativo é tão importante", por que "não apareceu em parte alguma da Bíblia?" Ele concluiu que "os elementos do bom planejamento" realmente apareceram lá, pois Moisés "estava tão bem familiarizado com o ambiente que podia prevê-lo com facilidade e mudá-lo com uma ordem (Êxodo 7-14, 14:2)" (Blass, 1983:6-3). Não é de se admirar que Kets de Vries e Miller, em sua análise da "organização neurótica", caracterizassem o que chamaram de "empresa compulsiva" como tendo um "departamento de planejamento substancial", que garante que "todo movimento seja planejado com muito cuidado" (1984:29-30).

Uma obsessão pelo controle geralmente parece refletir um medo de incertezas. É claro que os planejadores não são basicamente diferentes dos demais a esse respeito.[11] Todos nós tememos a incerteza até certo ponto, e uma maneira de lidar com uma sensação de falta de controle, para garantir que não teremos surpresas, é sacudi-la – procurar controlar tudo o que possa nos surpreender. Ao extremo, é claro, isso significa tudo – comportamentos assim como eventos – e alguns planejadores ao menos dão a impressão de querer chegar a esse limite. De certa forma, reduzir a incerteza é (ou, pelo menos, se tornou) a profissão *deles*. Assim, C. West Churchman observou que os "entusiastas do planejamento", quando questionados sobre a razão de planejar, "mostram a absoluta necessidade de se preparar para todas as contingências", para "minimizar a surpresa, porque, para os planejadores, a surpresa é uma situação insatisfatória" (1968:147). Ou, para citar as palavras mais enfáticas (como sempre) de Wildavsky:

> O planejamento diz respeito aos esforços do homem para fazer o futuro à sua própria imagem. Se ele perder o controle do próprio destino, tem medo de ser jogado no abismo. Só e amedrontado, o homem está à mercê de forças estranhas e imprevisíveis, por isso se consola com qualquer coisa que desafie a sorte. Ele grita seus planos na tempestade da vida. Mesmo se tudo o que ouvir for o eco da própria voz, não estará mais sozinho. Abandonar sua fé no planejamento desencadearia o terror preso nele. (1973:151-152)

Uma obsessão pelo controle leva a todos os tipos de comportamento, como vimos em toda a nossa discussão. Um é a aversão ao risco, que significa uma relutância em considerar idéias criativas e mudanças quânticas de verdade, pois os efeitos de ambas são imprevisíveis e, por isso, estão além do planejamento formal. Outro é o conflito com os objetos do planejamento, que podem não gostar da própria perda de controle. Os planejadores podem ver seus procedimentos apenas como algo que traz ordem e racionalidade – na verdade, coordenação – para a tomada de decisão. No entanto, coordenação *é* controle, como Worthy observou:

> A obsessão pelo controle brota do fracasso em reconhecer ou apreciar o valor da espontaneidade, tanto no trabalho diário quanto nos processos econômicos. Daí a

---

[11] Embora Worthy de fato considerasse Taylor:

> A partir de seus escritos e sua biografia, tem-se a impressão de uma personalidade rígida, insegura, com muito medo do desconhecido e do inesperado, capaz de enfrentar o mundo com razoável tranqüilidade somente se for feito tudo o que é possível para manter o mundo no seu lugar e proteger de tudo o que possa atrapalhar seus planos meticulosos. (1959:75)

necessidade de *planejar*. Daí a máquina como a idéia da organização humana, pois a máquina não tem vontade própria. Suas peças não precisam de ação independente. Pensamento, direção – até objetivo – devem ser providos de fora ou de cima. (1959:79)

"Nossa era é turbulenta, Chicken Little*"

Uma obsessão pelo controle também pode levar a alguns comportamentos curiosos, especialmente à atitude do planejamento para com a chamada "turbulência" no ambiente. A literatura de planejamento, há tempos, faz um terrível estardalhaço a respeito dessa turbulência; é quase como se todo escritor da área tivesse de apoiar a idéia, da boca para fora, de vez em quando. "A Era da Descontinuidade acabara de despontar quando a General Electric deu início a seu processo de planejamento estratégico em 1970", escreveu seu planejador-chefe, Michael Allen (1977:3). Em meados dos anos 1980, dois consultores escreveram sobre "o ambiente turbulento de negócios de hoje" (Benningson e Schwartz, 1985:1). E no fim daquela década, um acadêmico apresentou seu livro sobre planejamento com um comentário sobre os ambientes "cada vez mais turbulentos" de organizações públicas e sem fins lucrativos (Bryson, 1988:1). É claro que Alvin Toffler, em seu livro de 1970, *Future Shock*, e Igor Ansoff, em seus vários escritos durante os anos 1970 e 1980, foram quem popularizou essa noção de turbulência. No entanto, a idéia inicial originou-se mesmo de dois artigos da década de 1960, um de Emery e Trist, em 1965, e outro de Terreberry, em 1968.

Ler essa literatura uma década por vez pode dar a impressão de que o mundo do planejamento sempre foi turbulento. É claro que a pergunta surge naturalmente: Como conseguimos sobreviver a tanta turbulência? Entretanto, a leitura retrospectiva de toda essa literatura dá uma resposta. Por mais que os escritores de planejamento estivessem inclinados a descrever *sua* era como turbulenta, eles estavam igualmente inclinados a menosprezar a era anterior como estável (a mesma que seus predecessores consideraram turbulenta). "Foram-se os 'bons tempos'", escreveu Freeman em 1984 sobre as organizações de negócios e de serviços "passando por turbulência" (4); "os tempos mudaram", escreveu Leff no mesmo ano (1984:88). Schon e Nutt, que rastrearam "consensualidade e turbulência no planejamento público americano" em 1974 (183), demonstraram consensualidade até 1963 e "uma zona de turbulência" desse ano até a época de sua publicação (ironicamente, no momento em que a crise de energia estava começando – assim, como caracterizar os anos seguintes?).

Por que sempre a nossa era é que é tão turbulenta? Nos anos 1960, implorava-se às organizações para planejarem porque os estáveis anos 1950 tinham acabado; na década de 1970, diziam-lhes que os anos 1960 foram, comparativamente, estáveis; na de 1980, havia escritores que afirmavam que técnicas, tais como a matriz de crescimento-participação do Boston Consulting Group, deram certo nos anos 1970 porque, diferentes dos 1980, esses foram anos estáveis.

Ansoff também fez parte disso. Lembre seus comentários sobre "as novas condições de turbulência" quando escreveu: "Hoje, por volta de 1977, este pro-

---

* N. de T.: Chicken Little – Personagem de um conto infantil bastante popular da língua inglesa. Chicken Little é uma galinha medrosa que acredita que o céu vai desabar, só porque uma pedra caiu em sua cabeça.

blema é muito diferente de dez anos atrás, quando meu primeiro livro a respeito [do problema estratégico] foi publicado" (1979b:5). Entretanto, naquele primeiro livro, publicado em 1965, Ansoff referiu-se à mudança estratégica como sendo "tão rápida que as firmas devem pesquisar continuamente o ambiente de produto-mercado em busca de oportunidades de investimento", e comparou as indústrias "altamente dinâmicas" com "as remanescentes que desfrutaram de relativa estabilidade no passado" (125, 126).

É claro que havia uma saída e Ansoff a identificou. "Durante o século 20, o nível de turbulência subiu progressivamente na maioria das indústrias" (1984:57). Em outras palavras, a curva de mudança foi exponencial (uma condição presumivelmente parecida com o que Schon e Nutt [1974] denominaram "turbulência endêmica"). Todavia, mais uma vez, se verdadeira, a primeira derivada dessa curva seria uma linha reta, não seria? E a segunda, uma constante? Isso significa que a turbulência teria se tornado estabilidade, estado estacionário, normalidade. "Plus ça change, plus c'est la même chose, non?" Citamos da *Scientific American*, sem comentar:

> Poucos fenômenos são mais notáveis, embora poucos tenham sido menos notáveis, que o grau em que a civilização material, o progresso da humanidade em todas essas engenhocas que lubrificam as rodas e promovem os confortos da vida diária, tem se concentrado na última metade do século. Não é exagero dizer que, sob esses aspectos, descobertas mais ricas e mais prolíficas têm sido feitas, realizações mais grandiosas têm sido concretizadas no decorrer desses 50 anos de nossa própria existência que em toda a vida anterior da raça. (Isso apareceu na edição de setembro de 1868.)

Na verdade, o argumento sobre turbulência escalar ou endêmica é tão tolo quanto as afirmações sobre a turbulência atual. Toffler estava escrevendo *Future Shock* nos anos 1960, quando Terreberry e Emery e Trist também estavam publicando seus artigos sobre turbulência. Com relação a esse período, Makridakis, uma autoridade líder em previsões, comentou "não é exagero dizer que a década de 1960 foi o período *mais* estável na história dos países industrializados ocidentais" (1979:18). Ele salientou que a América viveu "o mais longo período de crescimento ininterrupto – 105 meses – de qualquer país desde o início dos registros históricos" (18).

Vá contar histórias da turbulência dos anos 1960 ou mesmo dos 1970 (quando o aumento do preço do petróleo provocou algumas quebras) às pessoas que viveram a Grande Depressão dos anos 1930 ou àquelas que sobreviveram ao cerco de Leningrado durante a Segunda Guerra, ou até aos soldados submetidos àquele planejamento em Passchendaele. (Talvez o comentário mais espantoso a esse respeito tenha sido o de Katz e Kahn: "Mesmo antes de a turbulência caracterizar muitos setores ambientais, as organizações freqüentemente enfrentavam problemas novos, por exemplo, os criados por guerra ou depressão econômica" [1978:132].) Em 1986, quando Toffler falou na Conferência do The Planning Forum sobre "a terceira onda de planejamento" ser "marcada por descontinuidade rápida, dramática e, muitas vezes, errática",[12] ficamos pensando como foi possível enfrentar os 16 anos de turbulência desde a publicação de seu primeiro livro,

---

[12] De um folheto de uma página da Conferência do The Planning Forum, Montreal, 5 de maio de 1986.

mesmo com a "hiperturbulência" que apareceu de repente em 1984 (pelo menos, no título de um artigo de McCann e Selsky). Como foi que Toffler conseguiu voar até Montreal em tais condições? E como McCann e Selsky conseguiram publicar seu artigo?

Na verdade, poucos de nós conheceram algo parecido com turbulência de verdade (o que quer que signifique) em nossas vidas. Afinal de contas, no dia seguinte ao aumento dos preços do petróleo em 1973, e todo dia seguinte daí em diante, os planejadores se levantaram quase na mesma hora, entraram em carros quase iguais com motores de quatro tempos quase iguais que haviam dirigido por meio século (talvez, de vez em quando, tendo de entrar na fila para pôr gasolina), ligaram seus rádios em estações quase iguais e foram trabalhar em tipos de lugares quase iguais (a não ser que, é claro, fossem despedidos por gerentes que acharam que o planejamento ajudaria menos, e não mais, nessas condições "turbulentas").

O fato é que os "ambientes" variam, entre setores e ao longo do tempo. Algumas organizações podem ocasionalmente passar por uma desorganização séria. Todavia, ao mesmo tempo, muitas outras estão vivenciando relativa estabilidade. (Quando a Harvard Business School fez a última mudança em sua perspectiva estratégica? Na verdade, o próprio Toffler esteve perseguindo o mesmo tema por décadas.) Toffler publicou seu livro sobre o choque do futuro em 1970, da mesma forma que livros foram publicados durante anos, até séculos. E Ansoff vivia confortavelmente nos anos 1970 sem se incomodar muito com toda aquela turbulência.

Assim, chamar o contexto de organizações de turbulento e, em especial, afirmar que estamos passando por muitas turbulências em qualquer época desde a Segunda Guerra é ridículo. Tais condições teriam corroído toda a atividade organizacional, dissolvendo toda burocracia e tornando toda estratégia (que, por qualquer definição, impõe estabilidade a uma organização) inútil. Afirmar que qualquer ambiente é permanentemente turbulento é tão tolo quanto chamá-lo de permanentemente estável: os ambientes estão sempre mudando em algumas dimensões e sempre permanecem estáveis em outras: raramente eles mudam de uma vez, muito menos de forma contínua (e, de qualquer maneira, dificilmente aqueles que as vivenciaram são os melhores juízes do tamanho de sua mudança).

Mais importante para os nossos objetivos, o planejamento, em geral, acumulou maior apoio quando as condições estavam relativamente estáveis. O processo ganhou popularidade inicialmente durante a década de 1960, que Makridakis descreveu como anos de constante crescimento econômico. E teve seus maiores reveses quando as condições mudaram de modo imprevisível (de modo mais perceptível depois dos aumentos do preço da energia dos anos 1970). No entanto, isso não deve surpreender, pois é consistente com as conclusões que tiramos neste capítulo: o planejamento funciona melhor quando extrapola o presente ou lida com a mudança incremental dentro da perspectiva estratégica existente; ele funciona menos diante de situações instáveis, imprevisíveis, ou mudança quântica na organização. Assim, quando as condições tornaram-se imprevisíveis (uma palavra que os próprios Emery e Trist usaram para seus "setores turbulentos", devido a "aumento brutal" em "incerteza relevante" [1965:26]), os departamentos de planejamento tenderam a ser os primeiros a sair.

Por que, então, a escola de planejamento faz tanto estardalhaço a respeito de turbulência, exatamente com o que não consegue lidar? Vamos tentar explicar. Talvez ela pense que *pode* lidar com isso, ou, pelo menos, pode convencer a administração de que pode. Quando o ambiente fica "turbulento", "plano ou planos" torna-se sua prescrição. E isso pode ser um argumento forte. Se o céu estiver mesmo desabando, como Chicken Little avisou, então seria melhor alguém fazer algo a respeito. E quem melhor do que os planejadores?

Em um sentido restrito, esse argumento poderia estar certo. Se todas as empresas de uma indústria aceitarem a prescrição e, neste caso, planejarem diligentemente, todas as estratégias serão estáveis e ninguém terá quaisquer surpresas desagradáveis. A "turbulência" desaparecerá por mágica, graças ao planejamento. Esse, de fato, é o ponto fundamental dos "novos estados industriais" de Galbraith (1967), oligopólios gigantescos que controlavam seus mercados (e os outros) por planejamento. Durante algum tempo, pareceu funcionar maravilhosamente em determinadas situações, como a indústria americana de automóveis. No entanto, somente até aparecer algum concorrente que se recusasse a jogar pelas mesmas regras. Quando apareceu – por exemplo, os que preferiam a resposta rápida ao planejamento estável – sabemos muito bem o que aconteceu com as indústrias de automóveis e com outras indústrias. A mágica do planejamento desapareceu. E, mais uma vez, Chicken Little começou a se preocupar.

Vamos tentar uma explicação mais cínica para todas essas alegações de turbulência. É simplesmente que nos glorificamos descrevendo nossa própria era como turbulenta. Vivemos onde ela está, como se costuma dizer, ou pelo menos gostamos de pensar que é assim (porque isso nos faz sentir importantes). É preciso nos lembrarmos, neste momento, das pessoas que, ao categorizar períodos da história, sempre reservam um do próprio tempo (digamos, o movimento de gerenciamento da qualidade total dos anos 1990 ao lado das eras dos dinossauros e da dinastia Ming). Em outras palavras, o que realmente enfrentamos não são tempos turbulentos, mas egos muito inflados.

Na análise final, porém, embora acreditemos na explicação acima, preferimos uma terceira, que contradiz a primeira. O planejamento é tão orientado à estabilidade, tão obcecado pelo controle, que qualquer perturbação provoca uma onda de pânico e percepções de turbulência. Desta forma, quando a indústria americana foi confrontada com uma concorrência séria do exterior (como Chicken Little sendo atingida na cabeça por uma pedra), provavelmente devido, em grande parte, a todos esses anos gastos com as cabeças enterradas nas areias do planejamento "racional", seus planejadores andaram em círculos, como Chicken Little, exclamando: "O ambiente está turbulento! O ambiente está turbulento!"

E o que era essa turbulência? Nada mais que uma mudança que o planejamento não conseguia manobrar – condições além da amplitude de *seus* procedimentos.[13] E que destruíram seus planos feitos cuidadosamente. O mundo estava impondo "descontinuidades" que (como veremos no início do próximo capítulo) o planejamento não tem como prever. Ainda assim, qual era a fonte dessas descontinuidades? Não alguma divindade do mal, mas outras organizações, elas mesmas no controle, muito obrigado, e sem agradecer ao planejamento estratégico. Essa turbulência na América era simplesmente oportunidade no Japão.

Seria possível concluir, portanto, que os planejadores ocidentais foram frustrados pelas condições generosas dos anos 1960, quando nasceram os primeiros dentes do planejamento. Toda vez que os *sheiks* aumentavam o preço do petróleo ou os japoneses lançavam um produto melhor por um preço mais baixo, os plane-

---

[13] "Turbulência é a percepção (pessoal e geral) da ausência de caminhos claros e estáveis, marcos pelos quais entender os problemas para propor e conseguir resoluções" (Schon e Nutt, 1974:181).

jadores andavam em círculos gritando "turbulência". No entanto, ironicamente, embora fosse o *planejamento* que experimentasse a turbulência, foi o *ambiente* que foi rotulado de turbulento! Em outras palavras, embora o mundo de algumas outras pessoas estivesse despontando de acordo com seus desejos, o céu dos planejadores realmente estava desabando, Chicken Little!

Visão estratégica e aprendizado estratégico

Fizemos alusões em várias partes a outras maneiras de criar estratégia sem ser pelo planejamento formal. No começo deste livro, descrevemos outras nove escolas de pensamento sobre formação de estratégia. Aqui, para nossos fins, podemos nos concentrar em duas abordagens em particular, uma denominada *visionária*, a outra, *aprendizado*, sendo que a primeira depende de um único estrategista criativo e a segunda, de uma variedade de atores capazes de experimentar e, então, integrar.

Embora, em nossa opinião, os três processos possam e, de fato, devam, funcionar em conjunto para qualquer organização ser efetiva, uma ênfase demasiada no planejamento – de fato, pensar que as estratégias podem ser criadas por meio de procedimentos formais – tende a expulsar os outros dois. E, com o desaparecimento da abordagem visionária, lá se vai a própria visão, pois as perspectivas estratégicas amplas e integradas ficam reduzidas a posições estratégicas estreitas e decompostas.

A abordagem visionária é uma maneira mais flexível de lidar com um mundo incerto. A visão determina os contornos gerais de uma estratégia, enquanto deixa os detalhes específicos para serem elaborados. Em outras palavras, as perspectivas gerais podem ser deliberadas, mas as posições específicas podem emergir. Assim, quando o inesperado acontece, supondo que a visão seja suficientemente robusta, a organização consegue se adaptar – ela aprende. Deste modo, qualquer mudança é facilmente acomodada. É evidente que, quando nem a visão agüenta, a organização pode ter de voltar a uma abordagem de puro aprendizado – experimentar na esperança de captar algumas mensagens básicas e convergir comportamentos para elas. Com um plano especificado, ao contrário, a adaptação séria torna-se muito mais difícil, conforme já discutimos.

Assim, as mudanças que parecem turbulentas para as organizações que dependem muito de planejamento podem parecer normais, até bem-vindas, para as que preferem uma abordagem visionária ou de aprendizado. Falando de forma mais audaciosa, se você não tiver uma visão, mas somente planos formais, então toda mudança imprevista no ambiente vai fazer você achar que o céu está caindo. Portanto, ela chega como uma lição de adaptação que os japoneses conseguiram impor tanta "turbulência" aos negócios americanos, em boa parte porque foram mais aprendizes estratégicos informais do que planejadores estratégicos formais.[14]

---

[14] O que não quer dizer que os japoneses não sejam bons planejadores *operacionais*. (Veja Pascale, 1984, para um exemplo particularmente notável disso, no caso do sucesso inicial da Honda no mercado americano de motocicletas.) Algumas evidências informais da propensão dos japoneses a preferir o aprendizado estratégico ao planejamento estratégico vêm da minha própria compilação de todos os artigos que coleciono sobre formação de estratégia em uma ou mais das 10 escolas (com base na leitura de seus resumos, ou então uma leitura rápida de seu conteúdo). Ao separar recentemente as pilhas que havia colecionado durante vários anos, percebi que tinha codificado quase todos os de um autor japonês na escola de aprendizado!

Ilusão de controle?

Em *O Pequeno Príncipe,* de Saint-Exupéry (1943), o Rei afirma que tem poder para mandar o sol nascer e se pôr. Entretanto, só em um determinado momento do dia. O poder do planejamento é equivalente? A *obsessão pelo* controle reflete meramente uma *ilusão de* controle?

Um lado irônico dessa obsessão pelo controle é que o planejamento a manifesta coletiva e não individualmente. Em outras palavras, os planejadores preferem obter controle, não lutando individualmente por ele (como o empresário), mas por meio da vontade coletiva da organização. (Assim, Koch referiu-se ao planejamento como "voluntarismo coletivo": As pessoas "querem modelar seu destino... mas também querem evitar as conseqüências darwinianas da competição individual" [1976:371].) E procuram fazer isso não por meio de ações tangíveis da organização, mas de abstrações de seus planos, suas declarações de intenção. Isso é só uma ilusão de controle?

Em seu ensaio intitulado "Previsão e Planejamento: Uma Avaliação", Hogarth e Makridakis constataram uma "similaridade esquisita entre a história de [previsão e planejamento] e experimentos psicológicos formais relativos à 'ilusão de controle'" (1981:127). Em um conjunto deles, por exemplo:

> Langer... documentou que, mesmo em situações determinadas pela sorte (p. ex., loterias), observar uma seqüência inicial de "sucessos" pode levar as pessoas a acreditar que têm algum controle sobre os resultados. Da mesma forma, se as pessoas puderem se engajar em atividade cognitiva sobre o resultado antes de sua ocorrência (p. ex., escolher um número do bilhete), também ficarão inclinadas a acreditar que têm algum controle. Essas descobertas são inteiramente consistentes com a necessidade de *dominar e controlar o ambiente.* (121)

Esses autores perceberam tais ilusões de controle no sucesso do planejamento na década de 1960: quando as coisas foram bem, e houve bastante planejamento formal, que é o que deve ter causado isso. "... as pessoas tendem a atribuir o sucesso aos esforços próprios e o fracasso a fatores externos" (127) o que é, de fato, exatamente do que tratam as "armadilhas" convencionais do planejamento.

Gimpl e Dakin perseguiram esse ponto até sua conclusão lógica em um ensaio que intitularam "Administração e Magia". "Os especialistas nas técnicas de previsão e planejamento desempenham a função dos mágicos na sociedade primitiva. Fornecem uma base para uma decisão quando não existe um método racional" (1984:130). Essas técnicas "não estão muito distantes das técnicas antigas" das quais agora zombamos, como ler as entranhas de animais sacrificados ou olhar fixamente para bolas de cristal (126). A comparação parece terrivelmente exagerada, até considerarmos os comentários de um indivíduo em um cargo importante de previsão (Vice-presidente de pesquisa econômica do Conselho Consultivo): "A história dos previsores é que estamos sempre errados. No entanto, uma previsão errada é melhor que nenhuma". Para planejar, "você precisa de algum tipo de previsão, esteja preparando o orçamento do governo federal ou o de uma associação cívica" (McGinley, 1983:1).

Por quê? Talvez somente pelas mesmas razões por que os rituais mágicos eram praticados pelas chamadas sociedades primitivas. Conforme discutido por Gimpl e Dakin, o ritual da previsão poderia encorajar a ação aleatória necessária.

O. K. Moore fala do uso de ossos de alce entre os índios Labradores. Quando a comida é pouca por escassez de caça, os índios consultam um oráculo para saber onde devem caçar. A omoplata de um alce é posta sobre as brasas de uma fogueira; as fissuras nos ossos causadas pelo calor são então interpretadas como um mapa. As direções indicadas por esse oráculo são basicamente aleatórias. Moore salientou que esse é um método altamente eficaz, pois, se os índios não usassem um gerador de números aleatórios, se tornariam vítimas de suas idéias preconcebidas e tenderiam a caçar demais em determinadas áreas. Além disso, qualquer padrão regular para caçar daria aos animais uma oportunidade de desenvolver técnicas de fuga. Tornando aleatórios seus padrões de caçadas, as chances de os índios apanharem os animais são maiores. (1984:133)

É claro que os concorrentes podem ser enganados da mesma forma quando as empresas tornam suas ações aleatórias, talvez o que está ficando conhecido em administração estratégica como "sinalização." Entretanto, pode-se fazer uma exceção quando se percebe (como discutiremos em breve) que grande parte da previsão em negócios é baseada em extrapolação, em outras palavras, em refinar tendências estabelecidas em vez de tornar aleatórias as tendências arbitrárias.

Entretanto, Gimpl e Dakin deram outra razão para tal planejamento, que pode estar mais perto do pensamento daquela pessoa do Conselho Consultivo. Ele "aumenta a confiança", "reduz a ansiedade", ratifica a ação gerencial, torna o "grupo gerencial... mais coeso" (133, 134). "Quando as pessoas se sentem fora do controle, há uma tendência à inatividade"; quando têm até mesmo uma ilusão de controle, elas conseguem agir (133). Nas palavras de Hofstede, ter um sistema de planejamento "faz com que os gerentes durmam mais tranqüilos, mesmo se ele não funciona" (1980:160). Da mesma forma, Huff atribui a popularidade do "modelo racional" ao "engodo de simplificar estruturas que tornam nosso mundo multiforme mais compreensível" (1980:33).

Isso pode ajudar a explicar um pouco o planejamento nas organizações maiores, em especial, as altamente diversificadas, que às vezes parecem ter pouca noção de como gerenciar a si mesmas. Todavia, a que preço? "Não espere que os planos sejam exatos", avisaram Gimpl e Dakin (134). No entanto, o que acontece quando eles não são?

Além disso, embora os planos possam estimular a ação, também podem paralisá-la, investindo tanta energia para tramar o futuro no papel (ou simplesmente fazer o jogo dos números) e exigindo tanto comprometimento daqueles que devem agir, que as providências necessárias simplesmente não são tomadas (levando à frase popular "paralisia por análise"). Então, supõe-se que os problemas sejam resolvidos, não porque foram implementadas soluções viáveis, mas apenas porque eles foram abordados de maneiras sistemáticas. Em outras palavras, pôr no papel é ter sob controle. "... a realidade em si não importa... Os problemas são removidos da consciência, colocando outras pessoas e dinheiro para trabalhar neles (Slater chama isso de Suposição de Toalete)" (van Gunsteren, 1976:142). Deste modo, temos uma explicação possível para a afirmação "o que importa é o processo": "Como só consegue criar o futuro que deseja no papel, [o homem] transfere suas lealdades para o plano. Como o fim, nunca está à vista, ele santifica a jornada; o processo de planejamento torna-se sagrado" (Wildavsky, 1973:152). O planejamento, assim, torna-se o fim, e "muitas das atividades de planejamento consistem em deixar o mundo seguro para planejar" (van Gunsteren, 1976:20).

O planejamento pode também servir a influenciadores fora da organização que compartilham a mesma obsessão pelo controle e sua ilusão. Se apenas as organizações planejarem formalmente, então tudo ficará bom. Os governos muitas vezes comportam-se desta maneira, impondo processos de planejamento às próprias agências e também a outras organizações para as quais dão dinheiro (como escolas e hospitais). Nada jamais acontece, exceto que os planos são devidamente realizados e, assim, os planejadores e os tecnocratas do governo ficam devidamente satisfeitos. No entanto, o problema dificilmente está restrito ao setor público. Todos os tipos de influenciadores em torno das empresas – acionistas, banqueiros, analistas de mercado, diretores, até os executivos dos escritórios centrais em relação às divisões de negócios que supervisionam – aliviam suas ansiedades sobre falta de conhecimento garantindo que os gerentes se engajem em planejamento formal. As empresas devem ser administradas da maneira correta se seus gerentes planejarem formalmente.

> Os analistas de títulos dizem que dão um valor relativamente alto ao planejamento estratégico de uma empresa, tanto para a solidez dos planos estratégicos quanto para a solidez de um sistema de planejamento estratégico... Se as respostas da pesquisa forem um indicador confiável, será possível concluir que os analistas de títulos consideram a estratégia corporativa não somente importante na fixação de preços das ações, mas ainda mais importante que o desempenho trimestral. (Higgins e Diffenbach, 1985:67, 65)

Vimos esse tipo de comportamento em nosso estudo da rede de supermercados Steinberg (Mintzberg e Waters, 1982). Na primeira vez em que a empresa foi aos mercados de capital, teve de divulgar planos a longo prazo. Como já observamos, o presidente fundador da empresa dificilmente poderia dizer, "Vejam, eu sou Sam Steinberg e trabalho muito bem. Por isso, façam o favor de me dar cinco milhões de dólares." Não, ele precisou divulgar planos para o dinheiro, mostrar que administrava sistematicamente, embora a empresa tivesse alcançado todo o seu sucesso até então por administrar de forma empreendedora – e quase completamente sem planejamento algum desse tipo![15] E assim foi, em reuniões do conselho, relatórios anuais, declarações à imprensa, negociações com instituições financeiras, reguladores do governo, etc. Sem planos, sem apoio.

Na verdade, quanto mais distantes os influenciadores externos estiverem das especificidades das operações da organização, mais eles parecem acreditar que o planejamento dará esse controle necessário, porém ilusório. Obviamente, a esse respeito, eles não são diferentes daqueles chefes de corporações gigantescas empoleirados no alto de hierarquias remotas, desligados do mundo real de fabricar e vender produtos, que pensam que o planejamento dará um jeito de produzir as estratégias que eles mesmos não conseguiram. Tais crenças podem ser ilusórias, no entanto orientam boa parte do comportamento, dando origem a um papel específico desempenhado pelo planejamento.

---

[15] Gupta notou exatamente a mesma coisa em outra rede de supermercados. (1980:IV:32).

Planejamento como relações públicas

Algumas organizações aproveitam-se dessas demandas, invertendo-as para usar o planejamento como ferramenta, não porque alguém acredite necessariamente no valor do processo em si, mas porque os influenciadores externos acreditam. Mais uma vez, o planejamento torna-se um jogo. Desta vez, ele é chamado de "relações públicas".

Esta visão de planejamento como fachada para impressionar as pessoas de fora é apoiada por uma quantidade de evidências. Como exemplo do que chamou de planejamento como "processo de postura" para sugerir os "ornamentos da objetividade", Nutt citou aquelas "prefeituras [que] contratam consultores para fazer 'planejamento estratégico' para impressionar as agências de classificação de títulos" e "empresas [que] assumem uma postura mútua entre si e com o mercado com suas alegações de planejamento a longo prazo" (1984a:72). Em universidades, Cohen e March descreveram planos que "se tornaram símbolos": por exemplo, "uma organização que está decaindo pode anunciar um plano para prosperar", uma que precisa de um equipamento pode anunciar um plano para obtê-lo.

Eles também discutiram planos que "se tornaram propagandas", notando que "o que é freqüentemente chamado de plano por uma universidade é, na verdade, um folheto de investimento", "caracterizado por fotografias, pronunciamentos de excelência de ex-catedráticos e pela ausência das informações mais relevantes" (1976:195). Langley constatou isso no setor público em geral, onde relações públicas era "provavelmente uma motivação muito comum para 'planejamento estratégico', embora "o mesmo tipo de papel seja desempenhado por subsidiárias e/ou divisões autônomas que têm de produzir 'planos estratégicos' para suas empresas controladoras" (1988:48).

Wildavsky mostrou que os líderes nacionais que "desejam ser considerados modernos... têm um documento para deslumbrar suas visitas", em que "ninguém importante presta atenção". Na realidade, ele "não precisa ser um meio de superar as dificuldades da nação, mas, ao contrário, pode se tornar um modo de encobri-las" (1973:140). E por que eles não deveriam fazê-lo? Afinal, "a América capitalista insistia em um plano" em troca de sua ajuda externa aos países pobres: "Não importava se o plano funcionava ou não; o que contava era a capacidade de elaborar um documento que parecesse um plano" (151).

Presumivelmente, ser capaz de planejar é o mesmo que ser capaz de gastar dinheiro com responsabilidade. Para repetir a citação de Lorange e Vancil do início de nossa discussão:

> Anunciar que sua organização realizaria um programa formal de planejamento estratégico era quase como um anúncio público de que ia parar de fumar. Obrigava o executivo principal a tentar mudar o próprio comportamento da forma que ele sabia que era desejável. (1977:16)

Contudo, ele mudou? Talvez Henry Kissinger tenha colocado isso mais precisamente quando se referiu ao planejamento como "um calmante para a teoria administrativa" (1969:264).

Para prosseguir com a metáfora de Wildavsky sobre "um modo de encobrir", se o planejamento estiver na moda, então parece que toda organização bem vestida deve usá-lo. No entanto, mais uma vez, como Norburn e Grinyer salientaram, "a fábula do 'rei que estava nu'... parece visivelmente pertinente para a adaptação dos sistemas de planejamento" (1973/74:37).

Em um sentido estreito, obviamente, um pouco de planejamento com fins de relações públicas parece justificado. Afinal, os supermercados precisam de capital, as nações em desenvolvimento de ajuda, as universidades de apoio. Nos países mais pobres, planejamento nacional "pode ser justificado em base estritamente de caixa: os planejadores podem trazer mais dinheiro do exterior que o custo para sustentá-los em seu próprio país" (Wildavsky, 1973:151).

No entanto, em um sentido mais amplo, este tipo de planejamento se justifica mesmo? Deixando de lado o desperdício óbvio de recursos em base coletiva – o dinheiro que poderia ser economizado se todos parassem de fazer o jogo – o planejamento de relações públicas distorce as prioridades na própria organização. Nos países pobres, por exemplo, ele distribui mal habilidades com pouquíssima oferta, capacidades que poderiam ser empregadas para solucionar problemas reais (ou fazer planejamento útil!). Mesmo nos países mais desenvolvidos, pense em quanto tempo e talento têm sido desperdiçados ao longo dos anos. Especialmente se a afirmação de Dirsmith *et al.* de que "PPO (planejamento, programação, orçamentação), APO (administração por objetivos) e OBZ (orçamento base zero) podem ter sido usados mais como estratégias políticas e símbolos ritualísticos para controlar e dirigir a controvérsia... [que] como ferramentas administrativas para melhorar a tomada de decisões na burocracia federal dos EUA", estiver certa (1980:303). Pior ainda, o que pretende ser relações públicas pode ser levado a sério quando não deveria. Isso pode ter acontecido na rede de supermercados Steinberg, onde o planejamento formal começou a tomar o lugar da iniciativa empreendedora de seu líder, que tinha sido a verdadeira base de seu sucesso.

As organizações que são forçadas a articular estratégias que, na verdade, não têm lugar lá – pois suas administrações não têm a visão necessária, ou ainda estão engajadas em um processo complexo de aprendizado para criar suas estratégias – apresentam todos os tipos de comportamentos esbanjadores. Um deles é o anúncio de trivialidades – estratégias ostensivas que ninguém tem a mínima intenção de implementar, mesmo se fossem possíveis. Como Taylor constatou em um estudo de quatro pequenas organizações, "se a organização estava no processo de mudar sua estratégia, esses anúncios [públicos] eram tão genéricos, ou incompletos, que eram quase inúteis para entender o que a organização estava de fato fazendo" (1982:305). Outro comportamento esbanjador é reiterar estratégias existentes, talvez em linguagem revisada, embora possam estar emergindo estratégias novas. Voltando ao estudo de Taylor, "Um segundo ponto é que, ao serem feitos anúncios públicos específicos da estratégia pretendida, eles são feitos bem depois do fato, quando as mudanças anunciadas estavam bem encaminhadas para serem implementadas" (305). Na verdade, ao ler o relato do Coronel Summers da articulação da estratégia militar desde a Segunda Guerra, tem-se a impressão dos pronunciamentos correndo feito doidos para acompanhar a realidade emergente. Por exemplo, depois da Guerra da Coréia, as Regras do Serviço de Campanha reconheceram "guerras de objetivo limitado" e eliminaram "vitória" como objetivo indispensável de guerra (41); em 1962, a guerra fria foi reconhecida! (42).

Alguns dos efeitos colaterais mais disfuncionais do planejamento de relações públicas são sugeridos na discussão de Benveniste do que ele chamou de "planejamento trivial".

1. Há uma inclinação para usar tendências passadas para prever acontecimentos futuros, isto é, prever "mais do mesmo."... os especialistas não fazem perguntas difíceis. Ele tomam o *status quo* por certo. Não levantam opções de política...
2. Os exercícios de planejamento trivial são muito divulgados... Todos são estimulados a participar ou opinar. O plano é editado e distribuído para todo mundo. O documento é bem impresso e, quanto menos conteúdo tiver, mais longo se torna.
3. O planejamento trivial é seqüencial... Logo que um grupo de especialistas faz suas recomendações amenas, um outro grupo começa a estudar o mesmo problema ou algumas variáveis apropriadas... O planejamento mais trivial é realizado por organismos efêmeros: forças-tarefas, comissões presidenciais e outros. Esses organismos têm a dupla vantagem de contar com pessoas de fora de prestígio, dando assim visibilidade ao organismo, e dar a esses especialistas tempo insuficiente para descobrir como podem efetuar as mudanças...
4. O planejamento trivial costuma ser usado pelos conservadores... Como os movimentos de planejamento apóiam uma ideologia reformista moderada, e como o planejamento é entendido como uma tentativa de provocar mudança, é mais útil dar legitimidade tecnocrática às políticas que preservam uma postura conservadora. (1972:107-109).[16]

Em seu livro sobre a experiência de planejamento nacional da França, Cohen concluiu que "o planejamento ou é político ou é decorativo" (1977:xv). No entanto, o planejamento decorativo (isto é, relações públicas) pode facilmente tornar-se político, opondo as pessoas de fora em busca de controle às de dentro, que procuram proteção. O mesmo pode acontecer internamente quando o planejamento passa a ser um mecanismo para impressionar a gerência sênior, o que Cohen e March chamaram de "um teste administrativo de vontade":

> Se um departamento quiser muito um novo programa, despenderá um esforço considerável "justificando" a despesa, ao encaixá-la em um "plano". Se um administrador desejar evitar dizer "sim" a tudo, mas não tiver base para dizer "não" para algumas coisas, testará o comprometimento do departamento pedindo um plano. (1976:195-196)

Junte tudo isso e o planejamento de relações públicas torna-se um mecanismo por meio do qual quase todos, independentemente de estarem obcecados pelo controle, perdem. As pessoas de fora fazem pronunciamentos inúteis e os gerentes juniores perdem tempo preenchendo formulários, enquanto os gerentes seniores têm a atenção desviada dos problemas mais importantes. Somente os planejadores aparecem no topo de alguma maneira perversa, beneficiando menos a organização do que a si mesmos. E isso torna esse planejamento, para eles, funda-

---

[16] Benveniste também discutiu o "planejamento utópico", semelhante no sentido em que os "planos não afetam o comportamento ou as decisões de quem quer que seja porque ninguém os leva a sério." Eles também foram "muito divulgados" (109), e poderiam até ser melhores para as relações públicas devido a sua natureza glorificada: "Como [o plano] não precisa ser coerente, pode haver algo nele para todos" (110).

mentalmente político. Assim, na análise final, da mesma forma que as experiências dos estados comunistas, o planejamento que é usado artificialmente, para imagem em vez de substância, não ajuda os gerentes ou os influenciadores externos a controlar as organizações nem os ambientes das mesmas. Nem permite que os planejadores o façam. Ao contrário, o sistema inanimado chamado planejamento enreda todo mundo e, por isso, acaba controlando a todos!

Para concluir esta discussão das armadilhas do planejamento, consideramos insuficientes as explicações mais comuns dos planejadores convencionais para os fracassos do planejamento. Os administradores algumas vezes não apóiam o planejamento por razões muito boas, e os climas que conduzem ao planejamento efetivo às vezes não conduzem à formação de estratégia e vice-versa. A validade aparente dessas armadilhas oculta o fato de elas serem apenas superficiais. O que essas armadilhas revelam de fato são várias disfunções do planejamento em si – sua inibição do compromisso em organizações, sua natureza essencialmente conservadora, suas próprias tendências e capacidades para provocar atividade política, sua obsessão por uma ilusão de controle.

Não obstante, em nossa opinião, mesmo essas características não chegam à raiz do problema. Elas são baseadas nas armadilhas, que refletem apenas as dificuldades do planejamento mais próximas da superfície. Para descobrir por que o planejamento estratégico em particular deu mesmo errado, e por que pessoas sensatas têm dedicado tanto esforço a um processo que nunca produziu os resultados desejados, precisamos olhar além das armadilhas – além dos sintomas.

Falácias fundamentais do planejamento estratégico | 5

Um *expert* foi definido como alguém que conhece um assunto suficientemente para evitar as muitas armadilhas em seu caminho até a grande falácia (Edelman, 1972:14). Já discutimos os esforços concentrados em planejamento para evitar todas essas armadilhas, que são muitas. Neste capítulo, tratamos do que pensamos ser as falácias fundamentais do planejamento estratégico, as quais, finalmente, reduzimos àquela grande falácia.

"Como pode ser", perguntou Wildavsky, que "o planejamento não funcione em todos os lugares onde foi experimentado?" Afinal, "o homem sensato planeja antecipadamente... Nada parece mais sensato que o planejamento... Suponha... que os fracassos do planejamento não sejam periféricos ou acidentais, mas inerentes à sua própria natureza" (1973:128). É este o tema que buscamos aqui. Primeiro, vamos considerar algumas suposições básicas que embasam o planejamento, para desenvolver argumentos contrários a cada uma, de fato concluindo que a racionalidade suposta no planejamento estratégico pode ser irracional quando considerada em relação às necessidades de formação de estratégia.

Algumas suposições básicas por trás do planejamento estratégico

Como vimos, particularmente no livro de Jelinek, *Institutionalizing Innovation*, embasando o planejamento, antes de tudo, estão as **suposições de formalização** – inicialmente, que **o processo de formação de estratégia pode ser programado pelo uso de sistemas**. Não são tanto as pessoas mas os sistemas que criam as estratégias, da mesma forma que os sistemas de Frederick Taylor, há um século, eram considerados os programadores do trabalho manual nas fábricas.

É claro que ninguém faria uma afirmação tão ostensiva. No entanto, da forma como as palavras estão escritas, isso é uma mensagem. Como vimos antes, a literatura de planejamento descreve as pessoas como idiossincráticas. Especialmente quando contam com a intuição, não podem ser confiáveis. Os sistemas, ao contrário, são confiáveis e consistentes. Para Allaire e Firsirotu, que escreveram sobre o que chamaram de planejamento "dirigido pela equipe de apoio", existe "o impulso racional de combater a complexidade com análise e erradicar toda inconsistência com políticas e procedimentos" (1990:114). Assim, o planejamento formal não é considerado um estágio no processo de formação de estratégia, nem um apoio para ele, tanto quanto o próprio processo em si, ao menos quando executado corretamente. O planejamento estratégico *é* formação de estratégia propriamente dita. O sistema realiza o ato de pensar: "O planejamento é a chave para vários componentes. *Ele* dirige o processo, gera alternativas de política e faz com que elas constituam um plano aprovado" (Albert, 1974:249, grifo nosso). Ou, para citar Michael Porter em *The Economist*: "À medida que as empresas cresceram e se tornaram mais complexas... precisaram de uma abordagem sistemática para definir estratégias. O planejamento estratégico surgiu como resposta" (1987:17). Mesmo em 1990, o chefe de planejamento de uma grande corporação americana (Bell & Howell) pôde afirmar que "É responsabilidade do planejamento estratégico certificar-se de que toda a organização conheça muito bem as necessidades dos seus clientes, em que direção se movem essas necessidades e as expectativas dos clientes, como a tecnologia está mudando e como os concorrentes atendem seus clientes" (Marquardt, 1990:4). A responsabilidade não é das pessoas, nem dos planejadores, mas do *planejamento*!

Na verdade, algumas das alegações da literatura mais influente foram ainda mais longe. Nas palavras de George Steiner, "em um sentido fundamental, o planejamento estratégico formal é um esforço para reproduzir o que se passa na mente de um [gerente] brilhante intuitivo" (1979:10)[1]. Ou, para citar um economista do Stanford Research Institute, "analisando os atributos e o estado de espírito do 'gênio empreendedor'", seu pessoal projetou uma estrutura para "recriar" os processos dele para a execução pela "equipe administrativa" (McConnell, 1971:2).

E como essa recriação é realizada? Reduzindo essa intuição a uma série de etapas cuidadosamente identificadas, a serem executadas em ordem seqüencial. Em outras palavras, a essência da intuição informal pode ser captada por um processo que é basicamente analítico. Ou, para dizer de outro modo – e esta é a maior de todas as suposições do planejamento – **a análise pode prover síntese**. Como Porter disse, "sou a favor de um conjunto de técnicas analíticas para desenvolver estratégias..." (1987:21). Veremos adiante que essa suposição teve alguns proponentes poderosos, incluindo um ganhador do prêmio Nobel. No entanto, isso não a torna correta e, na verdade, veremos que é diametralmente oposta à de outro ganhador do prêmio Nobel. A maior de todas as suposições do planejamento, como vamos discutir, pode ser o problema mais complicado da sociedade contemporânea.

Como resultado dessas primeiras suposições de formalização, estão as ***suposições de desligamento***. Se o sistema realiza o ato de pensar, para produzir as estratégias que devem ser implementadas, então **o pensamento deve ser desligado da ação, a estratégia das operações, os pensadores ostensivos dos executores verdadeiros e, portanto, os "estrategistas" dos objetos de suas estratégias**. Em outras palavras, os gestores devem administrar por controle *remoto*, usando processos essencialmente cerebrais. Mais uma vez, Jelinek disse isso de forma mais clara em seu livro de 1979, posicionando os gerentes seniores (os estrategistas reconhecidos, mas, como os operários de Taylor, privados de grande parte de seu controle sobre o processo) junto com os planejadores em um pedestal hierárquico, suficientemente distanciados das pressões diárias de administrar o negócio para que possam conceber as grandes idéias (ou conseguir que seus sistemas o façam), enquanto todos abaixo andam apressada-

---

[1] Steiner terminou a frase com a palavra "planejador," mas no conjunto do texto imediatamente antes e depois da citação, estava claramente referindo-se ao gerente.

mente para cuidar dos detalhes da implementação. Citando as experiências de Taylor como um modelo de planejamento estratégico, Jelinek escreveu sobre "a coordenação em larga escala de detalhes – planejar e pensar em nível de política, acima e além dos detalhes da própria tarefa" (1979:136).

É claro que o truque é fazer chegar a esse pedestal as informações relevantes, para que seus ocupantes e seus sistemas possam ser informados a respeito desses detalhes sem precisar se enredar neles. E é aqui que entra a **suposição de quantificação**, um corolário da de desligamento: **o processo de formação de estratégia é dirigido por "dados reais", incluindo agregados quantitativos dos "fatos" detalhados sobre a organização e seu contexto**. Ter de investigar o mundo confuso dos detalhes forçaria os gerentes seniores a saírem de seus pedestais e, pior ainda, forçaria os planejadores a saírem da acomodação da equipe de apoio para as pressões da linha. A não ser, é claro, que todos os dados necessários pudessem ser coletados e combinados, perfeitamente empacotados e entregues regularmente. Assim, entra o chamado sistema de informações gerenciais, ou em sua versão mais recente, um "Sistema de Informações Estratégicas". Para citar mais uma vez a versão de Jelinek das experiências de Taylor, "A relação sistemática entre medidas quantitativas de desempenho e indicadores ambientais – substancialmente abstraídos, deve-se lembrar, dos detalhes de desempenho da tarefa – é o que permite o controle no nível [da gerência sênior]" (140); os *sistemas* generalizam o conhecimento muito além de seu descobridor original ou circunstâncias de descobrimento" (139, grifo nosso).

Correspondente a esse fluxo de dados reais hierarquia acima, é a suposição do fluxo de estratégias explícitas hierarquia abaixo, igualmente no prazo. Os sistemas de planejamento, nas palavras de dois consultores de planejamento, um, o antigo chefe de planejamento estratégico da General Electric, "estabelecem uma agenda ordenada para consideração" (Roach e Allen, 1983:7-38). E, fazendo isso, o mundo é obrigado a se adaptar aos planos, por meio de um processo chamado "implementação". As boas idéias emanam do alto, os demais devem simplesmente acatá-las. Como van Gunsteren colocou para o setor público: "A política está totalmente definida antes da implementação. Invenção e adaptação cessam antes de ela começar. A política permanece estável durante a implementação. Ela só pode ser mudada pelo centro" (1976:19).

Parte disso se originou na crença em que diferentes decisões devem ser tomadas, não no local ou em alguma base *ad hoc*, mas com bastante antecedência, em conjunto com as outras: "A gerência precisa de ação traçada antecipadamente a fim de escolher suas ações com sensatez". O plano é idealizado "para que [a organização] permaneça no curso definido por suas metas e estratégia" (Sawyer, 1983:6, 82). Isso constitui a **suposição de predeterminação**: que **devido ao contexto de formação de estratégia ser estável, ou ao menos previsível, o processo em si, assim como sua conseqüência (estratégias), pode ser predeterminado**. O mundo das organizações assim se desdobra de maneira conveniente ao planejamento... e aos planejadores.

> Em primeiro lugar, [os planejadores] assumiram que o mundo da concorrência é previsível e que é possível traçar caminhos claros nele, da mesma forma que um sistema de estradas em um mapa rodoviário... A lógica gerencial de fins-modos-meios também atribui uma certa estabilidade à própria empresa. Há uma expectativa de que os valores e as necessidades da empresa não mudarão totalmente o hori-

zonte de planejamento... Os gerentes podem, portanto, se preocupar com "otimização estática" – isto é, em tomar umas poucas decisões-chave e então se agarrar a elas. (Hayes, 1985:117)

Nossa intenção neste capítulo é bem simples: demonstrar a falsidade de todas essas suposições – de formalização, desligamento e predeterminação – e, com isso, explicar os fracassos do planejamento estratégico.

A mensagem de Taylor que faltou

Frederick Taylor foi bem claro a respeito de um ponto específico de grande importância aqui: os processos de trabalho que não são plenamente entendidos não podem ser programados efetivamente. Relatos de seus próprios esforços discorreram longamente sobre isso (veja, por exemplo, sobre o corte por máquina operatriz e a escavação de carvão [Taylor, 1913]).

Eis como Taylor descreveu, em 1911, seu próprio método para melhorar o trabalho na fábrica:

Primeiro. Encontrar, digamos, 10 ou 15 homens (de preferência em muitos estabelecimentos distintos e diferentes partes do país) que sejam especializados em fazer o trabalho específico a ser analisado.
Segundo. Estudar a série exata de operações ou movimentos elementares que cada um desses homens usa ao fazer o trabalho [que] está sendo investigado, assim como os implementos que cada um usa.
Terceiro. Estudar com um cronômetro o tempo necessário para fazer cada um desses movimentos elementares e então selecionar a maneira mais rápida de fazer cada elemento do trabalho.
Quarto. Eliminar todos os movimentos falsos, lentos e inúteis.
Quinto. Depois de suprimir todos os movimentos desnecessários, juntar em uma série os movimentos melhores e mais rápidos, assim como os melhores implementos. (1913:117-118)

Assim, ao mesmo tempo em que adotou a noção de programação de Taylor, a escola do planejamento omitiu o que poderia ter sido sua mensagem mais importante. Pois em nenhuma parte da literatura de planejamento houve qualquer tipo de indicação de que se fizeram esforços para entender como o processo de formação de estratégia realmente funciona nas organizações. Em nenhuma parte das citações de Steiner, Ansoff, Ackoff, Lorange, nem no livro de Jelinek de 1969, houve a menor prova de que haviam tentado entender o quanto a maneira de os estrategistas pensarem realmente é efetiva ou de que estratégias realmente se formam nas organizações. Ao contrário, eles meramente assumiram uma correspondência entre planejamento estratégico, pensamento estratégico e formação de estratégia, pelo menos na melhor prática. O executivo principal "pode ameaçar e até destruir as perspectivas de pensamento estratégico se não seguir consistentemente a disciplina do planejamento estratégico...", escreveu Lorange (1980b:12) absolutamente sem qualquer apoio.

Na verdade, um tipo de *ingenuidade normativa* permeou a literatura de planejamento – convicções ousadas no que é melhor, baseadas em uma ignorância do que funciona realmente. As alegações de Steiner e do pessoal do Stanford Research Institute de que eram capazes de "reproduzir" ou "copiar" os processos intuitivos dos gerentes (sem falar nas suas formas "brilhantes" ou "geniais") eram pura tolice, pois até hoje não temos qualquer entendimento verdadeiro de como funciona a intuição e, com certeza, indicação alguma de que ela ocorre de um modo gradual. Portanto, o que todos esses escritores fizeram foi o que Taylor nunca se atreveu a fazer: saltar direto para a prescrição. Em completa ignorância do processo de formação de estratégia, eles propuseram um conjunto simplista de medidas como sua "melhor maneira" de criar estratégia, alegando, com toda a ingenuidade, que ele simulava a intuição e, com a maior arrogância, que era superior.

Embora, neste momento, saibamos pouco de intuição, ou da criação de estratégia em uma única cabeça (presumivelmente um processo relacionado), sabemos bastante sobre como o processo tende a se manifestar na coletividade que é uma organização. E nada disso apóia a visão que esses teóricos do planejamento têm do processo. A pesquisa de Quinn (1980a), Burgelman (1983c, 1988), Pascale (1984), e também nosso próprio trabalho (Mintzberg, 1978, 1987; veja também referências anteriores no Capítulo 3), entre outros, pinta um quadro muito diferente do processo, da mesma forma que uma abstração cubista é diferente da interpretação renascentista. Essa pesquisa nos diz que a formação de estratégia é um processo imensamente complexo, envolvendo os mais sofisticados, sutis e, às vezes, subconscientes processos humanos cognitivos e sociais. Sabemos que ele deve utilizar todos os tipos de insumos informacionais, muitos dos quais não-quantificáveis e acessíveis somente aos estrategistas que estão ligados aos detalhes, em vez de desligados deles. Sabemos que a dinâmica do contexto desafiou repetidamente quaisquer esforços para forçar o processo a uma programação ou caminho predeterminado. As estratégias exibem, inevitavelmente, algumas qualidades emergentes, e mesmo quando são deliberadas em um nível significativo, costumam parecer menos formalmente planejadas do que informalmente visionárias. E o aprendizado aos trancos e barrancos, assim como descobertas baseadas em eventos casuais, e o reconhecimento de padrões inesperados desempenham um papel-chave, talvez o mais importante, no desenvolvimento de todas as estratégias que sejam novas. Portanto, sabemos que o processo requer *insight*, criatividade e síntese, exatamente o que a formalização desencoraja. Conforme nossa discussão prosseguir, detalharemos alguns desses aspectos do processo.

É interessante, portanto, que se os teóricos do planejamento tivessem prestado atenção à mensagem de Taylor, não teriam mais sucesso em programar o processo de formação de estratégia, mas, ao menos, teriam percebido a futilidade de tentar fazê-lo. Tendo em mente essa consideração final, vamos repensar as suposições básicas do planejamento, com os títulos de a falácia da predeterminação, a falácia do desligamento e a falácia da formalização, fundindo-as todas na conclusão como a grande falácia.

A FALÁCIA DA PREDETERMINAÇÃO

O planejamento assume a predeterminação em vários aspectos: o prognóstico do ambiente por meio de previsão ou sua decretação por meio de ação organizacional, o desdobramento do processo de formação de estratégia no prazo certo ("estratégias sob encomenda") e a imposição das estratégias resultantes a um ambiente submisso, de novo no prazo, com a organização estabilizada para fazer isso por meio de programação. Como Allaire e Firsirotu observaram, "a incerteza é o calcanhar de Aquiles do planejamento estratégico. O planejamento estratégico, da forma como ainda é praticado, é muito propenso ao modo 'prever-e-preparar' para enfrentar o futuro. O plano estratégico é um 'roteiro' com alvo fixo e bem definido, assim como as etapas para alcançá-lo" (1989:7)[2]. Por isso, vamos ver de perto esses aspectos da predeterminação.

William Dimma, CEO de uma importante instituição financeira canadense, declarou simplesmente: "Só conheço quatro maneiras de lidar com o futuro. 1. Ignorá-lo. 2. Prevê-lo. 3. Controlá-lo. 4. Reagir a ele" (1985:22). A primeira e a última delas (pelo menos na ausência das duas do meio) não são planejamento de modo algum. O planejamento, em sua maioria, parece estar preocupado com a segunda, a previsão, embora argumentemos adiante que o planejamento pela terceira maneira pode ser mais predominante. Por isso, passamos a uma discussão de previsão como meio de prognóstico do planejamento.

O desempenho da previsão

Quase tudo o que foi escrito sobre planejamento enfatiza a importância da previsão correta. Não sendo capaz de controlar o ambiente, o planejamento depende da capacidade de prever como estará esse ambiente durante a execução dos planos. É claro que, se o ambiente não mudar e os planejadores reagirem adequadamente – previsão por extrapolação – então não haverá problema. Entretanto, se o ambiente de fato mudar, essas mudanças devem ser previstas. Elas podem ser *regulares*, ou cíclicas, como no padrão anual das estações, ou *descontínuas*, o que significa que acontecem uma única vez, em base *ad hoc*. Isso, como veremos, faz uma imensa diferença.

Parte do problema, obviamente, é prever *qual* tipo de mudança acontecerá, sem falar em prever as mudanças em si. Ao iniciar esta discussão, portanto, seria bom ter em mente o ponto irresistivelmente simples de que "o futuro não existe; como poderia haver conhecimento sobre algo que não existe?" (190)*. É um ponto que Ansoff poderia ter considerado quando escreveu em seu *Corporate Strategy* original: "Vamos nos referir ao período para o qual a empresa é capaz de fazer previsões com uma precisão de, digamos, mais ou menos 20% como o seu *horizonte de planejamento*" (1965:44). No entanto, como é que uma empresa pode prever a precisão de suas previsões (muito menos apenas fazer a previsão em si)? Como, em outras palavras, a previsibilidade pode ser prevista?

Spiros Makridakis é um líder erudito no campo das previsões, autor de vários livros didáticos conhecidos sobre o assunto (p. ex., Makridakis, Wheelwright

---

[2] "Uma estratégia é um roteiro até as metas; isto é, uma reunião dos elementos que, ao serem ligados efetivamente, dão lugar a um plano que move a empresa para as realizações específicas que resolveu empreender" (Sawyer, 1983:37).

* Veja nota de rodapé na p. 23.

e McGee, 1983; Makridakis e Wheelwright, 1989; Makridakis, 1990). Em seu livro de 1990, ele comentou:

> A capacidade de fazer previsões precisas é central para as estratégias de planejamento efetivas. Se as previsões estiverem erradas, os custos reais e os custos de oportunidade... podem ser consideráveis. Por outro lado, se forem corretas, podem proporcionar muitos benefícios – se os concorrentes não tiverem seguido estratégias de planejamento parecidas. (170)

Sua evidência sobre a capacidade de prever, portanto, enunciada especialmente em um artigo com Robin Hogarth, psicólogo, intitulado "Previsão e Planejamento: Uma Avaliação", deve ser muito interessante. Em poucas palavras, "as previsões de longo prazo (dois anos ou mais) são notoriamente imprecisas" (1981:122).

Hogarth e Makridakis citaram uma análise da precisão profética da previsão nas áreas de população, economia, energia, transportes e tecnologia – "caracterizada por muita experiência e especialização em fazer previsões e também dados facilmente disponíveis". Suas "conclusões são pessimistas". Os erros variavam "de alguns pontos percentuais a algumas centenas deles", as preferências eram sistemáticas, e o autor "não conseguiu especificar de antemão que método de previsão, ou previsor, estaria certo ou errado". Assim, "'escolher' uma previsão pode ser tão difícil quanto fazê-la". Em outro documento, Makridakis e Hibon (1979) usaram muitas séries de tempo para examinar a precisão dos vários métodos de previsão: em geral, os métodos mais simples – extrapolação direta, médias móveis simples, etc. – se saíram tão bem quanto os métodos estatísticos mais sofisticados. Como Pant e Starbuck disseram em sua crítica recente a "Métodos de Previsão e Pesquisa": "Em previsão, a simplicidade geralmente funciona melhor que a complexidade. Os métodos de previsão complexos confundem ruídos esparsos com informações. A especialização moderada parece ser tão efetiva quanto a grande especialização" (1990:433).

Hogarth e Makridakis concluíram que "as atividades de planejamento devem aceitar as imprecisões inerentes em previsões de longo prazo" (122). No entanto, como as organizações conseguirão planejar com confiança? Os estudos de Gomer e Dubé discutidos no Capítulo 3 indicaram como uma incapacidade de prever pode minar o planejamento, da mesma forma que nossa discussão das evidências sobre orçamentação de capital, que mostrou como isso abre a porta a preferências para estimar custos e benefícios. (Na realidade, Marsh *et al.*, em seu estudo da orçamentação de capital, "constataram que a extensão da previsão era bastante limitada" [1988:25].) Talvez devêssemos ouvir o conselho de Dimma:

> *Seja cético, não cínico, sobre todas as previsões.* Desconfie intensamente das extrapolações porque em geral são baseadas em suposições simplistas. Desconfie de modelos econométricos e de simulações elaboradas. Mais especificamente, desconfie de modelos assistidos por computador que transmitem um ar espúrio de autenticidade ao exercício, mas são baseados em suposições não menos suspeitas que qualquer método mais rotineiro. Desconfie da elegância e da complexidade. Prefira o bom senso à técnica. (1985:25)

A previsão de descontinuidades

George Sawyer escreveu:

> As mudanças raras vezes ou nunca ocorrem de maneira repentina ou sem um contexto de apoio. O desafio do grupo de previsão é definir o contexto relevante, aprender a interpretar sua evolução e então antecipar e sugerir mudanças que evitem impactos adversos sobre os programas corporativos à medida que ocorrem mudanças externas. (1983:85)

Embora a afirmação a respeito da raridade de surpresa possa ser contestada, aquela sobre a presença de um contexto de apoio parece razoável, e a necessidade de entendê-lo é certamente um desafio. A dúvida é se esse desafio pode ser encarado com sensatez.

Makridakis expressou alguma crença em nossa capacidade de prever padrões repetitivos.

> Os humanos podem prever o futuro observando regularidades (padrões) em determinados fenômenos (o nascer diário do sol ou as estações do ano) ou relações causais (cultivar sementes e produzir colheitas, ou relações sexuais e gravidez). Um pré-requisito de toda forma de previsão, seja por julgamento ou estatística, é que exista um padrão ou uma relação quanto ao evento de interesse. (1990:56)

Contudo, quando se trata de eventos únicos – mudanças que nunca ocorreram, chamadas descontinuidades, como inovações tecnológicas, aumentos de preços, mudanças nas atitudes do consumidor, legislação governamental – Makridakis argumentou que a previsão se torna "praticamente impossível". Em sua opinião, "muito pouco, ou nada" pode ser feito, "senão estar preparado, de modo geral, para... reagir rapidamente quando ocorrer uma descontinuidade" (1979:115).

Herbert Simon escreveu que "as previsões provavelmente só são confiáveis quando feitas dentro de um contexto de um bom modelo estrutural" (1973:2) – nos termos de Makridakis e Wheelwright (1981:122), o método "causal" de previsão, baseado em um bom entendimento das relações de causa-e-efeito. O problema dos eventos únicos é que dificilmente há esse entendimento – o modelo não pode ser construído. Como Rhenman (1973:79) salientou, a menos que o contexto de apoio seja "mais ou menos fechado", há fatores demais que podem interferir para defraudar a previsão. "A retrospectiva muitas vezes se engana em parte porque a história constitui uma amostra pequena" (Pant e Starbuck, 1990:435). Ou, como Kundera salientou em seu romance *A Insustentável Leveza do Ser* (1984), a dificuldade é que só vivemos a vida uma vez: logo que experimentamos algo, e finalmente o entendemos, a tendência é não acontecer de novo!

Como discutido antes, Ansoff dedicou grande parte de seu livro de 1984 à premissa de que os sistemas podem ser projetados para detectar as surpresas estratégicas por meio de sinais fracos. No entanto, será que podem? Em 1952, a empresa Steinberg recebeu um convite para entrar na concorrência para o supermercado que deveria fazer parte do primeiro *shopping center* de Montreal. Sam Steinberg, o fundador e executivo principal, decidiu imediatamente que isso era inaceitável: ele não poderia manter sua taxa de crescimento desejada se tivesse de fazer ofertas para lojas em todos os *shopping centers* novos. Ele próprio tinha de controlar esses *shopping centers*. Então, bem depressa, começou seu negócio nestes e, pela primeira vez, teve de entrar nos mercados de capitais para conseguir os fundos necessários (veja Mintzberg e Waters, 1982). Em retrospecto, tudo parece muito lógico. No entanto, em 1952, o sinal era fraco: quem sabia que os *shopping centers* dariam certo? Sam Steinberg parecia saber. Todavia, algum sistema formal de previsão poderia saber?

Compare essa história com a discussão de Ansoff de seu sistema de "gerenciamento de sinais fracos":

> O conhecimento de cada A/O [ameaça / oportunidade] avançará por meio de estágios típicos: primeiro há uma sensação de turbulência no ambiente, e então a provável fonte de A/O é identificada; depois, uma determinada A/O passa a ser concreta o suficiente para descrever, mas não para estimar todas as suas conseqüências para a empresa. No estágio seguinte de desenvolvimento, torna-se possível desenvolver reações à A/O. As consequências nos lucros podem ser estimadas no estágio seguinte de desenvolvimento, mas as estimativas ainda são incertas, o que significa que se deve atribuir uma probabilidade a cada uma. No fim, pode-se ter certeza... (1984:369)

Bem diferente do que pode acontecer em um instante na mente de um empresário humano! Ansoff prosseguiu e afirmou que "a escolha de se e como responder deve ser determinada, primeiro, comparando a sincronização da A/O com o tempo necessário para reagir e, segundo, comparando o ganho para a empresa em relação ao custo custo de preparar a reação" (369). Tudo parecido com aquelas fórmulas complexas de que os matemáticos precisam para descrever como manter uma bicicleta em posição vertical, algo que qualquer criança de cinco anos pode fazer com facilidade. Ansoff também comentou que "Quando o gerenciamento da emissão de sinal forte torna-se lento demais, deve ser substituído por sinais fracos", como se tudo fosse uma questão de seleção formal de sistemas formais! Vá dizer isso a Sam Steinberg!

É claro que a percepção de uma descontinuidade sutil não é a mesma coisa que andar de bicicleta. Ela é um processo complexo de reconhecimento de padrão, baseado em um profundo entendimento de uma indústria e seu contexto (no exemplo de Steinberg, os hábitos de compra dos consumidores, suas mudanças para os subúrbios e seu uso recém-descoberto do automóvel, etc.). Isso requer de fato um modelo causal muito sofisticado. Que sistema, que técnica sequer foi capaz de construir um desses? Com certeza, há muita pesquisa sobre "inteligência artificial" e, ultimamente, algumas sobre os chamados "sistemas inteligentes". E foram feitas várias afirmações bem ambiciosas sobre nossas capacidades de programar tais processos. Ainda assim, a conclusão que tiramos, a ser discutida no fim deste capítulo, é que em lugar algum existe evidência convincente de que essa forma sofisticada de reconhecimento de padrão de descontinuidades seja receptiva à formalização – ou jamais venha a ser, a esse respeito. Mesmo os sistemas que Ansoff chama de "quase-analíticos", por tentarem, ao menos em parte, programar o processo, possivelmente podem reduzir sua efetividade interferindo com o exercício informal de julgamento humano.

Assim, Ansoff está errado em esperar que os sistemas detectem sinais fracos (além dos tipos mais simples, mais repetitivos, como declínios no crescimento do PIB de um país). Para citar Makridakis e seus colegas:

> O monitoramento de sinais fracos (Ansoff, 1975a) e o gerenciamento de surpresas continuam sendo uma idéia acadêmica de pouco valor prático. É óbvio que sempre há um número quase infinito de sinais fracos no ambiente. Encontrar aqueles sinais cuja influência sobre a organização seja crítica exige capacidades consideráveis que estão muito além das capacidades tecnológicas atuais. (1982:5-6)

E, contudo, pessoas como Sam Steinberg, usando nada além de seus processos de pensamento informal (intuição?), às vezes estão certas. Elas simplesmente têm sorte? Ou têm modelos causais muito sofisticados, construídos em suas mentes ao longo dos anos? Como é possível saber com certeza? Na verdade, até os grandes visionários às vezes entenderam errado exatamente as coisas que no fim os tornaram famosos. "Creio que existe um mercado mundial para cerca de cinco computadores", teria dito Thomas J. Watson em 1948! "Nem em mil anos o homem jamais voará", foi aparentemente a opinião de Wilbur Wright em 1901! (Coffey, 1983). Por isso, a chave para administrar descontinuidades pode ser não necessariamente enxergá-las de imediato, ou mesmo primeiro – embora a história de um Sam Steinberg demonstre que isso certamente não faz mal – mas vê-las a tempo suficiente para agir e fazer isso antes ou, pelo menos, melhor que os demais. Para citar o gracejo de um pesquisador do Ministério das Relações Exteriores Britânico de 1903 a 1950 sobre o tipo oposto de comportamento: "Ano após ano, os provocadores e os atormentadores vinham até mim com previsões terríveis de eclosão de guerra. Eu negava todas. Errei duas vezes!" Duas vezes em meio século pode ser demais!

Nossas conclusões sobre previsão podem mesmo não ser surpresa para quem quer que seja, pois foram reconhecidas há tempos. No primeiro artigo que conseguimos encontrar sobre a estratégia de negócio conforme concebida atualmente, publicado em 1951, William Newman escreveu que "a confiabilidade da maioria das previsões diminui rapidamente à medida que elas são projetadas mais além para o futuro", e ele não quis dizer muito tempo: "Dois ou três meses" poderia ser "razoável" para índices salariais, mas "três ou quatro anos" era "arriscado" (58). Três décadas depois, em uma pesquisa do "estado da arte" do planejamento estratégico em doze empresas, Fahey *et al.* constataram que "todos os praticantes admitiram que no momento fazem um trabalho [de previsão] altamente inadequado. A maioria estava envolvida em implicações de curto prazo de eventos que já tinham acontecido ou preocupada com isso" (1981:37). Como Makridakis resumiu o "paradoxo":

> Apesar de que as previsões podem ser e serão imprecisas [pois "o futuro só pode ser previsto extrapolando o passado, ainda que seja absolutamente certo que o futuro será diferente do passado"] e o futuro será sempre incerto, nenhum planejamento... é possível sem prever e sem estimar a incerteza. (1990:66)[3]

Por que, então, todo o esforço tem sido investido na previsão?

---

[3] As palavras apagadas depois de planejamento são "ou estratégia." No entanto, a estratégia, com certeza, deve ser possível sem previsão, pelo menos a estratégia de natureza emergente.

Previsão como mágica

Leonard Sayles escreveu que "aparentemente, nossa sociedade, como os gregos com seus oráculos de Delfos, fica muito tranqüila em acreditar que 'videntes' muito talentosos afastados do tumultuado mundo da realidade consigam predizer eventos futuros". Na verdade, isso até foi formalizado no que se chamou de técnica Delfhi, na qual as estimativas subjetivas de um grupo de especialistas são compartilhadas e repetidas até se chegar a um consenso. Van Gunsteren referiu-se a seu resultado como "pseudo-informação", usada quando há falta de informação de verdade. A técnica Delfhi "nos dá a 'estimativa conjetural' média de especialistas ignorantes, que então é usada como a melhor previsão científica disponível. Os planejadores se esquecem de que o conhecimento pseudo-científico é muito mais perigoso do que a simples ignorância ou o senso comum" (1976:24).

Em seu artigo sobre "Administração e Mágica" discutido anteriormente, Gimpl e Dakin deram atenção especial à previsão. Eles começaram com um tópico do *Natal Daily News*: "Uma previsão de tempo de longo prazo deve ser obtida antes de se sair, pois as condições do tempo são extremamente imprevisíveis!" (1984:125). Esperamos que o escritor quisesse dizer "variáveis", mas o comentário serve para várias previsões associadas com o planejamento estratégico. Para citar outro dos planejadores da GE: "A mudança básica é tão rápida" que "o planejamento deve ver mais longe, operando com um horizonte de tempo mais distante que antes" (Wilson, 1974:2).

Gimpl e Dakin destacaram o "paradoxo fundamental no comportamento humano – quanto mais imprevisível o mundo se torna, mais procuramos e contamos com previsões e prognósticos para determinar o que devemos fazer" (125). Sua explicação era que muitas previsões são simplesmente parecidas com mágica, feitas por razões supersticiosas e devido a uma obsessão pelo controle que se torna a ilusão de controle. Em suas palavras:

> Nosso ponto de vista é que o encanto da gerência com os ritos mágicos do planejamento a longo prazo, da previsão e de várias outras técnicas orientadas ao futuro é uma manifestação de comportamento supersticioso para diminuir a ansiedade e que a previsão e o planejamento têm a mesma função dos ritos mágicos... eles fazem o mundo parecer mais determinista e nos dão confiança em nossa capacidade de lutar, unem a tribo gerencial e nos induzem a entrar em ação, pelo menos quando os presságios são favoráveis. Além disso, esses ritos podem atuar para preservar o *status quo*. (125)

Sugerir que pôr previsores nas organizações de hoje é semelhante a pôr moças nas cavernas da Delfos antiga pode parecer estranho. No entanto, algumas das evidências que vimos parecem confirmar essa suposição.

Previsão como extrapolação

É claro que existe uma condição em que todas essas dificuldades desaparecem: a estabilidade. Se o mundo ficar parado, ou pelo menos continuar a mudar exatamente da mesma forma que no passado, então a previsão poderá funcionar bem. Afinal, ela só dispõe da evidência do passado para trabalhar a partir daí ("projetar modelos de desempenho passado para o futuro" é o que Ansoff disse quando uniu forças com Eppink e Gomer [1975:13]). Presumivelmente, é por isso que as técnicas simples de extrapolação vão tão bem em relação às mais sofisticadas. Para produzir uma previsão precisa em condições de estabilidade, o previsor precisa apenas concluir que o futuro será igual ao passado.[4] A previsão também pode dar razoavelmente certo se as tendências mudarem de modo favorável para a organização, por exemplo, se os mercados crescerem mais rápido que o previsto. Então, ao menos, extrapolação causará pouco dano. Normalmente, superestimar é o que causa os problemas, por exemplo, projetar uma demanda dos produtos de uma empresa mais elevada do que de fato se concretiza.

Isso pode ajudar a explicar por que os anos 1960 foram um período tão bom para previsores e planejadores – não porque suas técnicas fossem melhores, mas porque as tendências naquele momento eram mais estáveis ou, pelo menos, mais favoráveis aos negócios. (Lembre-se do comentário de Makridakis, citado no Capítulo 4, sobre os 105 meses ininterruptos de crescimento da receita do PIB.) Assim, em um artigo intitulado "A Precisão do Planejamento de Longo Prazo", Vancil informou sobre 16 empresas cujas previsões para cinco anos, datadas de 1964, "vieram a ser somente 84% do volume gerado de fato em 1969" (1983:308). "O planejamento a longo prazo", por isso, "cresceu e floresceu nos anos 1960" (Hogarth e Makridakis, 1981:122).

À medida que os anos 1970 avançavam, porém, especialmente depois que o choque nos preços do petróleo em 1973 foi seguido por novos tipos de recessões, a previsão encontrou dificuldades crescentes. Na verdade, um tipo de comportamento disfuncional passou a ser tão predominante no campo que mereceu um rótulo: previsão de "bastão de hóquei". As tendências descendentes eram extrapoladas por pouco tempo, seguidas por prognósticos ascendentes acentuados, sendo as primeiras previsões e os últimos, esperanças. As coisas tinham de melhorar finalmente (ou, deveríamos dizer, por mágica)! A Figura 5.1 mostra as previsões "bastão de hóquei" das margens operacionais de uma multinacional: por seis anos consecutivos, eles previram a volta para cima, ao passo que a maioria das condições continuou a declinar. Infelizmente, a mágica tinha acabado em sua previsão!

Previsão e "turbulência"

Há uma ironia interessante na capacidade de fazer previsões para extrapolar tendências conhecidas em vez de prever descontinuidades novas, pois exatamente a condição com que a literatura de planejamento fez tanta onda – turbulência no ambiente – é a que é caracterizada por essas descontinuidades e, portanto, exatamente aquela em que o planejamento pode fazer menos.[5]

---

[4] Entretanto, ainda persiste um problema sutil. Brumbaugh pode afirmar que "não existem possibilidades passadas, e não existem fatos futuros" (Bolan, 1974:16), mas como Chester Barnard salientou em uma crítica ao planejamento formal como "exercício ilusório" (1948:164), o passado também é incerto: "O significado da história e experiência" (168) deve ser interpretado, e isso pode não ser fácil.

[5] Godet escreveu em seu livro *Scenarios and Strategic Management*:

> A profunda crise no mundo industrializado começou agora. Esse é o fato surpreendente que acaba com as ilusões remanescentes sobre previsões oficiais. Esta crise não apenas foi imprevista, mas vai durar e crescer, ao contrário do que foi (e continua a ser) proclamado. (1987:3)

Uma proeza espantosa da lógica: as descontinuidades formam o padrão, então passam a ser previsíveis elas mesmas. Daí a própria "previsão oficial" de Godet: turbulência!

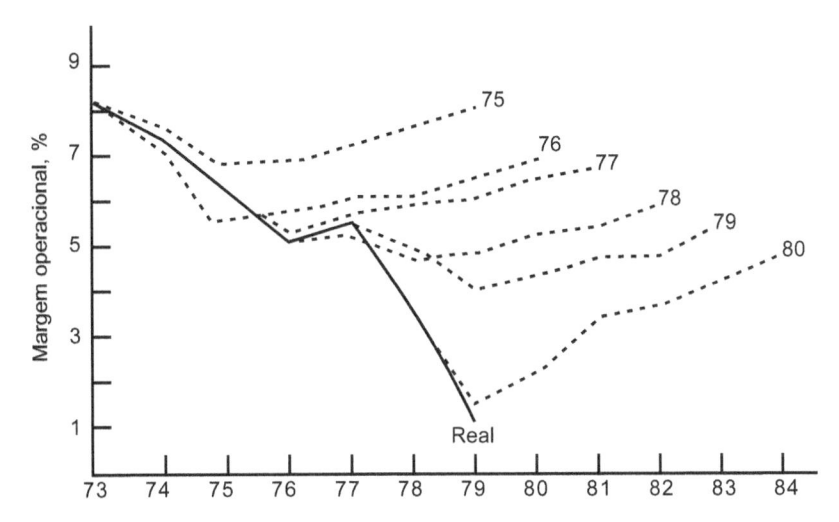

FIGURA 5.1 As previsões "bastão de hóquei" (De "uma multinacional americana entre os *top* 50", em Roach e Allen, 1983:7-13).

Antes argumentamos que todo esse estardalhaço a respeito de turbulência de fato desmente a preferência dos planejadores convencionais por estabilidade, se não as preocupações reais com incerteza (e também com a perda de controle). Agora podemos dizer por quê. As organizações podem precisar do planejamento para as condições de estabilidade, para programar as conseqüências de suas estratégias atuais em suas operações futuras. No entanto, com certeza, não precisam do planejamento para condições de instabilidade. Bem ao contrário, como vimos claramente no estudo de Gomer, ou no comentário de Koch: "Os planejadores podiam apenas ficar sentados inutilmente, enquanto fenômenos, como a crise de energia devastavam suas previsões" (1976:381). Na verdade, os planejadores haviam gritado "lá vem o lobo" com relação a ambientes turbulentos que, quando finalmente algo parecido com aquela condição surgiu, consumiram o planejamento, deixando para trás apenas as entranhas da orçamentação. Eles tentaram reconstituir o planejamento, utilizando métodos de previsão ainda mais extravagantes – procedimentos para lidar com surpresas, análise dos interessados, etc. – mas tudo o que fizeram foi deixar o processo de planejamento muito mais gordo, proporcionando refeições ainda mais apetitosas para o lobo da turbulência.

Conforme argumentamos antes, o ambiente turbulento é geralmente um produto da imaginação dos planejadores convencionais. As condições que merecem um rótulo tão extremo são raras, ao menos nos negócios ocidentais. No entanto, mudanças inesperadas realmente ocorrem. Um ambiente pode ficar estável durante anos, até décadas e, então, de repente, ir tudo para o brejo, e então os planejadores precisam parar de extrapolar.

Como notamos no Capítulo 4, essas condições de supostas turbulências podem ser nada mais que alguma concorrência acirrada, nos últimos anos, por parte de empresas do Extremo Oriente menos apaixonadas por planejamento. Em outras palavras, um concorrente agressivo pode emboscar o melhor dos planos. Considere o número de guerras que foram perdidas seguindo um plano. Em negócios, Rhenman observou a relutância das empresas em adotar a "idéia de 'oponentes'" em seu planejamento (1973:139). Como disse um ex-funcionário da Texas Instruments de seu famoso sistema de planejamento OST: "Eles criaram uma usina de papelada que torna completamente impossível reagir a qualquer coisa que mude com rapidez" (*Business Week*, 1983:57). Até em um ambiente tão restrito quanto um jogo de xadrez, Alexander Kotov escreveu em seu livro *Think Like a Grandmaster*:

> Provavelmente não existe outro conceito estratégico tão importante para um estudioso do jogo quanto o conceito de conceber um plano...
> Tentei jogar de forma planejada, elaborando um plano a partir do início para me levar até o fim, mas apesar de todos os meus esforços e profundo conhecimento do assunto, não cheguei a lugar algum... Quando você encontra um forte oponente inventivo e ele contraria cada uma das suas intenções, não somente por medidas defensivas, mas também com o contra-ataque, não é nem um pouco simples executar um único plano. (1971:147, 150)

Obviamente, forças muito mais simples e menos exigentes do que a concorrência também podem minar o planejamento. Como aquele tempo "imprevisível". Os soviéticos descobriram isso quando controlavam tudo em seus planos, menos o tempo. A natureza interveio, as safras minguaram e o plano virou uma bagunça. Ainda assim, os estados não precisam ser comunistas para sofrer as conseqüências do tempo. Como descrevemos antes, os britânicos tiveram enormes baixas na infame Batalha de Passchendaele na Primeira Guerra Mundial porque, quando o tempo mudou, os planos não mudaram.

A dinâmica da formação de estratégia

Parte da suposição da predeterminação em planejamento estratégico é a idéia de ficar parado. Enquanto o planejamento é feito e os dados históricos são analisados, o mundo espera pacientemente. Depois disso, continua estável, ou pelo menos se desenrola da maneira prevista, para que os planos possam ser implementados convenientemente. Aqui desejamos mostrar que tudo isso também é uma falácia, que o processo de formação de estratégia em geral ocorre justamente *porque* o mundo não fica parado.

Como o planejamento, na ausência de uma capacidade de controlar o ambiente, deve se basear em previsão, e como previsão importa a extrapolação de situações conhecidas, tendências existentes ou padrões recorrentes, ele normalmente funciona melhor em condições de relativa estabilidade. Contudo, acontece que a própria estratégia, por qualquer definição, está associada com essa mesma condição de estabilidade. A estratégia pretendida refere-se ao esforço de impor um curso de ação *estável* à organização, ao passo que a estratégia realizada se refere à obtenção de um padrão *estável* no comportamento de uma organização. Assim, seja deliberada ou emergente, a estratégia trata sempre da estabilidade no comportamento de uma organização. E o planejamento é a mesma coisa, como um veículo para ajudar a estabilizar esse comportamento. Deste modo, estratégia e planejamento podem às vezes se ajustar muito naturalmente. No entanto, não o planejamento e a *formação* de estratégia.

Tenha em mente aquilo que o planejamento estratégico foi promovido para ser: um processo formalizado que é projetado, não para lidar com a estratégia, mas para criá-la. O problema, porém, é que embora a estratégia possa estar associada com condições de estabilidade, a formação de estratégia em geral está associada com períodos de mudança e, além disso, muitas vezes mudança descontínua. As organizações algumas vezes desenvolvem estratégias novas em períodos de estabilidade, talvez porque seu pessoal tenha apresentado idéias novas ou simplesmente porque antes não conseguiam entender mudanças anteriores. No entanto, com mais freqüência, parece que as estratégias são mudadas porque as condições mudam, não cíclica ou regularmente tanto quanto de maneira descontínua. Em outras palavras, normalmente muda-se a estratégia porque alguma coisa fundamental mudou no ambiente, de uma só vez. E exatamente o fato de mudar a estratégia cria sua própria descontinuidade, tanto na organização como no ambiente ao qual é imposta.

Ninguém jamais viu ou tocou uma estratégia. As estratégias, em outras palavras, não existem como entidades tangíveis. São conceitos abstratos, nas mentes das pessoas. E as melhores parecem ser *gestalt* por natureza, plenamente integradas, sejam estratégias pretendidas como padrões sintetizados de preferências antes de empreender as ações[6] ou estratégias realizadas como padrões sintetizados já formados entre as ações. Assim, mudança séria em estratégia geralmente significa mudança na *gestalt* – a *concepção* de uma nova visão de mundo, geralmente baseada em uma mudança permanente das condições, ou pelo menos a *percepção* de tal mudança. De ambos os lados, portanto – dentro e fora da mente – a mudança séria na estratégia costuma estar associada com a descontinuidade, exatamente aquilo com que o planejamento é menos capaz de lidar.

A conseqüência principal é que não importa o quanto o planejamento seja compatível com a estratégia, ele costuma ser incompatível com a formação de estratégia. Como vimos no estudo da Steinberg no Capítulo 3, o planejamento estratégico não criou a estratégia tanto quanto seguiu a estratégia criada por outros meios: ele programou as conseqüências da estratégia determinada, em termos dos fundos a levantar, instalações a construir, trabalhadores a contratar, orçamentos a preparar e assim por diante. Podemos chamar isso de *planejamento determinista*: especificar um determinado curso de ação para a organização. (Ansoff o chamou de "planejamento do compromisso" [1970:16].)

As condições que cercam o processo de formação de estratégia podem ser dinâmicas, mas a suposição geral de grande parte da literatura de planejamento é que o processo em si não é dinâmico: é um processo sem pressa, que se desenrola em uma programação predeterminada, com formulação cuidadosamente considerada seguida por implementação controlada com rigor. Por causa das intenções de longo prazo do planejamento (ou talvez das pretensões de curto prazo dos planejadores convencionais), as organizações costumam relaxar e arquitetar o futuro em ritmo vagaroso, porém no prazo certo. As estratégias, deste modo, aparecem em períodos predeterminados, pipocando quando esperado, plenamente desenvolvidas, prontinhas para a implementação, com esse processo também no

---

[6] Andrews, por exemplo, usou a palavra padrão em sua definição de estratégia como pretendido: "Para nós, estratégia é o padrão de objetivos, propósitos ou metas e as principais políticas e planos para atingir essas metas, expressa de forma a definir o negócio em que a empresa está ou deve estar e o tipo de empresa que ela é ou deve ser" (Learned *et al.*, 1965:17).

prazo certo. É quase como se as estratégias tivessem de ser concebidas de maneira imaculada. Exceto em que aqui, por ironia, parece estar firmemente instalada uma forma de controle burocrático da natalidade. Obtemos as tais "estratégias sob encomenda!"

Muito bem, tudo isso é ficção. Se a pesquisa empírica, de um jeito ou de outro, nos ensinou algo a respeito da formação de estratégia, é que o processo é fundamentalmente dinâmico, correspondendo às condições dinâmicas que o dirigem. Ele prossegue no seu próprio ritmo, por meio do que é melhor descrito como uma forma de aprendizado (p. ex., Quinn, 1980a; Pascale, 1984; Mintzberg, 1978; Mintzberg e McHugh, 1985; veja também nossa crítica a escola do *design* em Mintzberg, 1990a). Se as estratégias representam estabilidade, então formação de estratégia é interferência: ela costuma ocorrer irregular e inesperadamente, perturbando padrões estáveis devido a descontinuidades imprevistas, sejam elas determinadas por ameaças no ambiente externo ou oportunidades em uma mente gerencial. "As idéias novas não se originam de acordo com um cronograma," escreveu Anthony em 1965 (39).

Sob esse aspecto, é irônico que um dos conceitos mais atraentes relativos à resposta estratégica – a *janela estratégica*, isto é, o pouco tempo que uma organização pode ter para explorar uma oportunidade passageira – tenha vindo da pena de um partidário entusiasta da escola de planejamento (Abell, 1978). O conceito é bom, mas não para o planejamento, que prefere manter as janelas hermeticamente fechadas até chegar a hora da faxina da primavera.[7] Assim, em um fim de semana fatídico em 1933, depois que Sam Steinberg descobriu que uma de suas oito lojas estava perdendo dinheiro, ele a fechou na tarde de uma sexta-feira, converteu-a para auto-atendimento, cortou os preços em cerca de 25%, mudou seu nome, imprimiu e distribuiu folhetos na área e reabriu na segunda de manhã. Isso é mudança estratégica! Depois disso, em suas próprias palavras, "crescemos como capim" (Mintzberg e Waters, 1982:482-483). Ainda bem que Sam Steinberg não tinha um sistema de planejamento para discutir!

Os planejadores convencionais são rápidos em condenar a "administração por crise". Preferem descrever os administradores como regentes de orquestra, em pé lá no pódio dirigindo todo o sistema em harmonia controlada e organizada. A imagem é, com certeza, apropriada ao planejamento formal. No entanto, não à verdadeira administração. Para citar Len Sayles, um homem que dedicou grande parte de sua carreira a pesquisar o trabalho gerencial:

> A obtenção de... estabilidade, que é o objetivo do administrador, é um ideal inatingível. Ele [o administrador] é como um regente de orquestra sinfônica, se esforçando para manter um desempenho melodioso em que as contribuições dos vários instrumentos são coordenadas e seqüenciadas, padronizadas e ritmadas, enquanto os membros da orquestra estão tendo várias dificuldades pessoais, os operários cênicos estão mexendo nas estantes das partituras, a alternação de calor e frio excessivos está criando problemas para a platéia e para os instrumentos e o patrocinador do concerto está insistindo em mudanças absurdas no programa. (1964:162)

---

[7] Abell tentou conciliar o problema afirmando que "o investimento em uma linha de produtos deve ser programado para coincidir com os períodos em que uma dessas janelas estratégicas esteja aberta". (21). No entanto, como se pode saber com antecedência quando isso acontecerá?

Nossa própria pesquisa sobre o trabalho gerencial (Mintzberg, 1973) indicou que os gerentes passam boa parte do seu tempo respondendo a perturbações persuasivas. Elas parecem surgir, não somente porque os gerentes fracos deixam os problemas se deteriorarem, mas também porque os gerentes bons promovem mudanças que são necessariamente desorganizadoras. Os gerentes eficientes não são aqueles que evitam todas as crises, mas os que aproveitam de maneiras oportunistas as crises que sabem que não conseguem evitar, como Sam Steinberg fez em 1933. (Afinal, ele poderia ter simplesmente fechado aquela loja problemática. Isso, com certeza, teria sido mais compatível com os planos das outras sete lojas, se eles existissem.)

O que isso põe em dúvida é a distinção aceita em planejamento entre questões que são estratégicas a longo prazo e táticas a curto prazo. Decisões tomadas para fins imediatos sob pressões de curto prazo – seja controlar uma crise ou aproveitar uma oportunidade – podem ter as mais duradouras e estratégicas das conseqüências (como no exemplo de Steinberg). Da mesma forma, decisões "estratégicas" aparentemente momentâneas podem às vezes sibilar como um balão furado. A dificuldade na distinção estratégia-tática é que nunca se sabe qual é qual até toda a poeira assentar. Contudo, o planejamento tem de supor que se saiba isso mesmo antes de a poeira começar a levantar.

É essa característica dinâmica da formação de estratégia que ajuda a explicar porque o próprio trabalho gerencial tem sido considerado tão dinâmico: tão agitado em seu ritmo ("uma droga de coisa atrás da outra"), tão caracterizado pela interrupção (raramente meia hora sem interrupção [Stewart, 1967]), tão predisposto a informações correntes, verbais; tão breve na duração de suas atividades e tão desordenado em seus padrões (Mintzberg, 1973:Capítulo 3). Como concluímos em nosso estudo do trabalho de cinco executivos-chefes:

> A pressão do ambiente gerencial não estimula o desenvolvimento de planejadores reflexivos, apesar da literatura clássica. O trabalho cria manipuladores adaptáveis de informações que preferem a situação concreta, real. O gerente trabalha em um ambiente de resposta a estímulos e desenvolve, em seu trabalho, uma clara preferência por ação de verdade. (Mintzberg, 1973:38)

Tudo isso é anátema para planejadores convencionais, cuja resposta é tentar "corrigir" esse comportamento, por exemplo, programando longas sessões de planejamento de longo prazo, talvez como retiros no campo. Assim, Blass pediu uma "mudança geral no estilo gerencial", a fim de "programar períodos deliberadamente significativos longe do caixa de entrada do expediente e do telefone para que o pensamento e a antecipação substituíssem a correria e a reação" (1983:6-7). Por não fazerem isso – acharem que "muitos gerentes são incapazes e têm má vontade para planejar", como Abell e Hammond colocaram (1979:434) –, alguns planejadores tentam ignorar os gerentes, fazendo eles mesmos tanto "planejamento estratégico" quanto possível. Dessa maneira, como vimos, os gerentes seniores precisam apenas revisar os documentos resultantes (em doses sumárias) durante um ou dois dias ocasionais. E então os planejadores fingem que criaram a estratégia (até o presidente escapar e fazer uma aquisição de vulto).[8]

---

[8] Como, de fato, fez Reginald Jones, que, como executivo chefe da General Electric, pode ter sido o maior defensor do planejamento de todos. Em completa desconsideração dos próprios planos de sua empresa, ele se levantou e fez "na época... a maior aquisição que jamais aconteceu nos Estados Unidos":

O problema de tudo isso é que os gerentes trabalham em um "caos calculado" (F. Andrews, 1976). Eles o fazem não porque sejam desorganizados ou não saibam como fazer uso de suas secretárias para peneirar interrupções, ou mesmo porque não consigam reconhecer a importância do planejamento reflexivo, mas exatamente pela razão oposta: porque sabem que somente trabalhando dessa maneira podem ter esperança de conseguir desenvolver estratégias em um cenário dinâmico. (E se não conseguirem, o problema não será uma ausência de planejamento formal, mas de capacidade gerencial, ou, como veremos, do desligamento dos gerentes do contexto.) Por exemplo, chocados pela freqüência de interrupções em seu trabalho durante nosso estudo dos executivos-chefes, começamos a perceber que eles positivamente estimulavam isso. Em parte, sem dúvida, estavam envolvidos nas pressões e no ritmo de seu trabalho (por exemplo, seu inevitável acúmulo de obrigações). Entretanto, em parte, também eram suscetíveis à natureza imprevisível das situações ao seu redor, à necessidade de ficar responsivo às mudanças que estavam sempre se revelando. Da mesma forma, constatamos que as informações verbais eram preferidas, pois eram mais rápidas, mais atuais e mais ricas em conteúdo (conforme discutiremos).

Assim, embora as estratégias em si sejam, por definição, estáveis, e os ambientes possam ser mais ou menos estáveis, o processo de formação de estratégia deve ser sempre dinâmico, precisamente porque trata de mudança e nunca se pode saber quando e como os ambientes mudarão. (Em nossos estudos, as situações algumas vezes permaneceram praticamente estáveis durante décadas, somente para desmoronarem em uma questão de semanas.) Essa é outra razão por que o planejamento é inadequado na formação de estratégia.

Previsão como controle (e planejamento como decreto)

Existe uma condição na qual todos esses argumentos pareceriam enfraquecer e os do planejamento, se manter. Isso acontece quando a organização tem poder para impor seus próprios planos ao seu ambiente. Para repetir a palavra favorita de Karl Weick, ela pode "decretar" seu ambiente (1979). Com isso, pode planejar a seu bel-prazer e implementar os planos conforme o cronograma e até mesmo permanecer consistente depois disso, ignorando os sinais de fora se assim desejar. Na verdade, uma organização assim nem precisa se preocupar com previsão, pois seus planos são suas previsões! O que ela especifica determina o que o ambiente faz.[9] Também, justamente por isso, o planejamento volta para a sua condição

---

... o movimento estratégico mais importante de Reg Jones, a aquisição da Utah International em 1976, não foi feito devido à análise fornecida pelo método de portfólio do planejamento estratégico da GE. Jones explicou: "Esse foi um tipo de decisão *ad hoc* que aconteceu graças ao aparecimento de uma oportunidade fortuita... É verdade que, após instalarmos nosso planejamento estratégico e começarmos a buscar áreas de crescimento e diversificação, essa companhia de mineração não chegou até nós pelos nossos próprios exercícios de planejamento estratégico. O negócio evoluiu porque Ed Littlefield (presidente da Utah) era um membro estimado do Conselho de Diretores..." (Hamermesh, 1986:195).

[9] Makridakis e Wheelwright preferiram chamar isso de previsão "normativa" ou "teleológica", que "supõe que as pessoas não são agentes passivos, mas, ao contrário, podem e devem desempenhar um papel ativo na formulação do futuro" (1981:122). Isso, entretanto, parece abusar demais da palavra previsão.

preferida de estabilidade, mas aqui em virtude de seus próprios esforços: ele define a forma de estabilidade desejada e então a impõe a um ambiente benevolente. De acordo com o que poderíamos chamar de *planejamento por decreto*, a obsessão pelo controle encontra sua perfeita morada.

Belo trabalho, se o conseguir. Alguns tentam de verdade, e até têm êxito durante algum tempo. A União Soviética tentou controlar tudo por meio de planejamento e teve um certo sucesso (em conceber seus planos, se não em aumentar sua produtividade usando-os) enquanto o tempo e as classes populares aquiesceram. O planejamento por decreto requer algum tipo de sistema fechado, pelo menos em uma direção: a organização pode ser capaz de influenciar o ambiente, mas o ambiente não pode afetar seriamente a organização. O tempo deve ser controlável (ou irrelevante), os cidadãos ou funcionários devem trabalhar diligentemente, os concorrentes devem cooperar (isto é, não deve haver concorrentes de verdade), etc. Na "moderna teoria do planejamento... o governo é visto como um 'sistema fechado' que pode ser organizado em termos cibernéticos" (Dyson, 1975:170).[10]

Infelizmente, sistemas totalmente fechados não existem. Quando o tempo muda de forma imprevisível ou a economia recua de repente, ou os trabalhadores, cidadãos, ou concorrentes desenvolvem idéias por conta própria, o planejamento cuidadoso pode desmoronar, como fez, ironicamente, nos estados comunistas e também em corporações americanas.

Não obstante essas experiências, o planejamento por decreto sempre teve seus partidários, mesmo no setor privado. Por exemplo, Ackoff escreveu em um artigo intitulado "Além da Previsão e Preparação" que o "controle é obviamente mais desejável do que a previsão e a preparação daquilo que não controlamos": "O futuro é altamente sujeito à criação; ele pode ser preparado. Quanto mais dele pudermos criar, menos dele precisamos prever ou prognosticar" (1983:62, 61). Na verdade, Eric Rhenman, um astuto observador de comportamento de negócio, argumentou que somente o planejamento por decreto, não o planejamento determinista, pode ter êxito, pois ter de se basear em previsão é inaceitável: "As corporações", com o que ele queria dizer organizações que estabelecem suas próprias direções estratégicas

> devem dominar seu ambiente se quiserem ser capazes de cumprir seu próprio planejamento (estratégico) interno. Só assim a corporação consegue compensar a incerteza inevitável de toda previsão ambiental... Uma organização que não consegue dominar seu ambiente desta maneira, mas que se comporta como se pudesse prever acontecimentos ambientais e faz planos operacionais de longo prazo para isso, quase certamente topará com sérias dificuldades. (1973:79-80)

Ou como o conhecido filósofo Eric Hofer colocou mais sucintamente: "A única maneira de prever o futuro é ter poder sobre ele" (Ansoff, 1979a:196).

Ainda assim, mesmo até quando isso dá certo, devemos perguntar: decreto a que preço? Planejamento a que preço? Que tipo de sociedade criamos quando promovemos tal planejamento?

---

[10] Veja também nossa discussão da configuração de poder em um sistema fechado (Mintzberg, 1983:Capítulo 19), a forma da burocracia do tipo máquina que procura se isolar da influência externa.

Os estados comunistas nos forneceram uma resposta para o setor público (veja também nossa discussão de "planejamento e liberdade" nas páginas 143-146). E a resposta para o setor privado não é diferente. John Kenneth Galbraith escreveu um livro inteiro, já mencionado, para insistir que as corporações gigantes – que ele considerava oligopólios, relativamente livres de concorrência séria – se engajavam em planejamento para decretar seus ambientes. Referindo-se a elas como os "novos estados industriais", ele argumentou que eram elas que tornavam o planejamento tão famoso na América.

> Além de decidir o que o consumidor quer e paga, a firma deve tomar toda providência cabível para garantir que o que decidiu produzir seja desejado pelo consumidor a um preço compensador. E ela deve garantir que a mão-de-obra, os materiais e os equipamentos de que precisa estarão disponíveis por um custo consistente com o preço que receberá. Deve exercer controle sobre o que é vendido. Deve exercer controle sobre o que é fornecido. Deve substituir o mercado pelo planejamento. (1967:23-24)[11]

Observe o ano da publicação de Galbraith: 1967. Era o momento ideal para o planejamento por decreto na América. As coisas não foram tão bem desde então, entretanto, pensando bem, as crises de energia, o advento da concorrência japonesa, uma certa desregulamentação e a perda de animação nas economias ocidentais. Isso não quer dizer que o planejamento por decreto tenha desaparecido: ainda há organizações em nichos confortáveis (por exemplo, com proteção por patente), alguns serviços públicos com poderes monopolistas, determinados departamentos do governo que podem impor suas estratégias aos cidadãos e assim por diante.[12] No entanto, para os demais, provavelmente a vasta maioria, que não podem decretar seus ambientes nem prevê-los, a vida não tem sido tão fácil no departamento de planejamento. Entretanto, em vez de desistir, muitos decidem elaborar: substituir previsão direta por construção de "cenário" mais sofisticado e planejamento determinista simples por planejamento de contingência "mais complexo".

Cenários em vez de previsões

A construção de cenários, outra "ferramenta" no "arsenal do estrategista", para citar Michael Porter (1985:481), baseia-se na suposição de que, se não se pode prever o futuro, então, especulando sobre vários deles, pode-se chegar ao futuro correto. Porter dedicou um capítulo de seu livro ao assunto, descrevendo um cenário como "não uma previsão, mas uma estrutura futura possível", envolvendo a

---

[11] Steiner nos dá um exemplo perfeito dessa maneira de pensar, embora seu vocabulário seja um tanto eufemístico: "Franklin Mint... descobriu uma demanda insatisfeita por moedas e metais produzidos especialmente para serem colecionados, mas foi necessário um grande esforço de *marketing* para convencer os colecionadores de que tinham essa necessidade" (1979:185-186).

[12] A Hydro Quebec, uma poderosa empresa estatal de eletricidade no Canadá, deu um exemplo maravilhoso no começo de 1987. Pediu ao governo uma garantia de aumentos regulares de 5% na tarifa durante os próximos 20 anos! (E isso com a alegação de precisar ser administrada como uma empresa eficiente! Que empresa de verdade – leia-se competitiva – pode controlar seus preços em 20 meses, quanto mais 20 anos?)

identificação de incertezas, a determinação de fatores causais que as dirigem e a formação de uma gama de suposições possíveis sobre cada uma combinadas no cenário (448, 449).

Nos últimos anos, houve muito interesse em construção de cenário, estimulado em parte por um artigo de Pierre Wack sobre o desenvolvimento de um cenário na Royal Dutch Shell que descrevia a natureza (se não a ocasião) da mudança no mercado mundial de petróleo ocorrida em 1973. No relato de Wack da experiência da Shell, o leitor fica sabendo da complexidade e sutileza que um exercício assim pode ter, dependente tanto de um julgamento quanto da análise formal. Comparados ao planejamento tradicional, "os cenários focalizavam menos a previsão dos resultados e mais a compreensão das forças que no fim levariam a um resultado; menos números e mais *insight*" (1985a:84).

Entretanto, isto não é simples. Primeiro, há o problema de decidir quantos cenários construir. Quanto maior o número, melhores as chances de um dar certo. Contudo, o tempo dos planejadores não é ilimitado, e nem a capacidade mental do gerente para considerar todas as possibilidades. Os planejadores, em outras palavras, precisam de cenários suficientes para cobrir não somente as contingências importantes prováveis, mas também as possíveis, ainda que em quantidade suficientemente pequena para serem gerenciáveis (literalmente). Em uma nota de rodapé, Wack afirmou que "seis é demais" (82). No entanto, qual é o número de configurações possíveis que um ambiente pode lançar para uma organização? Alguém sabe?

Outro problema é o que fazer depois que vários cenários foram construídos. Porter sugeriu cinco possibilidades: apostar no mais provável, apostar no mais benéfico para a empresa, resguardar-se a fim de obter resultados satisfatórios não importando qual deles seja, preservar a flexibilidade ou sair e exercer influência para tornar realidade o cenário mais desejável. Sendo incapaz de fazer o último (decretação), a escolha não é fácil. Resguardar-se ou permanecer flexível tem seus próprios custos, principalmente na falta de comprometimento com uma estratégia clara. No entanto, apostar implica riscos. Quem sabe se algum dos cenários acontecerá? E como Wack mostrou em alguns detalhes, mesmo quando os planejadores estão bem seguros de que um de seus cenários está no caminho certo – como ele afirmou que estavam na Shell – persiste o problema de convencer a gerência a fazer algo a respeito.

O cenário favorecido pelo grupo de Wack "era muito diferente da visão do mundo então predominante na Shell", que ele "caracterizou em linhas gerais como 'explorar e perfurar, construir refinarias, encomendar navios petroleiros e expandir mercados'" (82). De acordo com o cenário que ele considerava mais provável, os gerentes a montante, encarregados de exploração e produção, tinham de aceitar a possível perda de sua base de lucro tradicional e tinham de desenvolver novas relações com países produtores, enquanto os gerentes a jusante, encarregados da refinação, do transporte e da comercialização, tinham de enfrentar o crescimento menor. Mudar a visão do mundo dos gerentes demonstrou ser "uma tarefa muito mais difícil" (84) que construir de fato o cenário. Entre outras coisas, eles precisaram construir cenários "de desafio" e "fictícios" (82, 86). Seu grupo acabou conseguindo, como ele disse, pois os comportamentos gerenciais mudaram. Todavia, talvez mais importante, a mudança na visão do mundo, na opinião de Wack, capacitou os gerentes dessa empresa descentralizada a tratar da crise com mais eficiência quando ela aconteceu, em 1973.

As estratégias são o produto de uma visão do mundo. Quando o mundo muda, os gerentes precisam compartilhar uma visão comum do novo mundo. Caso contrário, as decisões estratégicas descentralizadas irão resultar em uma anarquia gerencial. Os cenários expressam e comunicam esta visão comum, uma compreensão compartilhada das novas realidades para todas as partes da organização. (89)

A Shell, como Wack descreveu em sua experiência, era uma organização afortunada, talvez uma organização singular, dada a sofisticação dos construtores de cenários e sua capacidade de convencer a gerência da necessidade de mudar. Talvez possamos concluir que esse é um exemplo de *planejadores* na sua melhor forma – mas não de planejamento, pois o exercício produziu insumos analíticos (na verdade, o que Ansoff chamaria de quase-analíticos) para os administradores, mas não constituiu uma tentativa de formalizar o processo de formação de estratégia em si. (De fato, não está claro se ele constituiu mesmo uma construção de cenário em si, porque, conforme próprio relato de Wack, no decorrer do exercício, o grupo se agarrou a uma determinada visão do futuro e a promoveu muito: "Agora vimos a descontinuidade como predeterminada" [84].)

O relato de Wack não mostra como o fracasso nesses exercícios é comum, tanto nos cenários construídos como nos comportamentos evitados. De um lado, poucos grupos parecem ser tão competentes quanto Wack e seus colegas para acertar as coisas com precisão, especialmente em um conjunto de circunstâncias tão complexo. (Talvez seu caráter excepcional seja por que a *Harvard Business Review* decidiu publicar o artigo de Wack em primeiro lugar e por que ele, em seguida, se tornou tão conhecido.) Outros grupos são algumas vezes menos astutos, mais dependentes de dados factuais com exclusão de julgamento subjetivo, ou talvez simplesmente menos informados. Ou então eles apenas enfrentam ambientes sujeitos a distúrbios mais aleatórios (inovações tecnológicas inesperadas, guerras imprevistas, substituição de participantes principais, etc.). Para Wildavsky, o futuro "é uma infinidade de possibilidades ramificadas" (1971:104). Ou como March colocou:

> Como há tantos eventos futuros muito improváveis que se pode imaginar, e cada um deles é tão implausível, geralmente os excluímos de nossas previsões mais cuidadosas, embora saibamos que alguns deles certamente ocorrerão. Por isso, nossos planos são baseados em um futuro que sabemos, com certeza, que não será realizado. (1981:572)

Por outro lado, existem grupos que fazem isso bem em condições em que pode ser feito, como o de Wack, mas então fracassam porque não conseguem influenciar o comportamento necessário, isto é, convencer a gerência a concordar com a previsão e agir de acordo com ela. Wack, de fato, teve dificuldades com os gerentes do segundo escalão da Shell. Em um ponto, "o pacote do cenário havia despertado algum interesse intelectual, mas não tinha conseguido mudar o comportamento em grande parte da organização Shell" (84). No fim, Wack pode ter superado isso, mas existem histórias famosas de planejadores que não conseguiram:

> Em 1936, os exercícios e treinamentos de guerra nas ilhas do Havaí haviam sido planejados com base em um ataque de surpresa sobre Pearl Harbor... definido como ataque aéreo de surpresa pelo Japão. O G-2 tinha um plano conhecido como "Oran-

ge", para preparar a defesa contra um ataque assim. O general e o almirante no comando das unidades aéreas no Havaí haviam aprovado as condições para essa defesa. No entanto, as rotinas organizacionais verdadeiras prosseguiram sem considerar esse exercício de planejamento... Apesar de dois alertas em julho e outubro de 1941, "antes de 7 de dezembro, Short [o Comandante das Tropas] não fez qualquer treino ou alerta no sentido de que as caixas de munição fossem abertas. (Allison, 1971:92, citando Wholstetter)

Ansoff observou em seu livro de 1984, que "a observação, assim como alguns estudos recentes das reações à crise do petróleo, mostra que muitas empresas que fazem previsões exibem o mesmo comportamento procrastinador das empresas reativas", mesmo aquelas que usam "cenários" e outras técnicas "especificamente dirigidas para... descontinuidades estratégicas" (317). Ele atribuiu o problema a demoras de quatro tipos: aquelas devido aos sistemas, à expectativa de verificação, à política e à rejeição do que não é habitual. Uma demora nos sistemas envolve "o tempo consumido para observar, interpretar, conferir e transmitir informações aos gerentes responsáveis" (316). As outras demoras acontecem porque a gerência pode considerar "as informações de deflagração... conjeturais," sendo "imprudente e tolo responder a 'meras especulações' sobre o futuro"; porque a gerência pode se sentir politicamente ameaçada pelas informações e porque, psicologicamente, os gerentes "podem se recusar a levar a sério uma ameaça vaga que não tem precedente em experiência anterior" (318). Considerando-se todos os aspectos, a probabilidade de fazer tudo certo na construção de cenários não parece grande, talvez explicando por que "o planejamento de cenários foi pouco desenvolvido" (Wack, 1985b:139).

Planejamento de contingência em vez de planejamento determinista

É claro que a construção de cenários é apenas a primeira etapa. Se o planejamento estratégico deve prevalecer, então os cenários devem ser formalmente fatorados nos planos da organização. Transformar um conjunto de cenários em um plano determinista obviamente não faria muito sentido, a não ser que haja confiança irresistível em um deles (como na experiência da Shell). O que corresponde à construção de cenários, portanto, é o *planejamento de contingência*, a criação de planos alternativos para lidar com diferentes cenários.[13] Assim, a organização consegue estar preparada para qualquer cenário que possa ser confirmado.

Tudo isso parece bom na teoria. A prática, porém, apresenta vários problemas. O planejamento de contingência pode funcionar quando as possibilidades são limitadas e cada uma delas é bem estruturada, baseada em longa experiência – como na ocorrência de tempestades de neve nas cidades do norte ou nas mudanças das taxas de juro do governo que afetam um banco. Contudo, o planejamento de contingência apresenta vários problemas em contextos mais abertos, em que o

---

[13] Essa poderia ser acrescentado como a sexta da lista de Porter de respostas possíveis, embora ele a mencionasse como uma pista em sua discussão de construção de cenários, rejeitando-a como "rara na prática" pois as empresas "que enfrentam incerteza considerável... costumam selecionar estratégias que preservam a flexibilidade..." (1985:446).

conhecimento das contingências possíveis é limitado. Como já foi observado, independentemente de quanto é investido em tal planejamento, a contingência que de fato surge pode nunca ter sido considerada, ou pelo menos delineada. Para citar Makridakis, "as considerações práticas proíbem a consideração de todas, menos um pequeno número de ["inúmeras" possibilidades que podem surgir]" (1979:106). E mesmo as consideradas podem vir a ser "programas pré-embalados para responder de maneiras precisas a estímulos que nunca ocorreram exatamente como esperado" (Quinn, 1980a:122). É claro que, em alguns casos, as conseqüências são tão importantes que é preciso fazer o esforço de qualquer jeito, como no planejamento de contingência para a morte súbita de um executivo-chave.

Os problemas menos óbvios dizem respeito ao comprometimento, o qual o planejamento de contingência pode arruinar, de dois modos muito diferentes. Apesar da sugestão de Porter para se resguardar, é difícil atuar diante de vários cenários. As organizações funcionam com base em compromisso e mentalidade. Em outras palavras, são as pessoas determinadas e inspiradas que fazem as coisas. Encarar uma possibilidade "por um lado, pelo outro" dificilmente cria esse espírito. Isso, presumivelmente, é uma razão por que, como Wack observou, os gerentes "anseiam por algum tipo de 'limitação'" (1985b:139). O planejamento de contingência corre o risco de causar "paralisia por análise", já que os gerentes são estimulados a esperar, não a agir. Como Weick colocou, as pessoas que "cultivam a adaptabilidade futura e sacrificam a adaptação atual... vivem em um eterno estado de mobilização e solidão, conseguindo lidar com tudo, menos com o próximo cliente que entrar pela porta da frente" (1979:247). Isso é parecido com a descoberta de Dubé (1973) de que o exército canadense planejava quando não tinha nada para fazer e jogava fora seus planos quando precisava agir.

Mais sutil, mas muitas vezes mais sério, é o problema oposto ao comprometimento: a organização executa um plano de contingência não porque precisa, mas porque o tem. Todos nós carregamos em nosso carro um estepe para o caso de um pneu furado, como o exemplo de Ackoff (1983:63) para o planejamento de contingência. No entanto, não furamos um pneu bom para que possamos usá-lo. O mesmo nem sempre é verdade nas empresas, cujo equivalente a um pneu furado pode ser um departamento comprometido com a execução do plano de contingência. Assim, há alguns anos (17 de dezembro de 1971), a revista *Time* noticiou a história de alguns bombeiros no Texas que atearam fogo em prédios abandonados porque estavam entediados. Menos frívola foi a história dos Boinas Verdes, estabelecidos como "forças especiais" para lutar como guerrilheiros, caso fossem necessários. Infelizmente, no Vietnã, eles se fizeram necessários: o plano de contingência tornou-se auto-realizado. Para citar Halberstam sobre a história mais ampla:

> O ano de 1964 foi estranho, a calmaria antes da tempestade; a burocracia estava, em uma frase que a guerra do Vietnã ajudaria a criar, fazendo o que devia, planejando sem cessar, guardando opções. Os militares estavam começando a inspecionar os locais de bombardeios e, no fundo das entranhas do Pentágono, homens treinados do estado-maior que sabiam alguma coisa sobre planos de contingência estavam trabalhando no que poderia ser necessário se decidíssemos entrar na guerra, e se precisássemos de tropas em terra, e, neste caso, quais unidades iriam e quais unida-

des da reserva poderiam ser convocadas. Tudo possibilidade, é claro, mas o Pentágono estava pronto. (1972:398)[14]

Obviamente, por causa das pressões para agir e de um entendimento superficial de uma situação nova, que resposta mais conveniente do que sacar os planos de contingência disponíveis? Eles pelo menos satisfazem à necessidade dos líderes de fazer *algo* e às necessidades dos planejadores de ser úteis. Mesmo se os planos não se ajustarem exatamente. De novo, o mito abstrato proporciona um substituto conveniente para a realidade confusa.

Para concluir a discussão desta primeira falácia, a predeterminação funciona bem quando o mundo do planejamento é estável, ou pelo menos as tendências são favoráveis, de modo que a organização possa extrapolar previsões, assim como as próprias estratégias existentes. Ela também funciona bem (no mínimo para a organização) quando o mundo está sob o controle da organização e de seus planos, para que as estratégias possam ser impostas a um ambiente benevolente, decretando, na verdade, quaisquer que sejam as "previsões" feitas. A construção de cenário seguida por planejamento de contingência pode funcionar bem quando as incertezas do mundo são poucas e certas. Em outras palavras, quando se reduzem a uma incapacidade de prever que várias opções bem definidas irão de fato acontecer (supondo que tal planejamento não promova nem inércia nem a invocação de um plano só porque ele existe). Ela também funciona, talvez, quando pode ser feita com a sofisticação descrita por Wack – dificilmente nem tão comum. Caso contrário – e isso engloba muito comportamento – a suposição da predeterminação do planejamento revela-se uma falácia.

A FALÁCIA DO DESLIGAMENTO

Como vimos, uma das principais suposições em planejamento é a de desligamento, particularmente da estratégia das operações e, por isso, do que é chamado de planejamento estratégico do gerenciamento das operações. Anteriormente, citamos Jelinek a respeito dos benefícios de "abstrair" a administração das operações do dia-a-dia: "a verdadeira direção do planejamento" torna-se "possível exclusivamente porque a gerência não está mais inteiramente imersa nos detalhes da própria tarefa" (1979:139). Em vez disso, ela pode se concentrar nos assuntos "estratégicos" realmente importantes, de longo prazo.

Não foram poucos os consultores de administração que levantaram essa bandeira. "Uma empresa de consultoria... informou a seu cliente que os executivos da empresa deveriam entregar a administração operacional diária aos seus subordinados e dedicar a maior parte do seu tempo a planejar para o futuro" (Blass, 1983:6-7). Ou, melhor ainda, "algumas empresas têm pensado seriamente em codificar seus bancos de dados, para que, na consulta de um executivo sênior sobre uma questão de detalhe, ele mostre: 'Você está acima do nível autorizado por esta empresa para ter esta informação'" (Tilles, 1972:68).

---

[14] O mesmo fenômeno na Inglaterra parece ter ajudado a pôr a Primeira Guerra Mundial em seu desastroso caminho: "apesar de muita relutância no gabinete britânico... os planos determinaram a ação que os britânicos de fato empreenderam" (Steinbruner, 1974:133).

Talvez o mais grosseiro de todos fosse este comentário feito por um executivo britânico:

> ... o executivo principal de um famoso grupo mundial de consultores em administração se esforçou muito para me convencer [no começo dos anos 1960] de que o ideal é os executivos da alta administração terem o menor conhecimento possível a respeito do produto. Esse grande homem pensava realmente que essa qualificação os capacitava a lidar de modo eficiente com todas as questões da empresa de forma desligada e desinibida.[15]

De fato, essa visão está embutida no próprio modelo de planejamento estratégico, na nítida distinção que faz entre formulação de estratégia – uma tarefa reservada às pessoas importantes da organização, ostensivamente a gerência sênior, mas também incluindo os planejadores estratégicos – e a implementação da estratégia, o trabalho de todos os demais.

A justificativa disso corresponde ao que March e Simon chamaram há anos de "A Lei de Gresham de Planejamento: A rotina expulsa o planejamento" (1958:185). Conseqüentemente, os planejadores convencionais consideraram sua obrigação tentar expulsar as pressões diárias (sendo que "rotina" dificilmente é a palavra certa para trabalho gerencial), para que os gerentes pudessem se concentrar no planejamento.[16] Eles estabelecem cronogramas e retiros programados para fazer isso acontecer. Se isso não der certo, como vimos, eles próprios assumem o processo, tanto quanto possível. (Uma versão mais recente tem sido estabelecer o posto de "gerente estratégico", uma espécie de mistura de gerente de linha com planejador de equipe, com responsabilidade formal pela própria estratégia, nada mais.)

Mas, isso resolveu o problema de algum modo? Na verdade, em primeiro lugar, o problema foi definido corretamente? O tempo dedicado ao planejamento, ou à "estratégia", era mesmo o problema? Achamos que não, acreditando que o verdadeiro problema não foi a falta de *planejamento* estratégico, talvez nem mesmo a falta de *pensamento* estratégico em si, mas uma falta de *ação* estratégica. Algumas organizações não conseguiram se adaptar. Longe de resolver esse problema, o planejamento estratégico formal pode tê-lo agravado onde esse existia, ou criado onde não existia.

Ver a floresta e as árvores

Não há dúvida de que as organizações precisam de bons pensadores estratégicos, pelo menos às vezes. Também não há dúvida de que os bons pensadores estratégi-

---

[15] Hopwood (1981:173).
[16] Dado o ponto entre parênteses, há uma ironia interessante em como March e Simon reafirmaram sua lei: um indivíduo "diante de tarefas altamente programadas e altamente não-programadas" costuma permitir que as primeiras "tenham precedência" sobre as segundas (195). O problema, portanto, é preservar a capacidade de tornar o trabalho não-programado necessário. No entanto, o planejamento, como vimos, é baseado em programação, ao passo que o trabalho gerencial é, por sua própria natureza, altamente não-programado. Por isso, para March e Simon, os gerentes estão certos ao resistir ao planejamento?

cos são reflexivos, o tipo de gente que, na metáfora popular, consegue se elevar acima das árvores para ver a floresta – consegue ter a perspectiva ampla, de longo prazo. Ainda assim, afirmar que a resposta estratégica efetiva depende de esse tipo de gente ficar permanentemente empoleirado no ar (presume-se que na plataforma de um sistema formal) é, em nossa opinião, uma falácia que se revelou terrivelmente dispendiosa para muitas organizações. Para citar um executivo sóbrio de planejamento, "a idéia de que uma estratégia efetiva pode ser construída por alguém em uma torre de marfim é totalmente falida" (*Business Week*, 1984a:64). Ou, como Dean Acheson respondeu à pretensa necessidade do Presidente Eisenhower de mais tempo isolado para pensar:

> Esta absorção do Executivo como o "Pensador" de Emerson, rodeado por um Gabinete de estátuas de Rodin, cercado em um oblívio de pensamento... a mim me pareceu artificial. Com certeza, pensar não é tão difícil, tão árduo de conseguir, tão solene quanto tudo isso. (Sayles, 1964:209)

Os estrategistas eficazes não são pessoas que se abstraem dos detalhes do dia-a-dia, mas exatamente o contrário: são as que neles *imergem*, sendo capazes de extrair deles as *mensagens estratégicas*. Entretanto, observar a floresta a partir das árvores não é, de modo algum, a metáfora certa, porque as oportunidades costumam estar escondidas embaixo das folhas. Uma melhor pode ser descobrir um diamante bruto em um veio de minério. Ou, para misturar as metáforas, ninguém jamais encontrou um diamante pairando sobre uma floresta. Do ar, a floresta parece um simples tapete verde, não o complexo sistema de vida que realmente é.

Nossa discussão até este ponto do livro tem sido entrelaçada com as razões pelas quais o desligamento se opõe à administração estratégica. Nas armadilhas, mostramos como o desligamento pode desencorajar exatamente o comprometimento que pode se revelar tão decisivo para a realização efetiva de uma estratégia pretendida. Neste capítulo, já observamos os problemas de tentar distinguir *a priori* estratégia de tática, pois o que pode ter parecido tático no princípio (como o tempo em Passchendaele) pode vir a ser estratégico em última análise. Distanciando os gerentes que irão formar a estratégia daquilo que foi pré-designado tático, o planejamento reduz suas chances de reconhecer o tático que no fim demonstra ser estratégico. Conforme citamos quando discutimos Passchendaele, embora a batalha possa ter sido "estrategicamente desejável", ela foi "taticamente impossível". No entanto, os estrategistas desligados nunca souberam disso, motivo pelo qual 250 mil soldados britânicos morreram.

Aqui discutiremos várias preocupações que temos com a suposição do desligamento, sendo a mais importante a artificialidade de separar pensamento de ação. Vamos considerar isso em seus próprios termos depois de discutirmos sua manifestação em dois lugares no modelo básico – a avaliação de forças e fraquezas e a dicotomia entre formulação e implementação. No entanto, antes queremos aceitar a suposição do desligamento pelo seu significado manifesto e considerar, de preferência, a validade de um de seus corolários-chave – que os gerentes e planejadores desligados dos detalhes operacionais possam ser informados corretamente por meio dos chamados "dados factuais". Se isso realmente for uma falácia, a suposição do desligamento também deverá ser.

O baixo ventre vulnerável dos dados factuais

A crença de que os gerentes estratégicos e seus sistemas de planejamento podem ser desligados do objeto de seus esforços se baseia em uma hipótese fundamental: que eles podem ser informados de maneira formal. Para ser mais específico, o desligamento só será possível se as informações de que eles precisam puderem ser fornecidas convenientemente. O mundo confuso de ruídos aleatórios, fofocas, inferências, impressões e fatos precisa ser reduzido a dados firmes, estabilizados e agregados de maneira que possam ser fornecidos regularmente em forma digerível. "Até a gerência sênior aprender a se contentar com relatórios mais concisos, deixando a gerência de nível médio lutar com os detalhes, o planejamento efetivo não poderá ser considerado" (Tilles, 1963:111-121). Talvez sincero demais.

A mensagem na literatura de planejamento é que esses dados não são apenas substitutos válidos para os dados mais vulneráveis, mais qualitativos, mas que são, de fato, superiores a eles. Essa mensagem era tão evidente nos primeiros anos da literatura de planejamento, que enfatizava a previsão numérica e as análises de custos e benefícios, quanto é hoje, com os interesses atuais na análise do concorrente e no valor para o acionista (que supõe relações mensuráveis entre estratégias e preços de ações).

Os dados serem "factuais" significa que podem ser documentados com clareza, o que geralmente significa que já foram quantificados. Deste modo, os planejadores e os gerentes podem ficar sentados em seus escritórios e ser informados. Não precisam sair e se juntar às tropas, ou aos clientes, para descobrir como os produtos são comprados, como as guerras são travadas ou o que liga as estratégias ao preço da ação; tudo isso só desperdiça tempo valioso. Afinal, esta é a era dos computadores. Os sistemas devem fazê-lo, quer sejam chamados de (recuando no tempo) "tecnologia da informação", "sistemas de informações estratégicas", "sistemas inteligentes", "sistemas totais" ou simplesmente "sistemas de informações gerenciais".

Já consideramos alguns dos problemas dos dados factuais em nossa discussão das armadilhas do planejamento, por exemplo, como o cálculo pode impedir o compromisso e como uma tendência para o quantitativo pode permitir que o econômico substitua o social e o financeiro substitua o criativo. A ênfase dos planejadores convencionais em "objetividade" reflete-se não somente em tendências nas metas preferidas, mas também nos dados processados. Todavia, desejamos ir além desses pontos, para sugerir que os dados factuais podem influenciar seriamente e então distorcer qualquer processo de formação de estratégia que demais dependa deles.

Vários estudos têm demonstrado que gerentes de todos os tipos dependem basicamente de formas verbais de comunicação, na ordem de cerca de 80% do seu tempo (veja Mintzberg, 1973:38-44; nossa estatística favorita a esse respeito é que até os gerentes de sistemas de informática revelaram-se dependentes da comunicação verbal durante 76% do seu tempo [Ives e Olson, 1981]; eles também quase não usaram computadores nos próprios escritórios!). O que faz com que falar e ouvir seja tão importante para os gerentes? Pensamos que a resposta básica não está nos maus hábitos ou nas personalidades gregárias, mas no tipo de informação transmitida pelos meios verbais. Há alguns anos, em uma monografia da National Association of Accountants intitulada "Impedimentos ao Uso de Informações Gerenciais" (Mintzberg, 1975b), tiramos várias conclusões sobre as limitações das informações fornecidas pelos sistemas de administração formal. Eis um resumo delas:

1. **As informações factuais freqüentemente são limitadas em escopo, carentes de detalhes e muitas vezes deixam de abranger importantes fatores não-econômicos e não-quantitativos.** As informações formais costumam fornecer a base para a descrição, mas não a explicação, por exemplo, revelar que se perderam vendas, mas não o que afugentou os compradores. É por isso que uma conversa com um único cliente descontente pode, às vezes, valer mais que um grande relatório de pesquisa de mercado.[17] Além disso, a ênfase em quantificação costuma desencorajar a consideração de toda uma gama de fatores, mais vulneráveis, mas não menos críticos para a formação de estratégia. É por isso que Marsh *et al.* constataram em seu estudo de orçamentação de capital que os custos e os benefícios mais difíceis de quantificar tendiam a ser excluídos da análise financeira (1988:26). E, de um modo mais geral, Pfeffner comparou "racionalidade econômica" com "racionalidade administrativa", sendo que a segunda "leva em conta um espectro adicional de fatos. Esses são os fatos relativos a emoções, política, poder, dinâmica de grupo, personalidade e saúde mental" (1960:126). O ponto é que muitas informações importantes para a formulação de estratégias nunca se tornam fatos consistentes. A expressão do rosto de um cliente, o humor na fábrica, o tom de voz de um representante do governo, tudo isso pode ser informação para o gerente, mas não para o sistema de informações gerenciais.

Esses perigos de dependência excessiva de dados factuais foram melhor ilustrados por aquilo que Wilensky referiu como a "estatística demoníaca" da guerra do Vietnã:

> A análise das variáveis de fácil medição (baixas sofridas pelos vietcongues e sul-vietnamitas) estava expulsando a consideração de variáveis de difícil medição e custos de longo prazo (a natureza do apoio popular a um governo do Vietnã do Sul, o efeito da guerra sobre a Aliança Ocidental e sobre a civilidade nacional e o efeito dos bombardeios sobre a disposição de resistir)... as proporções da matança e afins representam um toque de certeza espúria em um mundo altamente incerto... (1967:188-189)

Halberstam comentou em seu livro *The Best and the Brightest* a respeito da primeira dessas variáveis, o apoio popular:

> Quando [os conselheiros civis] disseram que o governo de Diem estava perdendo popularidade com os camponeses devido à crise budista, [o Secretário de Defesa] McNamara perguntou bem, que porcentagem estava diminuindo, que porcentagem o governo tinha e que porcentagem estava perdendo? Ele pediu fatos, algumas esta-

---

[17] Nos meios acadêmicos, o equivalente é a avaliação quantitativa dos cursos que (em nossa opinião) se revelou efetiva para medir os sentimentos da classe, mas é inútil para entender sucessos ou diagnosticar fracassos. Mais uma vez, uma conversa com um ou dois alunos sinceros pode muitas vezes dar a explicação necessária. Bryson, levantando o problema de medir o desempenho nas escolas – "qual o 'nível de instrução' dos alunos" – comentou: "A recente mudança para testes padronizados de alunos formados é uma tentativa de medir resultados para reparar essa deficiência..." (1988:55). Reparar a situação ou obrigar o problema (e o ensino) a se adequar às medidas?

tísticas, algo que pudesse passar pelo banco de dados, não apenas aquela poesia que eles estavam declamando. (1972:56)

Os canais verbais de comunicação, especialmente o contato frente a frente, são preferidos por muitos gerentes (mas não por McNamara), pois os capacitam a "ler" essa poesia indispensável. Em comparação, as informações factuais são muitas vezes estéreis e, por isso, quando servem de base, costumam encorajar o desenvolvimento de estratégias menos flexíveis, carentes de nuança (como na experiência do Vietnã).

Os gerentes, é claro, têm acesso natural a essas informações intangíveis dentro das próprias organizações enquanto não se desligam delas. Podem ler os rostos de seus colegas, andar pelas fábricas, ouvir o tom de voz nas reuniões. O mesmo tipo de informações também pode ser acessível do ambiente externo, embora isso seja menos conveniente. Mesmo assim, isso não as torna menos críticas (como McNamara acabou descobrindo). É por isso que os gerentes geralmente passam grande parte do tempo desenvolvendo seus sistemas *pessoais* de informações, abrangendo redes de contatos e informantes de todos os tipos, incluindo clientes, fornecedores, membros de organizações de classe, funcionários públicos e concorrentes (Aguilar, 1967; Mintzberg, 1973). Em seu estudo das informações externas usadas pelos gerentes, Aguilar constatou que as fontes pessoais superavam as impessoais em importância percebida por 70% a 29%. Ele ilustrou isso com um comentário de um sócio majoritário de um banco de investimentos:

> Provavelmente, a fonte mais importante de informações externas para qualquer executivo de sucesso em uma grande corporação seja a sua rede informal de contatos fora da empresa... Essas são as pessoas com as quais o executivo fará contato para informações, conselhos e reações. Você poderia imaginá-las como um gabinete íntimo que assessora o executivo. (76)

2. **Muitas informações factuais são agregadas demais para ter um uso eficaz na formulação de estratégias**. A solução óbvia para um gerente sobrecarregado com informações e pressionado pelo tempo necessário para processá-las é tê-las agregadas. E à medida que a organização fica maior, e o nível gerencial mais elevado, cada vez mais informações precisam ser resumidas. De volta à floresta em vez das árvores. Afinal, como é possível gerenciar uma grande floresta se tudo o que se vê são árvores isoladas? A General Electric, antes de 1980, forneceu um excelente exemplo deste tipo de pensamento. Primeiro introduziu as "Unidades Estratégicas de Negócios" acima de divisões e departamentos e depois "setores" acima das Unidades Estratégicas, procurando, em cada caso, elevar o nível de agregação para capacitar a alta direção a abranger rapidamente as informações necessárias. Hamermesh conta a história, citando o CEO Reginald Jones:

> Desde o início do planejamento das UENs, em 1972, o vice-presidente e eu tentamos revisar cada plano detalhadamente. Esse esforço consumiu tempo demais e sobrecarregou muito o escritório Executivo Corporativo. Depois de algum tempo, comecei a perceber que, independentemente de quanto nos esforçássemos, não conseguiríamos alcançar o devido conhecimento dos planos de quarentas e tantas UENs. De alguma forma, o peso da análise tinha de ser distribuído por mais ombros. (1986:197)

Hamermesh escreveu que "criar a estrutura de setores foi a maneira de Jones, distribuir a carga de análises." Isso foi "um novo nível de administração, que representava um macro negócio ou área industrial", que integraria as estratégias das UENs em um único plano, sendo seis ao todo. "Depois disso, o Executivo Corporativo concentraria sua análise nos planos estratégicos dos seis setores", desta forma, "reduzindo o peso da análise sobre o CEO" (197). Jones ficou entusiasmado:

> O método de setores revelou-se muito bem-sucedido, superando minhas expectativas. Eu podia examinar alguns livros de planejamento e entendê-los suficientemente bem para fazer as perguntas certas. Não conseguia fazer isso antes. (202)

Era muito conveniente para Jones, especialmente porque ele passava cada vez mais tempo em Washington trabalhando como o estadista mais antigo de empresas americanas, o que "limitava seu tempo para os assuntos internos da GE" (198). O único problema era que quanto mais agregadas se tornavam as informações, mais desligado ficava o CEO. No fim, a situação foi revertida quando Jack Welch substituiu Jones como CEO, com um método de administrar mais "mãos à obra" (e, presumivelmente, com menos ilusões sobre conseguir administrar a corporação por controle remoto).

A falácia de depender de informações factuais baseia-se na suposição de que nada é perdido no processo de agregação. A realidade é que, com freqüência, se perde muito, a essência das informações, às vezes ao ponto de a gerência perder o controle do processo de elaboração de estratégia. Como é que os dados agregados sobre seis setores poderiam realmente contar a Jones a respeito da complexa organização que chefiava? Pode ser ótimo ver florestas, mas somente enquanto nada está acontecendo entre as árvores. Nem as madeireiras conseguem formular estratégia olhando só para a floresta. Elas precisam estudar a madeira e o terreno, entre muitos outros detalhes. Considere os comentários de Richard Neustadt, que estudou os hábitos de coleta de informações de três presidentes dos Estados Unidos:

> Não são as informações genéricas que ajudam um presidente a ver interesses pessoais; não são resumos, nem pesquisas, nem os *amenos amálgamas*. Em vez disso... são as miudezas de *detalhes tangíveis* que, combinados em sua mente, iluminam o lado oculto das questões colocadas diante dele. Para ajudar a si mesmo, ele precisa se esforçar o máximo para obter cada fragmento de fato, opinião, fofoca, tendo ligação com seus interesses e relações como presidente. Ele precisa se tornar seu próprio diretor da sua própria central de inteligência. (1960:153-154, grifo nosso)

Os gerentes precisam desses detalhes tangíveis por duas razões. Primeira, eles necessitam de gatilhos para a ação – estímulos tangíveis que os encorajarão a evocar o ímpeto da tomada de decisão (Mintzberg, Raisinghani e Théorêt, 1976). Como um executivo comentou, "os fragmentos de informações que um executivo fica sabendo por conversas informais com outros homens de negócios servem... para alertá-lo de que *alguma coisa* mudou... de "que há algo mais a aprender" (citado em Aguilar, 1967:103). Segunda, os gerentes descrevem seus mundos em termos dos modelos conceituais que desenvolvem nas suas cabeças (Allison, 1971; Holsti, 1962). Como Neustadt sugeriu, esses modelos são construídos a partir de fragmentos tangíveis de informação identificável, não a partir de agregações amenas.

3. **Muitas informações factuais chegam tarde demais para ser usadas na formulação de estratégia.** As informações levam tempo para "amadurecer". É preciso tempo para que tendências, eventos e desempenho apareçam como "fatos", mais tempo para que esses fatos sejam agregados em relatórios, ainda mais tempo para que estes sejam apresentados segundo uma programação preestabelecida. Assim, as informações factuais são fundamentalmente históricas: refletem coisas que aconteceram no passado. No entanto, a formulação de estratégia, como descrita anteriormente, é um processo ativo e dinâmico, muitas vezes desdobrando-se rapidamente em reação a estímulos imediatos. Por isso, muitas vezes os administradores não podem esperar que as informações amadureçam. Enquanto isso está acontecendo, os concorrentes podem estar fugindo com clientes valiosos, os trabalhadores podem estar preparando greves-relâmpagos e as tecnologias novas podem estar minando as linhas de produtos existentes. O mundo está mal preparado para esperar as informações se juntarem em uma forma aceitável para os planejadores e seus sistemas. Por exemplo, enquanto "os melhores e mais brilhantes" de McNamara estavam processando as contagens dos corpos – estatísticas que estavam mortas de mais de uma maneira – os vietcongues estavam deslocando corpos vivos pelas trilhas da selva.

Um comandante militar deve conhecer os movimentos do inimigo enquanto ocorrem, não depois, em termos de estatísticas oficiais. Da mesma forma, um político deve entender o humor das pessoas, não alguma pesquisa estéril de preferência do eleitor. E um administrador de empresa deve conhecer os clientes reais, não apenas seus hábitos históricos de compra. Essas são as razões pelas quais os gestores contornam os sistemas formais para criar seus próprios sistemas informais, e pelas quais fofocas, boatos e especulações constituem uma boa parte da dieta informativa de todo administrador eficiente (Mintzberg, 1973). Essas informações podem não ser precisas, mas são oportunas; Davis (1953), que conduziu uma extensa pesquisa sobre comunicação de boca em boca, constatou que ela é rápida e seletiva.

4. **Finalmente, um volume surpreendente de informações factuais não é digno de confiança.** As informações intangíveis são, supostamente, indignas de confiança e sujeitas a todos os tipos de distorções. As informações factuais, ao contrário, são supostamente concretas e precisas; afinal, são transmitidas e armazenadas eletronicamente. Na verdade, as informações factuais podem não ser melhores e muitas vezes são bem piores que as informações intangíveis.

Sempre se perde alguma coisa no processo de quantificação – antes de os elétrons serem ativados – não somente no arredondamento dos números, mas também principalmente na conversão de eventos confusos em tabulações numéricas. As medidas quantitativas, observaram Ijiri, Jaedicke e Knight (1970), que escreveram de dentro do setor contábil, são apenas "substitutas" da realidade. E algumas são bem cruas. As contagens de corpos no Vietnã eram precisas, mas dificilmente confiáveis. Como os contadores iriam distinguir guerrilhas inimigas de espectadores inocentes? Na verdade, que incentivo tiveram para fazer isso, dada sua compreensão do que os planejadores em Washington queriam considerar?[18] Qualquer um que já tenha feito uma medida quantitativa – seja uma contagem de rejeições em uma fábrica como substituta da qualidade do produto, ou uma contagem de publicações em uma universidade como substituta do desempenho da pesquisa, ou estimativas de custos e benefícios em um exercício de orçamentação de capital – sabe até que ponto a distorção é possível, intencional ou não.

A esse respeito, o relato de Devons sobre "estatística e planejamento" (1950:Capítulo 7) do Ministério da Aeronáutica do governo britânico durante a Segunda Guerra Mundial torna a leitura fascinante. "Sem estatística, não pode haver planejamento", ele começou, pois "o planejamento é principalmente baseado no exame de tendências passadas e sua extrapolação para o futuro". Ele observou que "o primeiro estágio ao planejar um programa de produção deve, portanto, ser a coleta de registros da produção real no passado". No entanto, "embora esse ponto possa parecer elementar e fundamental, a coleta ('da estatística de produção') levou a dificuldades inenarráveis" (133).

Devons então prosseguiu com uma ladainha de histórias de horror. A coleta desses dados era extremamente difícil e sutil, exigindo "muita habilidade", embora "fosse tratada... como trabalho inferior, degradante e rotineiro, no qual o pessoal de escritório mais ineficiente poderia ser melhor utilizado" (134). Havia erros de todos os tipos na entrada dos dados, como tratar meses como normais embora quase todos incluíssem um ou outro feriado. "Os números eram muitas vezes apenas uma maneira útil de somar julgamento e adivinhações" e algumas vezes eram baseados em "suposições bem arbitrárias", até desenvolvidas por meio de "barganhas estatísticas", nas quais os funcionários ajustavam suas estimativas (155). Um palpite "arriscado" no passado "de modo bem precipitado" era algumas vezes aproveitado e perpetuado (156). No entanto, "uma vez apresentado um número... logo ele passava a ser aceito como o 'número consensual', uma vez que ninguém era capaz de demonstrar, com argumentos racionais, que ele estava errado e sugerir um número melhor para substituí-lo. E quando esses números apareciam em gráficos e eram usados por pessoas que não os entendiam, resultavam todos os tipos de comportamentos estranhos, incluindo um caso em que um funcionário olhou bem para uma linha, refletiu que ela era "demasiado íngreme no final" e pediu para 10% serem "deduzidos" dos meses posteriores: esse "se tornou o programa oficial dos aviões!" (163).

O problema era a forte tendência de "supor que qualquer coisa expressa em números deve necessariamente ser precisa":

> Um erro comum era atribuir aos números uma precisão e confiabilidade maiores do que a base em que foram concluídos para garantir a interpretação mais generosa. E

---

[18] Em meados de 1980, William Westmoreland, que havia comandado as forças dos EUA no Vietnã, processou a CBS pela insinuação, em um documentário da televisão, de que ele teria enganado deliberadamente seus superiores em Washington ao apresentar dados sobre as forças da tropa. Seu processo sugeriu que as distorções podem ter ocorrido abaixo de seu nível de comando, que ele também estava desligado dos fatos reais. Neste ponto, porém, o interessante no julgamento foi que, enquanto "os funcionários da elite que determinavam a política americana e gerenciavam a guerra do Vietnã", como Robert McNamara e Walter Rostow, testemunharam a favor de Westmoreland, "os funcionários de postos mais baixos e os analistas da inteligência" testemunharam para a CBS (Glynn, 1985:48). Fica-se tentado a perguntar o que McNamara e Rostow sabiam realmente sobre essas distorções?

depois que os números recebiam o nome de "estatística," adquiriam a autoridade e a santidade da Sagrada Escritura. (155)

"Os números", Devons argumentou, "davam um ar de aparente racionalidade científica ao processo pelo qual as decisões eram tomadas. Um documento que continha estatística era quase sempre considerado superior a um só de palavras" (156). E isso apesar da inadequação da estatística. "Ter reconhecido a inadequação dos números seria admitir que as decisões políticas não estavam sendo tomadas em base racional" (158).

É claro que as informações intangíveis também podem ter problemas. Muitas delas são especulativas; dependem da memória humana, que pode ser imprecisa; estão sujeitas a todos os tipos de distorções psicológicas. Teoricamente, a formulação de estratégia depende dos dois tipos de informações, factuais e intangíveis. Contudo, também há momentos em que os gerentes precisam se apoiar no tipo intangível. Por exemplo, qual gerente de *marketing* confrontado com uma opção entre o boato de hoje, de que um cliente importante foi visto almoçando com um concorrente, e o fato de amanhã, de que o negócio seria perdido, hesitaria em agir inicialmente com base no boato? Ou, como sugerido anteriormente, uma única história de um cliente insatisfeito pode valer mais que todas as resmas de dados de pesquisas de mercado simplesmente porque, embora estas possam identificar um problema, é a primeira que pode sugerir a solução.

Assim, supondo que as informações factuais costumem ser limitadas, agregadas, atrasadas e, às vezes, não-confiáveis, não é de surpreender que os gerentes geralmente demonstrem uma propensão a informações intangíveis. No mínimo, elas os capacitam a testar as informações factuais. No entanto, mais importante, elas ajudam a explicar e resolver os problemas que surgem, fornecem a base para a construção de seus modelos mentais do mundo e facilitam a resposta antecipada a eventos que se desdobram. Acima de tudo, em nossa opinião, embora os dados factuais possam informar o intelecto, em grande parte são os dados intangíveis que constroem sabedoria. Eles podem ser difíceis de "analisar", mas são indispensáveis para "sintetizar" – a chave da elaboração de estratégia.

Várias palavras de uso popular subentendem que os processos mentais são baseados em informações intangíveis: pressentimento, julgamento, a própria intuição, e também sabedoria. Cada uma sugere que existe uma forma de conhecimento mais profunda do que a análise e do que a oferecida pela manipulação mecânica dos dados factuais. É por isso que a suposição da escola de planejamento sobre os dados factuais é uma falácia, e porque, como conseqüência, a suposição que os estrategistas devem ser desligados dos detalhes de seu contexto também é.

O desligamento dos planejadores da elaboração de estratégia

Em vez de desligar os "gerentes estratégicos" das operações, agora gostaríamos de argumentar algo bem diferente: que o planejamento estratégico desliga os planejadores, e (na próxima seção) os administradores que contam com ele, do processo de elaboração de estratégia.

Embora as informações factuais possam estar igualmente disponíveis a toda parte interessada (supondo o acesso a um computador ou fotocopiadora), as informações intangíveis, muitas delas críticas para a elaboração de estratégia, estão disponíveis só para aqueles diretamente expostos a elas – "em contato", por assim dizer. E os planejadores em geral não estão em contato desse modo. Por exemplo, "Washington é uma comunidade *verbal* em vez de ser movida pela *escrita*. Em última análise, o telefone e os encontros triviais são os instrumentos operantes, e eles excluem efetivamente o planejador" (Cooper, 1975:229).

Estar em contato significa ter acesso pessoal às fontes das informações – os clientes, as fábricas, os funcionários públicos. Em geral, são os gerentes de linha que têm esse acesso, em virtude de sua autoridade formal. Como argumentamos em outro livro (Mintzberg, 1973:56-57, 65-72), essa autoridade entrega a cada gerente o "centro nervoso" da sua própria unidade. Ter acesso pessoal a cada subordinado proporciona ao gerente a mais ampla base de informações sobre a própria unidade, ao passo que ter o mais alto cargo formal na unidade proporciona acesso informativo a colegas em níveis equivalentes em outras empresas, sendo eles próprios centros nervosos. Assim, o presidente dos Estados Unidos deve saber mais a respeito do governo como um todo do que qualquer outro indivíduo, em virtude de sua capacidade de acessar todos os seus departamentos. Além disso, seu acesso ao Primeiro-Ministro da Grã-Bretanha pode lhe proporcionar um nível de entendimento (em virtude do conhecimento do centro nervoso equivalente dessa pessoa do governo britânico) indisponível até para o seu Secretário de Estado. Na verdade, pode-se tirar uma conclusão semelhante sobre esse Secretário de Estado perante qualquer deputado e assim por diante, linha abaixo. Assim, qualquer gerente que souber fazer este jogo de informações deve emergir como um indivíduo muito bem informado, muito à frente de qualquer subordinado ou especialista da equipe (de modo mais abrangente, em todos os assuntos, se não na profundidade de um único).

Esse é um fator crucial no trabalho gerencial, essencial para a capacidade dos gerentes de elaborar estratégia, que achamos que muitos planejadores deixam de perceber. Muitos planejadores, por sua vez, costumam ficar muito limitados aos dados factuais – números de pesquisas de mercado, análises dos concorrentes, estatísticas sobre ciclos econômicos, relatórios de desempenho, etc. –, com certeza, dados quase sempre necessários para a efetiva elaboração de estratégia, mas raramente suficientes. Por isso, esses planejadores ficam necessariamente desligados do processo de formulação de estratégia, ou, nas organizações que acreditam que as estratégias possam ser planejadas formalmente, o processo fica desligado da realidade.[19]

É evidente que os planejadores promovem sua própria vantagem comparativa, isto é, somente eles têm o tempo e as técnicas para analisar os dados factuais. No entanto, seu problema é que, embora os gerentes de linha possam facilmente ganhar acesso a esses dados (ou, pelo menos, aos resultados de suas análises), os planejadores não conseguem facilmente acesso aos dados intangíveis dos gerentes, que costumam estar armazenados somente na memória natural (isto é, cérebros humanos). Os dados factuais podem ser compartilhados por meio de uma fotocopiadora; os dados intangíveis, não. Na melhor das hipóteses, eles podem ser escritos como um relatório, ou compartilhados verbalmente em algum tipo de

---

[19] Este problema parece não estar restrito aos planejadores, mas deve ser comum a quaisquer especialistas cujas crenças a respeito de ser "profissional" se estendam a um desligamento do objeto de seu trabalho, por exemplo, médicos que perdem "contato" com seus pacientes e professores que "sabem mais" que seus alunos.

sessão de prestação de contas. No entanto, os gerentes muitas vezes hesitam em fazer isso, pois pode ser terrivelmente demorado.

Além disso, boa parte do conhecimento dos gerentes parece ser "tácita," para usar o termo de Polyani (1966). Em outras palavras, os gerentes (como todos nós) sabem mais do que podem dizer. Eles parecem capazes de usar esse conhecimento em sua tomada de decisão (é disso, presumivelmente, que trata a "intuição"), mas não conseguem transmiti-lo com facilidade diretamente aos outros – incluindo os planejadores e seus processos. Deste modo, quando Keane escreveu, em seu artigo sobre "o facilitador externo de planejamento", que tal função pode ser "inadequada" quando, "ocasionalmente, o planejamento estratégico exige familiaridade com conhecimento excepcionalmente complicado" (1985:153, 157), responderíamos que, exceto nas organizações mais triviais, ou naquelas dispostas a aceitar as estratégias mais triviais, o conhecimento necessário para a elaboração de estratégia deve ser sempre "excepcionalmente complicado" para a pessoa de fora.

E, portanto, concluímos que, supondo (I) que a elaboração de estratégia exige informações intangíveis e também factuais e (II) que, embora tanto planejadores como gerentes tenham acesso a informações factuais, em geral apenas os gerentes têm acesso efetivo a informações intangíveis, logo se segue que (a) os gerentes devem se encarregar ativamente do processo de formação de estratégia; (b) fazendo isso, devem ser capazes de fazer uso de seu conhecimento tácito; (c) isso significa que seus processos intuitivos devem ter rédeas livres e (d) para isso acontecer, eles devem ter contato pessoal com as operações organizacionais e seu contexto externo, em vez de se desligar delas.

Os planejadores da equipe, em virtude de seu papel na mesma e dos dados que *não conseguem* acessar, devem ser necessariamente relegados a um verdadeiro papel de apoio na elaboração de estratégia, em especial quanto à análise e ao uso de dados factuais. Mesmo se o planejamento formal fosse uma abordagem viável de formação de estratégia – um ponto que contestaremos na falácia da formalização – ele vacilaria rapidamente por falta do tipo certo de dados, da mesma forma que a refinaria mais moderna pararia sem o petróleo necessário para fazê-la funcionar. Como Cooper escreveu a respeito do colapso do planejamento no processo de política externa:

> Os tomadores de decisões, de propósito ou por omissão, raramente informam os planejadores de seus atuais ou prováveis futuros interesses. Assim, as equipes de planejamento costumam ficar isoladas do mundo real. Como conseqüência, boa parte do esforço de planejamento é gerada por si própria, baseada naquilo que os planejadores, em sua inocência, supõem que os tomadores de decisões querem, ou baseada no que eles pensam que deve ter. (1975:229)

Quando os departamentos de planejamento são providos de pessoal analítico que carece de experiência operacional – especialistas financeiros, jovens mestres em administração, consultores contratados recentemente, etc. – é fácil classificar o problema como falta de conhecimento do negócio. No entanto, o problema é maior do que isso. As pessoas afastadas dos detalhes diários de administrar uma organização nunca conseguem adquirir o conhecimento necessário. Quanto àqueles que entram no processo de planejamento com ele – por exemplo, gerentes de linha transferidos para a equipe de planejamento – no fim, costumam perdê-lo (como vamos discutir). Talvez seja por isso que empresas como a Alcan, a gigante canadense do alumínio, estiveram inclinadas a fazer rodízio dos gerentes de linha na função de planejamento por cerca de três anos – tempo suficiente para usarem seu conhecimento antes de ele secar.

O desligamento de gerentes que dependem do planejamento na formação de estratégia

Nossa discussão admite que, embora a natureza de sua função de equipe de apoio desligue necessariamente os planejadores da formação de estratégia, os gerentes, em virtude de estarem na linha, não precisam ser desligados. Aqui, porém, queremos argumentar que aqueles que levam o planejamento estratégico a sério, e especialmente sua suposição a respeito dos dados factuais, ficam mesmo desligados. Enquanto o primeiro ponto talvez tenha encontrado alguma aceitação, na última década, o segundo – referente ao desligamento dos gerentes – parece menos comumente reconhecido. Ainda assim, em nossa opinião, é muito mais sério.

Por que um gerente sênior deve levar o planejamento estratégico a sério? Considerando as décadas de literatura a respeito do assunto, a resposta apropriada parece ser: como ele poderia *não* fazer isso? Achamos que já demos uma réplica adequada a essa resposta óbvia demais. As abordagens de aprendizado e visionária parecem superiores ao planejamento como meio para criar estratégia. Entretanto, para um número crescente de gerentes seniores, infelizmente, essas abordagens tornam-se impossíveis. Desligados dos dados intangíveis, por estarem empoleirados no alto de hierarquias superdesenvolvidas e operações superdiversificadas, esses gerentes se tornam incapazes de usar essas outras abordagens. O aprendizado estratégico é um processo indutivo; ele não pode ocorrer na ausência de conhecimento detalhado, íntimo, da situação. E a *visão* estratégica depende da capacidade de *ver* e *sentir*; ela não pode ser desenvolvida por pessoas que lidam com pouco mais que palavras e números em pedaços de papel. Por isso, entre pedidos aflitos de "um pouco de visão por aqui", os gerentes desligados se voltam para o planejamento, como se os sistemas formais fizessem o que seus cérebros famintos por informações não conseguiram (Rice, 1983:59; Brunsson, 1976:214). Assim, a solução de Porter para seu problema categoricamente defendido de que o "pensamento estratégico raras vezes ocorre de maneira espontânea", em especial na grande organização complexa, é o planejamento estratégico: "O *planejamento* formal forneceu a disciplina para parar de vez em quando para *pensar* em questões estratégicas" (1987:17, grifo nosso).

Entretanto, em nossa opinião, fez exatamente o contrário. Essa confiança no planejamento apenas agravou o próprio problema que deveria resolver, desligando ainda mais os gerentes dos contextos que precisavam desesperadamente entender. Procurando silenciar o caos calculado do trabalho gerencial e enfatizando os dados factuais, o planejamento formal impediu, em vez de ajudar, os gerentes de ficar em contato a fim de criar estratégias viáveis. Deste modo, concluímos que os gerentes que dependem do planejamento estratégico formal não podem ser estrategistas eficazes. Para citar Langley, em seu extensivo estudo de planejamento e análise em três empresas:

> A demanda de planejamento estratégico é realmente um pretexto para a liderança e a direção. Como o planejamento estratégico é universal e primordialmente visto como um meio de tomar decisões estratégicas, as pessoas imaginam que um mero sistema

formal possa gerar uma estratégia... Todavia, essa é a solução errada para o problema. O CEO pode concordar em fazê-lo, mas isso não o transformará em uma pessoa capaz de tomar decisões estratégicas. A visão estratégica de cima foi crucial para o processo de planejamento em todas as três organizações. O planejamento estratégico não pode fornecer essa visão estratégica por conta própria e é totalmente inútil sem ela. (1988:48)

De fato, já vimos muitas evidências disso. Houve Robert McNamara, que pensava que podia administrar o Departamento de Defesa dos EUA com base em planejamento (isto é, SPPO), dados factuais e relatórios curtos, como casos. Houve Reginald Jones, que cedeu grande parte da responsabilidade pela estratégia aos planejadores da equipe e seus sistemas na General Electric. Como observado anteriormente, quanto mais "burocrático" se tornou o processo de planejamento na GE, mais os "gerentes começaram a confundir estratégia com planejamento e implementação". A *Business Week* (1984a) deu um exemplo de uma estratégia "ruim" que resultou de um erro de cálculo dos planejadores da GE sobre o mercado de pequenos eletrodomésticos, "porque eles confiaram em dados, não em instintos de mercado" e tiraram suas conclusões "um tanto isolados". Contudo, a "alta administração, que também não tinha contato com o mercado, não viu que os dados dos planejadores não contavam a história verdadeira" (65). Tudo isso enquanto o CEO Jones regozijava por ter apenas seis pequenas pastas de estratégia para analisar![20]

Pior ainda é quando o planejamento passa a ser um jogo de números, para que os gerentes finjam que estão formulando estratégia quando tudo o que estão realmente fazendo é manipular números. Aqui, "a administração financeira suplanta a administração estratégica", e a estratégia financeira, em vez de ser "conciliada com outras estratégias", ao contrário, "as precede como os árbitros finais da alocação de recursos da empresa" (Gray, 1986:95). Os dados factuais expulsam os intangíveis, enquanto aquela sagrada "linha do resultado" destrói a capacidade das pessoas de pensar estrategicamente. A *The Economist* (11 de junho de 1988:71) descreveu isso como jogar tênis prestando atenção ao placar em vez da bola!

Muitas das grandes estratégias são simplesmente grandes visões, "quadros gerais". Entretanto, o quadro geral não está lá para a contemplação, em pastas com três aros ou relatórios dos sistemas de informações gerenciais ou demonstrações financeiras. Ele deve ser elaborado em mentes férteis. E, como todos os quadros gerais, são criados a partir de miríades de pequenos detalhes. Alimentados apenas com abstrações, os gerentes não conseguem construir coisa alguma além de imagens nebulosas, instantâneos mal focados que não esclarecem nada. Como notamos em nosso estudo de Steinberg:

---

[20] Em 1976, a UPI divulgou uma história sobre uma pesquisa das cargas de trabalho de presidentes de empresas: "Hoje em dia, o aumento da carga de trabalho no escritório do presidente não envolve mais atenção a detalhes, descobriram os recrutadores de executivos. Pelo contrário, o presidente de uma corporação média está prestando menos atenção a detalhes, delegando isso a seus subordinados, enquanto dedica seu tempo ao planejamento" (*Montreal Gazette*, 17 de janeiro de 1976:22). O artigo também dava uma definição de planejamento nova e interessante: "O planejamento é uma palavra vaga que significa procurar dinheiro e tentar imaginar como lidar com os burocratas e com os vários problemas criados pela inflação!"

Um aspecto surpreendente de Sam Steinberg, e de muitos gerentes-chave da empresa, era sua aparente capacidade de se envolver em uma questão sobre a qualidade de uma remessa de morangos com a mesma paixão e comprometimento que em uma questão sobre a abertura de uma rede de restaurantes. O analista de estratégias reduz explicitamente a importância da primeiras questão para se concentrar na segunda, a questão "grande". De alguma forma, essa distinção parece menos nítida para os gerentes deste estudo. Na verdade, seu total envolvimento nas questões do dia-a-dia (tal como a qualidade dos morangos) proporcionou o verdadeiro conhecimento íntimo que informou a sua visão mais global. É por isso que os analistas podem desenvolver planos, mas é improvável que apareçam com visões. (Mintzberg e Waters, 1982:494-495)

Ou, nas palavras mais diretas de Konosuke Matsushita (o fundador da empresa que tem seu nome), "coisas grandes e coisas pequenas constituem o meu trabalho. Os arranjos de nível médio podem ser delegados!"

É claro que criar uma visão nova exige mais que simplesmente dados intangíveis e compromisso: exige capacidade mental para síntese, com imaginação. Alguns gerentes simplesmente não têm essas capacidades – de acordo com nossa experiência, quase sempre exatamente aqueles mais inclinados a depender do planejamento, como se o processo formal de alguma forma compensasse suas próprias inadequações. É claro que os planejadores há muito encorajam este comportamento: veja as citações anteriores de Steiner e do Stanford Research Institute sobre o planejamento ser necessário na falta de intuição brilhante. Se um gerente não conseguisse ou não quisesse pensar estrategicamente, então os planejadores estariam preparados para que seus procedimentos o fizessem em seu lugar. Obviamente, era tudo uma falácia. O planejamento formal nunca proporcionou pensamento estratégico de modo algum, nunca ofereceu uma alternativa viável ao julgamento gerencial comum, muito menos intuição brilhante. Tudo era baseado em esperança, nunca em fatos, simplesmente porque *os sistemas não pensam*, mesmo quando as pessoas não conseguem (um ponto ao qual voltaremos logo).

Quando o pensamento estratégico necessário não está disponível em uma organização, questões mais fundamentais devem ser levantadas – sobre a estrutura da organização, as expectativas de quem deve formular sua estratégia, as capacidades dessas pessoas e a situação da própria organização.

Se os gerentes seniores não conseguem pensar estrategicamente – e, neste momento, a organização precisa muito de tal pensamento (nem sempre uma conclusão prévia, já que as estratégias muitas vezes são ótimas exatamente como estão) – então há apenas uma alternativa viável, que é encontrar outras pessoas que possam pensar dessa forma.[21] Ou os gerentes devem ser substituídos, ou então outros com essa capacidade devem ser encontrados na

---

[21] Em sua edição de 19 de março de 1984, a revista *Fortune* noticiou que Roger "Smith não parecia um provável revolucionário quando assumiu [a General Motors] em 1981" (Fisher, 1984:106). Fica-se pensando como o conselho da maior empresa da América poderia ter feito tal escolha naquele momento específico, quando ela estava enfrentando uma concorrência internacional tão acirrada. O artigo prosseguiu dizendo que, felizmente, ainda que de maneira inadvertida, Smith revelou-se um pensador estratégico. No entanto, a mistura de estratégias desconjuntadas atribuídas a ele nesse artigo com certeza deve ter dado ao leitor motivo para pensar, sem considerar os eventos subseqüentes.

organização, talvez mais embaixo, onde as pessoas estão em contato mais íntimo com as operações.

Algumas vezes, é claro, os gerentes seniores têm capacidade de pensar estrategicamente, mas estão muito desligados dos detalhes das operações da organização. Então seria melhor que encontrassem maneiras de se pôr novamente em contato, ou então (de novo) garantir que o poder sobre a elaboração de estratégia seja descentralizado para aqueles que estão. Como logo discutiremos, a formulação eficaz de estratégia em circunstâncias difíceis requer que o formulador seja o implementador ou então que os implementadores se encarreguem pessoalmente da formulação. Em outras palavras, o poder sobre o processo deve caber às pessoas que têm uma percepção íntima do contexto no qual as estratégias devem funcionar. Ou os líderes devem ser capazes de investigar a fundo na organização ou então pessoas profundamente entranhadas nela devem ser capazes de influenciar as estratégias que são formadas.

Por fim, há a situação em que ninguém pode ter esperança de pensar estrategicamente: a organização é complexa demais para desenvolver estratégias viáveis. Em outras palavras, o problema não é das pessoas nem da estrutura, mas da própria organização. Algumas organizações são simplesmente grandes e/ou diversificadas demais. As pessoas em contato próximo com determinadas operações ficam necessariamente limitadas a pequenos fragmentos e não conseguem chegar a um acordo, enquanto os líderes no alto nunca podem esperar saber o suficiente a respeito dos detalhes para criar estratégias viáveis (ou mesmo para conciliar e integrar as estratégias desconjuntadas que vieram dos níveis mais baixos).

> Como a empresa cresceu sem investir o suficiente na criação de uma cultura comum para a organização, como ela se tornou diversificada em áreas fracamente relacionadas, como a administração corporativa passou a ser mais profissional com executivos e funcionários recrutados por sua especialização administrativa genérica de outras indústrias e de escolas de negócios, a corporação avançou inexoravelmente para o planejamento dirigido por números ou pela equipe de apoio. O vínculo de legitimidade e credibilidade entre [gerentes corporativos e gerentes divisionais] havia sido irremediavelmente cortado, sem nada para substituí-lo além do controle por números ou pela coação da equipe de apoio da empresa. (Allaire e Firsirotu, 1990:107)

Em nossa opinião, esse não é um problema pequeno, mas comum para muitos dos negócios e governos de hoje. Com certeza, as ondas de consolidação em negócios diversificados refletem um esforço para lidar com isso. Entretanto, ainda precisamos compreender que a sociedade estaria melhor sem muitas de suas maiores e mais difundidas organizações (veja Mintzberg, 1989:Capítulo 17).

Gray escreveu sobre "gerentes seniores" que, ao serem "convidados a meter a mão nos detalhes... muitas vezes acham isso um exercício desconfortável". Ele então propôs a participação das pessoas de nível mais baixo: "A alta administração sabe a direção, os mais abaixo conhecem o terreno" (1986:94). Contudo, a sociedade pode se permitir ter organizações comandadas por pessoas que estabeleçam a direção, mas não conheçam o terreno? Colocando isso de outra forma, que tipo de estratégia se consegue de alguém que conhece a aparência de uma floresta vista de um helicóptero, mas nunca viu uma árvore?

Aprendizado sobre forças e fraquezas

Até agora criticamos a suposição do desligamento de modo bem direto e genérico. Mas a raiz do problema vai além da simples insuficiência dos dados e do desligamento dos participantes, sejam planejadores da equipe ou gerentes de linha. Ela vai direto ao modelo básico do *"design"* (veja a Figura 2.1 na página 44) que sustenta quase todos os métodos prescritivos de formação de estratégia. Aqui consideramos duas partes básicas desse modelo: primeira, a avaliação das forças e fraquezas; e segunda, a dicotomia entre formulação e implementação. Nos dois casos, o problema fundamental diz respeito à separação entre o pensamento e a ação.

Seja manifestada em linhas mais gerais na escola do *design*, ou na versão mais formalizada da escola de planejamento, a avaliação das forças e fraquezas é inevitavelmente descrita como pensamento independente de ação, formação de estratégia como um processo de concepção em vez de aprendizado. Em outras palavras, quanto à questão de como uma organização *conhece* suas forças e fraquezas, o modelo é bem claro – por consideração, avaliação, análise, se não julgamento, em outras palavras, por um processo consciente de pensamento. Tem-se a imagem de gerentes e planejadores sentados em volta de uma mesa listando as forças, fraquezas e as competências distintivas de uma organização, da mesma forma que os alunos de mestrado em administração em uma aula de estudo de caso. Tendo decidido quais são, eles estão preparados para desenvolver suas estratégias. Alguns escritores (como Ansoff, 1965:98-99 e Porter, 1980:64-67) ofereceram listas exaustivas de possíveis forças e fraquezas para todas as organizações. Outros, embora não oferecessem tais listas, pareciam supor que existam forças e fraquezas mesmo *em geral*. E alguns (como Andrews, 1971, 1987) tenderam a associar forças e fraquezas com organizações específicas – recorrendo à frase tradicional, suas competências são *distintivas* para si próprias (Selznick, 1957), ou, na literatura mais recente, elas existem em suas próprias *essências* (Prahalad e Hamel, 1990).

No entanto, isso constitui especificação suficiente? As competências também poderiam ser distintivas para o tempo, até para a aplicação? Na verdade, uma organização pode ter certeza de quais são as suas competências mesmo no contexto mais estreito de uma única aplicação?

Em um artigo sobre "capacidade estratégica", Lenz (1980a) salientou as dificuldades de uma "estrutura organizacional de referência", que focalizasse algum ideal abstrato ou uma comparação com a situação passada. Lenz também apontou a necessidade de uma estrutura *externa* de referência, por exemplo, uma comparação com outras organizações. Em outras palavras, as forças e fraquezas são situacionais: a capacidade interna só pode ser avaliada em relação ao contexto externo – mercados, forças políticas, concorrentes e outros. Como Radosevich observou, "uma força em uma certa alternativa estratégica pode muito bem ser uma fraqueza em outra", com o resultado de que "declarações genéricas" de forças são "raramente bem feitas" (1974:360). Assim, Hofer e Schendel mostraram que "não se pode dizer que ter dois metros e treze de altura é uma força ou uma fraqueza até que se especifique o que este indivíduo alto deve fazer" – por exemplo, "jogar basquete" ao contrário de "disputar uma corrida de cavalos" (1978:150).

Entretanto, até isso pode não ser suficiente. Mesmo em relação a um contexto específico, as organizações podem não ser capazes de se conhecer genericamente, de antemão. Colocado de outra forma, como podemos saber se uma força é uma força sem *atuar* em uma situação específica para descobrir?

Este ponto apareceu com mais clareza, embora inadvertidamente, em um estudo realizado por Howard Stevenson (1976), e foi divulgado em um artigo intitulado "Definição Forças e Fraquezas Corporativas". Partindo de uma visão convencional da escola do *design* sobre elas [53], Stevenson pediu aos gerentes para avaliar as forças e fraquezas de suas empresas *em geral*. De ponta a ponta, "os resultados do estudo colocaram em séria dúvida o valor dos métodos formais de avaliação". Em geral, "poucos membros da administração concordaram exatamente sobre as forças e fraquezas exibidas por suas empresas". "A realidade objetiva", o que quer que isso signifique, "costumava ser esmagada" por fatores individuais, como as posições dos gerentes em suas organizações (55). Mais especificamente, enquanto os gerentes de níveis mais altos entendiam fatores organizacionais, como as forças, os de nível mais baixo se concentravam em fatores mercadológicos e financeiros. "Acima de tudo, existe um padrão de maior otimismo nos níveis organizacionais mais elevados" (61), que poderia refletir ou o tipo de gente que sobe na hierarquia primeiro, ou então um desligamento dos gerentes seniores dos detalhes operacionais. Além disso, as forças tenderam a serem julgadas basicamente em áreas históricas e competitivas, enquanto as fraquezas foram julgadas em áreas normativas (pareceres dos consultores, regras práticas, etc.), o que indica que os gerentes podem ser mais realistas ao avaliar forças, ao passo que se engajam em pensamento mais desejoso quando consideram fraquezas.[22]

A impressão geral deixada por esse estudo é que a avaliação separada de forças e fraquezas pode não ser confiável, pois está sujeita a aspirações, propensões e esperanças. Essas distorções parecem mais graves nos níveis administrativos seniores, nos quais se supõe que as estratégias sejam formuladas. Na verdade, os gerentes estudados por Stevenson pareciam entender bem a mensagem de seu estudo:

> A reclamação isolada mais comum dos gerentes que não achavam que a definição de forças e fraquezas tivesse sentido era que elas precisavam ser definidas no contexto de um problema. Um gerente deu sua opinião sucintamente:
>
>> No meu entender, o único valor real em fazer uma avaliação das capacidades da organização é à luz de um negócio específico – no resto do tempo, ela é apenas um exercício acadêmico. (65)

---

[22] Um viés de forças a fraquezas, assim como de oportunidades a ameaças, também tem se evidenciado na literatura. Por exemplo, Learned e Sproat comentaram em 1966 que Ansoff, em seu livro *Corporate Strategy* (1965), havia "demonstrado um interesse mais exclusivo em estratégias que refletissem as forças e oportunidades da empresa, e um interesse correspondente menos desenvolvido em estratégias responsivas a fraquezas e riscos", que eles atribuíram a "sua própria experiência em grandes firmas em expansão durante uma era de crescimento rápido", em comparação com o "pensamento de Harvard, [que] reflete sua herança de uma longa tradição de interesse em estratégia, estendendo-se através dos tempos difíceis e também dos bons..." (1966:38). Todavia, o principal livro didático de Harvard refletiu, durante anos, as mesmas preferências (veja, por exemplo, Christensen *et al.*, [1982:181-187], em que as seções intituladas "Oportunidade como determinante de estratégia", "Identificação de competência e recursos corporativos", "Fontes de capacidades", "Identificação de forças" e "Casar oportunidade com competência" não correspondiam a seções relacionadas a fraquezas e riscos).

A mensagem parece ser que a avaliação de forças e fraquezas organizacionais não pode ser apenas um exercício cerebral isolado.[23] Deve ser sobretudo um exercício *empírico*, no qual se aprende que essas coisas são *aprendidas* testando-as no contexto.[24]

Toda mudança estratégica envolve alguma experiência nova, um passo no desconhecido, uma dose de risco. Portanto, nenhuma organização poderá saber com certeza, antecipadamente, se uma competência estabelecida irá se mostrar uma força ou uma fraqueza – enfim, uma ajuda ou um obstáculo para fazer essa mudança.[25]

Assim, a rede de supermercados que estudamos (Mintzberg e Waters, 1982) descobriu que as lojas de descontos, que pareciam tão similares a suas operações existentes, não deram bons resultados, ao passo que os restaurantes de *fast-food*, tão diferentes, deram. Apesar das aparências, as lojas de descontos pareceram revelar sérias diferenças em estilo e obsolescência, ao passo que os restaurantes demonstraram que as habilidades da empresa estavam na comercialização de produtos perecíveis e de conveniência. Um exemplo ainda mais surpreendente envolveu a produtora de filmes que estudamos (Mintzberg e McHugh, 1985), que fracassou em seus esforços iniciais para produzir filmes para a televisão, em que a única diferença evidente era o tamanho da tela! Menos evidente, porém, era que seus esforços para produzir *regularmente* para a televisão demonstraram ser incompatíveis com suas habilidades de produção altamente criativas e mais decididamente *ad hoc*. Ela também aprendeu da maneira difícil (a única maneira?) e, no fim, pôs-se a fazer apenas especiais para a televisão. Como observamos no estudo do supermercado, a "busca pelo negócio em que devemos estar não poderia ser feita no papel. Para descobrir suas forças e fraquezas... a firma precisou fazer uma exploração empírica que durou décadas" (489).[26]

As organizações revelaram-se instrumentos altamente especializados, cujas competências de extensão lateral muitas vezes demonstram ser realmente estreitas. As mudanças estratégicas devem, com certeza, se desenvolver a partir das forças evidentes, mas como elas necessariamente iniciam um trabalho novo, também é inevitável que pisem em áreas de fraquezas. Quem pode dizer, sem de fato tentar, se a força ajudará a organização ou a fraqueza minará seus esforços? Como, então, qualquer organização pode depender de algum exercício conceitual abstrato em um escritório executivo? As competências devem ser "essenciais", sem dúvida; também devem ser "distintivas" e devem, ainda, ser "sob encomenda". Todavia, acima de tudo, as competências devem ser aplicáveis e nunca se saberá isso sem tentar. Concluímos, portanto, que as forças e fraquezas não podem ser sepa-

---

[23] Essa mensagem talvez não fosse apreciada pelo próprio Stevenson, que seguiu essa citação com várias prescrições de praxe para gerentes que realizam avaliações internas – fazer listas, tornar as medidas explícitas, etc (66).

[24] Isso provavelmente explica o que parece ser uma propensão dos planejadores (de modo especial nos últimos tempos, altamente influenciados pelo trabalho de Porter) a darem mais atenção à avaliação externa do ambiente e dos concorrentes que à avaliação interna das forças e fraquezas da organização. A primeira está lá fora, objetiva, em princípio não afetada pelo que está dentro.

[25] Como Perutz salientou, ser pequeno e não ter recursos naturais são consideradas fraquezas para os estados, ainda que a Suíça tenha transformado isso em forças. Em comparação com a idéia predominante de que "é preciso melhorar o que já se faz", está a visão de que "fraquezas freqüentemente desencadeiam esforços maiores" (1980:14, 15).

[26] Veja Miles para um relato detalhado das experiências de diversificação das empresas americanas de tabaco e sua conclusão sobre por que a diversificação deve ser um processo de aprendizado (1982, especialmente 186-189).

radas nem entre si, nem de contextos específicos ou das ações às quais são dirigidas. O pensamento deve ocorrer no contexto da ação.

Miopia da "miopia em *marketing*"

Um tema na literatura de alguns anos atrás revela bem os pontos que estamos considerando aqui – às vezes com conseqüências bizarras. Lançado em um famoso artigo intitulado "Miopia em Marketing" de Theodore Levitt (1960), professor de *marketing* na Harvard Business School, ele foi adotado entusiasticamente por planejadores e também por gerentes.

O ponto básico era que as empresas devem definir a si mesmas em termos de ampla orientação da indústria – "necessidade genérica subjacente", nas palavras de Kotler e Singh (1981:39) – em vez de termos estritos de produtos e tecnologias. Para tomar os exemplos favoritos de Levitt, as empresas ferroviárias deveriam ver a si mesmas no negócio de transportes, as refinarias de petróleo, no de energia.

As empresas tiveram muito trabalho com a idéia e correram para redefinir a si mesmas de maneiras extravagantes – por exemplo, a missão articulada de uma empresa fabricante de rolamentos de esferas tornou-se "redução de atrito" e "uma simples editora" (McGraw-Hill) tendo "tomado a decisão estratégica de quem somos" de acordo com seu executivo principal (Dionne, 1988:24), tornou-se "uma 'turbina de informações'" (aparentemente com a ajuda de Porter, segundo a revista *Forbes* [Oliver, 1990:37]). Isto foi ainda melhor para as escolas de Administração. Que maneira melhor de estimular os alunos do que fazê-los sonhar a respeito de como a processadora de frangos poderia estar no negócio de prover energia humana, ou que a coleta de lixo poderia estar em embelezamento? Infelizmente, era tudo fácil demais, mais uma vez um exercício cerebral que, embora abrisse a visão, também podia desligar as pessoas do mundo trivial de depenar e compactar. (Segundo a revista *Forbes* [Oliver, 1990:37], a "turbina de informações" esbanjou 172 milhões de dólares descobrindo quem realmente era.)

Voltando à avaliação de forças e fraquezas, o problema é que, embora a nova definição do negócio pudesse parecer maravilhosa, ela podia fazer algumas suposições extraordinariamente ambiciosas a respeito das capacidades estratégicas da organização – isto é, que elas são quase ilimitadas ou, no mínimo, muito adaptáveis. (Deve-se lembrar que o artigo de Levitt foi escrito no auge do entusiasmo por diversificação de conglomerado e administração "profissional".) Assim, temos um exemplo de George Steiner, o escritor mais prolífico do planejamento, apresentado com seriedade aparente, de que "os fabricantes de chicotes para carroças ainda poderiam estar no mercado se tivessem dito que seu negócio não era fazer chicotes, mas arranques automáticos para carruagens" (1979:156). No entanto, o que é que poderia capacitá-los para fazer isso? Esses produtos nada tinham em comum – nem suprimento de materiais, nem tecnologia, nem processo de produção, nem canal de distribuição – exceto uma idéia na cabeça de alguém a respeito de fazer veículos se moverem. Por que os arranques seriam, para eles, uma diversificação lógica de produtos maior do que, digamos, correias de ventiladores ou cornetas ou as bombas de combustível? Como sugeriu Heller, com um toque de sarcasmo, "em vez de estarem no negócio de acessórios de transporte ou sistemas de direção", por que não poderiam ter definido seu negócio como "flagelação"?! (citado em Normann, 1977:34)

Por que algumas palavras inteligentes em uma folha de papel capacitariam uma ferrovia a operar aviões, ou mesmo táxis? Levitt escreveu que "uma vez que ela *pense* genuinamente que seu negócio é cuidar das necessidades de transporte das pessoas, nada poderá impedi-la de criar seu próprio crescimento altamente lucrativo" (1960:53, grifo nosso). Nada, é claro, exceto as limitações das suas próprias competências distintivas. O que se revelou extravagante foi o próprio conceito de miopia em *marketing*, um pensamento fascinante desligado do mundo da ação. Como dois outros professores de *marketing* escreveram: "Qualquer empresa perspicaz pode reconhecer uma necessidade do mercado; mas somente uma minoria consegue entregar um produto adequado para uma necessidade específica" (Bennett e Cooper, 1981:58). O que temos aqui é a suposição de que uma organização pode se transformar por meio de palavras – que "um novo 'negócio' pode ser forjado como resultado do exercício intelectual de um grupo administrativo" (Normann, 1977:34). Tudo pode ser feito no papel – naquela "superfície plana" do planejamento.

A intenção de Levitt era ampliar a visão dos gerentes. Nisso ele pode ter tido sucesso – até demais. Como Kotler e Singh, também do *marketing*, argumentaram, "pouquíssimas coisas no mundo... não estão potencialmente no negócio de energia" (1981:34). Ironicamente, mas na verdade redefinindo a estratégia de posição para perspectiva, Levitt na realidade *reduziu* sua amplitude. A capacidade interna se perdeu; somente a oportunidade de mercado importava. Os produtos não contavam (os executivos de ferrovias definiam sua indústria "erroneamente" porque "eram orientados para produtos e não para clientes" [45]), nem a produção ("a forma específica de fabricação, processamento ou seja lá o que for não pode ser considerada um aspecto vital da indústria" [55]). No entanto, o que torna o mercado intrinsecamente mais importante do que o produto ou a produção, ou, quanto a isso, um contato no Pentágono, ou Werner no laboratório? O fato é que as organizações precisam desenvolver quaisquer que sejam as forças que podem usar, ao mesmo tempo em que devem evitar ser submersas por fraquezas que podem nunca ter considerado, incluídas as de *marketing*. E isso significa que elas devem ir além de meras palavras no papel – além dos artifícios verbais – para descobrir o que essas coisas são realmente, ligando seu pensamento com sua ação.

Os críticos do artigo de Levitt divertiram-se com a terminologia, apontando os perigos da "hipermetropia de *marketing*", na qual "a visão é melhor para objetos distantes do que para os próximos" (Kotler e Singh, 39) ou da "macropia de *marketing*", na qual os "segmentos de mercado e as definições de produto anteriormente estreitos [são] incrementados além da experiência ou da prudência" (Baughman, 1974:65). Preferimos concluir simplesmente que a própria noção de Levitt de miopia em *marketing* demonstrou ser míope.

Ligar a formulação à implementação

O pensamento e a ação são separados mais obviamente na dicotomia entre formulação e implementação, central para todas as escolas prescritivas de formação de estratégia – de *design* e posicionamento, assim como de planejamento. Em outras palavras, a prescrição final é que as organizações devem completar seu pensamento antes de começarem a agir.[27] Mesmo quando não afirmado com tanto espalhafato, o próprio fato de identificar apenas determinadas pessoas como estrategistas, notavelmente os gerentes seniores junto com os planejadores, força uma separação percebida entre os que pensam antes e os que fazem depois.

No entanto, como é possível alguém questionar essa suposição? Como a maternidade, ela está enraizada tão profundamente na própria base filosófica da sociedade ocidental que parece incontestável. Não é verdade, afinal, que as organizações, como as pessoas, têm cabeças para pensar e corpos para agir? Não é para pensar que os gerentes são pagos, os políticos, eleitos e os generais, nomeados? Eles não formulam as estratégias para que todos os demais possam cuidar das táticas?

Lembre-se da história da Batalha de Passchendaele. Os generais formularam a estratégia para todos os demais implementarem e todas aquelas tropas tombaram para avançar quatro milhas e meia. Quem deveria ser culpado por uma tragédia dessas? O General Haig, o comandante britânico responsável? Sem dúvida. Contudo, não sozinho. Por trás dele, havia uma longa tradição, especialmente no exército, mas não só neste, de separar estratégia de tática, formulação de implementação, pensamento de ação. O inimigo final, mais uma vez, demonstra ser nós mesmos – não só como nos comportamos, mas como *pensamos* sobre o comportamento. Como Feld ponderou em seu artigo sobre as deficiências da organização militar tradicional, é feita uma distinção acentuada entre os oficiais na retaguarda, que possuem poder para elaborar planos e dirigir sua execução, e as tropas nas frentes de combate, que, apesar de sua experiência direta, somente podem implementar os planos que lhes são dados. Um decide enquanto o outro bate continência. As "organizações dão mais valor ao exercício da razão que à aquisição de experiência e contemplam os oficiais engajados na primeira atividade com autoridade sobre aqueles ocupados com a segunda" (1959:15).

> A superioridade dos planejadores é baseada na suposição de que sua posição serve para mantê-los informados a respeito do que está acontecendo com o exército como um todo, enquanto a [posição] do executor limita o conhecimento à experiência pessoal. Essa suposição é apoiada pela estrutura hierárquica da organização militar que estabelece, com detalhes específicos, os estágios e a direção do fluxo de informações. Em função dessa hierarquia, o homem que recebe a informação é superior àquele que a transmite... (22)

Já discutimos a falácia desta suposição, tão crítica para a dicotomia formulação-implementação, que os dados podem ser agregados e transmitidos hierarquia acima sem perdas ou distorções relevantes. Passchendaele representa simplesmente um de seus fracassos mais dramáticos. Na realidade, os dados críticos nunca voltaram hierarquia acima (mais do que voltaram dos conselheiros de McNamara no Vietnã), nem a estratégia pretendida recebeu suas necessárias revisões. Infelizmente, "as condições mais favoráveis à atividade racional, calma e desligamento, ficam em antítese direta com a confusão e o envolvimento do

---

[27] Embora deva ser notado que a implementação conforme concebida nesta literatura não trata da ação real de modo algum, mas de pensar em detalhes – sobre orçamentos, prazos, programas e assim por diante.

combate. As condições que entram na formação dos planos, portanto, são de ordem diferente das que determinam sua execução... (Feld, 15). Deste modo, conforme discutido anteriormente, a Batalha de Passchendaele era "estrategicamente desejável"; só que, por acaso, ela se revelou "taticamente impossível". Em outras palavras, funcionou maravilhosamente bem, mas só na teoria. No entanto, os formuladores nunca se permitiram descobrir – até ser tarde demais. "O impasse imposto por arame farpado e armas automáticas causou uma dissociação quase completa de pensamento estratégico e tático." Ainda assim, embora nenhum "estivesse em posição de guiar o outro", o pensamento estratégico tinha "domínio total" (21). Daí a tragédia.

O exemplo de Passchendaele pode ser extremo, mas a história que conta é muito comum. Em quantas organizações contemporâneas "as condições mais favoráveis à atividade racional, calma e desligamento, ficam em antítese direta com a confusão e o envolvimento" do chão da fábrica, do escritório de vendas, da enfermaria do hospital? Em quantas, a formulação separada torna a organização ineficiente? Em quantas, as informações críticas são ignoradas porque são consideradas "táticas"? Falando do Japão, Kenichi Ohmae chegou a sugerir que a "separação entre o músculo e o cérebro pode muito bem ser uma causa básica do círculo vicioso do declínio de produtividade e perda de competitividade administrativa em que a indústria dos EUA parece estar presa" (1982:226).

Na realidade, nós é que estamos presos a uma metáfora mal orientada. É o modelo da máquina, ou "cibernético", da organização, compreendendo uma parte de cima e uma de baixo, uma cabeça que pensa e um corpo que age, com fluxos de comando descendente e resultados ascendentes regulados entre eles. Imagine a aparência real dessa abstração ordenada: um grupo de prédios, não empilhados verticalmente, mas espalhados horizontalmente, pelo terreno, com rótulos como fábrica, escritório de vendas e depósito, cada um habitado por pessoas com suas próprias cabeças e corpos, e também um prédio em algum lugar chamado sede, o ostensivamente "mais importante", cujas pessoas, na verdade, parecem iguais a todas as outras. Não é estranho, então, que sempre que alguém pergunta sobre uma organização, a primeira coisa que se mostra é um organograma – na verdade, uma listagem de administração, por *status*. A partir desses organogramas, como é possível dizer o que a organização faz realmente, que produtos fabrica, que clientes atende? Seria como se o programa de um jogo de beisebol listasse apenas os técnicos e os dirigentes dos times. Assim, o modelo cibernético é apenas uma metáfora, a julgar pelo que realmente acontece nos sistemas coletivos que chamamos de organizações, perigosamente mal orientada.

Lembre-se do comentário de Kiechel (1984:8) sobre o índice de sucesso de 10% na implementação de estratégias (que Peters chamou de "altamente inflacionado"). A maneira popular de lidar com esse problema foi tentar melhorar a implementação. "Gerenciem a cultura", têm-se aconselhado aos executivos, ou "apertem seus sistemas de controle". Todo um segmento da indústria de consultoria se desenvolveu para ajudar as organizações a melhorar a implementação.

No entanto, tudo isso pode estar mal orientado, baseado em um diagnóstico falso do problema. Também pode refletir os autores desse diagnóstico – os pensadores, sejam gerentes seniores ou planejadores centrais ou consultores que os aconselham, pessoas que podem ter usado seu "domínio total" não somente para criar o problema, em primeiro lugar, mas também para atribuir a culpa por ele. Vendo-se no "alto" dessa hierarquia metafórica, eles apontam para todos os demais, "hierarquia abaixo". "Se vocês, idiotas, dessem valor às nossas belas estratégias, tudo daria certo." Contudo, os idiotas espertos bem que poderiam responder: "Se vocês são tão espertos, por que não criaram estratégias que nós, idiotas, fôssemos capazes de implementar? Vocês sabem quem somos: por que não incluíram nossas incompetências em seu pensamento?" Em outras palavras, *todo fracasso de implementação também é, por definição, um fracasso de formulação*.

Todavia, em nossa opinião, isso também não esclarece o caso, pois ainda admite a dicotomia tradicional: que um fracasso em cogitar o problema (até resolver) no centro pode ser corrigido pelo pensamento ainda melhor nesse centro – pensamento ainda mais abrangente e racional. Isso pode ser pedir muito de cérebros que não conseguem sequer lidar com a simples formulação. Em nossa opinião, portanto, na maioria das vezes a verdadeira culpa deve ser atribuída, não à formulação nem à implementação, mas exatamente à *separação das duas*. A dissociação entre pensar e agir está mais perto da raiz do problema.[28]

Às vezes, o ambiente simplesmente muda de maneiras imprevistas e os formuladores resistem a fazer mudanças, talvez porque sejam teimosos – apaixonados pelas próprias estratégias – ou talvez porque nem sequer estejam cientes das mudanças externas (como em Passchendaele). Outras vezes, são os implementadores que resistem, neste caso às mudanças formuladas, talvez porque tenham uma mentalidade demasiado estreita para romper com suas maneiras tradicionais, sejam uma intolerantes demais para reconhecer uma boa estratégia quando é colocada diante deles ou complicados demais para seguir outros programas, além dos próprios. No entanto, quase sempre, eles resistem porque são corretos: informados o suficiente para reconhecer as limitações das estratégias impostas a eles. Na verdade, de certo modo, essa é sempre uma postura adequada. Mesmo as melhores das estratégias pretendidas devem ser adaptadas a todos os tipos de circunstâncias inconcebíveis em sua formulação inicial. Em outras palavras, toda estratégia pretendida deve ser interpretada por muitas pessoas diante de uma ampla gama de realidades (Rein e Rabinovitz, 1979:327-328). Como Majone e Wildavsky colocaram, "a implementação literal é literalmente impossível" (1978:116). É por isso que não se pode delinear qualquer dicotomia da empresa entre as cabeças no alto e os corpos embaixo, nem qualquer linha acentuada correspondente se pode traçar entre formulação e implementação.

Os chamados implementadores não são robôs, tampouco os sistemas que os controlam são herméticos. Cada suposto implementador deve inevitavelmente ter algum critério para interpretar as estratégias pretendidas à sua própria maneira (Wildavsky, 1979:223). Além disso, como já argumentamos com relação à avaliação de forças e fraquezas, algumas das verdadeiras limitações de qualquer estratégia pretendida podem ser descobertas somente quando finalmente as ações são empreendidas (Majone e Wildavsky, 106). Para citar uma Jelinek bem diferente, quando revisou, mais tarde, as "debatidas questões teóricas... ignoradas ou rejeitadas" em um livro intitulado *Implementing Strategy* (de Hrebiniak e Joyce, 1984):

---

[28] Deste modo, Majone e Wildavsky referiram-se a essa dicotomia como o "modelo de implementação de planejamento-e-controle" com sua noção de que "a idéia de política perfeitamente determinada de antemão... exige apenas execução, e os únicos problemas apresentados são os de controle" (1978:114).

Embora haja alguma menção de que é possível ajustar planos estratégicos, a ênfase esmagadora está em induzir e controlar a ação por meio de planos impostos em uma estratégia de cima para baixo. Sim, o conhecimento operacional dos subordinados é necessário, mas apenas para detalhar as ordens de cima em objetivos operacionais. Há pouco reconhecimento de que a colaboração dos níveis mais baixos pode sugerir um golpe estratégico, melhorar a estratégia global ou mudá-la fundamentalmente. Considera-se que a colaboração de baixo para cima entra no processo somente depois que a direção é estabelecida e opera apenas dentro dos limites estabelecidos pela alta administração. (1984:463)

O resultado não é simplesmente que as estratégias pretendidas "resvalam" e "derivam", para adotar termos populares do setor público (Majone e Wildavsky, 1978:105; Kress, Koehler e Springer, 1980; Lipsky, 1978), que significam que as intenções estratégicas são distorcidas ou desviadas de seu caminho até a implementação. Ao contrário, significa que, em primeiro lugar, todo o processo de criar estratégias deve ser concebido novamente. Em vez da dicotomia formulação-implementação promovida há tempos na literatura prescritiva, acreditamos que o processo de formulação de estratégia é mais bem caracterizado como um processo de aprendizado – formação em lugar de formulação, se quiser. As pessoas agem para pensar e pensam para agir. As duas prosseguem lado a lado, como dois pés ao caminhar, que no fim convergem para padrões viáveis de comportamento (isto é, estratégias realizadas).

Em tal processo de aprendizado, a dicotomia formulação-implementação é eliminada de uma, entre duas maneiras – uma centralizada, a outra descentralizada. Na primeira, o formulador implementa. Isto é, um líder monitora rigorosa e pessoalmente o impacto de suas decisões, para que uma estratégia formulada possa ser continuamente avaliada e reformulada durante a implementação. Aqui, o líder permanece em contato íntimo ("intangível") com as operações, acompanhando de perto os eventos a fim de poder responder rapidamente a mudanças imprevistas. Chamamos isso de abordagem centralizada, "empreendedora" ou "visionária" porque costuma estar associada com líderes fortes que têm visões claras.

Entretanto, onde as situações são mais complexas – digamos, um laboratório de pesquisa em vez de uma rede de supermercados – o pensamento estratégico não pode ser concentrado em um centro. Portanto, a dicotomia deve ser eliminada da maneira oposta: os implementadores devem se tornar formuladores. Para citar Lipsky, a implementação é "virada de ponta-cabeça", para que a estratégia seja "feita efetivamente pelas pessoas que a implementam" (1978:397). Eles defendem propostas que podem se revelar estratégicas e, assim, mudam a direção da organização. Levada ao extremo, a organização pode seguir o que chamamos de modelo "básico" de formação de estratégia:

1. *As estratégias inicialmente crescem como ervas daninhas no jardim; não são cultivadas como tomates em uma estufa*. Em outras palavras, o processo de formação de estratégia pode ser excessivamente gerenciado; algumas vezes, é mais importante deixar que padrões surjam do que forçar prematuramente uma consistência artificial sobre uma organização. A estufa, caso necessário, poderá vir mais tarde.
2. *Essas estratégias podem lançar raízes em todos os tipos de lugares; praticamente em toda parte, as pessoas têm a capacidade para aprender e os recursos para apoiá-la.*

Algumas vezes, uma pessoa ou uma unidade em contato com uma determinada oportunidade cria seu próprio padrão. Isso pode acontecer inadvertidamente, quando uma ação inicial estabelece um precedente. Até os gerentes seniores podem mexer em estratégias fazendo experiências com idéias até elas convergirem sobre algo que funcione (embora possa parecer que o resultado tenha sido deliberadamente planejado, sob o ponto de vista do observador). Em outras ocasiões, várias ações convergem sobre um tema estratégico por meio do ajuste mútuo de várias pessoas, gradual ou espontaneamente. E então o ambiente externo pode impor um padrão sobre uma organização desavisada. A questão é que as organizações nem sempre podem planejar onde irão emergir suas estratégias, muito menos planejá-las.

3. *Essas estratégias se tornam organizacionais quando passam a ser coletivas, isto é, quando os padrões proliferam e permeiam o comportamento da organização em geral.* As ervas daninhas podem proliferar e tomar um jardim inteiro; então as plantas convencionais podem parecer deslocadas. Da mesma forma, as estratégias emergentes podem, às vezes, deslocar as deliberadas existentes. No entanto, é claro, o que são as ervas daninhas senão plantas que não eram esperadas? Com uma mudança de perspectiva, a estratégia emergente, como as ervas daninhas, pode se transformar em algo de valor (assim como os europeus gostam de saladas das folhas do dente-de-leão, a mais conhecida erva daninha da América!).

4. *Os processos de proliferação podem ser conscientes, mas não necessariamente; da mesma forma, podem ser gerenciados, mas não precisam sê-lo.* Os processos pelos quais os padrões iniciais abrem seu caminho através da organização não precisam ser entendidos de forma consciente pelos líderes formais ou mesmo informais. Os padrões podem simplesmente se espalhar por ação coletiva, assim como as plantas. É claro que, uma vez que as estratégias sejam reconhecidas como valiosas, os processos pelos quais elas proliferam podem ser gerenciados, bem como as plantas podem ser propagadas de forma seletiva.

5. *Novas estratégias, que podem estar emergindo continuamente, tendem a permear a organização durante períodos de mudanças, os quais entremeiam períodos de continuidade mais integrada.* Simplificando, as organizações, como os jardins, podem aceitar a máxima bíblica de um tempo para semear e um para colher (mesmo que às vezes elas colham o que não semearam). Os períodos de convergência, durante os quais a organização explora suas estratégias estabelecidas predominantes, tendem a ser interrompidos por períodos de divergência, durante os quais a organização experimenta novos temas estratégicos para depois aceitá-los. A falta de clareza da separação entre esses dois tipos de períodos pode ter o mesmo efeito sobre uma organização que a falta de clareza da separação entre semear e colher em um jardim – a destruição da capacidade produtiva do sistema.

6. *Gerenciar este projeto não é preconceber estratégias, mas reconhecer sua emergência e intervir quando necessário.* Uma erva daninha destrutiva, uma vez identificada, deve ser extirpada imediatamente. No entanto, vale a pena observar uma que pareça capaz de gerar frutos; na verdade, em alguns casos, vale a pena construir uma estufa à sua volta. Gerenciar, neste contexto, é criar o clima para que uma ampla variedade de estratégias possa crescer (estabelecer estruturas flexíveis, desenvolver processos apropriados, encorajar culturas de apoio e definir estratégias diretivas de "guarda-chuva") e então observar o que acontece de fato. As iniciativas estratégicas que surgem podem ter mesmo origem em qualquer lugar, embora muitas vezes o façam mais embaixo na organização, onde reside o conhecimento detalhado de produtos e mercados. (Na verdade, para ter sucesso em algumas

organizações, essas iniciativas precisam ser reconhecidas pelos gerentes de nível médio e "defendidas" combinando-as entre si ou com as estratégias existentes antes de promovê-las para a gerência sênior.) Na realidade, a gerência estimula as iniciativas que parecem ter potencial; caso contrário, as desencoraja. Ainda assim, não deve ser rápida demais em acabar com o inesperado: algumas vezes, é melhor fingir não notar um padrão emergente para lhe dar mais tempo para se revelar. Da mesma forma, existem períodos em que faz sentido mudar ou ampliar o guarda-chuva para abranger um padrão novo – em outras palavras, deixar a organização se adaptar à iniciativa em vez do contrário. Além disso, a gerência precisa saber quando resistir a mudanças em nome da eficiência interna e quando promovê-las em nome da adaptação externa. Em outras palavras, ela precisa sentir quando explorar uma safra estabelecida de estratégias e quando encorajar novas variedades para deslocá-las. Os excessos de ambos – falhar em focalizar (correr às cegas) ou falhar em mudar (força burocrática) – são o que mais prejudica as organizações. (Mintzberg, 1989:214-216)

Esse modelo pode parecer extremo, mas, com certeza, não é mais do que o modelo de planejamento puro (talvez melhor chamado de "estufa"). Os dois definem os pontos extremos de uma série contínua, ao longo da qual deve estar o comportamento da formação de estratégia no mundo real. Às vezes, as organizações precisam se inclinar para o lado mais deliberado, onde o pensamento claro deve preceder a ação, porque o futuro parece mais ou menos previsível e o aprendizado necessário já ocorreu. A formulação, em outras palavras, pode preceder a ação. Todavia, mesmo assim, deve haver "implementação como evolução", como Majone e Wildavsky intitularam um artigo (1978) – porque o pensamento anterior nunca consegue especificar toda a ação subseqüente. No entanto, em tempos de mudanças difíceis, quando as novas estratégias precisam ser desenvolvidas em processos de aprendizado, a inclinação deve ser para o lado emergente. Então a dicotomia entre formulação e implementação deve acabar, quer os formuladores implementem de maneira mais centralizada ou os implementadores formulem de maneira mais descentralizada, popular. De qualquer forma, o pensamento é religado diretamente à ação.[29]

União entre pensamento e ação

Para concluir esta discussão da falácia do desligamento, vamos dar uma olhada de perto e direta, mesmo que breve, na questão subjacente, o desligamento entre o pensamento e a ação.

Um de nossos alunos, que havia trabalhado no departamento de engenharia de uma empresa de manufatura, uma vez contou uma história pessoal na sala de aula. Envolvido nas operações, ele propôs algumas idéias que o chefe do departamento apreciou. Para estimulá-lo mais, o chefe pediu-lhe para pôr de lado suas obrigações operacionais para que ele pudesse se concentrar nessas idéias. Por

---

[29] Para mais detalhes sobre abordagens centralizadas visionárias e descentralizadas de aprendizado de elaboração de estratégia, veja Mintzberg (1973, 1987, 1989:121-130 e 210-217 e 1990b:137-141 e 146-159).

isso, ele foi nomeado para o cargo de planejador, exatamente daquele pequeno departamento. Posteriormente, ele registrou o que tinha dito na sala de aula:

> Portanto, fui afastado das pressões do dia-a-dia e colocado sozinho em um escritório. Pediram-me para escrever relatórios sobre tudo o que fosse relevante. Fiquei ocupado por cerca de três meses, formulando a maior parte das idéias que havia acumulado no trabalho. Entretanto, no fim dos três meses, eu "sequei". Para mim, se tornou cada vez mais difícil identificar áreas de problemas. A rede de comunicações que havia estabelecido e mantido com o pessoal operacional estava se tornando cada vez mais enferrujada. No que me diz respeito, essa abordagem específica havia malogrado. (S. K. Darkazanli, em correspondência pessoal com o autor)

Ficar "livre para pensar", como os planejadores supostamente ficam e incitam os gerentes a ficar, pode acabar sendo sua própria prisão. Mais tarde, Ansoff escreveu sobre o planejamento estratégico como um "processo desconectado (*off line*) comparado ao caráter de tempo real" do que ele chamou de "administração de assuntos estratégicos" (1975:32). Preferimos chamar a segunda de *pensamento estratégico* e enfatizar que ele se baseia no envolvimento e não no desligamento. Aparentemente, esse pensamento não deve ser apenas informado pelos detalhes de movimento da ação, mas dirigido exatamente pela presença dessa ação. Essa pode ser uma razão principal para o trabalho gerencial demonstrar tamanha "orientação à ação" (Mintzberg, 1973:35-38).

Os planejadores convencionais podem acreditar que os gerentes estejam envolvidos demais nos detalhes para refletir. Entretanto, os gerentes eficazes podem saber que só conseguem refletir por estar tão envolvidos. Para pensar estrategicamente, em outras palavras, eles devem estar ativos, envolvidos, ligados, comprometidos, alertas, estimulados. O "caos calculado" de seu trabalho é o que dirige seu pensamento, capacitando-os a basear a reflexão em ação em um processo interativo. Foi isso que levou Dean Acheson a escrever sobre aquele processo "artificial" que citamos antes, do "'pensador' rodeado por um gabinete de estátuas de Rodin".

Peter Drucker afirmou que "o planejamento a longo prazo não trata de decisões futuras. Trata das consciências de decisões presentes" (1959:239). Isso pode ser verdade, mas é redundante. Porque toda tomada de decisão é fundamentalmente sobre o futuro, não sobre o presente. Uma decisão é um compromisso com uma ação futura – seja em dez minutos ou em dez anos. O planejamento, da mesma forma, trata do futuro, não do presente. Entretanto, o futuro é sempre uma abstração, "lá adiante", como diz a expressão. Ele nunca chega. Por isso, a sobrevivência de toda a organização depende de suas ações no presente em movimento. Deste modo, o planejamento futuro desligado da ação presente é fútil. Isolado, portanto, o planejamento é inútil. Os planos tornam-se "listas de desejos" – a expressão de esperanças vagas. Em um ponto extremo, conforme notamos na discussão da ilusão de controle, a realidade pára de importar; as coisas estão sob controle porque estão no papel. Para citar aquela famosa frase (por vezes atribuída a William Gadis ou John Lennon), "vida é o que acontece enquanto você está fazendo outros planos". Somente quando esses processos – planejar, assim como decidir, pensar e gerenciar – se ligam íntima e interativamente com atividades operacionais que estão ocorrendo no presente (um cliente sendo atendido, um produto sendo produzido, etc.), é que eles ganham vida.

Peters e Waterman (1982:119) tornaram famoso o comentário "Preparar. Fogo. Apontar." de um executivo de Cadbury. Na verdade, isso faz muito sentido, quando é preciso atirar mais de uma vez, o que normalmente é o caso. Alongue a frase e você tem formação de estratégia como um processo de aprendizado: "Preparar-fogo-apontar-fogo-apontar-fogo-apontar", etc. Da mesma forma que a estrutura sempre deve seguir a estratégia, a maneira como o pé esquerdo deve seguir o direito ao caminhar, o fogo também deve sempre seguir o apontar, além de precedê-lo, para fazer as correções necessárias. Ação e pensamento devem interagir. Os planejadores podem estar justamente preocupados com o comportamento do tipo Rambo na administração – "fogo-fogo-fogo" em todas as direções, sem apontar. No entanto, os gerentes devem ser igualmente cautelosos com o comportamento em planejamento que corresponde a "Preparar. Apontar. Apontar."

Isso nos leva a um ponto fascinante desenvolvido por Karl Weick sobre a relação entre empreender a ação e gerar o significado. Na "situação verdadeiramente nova", a cruz da verdadeira formação de estratégia, Weick argumentou que tudo "o que se pode fazer é agir". *Então* o ato passa a "ter sentido" – parecendo "estar sob o controle do plano" (1979:102). Em outras palavras, o planejamento não promove mudança significativa na organização tanto quanto lida com ela quando esta é introduzida por outros meios (como concluímos em nossa discussão das armadilhas).

Contudo, na ausência desses outros meios, "adiar a ação enquanto o planejamento continua poderia ser perigoso. Se a ação for adiada, o significado será adiado e qualquer oportunidade de esclarecer a situação diminuirá, simplesmente porque não há algo disponível a ser esclarecido ou tornado significativo". Nessas circunstâncias, o planejamento "poderia tornar-se uma espiral cada vez maior, passando a ser um fim em vez de um meio... [Os planejadores] podem perder de vista aquilo que estavam planejando originalmente" (103). Assim, o planejamento pode se tornar um ritual.

É claro que, onde não há ação a empreender, como Dubé concluiu em seu estudo dos militares canadenses, o planejamento pode ser uma maneira de ficar ocupado. No entanto, o perigo é que planejamento detalhado demais na organização atarefada pode aniquilar o incentivo para agir (aquela paralisia da análise). "Planejo, logo faço" escreveu um Ansoff mais cínico em 1975 (com Hayes, 11), ao criticar sua "abordagem cartesiana". Em vez disso, ele poderia ter escrito, "Planejo porque não faço!", ou "Não faço porque planejo!"

É irônico, porém, o fato de Weick também ter argumentado que um *plano*, algumas vezes, pode ser um incentivo necessário à ação. Vimos antes, em nossa discussão da ilusão de controle, no comentário de Gimpl e Dakin em seu ensaio de 1984 sobre "Administração e Mágica" que em situações ambíguas, o planejamento aumenta a confiança, estreita o grupo administrativo e reduz a ansiedade. A esse respeito, Weick (1990:4) gosta de contar a história da unidade militar perdida nos Alpes gelados, quase desistindo, quando descobriu um mapa. Estimulados à ação, eles encontraram seu caminho, somente para descobrir, de volta ao acampamento base, que aquele mapa era dos Pirineus! É uma bela história (e perigosamente enganosa, como alguém que tentou manobrar na selva com o mapa errado bem sabe), mas seu ponto básico é oportuno. Não ter qualquer senso de direção pode, às vezes, ser pior do que ter um precisamente determinado. Ambos impedem a escolha. Ter uma orientação ampla permite às pessoas, de certo modo, rejeitar o futuro e continuar com o presente. Em outras palavras, se a orientação for boa, pode-se sentir firme para crer que o quer que ocorra será gerenciável.

Não obstante, isso não constitui um argumento para planejar, pois, mais uma vez, devemos mostrar a diferença entre ter um plano e se engajar em planejamento. Um plano não resulta necessariamente de planejamento formal (como aquele mapa que a unidade militar encontrou por acaso). Na realidade, um plano como visão – expresso até em imagens ou metaforicamente – pode demonstrar ser um incentivo maior à ação do que um plano formalmente detalhado, simplesmente porque pode ser mais atrativo e menos restritivo. Deve ser por isso que houve tanta atenção à visão estratégica nos últimos 10 anos. Além disso, a visão como incentivo à ação pode ser mais fácil de obter, pois emerge da cabeça de um único líder em vez de ter de ser concordada coletivamente por um grupo de gerentes seniores e planejadores. Conforme discutido no capítulo anterior, ter de obter essa concordância *em princípio* (em vez de em ações específicas) pode, de fato, paralisar a ação.

Assim, concluímos que, embora o pensamento com certeza possa preceder a ação, ele também deve segui-la bem de perto, ou então corre o risco de impedi-la! O planejamento formal apresenta o perigo de distanciar essa ligação e, portanto, de desencorajar a ação. É por isso que, ao menos em condições difíceis, o planejamento pode ser melhor concebido como um intérprete da ação do que como um propulsor dela,[30] e por isso a própria ação pode ser mais bem orientada por um pensamento de natureza menos formalizada e mais envolvida.

A FALÁCIA DA FORMALIZAÇÃO

Gradualmente, estamos convergindo para a essência do problema, a grande falácia do planejamento. Mais próxima de seu núcleo, realmente um compêndio dos pontos considerados até agora, está a falácia de que o processo de formação de estratégia pode ser formalizado, nas palavras de Jelinek, em 1979, de que a inovação pode ser institucionalizada. A suposição básica por trás disso é que os sistemas podem fazê-lo – podem detectar descontinuidades, perceber parceiros, prover criatividade, programar intuição. Como a própria Jelinek colocou isso em um artigo posterior, reconsiderado, com David Amar: "Se os gerentes seguirem as listas de verificação, irão gerar o plano necessário" (1983:1). Ou relembre a afirmação do economista do Stanford Research Institute (SRI) (citada no começo deste capítulo) sobre ser capaz de "recriar" o processo de pensamento do "gênio empreendedor".

O fracasso da formalização

As várias evidências em toda esta discussão não dão qualquer apoio a esta suposição: nem o SRI nem qualquer outra organização ou indivíduo jamais teve êxito em recriar qualquer desses processos intuitivos, do gênio ou de outro. Em nossa

---

[30] Observe que Weick apresentou sua conclusão sob condições de novidade, ou incerteza. Sob condições de suposta estabilidade ou certeza, quando o futuro parece conhecido, o planejamento poderia ser capaz de prosseguir efetivamente. No entanto, não se engane: essa suposta estabilidade nada mais é que a extrapolação das condições passadas.

discussão sobre a previsão, vimos como os sistemas são incapazes de detectar descontinuidades, embora algumas pessoas pareçam bastante capazes de fazê-lo; antes vimos como o planejamento formal desencoraja a criatividade, embora algumas pessoas sejam obviamente muito criativas; na última seção, vimos como os gerentes internalizam os dados intangíveis com facilidade, enquanto os dados factuais perdem muito de sua riqueza, e como as necessidades dinâmicas de formação de estratégia, acomodadas informalmente com tanta naturalidade, parecem ser violadas quando o processo é formalizado.

De qualquer maneira, a formalização nunca deu muito certo na formação de estratégia, seja na articulação formalizada de metas (ou necessidades do parceiro), na avaliação formalizada de forças e fraquezas, na determinação formal de portfólios de negócio por meio da manipulação de estábulos de vacas, cães e afins do Boston Consulting Group, ou dos sistemas "quase-analíticos" de Ansoff para lidar com sinais fracos e similares. Mesmo o simples ato de isolar formalmente alguém em uma função de planejamento, como a experiência de Darkazanli descrita anteriormente, ou de convocar uma reunião oficial para discutir estratégia – de fato, meramente formalizar o tempo para pensamento estratégico – algumas vezes tem o mesmo efeito:

> Na verdade, as reuniões para refletir sobre estratégia, organizadas como parte do planejamento, são muitas vezes enfadonhas para os participantes: eles têm a impressão de repetir o que já foi dito e decidido em estudos estratégicos anteriores. Ou então, a discussão não vai a parte alguma porque os estudos que forneceriam os dados não estão disponíveis. (Sarrazin, 1975:89, nossa tradução do francês)

Quanto mais elaborados os procedimentos de planejamento se tornam – em resposta aos fracassos dos mais simples – maiores parecem ser seus fracassos. Isso ficou especialmente evidente na área de previsão e dos esforços heróicos para aplicar o SPPO no governo. Na verdade, mesmo o muito elogiado sistema OST da Texas Instruments – no qual Jelinek baseou sua conclusão sobre a institucionalização de inovações – falhou tanto quanto os famosos sistemas da General Electric. A *Business Week*, em um artigo intitulado "TI: Jogada Cheia de Buracos e Tentativa de Recuperação" (1984b), noticiou que em 1982 (apenas três anos após Jelinek publicar seu livro), a alta administração "descartou o sistema administrativo de matrizes da TI e devolveu o controle dos produtos aos seus gerentes" (83). (Um artigo anterior da *Business Week* [1983:56] havia se referido ao OST como "o sistema administrativo desconjuntado".) O artigo salientou que:

> Foi Haggerty quem introduziu controles financeiros rigorosos e planejamento estratégico para controlar o rápido crescimento e o *mix* de negócio cada vez mais complexo da TI. No entanto, Haggerty também defendeu o grupo de empreendedores da TI, entendendo que pessoas, e não sistemas rígidos, produzem inovação. (83)

A implicação é que Jelinek falsamente atribuiu a capacidade inovadora da empresa a seu sistema de planejamento. Ele parece ter sido projetado para controlar, não para criar estratégia. "Um sistema administrativo excessivamente complexo – incluindo administração por matrizes e planejamento estratégico dominado por números – tendia a sufocar o empreendedorismo" (82). Na verdade, quem melhor para citar a esse respeito que a própria Jelinek, que em seu livro com

Schoonhoven, em 1990, observou que, com os gerentes que seguiam Haggerty, "de algum modo, o foco parecia estar no sistema em si, em vez de na inovação que devia gerar. O OST foi *cuidadosamente institucionalizado*" e, juntamente com outros aspectos da formalização, "parecia custar à TI seu impulso inovador" (1990:410, grifo nosso!).[31] Jelinek e Schoonhoven concluíram em um capítulo anterior que:

> Uma estratégia de inovação está contida não em 'planos', mas no padrão de compromissos, decisões, métodos e comportamentos persistentes que facilitam fazer coisas novas.... Conseqüentemente, ao passo que o material deste capítulo tem pouco a ver com planos formais ou procedimentos de planejamento, ele tem tudo a ver com sancionar uma estratégia de inovação. (203, 204)

E, mais adiante: "Os sistemas formais operam mais explicitamente após a estratégia ter sido desenvolvida, para monitorar sua realização, avaliar sua adaptação continuada à realidade e sinalizar novas intenções importantes... Não se espera que eles substituam a criatividade ou a atenção da administração, que devem vir antes" (212). Finalmente, na conclusão desse capítulo específico, eles comentam: "A realidade freqüentemente se intromete, para 'manter humildes os gerentes'" (215). Não só os gerentes![32]

Assim, não temos evidências de que qualquer dos sistemas de planejamento estratégico – independentemente de sua elaboração, ou fama – tenha dado certo para captar (muito menos melhorar) os confusos processos informais pelos quais as estratégias de fato se desenvolvem. Nenhum esforço de programação pareceu melhor em imitar a intuição que as técnicas de psicanálise em imitar a empatia. Alguma coisa claramente deu errado com a formalização. Pode ter realizado milagres nas tarefas altamente estruturadas, repetitivas, da fábrica e do pessoal de escritório, mas o que quer que fosse foi perdido no caminho até o escritório executivo.

Afinal, alguém já tentou a formalização?

É claro, seria possível argumentar – com bastante apoio – que todo o esforço de planejamento estratégico fracassou porque nunca tentou seriamente formalizar o comportamento em questão. Inserir quadros em gráficos com títulos como "seja criativo" ou "pense com audácia" (somente os piores exemplos de uma prática comum em planejamento) dificilmente significaram programar algo. Separe qualquer modelo de planejamento estratégico, quadro por quadro, e, no centro do

---

[31] Eles perceberam que o sistema voltou no final dos anos 1980, mas como uma ferramenta para facilitar, em vez de controlar.
[32] Jelinek de fato retratou-se naquele primeiro documento com David Amar, consultor de estratégia, em que criticou os "sistemas de planejamento burocráticos" – as "estratégias corporativas por listas de lavanderia", que sugerem que a estratégia é "um plano limpo, imaculado e definitivo de ação futura, com detalhes especificados e o futuro garantido... muitas vezes, os gerentes são encorajados a permanecer dentro dos limites funcionais... [Eles] quase sempre ignoram "dados intangíveis" chave que significam sucesso ou fracasso da estratégia: criatividade, intuição, experiência coletiva dos gerentes, sensações de firmeza são muitas vezes consideradas 'irracionais'" (Jelinek e Amar, 1983:1).

processo onde as estratégias devem ser criadas, você encontrará apenas um conjunto de chavões inúteis, sem qualquer simulação dos complexos processos gerenciais. Esse é o "detalhe perdido" sobre o qual escrevemos no Capítulo 2. "Na melhor das hipóteses, os planejadores apresentaram listas de verificação: 'analise o problema,' 'selecione o curso de ação preferido', etc.", escreveram Ansoff e Brandenburg em 1967 (B224), embora dificilmente não soubessem da prática. Conforme observamos antes, os proponentes da escola de planejamento, ao contrário de Frederick Taylor, nunca fizeram sua lição de casa básica – nunca tentaram entrar no processo de formação de estratégia para descobrir como ele funciona realmente. Mais uma vez, podemos citar Ansoff e Brandenburg sobre o que eles disseram, se não sobre o que fizeram: "Grande parte da literatura de planejamento preocupou-se com a programação das atividades da empresa, e não com a maneira de chegar às decisões subjacentes" (B224). Por isso, as prescrições nunca refletiram um entendimento da realidade e, então, permaneceram essencialmente destituídas de conteúdo real.

Antes citamos Wildavsky sobre a suposição de que tudo o que realmente é preciso para responder a uma pergunta é fazê-la. O planejamento pode ter tentado fazer a pergunta. No entanto, será que tentou respondê-la?

A natureza analítica do planejamento

Mesmo se o planejamento tentasse de verdade – ou se fizer isso no futuro – poderia funcionar? Essa é outra maneira de perguntar se o pessoal de planejamento estratégico fez a pergunta *certa*, quanto mais se respondeu. Pensamos que não. Desta maneira, concluímos que os esforços sinceros para formalizar a elaboração de estratégia podem ter se revelado mais prejudiciais do que os frívolos, porque foram levados mais a sério. Acreditamos que há alguma coisa fundamentalmente errada na formalização aplicada a processos como a formação de estratégia, que constitui a grande falácia. Tem a ver com a natureza reducionista, analítica, do planejamento.

A formalização é obtida por meio de decomposição, na qual um processo é reduzido a um procedimento, uma série de etapas, cada qual sendo especificada. Isso é essencialmente analítico: a subdivisão do todo em suas partes. "... a própria palavra análise... vem de uma raiz grega que significa subdividir" (Wildavsky, 1979:8)[33]. A análise, portanto, é a base do planejamento estratégico. Recorde o comentário de Porter: "Sou a favor de um conjunto de técnicas analíticas para desenvolver estratégias". Sempre que as organizações fossem grandes demais, os gerentes desligados demais, ou os negócios diversos demais, então o planejamento estratégico (significando análise) passava a ser a solução proposta: os processos estratégicos deveriam ser decompostos em categorias de etapas especificadas compostas de procedimentos formalizados.

No entanto, ele nunca funcionou, produzindo, como vimos no Capítulo 3, o "fracasso evidente" da renovação urbana maciça, o "não-planejamento não-democrático" do governo francês, a dramática rejeição ao planejamento na General Electric e a farsa do SPPO, que "fracassou em toda parte e sempre", segundo

---

[33] A raiz grega "também significa desfazer ou desatar"! (402)

Wildavsky. Até as promessas de salvação subseqüentes – "é só esperar" – levaram a nada além de perder mais tempo e mais dinheiro. Em um ponto, a "abordagem de sistemas" tornou-se popular. Ackoff escreveu sobre atacar problemas "holisticamente, com uma abordagem de sistemas abrangente" (1973:670). Forrester propôs modelos ainda maiores: primeiro escreveu *Industrial Dynamics* [Dinâmica Industrial] (1961), em seguida *Urban Dynamics* [Dinâmica Urbana] (1969) e, finalmente, *World Dynamics* [Dinâmica Mundial] (1973). De qualquer maneira, as técnicas analíticas iriam sintetizar todas as dimensões em sistemas ainda maiores e mais elaborados. Mas alguma coisa tinha de ceder. À medida que a amplitude dos procedimentos aumentou, eles se tornaram mais rasos. Estender os limites do contexto significou agregar o conteúdo (Sharp, 1977:491). Dror afirmou que "o bom planejamento abrangente limita o grau de abrangência dentro dos limites da capacidade de administrar" (1971:122). No entanto, como nem ele nem qualquer outra pessoa jamais sugeriu como isso poderia ser feito, essas palavras se tornaram outro chavão inútil.

No fim, ficou claro que os sistemas não aliviavam a sobrecarga de informações do cérebro humano; na verdade, eles quase sempre pioravam as coisas. A combinação mecânica das informações não resolvia qualquer problema fundamental que existisse com a intuição humana. E todas essas promessas a respeito dos benefícios da "inteligência artificial", de "sistemas inteligentes" etc., nunca se concretizaram no nível da estratégia. Os sistemas formais podem certamente processar mais informações, pelo menos informações factuais; eles podem consolidá-las, agregá-las, movimentá-las. Contudo, eles não podem *internalizá-las*, *compreendê-las*, *sintetizá-las*. A análise nunca esteve à altura da função a ela designada. Em um sentido literal, o planejamento nunca aprendeu.

Pense na criatividade. Em nosso capítulo sobre as armadilhas do planejamento, discutimos como ela pode ser impedida pelo planejamento. Vamos detalhar essa conclusão aqui. O planejamento, por sua própria natureza, define e preserva categorias. A criatividade, por sua própria natureza, cria categorias ou reorganiza as estabelecidas. É por isso que o planejamento formal não pode prover criatividade nem lidar com a mesma quando ela emerge por outros meios. E é por isso que os tipos empreendedores combateram os sistemas da TI e da GE, e que a inovação nunca foi institucionalizada.

Na verdade, o imperativo "seja criativo" ou "pense com audácia" reflete exatamente o mesmo problema: a criatividade torna-se uma etapa isolada, outro quadro em um gráfico. Imagine os gerentes sentados em volta de uma mesa tendo de "pensar com audácia". Que ótima maneira de suprimir isso![34] Se aprendemos alguma coisa sobre criatividade, é que ela não pode acontecer isoladamente ou programada, quanto mais sob encomenda (da mesma forma que a formação de estratégia, cuja melhor parte é, de qualquer maneira, exatamente uma forma de criatividade). "A criatividade é comprometida comprimindo-se as peregrinações da mente em uma seqüência" (Wildavsky, 1979:8). Ou, para voltar à noção de Weick da relação entre pensamento e ação com um ponto criticamente importante:

---

[34] Mitroff *et al.* relataram um exercício de "planejamento estratégico" no qual se implorou aos membros de uma grande agência governamental para "pensarem com audácia" na criação de cenários para o futuro de longo prazo. No entanto, eles não levaram "muito a sério a ordem"; em vez disso, produziram relatórios que eram "contemporâneos demais... muito tímidos" (1977:47).

O pensamento científico é provavelmente um modelo insatisfatório de pensamento gerencial, no entanto, com poucas exceções... os teóricos encorajam esse mito fornecendo formatos analíticos como etapas... que exigem que os gerentes se afastem do que estão fazendo para pensar mais, como os cientistas... O problema é basicamente que tratamos *pensar* como um verbo de ação, quando na verdade ele [é] um verbo adverbial que exige que alguma *outra* atividade deve estar em andamento se quisermos que o pensamento ocorra. O pensamento é uma qualificação de uma atividade, não uma atividade propriamente dita. (1983:225)

Há estudos de pessoas orientadas para a abordagem analítica que reforçam essa conclusão. Eles tendem a favorecer o pensamento convergente dedutivo para buscar similaridades, em vez de diferenças, entre problemas e a decompor em vez de planejar (Leavitt, 1975a e b). Um estudo reportou "que pessoas que tendem a se especializar em pensamento analítico (convergentes) são menos propensas a lembrar de sonhos do que aquelas com tendências opostas (divergentes), a quem [o pesquisador] caracterizou como mais imaginativas e mais capazes de lidar com o não-racional" (em Ornstein, 1972:65).

Uma fraqueza específica da "mente analítica", mencionada no Capítulo 4, é sua tendência de "fechamento prematuro": os problemas são estruturados no início; as alternativas. delineadas prematuramente, para que a atenção possa ser concentrada em avaliá-los (McKenney e Keen, 1974:83). Em outras palavras, o analista tende a querer dar prosseguimento à etapa mais estruturada de avaliação das alternativas e, por isso, tende a dar pouca atenção à menos estruturada, mais difícil, mas geralmente mais importante etapa de diagnosticar o problema e gerar possíveis alternativas em primeiro lugar.[35] O resultado tende a ser a solução conservadora do problema, muito inclinada para o *status quo*: os problemas são abordados como sempre foram concebidos, em função das alternativas já disponíveis.

Isso não é exatamente o que temos visto na abordagem de planejamento convencional, que sempre pareceu mais concentrada em prosseguir dentro de uma estrutura bem definida de categorias e etapas do que em desenvolver sua estrutura em primeiro lugar? Nos primórdios do planejamento, Meyerson e Banfield notaram no contexto público que:

Algumas pessoas são, por temperamento, incapazes de refletir, de lidar com os aspectos maiores das questões, de ver os elementos de uma situação em suas relações mútuas ou de visualizar as coisas em uma longa perspectiva de tempo... De fato, há uma seleção natural que tende a preencher os altos cargos de planejamento com essas pessoas. (1955:277)

Isso parece terrivelmente irônico, não é? Na verdade, como discutiremos mais adiante, a questão está exagerada, pois vários tipos de pessoas povoam o campo do planejamento, algumas menos formalmente analíticas que outras. No entanto, essa tendência que foi notada em 1955 evidentemente pegou, dominando grande parte da prática de planejamento, assim como sua literatura principal

---

[35] O mesmo problema se reflete na literatura formal de tomada de decisão: "discussão substantiva de rotina [do diagnóstico] está quase totalmente ausente tanto na literatura descritiva como na normativa" (Mintzberg, Raisinghani e Théorêt, 1976:254).

até hoje. É com relação a essa tendência que usamos o rótulo planejador "convencional". Mais adiante, analisaremos outro tipo de planejador, que leva a análise, a decomposição e a formalização – na verdade, as prescrições da escola de planejamento em geral – menos a sério. Todavia, essa atitude, em nossa opinião, desencoraja exatamente as necessidades essenciais para a formação eficaz de estratégia.

Vamos voltar à experiência da Texas Instruments, pois ela ilustra esses problemas de planejamento com muita clareza. Seu sistema OST separou as coisas analiticamente, estabelecendo *a priori* categorias para tudo. O objetivo corporativo global era fatorado em nove subobjetivos, cada um, por sua vez, dando origem a várias estratégias. Então, "para cada objetivo, [havia] um gerente de objetivo... Para cada estratégia, [havia] um gerente de estratégia" (Galbraith e Nathanson, 1978:129). Os gerentes de estratégia reportavam-se em forma matricial a "um chefe de operações... e um de estratégia". As estratégias, por sua vez, "consistiam em várias táticas", cujo progresso era reportado mensalmente (130). E assim por diante, por meio de revisões de dois dias realizadas pelo conselho de diretores, três vezes ao ano, "para estabelecer a direção global" (130-131). Como um equilibrado chefe de planejamento viria a admitir mais tarde, "Um de nossos erros foi substituir mecânica por pensamento... As pessoas preenchiam formulários achando que estavam fazendo estratégias. Era estratégia por livro de receitas" (citado na *Business Week*, 1983:57).

Observe que o problema nesses sistemas de planejamento não é alguma classe específica tanto quanto o processo de classificação em si. Nenhuma disposição nova dos quadros poderia resolver o problema da própria existência deles (uma conclusão que pode muito bem ser estendida às reorganizações estruturais). A formação de estratégia, semelhante ou igual à criatividade, precisa funcionar além dos quadros para criar novas perspectivas, assim como novas combinações. Como alguém um dia gracejou, "a vida é maior que nossas classes". O planejamento não se deu bem porque, como Weick colocou, "o pensamento diário quase nunca apresenta uma série de etapas... Mesmo se as pessoas tentassem implementar [modelos lineares e em etapas], elas os achariam estranhos ao que estão tentando fazer" (1983:240).

Hax e Majluf (1984:37) comentaram sobre um problema de planejamento do tipo "galinha e ovo", que precisa de categorias para prosseguir, mas as categorias só têm sentido quando as estratégias estão estabelecidas. No entanto, isso só será problema se o planejamento tentar estabelecer essas estratégias. Seu ponto deixa claro que o planejamento não tem razão alguma de tentar fazer isso. Quando o planejamento e a formação de estratégia são entendidos como diferentes, o problema desaparece. A formação de estratégia (por outros processos) estabelece as categorias; daí o planejamento pode assumir para operacionalizá-las, quando necessário.

Assim, concluímos que o argumento de Jelinek, de 1979, de que o trabalho gerencial pode ser programado agora como o trabalho de produção era programado há um século, está fundamentalmente errado. "Taylorismo de pensamento" não é o mesmo que "Taylorismo de coisas" (de Monthoux, 1989). Taylor procurou comprimir qualquer potencial criativo remanescente nas funções que programou. Seu interesse era a eficiência mecânica em produção repetitiva, não a efetividade criativa em pensamento *ad hoc*. *Pres*crevendo os procedimentos dos operários, ele *pros*creveu sua liberdade de ação. Como ele colocou, "todo trabalho cerebral possível deve ser tirado da fábrica e centralizado no departamento de planejamento ou de projetos" (1947). O planejamento estratégico começou a fazer a mesma coisa (apesar de suas alegações) e, quando teve êxito, os resultados foram devastadores. O processo de formação de estratégia simplesmente têm necessidades diferentes – de criatividade e síntese, que dependem do critério de atores informados. O trabalho de criar estratégia não pode ser programado da mesma forma que o de escavar carvão. Os engenheiros de Taylor podiam juntar novamente as etapas em um trabalho eficiente; os planejadores da Texas Instruments nunca conseguiram. Nem os que faziam orçamentação de capital, cujo processo demonstrou ser não somente desarticulado, mas também desarticulante, um impedimento explícito à sinergia. (Que ironia a "sinergia" – a palavra que Ansoff deu à administração em seu livro de 1965 – ser impedida exatamente pelos procedimentos de planejamento que ele próprio popularizou nesse mesmo livro!) Humpty Dumpty* nos ensinou que nem tudo o que se parte em pedaços pode ser juntado de novo. De todas as formas de reducionismo em planejamento, portanto, esta significou, acima de tudo, a *redução ao absurdo*!

Intuição reconhecida

Herbert Simon ganhou o Prêmio Nobel de Economia em 1978; em 1965 (e novamente em 1977), escreveu: "Agora sabemos muito sobre o que se passa na cabeça humana quando uma pessoa está exercendo julgamento ou tendo uma intuição, a ponto de muitos desses processos poderem ser simulados em um computador" (1965:81-82; 1977:81). Roger Sperry ganhou o Prêmio Nobel de Fisiologia em 1981; em 1974, escreveu: "O direito [hemisfério do cérebro humano], em comparação [com o esquerdo] é espacial, mudo e trabalha com um tipo espacial-perceptivo sintético e mecânico de processamento de informações ainda não passível de simulação em computadores" (1974:30).

Esta contradição surpreendente entre esses dois gigantes intelectuais define uma das questões mais importantes que enfrentamos hoje: se a intuição existe, ou não, como um processo distinto de pensamento, diferente da análise racional. Suas conseqüências atingem o centro de algumas de nossas preocupações mais prementes – por exemplo, o papel de especialistas (como psiquiatras, conselheiros políticos e cientistas em geral) em orientar as vidas das pessoas leigas, a base de nossa educação (por exemplo, a suposição amplamente sustentada de que os idiomas podem ser aprendidos de modo consciente e, de modo mais geral, que o conhecimento formal deve sempre suplantar o conhecimento tácito), e o projeto de nossas instituições (organizações, sistemas de justiça, etc.) para promover racionalidade formal em lugar de intuição. O campo do planejamento, é claro, se compromete com posições fortes no primeiro e no último deles, com conseqüências significativas nas últimas décadas. Ele assumiu, ao lado de Simon, que não existem duas formas distintas, igualmente importantes, de pensamento humano, mas, de preferência, uma que é superior e realmente capaz de englobar a segunda. Especificamente, os chamados processos intuitivos podem ser tornados explícitos e, então, melhorados por análise sistemática. Simplificando, a ponte entre

---

* N. de R.: Humpty Dumpty – personagem de "Alice no País das Maravilhas", de Lewis Carrol. Humpty Dumpty é um ovo com traços humanos que, após um grande tombo, se quebou em pedaços. "Nem os cavalos, nem os homens do Rei, conseguiram juntar Humpty Dumpty novamente."

análise e intuição pode ser facilmente transposta pelo simples ato de escrever programas (pelo menos como quadros em gráficos, quando não de fato em computadores).

De qualquer modo, esta questão tem sido debatida calorosamente durante séculos, sem resolução. Talvez porque o próprio debate, enraizado em pensamento lógico e racional, é um processo analítico que se desenrola em etapas. De que maneira, então, ele poderia ser usado para desmentir a separação, ou comprovar a inferioridade, de um processo de pensamento que é, ele próprio, subconsciente e tão inacessível para orientar métodos de decomposição. A "prova", em outras palavras, favorece o argumento de programabilidade, o que se assemelha a tentar analisar cores por meio do uso de fotografia em preto-e-branco.

A falta de prova real, porém, não significa que não temos indícios sugestivos dessa questão. Vamos considerar alguns deles, primeiro a partir da pesquisa em fisiologia e depois do estudo de empresas, observando os argumentos de Simon entre eles.

Os hemisférios têm mentes próprias?

Sabe-se há muito que o cérebro humano tem dois hemisférios distintos, um dos quais (o esquerdo) parece ser a base da linguagem (na maioria das pessoas destras). No entanto, pesquisas recentes revelaram muito mais. Um artigo no *New York Times* resumiu bem isso, voltando ao tempo em que Roger Sperry observou um veterano que havia sofrido lesão cerebral durante a Segunda Guerra Mundial:

> Alguns anos após seu ferimento, W. J. [o veterano] tinha começado a ter ataques epilépticos; eles se tornaram tão freqüentes e tão violentos que nada conseguia controlá-los. Ele caía, inconsciente e com a boca espumando, e muitas vezes se machucava na queda. Por mais de cinco anos, os médicos do White Memorial Medical Center em Los Angeles experimentaram todos os remédios imagináveis, sem sucesso. Finalmente, os Drs. Philip Vogel e Joseph Bogen fizeram um corte no seu corpo caloso [o tecido que junta os dois hemisférios do cérebro] e as convulsões pararam, como por mágica. Houve um difícil período de convalescença, durante o qual W. J., um homem com inteligência acima da média, não conseguia falar, mas em um mês ele anunciou que se sentia melhor do que há anos. Sua personalidade parecia inalterada. Ele parecia perfeitamente normal.
>
> Entrementes, Sperry havia convidado um aluno de doutorado, Michael Gazzaniga, a realizar uma série de exames em W. J. junto com ele e o Dr. Bogen. Gazzaniga logo descobriu algumas coisas extremamente estranhas sobre seu paciente. Em primeiro lugar, W. J. conseguia executar comandos verbais ("levante a mão" ou "dobre o joelho") somente com o lado direito de seu corpo. Ele não conseguia responder com seu lado esquerdo. Evidentemente, o hemisfério direito, que controla os membros esquerdos, não entendia esse tipo de linguagem. Quando W. J. era vendado, não conseguia sequer dizer qual parte de seu corpo era tocada, se ela estivesse do lado esquerdo.
>
> Na verdade, à medida que os testes prosseguiam, tornou-se cada vez mais difícil pensar em W. J. como uma só pessoa. Sua mão esquerda continuava fazendo coisas que a direita contrariava, se, de algum modo, estivesse ciente delas. Algumas vezes, ele tentava abaixar as calças com uma mão, ao mesmo tempo em que as levantava com a outra. Uma vez, ele ameaçou sua esposa com a mão

esquerda enquanto a mão direita tentava socorrê-la e manter a mão belicosa sob controle...

Somente a metade esquerda do cérebro conseguia falar. A direita continuava sempre muda, incapaz de fazer quaisquer tarefas que exigissem julgamento ou interpretação baseada na linguagem. Naturalmente, também era incapaz de ler. Isso significava que, sempre que ficava diante de uma página impressa, W. J. só conseguia ler as palavras na metade direita de seu campo visual, que incidia sobre seu hemisfério esquerdo. Seu hemisfério direito parecia cego. Por isso, a leitura se tornou muito difícil e cansativa para ele. Ele também descobriu ser impossível escrever qualquer palavra com a mão esquerda, embora antes da operação conseguisse fazer isso com pouco esforço. (Ele era inteiramente destro.)

Na verdade, desde os primeiros exames em W. J., parecia, inicialmente, que seu hemisfério direito estava quase imbecilizado. Contudo, então chegou o dia em que mostraram a W. J., com um lápis na mão esquerda, o esboço de uma cruz grega. Rápida e seguramente, ele a copiou, desenhando toda a figura com uma linha contínua. Quando lhe pediram para copiar a mesma cruz com sua hábil mão direita, porém, ele não conseguiu. Desenhou algumas linhas de forma desconexa, como se pudesse ver apenas uma pequena parte da cruz de cada vez, e não conseguiu terminar o desenho. Com seis movimentos separados, ele tinha feito apenas metade da cruz. Instigado a fazer mais, ele acrescentou algumas linhas, mas então parou antes de terminá-la e disse que estava pronta. Era claramente não uma falta de controle motor, mas uma falha na concepção – em surpreendente contraste com a rápida compreensão de sua metade não-verbal.

Desde então, começou a surgir um torturante quadro do hemisfério mudo do cérebro. Longe de ser estúpida, a metade direita do cérebro é meramente silenciosa e iletrada. Ela de fato percebe, sente e pensa unicamente de maneiras totalmente próprias, que em alguns casos demonstram ser superiores.[36]

A pesquisa indicou que o hemisfério direito é mais ativo em processos associados com percepção espacial, emoção, sonhos, interpretação de movimento facial e corporal e do tom de voz (Ornstein, 1972:59). Em nítido contraste, o esquerdo parece estar associado especialmente com a linguagem e várias formas de processos de pensamento lógico e sistemático em geral. À medida que essas descobertas continuaram aparecendo, um modelo central pareceu óbvio: que (pelo menos na maior parte das pessoas destras) o hemisfério esquerdo parece ser a base de um modelo de pensamento que é linear, seqüencial e ordenado – em outras palavras, analítico – ao passo que o hemisfério direito parece ser especializado em um modo simultâneo, holístico, relacional de pensamento – em outras palavras, sintético. Um parece favorecer o explícito, o outro, o implícito; um parece orientado a argumentar, o outro, a experimentar; um parece preferir decompor, o outro, projetar; um procura analisar, o outro, sintetizar.

Naturalmente, toda atividade humana complexa combina os dois lado a lado. Qualquer projeto importante de engenharia, por exemplo, requer análise, bem como síntese, mesmo se a própria noção de projeto – a concepção de algo novo – parecer mais intimamente associada com a descrição do hemisfério direito. No entanto, a

---

[36] De Maya Pines, "We Are Left-Brained or Right-Brained", *The New York Times*, 9 de setembro de 1973.

conclusão importante tirada por Sperry e outros foi que, embora esses dois processos possam se combinar produtivamente, eles não se fundem em um, nem podem facilmente substituir um ao outro. Em outras palavras, a ponte em questão é o corpo caloso, que transpõe os dois hemisférios do cérebro humano, e seus respectivos métodos de processar informações não podem cruzá-la, mesmo se seus resultados puderem.

Essa conclusão foi, é claro, uma inferência, que outros não estavam dispostos a deduzir. Simon, por exemplo, aceitou que os hemisférios do cérebro são especializados quanto às capacidades verbais e espaciais, mas não viu razão para extrapolar isso para os processos de análise, de um lado, ou criatividade, do outro.[37]

> As evidências desta romântica extrapolação não derivam da pesquisa fisiológica... essa pesquisa forneceu evidências somente para alguma medida de especialização entre os hemisférios. Ela não subentende de forma alguma que qualquer hemisfério (especialmente o direito) seja capaz de resolver problemas, tomar decisões, ou fazer descobertas independentemente do outro. A verdadeira evidência das duas formas diferentes de pensamento é essencialmente a observação de que, em assuntos do dia-a-dia, homens e mulheres com freqüência fazem julgamentos competentes ou chegam a decisões sensatas rapidamente – sem evidências que indiquem que se engajaram em raciocínio sistemático e sem serem capazes de informar os processos de pensamento que os levaram a sua conclusão. (1986:58)

Um problema em isolar isso é que, para pessoas inclinadas a fazer a inferência, a própria inferência pareceria um processo do hemisfério direito, enquanto a análise da evidência depende muito de processos do hemisfério esquerdo. Então, deve-se confiar na análise de Simon ou na inferência de Sperry? Quem, de fato, pode ser neutro nesta batalha dos hemisférios?

A palavra batalha pode não ser, de fato, totalmente inadequada, pois, em seu trabalho, Sperry encontrou evidências de conflito entre os hemisférios, especificamente do hemisfério esquerdo contrariando o comportamento do direito. Como Pines (1973) resumiu em sua revisão do trabalho de Sperry no *New York Times*:

> ... o hemisfério [esquerdo] claramente não confia em seu gêmeo, pelo menos em pacientes com cérebros divididos, e, em geral, prefere ignorá-lo, se não suprimi-lo. O hemisfério esquerdo geralmente irá negar que a mão esquerda possa fazer algo como tirar de uma sacola de surpresas algum objeto antes apalpado por essa mão. Quando solicitados a fazer isso pela primeira vez, os pacientes de Sperry geralmente se queixam de que não conseguem "trabalhar com essa mão", que a mão é "insensível", ou que eles "simplesmente não conseguem sentir coisa alguma" ou "não conseguem fazer o que quer que seja com ela". Se a mão esquerda então começa a desempenhar a função corretamente, e isso é mostrado para o paciente, a metade que fala replicará, "Bem, devo ter feito isso inconscientemente". Ela nem mesmo reconhece a existência de sua gêmea.

Para Ornstein, cujo livro, *The Psychology of Consciousness*, popularizou o trabalho de Sperry, isso refletia a antiqüíssima tendência do hemisfério verbal de

---

[37] Veja a correspondência reimpressa entre Simon e o autor a esse respeito em Mintzberg, 1989 (58-61).

derrubar seu gêmeo mudo, manifestada socialmente nas conotações negativas associadas com a palavra "esquerdo" (tenha em mente que percebemos os lados de nosso corpo, não os lados de nossos cérebros, sendo que cada qual controla os movimentos do lado oposto, por exemplo, o braço esquerdo pelo hemisfério direito). Entre todos os tipos de culturas, nosso sistema verbal descreveu esquerdo como "mau", "escuro", "profano" (1972:51). Na verdade, enquanto a palavra "direito" significa correto em inglês e reto (como a lei) em francês (*droit*), as palavras francesa e italiana para "esquerdo" são, respectivamente, *gauche* (em inglês, desajeitado) e *sinistra*!

A visão analítica de intuição de Simon

Vamos olhar mais de perto como Simon lida com a intuição. Grande parte de sua pesquisa sobre a tomada de decisão tratou de situações de jogos, como xadrez e criptoaritmética no laboratório de psicologia (veja Newell e Simon, 1972). Lá, Simon contava com "protocolos", articulações verbais das "cobaias" enquanto tomavam decisões. "A técnica de pensar em voz alta... agora pode ser usada de maneira confiável para obter dados sobre os comportamentos das 'cobaias' em diversas situações" (Simon *et al.*, 1987:21). A partir dessa pesquisa, Simon tirou a seguinte conclusão:

> A primeira coisa que aprendemos – e as evidências para isto são substanciais hoje em dia – é que esses processos humanos [resolução de problemas, pensamento e aprendizado] podem ser explicados *sem* postular mecanismos em níveis subconscientes que sejam diferentes dos que são parcialmente conscientes e parcialmente verbalizados. De fato, grande parte do *iceberg* está abaixo da superfície e inacessível à verbalização, mas sua parte submersa é feita do mesmo tipo de gelo que a parte visível... O segredo da resolução de problemas é que não existe segredo. Ela é realizada por meio de complexas estruturas de elementos simples conhecidos. A prova é que fomos capazes de simulá-la, usando nada mais que esses elementos simples como estruturas de nossos programas. (1977:69)

A "prova" alegada por Simon está, de fato, aberta ao debate (veja Mintzberg, 1977). Na verdade, embora ele também afirmasse na edição de 1977 de seu livro, *New Science of Management Decision*, que "somente nos últimos 20 anos começamos a ter um bom entendimento científico dos processos de informação que os humanos usam para resolver problemas e tomar decisões não programadas" (64), a primeira edição desse livro, 17 anos antes, continha quase a mesma passagem citada acima (Simon, 1960:26-27; a única mudança importante em 1977 era a adição do trecho, "e inacessível à verbalização").

É claro que, se as misteriosas combinações da mente subconsciente não são relevantes, então alguma outra coisa deve explicar a aparente complexidade dos processos de decisão, mesmo os de natureza individual (tal como jogar xadrez). E para isso Simon tinha uma resposta pronta: "O homem total, como a formiga, visto como um sistema de comportamento, é bastante simples. A aparente complexidade de seu comportamento ao longo do tempo é amplamente um reflexo da complexidade do ambiente no qual ele se encontra" (em Weizenbaum, 1976:260). Em outras palavras, "O homem é o espelho do universo no qual vive..." (Newell e Simon, 1972:866).

Será mesmo? Nada vem de dentro, de um lugar inacessível à articulação verbal? Por que estudamos os mestres de xadrez se todos os enxadristas são simplesmente espelhos de seus universos?

Mario Bunge (1975) escreveu um livro respeitado, *Intuition and Science,* em que descreveu diversos usos da palavra intuição: como percepção (identificações rápidas, entendimento claro, capacidade de interpretação); imaginação (capacidade de representação, habilidade em formar metáforas, imaginação criativa); razão (inferência catalítica, poder de síntese, bom senso) e avaliação (bom julgamento, *phronesis* [sabedoria prática ou prudência], discernimento ou *insight*). Simon, porém, só reconheceu uma delas como intuição, isto é, a identificação rápida.[38]

Em um documento de 1987 intitulado "Tomar Decisões Administrativas: O Papel da Intuição e da Emoção", Simon discutiu a "intuição dos *experts*", particularmente a capacidade dos grandes mestres de xadrez de dar uma olhada em um tabuleiro e rapidamente avaliar a situação. Ele argumentou que o *expert* reconhece "padrões familiares, velhos amigos identificáveis", e que "o segredo da intuição ou do julgamento dos grandes mestres" é "o aprendizado prévio que armazenou os padrões e as informações a eles associados" (60). Simon concluiu a partir disso que "o gerente experiente também tem na memória uma grande quantidade de conhecimento, adquirido de treinamento e experiência e organizado em termos de pedaços reconhecíveis e informações associadas". Deste modo, a essência da intuição está na *organização* do conhecimento para a rápida identificação, e não na conversão desse conhecimento em idéias inspiradas. Ele citou, por exemplo, um estudo em que pessoas de negócios experientes conseguiram identificar características-chave de um caso muito mais rápido que os alunos de mestrado em administração. E, é claro, depois de feita a identificação e isoladas as partes, o processo de programação pode começar. Como Simon escreveu em outro documento, "com base em... modelos e experimentos, pareceria que o processo denominado 'intuição' pelos psicólogos do gestaltismo não é nada além de nosso velho amigo 'reconhecimento', e que esses processos de reconhecimento são facilmente modelados por programas de computadores" (1986:244).

A palavra-chave é "pedaços", pois a suposição fundamental é que o conhecimento contínuo pode ser dividido em elementos distintos, isto é, decomposto para fins de análise. Isso representa uma crença antiga, ou no mínimo uma pre-

---

[38] Em correspondência pessoal (25 de junho de 1986), Simon respondeu ao recebimento dessa passagem do livro de Bunge com o seguinte:

> Bunge está certo ao observar que a "intuição" é usada de muitas maneiras pelas pessoas que falam inglês. No entanto, às vezes o enriquecimento de uma palavra é seu empobrecimento, e esse é um bom exemplo. Para transformar "intuição" em um conceito útil para a psicologia, devemos distinguir os diferentes processos que são algumas vezes empacotados juntos com este rótulo e, então, usar termos diferentes para nos referirmos a eles. Assim, geralmente restrinjo "intuição" à "identificação rápida" de Bunge. Suas segunda e terceira categorias, eu chamaria de "entendimento". A quarta, em meus termos, é "representação" e, às vezes, "imaginação". A quinta é "analogia". A sexta parece ociosa como categoria separada, pois um produto criativo é resultado de resolução de problema usando os processos já mencionados. A sétima relaciona-se à primeira, mas também à posse de representações associadas com fortes operadores de inferência. A oitava também é uma mistura de todas as categorias anteriores, especialmente a segunda e a terceira. A nona é o "conhecimento".

missa, no campo da psicologia cognitiva, mais bem articulada pelo famoso artigo de George Miller (1956), "O Mágico Número Sete, Mais ou Menos Dois: Alguns Limites sobre Nossa Capacidade para Processar Informações". Intrigado pelo motivo de o número sete aparecer com tanta freqüência em nossos esquemas de categorização (as sete maravilhas do mundo, os sete dias da semana, etc.), Miller concluiu que esse é o número de "pedaços" de informações que podemos reter em nossas memórias de curto e médio prazos. Criamos nossos esquemas de categorização desta maneira. No entanto, esse é apenas um tipo de memória. Também lembramos de outras coisas, tais como imagens, que não podem ser reduzidas a pedaços separados.

Todavia, supondo a redução do conhecimento a pedaços, Simon concluiu em seu artigo de 1987 que a "intuição não é um processo que funciona independentemente de análise" (61).

> É um erro comparar estilos "analíticos" e "intuitivos" de administração. Intuição e julgamento – ao menos bom julgamento – são simplesmente *análises congeladas em hábitos* e na capacidade para resposta rápida por meio do reconhecimento. (63, grifo nosso)

Transformar rapidamente intuição em análise

Assim, a intuição fica reduzida à análise (da mesma forma que a formação de estratégia ficou reduzida ao planejamento). De novo, incapaz de analisar esta conclusão, o leitor pode querer refletir sobre ela intuitivamente. Ela "dá certo" para a criatividade, o discernimento, formas mais elevadas de síntese, como a construção de uma nova visão estratégica? Eis como Edwin Land explicou seu desenvolvimento da câmera Polaroid:

> Um dia, quando estávamos em férias em Santa Fé em 1943, minha filha, Jennifer, então com três anos, perguntou-me por que não podia ver sua foto que eu acabara de tirar. Enquanto caminhava pela encantadora cidade, empreendi a tarefa de resolver o quebra-cabeça que ela havia proposto. Em uma hora, a câmera, o filme e a química necessária tornaram-se tão claros que, muito entusiasmado, procurei um amigo para descrever em detalhes uma câmera seca que daria uma foto instantaneamente depois da exposição. Em minha mente, ela era tão real que passei várias horas na descrição. (citado na revista *Time*, 1972, 84)

Quais análises estavam congeladas em quais hábitos naquela encantadora cidade? Na verdade, o que devemos fazer com o próprio método do protocolo, quando Land nos diz que, durante seus períodos de discernimento criativo, "competências atávicas parecem brotar. Você está lidando com tantas variáveis, em um nível semiconsciente, que não pode se dar ao luxo de ser interrompido" (Bello, 1959:158), menos ainda, presume-se, por um psicólogo com um gravador de voz! A técnica pode funcionar para o típico aluno do segundo ano do colégio em um simples problema aritmético. No entanto, pode funcionar até no estruturado jogo de xadrez, quando jogado com inspiração por um grande mestre:

> Vamos supor que em um ponto do seu jogo você tenha de escolher entre dois movimentos, R-Q1 ou N-KN5. Qual deve jogar? Você se instala confortavelmente na

poltrona e começa sua análise imaginando os possíveis movimentos. "Tudo bem, poderia jogar R-Q1 e ele provavelmente jogaria B-QN2, ou poderia tomar meu QRP, que agora está indefeso. E então? A posição agrada-me?" Você vai um movimento adiante em sua análise e então fecha a cara – a jogada da torre não o atrai mais. Então você olha o movimento do cavalo. "E se eu for para N-KN5? Ele pode se afastar para P-KR3, eu vou para N-K4, ele o toma com seu bispo. Eu tomo de volta e ele ataca minha rainha com sua torre. Isso não parece muito correto... pois o movimento do cavalo não é bom. Vamos ver o movimento da torre de novo." [mais análise] "Não, [isto] não adianta. Preciso verificar o movimento do cavalo de novo. [mais análise] Não é bom! Então, não devo mover o cavalo. Tente novamente a jogada da torre..." Neste momento, você dá uma olhada no relógio. "Meu Deus! Já se passaram 30 minutos pensando se é preciso mover a torre ou o cavalo. Se continuar assim, você com certeza terá problemas com o tempo. E então, de repente, você tem uma boa idéia – por que mover a torre ou o cavalo? Que tal B-QN1?" E sem mais cerimônias, sem absolutamente qualquer análise, você move o bispo. Assim mesmo, quase sem pensar. (Kotov, 1971:15-16)

O título do livro de Kotov é *Think Like a Grandmaster* [Pense Como um Grande Mestre]. No entanto, quando se vê os detalhes, quando bate esse discernimento, sabemos mesmo como pensam os grandes mestres?

"Eu o verei quando acreditar nele", gracejou Karl Weick. As pessoas apaixonadas por computadores e análises podem se permitir "ver" outros tipos de processos de pensamento? A famosa parábola de Nasrudun, que procurava por suas chaves perdidas sob o poste de luz, onde havia iluminação, em vez de na escuridão da casa onde as perdeu, tem sido usada com referência à pesquisa sobre os dois hemisférios (Ornstein, 1972). Há muito estamos procurando a chave perdida da intuição à luz da análise articulada do hemisfério esquerdo. É de admirar que ainda estejamos procurando?

Será que o verdadeiro problema não poderia estar na perspectiva reducionista em si, a insistência em considerar o conhecimento como "pedaços" separados com a exclusão de imagens contínuas? Simon referiu-se ao "gargalo" da memória de curto prazo, pelo qual "quase todos os insumos e resultados" do pensamento humano devem passar (1986:250). No entanto, as pessoas traçam imagens e também fazem contato visual, pelos quais parecem passar muitas informações misteriosas. Sim, nós nos comunicamos formalmente, por palavras articuladas, uma a uma, como pedaços separados, como no caso de Edwin Land, que correu para explicar sua descoberta a seu amigo. Contudo, até isso é conseqüência do pensamento, não do processo em si. Land, de fato, que concebeu sua extraordinária idéia "em uma hora", precisou de "várias horas" para explicá-la com palavras. Por trás desses pedaços decompostos estão os processos de pensamento que mal começamos a compreender. Nós os chamamos de "intuição" ou "julgamento" para "dar um nome" a nossa ignorância, como Simon (1977) salientou. Ainda assim, rejeitar essa ignorância é não explicar o comportamento.

Alguns processos são adequados à "separação em pedaços". Escavar carvão pode ser um, até jogar xadrez – pelo menos sem inspiração. Afinal, as peças do xadrez são tão distintas quanto as pazadas de carvão. No entanto, outros processos envolvem informações menos facilmente decompostas. Mesmo o simples ato de reconhecer um rosto, que qualquer bebê consegue realizar, apresenta enormes problemas para um computador. (Estranho, portanto, o uso de Simon da expressão, "velhos amigos identificáveis" para o reconhecimento instantâneo pelo mestre enxadrista da configuração de um tabuleiro. Aparentemente, pessoas diferentes têm tipos diferentes de amigos!)

As informações da formação de estratégia são facilmente decompostas? Michael Porter, com seu entusiasmo por estratégias genéricas e listas de verificação de todos os tipos, responderia que sim. Isso, presumivelmente, é a razão de ele considerar "pensamento estratégico" como sinônimo de "planejamento estratégico", de ser "a favor de um conjunto de técnicas analíticas para desenvolver estratégias", e de afirmar que "o pensamento estratégico raras vezes ocorre espontaneamente" (1987:17, 21). Novamente, não se pode *ver* in*sight* em análise, porque não se acredita nele. Tampouco *visão* estratégica. As categorias do planejamento estratégico podem ser ferramentas conceituais para ajudar a reduzir a complexidade da realidade. Todavia, não são a própria realidade. Nada pode substituir a síntese que molda as várias percepções dessa realidade – imagens contínuas, bem como fatos distintos – em uma visão estratégica integrada. Não podemos ter certeza de onde vem essa síntese. Ainda assim, de uma coisa podemos: a questão diante da administração estratégica não é somente de quanta formalização precisamos, mas também de quanto pensamento consciente de qualquer tipo.[39]

John Bryson (1988) abriu um capítulo do seu livro sobre planejamento do setor público com o comentário do jogador de hóquei Wayne Gretzky de que "eu patino para onde acho que estará o disco" (46). Ele então preparou um processo de planejamento em oito etapas (p. ex., Acordo Inicial, Estratégias, Propostas Principais, Programas de Trabalho, etc., 50-51) e afirmou que "se pode imaginar facilmente [Gretzky] zunindo quase intuitivamente através das oito etapas", que servem, em sua opinião, "*meramente* para tornar o processo de pensamento estratégico e atuação mais ordenado e capacitar mais pessoas a participarem" (62, grifo nosso). Será que servem mesmo?

É um pouco difícil imaginar Gretzky garantindo o acordo inicial de seus companheiros de equipe após pegar o disco, ou desenvolvendo programas de trabalho, não importa com que rapidez. Na verdade, isso iria tornar o jogo de Gretzky mais "ordenado" (o que quer que isso possa significar aqui), ou muito menos permitir que seus companheiros "participassem" melhor de sua mágica? Simon e Bryson e muitos outros autores dessa literatura tentaram dar a impressão de que a intuição pode ser lançada através do corpo caloso para análise da maneira que Gretzky lança o disco pelo gelo para um companheiro. No entanto, isso nunca "deu" certo para a intuição, não importa quantas "provas" análise tenha tentado ordenar. Gretzky patina mesmo para onde o disco estará – onde a ação está – quase por mágica. O planejamento, em contraste, tendeu a patinar para o outro lado.

Planejamento à esquerda e administração à direita

A administração não tem mais Wayne Gretzkys do que o hóquei. No entanto, como o hóquei, ela tem sua cota de profissionais competentes, que não apenas

---

[39] Em outras palavras, até que ponto queremos enfatizar a perspectiva da escola do *design*, sem mencionar a escola do planejamento? Veja Pascale (1984) sobre a propensão dos americanos a "se apaixonar por estratégia da mesma forma que os franceses são apaixonados por boa comida" (1982:115).

sabem como usar sua intuição, mas gostam muito de ter de usá-la com freqüência. A análise formal simplesmente não basta para muitos aspectos de administrar uma organização. Quanto ao nosso caso em questão, embora talvez ninguém tenha *provado* que o planejamento estratégico não pode programar os processos intuitivos do "gênio empreendedor", ou do gerente comum, quanto a isso, há uma evidência clara de que o planejamento até agora fracassou em fazê-lo. Os sistemas, sejam na General Electric ou na Texas Instruments, ou como SPPO no governo, nunca o fizeram exatamente. Eles nunca cruzaram esse delicado divisor, seja em um escritório executivo ou no cérebro humano.

Observe que incluímos aqui todos os esforços para formalizar, inclusive as chamadas abordagens "quase-analíticas" propostas por Ansoff. A suposição fundamental da necessidade de formalizar, mais evidente em sua obra, é o que estamos pondo em dúvida. Os sistemas podem certamente facilitar os processos informais, como se concluiu na Texas Instruments e por Jelinek, e como iremos discutir no Capítulo 6. No entanto, eles não podem substituí-los.

Há alguns anos, inspirados pelas descobertas de Sperry *et al.* em fisiologia, publicamos um artigo intitulado "Planejamento à Esquerda e Administração à Direita" (Mintzberg, 1976). Nosso argumento era que "pode haver uma diferença fundamental entre planejamento formal e administração informal, semelhante àquela entre os dois hemisférios do cérebro". Embora o planejamento formal "pareça usar processos semelhantes aos identificados com o hemisfério esquerdo do cérebro", nós "formulamos hipóteses... de que os processos de políticas importantes para administrar uma organização dependem, em grande parte, das faculdades identificadas com o hemisfério direito do cérebro" (53). Em outras palavras, o que essa pesquisa fez foi dar apoio fisiológico ao argumento que estamos considerando em todo este livro, que há algo fundamentalmente diferente entre os tipos informais, "intuitivos", de processos gerenciais, de um lado (por assim dizer), como a internalização das informações intangíveis e a criação de uma estratégia nova, e os formalmente analíticos, do outro, como o planejamento, baseado em decomposição e formalização. A frase de Sperry, "ainda não passíveis de simulação em computadores", é central porque sugere que um processo não pode ser substituído pelo outro. Como Ornstein observou, recorrendo àquela velha história dos homens cegos e do elefante:

> Cada pessoa de pé ao lado de uma parte do elefante pode fazer sua própria avaliação, limitada e analítica, da situação, mas não obtemos um elefante ao somar "escamoso [pele]", "longo e macio [tromba]", "maciço e cilíndrico [pernas]" em qualquer proporção imaginável. Sem o desenvolvimento de uma perspectiva global, permaneceremos perdidos em nossas investigações individuais. Essa perspectiva pertence a outro modo de conhecimento e não pode ser alcançada da mesma maneira pela qual as partes individuais são exploradas. Ela não resulta da soma linear de observações independentes. (1972:10)

Nosso artigo de 1976 pode ter sido especulativo, mas, quase ao mesmo tempo, Robert Doktor (1978; veja também Doktor e Bloom, 1977) estava ligando a máquinas de eletroencefalografia (EEG) três pessoas especializadas em análise de negócios (nos campos de contabilidade e pesquisa de operações, todos doutores) e sete gerentes gerais, chefes de divisões (três dos quais tinham treinamento prévio em campos analíticos, contabilidade e finanças, a quem chamou de "executivos/analistas"). Ele então leu suas ondas cerebrais enquanto eles realizaram dois conjuntos de tarefas, um intuitivo-espacial (perceber um quadro completo com partes de linhas), o outro analítico-verbal (silogismos). As descobertas foram espantosas: os quatro gerentes sem treinamento analítico mostraram uma propensão relativa a realizar todas as tarefas intuitivo-espaciais em seus hemisférios direitos (como seria esperado de quase todas as pessoas destras) e *também* 75% dos testes analítico-verbais (o que não seria esperado). Os analistas, em nítido contraste, mostraram uma propensão relativa a realizar todas as tarefas analítico-verbais em seus hemisférios esquerdos (de novo, como seria esperado) e 67% das tarefas espaciais *também* (novamente, como não seria esperado). Os executivos/analistas ficaram no meio, com respostas mais balanceadas.

Aqui, à luz de nossos argumentos, essas descobertas são bastante surpreendentes. Elas indicam que não somente os hemisférios individuais do cérebro humano parecem mesmo especializados, mas também os cérebros inteiros, aparentemente favorecendo um hemisfério sobre o outro em virtude de seu treinamento e experiência (ou talvez sua própria seleção de uma linha de trabalho em primeiro lugar).[40] Como Sperry comentou, "excelência em um [modo de pensamento] tende a interferir no desempenho de alto nível no outro" (Pines, 1973).

Isso dá uma base psicológica para distinguir gerentes intuitivos de planejadores analíticos (e, na verdade, como logo faremos, os planejadores analíticos dos intuitivos). Os processos de planejamento podem muito bem favorecer o lado esquerdo do cérebro e a administração, o direito. Essas descobertas também dão apoio para algumas de nossas conclusões anteriores sobre pessoas do tipo analítico – sua predisposição a processos convergentes e dedutivos de pensamento e sua tendência a fechar prematuramente em alternativas, etc. Na realidade, esses mesmos traços poderiam explicar por que pensadores analíticos, na literatura de planejamento e em outros lugares, têm estado tão inclinados a rejeitar processos intuitivos de pensamento.[41]

Harold Laski (1930) escreveu sobre a incapacidade treinada dos especialistas, em um esforço para explicar por que eles podem, algumas vezes, ser tão bitolados. Aqui, talvez tenhamos alguma explicação: esses especialistas evitam as armadilhas claramente delineadas, ao passo que não notam as falácias mais fundamentais, embora menos tangíveis. Em outras palavras, eles só conseguem reconhecer o que pode ser "separado em pedaços" com facilidade. Um especialista também foi definido como alguém que sabe cada vez mais sobre cada vez menos até que finalmente sabe tudo sobre nada. Possivelmente, isso significa que se você entender apenas determinados pedaços separados, no fim não entenderá nada. (É claro que um gerente pode ser alguém que sabe cada vez menos sobre cada vez mais até que finalmente não sabe nada sobre tudo!) Finalmente, um especialista foi definido como alguém sem qualquer conhecimento elementar. O conhecimento intuitivo certamente é elementar. Para citar um velho ditado grego: "A raposa

---

[40] Leavitt (1975b:17-18) citou evidências de duas teses de doutorado que apoiavam a primeira interpretação: a criatividade declinou durante o curso de graduação em engenharia, ao passo que aumentou em belas artes, à custa de habilidades analíticas.

[41] Na verdade, a acusação feita por analistas de que os gerentes são irracionais e emocionais, e a réplica que os analistas são frios e desligados, assume significado fisiológico com a sugestão em pesquisa de que a emoção está relacionada com o hemisfério direito (Restak, 1976).

sabe muitas coisas, mas o porco-espinho sabe uma coisa importante". Também pode ser assim com a análise e a intuição.

É evidente que, também existem outros tipos de especialistas, menos limitados ou "convencionais", da mesma forma que existem gerentes suficientemente especializados para saber o que não sabem, assim como o que fazem. Ambos misturam naturalmente o analítico com o intuitivo, cada um (para usar um termo que discutiremos mais adiante) exibindo pelo menos um "termo menor" no modo de pensar do outro. Com certeza, estamos melhor quando esses especialistas trabalham de forma cooperativa com esses gerentes.

Entre as descobertas mais curiosas da pesquisa do cérebro é que, ao ouvir música, os leigos tendem a preferir o hemisfério direito, enquanto os músicos costumam preferir o esquerdo (veja Fincher, 1976:70-71). A implicação parece ser que os generalistas ouvem o *gestalt* – de certo modo, absorvem a música como um todo – ao passo que os especialistas tentam decompor – ouvem as notas individuais. Isso também ratifica muita coisa discutida aqui. No entanto, sem dúvida, os grandes músicos, e em especial os grandes compositores, devem fazer ambos. Essa deve ser uma fonte de sua grandeza, a mistura de análise com síntese. De fato, em um comentário verdadeiramente espantoso, eis como Mozart descreveu seu ato de composição criativa:

> Os primeiros pedacinhos da peça vêm e gradualmente se juntam em minha mente; daí a alma fica entusiasmada pelo trabalho, a coisa cresce cada vez mais e eu a espalho de maneira mais ampla e clara e, no fim, ela fica quase pronta na minha cabeça, mesmo quando é uma peça longa, de modo que consigo ver seu todo em um único relance, como se fosse uma bela pintura ou um belo ser humano; assim sendo, eu não a ouço, de modo algum, em minha imaginação como uma sucessão – a maneira posterior de ela aparecer – mas de uma só vez, por assim dizer. É um deleite extraordinário. Toda a idealização e criação acontece em mim como em um belo sonho intenso. No entanto, a melhor sensação é ouvir tudo de uma vez.

A imagem da administração

A pesquisa sobre trabalho gerencial (veja Mintzberg, 1973) fornece mais evidências da distinção da intuição e de sua importância aqui. Caracterizado como "caos calculado" e "desordem controlada" (Andrews, 1976), o trabalho gerencial parece ser mais simultâneo, holístico e relacional do que linear, seqüencial e ordenado. Provavelmente, os gerentes preferiam formas orais de comunicação, não somente porque elas costumam trazer informações mais cedo e mais facilmente, mas também porque proporcionam uma percepção da expressão facial, dos gestos e do tom de voz – todos insumos que foram associados com o hemisfério direito do cérebro. Se os gerentes devem "ver o quadro geral" e criar "visões" estratégicas – claramente mais que simples metáforas – então suas percepções exigem as informações intangíveis, especulativas, preferidas por eles, que são mais apropriadas à síntese do que à análise. E, é claro, muitas dessas informações são de fontes orais e, por isso, devem necessariamente permanecer "tácitas", conforme observado antes. Isso as torna inacessíveis, não somente para os demais por meio de articulação verbal, mas, muitas vezes, até para a própria mente consciente dos gerentes. Daí a necessidade de processá-las no subconsciente, provavelmente de maneira intuitiva.

Os gerentes esbanjam ambigüidade e exibem poucos padrões em seu trabalho, talvez por passarem tanto tempo operando no modo de síntese. Da mesma forma, os mistérios que envolvem as razões-chave de seus processos de tomada de decisão e formação de estratégia, como diagnósticos, projetos, senso de oportunidade e negociação (veja Mintzberg, Raisinghani e Théorêt, 1976), talvez possam, do mesmo modo, ser explicados por sua confiança nos processos de pensamento do mudo hemisfério direito do cérebro, que são inacessíveis ao sistema de linguagem – em outras palavras, perdidos para a análise. Na verdade, toda a natureza da formação de estratégia – dinâmica, irregular, descontínua, pedindo processos táteis, interativos, com ênfase em aprendizado e síntese – força os gerentes a preferir a intuição. Provavelmente esse seja o motivo de todas essas técnicas analíticas de planejamento terem dado tão errado. "As pessoas podem resistir a estruturas em etapas porque seu procedimento preferido é basicamente holístico, no sentido de que todas as etapas são consideradas *simultaneamente*" (Weick, 1983:240).

Em particular, estratégias novas e atrativas parecem ser produtos de cérebros criativos isolados, capazes de sintetizar uma visão. A chave para isso pareceria ser a integração ao invés da decomposição, baseada em imagens holísticas em vez de palavras lineares. Westley captou bem esta idéia com sua "argumentação de que grande parte do que acontece em todas as reuniões de políticas se preocupa com a formação da imagem", que ela caracterizou como "um tipo de bricolagem, uma composição de uma imagem de grupo a partir das coisas pequenas de imagens individuais". Ela citou Tom Peters, que havia salientado que "quando uma empresa pediu a seu pessoal para conversar naturalmente em vez de falar em números em uma reunião de planejamento, eles ficaram sem fala", e ela sugeriu que "sem imagem poderia ter sido a descrição apropriada!" (1983:16, 25).

Portanto, existe uma grande diferença entre um plano formal e uma visão informal. Uma imagem não pode ser simplesmente traduzida em palavras e números. Quando as organizações tentam fazer isso, a perspectiva integrada tende a ficar reduzida a posições decompostas, e perde-se muito. Como o psicólogo Bartlett comentou há muito, "as palavras são, em sua essência, mais explicitamente analíticas que as imagens; elas são forçadas a lidar com as situações de forma gradativa" (1932:304). Assim, um gerente da Texas Instruments comentou que os sucessores de Haggerty "obviamente não tinham a presciência nem a mente estratégica de Haggerty e, com certeza, não tinham a sua visão... perdemos completamente a visão. Todo o trabalho passou a ser de controle, e isso basicamente liquidou toda a operação de semicondutores e quase a corporação" (Jelinek e Schoonhoven, 1990:413). Em outras palavras, dependendo excessivamente de palavras e números, o planejamento pode liquidar a visão. "Como a miopia, as categorias tornam a visão menos aguçada" (Pant e Starbuck, 1990:449). Em mais de uma maneira, o planejamento pode ter sido simplesmente considerado demais.

A incapacidade do modo analítico para sintetizar e sentir espacialmente poderia explicar por que o planejamento tem tido tanta dificuldade para lidar com a formação de estratégia, por que os observadores de negócio puderam escrever sobre "a confusão entre pensamento estratégico e planejamento de longo prazo" (Tregoe e Zimmerman, 1980:23) e por que o planejador chefe da General Electric pôde acabar fazendo sua "distinção entre planejamento e estratégia – são duas coisas diferentes... Historicamente, a abordagem da GE enfatizou o planejamento mais do que a estratégia" (Carpenter, em Allio, 1985:18). Ao decompor um processo integrado em uma seqüência de etapas, o planejamento mudou esse processo do domínio da síntese para o da análise e, por isso, o deixou incapaz de cumprir seu próprio mandato.

Assim, o planejamento formal não tem o direito de criticar a administração informal, independentemente de quanto a batalha entre direito e esquerdo seja antiga. Considerá-la desajeitada [*gauche*], se não, de fato, *sinistra,* foi uma descrição falsa, ainda que *literalmente* verdadeira: os processos gerenciais informais sempre foram basicamente "esquerdos" e, deste modo, inacessíveis às formalidades do planejamento. Todavia, foi o planejamento que, no fim, demonstrou ser ele próprio desajeitado ao rejeitá-los tanto.

A grande falácia

Chegamos, deste modo, à grande falácia da escola de planejamento: **Assim como análise não é síntese, planejamento estratégico não é formação de estratégia**. A análise pode preceder e apoiar a síntese, definindo as partes que podem ser combinadas em todos. A análise pode seguir e elaborar a síntese, decompondo e formalizando suas conseqüências. No entanto, a análise não pode substituir a síntese. Nenhuma elaboração jamais fará com que os procedimentos formais possam prever descontinuidades, informar gerentes desligados de suas operações, criar novas estratégias. Em última análise, a expressão "planejamento estratégico" demonstrou ser uma contradição.

Planejamento, planos, planejadores | 6

Fomos altamente críticos durante esta discussão, afirmando que, ao tentar ser tudo, o planejamento arriscou-se a ser rejeitado como sendo nada. Na verdade, nunca tivemos qualquer intenção de rejeitar o planejamento, embora o tom de nossa discussão possa ter dado esta impressão. Ao contrário, exagerando nossas críticas, tentamos puxar o debate sobre o planejamento para um meio-termo mais viável, longe da conclusão de que o planejamento pode fazer tudo ou nada. Para levar de um extremo (onde acreditamos que o planejamento sempre esteve) para o meio, é preciso se afastar do extremo oposto (como, ao tentar equilibrar uma gangorra com todo o peso em um extremo, deve-se pôr peso no outro, não no meio). Tendo (esperamos) conseguido atrair o leitor para esse meio, agora podemos nos posicionar aí também, para considerar os papéis viáveis que o planejamento, assim como os planos e os planejadores, podem desempenhar nas organizações. Por isso, o tom de nossa discussão muda neste ponto, de crítico para construtivo.

REUNIR ANÁLISE E INTUIÇÃO

O dilema do planejamento

Há alguns anos, escrevemos sobre um "dilema do planejamento" (Hekimian e Mintzberg, 1968; Mintzberg, 1973:153-155). Os planejadores dispõem de determinadas técnicas para fazer análise sistemática e, mais importante, têm tempo para considerar minuciosamente as questões estratégicas. O que eles raramente têm é autoridade para gerar estratégia e, de conseqüências muito maiores, as informações intangíveis críticas, assim como as ligações necessárias para obtê-las. São os gerentes de linha que as têm, assim como a flexibilidade para reagir a questões estratégicas de forma dinâmica. No entanto, eles não têm tempo para se concentrar intensamente nessas questões, e em especial para absorver e, talvez algumas vezes, também, processar determinadas informações factuais necessárias. A natureza do trabalho gerencial prefere a ação à reflexão, o curto prazo ao longo, os dados intangíveis aos factuais, o oral ao escrito, obter informações rapidamente a obtê-las burocraticamente. Essas tendências são inevitáveis e mesmo necessárias no trabalho do gerente, mas o levam a negligenciar insumos analíticos, que também têm um importante papel a desempenhar no processo da estratégia.

O resultado de tudo isso é que o administrador entende a necessidade de se adaptar ao que de fato acontece, enquanto o planejador sente a necessidade de analisar o que deve acontecer. O gerente tende a perseguir oportunidades quando não é perseguido por crises, cria planos que existem apenas vagamente em sua cabeça e demonstra que um "risco ocupacional" é superficial em seu trabalho – "sobrecarregar-se de trabalho, fazer coisas abruptamente, evitar perder tempo, participar somente quando o valor da participação é tangível, evitar envolvimento excessivo em qualquer questão específica" (Mintzberg, 1973:35). O planejador, porém, promove um processo que parece simplificado demais e estéril quando comparado com as complexidades da geração de estratégia. Além disso, como vimos em nossa discussão dos dois hemisférios, em particular nas descobertas de Robert Doktor (1978), os planejadores e os gerentes também podem ser diferenciados cognitivamente, sendo um mais predisposto à análise associada com o hemisfério esquerdo e o outro, com a síntese mais intimamente associada com o hemisfério direito. No limite, parece que teremos de escolher entre "extinção pelo instinto" e "paralisia por análise" (Kast e Rosenweig, 1970:390). Colocado de outra forma, "as pessoas [intuitivas] tendem a agir antes de pensar, se é que pensam; e as pessoas [analíticas] pensam antes de agir, se é que agem" (Wade, 1975:9).

Por isso, surge um dilema fundamental: como conciliar as habilidades, o tempo e as inclinações do planejador com a autoridade, as informações e a flexibilidade do gerente, para garantir um processo de formação de estratégia que seja informado, responsivo e integrativo.

Comparação entre análise e intuição

Evidentemente, embora os dois lados tenham suas fraquezas, eles também têm suas forças. Pondere primeiro o custo e a velocidade de usar análise *versus* intuição. A análise pareceria mais lenta e mais dispendiosa: muitas vezes, deve-se montar uma equipe que tenha de estudar todos os tipos de dados antes de poder tirar uma conclusão. Para o que der e vier, as decisões de intuição estão disponíveis imediatamente. No entanto, isso considera apenas o custo *operacional*. O custo de *investimento* da intuição é muito mais alto, pois (até pela definição de Simon) não se pode ser (efetivamente) intuitivo, a menos que se tenha conhecimento íntimo do assunto em questão, o que, às vezes, demanda anos. A boa análise, ao contrário, está disponível em qualquer lugar onde analistas talentosos tenham à mão os dados factuais adequados.

Em seguida, considere a aptidão dos dois modos para lidar com questões complexas. Em seu documento "O Comportamento Contra-intuitivo dos Sistemas Sociais", discutido anteriormente, Jay Forrester (1975) argumentou que as pessoas desenvolvem os próprios modelos mentais, mas, a menos que eles sejam articulados e formalizados (como em um programa de computador), podem ser inconsistentes, "aptos a tirar conclusões erradas", embora possivelmente "corretos em estrutura e suposições" (214). Para determinados tipos de problemas sociais complexos, as abordagens intuitivas são inclinadas a "tratar dos sintomas, em vez das causas, e tentar operar por meio de pontos no sistema que têm pouco poder de mudança". Isso pode ajudar no curto prazo, mas depois "provoca agravamento das dificuldades", "de forma que eliminar um sintoma só traz uma dificuldade que estoura adiante em outro ponto" (227). Em *Urban Dynamics* (1969), por exemplo, Forrester mostrou como as intervenções dos políticos em cidades decadentes produziram efeito por curvas de *feedback* positivo, em vez de negativo, para provocar mais decadência. O ponto principal de Forrester era que "a mente humana não está adaptada para interpretar como os sistemas sociais se comportam. Nossos sistemas sociais pertencem à classe chamada sistemas de *feedback* não-linear de curvas múltiplas. Na longa história da evolução humana, não foi necessário que os homens entendessem esses sistemas até períodos históricos muito recentes" (211-212).

Forrester apresenta um forte argumento, em apoio ao qual se pode citar muitas evidências infelizes, no governo e fora dele (veja, por exemplo, Hall, 1976). Outros argumentos parecidos dizem respeito à incapacidade da intuição para lidar com determinadas questões estruturadas (Tversky e Kahneman, 1974:1130) – por exemplo, que é preciso reunir somente 23 pessoas para que chegue a 50% a probabilidade de dois de seus aniversários caírem no mesmo dia. A intuição também parece ineficiente para avaliar as conseqüências das decisões muito depois de terem sido tomadas. A memória natural pode esquecer com muita rapidez; os documentos só se apagam muito lentamente.

Forrester pensava que os modelos da dinâmica dos sistemas efetivos podiam ser baseados na "estrutura e suposições" dos próprios modelos mentais dos gerentes, pois esses podem estar corretos, mesmo que suas inter-relações não estejam. Ele escreveu que os dois modelos "são derivados das mesmas fontes", mas que a linguagem do computador é "sem ambigüidades" – "mais clara, mais simples, mais precisa." Ele afirmou que "qualquer conceito e relação que possa ser expresso com clareza em linguagem comum pode ser transformado em linguagem de computador" (1975:214) e que "suposições [no modelo de computador] podem ser verificadas junto a todas informações disponíveis" (234).

Ainda assim, os argumentos que apresentamos no Capítulo 5 põem essas afirmações em debate em vários terrenos – isto é, que a intuição é necessariamente inadequada (ou seja, as inter-relações não são "corretas") e que todas as informações podem ser explicadas em "linguagem comum". Assim, independentemente do quanto o argumento de Forrester seja forte, também há lugar para um artigo intitulado "O Comportamento Contra-analítico dos Sistemas Sociais", pois, quando os dados-chave são intangíveis, e por isso não podem ser tornados "legíveis por máquina", e quando o modelo no cérebro humano pode ser mais uma forma de imagem do que caracteres alfanuméricos, ou pelo menos não possa ser decomposto facilmente em elementos distintos (como em modelos usados para julgar o caráter de uma pessoa), então é o modelo analítico que pode se tornar inconsistente e "apto a tirar conclusões erradas".

Agora considere a precisão. A análise, quando feita corretamente com o tipo certo de dados, dá respostas que são precisamente corretas. A intuição, ao contrário, quando aplicada a problemas com os quais pode lidar, tende a ser apenas aproximadamente correta (sendo "dentro dos limites do campo" a expressão popular americana). Essas respectivas vantagens, e suas desvantagens correspondentes, foram tornadas bem claras em um experimento conduzido por Peters *et al.* (1974). Como pode ser visto na Figura 6.1, a abordagem analítica à resolução de problemas produziu a resposta precisa mais vezes, mas sua distribuição de erros foi bem ampla. A intuição, em comparação, foi precisa com menos freqüência, porém mais consistentemente próxima. Em outras palavras, informalmente, as pessoas entendem certos tipos de problemas mais ou menos certo, enquanto formalmente, seus erros, embora raros, podem ser bizarros. (Talvez seja por isso que um especialista tenha sido definido como alguém sem qualquer conhecimento elementar. Para a intuição, uma resposta bizarra "parece" errada e é reconsidera-

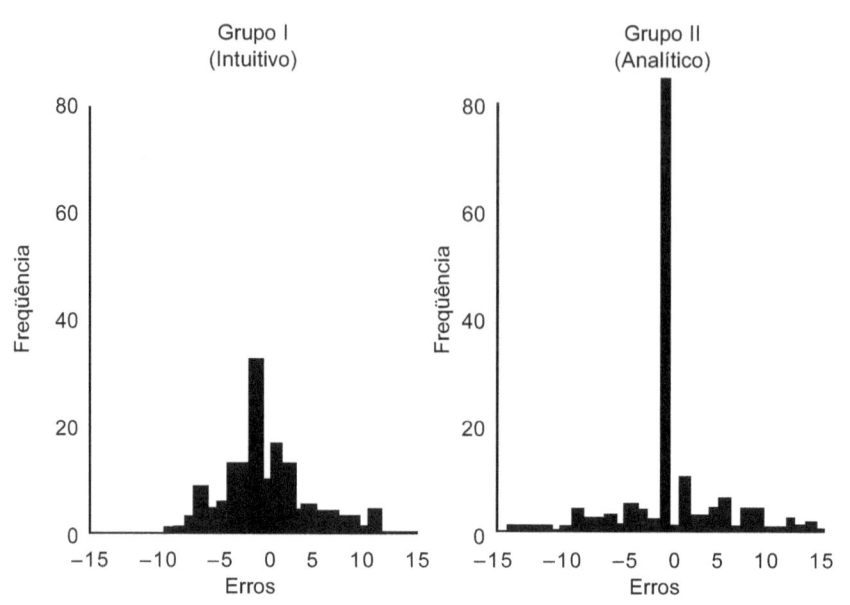

FIGURA 6.1 Distribuição de erros em um experimento de pensamento analítico e intuitivo (Peters et al., 1974:128).

da. No entanto, a análise simplesmente não sente desta maneira, de modo que os erros têm mais probabilidade de passar despercebidos.)

Por isso, Peters et al. descreveram a análise como equivalente à manobra de trens em uma via férrea, envolvendo um conjunto de opções distintas e bem definidas. Decisões corretas ao longo de todo o caminho levam ao destino correto, ao passo que um simples erro em qualquer lugar pode levar o trem para um lugar completamente diferente. Eles concluíram que "em situações nas quais pequenas imprecisões são toleráveis – mas em que o erro extremo pode levar ao desastre – um meio-termo entre as abordagens intuitiva e analítica pode ser o mais apropriado" (131). Certamente, uma implicação disso é que as decisões disponíveis muito depressa a partir da intuição devem, às vezes, ser verificadas quanto à precisão por análise formal, enquanto as produzidas por análise meticulosa devem, em geral, ser confirmadas intuitivamente quanto à validade aparente (sendo "encarar" os números a expressão popular).

Em seguida, considere o grau de otimização. A intuição pode parecer superficial e inadequada. Como já observamos, as características do trabalho gerencial o conduzem a uma forma de superficialidade – fazer as coisas depressa, mantê-las andando. O incrementalismo e o oportunismo podem ser os maiores obstáculos a opções sensatas, como um tipo de "túnel de visão" pelo qual o futuro é entendido por meio de experiências limitadas do passado. Com certeza, aqui a análise pode ajudar.

No entanto, a análise também pode ser superficial, por exemplo, quando precisa lidar com dados intangíveis. Ela pode ser igualmente oportunista, como no que se refere à sua incapacidade para enfrentar metas não-operacionais. Merton (1968) descreveu isso em termos da confusão do conhecimento com sabedoria, que pode levar a estudos superficiais por pessoas que deixam os dados convenientes substituírem o entendimento profundo. Para citar um experiente pesquisador de operações de companhias aéreas sobre a experiência de despachar bagagem durante uma greve: "... você pode se sentar no Escritório Central e trabalhar o dia todo em sistemas, procedimentos e modelos, sem realmente aprender ou entender as operações da companhia" (Davidson, 1977:33). A análise também pode ser inadequada, como discutimos no último capítulo, sobre a ambiciosa "abordagem de sistemas" que tende a trocar amplitude por profundidade. A conclusão óbvia é que todos os cérebros – tanto os mecânicos como os biológicos – têm seus limites.

Finalmente, vamos considerar a criatividade. Conforme discutido anteriormente, a análise não parece encorajar a criatividade. Ela é um processo convergente, em busca de *uma* solução, e um processo dedutivo, orientado mais para decompor que para planejar. Conforme observado, algumas vezes ela está sujeita a fechamento prematuro, abraçando alternativas para serem avaliadas antes de dar rédeas livres a sua geração. "Os sistemáticos quase sempre preferiam problemas do tipo programa, ao passo que os intuitivos gostavam de problemas em aberto, especialmente os que exigiam inventividade ou opinião" (McKenney e Keen, 1974:84). Na melhor das hipóteses, a análise, deste modo, pareceria levar a uma inovação pequena, em vez de radical. Contudo, mais uma vez, devemos ver o outro lado. A intuição, presumivelmente a base do discernimento criativo, também pode ser muito restringida por experiência e tradição, por aquela visão do túnel discutida antes. Então é a análise que pode ser usada para liberar, mesmo que apenas em parte (talvez até que a intuição possa se abrir de novo). Assim, enquanto a análise pode produzir apenas inovação pequena, a intuição pode levar tanto a formas dramáticas de inovação, como a absolutamente nenhuma.

Análise e intuição na formação de estratégia

A conclusão óbvia disso é que, para ter sucesso, qualquer empresa deve conciliar análise e intuição, assim como outros processos, na formação de sua estratégia. Não importa o quanto possamos discordar de Herbert Simon a respeito da natureza da intuição, devemos concordar sinceramente com sua conclusão sobre seu lugar ao lado da análise:

> Todo administrador precisa ser capaz de analisar os problemas sistematicamente (e com o auxílio do moderno arsenal de ferramentas analíticas fornecido pela ciência da administração e pela pesquisa de operações). Todo administrador também precisa ser capaz de responder a situações rapidamente, uma habilidade que requer o cultivo da intuição e do julgamento ao longo de muitos anos de experiência e treinamento. O administrador eficaz não se dá ao luxo de escolher entre abordagens "analíticas" e "intuitivas" de problemas. Comportar-se como um administrador significa ter domínio do conjunto de habilidades administrativas e aplicá-las quando necessário. (1987:63)

O "dilema do planejamento" na verdade sugere sua própria resolução, identificando as vantagens comparativas de planejadores mais analíticos e gerentes mais intuitivos. Nos termos da grande falácia, a análise pode não ser síntese e, por isso, o planejamento pode não ser formação de estratégia, mas a formação de estratégia efetiva, especialmente nas grandes organizações, depende muito da análise, tanto como um insumo ao processo como um meio de lidar com seus resultados. Os dados intangíveis podem ser indispensáveis, mas os dados factuais dificilmente podem ser ignorados. Algumas questões dependem de modelos guardados no fundo dos cérebros intuitivos dos gerentes, mas outras questões são mais bem tratadas pelos modelos que, na opinião de Forrester, foram tornados formalmente consistentes. E, é claro, embora a intuição possa precisar encarar a análise, a análise deve conferir a intuição.

Os planejadores dispõem de tempo e técnicas para se engajar na análise necessária; eles têm uma propensão a encontrar as mensagens importantes nos dados factuais e aplicar os modelos sistemáticos. Assim, um analista capaz de desenvolver uma boa afinidade com gerentes pode desempenhar o importante papel de garantir que eles obtenham esses insumos analíticos. Tais insumos aumentam as bases de conhecimento dos gerentes e ampliam a quantidade de material que podem considerar em formação de estratégia. Mais importante, o analista pode proporcionar aos gerentes conceitos novos e maneiras alternativas de ver os problemas, algumas vezes livrando-os de preconceitos impostos por anos de experiência.

Entretanto, deve-se enfatizar que a abordagem analítica não proporciona uma solução, mas sim uma perspectiva – outra maneira de ver os problemas. Os analistas que esperam suprir formulações e então esperar pela implementação terão uma longa espera (a não ser que estejam lidando com gerentes desligados de seus contextos). No entanto, os que adotam uma visão ampla têm maior probabilidade de ajudar suas organizações, pois até o melhor dos gerentes pode se beneficiar com os planejadores (e outras pessoas de mesmo parecer) por este tipo de apoio. O dilema do planejamento pode, portanto, ser resolvido combinando-se esses dois modos de pensamento, um representado em grande parte pelo gerente; o outro, pelo planejador.

Uma estratégia para planejar

Colocado de forma um pouco diferente, o campo do planejamento precisa de uma estratégia própria, um nicho viável que faça o melhor uso de suas vantagens comparativas reais. Aqui desejamos propor uma estratégia assim, por meio de um conjunto de papéis que possam ser desempenhados por planejamento, planos e planejadores, em relação ao processo de formação de estratégia. (Neste ponto, não consideramos papéis para outros fins, por exemplo, os de natureza puramente controladora, operacional ou política, como os jogos de números da orçamentação ou vários exercícios de relações públicas.)

No capítulo anterior, chegamos à conclusão de que o planejamento formal não cria estratégia tanto quanto trata das conseqüências de estratégias criadas de outras maneiras, da mesma forma que, embora os indivíduos criativos e informados possam ser estrategistas, nada há nas vantagens comparativas dos planejadores que os predisponha especialmente a esse papel. Como Langley ponderou:

> O planejamento estratégico formal e os planejadores estratégicos não tomam decisões estratégicas. As pessoas e organizações tomam decisões estratégicas e, às vezes, usam o planejamento estratégico como uma disciplina com a qual fazer isso, ou parecer fazer isso. O planejamento estratégico proporciona um fórum para anunciar,

vender, negociar, racionalizar e legitimar decisões estratégicas, e também oferece um meio de controlar sua implementação. Esses papéis são tão ou mais importantes que o papel geralmente mais conhecido de fornecer informações para aumentar o conteúdo da estratégia. (1988:48).

Na verdade, o processo de geração de estratégia, sejam suas estratégias formuladas deliberadamente ou apenas formadas emergentemente, deve ser visto como uma "caixa preta" impenetrável para o planejamento, assim como para os planejadores, *em torno* da qual, e não *dentro* da qual, eles trabalham. Como mostrado na Figura 6.2, eles podem estar envolvidos em insumos *ao* processo, apoio *ao* processo ou conseqüências *do* processo. Descreveremos papéis para cada um deles neste capítulo, após um breve comentário sobre a natureza da análise para o processo de geração de estratégia.

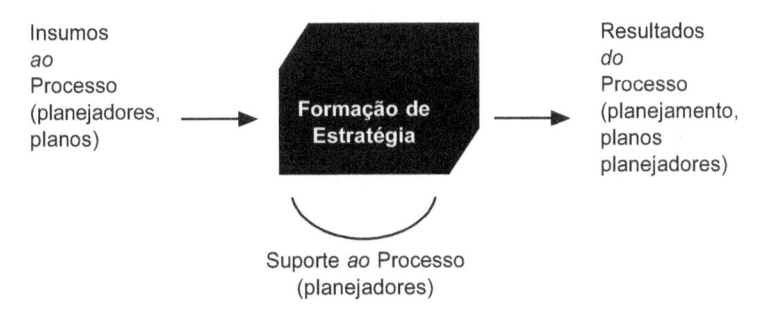

FIGURA 6.2 Planejamento, planos e planejadores em torno da caixa preta da formação de estratégia.

Análise "flexível"

Admitimos que, até agora, nos inclinamos a estereotipar os planejadores, usando o adjetivo "convencional" para qualificar os tipos de planejadores que descrevemos. No entanto, é claro que os planejadores não são mais monolíticos em suas predisposições cognitivas do que os gerentes. Particularmente em relação à orientação analítica, os planejadores variam de obsessivamente cartesianos a alegremente intuitivos. Consideraremos os papéis que surgem ao longo de toda essa faixa, mas é importante notar que os planejadores que podem atender melhor a gerência sênior provavelmente exibem pelo menos o que Doktor e Hamilton (1973:887) referiram como um "interesse secundário" em pensamento intuitivo. Em outras palavras, eles são capazes de temperar uma predisposição à análise com um apreço pela intuição, e até um certo uso próprio dela. Uma espécie de *análise flexível*.

A análise flexível sugere uma abordagem na qual é mais importante fazer a pergunta certa do que encontrar a resposta precisa, desenvolvendo uma avaliação por dados intangíveis ao lado da análise necessária dos dados factuais. O julgamento assume o seu lugar ao lado dos procedimentos formais, e é permitido que um entendimento mútuo se desenvolva entre o planejador da equipe e o gerente de linha, ao passo que a análise passa a ser "um diálogo contínuo, ao invés de um serviço todo de uma vez" (Whitehead, 1967:57). A análise flexível deixa de lado a otimização, aceita a ausência de metas definidas com clareza, negligencia a elegância em técnicas. Cada questão é abordada como um desafio único, criativo. A abordagem é sistemática, mas raramente rigorosa, fazendo distinção entre "pensamento analítico" e "técnica analítica" (Leavitt, 1975a:6). Ela depende de pessoas à vontade com números, mas não obcecadas por eles, tipos analíticos competentes que também tenham habilidades intuitivas e não tenham vergonha de usá-las, pessoas oriundas de diversas formações que possam esclarecer assuntos, em vez de fechá-los prematuramente. Para citar Wildavsky, pelo menos uma vez em uma nota positiva: "O bom analista de sistemas é um *chochem*, uma palavra iídiche que significa homem sábio, com insinuações de sabichão. Seu forte é a criatividade" (1966:298).

No espírito dessa análise flexível, papéis possíveis para planejamento, planos e planejadores foram sugeridos em vários pontos de nossa discussão, especialmente nos estudos intensivos discutidos no Capítulo 3. Alguns desses papéis podem ter parecido triviais ou até disfuncionais – por exemplo, planejamento como exercício de relações públicas ou algo a fazer para uma organização que careça de uma razão de ser. Entretanto, aqui estamos interessados nos papéis mais substanciais, os que podem ter uma influência maior sobre o processo de formação de estratégia ou sobre suas conseqüências. Eles indicam, em última análise, por que as organizações realmente têm planejadores e planejamento, esclarecendo não somente o que os planejadores fazem, mas o que de fato realizam. Delineamos aqui esses papéis, primeiro para o planejamento; em seguida, para os planos e finalmente para os planejadores, envolvendo-os em uma única estrutura. Acreditamos que essa estrutura constitua uma definição operacional de planejamento que, como afirmamos no princípio, esse campo exige.

PAPEL DO PLANEJAMENTO: PROGRAMAÇÃO ESTRATÉGICA

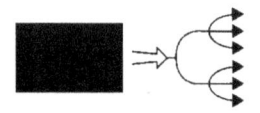

Por que as organizações se envolvem em planejamento formal? Em outras palavras, dadas todas as dificuldades, especialmente em relação à formação de estratégias, por que elas persistem em fazer planejamento em base formal? A resposta é evidente, tendo sido sugerida muitas vezes em nossa discussão. **As organizações se engajam em planejamento formal, não para criar estratégias, mas para programar as estratégias que já têm, isto é, elaborar e operacionalizar suas conseqüências formalmente**. Deveríamos realmente dizer que organizações *efetivas* se engajam desta forma em planejamento, pelo menos quando precisam da articulação formalizada de suas estratégias pretendidas. Assim, a estratégia não é conseqüência do planejamento, mas o contrário: seu ponto de partida. O planejamento ajuda a transformar as estratégias pretendidas em realizadas, tomando a primeira medida que pode levar à implementação efetiva. Apresentamos isso não como nosso primeiro papel para o planejamento, mas como o único. Todos os outros papéis que iremos discutir pertencem aos planos e aos planejadores, mas não ao planejamento.

O planejamento como programação surgiu com clareza em nosso estudo de rastreamento de estratégia da rede de supermercados Steinberg. Essa empresa foi administrada de forma exclusivamente empreendedora por décadas, até que teve de recorrer aos mercados financeiros em busca de capital. Então ela precisou "planejar" – isto é, divulgar um documento explicando aonde pretendia ir, e como. Entretanto, como observamos resumidamente:

> ... seu planejamento não deu a esta empresa uma estratégia pretendida. Ela já tinha uma, na cabeça de seu empreendedor, como sua visão do futuro. Isso foi o que a encorajou a se dirigir aos mercados financeiros em primeiro lugar. Certamente, o planejamento foi a articulação, justificativa e elaboração da estratégia pretendida que a empresa já tinha. Para ela, o planejamento não foi decidir expandir para *shopping centers*, mas explicar em que extensão e quando – com quantas lojas e em que prazo, etc. Em outras palavras, o planejamento foi a programação: não concebeu uma estratégia pretendida, mas elaborou as conseqüências de uma estratégia pretendida já concebida. (Mintzberg, 1981:322)

Da mesma forma, vimos evidências claras de planejamento como programação na Air Canada, que se engajou em programação detalhada de suas estruturas de aeronaves e rotas, assim como da tabela de suas operações regulares. Como em todas as principais companhias aéreas, muitos elementos tinham de ser executados de forma tão precisamente coordenada, sob a direção de uma estratégia bem definida, que os procedimentos formalizados de planejamento eram necessários para uma operação bem-sucedida.

Repare que todas as definições de planejamento discutidas no início continuam aqui. O planejamento como programação é claramente um procedimento sistemático para produzir resultado articulado. Ele é nitidamente a tomada de decisão ou, mais exatamente, um conjunto de processos de decisão coordenados evocados pelos ditames da estratégia. E com certeza envolve pensar no futuro e, muitas vezes, também controlá-lo – especificamente, a decretação dos pontos finais desejados. No entanto, nada disso exige que ele seja a formação de estratégia.

Este papel do planejamento é reconhecido há muito tempo. Considere, por exemplo, o que Ansoff escreveu em seu ensaio de 1967 com Brandenburg:

> *Programação* é uma atividade administrativa que traduz decisões em padrões específicos de ação para implementação. As tarefas básicas da administração nesta fase são:
>
> a) Programar atividades em apoio a decisões.
> b) Distribuir e programar recursos em apoio a decisões (comumente chamado de orçamentação).
> c) Estabelecer padrões de fluxos de trabalho na empresa.
> d) Estabelecer padrões de autoridade e responsabilidade.
> e) Estabelecer redes de fluxo de comunicações.
>
> Esta área de atividade administrativa tem sido tradicionalmente o foco dos planejadores. É onde nasceu o planejamento. Hoje em dia, muitos planejadores argumentariam que a programação, conforme definida acima, é a essência e a substância do planejamento... (B225-B226)

Contudo, Ansoff e Brandenburg prosseguiram ao se referirem a isso como um "contexto estreito" para definir planejamento e "previram, portanto, que os planejadores que se recusam a adotar uma visão mais ampla de sua função [com respeito à própria tomada de decisão estratégica] estão em vias de extinção" (B226). Com um quarto de século de experiência nas costas, só podemos concluir que extintos provavelmente estão os planejadores que levaram esses comentários a sério!

Outros escritores, porém, reconheceram este como o papel preeminente do planejamento. Em 1950, Devons escreveu que "seria mais útil se o 'planejamento' ficasse confinado à atividade que busca estabelecer os efeitos totais de qualquer ação que tenha sido empreendida ou que seja proposta", com "a expressão final e concreta dessa atividade" sendo "a composição de programas" (1950:12). Uma posição similar foi tomada pelos escritores que identificamos com a escola do *design*, que fizeram uma clara distinção entre formulação informal de estratégia, de um lado, e implementação mais formal de estratégia, do outro, sendo a segunda realizada por meio do processo de planejamento. Newman, por exemplo, em seu texto de 1982 com Warren e Schnee, colocou na seção sobre planejamento o subtítulo "A Execução da Estratégia" (veja também Andrews, 1987). E Tilles, ainda em 1972, considerou "infeliz" que "muitos planejadores de empresas americanas começassem mal, rejeitando a validade da intuição. Eles viram o processo de planejamento como um substituto do discernimento do executivo operacional, em vez de vê-lo com uma maneira de explicitar essas considerações e explorar suas implicações" (66).

Alguns planejadores praticantes, da mesma forma, acabaram finalmente se voltando para essa interpretação. Na seqüência da experiência da General Electric, seu planejador-chefe conseguiu afirmar em uma entrevista:

> Faço uma distinção entre planejamento e estratégia – são duas coisas diferentes. A estratégia significa ponderar a base de vantagem competitiva de uma empresa... O planejamento, por outro lado, concentra-se em fazer a estratégia funcionar – adicionando capacidade, por exemplo, ou aumentando a força de vendas. Historicamente, a abordagem estratégica da GE enfatizou mais o planejamento do que a estratégia. (Allio 1985:18; para outras visões relacionadas sobre o planejamento como programação, veja Anthony, 1965 e Quinn, 1980a:38, 41, bem como Jelinek e Schoonhoven, 1990:212)

Devemos enfatizar, porém, que mesmo esta *programação estratégica*, como poderia ser devidamente rotulada, não deve ser vista como "a melhor maneira". Ela não é um processo obrigatório que segue a formação de estratégia e, sob determinadas circunstâncias, nem mesmo um processo desejável. Somente quando uma organização exige a clara articulação de sua estratégia – como no exemplo da companhia aérea com as complexidades das atividades a serem coordenadas de maneira precisa – o planejamento como programação faz sentido. No fim desta seção, consideraremos as condições nas quais isso se confirma.

Pode-se dizer que a programação estratégica envolve uma série de etapas. Abaixo, consideramos três delas: a *codificação* da estratégia fixada, incluindo sua elucidação e articulação; a *elaboração* dessa estratégia em subestratégias, programas *ad hoc* e planos de ação de vários tipos; e a *conversão* dessas subestratégias, programas e planos em orçamentos rotineiros e objetivos. (Pode-se acrescentar mais duas etapas – a *identificação* da estratégia antes de ser codificada e o *exame minucioso* da estratégia depois de sê-lo. No entanto, como essas etapas não são necessariamente consecutivas na seqüência do planejamento como programação, e a primeira nem sequer é considerada no modelo de planejamento tradicional, nós as discutimos separadamente nos papéis do planejador.) Nessas etapas, vemos o planejamento assumindo uma posição após a estratégia ter sido identificada, para que os dois elementos de nosso dilema do planejamento se combinem em seqüência. Um cria a direção por meio da síntese, o outro esclarece e ordena essa direção por meio da análise. Essa seqüência de papéis está, de fato, profundamente enraizada em nossa composição cognitiva, como Ornstein observou em seu livro sobre a pesquisa dos dois hemisférios do cérebro:

> Nossas maiores conquistas criativas são produtos do funcionamento complementar dos dois modos. Nosso conhecimento intuitivo nunca é explícito, nunca é preciso no sentido científico. Somente quando o intelecto consegue começar a processar os saltos intuitivos, explicar e "traduzir" a intuição em conhecimento operacional e funcional, o entendimento científico passa a ser completo. A função do intelecto verbal-científico é encaixar a intuição no modo linear, para que as idéias possam ser testadas de maneira explícita e comunicadas da maneira científica. (1972:12)

Etapa 1: Codificação da estratégia

Admitindo a existência da estratégia de uma forma ou de outra – seja como perspectiva geral ou posições específicas, plano pretendido ou padrão evoluído – a primeira etapa da programação estratégica é "codificar" essa estratégia, ou "calibrá-la" (a primeira palavra foi usada pelo planejador-chefe de uma importante empresa metalúrgica em conversa particular com o autor; a segunda, em uma publicação de Quinn [1980a:38]). Na verdade, a estratégia é elucidada e expressa em termos claros o suficiente para torná-la formalmente operacional, para que suas conseqüências possam ser elaboradas em detalhes. Nas palavras de Hafsi e Thomas, o planejamento torna "todas as suposições implícitas... explícitas", considera os "principais obstáculos", certifica-se de que "tudo é levado em conta" e que as inconsistências e as incoerências são descobertas e eliminadas (1985:32,7). O planejamento, assim, põe ordem na estratégia, colocando-a em uma forma adequada para ser enunciada aos demais na organização.

A esse respeito, Quinn se referiu a um uso de planejamento como "refinar [os conceitos estratégicos centrais de administração] em umas poucas investidas-chave em torno das quais a organização possa padronizar seus comprometimentos de recursos e medir o desempenho de seus gerentes" (1980a:176).[1] Ele também se referiu ao papel do planejamento de "ajudar a cristalizar ou ratificar o consenso e o comprometimento conforme ocorrem".

> Normalmente, era o planejador-chefe que fazia o primeiro esboço das declarações de metas amplas usadas para guiar os planos dos subordinados. Era ele que fazia o primeiro resumo dos entendimentos obtidos em reuniões mais formais para a fixação de metas... Eram os planejadores que ajudavam os grupos subordinados... a interpretar o significado das metas globais da empresa vindas de cima. (200)

---

[1] Neste sentido, Yavitz e Newman escreveram: "O fracasso em incluir ataques em um plano estratégico pode deixar os objetivos selecionados instáveis; é provavelmente o principal 'elo perdido' ao mover a estratégia de idéias para a ação" (1982:27).

Uma imagem que vem à mente neste momento é a de um planejador sentado com um executivo-chefe após uma reunião do comitê executivo. As decisões que acabaram de ser tomadas estão simbolicamente espalhadas pela mesa. O diretor aponta para a bagunça e diz ao planejador: "Aí estão; arrume-as, junte-as num belo pacote para que possamos informar todos os demais". Assim, Sawyer referiu-se ao papel de "escriba" do planejador – "aquele que tenta pôr [as] idéias no papel" (1983:159), também ao de "documentalista" – "alguém [que faz um resumo] das conclusões e as difunde, para que o grupo se lembre do que decidiu e possa construir a partir daí na próxima vez" (164). Em seu estudo de orçamentação de capital, Marsh *et al.* também referiram-se ao planejador como "esclarecedor" (1988:16), o que se parece com os comentários de um gerente no estudo de Langley:

> As idéias não surgem do planejamento... as idéias estão no ar. Todavia, o plano nos forçará a fazer um esforço para agrupar as coisas e definir essas orientações com mais clareza. Não penso que o plano será uma surpresa. Para a maioria das pessoas, é apenas uma oportunidade de articular suas idéias. (1988:48)

Obviamente, esta não é uma tarefa mecânica, mas que pode exigir muita interpretação. A codificação da estratégia pode causar todos os tipos de problemas se for feita de modo deficiente, inadequado – ou prematuro. Talvez o maior perigo, além do fechamento prematuro, seja o que se pode perder na articulação – nuança, sutileza, qualificação. A conversão de pensamentos genéricos para diretrizes específicas é muito parecida com passar de metas amplas a objetivos precisos, ou de dados intangíveis a factuais: algo inevitavelmente se perde na tradução.

As estratégias podem ser visões ricas, imagens intrincadamente entrelaçadas que podem criar perspectivas profundamente arraigadas. Enquanto forem articuladas em seus próprios termos – o que muitas vezes significa imagens ou metáforas em vez de rótulos concretos – teoricamente por pessoas que as conhecem melhor (em especial, seus criadores), elas conseguem manter essa riqueza. No entanto, decompostas e expressas formalmente, em palavras precisas ou, pior, números – que podem ser necessários para a comunicação através de uma hierarquia burocrática densa – as ricas imagens e inter-relações intrincadas podem ser perdidas. A alma da estratégia pode ser, deste modo, reduzida a um esqueleto, da mesma forma que uma ótima pintura é reduzida por palavras a seus elementos categóricos – tamanho, cor, textura. Assim, quando Goold e Quinn afirmaram que "na medida do possível, os objetivos devem ser precisos e mensuráveis; caso contrário há perigo de os planos carecerem de substância e especificidade" (1990:44), a resposta óbvia é que a qualidade dos planos não importa tanto quanto a do desempenho da organização.

Por isso, quando a codificação *é* necessária, aqueles que a fazem devem estar plenamente cientes de suas conseqüências. Dessa forma, eles pelo menos podem proceder com cuidado – com sutileza e nuança – quando precisarem e, mais importante, podem questionar a prática quando não precisarem. Certamente há períodos em que se pode fazer maior uso de imagens para transmitir estratégias (como no exemplo de Jan Carlzon, que, como presidente da SAS, usou um "pequeno livro vermelho" de caricaturas para descrever sua estratégia de reviravolta). Ou, ao menos, algumas estratégias podem ser transmitidas de maneira figurada, pelo uso de histórias anedóticas e similares, mesmo que verbalmente. Isso quer dizer, as estratégias nem sempre precisam ser transmitidas diretamente em documentos formais com palavras e números; elas também podem ser difundidas por processos mais osmóticos.

Etapa 2: Elaboração da estratégia

Uma vez codificada, a estratégia pode ser elaborada: com suas conseqüências decompostas em uma hierarquia que começa com subestratégias, prossegue por meio de programas *ad hoc* de várias naturezas e termina com planos de ação específicos – determinando o que as pessoas devem fazer para realizar a estratégia pretendida. Isso constitui o que chamamos em nossa discussão das quatro hierarquias (veja Figura 2.10) de *planejamento de ações*: a organização segue as ligações descendo na hierarquia de estratégias, e cruzando e descendo na hierarquia de programas.

O primeiro passo é a decomposição da estratégia em subestratégias de vários tipos, seja nos níveis corporativo, de negócio ou funcional. Então os programas de capital necessários são estipulados, seguidos por programas de ação e planos operacionais que detalham os movimentos específicos que devem ser feitos em base *ad hoc* (uma vez), incluindo sua seqüência, e periodicamente (ou prazo). Newman, Warren e Schnee comentaram sobre "estabelecer uma nova hierarquia de planos":

> Ataques estratégicos pedem uma série de ações, como abrir um escritório em São Paulo ou vender uma emissão pública de ações da empresa. Cada ação pode ser subdividida em etapas e subetapas, que são designadas a indivíduos. Esse desdobramento é estendido, no exemplo do escritório em São Paulo, até uma pessoa encontrar o local, outra determinar o equipamento e a arrumação e uma terceira contratar o pessoal. (1982:40)

O resultado é "uma seqüência com tempo determinado de movimentos condicionais na disposição dos recursos" (Katz, 1970:356).

Quando as circunstâncias exigirem, esses planos também poderão ser elaborados em base de contingência, de maneira que sejam evocados, não em qualquer programação predeterminada, mas somente quando as necessidades aparecerem. Esse planejamento é dispendioso, mas talvez seja relevante quando, como observamos anteriormente, as conseqüências de umas poucas contingências prováveis e significativas puderem ser delineadas.

Sem dúvida, tudo isso soa como se tivéssemos redescoberto o modelo de planejamento convencional que damos a impressão de ter acabado de rejeitar. No entanto, procuramos rejeitá-lo somente quando fora de contexto, o que significa que o aceitamos aqui com duas qualificações-chave. Primeira, a formação de estratégia é expressamente excluída do modelo. Em outras palavras, argumentamos que o modelo é relevante para programar ou implementar a estratégia, mas não para criá-la inicialmente. E segunda, a programação estratégica é apresentada aqui, não como algum tipo de imperativo, mas como um processo que só é apropriado em determinadas condições específicas (que iremos descrever em breve).

Etapa 3: Converter a estratégia elaborada

Do modelo convencional, também vem o imperativo de determinar as conseqüências das mudanças estratégicas (ou programáticas) *ad hoc* nas operações de rotina da organização. Essa é a passagem daquilo a que nos referimos antes como a grande divisão, das hierarquias de estratégias e programas (planejamento de ações) para as de orçamentos e objetivos, isto é, *controle de desempenho*. Os objetivos são reafirmados e os orçamentos, refeitos; as políticas e os procedimentos operacionais padrão, reconsiderados, para levar em conta as conseqüências das mudanças específicas nas ações.

Conforme notamos em nossa discussão das quatro hierarquias, esta etapa que acompanha a divisão não é facilmente entendida nem executada como convém. A literatura é notoriamente fraca sobre como isso deve ser feito, em geral discutindo o processo por alto como se ele fosse uma conclusão anterior. Seja como for, as organizações dão uma solução – afinal, os orçamentos acabam sendo mudados em resposta a mudanças na estratégia – mas o modo como isso acontece, ou como pode ser feito para acontecer mais depressa e mais efetivamente, não parece fazer parte das evidências publicadas da escola de planejamento. Uma exceção – e um modelo do tipo de pesquisa de que essa escola precisa muito – aparece na clássica discussão de Devons (1950) do planejamento do Ministério Britânico da Produção de Aviões em tempo de guerra. Ele dedicou considerável atenção aos problemas e ambigüidades da programação estratégica, ilustrando como é difícil executar o que parece ser um processo tão simples. Cairncross, em sua introdução a uma publicação posterior dos documentos de Devons (1970), fez um resumo inteligente: "Ele constatou que o que foi dignificado como planejamento se revelou na prática pouco mais do que um passo à frente da improvisação: confusão qualificada por esforços para coordenar com previsão imperfeita" (18).

Para concluir, posicionamos o modelo convencional de "planejamento estratégico" no processo de implementação, não de formulação, de estratégia. No entanto, desejamos enfatizar que o colocamos aqui somente em base de contingência: faz sentido programar estratégia formalmente – codificá-la, em seguida elaborá-la e por fim convertê-la em operações rotineiras – somente em circunstâncias específicas. A programação estratégica faz sentido quando estão disponíveis estratégias viáveis, em outras palavras, quando se espera que o mundo fique parado ou mude previsivelmente enquanto as estratégias pretendidas se desenrolam, para que a formulação possa preceder a implementação logicamente. Assim, ela também faz sentido somente *após* qualquer aprendizado estratégico necessário ter sido concluído e o pensamento estratégico ter convergido para padrões apropriados. A programação estratégica como fechamento prematuro pode ser realmente dispendiosa. Ademais, ela faz sentido somente quando a organização de fato requer estratégias codificadas e elaboradas com clareza. Isto, argumentaremos na discussão seguinte, pertence a um conjunto limitado de circunstâncias. Em outras circunstâncias, a programação estratégica pode prejudicar as organizações pela preempção da flexibilidade que pode ser necessária para reagir a um ambiente em mudanças.[2] Assim, concluímos que o modelo convencional não estava errado, mas mal aplicado.

---

[2] Veja a discussão no último capítulo sobre os perigos de separar a formulação da implementação.

Condições de programação estratégica

Embora esteja claro que o planejamento como programação estratégica não é "a melhor maneira" para todas as organizações em todas as circunstâncias, tem havido uma relutância notável na prática e na prescrição do planejamento para especificar tais circunstâncias. Deste modo, Huff e Reger, em sua análise da pesquisa do processo de estratégia, mostraram-se "surpresos com os poucos artigos que discutam os ambientes específicos na área de prescrições do planejamento" (1987:215), enquanto Chakravarthy (1987), em uma pesquisa com executivos seniores, também ficou surpreso ao descobrir que seus sistemas de planejamento muitas vezes pareciam não se encaixar no contexto externo nem nas necessidades internas da organização, e que, além disso, esses desajustes pareciam "inconseqüentes" para os próprios executivos. No entanto, existem fragmentos suficientes de evidências para delinear as condições que parecem mais favoráveis à programação estratégica. Nós os revisaremos agora.

Estabilidade. No Capítulo 3, discutimos as condições de estabilidade, controlabilidade e previsibilidade com algumas minúcias, concluindo que eram necessárias para o planejamento efetivo. Aqui nos concentramos na estabilidade porque, como concluímos lá, embora a capacidade de controlar o ambiente seja ainda melhor, levada ao extremo, ela equivale a uma forma de estabilidade imposta, enquanto o problema da previsibilidade é que ela não pode ser prevista.

Se o planejamento, como programação estratégica, for realizado para concretizar a estratégia – "o plano é congelado em um determinado momento", como Sawyer colocou em sua monografia de planejamento (1983:2) – então seria melhor que as condições fossem estáveis. Assim, Gomer (1974) e Murray (1978) constataram que os sistemas de planejamento eram inadequados para as conseqüências dinâmicas da crise do petróleo de 1973, enquanto Frederickson (1984, veja também Frederickson e Mitchell, 1984) constatou que a "abrangência" dos processos de decisão (ligados a sua integração e formalização em planejamento) estava positivamente relacionada com o desempenho em ambientes estáveis, e negativamente nos instáveis.[3] E em uma pesquisa informal com 21 planejadores, Armstrong (1982) constatou que apenas um considerava o planejamento formal útil em "todas as situações", ao passo que 14 "citaram a mudança ambiental como um fator importante" e 11 deles "achavam que o planejamento formal era menos apropriado quando a mudança era rápida" (202; veja também Capon et al., cujos pesquisadores citaram mais comumente "incerteza ambiental substancial" como um fator "desfavorável ao planejamento corporativo" [1982:171]). Contudo, talvez um executivo latino-americano tivesse chegado mais claramente ao ponto: "O planejamento é ótimo. No entanto, como você pode planejar – sem falar em planejar a longo prazo – se não sabe que tipo de governo terá no próximo ano?" (Stieglitz, 1969:22).

---

[3] Kukalis (1988, 1989) descobriu uma relação entre "complexidades ambientais" e vários aspectos do processo de planejamento, isto é, sua "extensão", horizontes mais curtos de planejamento e revisões mais freqüentes de plano. No entanto, várias de suas medidas de complexidade eram, na verdade, medidas de estabilidade (p. ex., previsibilidade de mudanças na demanda, freqüência de lançamentos de produtos novos). Horizontes mais curtos e revisões mais freqüentes poderiam ser consistentes com nossa conclusão aqui, ao passo que uma extensão maior presumivelmente não seria.

Maturidade da indústria. As indústrias maduras costumam ser particularmente estáveis: as tecnologias e linhas de produto estabeleceram-se em torno de "projetos dominantes" (Abernathy e Utterback, 1978); o crescimento do mercado tornou-se lento e uniforme; os procedimentos operacionais se padronizaram, muitas vezes ao ponto de se tornar "receitas da indústria" (Grinyer e Spender, 1979); até as estratégias tenderam a se tornar "genéricas" em segmentos da indústria (conhecidos como "grupos estratégicos"). Da mesma forma, a concorrência tende a abrandar com a maturidade, pois as firmas sobreviventes se estabelecem em relações mais ou menos bem definidas, com os líderes diferenciados dos seguidores, sendo os primeiros quase sempre capazes de exercer grande parte do poder de mercado. Tudo isso obviamente favorece a categorização que o próprio planejamento favorece. Assim, Khandwalla (1977) descobriu uma forte correlação negativa entre o planejamento e a taxa de crescimento da indústria, sendo que as indústrias de alto crescimento prefeririam modos mais empreendedores e adaptáveis de operação. Ele também encontrou uma tendência das empresas que viam seu ambiente como restritivo de usar o método de planejamento para a tomada de decisão.[4]

Vimos isso claramente em nossos estudos da Air Canada até 1976, que se tornou uma *heavy user* de planejamento após sua estrutura de rotas, procedimentos operacionais e relações com outras companhias aéreas terem sido estabelecidos. A Air Canada ocupava a posição dominante em seu mercado doméstico, enquanto entrava para o clube das companhias de "classe mundial" em seu mercado internacional, como a empresa aérea com a bandeira do Canadá. Para citar um de seus executivos, "podíamos prever o futuro com muita precisão" (Mintzberg *et al.*, 1986:37). De fato, naquela época, podiam: como mostrado na Figura 6.3, a receita da empresa cresceu de forma quase perfeitamente exponencial durante décadas. Ironicamente, para se livrar do controle do governo, essa companhia aérea estatal se prendeu ainda mais profundamente à estrutura de sua indústria, na qual o planejamento das empresas individuais então se combinava implicitamente para decretar seu ambiente coletivo.[5]

Intensidade de capital. O investimento pesado de capital propicia um incentivo adicional para se engajar em planejamento. Quanto maior o comprometimento de recursos em um único programa, maior o cuidado com que esses recursos (assim como o contexto de sua aplicação) devem ser controlados e, por isso, maior a necessidade de programação estratégica (Denning e Lehr, 1972:5; Kukalis, 1988, 1989; Al-Bazzaz e Grinyer, 1983), e, como Channon (1976:54) observou, maior o ciclo de planejamento. Dada a irreversibilidade desses grandes comprometimentos – os custos extremamente altos para sair da indústria – as empresas de capital intensivo simplesmente não podem jogar com os riscos associados com ambientes dinâmicos. Elas devem ter percepção do que seus mercados trarão durante o período do investimento; se elas não antecipam essa estabilidade, devem tentar impô-la. Woodward (1965) expressou este ponto claramente em sua descrição de empresas de fabricação de produção por "processo", que é muito

---

[4] Kukalis (1991) não corroborou essa descoberta em sua pesquisa.
[5] Tenha em mente que aqui estavam envolvidos dois mercados altamente controlados, sendo o doméstico altamente regulamentado (durante nosso período de estudo), e o internacional geralmente visto como um cartel (com uma associação da indústria que fixava tarifas, e as próprias companhias aéreas fazendo acordos com empresas ostensivamente concorrentes).

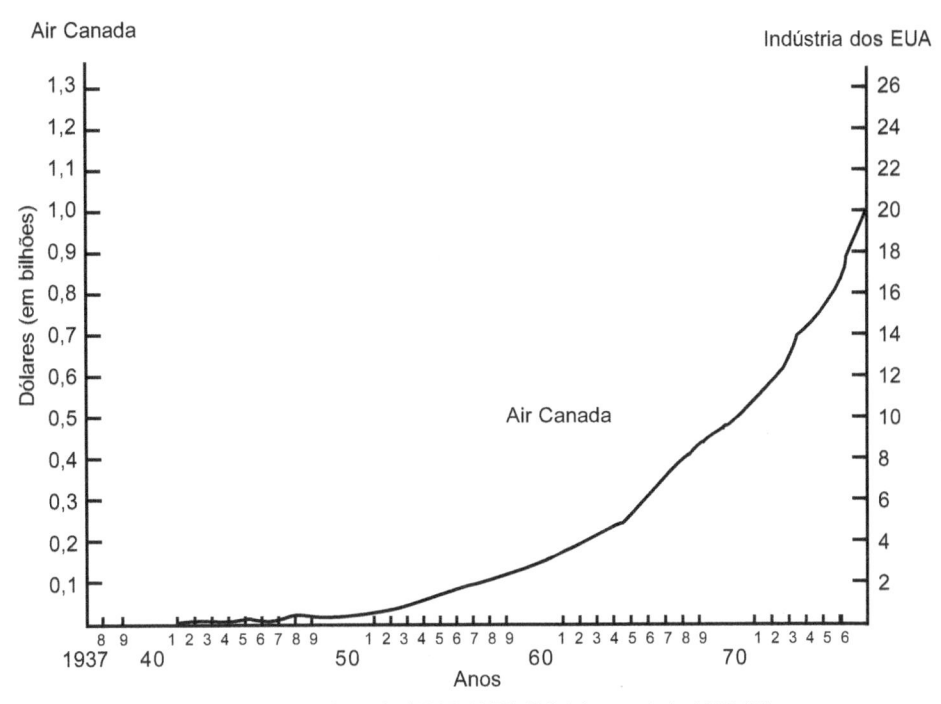

FIGURA 6.3 Receita total da Air Canada (1937-1976) (Mintzberg *et al.*, 1986:30).

mais intensiva em capital do que a produção "unitária" ou "em massa": elas precisam garantir os mercados para seus produtos antes de construir suas instalações.

Grande porte. Uma empresa não precisa ser grande para planejar, mas isso, com certeza, ajuda. Como Newman observou em 1951, "o planejamento é caro" (65).[6] Além disso, alguns dos fatores já discutidos – especialmente a intensidade de capital e o controle de mercado – tendem a ser associados com organizações grandes. Assim, os estudos de Sheehan (1975), Sapp (1980), Lorange (1979:234), Al-Bazzaz e Grinyer (1981, 1983) e Denning e Lehr (1972) forneceram fortes evidências da relação do tamanho de uma organização com sua propensão ao envolvimento ou com o grau de formalidade do seu planejamento.

O planejamento formal geralmente requer mecanismos administrativos elaborados, como orçamentos e procedimentos de vários tipos, sem falar de uma equipe de planejamento que não ganha a vida cobrando contas a receber. E então há o tempo que os gerentes de linha devem dedicar ao processo. Além disso, "os planejadores costumam ser grandes esbanjadores"; eles "têm enorme interesse em aumentar o montante total do investimento", sendo inclinados a "procurar mais o grande e sonoro que o pequeno e quieto. Seus talentos são mais apropriados para a análise de projetos grandes que tenham um impacto substancial... e que, por seu custo, justifiquem a atenção analítica dispendiosa" (Wildavsky,

---

[6] Roach e Allen argumentaram que "a 'empresa menor'... deve planejar mais formal, rigorosa e analiticamente e, deste modo, mais estrategicamente do que a empresa maior – esperamos que seja apenas porque tem menos recursos humanos e materiais com que trabalhar" (1983:7-26). Esses de fato parecem bons motivos para as empresas pequenas *evitarem* o planejamento formal!

1973:149-150). Por isso, John Kenneth Galbraith fez referência à "preferência descarada por tamanho" do planejamento (1967:31), que acreditava ser especialmente verdadeira quando o planejamento é usado para decretar o ambiente:

> O tamanho da General Motors está a serviço não do monopólio nem das economias de escala, mas do planejamento. E para esse planejamento – controle da oferta, controle da procura, provisão de capital, minimização de risco – não há limite superior claro para o tamanho desejável. Pode ser que quanto maior, melhor. (76)

As organizações grandes podem não somente ser as mais capazes de arcar com o planejamento, não somente as mais capazes de usá-lo, mas podem também ser, na realidade, as que mais precisam dele. As organizações pequenas podem se safar com meios informais para obter comunicação e controle, mas evidências claras indicam que as grandes devem ter mais confiança em meios impessoais e formais para fazer isso, incluindo sistemas de planejamento (veja Mintzberg, 1979a:233-234).

Estrutura elaborada. A programação estratégica é empreendida para especificar o que deve ser feito para concretizar uma estratégia pretendida. Faz-se isso decompondo a estratégia, por meio de programas, em atividades específicas de vários tipos. No entanto, isso pressupõe uma organização que pode, ela própria, ser decomposta – em um sistema de subunidades e essas em posições em diferentes níveis e, por fim, em tarefas específicas, sobre as quais se podem lançar os planos de ação. O mesmo vale para o controle de desempenho: os orçamentos e objetivos devem ser sobrepostos em subunidades específicas, por fim, talvez, sobre indivíduos cujo trabalho foi claramente definido e diferenciado. Assim, a organização ideal para os dois tipos de planejamento é a altamente estruturada. Organizações descuidadas podem fazer uma confusão com os resultados altamente ordenados do processo de planejamento.

Operações firmemente ligadas. Embora as atividades altamente estruturadas possam facilitar o planejamento de ações, as que estão firmemente ligadas, em especial no núcleo operacional, podem exigir isso. Considere uma organização com a primeira condição, mas sem a segunda, digamos, uma barbearia com 100 barbeiros. Cada um trabalha de forma bem estruturada, mas bastante independente de todos os demais. A necessidade de planejamento das ações – para comunicação formalizada, se não controle – dificilmente é crítica. No entanto, se considerarmos uma linha de montagem de 100 operários produzindo cadeiras de barbeiro – fazendo um trabalho altamente estruturado *e* firmemente ligado – a necessidade de planejamento das ações torna-se mais evidente: padronizando as atividades de cada operário, esse planejamento proporciona um meio de coordenar e controlar seu trabalho firmemente (Mintzberg, 1979a:152-154). Assim, esperaríamos encontrar uma intensidade muito maior de planejamento em uma General Motors (com suas linhas de montagem e redes de fornecedores) ou uma Air Canada (com sua necessidade suprema de obter coordenação precisa entre aeronaves, rotas, tripulações e horários de vôos) do que em uma 3M (com sua miríade de produtos independentes) ou um MIT (com sua aglomeração de departamentos acadêmicos independentes).[7]

---

[7] Tita e Allio descreveram o sistema de planejamento da 3M como "de baixo para cima" para reforçar "o espírito empreendedor", com o gerente de cada um das várias centenas de negócios da empresa sendo "autorizado a planejar como quiser, para coletar qualquer quantidade de dados" e apre-

Observe que, com exceção das operações internas, a ligação firme pode também aplicar-se a produtos (sendo "pacote" o termo popular hoje em dia, como quando uma empresa de computadores oferece *software* com seu *hardware*), e a elementos externos, tais como os suprimentos de bauxita, carbono e eletricidade para uma fundição de alumínio (Clark, 1980:7). De acordo com Rhenman, as organizações que podem considerar "as mudanças ambientais independentes entre si" (1973:4) são capazes de sobreviver com sucesso sem planejamento de ações, embora possam ainda ter de usar o controle de desempenho (ou até a orçamentação de capital) para efetuar o controle, se não a coordenação.

Operações simples. Como um meio de fazer a firme ligação das atividades, conforme discutido no Capítulo 4, o planejamento de ações passa a ser uma força centralizadora na organização. Ele dita as decisões associadas com determinado trabalho, tirando dos encarregados de fazê-lo o arbítrio sobre o trabalho e passando-o para os que o idealizam, isto é, os planejadores da organização. Entretanto, a capacidade de planejamento para fazer essa coordenação central não é muito sofisticada. Como vimos, seus poderes de síntese são fracos, enquanto os de análise não são extremamente sofisticados. O planejamento essencialmente permanece o que sempre foi: um modelo simples (aquele da escola do *design*) subdividido em etapas simples, elaboradas por diversas listas de verificação e apoiadas pelos procedimentos simples de programação e orçamentação.

Deste modo, devemos acrescentar uma qualificação grande, se bem que controversa, ao ponto sobre a ligação firme: o planejamento nessa situação só é viável quando as operações são relativamente simples de entender. As atividades a serem ligadas podem ser muitas e sua coordenação, intrincada (como nas operações da companhia aérea), mas essas atividades e o ambiente que as cerca devem ser facilmente compreensíveis, caso devam ser acessíveis à tecnologia de planejamento (também executáveis por pessoas que não têm controle sobre elas).

O planejamento é "um meio de reduzir a complexidade externa a formas 'gerenciáveis'", afirmou Zan (1987:192). Ele é necessário, não porque qualquer tarefa isolada seja complexa, mas porque a miríade completa de tarefas que devem ser executadas em um concerto preciso está além da capacidade de um único cérebro ou de um procedimento *informal* realizado em muitos cérebros. Em outras palavras, o sistema como um todo pode parecer complexo, mas a decomposição necessariamente torna cada parte dele simples, fácil de entender – mesmo que não fácil de gerenciar. Por exemplo, qualquer pessoa pode entender facilmen-

---

sentar os planos "em qualquer época do ano". Além disso, "a 3M nunca abraçou o planejamento de 'equipe', sendo que os poucos gerentes com a palavra 'planejamento' em seus títulos" pertencem a um grupo de "serviços de planejamento" (1984:12). Em um artigo posterior sobre a empresa, Carol Kennedy (1988) descreveu uma 3M que levava o planejamento estratégico um pouco mais a sério, alternando cada um dos três vice-presidentes executivos na liderança do comitê de planejamento estratégico corporativo. No entanto, ela procurou manter uma "abordagem pragmática", com "questionamento constante das suposições dos planejadores" (11) e o desenvolvimento de planos "no verdadeiro estilo de 'baixo para cima' da 3M em conjunto com os gerentes operacionais chave" (12). Embora reconhecesse o valor do sistema para "análise e direção dos negócios existentes", Kennedy notou ceticismo por parte da gerência sênior sobre sua capacidade para "gerar novos negócios" (16), levantando como isso uma dúvida sobre seu rótulo "estratégico".

te uma linha de montagem de automóveis, seja cada atividade ou toda a série. No entanto, ninguém consegue organizar informalmente todos os detalhes associados com o seu funcionamento. Simplesmente existem detalhes demais. O mesmo vale para programar as atividades de uma companhia aérea. Todavia, não para realizar uma cirurgia de coração aberto, ou mesmo para desenvolver um produto inovador. Por isso, enquanto o primeiro *exige* planejamento de ações, o segundo pode ser sufocado por ele (embora quantidades limitadas de programação, etc. possam ser apropriadas – os "onde" e "quando" em vez do "como").[8]

A esse respeito, Normann e Rhenman citaram a lei da "diversidade necessária" de Ashby: que um sistema só pode controlar outro cuja complexidade ou sofisticação seja inferior à sua própria. E para o planejamento, isso significa sistemas simples, na opinião desses autores:

> A aplicação do modelo [de planejamento] geralmente depende da possibilidade de fazer uma definição exata de um problema... Em outras palavras, devemos ser capazes de ver com muita clareza quais fatores devemos levar em conta para resolver o problema, e quais podemos ignorar... [Esta] abordagem provavelmente... seja útil no planejamento de operações simples em sistemas cujos insumos e resultados são razoavelmente claros. (1975:44)

Isso pode ajudar a explicar a diferença entre Huff, que descreveu o planejamento como ação facilitadora, e Weick, que sugeriu que ele também poderia paralisar a ação. Huff suspeita que a persistência e expansão do modelo de planejamento "em parte, pode ter a ver com o engodo de simplificar as estruturas que tornam nosso mundo multiforme mais compreensível", para repetir suas palavras citadas anteriormente. O que torna os procedimentos do planejamento "atrativos" é sua natureza "simplista" – "eles são conceitualmente fáceis de compreender; eles simplificam, estruturam as necessidades de informações; delineiam uma série de etapas seguintes. Em suma, a crença no sistema de metas baseado em planejamento proporciona um veículo para ordenar (e, às vezes, ignorar) complexidades que de outra forma paralisam a ação" (1980:33). Todavia, embora isso possa ser verdade em um contexto simples, pode acontecer exatamente o oposto nos mais difíceis. Ao invés de agir, a organização se engaja em planejamento, o qual "poderia formar uma espiral cada vez maior, tornando-se um fim, em vez de um meio" (Weick, 1979:103).[9]

Controle externo. Finalmente, outro fator que estimula o planejamento é um influenciador externo com poder e intenção de controlar de fora uma

---

[8] Devemos deixar claro aqui que a complexidade do trabalho é bem independente de sua estabilidade. Neste ponto, estamos discutindo trabalho complexo, seja ou não estável. Uma cirurgia de coração aberto é uma tarefa complexa, porém estável; o desenho criativo geralmente é complexo e dinâmico (isto é, imprevisível). Para uma discussão da independência dessas duas dimensões, veja Mintzberg (1979a:273, 285-287).

[9] No entanto, conforme notado anteriormente, quando *não* há base para ação, formal ou informal, Gimpl e Dakin afirmaram em seu artigo sobre "Administração e Magia", da mesma forma que Weick na história sobre encontrar o mapa nos Alpes suíços, que o planejamento, ou planos, pelo menos induz as pessoas a fazer alguma coisa! (1984:133). Todavia, com que finalidade, poderíamos perguntar?

organização. Para dar certo, esse influenciador precisa encontrar uma base firme de controle. E o planejamento é um candidato óbvio. Isso acontece especialmente quando o controlador influente é uma organização que usa, ela mesma, sistemas de planejamento – como no caso de uma empresa matriz que controla uma subsidiária. O controle de desempenho é o meio óbvio, mas o planejamento de ações também pode ser recrutado, especialmente quando o influenciador externo deseja controlar de maneira direta as operações internas, seja por ser uma coisa funcional a fazer ou por oferecer a ilusão de controle (como provavelmente foi o caso de grande parte do planejamento de ações imposto pelos governos comunistas, sem falar nas matrizes corporativas ocidentais).

O efeito poderoso do controle externo sobre a propensão a planejar apareceu claramente em vários estudos. Por exemplo, Denning e Lehr (1972) dividiram as 300 empresas de sua amostra em seis categorias de estrutura. A categoria que refletiu com mais clareza a propriedade externa (subsidiárias de multinacionais estrangeiras) teve, de longe, a maior incidência de planejamento (64,7%), ao passo que a que menos a refletiu (organizações funcionais com múltiplas fábricas) estava perto da menor em seu uso (11,1%). Da mesma forma, Al-Bazzaz e Grinyer (1983) constataram que a "dependência das organizações controladoras" assim como dos "principais clientes" é um fator para explicar a atividade de planejamento. Em outro estudo, eles constataram "um número muito maior de planos escritos" nas quatro empresas nacionalizadas de sua amostra que nas outras empresas que estudaram (1981:163), e um pouco mais de planejamento em subsidiárias do que nas organizações controladoras, "talvez [porque] as organizações mais importantes impõem a este nível mais baixo um nível de formalidade que elas próprias não estão preparadas para operar" (165).

Agrupamento dessas condições. O que devemos fazer com todo esse conjunto de condições? Uma coisa que podemos fazer é considerar, independentemente, a importância de cada uma. A estabilidade pareceria ser uma condição necessária (se não suficiente), uma vez que, sem um grau razoável dela, não pode haver programação estratégica. Internamente, as operações simples também pareceriam ser uma condição necessária, uma vez que o planejamento de ações não consegue lidar com as complexas. Quando adicionamos estrutura elaborada com operações firmemente ligadas, parece que temos um conjunto de condições que leva à programação estratégica, conforme ilustrado na Figura 6.4. Grande porte, intensidade de capital, maturidade da indústria e controle externo, em vez de serem condições necessárias, pareceriam estimular ou facilitar o uso de tal planejamento, de novo como mostrado na Figura 6.4.

É claro que, como vimos, essas condições não são mutuamente independentes. Por exemplo, a intensidade de capital tende a estar relacionada com grande porte, enquanto a estrutura elaborada pareceria exigir operações relativamente simples (como na linha de montagem de automóveis). Deste modo, as condições associadas com programação estratégica parecem se agrupar. Perto do final deste capítulo, descreveremos vários tipos de organizações, uma das quais combina com esse agrupamento. Nós a chamamos de *organização máquina* e acreditamos que é onde se encontra a programação estratégica na maioria das vezes.

CONDIÇÕES FACILITADORAS

Intensidade de capital · Grande porte · Maturidade da indústria · Controle externo

↓ ↓ ↓ ↓

CONDIÇÕES NECESSÁRIAS

Ambiente: estável

Organização: simples com operações firmemente ligadas mais estrutura elaborada

↓

Programação estratégica

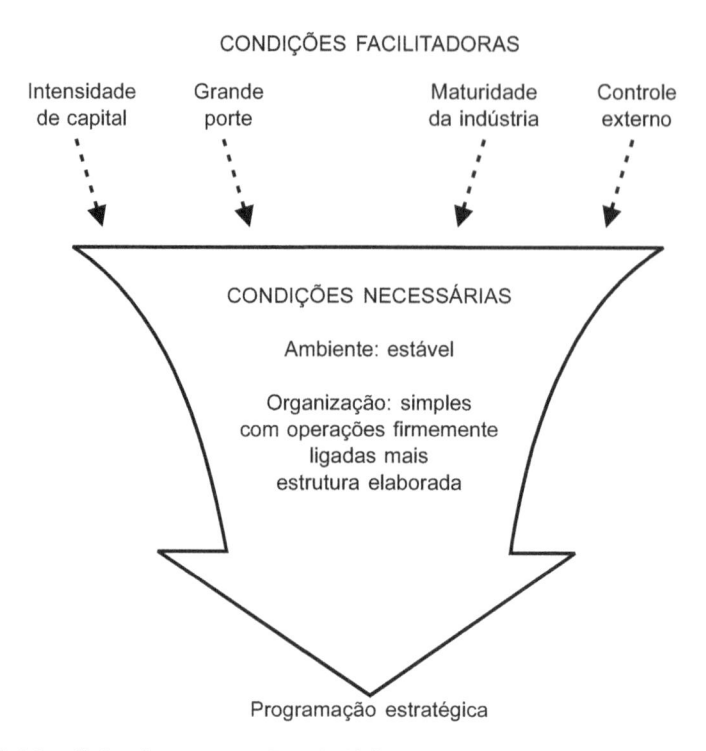

FIGURA 6.4 Condições de programação estratégica.

PRIMEIRO PAPEL DOS PLANOS: MEIOS DE COMUNICAÇÃO

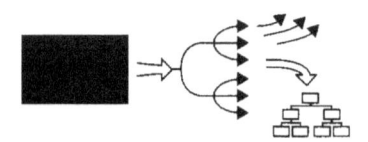

Se o planejamento é programação, então os planos são evidentemente úteis em duas capacidades, ou papéis. Eles são meios de comunicação e instrumentos de controle. (Esses "papéis" dos planos são, é claro, "razões" para planejar.) Os dois papéis se valem do caráter analítico dos planos, isto é, sua representação de estratégias de forma decomposta e articulada, a qual se não quantificada, pelo menos é quantificável.

Por que programar a estratégia? A razão mais óbvia é para coordenação, para garantir que todos na organização remem na mesma direção, o que pode, algumas vezes, ser facilitado especificando-se essa direção o mais precisamente possível. Os planos, conforme emergem da programação estratégica como programas, tabelas, orçamentos, etc., podem ser meios fundamentais para comunicar não somente as intenções estratégicas, mas também o que cada indivíduo na organização deve fazer para realizá-las (naturalmente, até o ponto em que a direção comum é mais importante do que o critério individual). Com isso, Quinn se referiu às atividades formais de planejamento como desempenhando "determinadas funções vitais na coordenação de estratégias", incluindo o "desenvolvimento de conscientização, a geração de consenso e a afirmação de comprometimento". O planejamento "forçou os gerentes a se comunicarem sistematicamente sobre questões estratégicas" (1980a:140).

"Melhorias na comunicação e coordenação" não são, como Hogarth e Makridakis (1981:128) afirmaram, apenas "efeitos colaterais funcionais" do planejamento, mas as razões essenciais para nele se engajar. Como Langley descreveu em seu estudo intensivo do uso de análise em três empresas, a comunicação é "um dos papéis mais importantes, se não o mais importante, do planejamento estratégico" (1986:324). A comunicação por intermédio do planejamento proporciona "um meio pelo qual a administração, como um todo, normalmente, [pode] falar em estratégia" (Marks, 1977:2). É a "meticulosidade conceitual" do planejamento que "pode fornecer um vocabulário melhor para a comunicação dentro das empresas" (Huff e Reger, 1987:216). Mais especificamente, a gerência pode transmitir suas intenções, garantir a coerência entre as atividades e racionalizar a alocação de recursos (Barreyre, 1977/78:94).

Dois documentos da Air France enfatizaram este papel de comunicação nos esforços extensivos de planejamento da empresa em meados dos anos 1980. Hafsi e Thomas salientaram que um resumo do "Le Plan", com 15 páginas, foi enviado a cada um dos funcionários da empresa, 35 mil cópias ao todo! (1985:27). Isso foi suplementado por "uma série de documentos audiovisuais, incluindo uma discussão em vídeo com o Presidente", sem falar nas várias edições da revista da casa dedicadas ao plano e nas 800 reuniões para discussão, em média de três horas e incluindo 18 mil funcionários, que precederam toda essa documentação (28). Na verdade, ao ler o relatório de Hafsi e Thomas, tem-se a impressão de que o exercício teve mais a ver com a comunicação em si – ganhar comprometimento e entendimento, consenso global – do que com tentar programar a estratégia por meio do sistema (embora essa não fosse a posição de Hafsi e Thomas[10]). De fato, no segundo documento da Air France, escrito por dois de seus funcionários e intitulado "Planejamento e Comunicação: a Experiência da Air France", Guiriek e Thoreau enfatizaram sobretudo o papel da comunicação. Eles se referiram ao plano como "uma ferramenta de comunicação interna e externa" (1984:135):

> O plano da empresa, assim, se apresenta... como um meio preferido de comunicação, que dá ao pessoal uma declaração da situação da empresa, uma análise das finalidades e dos objetivos gerais e a expressão de uma política clara, desbloqueando a maneira de concretizar as ações. (136, nossa tradução do francês)

---

[10] Essas 800 reuniões para discussão foram ostensivamente destinadas a induzir *feedback*. No entanto, a declaração de Hafsi e Thomas de que os "comentários que justificaram modificações importantes do plano" foram "*de fato*, trazidos à baila" nessas reuniões "não seriam levados em conta na versão corrente do plano, mas formalmente escritos e então incluídos na versão do ano seguinte" dá margem a dúvidas sobre isso (29, grifo nosso). Como os autores observaram mais tarde, "de certo modo, o Presidente está menos interessado no plano gerado pelo processo (que decisões estratégicas tomar) e mais no comprometimento dos funcionários-chave com a implementação de quaisquer que sejam as decisões estratégicas tomadas" (34).

Voltando ao documento de Hafsi e Thomas, o plano "forçou [os funcionários] a reconhecer a situação da empresa em relação a seus concorrentes... o processo de planejamento permite que entendam melhor quem são e como estão diante dos funcionários comparáveis em outras empresas" (33).

No entanto, a comunicação pode ser externa, assim como interna, com os planos sendo usados para buscar o apoio tangível, e também moral, dos influenciadores externos (p. ex., Langley, 1989:625). Não estamos nos referindo ao que antes chamamos de planejamento como exercício de relações públicas – "planejamento para apresentação" porque parece bom, em vez de porque é bom. Ao contrário, pretendemos informar o público externo sobre a substância dos planos para que ele possa ajudar a organização a realizá-los. Assim, além dos 35 mil relatórios resumidos, a companhia aérea estatal também distribuiu 10 mil cópias do documento completo com 180 páginas a, entre outros, "todo o pessoal-chave nas agências do governo interessadas nas atividades da [estatal] Air France" (Hafsi e Thomas, 1985:27). O plano impôs "aos tomadores de decisões do governo as realidades da empresa e até sua racionalidade..." (32).

SEGUNDO PAPEL DOS PLANOS: INSTRUMENTOS DE CONTROLE

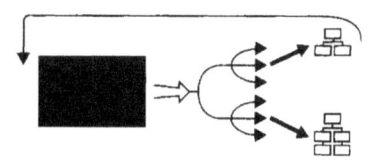

A última citação da Air France termina, "deixando pouco espaço para discordar das decisões dos gerentes" (32). Isso ilustra o ponto em que a comunicação pode, às vezes, ficar bem próxima do controle; ao extremo, os dois emergem como lados opostos da mesma moeda.

O propósito geral da programação estratégica é exercer controle deliberado – predeterminar o comportamento, ditando o que as pessoas devem fazer para realizar uma determinada estratégia pretendida. Hafsi e Thomas referiram-se a isso (depois de Herbert Simon) como "estabelecer... as premissas da decisão" (1985:32); Devons, como "controlar... o uso dos recursos em termos reais" (1950:1).

Os planos, como meios de comunicação, informam as pessoas sobre a estratégia pretendida e suas conseqüências. No entanto, como instrumentos de controle, eles vão além, especificando quais comportamentos são esperados de unidades e indivíduos específicos para realizar a estratégia, e então ficam disponíveis para retroinformar as comparações dessas expectativas com o desempenho real no processo de formação de estratégia. Talvez esse papel de controle tenha levado um planejador-chefe da General Electric dos anos 1980 a caracterizar o departamento de planejamento de anos anteriores como "policial corporativo" (Carpenter, citado em Potts, 1984).[11] Mesmo no contexto da cognição individual, os psicó-

---

[11] A não ser, é claro, que ele estivesse se referindo ao papel de policiamento do próprio processo de planejamento – garantir que todos planejassem da maneira considerada ideal pelo departamento de planejamento.

logos Miller, Galanter e Pribram usaram a palavra "plano" para "se referir a uma hierarquia de instruções", mais especificamente, "qualquer processo hierárquico no organismo que possa controlar a ordem em que uma seqüência de operações deve ser realizada", equivalente a "um programa de computador" (1960:16).[12]

Evidentemente, também vimos esse papel em parte de nossa discussão anterior, por exemplo, nas descobertas de Sarrazin sobre como a alta administração da firma francesa que ele estudou usava o planejamento como um instrumento para "retomar o controle da tomada de decisão estratégica" (1977/78:56), e em nossa revisão da orçamentação de capital, que pareceu ser menos um meio de inter-relacionar as decisões de baixo do que simplesmente um instrumento para controlar o dispêndio de capital de cima.

Em uma breve e colorida discussão, Cyert e March "fazem quatro observações sobre planos dentro de uma organização":

1. *Um plano é uma meta...* uma previsão de planejamento funciona como uma previsão de vendas, custos, nível de lucro, etc. e também como uma meta para tais fatores. Em algumas circunstâncias (e dentro de limites), uma organização pode induzir o comportamento destinado a confirmar sua previsão (meta).
2. *Um plano é uma programação.* Ele especifica as etapas intermediárias para um resultado previsto... a empresa é forçada por seu plano (se por nenhuma outra razão) a uma especificação de níveis aceitáveis de realização para suas subunidades, assim como para a organização como um todo...
3. *Um plano é uma teoria.* Por exemplo, o orçamento especifica uma relação entre fatores como vendas e custos, de um lado, e lucros, do outro, e deste modo permite o uso de dados de vendas e custo como marcos para a realização de um nível satisfatório de lucros...
4. *Um plano é um precedente.* Ele define as decisões de um ano e, assim, estabelece um caso sem maior exame para manter as decisões existentes. (1963:111-112)

Com exceção do terceiro ponto (que sugere um outro papel, como simulações para análise, que discutiremos abaixo), os outros especificam claramente o papel dos planos como instrumentos de controle.

Os planos como controles atendem não apenas a alta administração, em seu desejo de controlar os que estão abaixo dela na hierarquia, mas todos os tipos de influenciadores mutuamente. Como Galbraith descreveu o "novo estado industrial", as grandes corporações também usam planos para controlar seus ambientes externos – mercados, concorrentes, fornecedores, governos, até clientes. (A distribuição daquelas 10 mil cópias do plano da Air France ao pessoal do governo foi um exemplo característico.) Em outras palavras, existe muito planejamento para fins de decretação: impor estratégias ao ambiente.

Da mesma forma, os influenciadores externos podem impor planos a uma organização como meio de controle externo. Os mais comuns são os planos de

---

[12] Na verdade, eles até afirmaram ser "razoavelmente seguro que 'programa' pudesse ser substituído em toda parte por 'Plano' nas páginas" de seu próprio livro (16).

desempenho, como quando uma sede define metas de lucro e de crescimento para cada uma de suas divisões. Entretanto, esses planos também podem ser estratégicos, envolvendo a imposição de cursos de ação específicos. Na verdade, na década de 1970, para as sedes corporativas, tornou-se comum impor estratégias como colher ou acelerar o crescimento de divisões de acordo com a matriz de crescimento-participação (de vacas leiteiras, estrelas, cães e crianças-problemas) do Boston Consulting Group (1973). Da mesma forma, os governos podem impor intenções específicas a suas agências por meio de planos de ação. As empresas com força de mercado sobre seus fornecedores podem fazer o mesmo, como quando especificam que quantidades de suprimentos devem ser produzidas em que prazo, emparelhando assim os planos de ações dos fornecedores aos seus próprios (um acontecimento comum na relação entre varejistas e produtores de sua marca exclusiva).

Além disso, conforme discutido anteriormente, existe todo um conjunto de jogos disputados em torno do próprio exercício de planejamento como instrumento de controle: investidores que esperam planejamento de empresas que estão entrando nos mercados financeiros públicos, governos que o exigem dos hospitais públicos que financiam e assim por diante. Aqui, não é tanto os resultados do planejamento quanto o próprio engajamento da organização no processo que se torna a forma de controle, ou pelo menos a ilusão de controle e, por isso, o processo se arrisca a ser reduzido a um instrumento de relações públicas, ou simplesmente um outro "jogo" administrativo:

> Em uma organização na qual as metas e a tecnologia são obscuras, os planos e a insistência neles passam a ser um teste administrativo de vontade. Se um departamento quiser muito um novo programa, despenderá um esforço substancial para "justificar" a despesa encaixando-a em um "plano". Se um administrador quiser evitar dizer "sim" a tudo, mas não tiver base para dizer "não" a coisa alguma, ele testará o comprometimento do departamento pedindo um plano. (Cohen e March, 1976:195-196)

Controle estratégico

Em relação à estratégia, os planos podem ajudar a efetuar o controle de várias maneiras. A mais óbvia é o controle da própria estratégia. Na realidade, aquilo que há muito desfila com o rótulo de planejamento estratégico provavelmente seja mais controle estratégico. Na visão tradicional, este tinha a ver com manter as organizações em suas trilhas estratégicas: garantir a realização das estratégias pretendidas, sua implementação conforme esperado, com recursos alocados apropriadamente. Isso ele supostamente faz submetendo a estratégia pretendida e suas conseqüências à programação estratégica, que pode então ser usada como o padrão para avaliar as realizações. Os planos, como a forma mais operacional de estratégia, se prestam naturalmente a esse tipo de controle. Acrescente uma curva de *feedback* ao final do ciclo de planejamento para avaliar os resultados dos planos e a programação estratégica passará a ser controle estratégico.

Entretanto, controle estratégico deve ser mais do que isso. O conceito tem sido ilusório no campo da administração estratégica, muito discutido, porém nunca realmente esclarecido. Acreditamos que isso acontece porque a maioria dos escritores não pensa nele nos seus próprios termos. Ao contrário, eles extrapolaram o conceito de controle das suas aplicações tradicionais nos níveis operacionais e administrativos. Na pior das hipóteses, permitiram que ele permanecesse no lado esquerdo de nosso diagrama das quatro hierarquias, dentro do domínio da orçamentação e da fixação de objetivos rotineiros, simplesmente considerando-os nos níveis mais altos, mais abrangentes. Pode-se presumir que isso tenha encorajado Quinn a comentar que "o planejamento formal muitas vezes se transforma apenas em outro aspecto da controladoria" (1980a:ix), parecido com o que vimos em nossa discussão de planejamento como jogo de números.

Um pouco melhores, outros escritores se concentraram na efetividade do resultado das estratégias da organização – em como elas funcionaram nos mercados da organização. Rondinelli chamou os planejadores que desempenham esta atividade de "avaliadores": "Os planejadores avaliadores analisam decisões... prévias para determinar seus resultados. A avaliação inclui a auditoria do desempenho, que leva a recomendações para reformular, terminar ou manter o programa" (1976:81). Simons referiu-se a isso como "visão cibernética" – "um sistema para manter as estratégias nos trilhos" (1988:2). Ela "equipara formação de estratégia a planejamento e implementação de estratégia a controle", partindo da premissa de que "da mesma forma que a formação de estratégia deve logicamente preceder a sua implementação, o planejamento deve preceder o controle" (3).

Goold e Quinn (1990) adotaram uma abordagem bem semelhante a essa em um artigo apresentado como uma crítica ao controle estratégico. Eles identificaram um "paradoxo de controle estratégico" entre uma literatura que "claramente defende o estabelecimento de algum sistema de controles estratégicos para monitorar o progresso estratégico e garantir a implementação dos planos estratégicos" e suas evidências de que "na prática... poucas empresas... identificam medidas de controle estratégico formais e explícitas e as embutem em seus sistemas de controle" (43). Eles discutiram favoravelmente a necessidade de especificação de "metas (ou marcos) de curto prazo que precisam ser atingidas a fim de que a estratégia realmente seja implementada" (45) e de uma "concepção mais ampla de controle estratégico, para que as diferenças entre resultados reais e planejados levem não apenas à modificação nas ações dos indivíduos, mas também ao questionamento das suposições do próprio plano" (46). Sua própria pesquisa das 200 maiores empresas da Grã-Bretanha "revelou que somente um pequeno número de empresas (11%) declarou empregar um sistema de controle estratégico do tipo" que seria descrito como "completamente desenvolvido" (47).

Goold e Quinn concluíram que "a prática do controle estratégico é muito mais complexa do que a maioria dos escritores do assunto admitiu". Os gerentes, portanto, "precisam pisar com cuidado ao implementar sistemas de planejamento estratégico" (54), concentrando-se especialmente nas condições em que a "turbulência ambiental" é "baixa" e a "capacidade para especificar e medir objetivos estratégicos precisos" é "fácil" (55).

Mesmo sem ter criticado as conclusões de Goold e Quinn até agora, devemos argumentar que esses (e outros) autores não foram longe o suficiente. A razão para encontrarem tão pouco uso de controle estratégico, acreditamos, é que o conceito de formação de estratégia sempre foi mal interpretado, obrigando o controle estratégico a contornar um aspecto crítico – a possibilidade de estratégia emergente. Como mostrado na Figura 6.5, certamente existe a necessidade de avaliar o desempenho das estratégias deliberadas (mostrado como B na figura) e,

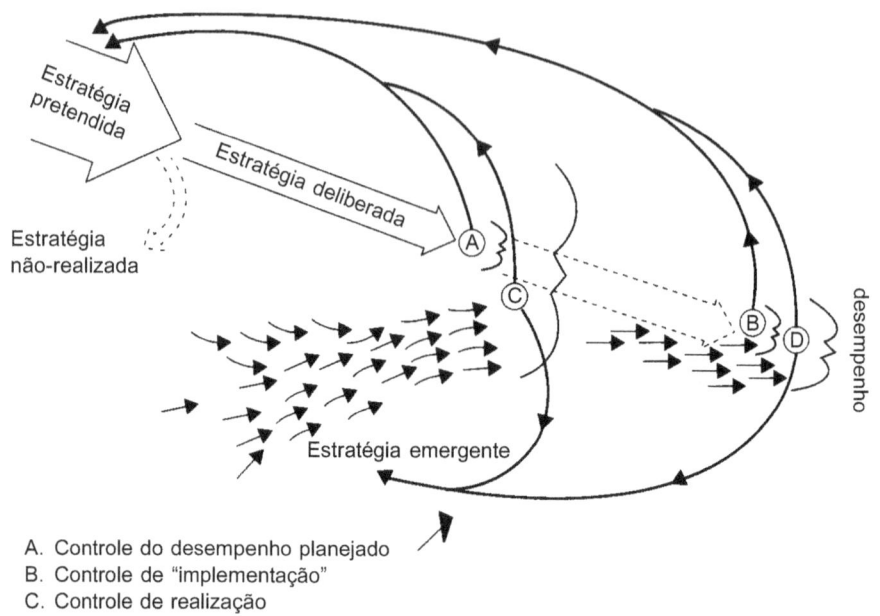

[Figura: diagrama mostrando Estratégia pretendida → Estratégia deliberada, Estratégia não-realizada, e Estratégia emergente, com pontos A, B, C, D e desempenho]

A. Controle do desempenho planejado
B. Controle de "implementação"
C. Controle de realização
D. Controle de desempenho estratégico

FIGURA 6.5 Controle estratégico: tradicional (A e B); estendido (C e D).

recuando (A), a necessidade de avaliar o grau de realização das estratégias que foram formalmente pretendidas em primeiro lugar (nas palavras do livro de Schendel e Hofer sobre administração estratégica, no que se refere a "se: (1) a estratégia está sendo implementada como planejado e (2) os resultados produzidos pela estratégia são os pretendidos" [1979:18]). Todavia, antes disso, deve vir outra atividade (C), isto é, a avaliação de quaisquer estratégias que foram, de fato, realizadas, pretendidas ou não. E a última atividade deve ser estendida (D) para abranger a avaliação do desempenho de todas essas estratégias. Em outras palavras, o controle estratégico deve avaliar o comportamento e também o desempenho. Mais uma vez, deve-se perceber que existe algo mais para a formação de estratégia, além do planejamento.

Assim, caracterizamos o controle estratégico como um processo de duas etapas. A primeira requer o rastreamento das estratégias realizadas, como padrões em cursos de ações, para considerar a realização deliberada de estratégias pretendidas, assim como a emergência de não-pretendidas. A segunda etapa então considera, de uma maneira mais tradicional de controle, a efetividade, para a organização, das estratégias que foram de fato realizadas.

Tenha em mente um ponto óbvio que muitas vezes é negligenciado. As estratégias não precisam ser deliberadas para ser eficazes (e vice-versa)! Com certeza, as estratégias não-realizadas foram exaustivamente consideradas na literatura de planejamento, praticamente todas elas à guisa dos fracassos de implementação. No entanto, as estratégias deliberadas podem ser implementadas com sucesso e, então, fracassar, da mesma forma que as estratégias inesperadamente emergentes podem, às vezes, dar certo. Quanto àqueles "idiotas" que discutimos antes, que não eram espertos o suficiente para implementar as belas estratégias pretendidas do seu chefe, os fracassos de implementação não são apenas fracassos de formulação, mas também o fracasso em reconhecer a impossibilidade, em muitas situações, de separar claramente a formulação e a implementação, fracasso que foi embutido na concepção tradicional de controle estratégico.

Colocado de outra forma, as estratégias podem fracassar, não somente por serem implementadas sem sucesso, mas também por serem implementadas com sucesso e depois se revelarem inadequadas. Da mesma forma, as estratégias podem dar certo, embora não tivessem sido inicialmente pretendidas. Os planejadores dificilmente conseguem rejeitar estratégias bem-sucedidas apenas por não terem sido deliberadas. E, mais importante, o controle estratégico deve estar preocupado com o desempenho da organização, não do planejamento!

Assim, a pessoa que faz o controle estratégico enfrenta uma daquelas matrizes de dois por dois: a estratégia pretendida foi realizada com sucesso e a estratégia que foi de fato realizada se revelou bem-sucedida?

		A estratégia pretendida foi realizada?	
		Sim	Não
A estratégia realizada teve sucesso?	Sim	Sucesso deliberado (viva a racionalidade)	Sucesso emergente (viva o aprendizado)
	Não	Fracasso da intenção (eficiente, mas não eficaz)	Fracasso de tudo (tentar novamente)

Como mostra nossa matriz, todas as quatro combinações sim-não são possíveis. Os dois sim significam que a administração deliberada teve sucesso – os gerentes gerais se dispuseram a fazer algo, o fizeram e isso deu certo. A racionalidade reinou absoluta. Um sim-não nos diz que a gerência implementou com sucesso uma estratégia que se revelou malsucedida. Eficiente, mas não eficaz. Um não-sim significa que as intenções não foram realizadas, mas o que foi realizado de fato funcionou. O aprendizado estratégico salvou a pátria. A gerência central teve sorte – ou foi esperta? Seja o que for, eles podem não ter sido eficientes, mas de qualquer forma mostraram ser eficazes. E dois não, é claro, significa que nada deu certo e ninguém foi esperto, eficiente ou eficaz (exceto os controladores estratégicos, se conseguirem resolver o problema!).

PRIMEIRO PAPEL DOS PLANEJADORES: DESCOBRIDORES DE ESTRATÉGIA

Os planejadores naturalmente desempenham papéis-chave no processo de planejamento (isto é, programação estratégica) e no uso dos planos resultantes para fins de comunicação e controle. Aqui, porém, queremos nos concentrar naqueles papéis dos planejadores que são bem mais independentes do planejamento e dos planos em si. Lorange afirmou que a função central dos planejadores é "desempenhar o papel instrumental no projeto e implementação do sistema de planejamento estratégico, assim como administrar ou gerenciar o processo de planejamento" (1980a:265). Contudo, Javidan constatou em uma pesquisa que as funções de planejamento caíam em dois grupos, um que tinha um "impacto positivo relativo" e o outro, um "impacto negativo relativo" sobre a efetividade percebida das equipes de planejamento (1987:307). No segundo grupo, ao lado de "encorajar o pensamento futuro", estava "coordenar o processo de planejamento". Em outras palavras, a atenção ao papel central de Lorange – o próprio planejamento – pode, algumas vezes, acabar atrapalhando o trabalho dos planejadores!

Nosso argumento é que muitos dos papéis mais importantes desempenhados pelos planejadores não têm nada a ver com o planejamento, ou mesmo com os planos em si. Discutimos aqui três desses papéis de não-planejamento dos planejadores: como descobridor de estratégias, como analista e como catalisador, e para encerrar, também consideramos um quarto, como estrategista.

O primeiro desses papéis talvez seja o mais novo – ao menos quando comparado com as concepções convencionais da função do planejador[13] – e possivelmente o mais interessante. Como programação estratégica, este papel tem lugar depois da caixa-preta da formação de estratégia, embora faça testes experimentais dentro dela (como mostrado na pequena ilustração), e tende a ser *ad hoc* por natureza, bem como interpretativo. Ele já apareceu duas vezes neste capítulo, nos comentários sobre encontrar estratégias como uma possível primeira etapa na programação estratégica e sobre descobrir padrões realizados com uma maneira de fazer controle estratégico mais amplo. Ambos significam o mesmo papel para os planejadores, o qual caracterizamos como *descobridores de estratégias*, embora "*intérpretes de ações*" ou simplesmente "*identificadores de padrões*" também pudessem descrevê-lo bem.

A lógica em ação

A expressão "intérpretes de ações" foi inspirada por Karl Weick, que, como foi observado anteriormente, abordou um tema principal em sua obra, isto é, que compreendemos nosso mundo interpretando nossas próprias ações. Semelhante à idéia de estratégia como o reconhecimento de padrões em ações, Weick sugeriu que "Os planos parecem existir mais em um contexto de justificação do que em um contexto de antecipação. Eles se referem mais ao que foi realizado do que àquilo que ainda deve ser realizado" (1969:102). Seu argumento era que as ações em e por si mesmas não têm significado: "Somente quando elas são isoladas reflexivamente, se tornam significativas, coerentes e distintas" (102). Para citar um planejador corporativo, "você planeja para descobrir o que está fazendo".[14]

---

[13] Embora estivesse incluído na lista de Javidan, do lado positivo, como "identificação de estratégias divisionais", que ele curiosamente descreveu no texto junto com "consolidação de planos divisionais", a fim de "dar maior assistência aos gerentes divisionais em seu planejamento estratégico divisional" (1987:307).

[14] Comunicação pessoal de Robert Burgelman sobre um comentário de um de seus alunos da Stanford Business School.

Isso sugere que um papel para os planejadores (talvez, em última análise, também um objetivo do planejamento) é proporcionar essa lógica na ação da qual Weick falou tão eloqüentemente – interpretar o comportamento a fim de entender a estratégia. Como March disse:

> O planejamento nas organizações tem muitas virtudes, mas um plano muitas vezes pode ser mais efetivo como uma interpretação de decisões passadas do que como um programa para as futuras. Ele pode ser usado como parte dos esforços da empresa para desenvolver uma nova teoria consistente de si mesma que incorpore o conjunto de ações recentes em uma estrutura moderadamente abrangente de metas... o gerente precisa ser relativamente tolerante com a idéia de que descobrirá o significado da ação de ontem nas experiências e interpretações de hoje. (1976:80, veja também Burgelman, 1984b:21)

Em nossos termos, para fins de administração estratégica, isso significa o rastreamento de padrões de ação na organização a fim de identificar estratégias, sejam emergentes ou deliberadas. Isso pode servir a dois propósitos. Primeiro, pode ser usado para encontrar estratégias desenvolvidas em lugares inesperados da organização, a fim de torná-las mais ampla e deliberadamente organizacionais (talvez por programação estratégica). Segundo, pode ser usado para fazer controle estratégico, identificando as estratégias realizadas da organização (como padrões reais nas ações) que tenham a possibilidade de ser comparadas com as suas pretendidas (conforme expressadas em seus planos formais ou declarações menos formais de intenções gerenciais). Na verdade, o que estamos propondo aqui é que os planejadores deveriam fazer em suas organizações o que nós da McGill University fizemos em nossa pesquisa (veja p. 109-115): rastrear as estratégias realizadas ao longo do tempo, mas, no caso dos planejadores, para entender melhor os comportamentos de suas organizações para fins de identificação de estratégia, programação e controle.

Incluímos esta atividade nos papéis dos planejadores, e não nos do planejamento, simplesmente porque não a vemos como parte de um processo sistemático, regular, de programação de estratégia. Ao contrário, o planejamento fornece insumos *ad hoc* aos processos de programação e controle. Além disso, dada sua natureza avaliadora e interpretativa, este papel não se encaixa na definição de planejamento como um procedimento formalizado. Embora essa atividade possa, é claro, se tornar rotineira e regular, suspeitamos de que essa rotinização possa desencorajar exatamente a orientação criativa e avaliadora que ela exige com tanta nitidez.

A busca desesperada de estratégias

A primeira etapa que notamos em programação estratégica não é criar a estratégia, mas tirá-la do seu processo de formação e iniciar sua operacionalização por meio de codificação. A visão popular na administração estratégica (especialmente na escola do *design*) é que essas estratégias vêm direto da gerência sênior, que as oferece aos planejadores como conjuntos de intenções plenamente desenvolvidas prontas para programar. As evidências de toda a cuidadosa pesquisa, porém, são de que as estratégias nem sempre estão disponíveis em bandejas de prata, prontas para ser operacionalizadas. Há períodos em que a alta administração fornece apenas as mais vagas intenções, e, na verdade, às vezes não fornece intenção alguma. Ela pode fazer isso deliberadamente, quando as condições são instáveis, para evitar as camisas de força de estratégia explícita e de programação estratégica (Wrapp, 1967). No entanto, a gerência também pode ser incapaz de produzir as estratégias pretendidas de que sua organização precisa.

Entretanto, nossa preocupação aqui é com uma situação diferente (pois, no primeiro caso, a organização não precisa de programação estratégica e, no segundo, a análise da equipe não consegue substituir as inadequações da gerência de linha). Esse é o caso, não raro, da empresa complexa, descentralizada e aprendiz que deve fazer muitas de suas estratégias de baixo borbulharem – por exemplo, com empresas de alta tecnologia, instituições de serviços profissionais, laboratórios de pesquisa. Aqui, padrões que podem se revelar estratégicos tendem a se formar e reformar continuamente, das maneiras mais curiosas, por exemplo, enquanto pessoas em cantos obscuros resolvem grandes problemas aos poucos. O problema é que uma hierarquia densa pode não conseguir captar sistematicamente esse tipo de aprendizado estratégico. Assim, um aspecto crucial do processo de estratégia é encontrar esses padrões emergentes para que possam ser examinados em benefício da organização como um todo. Desse modo, quando apropriado, as estratégias emergentes podem ser tornadas deliberadas e as obscuras, difundidas, ou, no mínimo, podem ser esclarecidas as inconsistências que costumam aparecer em estratégias emergentes (Sarrazin, 1975:137).

Com certeza, o papel de encontrar estratégias emergentes é uma responsabilidade importante dos gerentes, e não apenas daqueles no alto da hierarquia, mas especialmente daqueles em níveis médios que ficam criticamente entre as idéias que estão borbulhando e as concepções mais amplas que estão descendo (Nonaka, 1988). Afinal, os gerentes de linha tendem a ser os identificadores de padrões intuitivos e são eles que têm as informações necessárias do centro nervoso (em amplitude, assim como em riqueza) e o acesso autorizado às atividades operacionais. No entanto, eles necessariamente fazem isso de maneiras informais e idiossincráticas, para que os planejadores possam ajudar a tornar o processo um *pouco* mais formal e sistemático. Eles podem não ter a autoridade de linha, mas têm tempo e, teoricamente, alguns deles têm a centelha criativa para sondar a organização em busca de padrões emergentes interessantes. Isso pode ser realizado em parte por meio do estudos dos dados factuais, por exemplo, analisando os números de segmentação de mercado dos produtos próprios de uma empresa para descobrir tipos de clientes recém desenvolvidos. Todavia, é provável que grande parte desse trabalho seja feita de maneiras muito mais flexíveis e não-convencionais.

Por exemplo, na discussão com os planejadores de uma grande multinacional de energia, interessados em idéias de diversificação, sugerimos que indícios de sucesso futuro poderiam ser descobertos no fundo da própria empresa. Talvez a subsidiária da Malásia tivesse encontrado um novo mercado, que desse certo para ela e pudesse servir de modelo para as subsidiárias em outros países. Nos últimos anos, os planejadores estiveram inclinados a procurar indícios de sucesso estratégico em relatórios de desempenho e análises de tendências da indústria. Indícios importantes também poderiam ser encontrados nos seus próprios limiares, escondidos em experimentos que ocorrem em cantos obscuros de suas próprias organizações, contanto que estejam preparadas para cavar fundo em sua busca.

Os planejadores, é claro, também poderiam aproveitar alguns desses talentos para rastrear padrões emergentes entre concorrentes e outras organizações que sirvam de referencial, tentando inferir suas estratégias não divulgadas (sejam deliberadas ou emergentes) o mais cedo possível. Essa tarefa deve ser, no mínimo, tão importante quanto a análise formal do concorrente, que Porter promoveu com tanto vigor (p. ex., 1980:Capítulo 3), embora seja evidente que é uma tarefa mais espinhosa.

Conforme observado antes, as estratégias consideradas padrões emergentes no próprio comportamento da organização também podem alimentar o processo de controle estratégico. Na verdade, isso pode depender muito dos planejadores, porque a descoberta de estratégias realizadas como padrões de ação para comparar com as pretendidas provavelmente deve ser feita de modo abrangente e sistemático, o que reflete a relativa vantagem dos planejadores.

Planejadores não-convencionais

Referências a ser sistemático, abrangente e um pouco mais formal não devem ser interpretadas como significando que este papel de descobrir estratégias se encaixe na postura convencional dos planejadores. Exatamente ao contrário, aqui a abordagem deve ser bem diferente.

Os planejadores convencionais costumam repetir os clichês desta área: fechar prematuramente nas estratégias de mais fácil acesso. Eles quase sempre extrapolaram a orientação estratégica existente da organização, ou então copiaram de maneiras genéricas as estratégias das organizações de referência (concorrentes ou pares) mais obviamente bem-sucedidas. Alguns planejadores convencionais também se retiraram para o aspecto mais fútil do papel de catalisador (a ser discutido adiante), isto é, rogar a gerências estéreis para proporem as estratégias que faltam. Outros tomaram para si gerar as estratégias que faltam, o que, em nossa opinião, em geral tem sido um exercício igualmente fútil.

Encontrar estratégias nas esquisitices do próprio comportamento da organização (ou no das organizações de referência) é como um trabalho de detetive, exigindo que os planejadores bisbilhotem todos os tipos de lugares que poderiam não visitar normalmente para encontrar padrões em meio ao barulho de experimentos fracassados, atividades aparentemente aleatórias e aprendizado desordenado. E então devem-se fazer avaliações quanto às prováveis conseqüências desses padrões, o que requer muito julgamento interpretativo. O reconhecimento de padrões é um exercício de síntese, ao invés de análise (embora o componente analítico do verdadeiro rastreamento dos cursos de ação possa parecer maior). Da mesma forma, qualquer conclusão a respeito de tornar uma estratégia emergente formalmente deliberada deve ser tirada com sutileza, levando em conta todos os tipos de fatores intangíveis. Voltando ao nosso modelo básico de formação de estratégia, os planejadores devem procurar desenvolvimentos que, embora pareçam ervas daninhas, sejam de fato capazes de dar frutos. Eles devem ser vigiados cuidadosamente, algumas vezes sem perturbar sua natureza emergente até que seu valor se torne claro. Só então eles podem ser propagados como plantas valiosas, ou então eliminados como imprestáveis.

Assim, o fechamento prematuro, tão comum no trabalho analítico, é a última coisa que se espera ao desempenhar este papel. Os planejadores que acreditam que todas as estratégias (mesmo as emergentes reveladas) devem ser explicitadas e codificadas para programação imediata, ou então sumariamente descartadas, podem fazer nas organizações o que os jardineiros propensos a arrancar brotos novos para inspecionar suas raízes fariam nos viveiros de plantas: tirá-las do negócio assim que sua safra corrente de estratégias acaba. Colocado de outra forma, esse papel é mais bem desempenhado por planejadores com aquele interesse secundário em pensamento intuitivo que discutimos antes, os que são capazes de combinar seus talentos analíticos com uma boa dose de intuição afiada. À medida que mudarmos dos papéis mais convencionais para os menos convencionais dos planejadores, encontraremos uma necessidade crescente necessidade de equilíbrio entre as duas orientações básicas do cérebro.

O papel de descobrir estratégias pode parecer estranho aos planejadores, uma vez que está muito distante das idéias convencionais de planejamento. Todavia, nós o consideramos crucial, pois o próprio planejamento convencional está distante demais da formação de estratégia. Os planejadores que quiserem se chamar "estratégicos" precisam desempenhar outros papéis além da programação estratégica convencional. Contanto que esta seja uma atividade importante no verdadeiro processo de formação de estratégia, e os planejadores (pelo menos os não-convencionais) tenham tempo e habilidades para desempenhar um papel auxiliar neste processo, torna-se lógico que façam isso. O que vale é a importância deste papel na formação de estratégias e o fato de que muitos planejadores têm tempo e habilidades para ajudar a desempenhá-lo. Os planejadores que restringem seu trabalho a estratégias deliberadas formuladas sistematicamente se eximem de contribuir para o processo de estratégia como muitas vezes ele deve existir. A formação de estratégia não pode ser ajudada por pessoas que não vêem a riqueza de sua realidade.

SEGUNDO PAPEL DOS PLANEJADORES: ANALISTAS

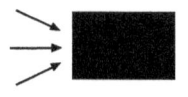

Cada uma das intensas investigações sobre o que os planejadores de fato fazem sugere que os eficazes passam boa parte do seu tempo não fazendo ou mesmo estimulando o planejamento, mas analisando questões específicas a serem inseridas no processo de geração de estratégia em base *ad hoc*.[15] Vamos nos referir a isso como *análise estratégica*. Quinn, por exemplo, observou que "os planejadores profissionais mais bem-sucedidos que conheço essencialmente delegam a execução do processo de planejamento anual a outra pessoa. Em lugar disso, eles se concentram em uma série de intervenções quase *ad hoc*..." (1980a:196). Ele desenvolveu o seguinte, a partir de seu estudo mais concentrado:

---

[15] Levantamentos do que os planejadores afirmam fazer também revelam isso. Por exemplo, em entrevistas feitas por Al-Bazzaz e Grinyer, "propostas, conselhos e recomendações" foram admitidos por 46% dos planejadores, e perdem apenas para "projeto e administração de planos e iniciação do processo de planejamento", com 58%; "análise e avaliação" acumularam 44% e "trabalho *ad hoc* e projetos especiais", 29% (1981:160).

Nas empresas observadas, o planejamento formal contribuiu mais diretamente para mudança significativa quando foi instituído como um "estudo especial" sobre algum aspecto importante da estratégia corporativa... Esses estudos estratégicos especiais... representaram um subsistema de formulação de estratégia separado das... atividades do planejamento anual... (36)

Análise estratégica para administradores

Este é um papel clássico da equipe de apoio: a análise dos dados basicamente factuais que os administradores devem levar em conta ainda que não estejam dispostos a considerá-los de modo sistemático.

Os gerentes eficazes, como observamos antes, estão sempre a par de sua organização e de seu contexto externo por meio de seu privilegiado acesso aos dados intangíveis. Entretanto, conforme descrito no dilema do planejamento, eles carecem de tempo e disposição para estudar os dados factuais. A natureza de seu trabalho prefere a ação à reflexão, a resposta rápida à consideração a longo prazo, o verbal ao escrito, obter informações rapidamente a obtê-las burocraticamente. É necessário despender tempo para estudar os dados factuais – mudanças nos hábitos de compras dos clientes, realinhamentos de posições competitivas, mudanças em *mixes* de produtos, etc. – e garantir que suas conseqüências sejam inseridas no processo de formação de estratégia (Quinn, 1980a:20).

Os planejadores são candidatos óbvios a essa função: eles têm a inclinação a fazer análise, o tempo necessário, a predisposição para considerar os dados factuais. Deste modo, podem analisar esses dados – recorrendo a quaisquer técnicas da ciência da administração que pareçam apropriadas (veja, por exemplo, Millett e Leppänen, 1991; Rutenberg, 1976; Steiner, 1979:Capítulo 15) – para distribuir suas sínteses e conclusões aos administradores para fins de formação de estratégia. Como Ansoff observou:

> O planejador é o gerador e analista de dados. Precisa prever, avaliar a situação presente, gerar alternativas de ação, analisar suas conseqüências para a empresa e programar as diretrizes selecionadas e restrições. Neste processo, o executivo de linha desempenha o papel central de receber recomendações do planejador, acrescentar sua própria percepção do problema e tomar decisões, que quase invariavelmente são decisões de risco baseadas em informações imperfeitas. (1967:12)

Concordamos com Ansoff, mas esclarecemos que essas não são etapas seqüenciais em um processo de planejamento tanto quanto insumos *ad hoc* para um processo gerencial.

Enfatizamos a natureza *ad hoc* desses estudos estratégicos porque eles entram em um processo de formação de estratégia irregular, prosseguindo em uma seqüência de etapas sem qualquer programação ou padronização. Com base em nossas conclusões anteriores, a regularidade no processo de planejamento às vezes interfere no pensamento estratégico, produzindo uma letargia que pode fazer com que os gerentes deixem escapar descontinuidades importantes. Em comparação, os insumos analíticos *ad hoc* podem estimular a reflexão e, assim, produzir a sensibilidade. Na realidade, em seu artigo sobre planejamento de longo prazo,

Loasby fez a sugestão provocativa de que os planejadores poderiam, às vezes, fazer bem em usar análise *ad hoc* para *solapar* o planejamento formal:

> Se, em vez de perguntar como podem prever com mais precisão os eventos futuros e, deste modo, tomar decisões melhores mais adiante, as empresas quisessem primeiro perguntar o que fazer para evitar a necessidade de decidir com tanta antecedência, elas talvez fossem levadas a descobrir maneiras importantes de melhorar seu desempenho. (1967:307)

Com certeza, o fato de que os administradores, se não estão continuamente formulando estratégia, devem pelo menos manter os assuntos estratégicos sob constante vigilância, significa que sempre há necessidade desses estudos (especialmente quando estão sendo consideradas mudanças estratégicas importantes). Assim, existe mérito nas afirmações de Sawyer (1983:100) e Allaire e Firsirotu (1990:114) de que os gerentes precisam de sistemas para garantir um fluxo constante das informações factuais relevantes. No entanto, os planejadores são estimulados a prové-las de maneira que não tornem rotina seu recebimento e, então, obscureçam seu uso.

Além disso, em nossa opinião, os resultados da análise estratégica não devem ser considerados como recomendações definitivas, simplesmente porque inúmeros fatores "intangíveis" de que talvez apenas os gerentes saibam também devem ser levados em conta – fatores de personalidade e de cultura, questões de senso de oportunidade, etc. Ademais, a análise, conforme discutida antes, é necessariamente focada e tende a isolar um problema de cada vez, enquanto os gerentes em geral têm de considerar a interação de redes de problemas. Assim, esses estudos analíticos provavelmente irão concluir na forma de "observe isso" ou "considere aquilo" em vez de "faça isso" ou "faça aquilo". Abraham Kaplan captou esse espírito com o comentário de que "Em geral, o planejamento visa facilitar e racionalizar decisões. Ele faz isso tornando as escolhas mais claras e as alternativas, mais concretas. Ele racionaliza as decisões, explicando valores e tornando-as consistentes" (1964:44-45).

Na verdade, a análise estratégica pode melhor fornecer uma perspectiva que propor uma posição, porque o diagnóstico criterioso de um problema pode se revelar mais importante do que a apresentação de uma resolução. Como a técnica geralmente é orientada para a segunda – especificamente para a avaliação das alternativas dadas (Mintzberg, Raisinghani e Théorêt, 1976) – os planejadores devem ter o cuidado de evitar a "regra da ferramenta": segundo a qual, as questões gerenciais parecem pregos só porque os planejadores têm um martelo.

Além disso, as análises estratégicas *ad hoc* devem chegar aos gerentes em seus próprios termos: oportunas e objetivas. Aquele que foi, de modo geral, reconhecido como o primeiro estudo de pesquisa de operações – "uma análise bem elementar [da Força Aérea Britânica] de perdas de aviões de caça na França em maio de 1940, que ajudou na séria decisão de não enviar mais aviões de caça britânicos à França" (Morse, 1970:23) – foi, segundo seu líder, "um estudo improvisado de duas horas" (Larder, citado em Montigny, 1972:5). Anos depois, uma pesquisa constatou que estudos do então estabelecido campo de pesquisa de operações estavam levando em média 10,1 meses! (Turban, 1972) No entanto, no caso de militares em tempos de paz ou de negócios a qualquer tempo, os gerentes raramente podem esperar tanto. Talvez essa seja uma razão por que os analistas de pesquisa de operações tiveram tão pouco impacto sobre a formação de estratégia (Mintzberg, 1979b).

Os planejadores não precisam cair na mesma armadilha. Os que quiserem ser úteis aos gerentes – pessoas que, como notamos antes, muitas vezes têm de saltar através de "janelas estratégicas" para aproveitar oportunidades, sem falar em lidar com crises iminentes – necessariamente farão grande parte de sua análise estratégica em "tempo real", em outras palavras, no prazo do gerente. No entanto, como observamos em nosso artigo sobre o dilema do planejamento, que ainda pode fazer uso da vantagem relativa natural do planejador:

> Em parte, o planejador faz o que o gerente poderia fazer se tivesse tempo. Entretanto, ele faz isso de maneira mais completa e com muito menos pressão de tempo. O gerente continua a gerenciar como deve, dando atenção à correspondência e aos visitantes, enquanto o planejador dá atenção ao problema. A chave deste sistema é a influência. O gerente pode passar uma hora definindo o problema para o planejador e uma ouvindo as suas recomendações uma semana depois. Durante aquela semana, o planejador e sua equipe de oito pessoas podem ser capazes de produzir dois homens-mês trabalhando no problema. (Hekimian e Mintzberg, 1968:16)

O gerente, em uma situação de crise ou diante de uma oportunidade passageira, geralmente tem apenas a escolha entre análise "rápida e suja" ou nenhuma; a análise completa é quase sempre impossível. Supondo que uma equipe de planejadores já esteja em íntimo contato com o gerente e, portanto, completamente familiarizada com seus interesses, ela deve ser capaz de analisar rapidamente analisar os dados factuais disponíveis e avaliar determinadas conseqüências das ações propostas. Contanto que, é claro, a equipe esteja preparada para abrir mão das técnicas elegantes que tenham início demorado e exijam dados que não estejam prontamente disponíveis. A análise "rápida e suja" pode, às vezes, levar a decisões mais limpas, mais pensadas.

A tomada de decisão pode ser considerada em três estágios – diagnóstico, projeto e decisão (o que Simon [1960:2] chamou inicialmente de "inteligência, projeto, escolha"). No capítulo anterior, argumentamos que o projeto global – a criação das estratégias em si – está além do planejamento (embora as propostas de subprojetos de componentes específicos possam algumas vezes fazer parte da análise estratégica). Entretanto, a análise estratégica pode ter papéis-chave a desempenhar no diagnóstico antes do projeto e na decisão que o segue.

Quanto ao diagnóstico, a análise estratégica *ad hoc* pode ser útil aos gerentes de duas maneiras. Uma é levantar questões das quais eles deveriam estar cientes, mas podem ter deixado escapar. Os planejadores podem expor os dados aos gerentes de forma crua (por exemplo, que as vendas estão caindo em um segmento de mercado importante) ou analisá-los para sugerir suas implicações (por exemplo, como os esforços de *marketing* poderiam ser realocados em resposta à queda nas vendas). A outra maneira, mais ambiciosa, é tentar mudar as perspectivas dos gerentes sobre questões importantes, alterar seus "modelos mentais", "mentalidades", "visões do mundo", capacitando-os a se tornar "mais explícitos sobre suas suposições-chave" (Marsh *et al.*, 1988:28; veja Lindberg e Zackrisson, [1991:272-274] quanto ao uso de previsão em relação a isto). A análise de cenário da Shell discutida antes informou a gerência acerca de uma mudança importante que provavelmente deveria acontecer no negócio de petróleo. Entretanto, mais ambiciosamente, como o relato de Wack deixou claro, ela tentou redefinir a própria maneira pela qual os gerentes da Shell entendiam seu negócio:

> Todo gerente tem um modelo mental do mundo em que atua baseado em experiência e conhecimento. Quando um gerente precisa tomar uma decisão, pensa em alternativas de comportamento dentro desse modelo mental...
> Existe também uma visão corporativa do mundo... A percepção que uma empresa tem de seu ambiente de negócio é tão importante quanto sua infra-estrutura de investimentos, pois sua estratégia vem dessa percepção... [Para mudar o comportamento gerencial] o compasso interno deve ser reajustado.
> A partir do momento desta constatação, não vimos mais nossa tarefa como produzir uma visão documentada do ambiente de negócio futuro, cinco ou 10 anos adiante. Nosso objetivo real eram os [modelos mentais] de nossos decisores; a menos que influenciássemos a imagem mental, o quadro de realidade mantido por decisores críticos, nossos cenários seriam como água [batendo] em rocha. (1985a:84; veja também Makridakis, 1990:55).

Assim, em uma entrevista sobre sua visão de estudos futuros como "narração de histórias" (Allio, 1986), Donald Michael afirmou que uma vez que "não podemos conhecer o futuro", na verdade, uma vez que "não existe tal criatura" conhecida como "um futuro mais provável" (6), a previsão deve descrever diversos futuros alternativos a fim de alargar as vistas das organizações e aumentar sua autoconsciência (11). "O planejador é mais bem visto como um educador, especialmente na organização que está tentando aprender." Um de seus "principais papéis é contar histórias sobre assuntos de longo prazo de forma que se tornem as questões estratégicas de hoje" (10).

Em um documento intitulado "Planos Divertidos", Rutenberg levou este tema ainda mais adiante. Ele sugeriu como os planos podem ser tratados como "brinquedos", os quais, quando utilizados, podem permitir que os gerentes entendam melhor as situações que enfrentam.

> Seguindo esta metáfora, um bom plano corporativo é aquele no qual os executivos se envolvem com concentração, imaginando diferentes cenários, forçando-se a pensar diferentemente, enquanto lutam por uma linguagem com a qual possam conversar com os colegas executivos sobre a incerteza de uma descontinuidade. (1990:104)[16]

Em geral, podemos distinguir três tipos de análise estratégica – estudos ambientais (externa), estudos organizacionais (interna) e estudos de exame de estratégia (preocupada com a escolha decisória após as estratégias pretendidas terem sido concebidas).

Análise estratégica externa

O mundo deixa para trás todos os tipos de traços de sua atividade, muitos bem tangíveis e alguns indicativos de coisas por vir – ao menos para o observador

---

[16] De Geus, que chefiava o departamento de planejamento da Shell no qual Wack trabalhava, se referiu a uma das análises de cenário como "uma permissão para brincar" (1988:72)

criterioso. Na experiência de planejamento de cenário da Shell, Wack nos deu uma rica ilustração disso.

Há uma literatura considerável sobre a análise estratégica do ambiente (parte dela mencionada na discussão do "estágio da auditoria externa" no Capítulo 2). O termo popular (mas talvez infeliz) termo tem sido "monitoramento ambiental", embora a influência do trabalho de Porter (1980, 1985) tenha feito muitas pessoas verem isso de maneira mais restrita, como a análise da indústria e da concorrência. Na verdade, toda a escola do posicionamento – da qual Porter é o principal porta-voz – depende tanto dessa análise estratégica externa, que serve para delinear os contextos nos quais suas estratégias genéricas podem ser aplicadas, que ela quase substitui o planejamento global como a atividade principal.

Em um trabalho intitulado "Organização de Sistemas de Análise da Concorrência", Ghoshal e Westney (1991) apresentaram os resultados de um "estudo detalhado" desses sistemas em três empresas de grande porte. Constataram três grupos de atividades: "manuseio de informações, ou 'gerenciamento de dados'", interessado em "adquirir, classificar, armazenar, recuperar, editar, verificar, agregar e distribuir informações"; "análise", para interpretar o significado de "ordem superior" das informações para entender ou prever o comportamento do concorrente"; e "implicação", que "trata das questões de como a empresa pode ou deve responder" (21). Os problemas envolviam principalmente as implicações das atividades, isto é, as preocupações com "a falta de relevância" do processo como um todo, assim como "a falta de credibilidade dos analistas... e das análises", além de "uma tendência de separar [dados factuais e intangíveis] e, ao fazê-lo, tirar os dados 'factuais' (os números) do contexto, criando, assim, sérios problemas na interpretação" (22).

Ghoshal e Westney identificaram seis diferentes funções atendidas pela análise da concorrência em organizações, as quais, juntas, formam uma ótima lista dos usos da análise estratégica em geral:

- *Sensibilização*, para "mexer com o pessoal" contestando "as suposições existentes da organização sobre concorrentes específicos", incluindo, "em alguns casos, mudar a definição do concorrente mais importante ou das dimensões mais cruciais de concorrência" (24, 25).
- *Benchmarking*, que "fornece um conjunto de medidas específicas que comparam a empresa com seus concorrentes..."
- *Legitimação*, que significa "justificar determinadas propostas e persuadir membros da organização sobre a viabilidade e conveniência de um curso de ação escolhido".
- *Inspiração*, que dá "às pessoas novas idéias sobre como resolver problemas", neste processo, "identificando o que as outras empresas fizeram em circunstâncias semelhantes..." (25)
- *Planejamento*, isto é, "o uso da análise do concorrente para auxiliar o processo de planejamento formal", o qual, por incrível que pareça, é "muito mais dependente de informações da função formal [análise do concorrente] do que qualquer dos outros usos".
- *Tomada de decisão*, que significa "contribuição... para tomada de decisão operacional e tática por gerentes de linha", que forneceu o segundo maior número de exemplos citados (depois de planejamento) (26).

Além daquelas relacionadas à análise da indústria e da concorrência, foram propostas muitas outras técnicas de análise ambiental, especialmente (como notado antes) na área de previsão. Devido ao problema de casar a previsão com o processo de planejamento regular, suspeitamos que a previsão, de fato, corresponde com mais freqüência à análise *ad hoc* do que a uma primeira etapa sistemática em um processo de planejamento formal. Embora não sejamos otimistas a respeito de técnicas mais inflexíveis de previsão, acreditamos que algumas das mais flexíveis, como a construção de cenários, possam ser úteis, especialmente quando conduzidas por analistas perspicazes de maneira descritiva, e com isso não queremos dizer prever, mas simplesmente interpretar e esclarecer para os gerentes o que parece estar acontecendo lá fora. Da mesma forma que os planejadores podem estudar e interpretar padrões no próprio comportamento da organização para identificar suas estratégias emergentes, eles também podem estudar e interpretar padrões no ambiente externo para identificar possíveis oportunidades e ameaças estratégicas (incluindo, como já observado, os padrões nas ações dos concorrentes para identificar suas estratégias).

Análise estratégica interna e o papel da simulação

Uma organização também pode demonstrar suas próprias tendências, que nem sempre são evidentes para seus próprios gerentes. Assim, existe um papel para a análise estratégica olhando para dentro da organização. Essa análise pode, às vezes, ajudar a descobrir o padrão emergente de comportamentos e competências da organização.

Muita tecnologia analítica formal foi proposta para ser usada aqui, em modelos formais específicos de computador como simulações da empresa. Os modelos, em qualquer forma, são centrais para tudo o que os planejadores fazem, pois eles descrevem como os fenômenos funcionam e todo o planejamento, previsão e análise dependem dessas descrições. As simulações por computador são simplesmente os mais formais desses modelos (veja Mockler, 1991, para uma análise recente de *softwares*), já que todas as relações devem ser especificadas precisamente em variáveis totalmente operacionais. No entanto, como veremos, as teorias também são modelos, como os orçamentos, e os gerentes dispõem igualmente de modelos em suas cabeças, alguns deles subconscientes, dos quais tudo o que fazem também depende.

Enquanto discutíamos a idéia de Forrester (1975) sobre o "comportamento contra-intuitivo de sistemas sociais" no capítulo anterior, sugerimos que os gerentes podem ter dificuldade em lidar com determinados tipos de curvas intrincadas de *feedback*. Em outras palavras, sob certas circunstâncias, seus modelos informais podem não ser tão bons. Isso poderia, de fato, sugerir uma importante extensão do dilema do planejamento – além de tempo, técnica e informação, até as capacidades específicas de gerentes e planejadores para processar informações. Deste modo, embora as organizações possam ter de recorrer à mente intuitiva para síntese, determinados tipos de análise podem ser mais bem feitos, ou pelo menos auxiliados, pelos esforços sistemáticos de não-gerentes. Como Yavitz e Newman colocaram ao discutir os perigos de "confiança absoluta em um 'grande líder' para elaborar estratégia":

Raramente uma única pessoa consegue compreender perturbações nas áreas social, política, tecnológica, assim como na econômica. Além disso, uma mudança na estratégia geralmente exige ajustes em vários departamentos de uma empresa, e prever os prováveis impactos desses ajustes pede julgamentos técnicos especializados. (1982:91)

Como concluímos em nossa discussão do trabalho de Forrester, no qual há pouca sutileza sobre os dados em questão (isto é, ele tende a ser "duro") e no qual o conhecimento tácito do gerente não é crítico para entendimento, os modelos formais de computador podem constituir uma alternativa preferível. Não é de surpreender, portanto, que muitos dos modelos mais antigos de Forrester, em *Industrial Dynamics* (1961), tentassem simular o fluxo de fundos e afins em organizações comerciais. Evidentemente, um modelo que simula o sistema de orçamentação de uma organização pode ajudar um gerente a determinar as conseqüências financeiras de mudanças propostas.

Entretanto, deve-se notar que os modelos de dinâmica de sistemas estão disponíveis há muito, porém dificilmente tornaram-se populares. Talvez sejam difíceis de construir, ou talvez suposições errôneas abalem muitas das aplicações experimentadas. No entanto, algumas aplicações interessantes foram citadas na literatura. A mais famosa foi o controverso estudo do Clube de Roma, *Limits to Growth* (Meadows *et al.*, 1972), que projetou vários usos de recursos e assemelhados para o próximo século, levando a previsões de esgotamentos catastróficos. Mais próximo de nossas preocupações neste momento está um estudo fascinante de Roger Hall (1976) que mostrou como uma dessas simulações poderia ter sido usada pelos gerentes do antigo *Saturday Evening Post* para mudar sua mentalidade em relação à indústria de revistas e, então, ajudar a salvar essa publicação da falência. Em outro documento, Hall juntou-se a Menzies (1983) para simular as atividades de um pequeno clube esportivo em Winnipeg e então, segundo se diz, capacitou-o a adotar estratégias de filiação mais efetivas.

Voltando ao exemplo do orçamento (uma forma de plano), deve-se notar que o sistema de orçamentação é um modelo de determinados aspectos da organização, uma simulação por si mesma. Cyert e March quiseram dizer isso quando escreveram sobre "planos como teorias":

> Planos, como outros procedimentos operacionais padrão, reduzem um mundo complexo a um relativamente mais simples. Dentro de limites bem amplos, a organização substitui o mundo pelo plano... em parte, fazendo o mundo se adaptar ao plano e, em parte, fingindo que isso acontece. (1963:112)

Os planos, especialmente na forma operacional de orçamentos, podem ser usados para considerar o impacto de possíveis mudanças nas operações correntes da organização, incluindo os testes de novas estratégias (p. ex., Channon, 1979:125). Em outras palavras, os planos podem dar *feedback* ao processo de formação de estratégia e, então, encontrar um terceiro papel para si na organização, a saber, como simulações (embora este pareça ser menos comum que os papéis de comunicação e controle).

Deve-se enfatizar, porém, que os modelos não precisam ser tão formais para ser úteis. Alguns dos melhores modelos que os planejadores podem oferecer aos gerentes são simples interpretações conceituais alternativas de seu mundo, por exemplo, uma nova maneira de ver o sistema de *marketing* da organização ou o comportamento de seus concorrentes. Em outras palavras, as teorias descritivas também são simulações, e os planejadores podem desempenhar o papel de pesquisar os últimos acontecimentos teóricos em várias áreas de interesse e distribuir as perspectivas relevantes para a análise dos administradores. Assim, Rutenberg sugeriu que os planejadores podem "ajudar... os gerentes a entender seus 'mapas' mentais" (1990:4), enquanto de Geus descreveu "o verdadeiro objetivo do planejamento efetivo" como "não fazer planos, mas mudar os... modelos mentais que... os decisores carregam em suas cabeças" (1988:71). Voltaremos a este ponto em breve.

Como Forrester sugeriu e discutimos em outra ocasião (Mintzberg, 1973), todo administrador modela mentalmente os tipos de fenômenos com os quais deve lidar (por exemplo, a resposta da fábrica às pressões do cliente ou o fluxo de decisões por meio da estrutura da organização). Pensamos (ao contrário de Forrester) que alguns deles podem ser articulados com clareza e facilidade, ao passo que outros permanecem trancados no fundo do subconsciente. Os planejadores que desejem propor modelos ou teorias conceituais alternativos, mais formais, aos gerentes devem estar cientes desses modelos informais e considerar suas forças (como sua capacidade de recorrer a conhecimento tácito privilegiado) ao lado de suas fraquezas (como talvez se basear em pouca experiência). Para repetir o que consideramos um ponto importante, os sistemas podem, com certeza, ser "contra-intuitivos", mas também podem ser "contra-analíticos".

Exame minucioso de estratégias

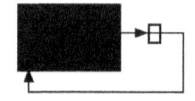

Um terceiro aspecto da análise estratégica diz respeito à investigação e avaliação de estratégias propostas (pretendidas). Ao contrário dos dois primeiros, este ocorre *após* o processo de formação de estratégia, por exemplo, para confirmar os resultados da intuição gerencial ou, pelo menos, para reduzir seus riscos adversos. Na verdade, sob a perspectiva do setor público, Cho argumentou que esta é uma atividade mais sensível para os planejadores do que as formas mais óbvias de análise que entram na formação de estratégia na parte frontal:

> Acredita-se que a análise de política tenha mais valor na avaliação da política... do que na formulação de política... porque é mais apropriada para a análise sistemática de dados e experiências do que para prescrever uma política ou programa. Os analistas de políticas – venham da ciência política, sociologia ou de outros campos afins – são basicamente treinados para descobrir um padrão, explicá-lo e desenvolver uma generalização, em vez de inventar uma solução nova. (1989:212)

Gimpl e Dakin viram isso como um processo de racionalização, realizado "para legitimar decisões que já haviam sido tomadas em base intuitiva" (1984:129). Embora isso possa muitas vezes ser verdade, o exame minucioso também pode ser usado para separar estratégias aparentemente boas e más. Afinal, a racionalidade convencional nem sempre é uma coisa ruim! Majone, porém, não foi tão rápido ao ponto de rejeitar até essas tentativas de racionalização, considerando-as funcionais. Ele propôs o argumento interessante que tal análise é "necessária depois que a decisão é tomada para lhe dar uma base conceitual, mostrar que ela se encaixa na estrutura de política existente, descobrir novas implicações e antecipar críticas ou responder-lhes". Majone considerou os "argumentos pós-decisão" "indispensáveis na formulação de política... um meio de aumentar a força persuasiva de uma decisão e exercer controle racional sobre conclusões que possam ser sugeridas por considerações extralegais" (1989:31, 30).

O termo comum na literatura de planejamento para esta forma de análise estratégica é "avaliação" e, em geral, ela é considerada uma etapa no processo de formação de estratégia, depois que as estratégias foram codificadas e antes de serem implementadas (isto é, programadas). Não a consideramos assim e preferimos rotular a atividade de *exame minucioso*, para captar a idéia de que ela se estende além da consideração dos números para avaliar a viabilidade das estratégias. Como Quinn constatou:

> Somente depois que uma oportunidade era meticulosamente investigada e aprovada em um nível conceitual – usando uns poucos números grosseiros – ela era meticulosamente analisada em termos financeiros e passava por um processo separado, mais detalhado, para aprovação real. (1980a:202)

Há várias boas razões para se ver o exame como um processo de análise *ad hoc* ao invés de uma etapa no ciclo de planejamento (a maneira como ele é de fato tratado, embora implicitamente, na literatura da escola do posicionamento, que dá muito mais atenção à avaliação de estratégias individuais do que à sua integração em um processo de planejamento global). Tal como descrevemos o processo de formação de estratégia, as estratégias podem aparecer de todas as maneias e em todos os lugares estranhos imagináveis. O exame minucioso da estratégia deve responder a isso em uma base *ad hoc* correspondente. Algumas estratégias podem ser desenvolvidas por gerentes em base especulativa, outras tomadas emprestadas dos concorrentes, outras ainda descobertas como padrões emergentes no rastreamento dos próprios cursos de ações da organização. Cada estratégia deve ser considerada por seus próprios méritos e no seu próprio tempo, assim como comparada com outras. Os planejadores devem, portanto, procurar estratégias possíveis em toda parte e reagir a elas interativamente, a fim de opor uma à outra para estimular o debate mais amplo possível sobre a sua viabilidade.

Entretanto, mesmo as estratégias aceitáveis raramente mudam para algum tipo de etapa de programação automática. Em vez disso, por meio de exames de vários tipos, elas se tornam parte do toma-lá-dá-cá que é a formação de estratégia, com a formulação e a avaliação prosseguindo interativamente. (Isso está subentendido até no comentário de Majone sobre a racionalização, quando, por exemplo, ele mencionou a possibilidade de "descobrir novas implicações" nessas análises.) Por isso, o exame da estratégia acontece lado a lado com a formação de estratégia, paralelo a ela, até certo ponto ocorrendo em ciclos em torno do processo (como mostramos na pequena figura abaixo do subtítulo).

Na verdade, o exame da estratégia pode se estender (como outras formas de análise estratégica) ao ponto de questionar o próprio planejamento.[17] Em outras

---

[17] Schmidt (1988) considerou o que chamou de "revisão estratégica", que ele descreveu como "exame *ad hoc* das estratégias de uma empresa e dos investimentos de capital relacionados", como um "substituto dos sistemas corporativos de planejamento formal" (14).

palavras, os planejadores às vezes devem questionar as estratégias formuladas de maneira convencional tanto quanto promover as formadas de maneira não-convencional. Uma clara estratégia pretendida, que emane da área executiva na hora certa, não deve ser aceita automaticamente como boa, da mesma forma que uma vaga estratégia emergente, que cresça perifericamente nas profundezas da organização, não deve ser automaticamente rejeitada como ruim.

TERCEIRO PAPEL DOS PLANEJADORES: CATALISADORES

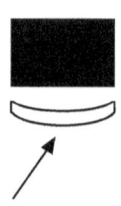

A literatura de planejamento, como já vimos, há muito promove o papel do planejador como catalisador. "O papel de um planejador corporativo é mais o de um 'catalisador' e menos o de um 'estrategista'", escreveu Chakravarthy (1982:22), citando Lorange (1980a), que, em uma outra publicação, também se referiu ao planejador como "um 'catalisador' de sistema, não um analista de planos" (1979:233).

Aqui, porém, adotamos uma visão do papel de catalisador que difere do planejamento convencional, a qual considera o planejador um "fornecedor de métodos de planejamento entre os decisores da empresa", para citar um planejador da Gulf Oil (Schendel e Hofer, 1979:501), aquela pessoa que "gerencia o sistema de planejamento a longo prazo, garante que os planos sejam abrangentes e promove as idéias e técnicas de planejamento" (Ackerman, 1972:140). Em nossa opinião, os planejadores não devem estimular tanto o "planejamento" ou os "planos" nas organizações, mas a propensão "a planejar". Em outras palavras, eles devem promover não necessariamente o procedimento formalizado para produzir o resultado articulado, tanto quanto o pensamento futuro em seu sentido mais amplo.

Abrir o pensamento estratégico

Encorajar o planejamento estratégico, como vimos, é realmente encorajar a programação estratégica e, deste modo, talvez desencorajar o pensamento estratégico. É claro que, às vezes, isso pode ser apropriado. Por exemplo, organizações empreendedoras, que se tornaram grandes, às vezes estão sujeitas à relutância de seus líderes em articular e programar as estratégias viáveis que já têm. Os planejadores podem, assim, promover apropriadamente uma programação estratégica para que essas estratégias possam ser seguidas de maneira mais sistemática e extensiva. No entanto, essa programação estratégica nem sempre é desejável, em especial quando o aprendizado estratégico continua incompleto, um ambiente externo continua incerto ou uma organização tem necessidade de manter sua estratégia como uma visão personalizada rica e flexível. Nessas circunstâncias – com efeito, onde é preponderante evitar o fechamento prematuro em estratégia – os planejadores que forçam os gerentes a se engajar em planejamento estratégico formal podem estar fazendo um grande desserviço a suas organizações.

Vamos, portanto, retroceder algumas etapas. O que todos nós queremos são organizações mais efetivas. Da mesma forma, acreditamos que estratégias melhores irão ajudar a produzi-las (talvez uma tautologia, pois como poderemos saber que uma estratégia é melhor, exceto em que torna uma organização mais efetiva?). E todos nós provavelmente compartilhamos a crença de que o pensamento estratégico melhor (em conjunto com a atuação estratégica melhor) produz estratégias melhores. Contudo, nem todos entre nós compartilham a crença de que melhor (ou mais) planejamento estratégico produz pensamento estratégico melhor. Assim, pelo menos em nossa opinião, o papel de catalisador é mais apropriadamente concentrado em pensamento estratégico, em conjunto com atuação estratégica, do que em planejamento estratégico. Algumas vezes, é claro, esse pensamento deve ser deliberado, seja visionário ou um tanto mais ordenado. Outras vezes, porém, ele deve ser emergente, e então o planejador, como catalisador, precisa atuar de maneiras bem inconsistentes com o planejamento convencional. Arie de Geus, então o conhecido chefe de planejamento da Royal Dutch/Shell, captou isso bem em seu artigo sobre "Planejamento como Aprendizado": "... pensamos em planejamento como aprendizado e em planejamento corporativo como aprendizado institucional" (1988:70).

Assim, temos de concluir que os planejadores deveriam encorajar o comportamento estratégico informal naturalmente, de modo parecido com a idéia de brincar de Rutenberg. Desempenhando o papel de catalisador dessa maneira, o planejador não entra na caixa-preta de geração de estratégia, somente garante que ela esteja ocupada por gerentes de linha atuantes. Ele, em outras palavras, encoraja os demais a pensar no futuro de forma criativa. Como o executivo principal de uma empresa colocou: "o papel do planejador não é formular política. É quase o de um psiquiatra.... Ele deve ser um espelho, dizendo, 'O que você quer ser quando crescer, David? Para onde quer levar a empresa?'" (citado em Blass, 1983:6-17).

Na verdade, este papel de catalisador fica à margem dos outros papéis que já discutimos. Mude qualquer um deles de um foco no *conteúdo* do resultado do planejador para apoiar o *processo* do trabalho do gerente, e ele começa a entrar no papel de catalisador. (Em outras palavras, o conteúdo do trabalho do planejador torna-se uma influência sobre o processo do *gerente*.) Por exemplo, aquilo que Rutenberg denominou papel de catalisador do "ludoterapeuta" parece estar situado na interface de analista e catalisador:

> A tarefa do grupo de planejamento ao brincar não é confrontar os executivos diretamente, mas criar uma relação triangular entre os planejadores, os executivos e o futuro. Algumas vezes, o planejador irá interagir com o futuro para que o executivo veja esse futuro de maneira diferente. Outras vezes, o planejador irá interagir com os executivos para ajudá-los a deslindar relações de poder inibidoras. Entretanto, a tarefa de longo prazo dos planejadores é melhorar a interação entre os executivos e o futuro. (1990:23)

De maneira similar, Langley constatou em sua pesquisa que "a análise formal e os processos interativos sociais em organizações devem ser vistos como firmemente entrelaçados", que "a análise formal age como uma espécie de cola nos processos interativos sociais de geração de compromisso organizacional e garantia de ação" (1989:626). Do mesmo modo, quando a programação estratégica passa da (sua) execução pelo planejador para ajudar os gerentes de linha a fazê-la, os planejadores entraram novamente no papel de catalisadores. Como Langley concluiu, a "contribuição [do planejamento formal] ao desenvolvimento de estratégias é menos direta do que normalmente se supõe" (1988:40).

Quando o planejamento como "a melhor maneira" é substituído por uma concepção mais ampla do processo de geração de estratégia, o papel de catalisador do planejador pode assumir um novo significado. Em nossa experiência, em alguns dos departamentos de planejamento mais interessantes, os planejadores tornaram-se naturalmente os pensadores conceituais das organizações sobre formação de estratégia. São eles que trazem o último pensamento de como o processo de estratégia funciona e deve funcionar. Como estrategistas, os gerentes de linha em geral estão ocupados demais fazendo estratégia para pensar nela em termos conceituais, quanto mais em ler sua literatura mais recente ou participar de conferências. Em outras palavras, o executivo-chefe deve se preocupar mais com o negócio em que está do que com o negócio de administração estratégica. No entanto, os planejadores têm tempo e inclinação para desenvolver essa especialização e então disseminá-la por meio da organização, como uma espécie de professores. Assim, Allaire e Firsirotu afirmaram que a "primeira tarefa" dos planejadores no nível corporativo deve ser "avaliar [e] contestar a adequação da definição presente de sistemas estratégicos" (1988:34), presumivelmente incluindo também o próprio sistema de planejamento. E os "planejadores mais bem-sucedidos" que Quinn conhece

> muitas vezes estavam entre os mais prolíficos freqüentadores de conferências e participantes de cursos executivos da empresa. Em vez de montar suas próprias equipes de auxiliares permanentes, eles preferiam trazer uma sucessão de especialistas externos em assuntos de interesse e mandar fazer estudos especiais por consultores instruídos ou pessoal auxiliar em outra parte da empresa... Muitos trouxeram especialistas individuais ou equipes para liderar pequenos seminários sobre tópicos provocativos bem além dos horizontes comuns de tempo de suas empresas. (1980a:197)

Papel da formalização

Até agora, descrevemos o papel de catalisador em um sentido divergente – abrir o pensamento estratégico, nos termos de Rutenberg, para tornar-se mais "divertido". No entanto, também existe um *yang* para o *yin* deste papel, que é o de pôr um pouco de ordem nessas pontas soltas da formação de estratégia. Como Langley escreveu apropriadamente, embora sejam pessoas e não sistemas que criam estratégia, os sistemas às vezes podem servir "como uma disciplina dentro da qual fazer isso" (1988:48). Por isso, neste ponto, com o risco de sermos acusados de contradição, queremos reintroduzir a noção de formalização.

No mundo desordenado da administração, as coisas podem se perder entre as frestas. Itens da agenda podem ser esquecidos, prazos finais podem ser perdidos, dados factuais podem ser negligenciados. Considere novamente a "Lei de Gresham" de planejamento de March e Simon: "A rotina expulsa o planejamento" (1958:185), ou, mais precisamente, citando de novo suas palavras, tarefas programadas "costumam ter precedência" sobre as não-programadas. Parte do papel de catalisador, portanto, pode ser introduzir um pouco de formalização para evitar esses problemas, mas apenas o suficiente para evitar impedir o fluxo natural do processo em si.

A formalização pode estar relacionada a tempo, local, participação, agenda e informação, e também, mas somente com muito cuidado, ao processo em si. Ela pode ajudar a focalizar a atenção, estimular o debate, se manter a par dos assuntos, promover a interação e facilitar o consenso. Para citar um dos gerentes que Langley entrevistou:

> As idéias não surgem do planejamento... elas estão no ar. No entanto, o planejamento nos força a fazer um esforço para agrupar as coisas e definir essas orientações com mais clareza. Não acho que o plano será uma surpresa. Para a maioria das pessoas, ele é apenas uma oportunidade de articular suas idéias. Fiz um trabalho de pesquisa e penso que aqui há uma analogia. Em um determinado momento, você trabalhou muito e coletou muitos dados. Então chega a hora de ter de apresentá-los em algum lugar... você não faz nada de novo, mas é forçado a reunir os dados, sintetizá-los... discutir as coisas baseado na síntese. E, muitas vezes, meramente juntar os dados gera novas idéias... (1988:48)

Considere, por exemplo, o "retiro" de estratégia, que reúne vários atores estratégicos por um ou mais dias em um local isolado, para refletir sobre assuntos estratégicos ou, talvez, tratar de uns poucos assuntos específicos. Deixamos claro que a estratégia não é algo feito por encomenda em uma reunião que, por acaso, é rotulado de "estratégia". Não há momento ou local especial para se fazer estratégia. No entanto, organizações prontas para a mudança às vezes consideram esses retiros críticos para a cristalização do consenso necessário. Esses retiros formalizam o *tempo* para discussão, assim como os *participantes* do processo. Em 1986, Jack Welch, da General Electric, criou "um Conselho Executivo Corporativo que reunia, a cada trimestre, os catorze líderes de negócio e os chefes de departamentos de equipes corporativas mais o executivo principal. Os planos de negócio eram examinados, trocavam-se idéias, eram dadas sugestões e procuravam-se e implementavam-se maneiras práticas de alcançar sinergias" (Allaire e Firsirotu, 1990:112).[18]

Menos elaborado do que o retiro é o simples esforço dos planejadores de se manter a par dos assuntos da agenda estratégica, para lembrar os gerentes de seu progresso. Como disse um gerente, "os planejadores são os guardiões da ortodoxia do ciclo. Deve-se iniciar algo em uma ocasião e completar em uma outra..." Além disso, embora "identifiquemos os contornos gerais, eles põem tudo por escrito" (Langley, 1988:49).

Além do mais, um sistema pode "estruturar discussões" e atuar como "uma ferramenta para facilitar o aprendizado organizacional" (Allaire e Firsirotu, 1988:38). Assim, quando funcionou melhor, o sistema OST da Texas Instruments

---

[18] Deve-se notar que essa idéia certamente não é nova. Eis como Henri Fayol descreveu quase um século antes uma atividade muito parecida: "Nessas reuniões, cada chefe de departamento explica, na sua vez, os resultados obtidos no seu departamento e as dificuldades encontradas. Então há uma discussão e as decisões são tomadas pelo Chefe. No fim da reunião, cada um sabe que tem as informações mais atualizadas, e se garante a coordenação" (1949:xi-xii).

ajudou a focalizar a atenção dos gerentes na necessidade de inovação. Da mesma forma, no caso da orçamentação de capital, Marsh *et al.* observaram:

> Os sistemas formais, por meio dos ciclos de orçamentos anuais e das datas prefixadas das várias reuniões do comitê e do conselho... também ajudaram a estabelecer prazos e, deste modo, a impor o ritmo do projeto. Eles facilitaram a movimentação de informações para cima, para baixo e para os lados na organização, gerando conhecimento e compromisso com o projeto. Ao mesmo tempo, forneceram um conjunto programado de ocasiões para comunicação frente a frente entre múltiplos níveis da hierarquia. (1988:28)

Os sistemas também podem ajudar a chegar a um consenso. Na verdade, "os políticos na Grécia Antiga usavam o oráculo de Delfos como o principal veículo para chegar ao consenso" (Makridakis, 1990:56). E eles podem ajudar a comunicar a visão e a estabelecer a participação nela, um papel que Langley chamou de "terapia de grupo" (1988:42): como "terapeuta", o planejador estrutura a experiência; como analista ou "filósofo", estrutura o conhecimento.

Limites da formalização

A formalização pode ser necessária para fortalecer alguns limites indefinidos, mas ela tem seu próprio limite além do qual os planejadores não devem ir. Colocado de outra forma, a formalização é uma faca de dois gumes, chegando facilmente ao ponto em que a ajuda passa a ser um obstáculo.

Como argumentamos no último capítulo, há algo estranho a respeito da formalização, algo que pode fazer com que se perca a verdadeira essência de uma atividade exatamente em sua explicação. Nem todos os aspectos da formalização precisam causar isso – como acabamos de notar, formalizar o tempo e a participação de algum evento de um processo estratégico pode ser benéfico. No entanto, os planejadores como catalisadores precisam ser muito sensíveis para saber exatamente onde poderá ser esse limite – por exemplo, onde o trabalho dos planejadores fica "defasado de necessidades administrativas". Um exemplo característico: "Enquanto os gerentes seniores... estavam prontos para apresentar suas visões, os planejadores ainda estavam coletando informações" (Langley, 1988:49).

No retiro de estratégia, mesmo decompondo o processo, de forma que, por exemplo, as metas sejam discutidas pela manhã e as forças e fraquezas à tarde, às vezes é possível abafar a discussão criativa. Repetindo, o objetivo do exercício não é análise, mas síntese, não tanto avaliação quanto projeto. As entradas de dados formais podem ajudar, assim como uma estrutura conceitual para considerar as questões-chave. No entanto, os esforços para transformar um processo flexível em uma seqüência rígida podem matá-lo. Muitas vezes, a formalização não deve se estender muito além da especificação de tempo, local e participação.

Talvez os dois lados deste delicado limite ser identificados como a diferença entre "sistemas que facilitam o pensamento" e "sistemas que (tentam) fazê-lo" ("constituindo-o ou substituindo-o" [Zan, 1987:191] ou mesmo "definindo-o" [veja também Carrance, 1986:281]). A diferença pode ser sutil, mas geralmente é fácil de identificar. Um atende ao processo já instalado, respondendo a ele nos próprios termos, enquanto o outro tenta impor os próprios imperativos, tornando-se um exercício de uso de controle. Para citar um executivo da Texas Instruments sobre os sistemas dessa empresa, "Nós os tornamos burocráticos. Usamos o sistema como um instrumento de controle ao invés de facilitador. Essa é a diferença" (Jelinek e Schoonhoven, 1990:411). O processo de planejamento formal deve ser "um catalisador, não uma causa" (Hurst, 1986:23). Assim, quando Steiner e outros da escola de planejamento afirmaram que "o que importa é o processo", eles estavam certos, mas não o *seu* processo!

A Figura 6.6 tenta descrever este limite graficamente, mostrando tipos de formalização que aumentam até um limite que cai no abismo quando o apoio passa a ser controle.

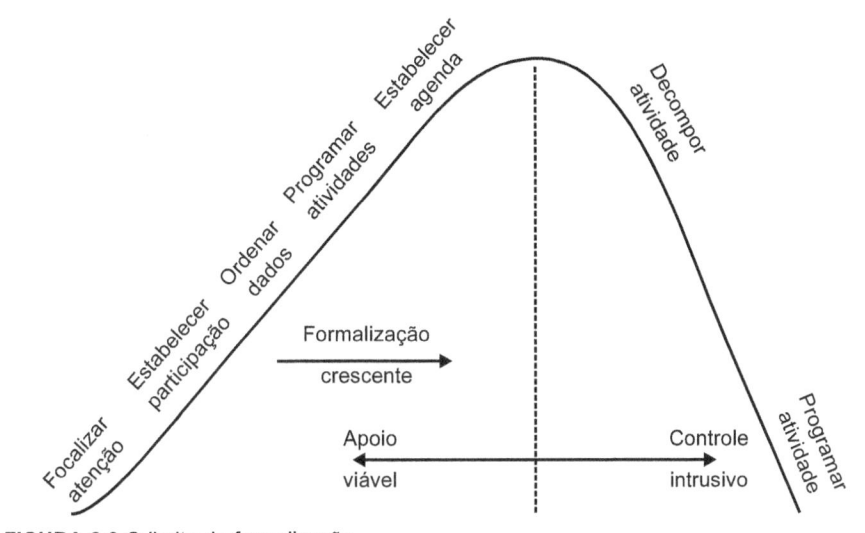

FIGURA 6.6 O limite da formalização.

O controle interativo de Simons

Langley considerou a abordagem formal dos planejadores como sendo "um processo tanto social quanto analítico racional" (1988:49). Esse foi o tema seguido por Robert Simons em uma série de trabalhos que captaram bem a abordagem do lado seguro de nosso limite da formalização.

Simons comparou aquilo que chamou de "controle interativo" com o "controle de diagnóstico" tradicional (1987, 1988, 1990, 1991). Sua tese era que os administradores selecionavam um ou alguns sistemas como seus próprios, em geral os "relativamente simples e tecnicamente não sofisticados", aos quais dão "muita atenção todos os dias", interpretando os dados que geram "em reuniões pessoais" dos protagonistas de linha interessados (1988:8, 6). Na verdade, esses sistemas são costurados em suas próprias maneiras naturais de administrar, proporcionando aquele tom de formalização necessário para manter uma grande organização complexa em funcionamento. Eles "dão orientação aos funcionários da empresa" e "estimulam o aprendizado em toda a organização".

A opção dos altos administradores por tornar determinados sistemas de controle interativos (e programar outros) sinaliza aos participantes organizacionais o que deve ser monitorado e onde as idéias novas devem ser propostas e testadas. Esse sinal ativa o aprendizado organizacional e, por meio de debate e diálogo que cercam o processo de controle administrativo interativo, com o tempo, emergem novas estratégias e táticas. (1990:137)

Simons (em correspondência pessoal em resposta a um rascunho anterior deste livro) argumentou que "esses sistemas não se realizam 'ao lado' da geração de estratégia; os sistemas interativos dirigem a formação de estratégia – eles são a caixa dentro da qual ela é desenvolvida". (Tenha em mente que esses são os sistemas dos administradores, não dos planejadores.)

Um exemplo de um sistema favorecido pelo controle interativo é o de orçamentos, "usados, não como documentos puramente financeiros, mas, de preferência, como agendas para discutir táticas, novas idéias de *marketing* e planos de desenvolvimento de produtos em toda a organização" (1990:134). Desta maneira, outras empresas usaram os sistemas de gerenciamento de programas, de orçamentação de receita geral, de inteligência (especialmente nas empresas farmacêuticas) e de desenvolvimento humano (1991). Uma empresa como a Johnson & Johnson, em que "não há unidades de suporte de planejamento",

> usa duas técnicas para fazer planejamento de longo prazo interativo, em vez de ritualístico. Primeira, o horizonte de planejamento é fixado de forma que, com o tempo, os gerentes sejam responsáveis pelas estimativas e planos anteriores. Segunda, os planos de longo prazo estão sujeitos a intenso debate e contestação... Na Johnson & Johnson... a necessidade de todos os gerentes continuamente avaliarem, revisarem e apresentarem novos compromissos para atuar como parte do processo de planejamento de longo prazo e financeiro torna esses sistemas altamente interativos. (1987:346, 348)

Desempenhar o papel de catalisador

Servir de "guru corporativo", como Litschert e Nicholson (1974:66) descreveram o papel do catalisador no seu significado mais amplo, requer habilidades bem diferentes daquelas dos papéis mais convencionais dos planejadores. Como Wack observou, mudar as percepções ou os modelos mentais dos gerentes "foi uma tarefa diferente e muito mais exigente do que produzir um cenário relevante" em primeiro lugar (1985a:84).

Esses planejadores vêem seu papel como fazer os outros questionarem a sabedoria convencional, e especialmente ajudar as pessoas fora das trilhas conceituais (nas quais os gerentes com longa experiência em estratégias estáveis estão aptos a se meter). Os planejadores não-convencionais às vezes tentam usar provocação para fazer isso – tática de choque, se quiser – levantando questões difíceis e contestando suposições convencionais. Neste espírito, Huff desenvolveu várias "estruturas metafóricas para o planejamento". Uma é o planejamento como aconselhamento:

> Os planejadores poderiam ser mais úteis se simplesmente se concentrassem em proporcionar ocasiões para as pessoas "entenderem o que eles dizem". Unir essa idéia com uma metáfora de aconselhamento sugere que o planejador poderia se dedicar à

criação de situações de planejamento pouco ameaçadoras e não ajuizadoras nas quais os membros da organização possam se expressar livremente. (1980:37)

Outra é o planejamento como "teste de visão", uma espécie de "oftalmologista" corporativo:

> Se todos nós filtramos as informações por meio de um conjunto de crenças e suposições restritivas, então um planejador oftalmologista poderia proporcionar uma verificação periódica útil das "lentes" pelas quais os membros de uma organização entendem as atividades. O planejador poderia organizar a busca de falhas ou inadequações nas crenças e suposições presentes, além de ajudar a gerar suposições alternativas que precipitem um conjunto diferente de atividades. (35)[19]

James Brian Quinn foi especialmente articulado sobre este papel criativo de catalisador para os planejadores, incitando-os a desempenhá-lo mais ativamente. Com o título "Ensinar o futuro aos gerentes," ele escreveu:

> Por boas razões, os gerentes de linha, em sua maioria, estão preocupados com problemas atuais urgentes. Os planejadores bem sucedidos aprenderam quando cada executivo-chave estava mais relaxado e provavelmente aberto a conversas mais filosóficas ou especulações práticas sobre o futuro. Conversas depois do expediente, coquetéis, almoços, campos de golfe, caronas e viagens de negócio tudo proporciona ocasiões para guiar informalmente os executivos para o futuro. (1980a:198)

Em seguida, Quinn discutiu "desenvolvimento da conscientização sobre opções novas" ("cochichando nos ouvidos dos deuses" [198]) e então "ampliando o apoio e os níveis adequados para a ação", seguido por "cristalização de consenso ou comprometimento" (199, 200). Esse último aspecto pode refletir a etapa de codificação de estratégia no papel de programação, mas Quinn citou um comentário do chefe de planejamento estratégico de uma grande empresa de produtos de informática que também sugere o papel de catalisador:

> Ajo quando sei que um alto executivo vai fazer uma palestra ou apresentação interna onde uma referência sobre o futuro seria útil. Faço um resumo para ele ou para os redatores da sua palestra sobre acontecimentos potencialmente empolgantes ou idéias que penso que possam estar prontas para exposição pública. Às vezes, isso é apenas um instrumento para aumentar a conscientização do executivo das necessidades a que a empresa deve responder. Quando um executivo fala em público sobre um assunto, é muito mais provável que ele ache que o entende e esteja comprometido a fazer algo a respeito. (200)

---

[19] Veja Mason e Mitroff (1981), também Mason (1969) e Mitroff et al. (1977) para uma versão mais formalizada disso, que eles chamaram de "Trazer as Suposições Estratégicas à Tona e Testar o Processo de Planejamento", tendo em mente, porém, que mesmo este grau de formalização pode ter seus problemas.

O PLANEJADOR COMO ESTRATEGISTA

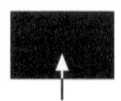

Ser tutor organizacional do conhecimento conceitual sobre o processo de formação de estratégia pode predispor os planejadores a pensarem em estratégia. No entanto, estar predisposto a pensar nela não transforma a pessoa em pensador estratégico. Informações, envolvimento e imaginação fazem isso – tendo o cérebro e a base para sintetizar. E nada do que vimos nas outras predisposições dos planejadores sugere que eles tenham qualquer vantagem competitiva sobre os gerentes nesses aspectos. Talvez exatamente o oposto: suas funções limitam o acesso dos planejadores às informações certas, impedem o envolvimento necessário e encorajam a análise em detrimento da síntese.

No entanto, ter o título de "planejador" não impede também a imaginação. Na realidade, alguns planejadores – não irmanados com a tecnologia de planejamento – estão entre as pessoas mais criativas com quem nos deparamos nas organizações. Tampouco impede automaticamente as informações (embora realmente dificulte o acesso às informações intangíveis). Alguns planejadores têm sucesso em atrair a atenção de gerentes informados, enquanto outros ocuparam recentemente cargos de administração de linha e, por isso, trouxeram consigo o conhecimento necessário (por algum tempo). E então há os planejadores com sorte que trabalham para organizações onde os dados factuais são predominantes para a geração de estratégia (como talvez no departamento do tesouro do governo, cujos números são seus produtos). Quaisquer desses planejadores também podem ser estrategistas – defensores de estratégias específicas, se não também criadores de visões estratégicas – embora nada disso tenha em si algo a ver com o planejamento, os planos ou mesmo com o fato de serem planejadores. Esses podem não ser os planejadores tradicionais, mas são os que superaram as desvantagens comparativas dos planejadores na formação de estratégia. É por isso que mencionamos "o planejador como estrategista" aqui, mas não o relacionamos como um quarto papel para os planejadores.

Agora estamos preparados para reunir nossa discussão dos papéis do planejamento, dos planos e dos planejadores, primeiro mostrando os papéis em uma estrutura abrangente, depois introduzindo nossos planejadores convencionais e não-convencionais de modo mais formal e finalmente especificando os contextos nos quais os vários papéis e os dois tipos de planejadores parecem ser usados mais apropriadamente.

UM PLANO PARA PLANEJADORES

Discutimos diversos papéis para planejamento, planos e planejadores. Eles estão resumidos em torno da caixa-preta de formação de estratégia na Figura 6.7, que amplia a Figura 6.2, combinando todas as pequenas figuras que mostramos ao lado dos títulos de cada papel. Este diagrama pretende ilustrar nossa discussão

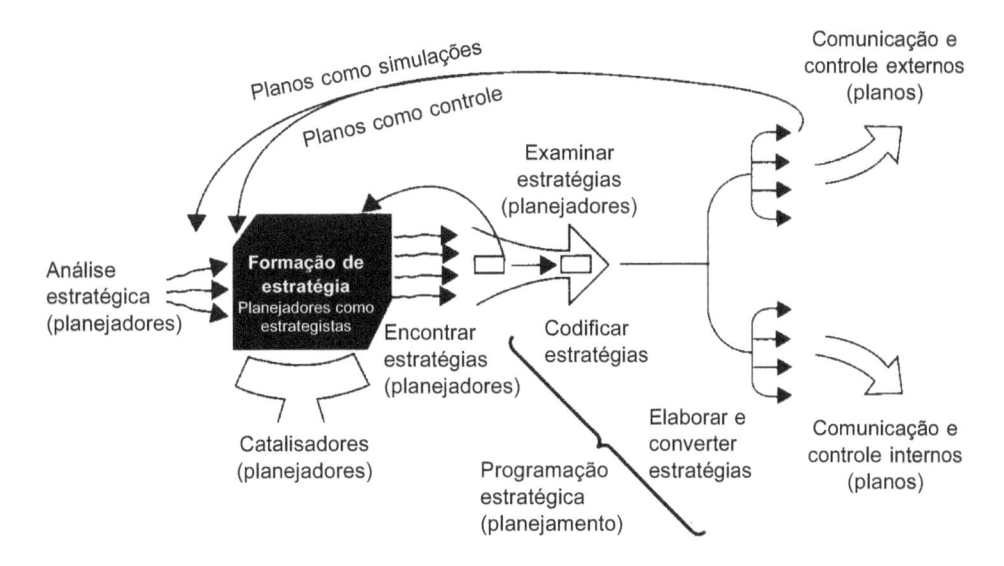

FIGURA 6.7 Uma estrutura para planejamento, planos e planejadores.

deste capítulo e representar uma estrutura abrangente para a função de planejamento – se quiser, um plano para planejadores.

A programação estratégica – nosso único papel para o planejamento – é mostrada abastecendo fora da caixa-preta, começando com as estratégias formuladas, ou encontradas, e operacionalizando-as nas três etapas de codificação, elaboração e conversão. Os resultados são planos detalhados, os quais desempenham os papéis de comunicação e controle, em três direções – para fora, para o ambiente externo; para baixo na organização; e de volta ao lado da entrada do processo de formação de estratégia em uma curva de *feedback*. Outro papel para os planos, como simulações, também está indicado como uma curva de volta à análise estratégica.

O papel provavelmente mais comum dos planejadores – a análise estratégica – é mostrado como uma série de entradas na caixa-preta da formação de estratégia em seu lado da frente. No lado do resultado e dando *feedback* a ele, está o exame de estratégias – outro aspecto deste papel. Logo antes deste, é mostrado o papel do planejador de descobrir estratégias, indicado por sondagens experimentais na caixa-preta em seu lado do resultado. Finalmente, o papel de catalisador é mostrado dando suporte à caixa-preta para encorajar o pensamento estratégico, ao passo que o planejador como estrategista é experimentalmente colocado dentro da caixa para os planejadores que gerenciam entrarem.

Assim, nossa resposta à pergunta sobre por que as organizações se engajam em planejamento com relação à estratégia é (1) para programar as estratégias, isto é, operacionalizá-las em seus comportamentos. E elas programam as estratégias deste modo (2) para fins de comunicação e (3) para fins de controle (assim como coordenação), que são os papéis dos planos. Quanto a por que as organizações contratam planejadores com relação à estratégia, com exceção de seu papel para realizar o supracitado, as razões são (4) ajudar a encontrar estratégias (como lógicas de ação), (5) prover dados e análises ao processo de formação de estratégia,

(6) examinar as estratégias que saem dele e (7) estimular os demais a pensar estrategicamente e ser mais instruídos sobre o processo de formação de estratégia em geral.

UM PLANEJADOR PARA CADA LADO DO CÉREBRO

Nossa discussão indica que os planejadores podem desempenhar tipos muito diferentes de papéis, que podem exigir duas orientações bem diferentes. De um lado, o planejador pode ser um tipo de pensador muito analítico, convergente, dedicado a pôr ordem na organização. Acima de tudo, esse planejador programa as estratégias pretendidas e cuida para que elas sejam comunicadas com clareza e usadas para fins de controle. Ele também faz estudos para garantir que os gerentes envolvidos com a formação de estratégia levem em conta os dados factuais que podem ser propensos a negligenciar. E então este planejador garante que as estratégias formuladas pelos gerentes sejam cuidadosa e sistematicamente avaliadas antes de ser implementadas. Esta espécie de planejador vê seu papel como "formalizar a intuição", de fato muitas vezes substituindo-a por análise (Langley, 1982:26). Este é o planejador "convencional" ao qual nos referimos muito neste livro, que prefere os processos analíticos do hemisfério esquerdo do cérebro humano. Poderíamos dizer que ele se engaja em *planejamento destro*.

Do outro lado, há um outro tipo de planejador, dificilmente convencional, pelo menos quando comparado com a maior parte da literatura de planejamento, mas, não obstante, presente em muitas organizações. Esses planejadores são pensadores muito criativos, mais divergentes, que tentam abrir o processo de formação de estratégia. Como "analistas flexíveis", eles estão preparados para fazer estudos mais "rápidos e sujos". Gostam de encontrar estratégias em locais estranhos e de examiná-las em detalhes em vez de apenas avaliá-las formalmente. Encorajam os demais a pensar estrategicamente no sentido de brincar de Rutenberg, ao invés do sentido de procedimento de outros escritores. E eles às vezes se envolvem no negócio confuso de formação de estratégia. Ao contrário do outro tipo de planejador, este provavelmente faz parte de um grupo de "pássaros selvagens", como Quinn os caracterizou, estabelecido "para percorrer toda a organização estimulando abordagens fora do comum às questões" (1980a:106). Este planejador é um tanto mais inclinado aos processos intuitivos identificados com o hemisfério direito do cérebro. Poderíamos chamá-lo de *planejador canhoto*.

Evidentemente, esses dois grupos devem ser diferenciados, um para cada mão do administrador, por assim dizer. Aqueles competentes em realizar procedimentos para programar estratégia e fazer análises técnicas de dados factuais dificilmente irão promover criatividade e diversão. Os planejadores que "estão continuamente fazendo as perguntas mais agudas, radicais e ridículas", que têm "mentes irracionais", para citar Churchman (Mitroff *et al.*, 1977:44), dificilmente não são os que lidam com o âmago da questão de análises de orçamentos e da indústria. Por outro lado, planejadores que são exclusivamente diversão e divergência criativa dificilmente serão os que tomam as providências para as estratégias serem operacionalizadas de maneira correta quando necessário ou para que os dados factuais sejam considerados de maneira sistemática no processo de formação de estratégia.

Na verdade, pode ser uma distorção os dois compartilharem o rótulo de "planejador", pois tudo o que têm em comum é uma preocupação com as coisas que acontecem em torno da caixa-preta da formação de estratégia. Seus objetivos são diferentes, da mesma forma que suas abordagens, e mesmo as posições que assumem em torno dessa caixa (uma bem antes e durante o processo, a outra bem depois dele). Talvez devêssemos usar adjetivos para distingui-los, tais como "planejador analítico" ou "programador estratégico" de um lado, "planejador sintético" ou "guru estratégico" do outro. (Esse comentário provavelmente se aplica à escola de planejamento em geral e poderia evitar muita confusão ao insistir em que a palavra planejamento seja usada somente com um adjetivo – que não seja "estratégico"!)

A pesquisa de Litschert e Nicholson de 115 grupos de planejamento confirmou que ambos os tipos podem ser encontrados nos departamentos de planejamento, embora o primeiro predomine. Muitos estavam de acordo com a "norma", que eles adotaram como sendo "ajudar a administração [a] desenvolver planos e estratégia de longo prazo" (1974:63). No entanto, 24 divergiram "consideravelmente... da norma" (62), sendo que 10 deles se concentraram em orçamentação de capital e outras formas de controle de capital e 11, em desenvolvimento de projeto, incluindo a realização de estudos de viabilidade de projetos, mais perto do nosso papel de analista do planejador, mas não necessariamente do tipo canhoto. Ainda assim, os três grupos de planejamento remanescentes pareceram canhotos, sendo descritos como "operações de pesquisa interdisciplinar" – "refletindo sobre as perspectivas da empresa a longo prazo" e encorajando "a gerência de linha a pensar e entender de maneira mais heterodoxa e a fazer perguntas menos óbvias" (65).

Quem deve ocupar cargos de planejamento? Alguns observadores argumentaram contra a idéia de planejadores profissionais, acreditando que os gerentes de linha deveriam se alternar nas funções de planejamento para ter períodos limitados para refletir. Deste modo, o planejamento é realizado por pessoas intimamente ligadas às operações da organização (e que gostam das exigências do processo administrativo). Dimma, como executivo principal de uma grande empresa, comentou:

> Nunca contrate ou empregue planejadores profissionais, pessoas cuja única carreira tenha sido em planejamento. A síndrome da torre de marfim é ruim, na melhor das hipóteses, e péssima, na pior. Use em planejamento pessoas que tiveram boa experiência de linha, isto é, bem-sucedida, e que, depois de dois ou três anos se expandindo, desejarão voltar à linha. Nunca ponha executivos cansados no planejamento como uma transição para a aposentadoria. (1985:24)

Simpatizamos com essa visão – especialmente para as pessoas que devem chefiar grupos de planejamento e, portanto, ligá-los com as atividades de linha da organização. Além disso, como observou uma vez um famoso general americano, "nada castiga mais um planejador do que saber que ele terá de realizar o plano" (James Gavin, em King, 1983:263). Entretanto, acrescentaríamos uma qualificação, pelo menos para algumas das equipes especializadas em planejamento: a função também requer uma orientação diferente da gerência típica de linha. Como Ramanujam e Venkatraman salientaram, "é uma simplificação grosseira definir o planejamento como uma função de linha" (1985:25). Eles defenderam os benefícios de uma "perspectiva separada... para agir contra a miopia e a inércia" (16):

> Alguns aspectos do planejamento corporativo requerem especialistas e pessoas com um íntimo conhecimento de um negócio ou função. Entretanto, outros aspectos exi-

gem uma perspectiva separada, reflexiva, e disposição e capacidade para contestar as premissas e suposições existentes do negócio. Nesse caso, é necessário um planejador da equipe de apoio em vez de um gerente de linha, cujo ponto de vista especializado pode muitas vezes ser uma desvantagem. (25)

É interessante, e evidente nos comentários acima, que esses planejadores especializados possam ser dos tipos canhoto e destro. Há necessidade de pessoas que possam contestar e refletir das maneiras que os gerentes necessitam, mas não podem fazer por si. Esses planejadores dificilmente podem ser chamados de "profissionais", mas tampouco são dos tipos organizacionais comuns. E então há necessidade de pessoas especializadas que possam desempenhar os papéis mais formalizados da função de planejamento, analistas competentes em "manipular os números", lidando com orçamentos, fazendo análises da indústria e assim por diante. Mais uma vez, os gerentes de linha não costumam ser tão sistematicamente analíticos. Embora não tenhamos certeza do que sequer significa para um planejador ser "profissional" – não temos conhecimento de qualquer conjunto padronizado de requisitos para ingressar nessas funções, nem de escolas efetivas de pessoal para esse treinamento[20] – esses planejadores destros parecem mais próximos de algum sentido de profissionalismo formalizado.

PLANEJADORES NO CONTEXTO

Que tipo de planejador se deve preferir em diferentes organizações? Todas precisam de ambos? Algumas precisam de apenas um, ou de nenhum? Lorange sugeriu a criação de "dois executivos ou escritórios [de planejamento] diferentes", um para gerenciar os processos de planejamento, o outro para aconselhar "o CEO em assuntos estratégicos importantes" (1980a:269). Quinn viu dois grupos em uma relação hierárquica: "os planejadores mais bem-sucedidos aprenderam a delegar a mecânica do processo de planejamento anual aos 'juniores' e participavam ativamente do núcleo dos processos estratégicos" (1980a:203). Acreditamos, porém, que as organizações diferem em suas necessidades – em função das quais os papéis do planejamento, plano e planejador são mais apropriadamente desempenhados nelas – e, por isso, precisam de diferentes combinações dos dois tipos de planejadores. Para completar nossa discussão, agora vamos tratar desta última questão – o contexto de planejamento.

Formas de organização

Ao longo de todo este livro, criticamos várias vezes "a melhor maneira" de pensamento que tem sido tão predominante na literatura de administração em geral e na literatura de planejamento em particular. As organizações diferem, exatamen-

---

[20] Entretanto, seria possível argumentar com sensatez que os programas de mestrado em administração preparam melhor seus alunos para funções de planejamento de equipes destras do que para cargos comparados de gerência de linha (veja "Training Managers Not MBAs", em Mintzberg, 1989:Capítulo 5).

te como os animais; não faz mais sentido prescrever um tipo de planejamento para todas as organizações do que descrever um tipo de habitação para todos os mamíferos (ursos, assim como castores?). Parte do problema é a ausência de uma estrutura largamente aceita para se discutir diferentes formas de organização. Em termos simples, o campo da Administração não tem menos necessidade de categorias de espécies do que o campo da Biologia.

Em um trabalho anterior (Mintzberg, 1979a, veja também 1983 e 1989), propusemos uma estrutura de cinco formas básicas de organização, descritas abaixo (usando os rótulos de Mintzberg, 1989). Usaremos isso aqui para considerar várias posturas que os planejamento, os planos e os planejadores poderiam adotar em diferentes circunstâncias.

A Organização Máquina. Burocracia clássica, altamente formalizada, especializada e centralizada e muito dependente da padronização dos processos de trabalho para coordenação; comum em indústrias estáveis e maduras cuja maior parte do trabalho operacional é racionalizado, repetitivo (como em companhias aéreas, empresas de automóveis, bancos varejistas).

A Organização Empreendedora. Estrutura não elaborada, flexível, íntima e pessoalmente controlada pelo executivo-chefe, que coordena por supervisão direta; comum em situações de iniciantes e de reviravoltas, assim como em empresas pequenas.

A Organização Profissional. Organizada para realizar trabalho especializado em cenários relativamente estáveis, daí a ênfase na padronização das habilidades e na classificação de serviços a serem realizados por especialistas bastante autônomos e influentes, em que os administradores mais servem de apoio do que exercem controle; comum em hospitais, universidades e outros serviços especializados e engenhosos.

A Organização *Adhocracia*. Organizada para realizar trabalho especializado em cenários altamente dinâmicos, onde os especialistas devem trabalhar em cooperação em equipes de projeto, coordenando as atividades por ajuste mútuo, em formas de estruturas flexíveis, em geral matriciais; encontradas em indústrias de "alta tecnologia", como a aeroespacial, e em trabalho de projeto, como a produção de filmes, assim como em organizações que têm de truncar suas operações maduras do tipo máquina para se concentrar em desenvolvimento de produto.

A Organização Diversificada. Qualquer organização separada em divisões semi-autônomas para atender a uma diversidade de mercados, cujas "sedes centrais" contam com sistemas de controle financeiro para padronizar os resultados das divisões, as quais tendem a tomar a forma de máquina (por razões discutidas em Mintzberg, 1979a:384-386).

Programação estratégica na organização máquina

Grande parte de nossa discussão se concentrou em planejamento "convencional" e planejadores "convencionais." Aqui queremos argumentar que o planejamento convencional (que identificamos como programação estratégica) e os planejadores convencionais se adaptam melhor com a forma de máquina, que, na realidade, é ela própria uma organização convencional. Dificilmente seria um exagero afirmar que a maioria do que foi escrito sobre administração e organização no decorrer deste século – de Fayol e Taylor a Ansoff e Porter – teve como seu modelo, em geral implicitamente, a forma de organização máquina. Com sua hierarquia vertical dominante, divisões nítidas de trabalho, concentração em padronização, obsessão pelo controle e, é claro, apreço pelas funções das equipes de apoio, em geral, e do planejamento, em particular, o tipo máquina sempre constituiu "a melhor maneira" da literatura de administração, embora sua presença em geral não tenha sido mais evidente para seus proponentes do que a água para o peixe.

Como descrevemos em nosso livro de 1979 (Capítulo 18), a forma máquina é uma organização altamente estruturada, em geral com operações firmemente ligadas que subdividem seu trabalho operacional em tarefas muito distintas que podem ser entendidas com facilidade e executadas com simplicidade, sem muita especialização (como na típica linha de montagem de produção em massa). Seu ambiente geralmente é estável e sua indústria, madura, de forma que há pouca incerteza. As organizações máquina são quase sempre grandes e também de capital intensivo. Quando consideramos as organizações que estiveram mais predispostas ao planejamento, conforme discutido no Capítulo 3, sobre a Air Canada e muitas divisões da General Electric, o exército convencional (especialmente em tempos de paz), o governo francês e suas agências, etc., achamos que elas tendem a estar de acordo com todas essas condições, que também foram as que descrevemos para programação estratégica antes neste capítulo. Em outras palavras, a forma de máquina é a configuração referida anteriormente, o contexto no qual as características associadas com o planejamento se agrupam com mais naturalidade.

Até em seu funcionamento, essas organizações se encaixam no modelo clássico de planejamento. Elas costumam ter "tecnoestruturas" bem desenvolvidas – equipes de apoio, que incluem um complemento importante de planejadores – encarregadas de desenvolver os sistemas de planejamento formal e controle que estruturam e coordenam o trabalho de todos os demais. Além disso, as organizações máquina favorecem o controle centralizado, em que o poder formal cabe ao ápice da hierarquia, onde se espera que os executivos formulem as estratégias que todos os demais implementam. Essas estratégias geralmente devem ser programadas com precisão, suas fantasias removidas pela decomposição e especificação de etapas precisas para cada funcionário executar. Assim, essas organizações preferem objetivos claros, consistentes, e estratégias explícitas e dependem de dados factuais para tomada de decisões, que, de qualquer maneira, tendem a ser abundantes em organizações relativamente grandes com operações estruturadas que funcionam em indústrias estáveis, maduras.

Acima de tudo, a organização máquina, conforme a descrevemos em nosso livro de 1979, é obcecada pelo controle, primeiro dos trabalhadores, mas, a seguir, de todos os demais, por meio de regras e regulamentos. Não é de admirar que uma atitude de "o sistema funciona" prevaleça. Tudo isso é feito para garantir a estabilidade das operações e o funcionamento suave da máquina burocrática. Na verdade, em seu livro sobre *The Neurotic Organization*, Kets de Vries e Miller chamaram-na de organização "compulsiva", sendo o planejamento uma das principais manifestações dessa compulsão:

> O estilo de formação de estratégia da empresa compulsiva mostra [uma] preocupação com detalhes e procedimentos estabelecidos. Em primeiro lugar, todo movimen-

to é planejado com muito cuidado. Em geral, há um grande número de planos de ação, orçamentos e planos de dispêndio de capital. Cada projeto é planejado com muito cuidado, com muitos pontos de controle, procedimentos exaustivos de avaliação do desempenho e programações extremamente detalhadas. Quase sempre há um departamento de planejamento substancial que tem representantes de muitas áreas de especialização funcional. (1984:29-30)

Agora considere esta descrição do processo de planejamento por George Steiner:

> O sistema de planejamento formal é organizado e desenvolvido com base em um conjunto de procedimentos. Ele é explícito no sentido de que as pessoas sabem o que está acontecendo. Muitas vezes, são preparados manuais de instrução para explicar quem vai fazer o quê e quando e o que acontecerá com as informações... O apoio à tomada de decisão no processo é freqüentemente documentado, e o resultado de todo o esforço é um conjunto de planos por escrito. (1979:9)

Que outra forma de organização está subentendida além da máquina tradicional?

Configuração subentende sistema em um sentido mais integrado. Não há variáveis dependentes e independentes em um sistema; tudo influencia e é influenciado por todo o resto. Por exemplo, a organização máquina requer estabilidade para funcionar, mas também atua para garantir essa estabilidade. Na verdade, o planejamento atende a isso em ambos os aspectos, pois funciona ativamente para impor estabilidade às operações (e às vezes também ao ambiente), ao mesmo tempo em que passivamente desencoraja a mudança radical que perturba a estabilidade existente. Deste modo, o planejamento não é um componente arbitrário dessa configuração, mas um elemento integral. A forma de máquina não somente requer planejamento (como o planejamento requer a forma de máquina), mas o planejamento também *acentua* sua própria natureza, formalizando seus processos de decisão, encorajando a decomposição de suas atividades e reforçando sua centralização de poder.

Planejadores destros e canhotos na organização máquina

Dado o papel do planejamento (e, portanto, dos planos) como instrumento de comunicação e controle na organização máquina, o que dizer dos papéis dos planejadores? Certamente existe um lugar importante para os planejadores destros neste contexto, não somente para fazer grande parte da programação estratégica, mas também para fazer análises estratégicas de vários tipos, especialmente na consideração de pequenos ajustes para as posições estratégicas da organização (pois as organizações máquina são mais propensas a permanecer dentro de uma determinada perspectiva estratégica do que a promover revolução estratégica). Como Langley salientou sobre a organização máquina que ela estudou, "aqui o executivo principal era bem conhecido por definir em termos muito claros exatamente o que era necessário na análise" (1989:619). O encorajamento adicional vem da disponibilidade de dados factuais neste contexto e da propensão da organização para responder a este tipo de análise. Revisões periódicas da indústria e a realização de análise competitiva parecem bem apropriadas para a organização máquina.

No entanto, ainda há lugar aqui para os planejadores canhotos, aqueles que fazem análise mais criativa e radical, assim como procuram estratégias emergentes e servem de catalisadores para o pensamento estratégico novo? De um lado, esses papéis podem ser perturbadores. O planejamento convencional é para a organização máquina aquilo que os antolhos são para um cavalo – ele a mantém apontada na direção desejada. A visão periférica pode distrair. Os planejadores criativos podem destruir organizações que sabem o que devem fazer e precisam se preocupar apenas em garantir que o façam com a maior eficiência possível.

Por outro lado, seria melhor alguém se preocupar com a mudança, com forças que podem desnortear a direção determinada – tecnologias novas, mudança nos gostos dos clientes, o advento de concorrência imprevista, etc. – e com a necessidade de resposta estratégica criativa a elas. Os gerentes seniores podem não estar inclinados a isso. Afinal, eles tiveram de ser os guardiões da direção estratégica (até agora) bem-sucedida, sem falar que talvez tenham sido os criadores dela. E, por isso, essa preocupação muitas vezes cabe aos planejadores canhotos, em seu papel de catalisador.

Entretanto, neste ponto não é fácil desempenhar esse papel, pois necessariamente desafia o *status quo*. Ele exige muita delicadeza: os planejadores canhotos devem trabalhar nos bastidores, encorajando um alargamento das perspectivas enquanto passam suas idéias e os resultados de suas análises gentil e sutilmente (como sugerido nas citações anteriores do artigo de Wack). É claro que, quando as ameaças se tornam iminentes, de forma que as mudanças radicais devem ocorrer rapidamente, mas a gerência sênior permanece cega, então os planejadores canhotos podem ter de ficar mais agressivos, ampliando seu papel de catalisador, talvez até incluir comportamento político (tal como levar seu caso diretamente a influenciadores externos).

Tenha em mente, porém, que os planejadores canhotos são propensos a ver essas ameaças, não somente antes dos gerentes, mas muitas vezes antes de que as próprias ameaças precisem ser respondidas (ou, quanto a isso, até de existirem!). As organizações máquina felizmente podem aproveitar-se de determinadas estratégias e condições estáveis durante anos (nossa própria pesquisa sugere décadas), muito depois de os planejadores canhotos se inquietarem. Ter um bando de planejadores criativos correndo soltos em uma organização que está satisfeita em seguir uma estratégia viável não adianta nada. Afinal, as máquinas organizacionais existem para produzir produtos e serviços de maneira eficiente, não para passar por mudança para satisfação própria. Os planejadores canhotos podem desempenhar um papel-chave para sinalizar a necessidade de mudança importante, quando ela se fizer necessária, caso contrário, seria melhor mantê-los em um canto da mente da organização, talvez desenvolvendo cenários e planos de contingência para seu futuro.

Programação estratégica sob outras condições

Vimos como o conjunto de condições favoráveis ao planejamento se agrupa para produzir um tipo específico de configuração organizacional. Antes de considerarmos as outras formas de organização, reexaminaremos as condições opostas àquelas discutidas anteriormente.

O oposto de um ambiente estável é um ambiente dinâmico – que muda freqüente, se não constantemente, de modo imprevisível (e, portanto, incontrolável). Não precisamos discorrer sobre um ponto já considerado longamente: o planejamento formalizado não faz sentido em um ambiente assim. A análise estratégica pode ser bem razoável aqui, pelo menos quando realizada com flexibilidade e criatividade (por planejadores canhotos), mas não a forma mais inflexível de planejamento. Programar estratégias quando não é possível fazer previsões confiáveis é somente impedir que a organização seja capaz de reagir a eventos enquanto eles se desenrolam.

Isso pode ajudar a explicar por que o sistema OST acabou encontrando dificuldades na Texas Instruments, por que Jack Welch na General Electric se voltou com tanta firmeza contra o planejamento e por que uma organização como a NASA, apesar da necessidade de ligação intrincada de muitas atividades durante o projeto Apolo, tendeu a planejar com muito menos formalidade e rigidez do que se poderia esperar (segundo o estudo de Chandler e Sayles [1971:30-31, 33] a ser discutido mais adiante). Os planeja*dores* canhotos podem ser úteis nessas circunstâncias – "no planejamento de situações organizacionais turbulentas, políticas, ruidosas, os analistas precisam apresentar e criar problemas tanto quanto analisá-los" (Forrester, 1980/81:598) – mas não o planeja*mento* destro.

Da mesma forma, uma indústria emergente, ou mesmo decadente, é muito menos estável – com as manobras para se colocar em posição, abalos periódicos, mudanças possivelmente drásticas e imprevistas no crescimento do mercado – do que uma madura, e então, por todas as razões dadas acima, uma indústria na qual difícil é contar com planejamento formal. Do mesmo modo, a ausência de estrutura elaborada torna o planejamento difícil, pois ele depende de um sistema estabelecido de tarefas decompostas para sobrepor seus resultados. E a ausência de operações firmemente ligadas também pode remover uma razão básica para se engajar em planejamento formal.

Quando as operações de uma organização são complexas ao invés de simples, o que significa que requerem o uso de especialistas habilidosos, o planejamento também encontra dificuldade. Conforme observado antes, especialmente em relação à lei da variedade necessária de Ashby, o planejamento simplesmente não tem sofisticação de procedimentos para ser capaz de programar esse trabalho. Em primeiro lugar, muitas das informações críticas podem ser entendidas apenas pelos especialistas treinados. Sem um meio para internalizar essas informações, os sistemas de planejamento e muitas vezes os próprios planejadores se arriscam a tornar o trabalho trivial, por exemplo, contar as publicações do corpo docente em uma universidade como uma medida substituta de seu resultado de pesquisa em lugar de ser capaz de julgar a qualidade da pesquisa, ou impor controles de participação em uma instalação de pesquisa e desenvolvimento – horário de trabalho, categorias de orçamentos, procedimentos operacionais e outros – que de fato diminuem a qualidade de resultados mal entendidos.

Quanto às organizações pequenas, já discutimos os custos relativamente altos do planejamento nelas e a falta de necessidade deste se for possível fazer a coordenação necessária informalmente, por ajuste mútuo entre os funcionários ou pela supervisão direta do chefe. É claro que pode haver casos em que outras forças superam a do tamanho para animar uma organização relativamente pequena a se engajar em planejamento formal. Na verdade, existem algumas organizações máquina bem pequenas. Contudo, para a maioria, o pequeno porte desencoraja a confiança no planejamento formal. Finalmente, o controle externo e a intensidade de capital são condições facilitadoras cuja presença pode encorajar o planejamento, mas cuja ausência não o desencoraja. A incidência de planejamento dependerá de outros fatores.

Com essas conclusões em mente, vamos agora considerar o planejamento, os planos e os planejadores nas outras formas de organizações.

Análise estratégica na organização profissional

Conforme observado, o campo de planejamento, com sua literatura e suas manifestações na prática, em geral tomou como certa a forma da máquina e promoveu o planejamento formal como "a melhor maneira" para todas as organizações. Esse pensamento, então, se derramou sobre as organizações profissionais, quase sempre com as conseqüências mais desastrosas. Assim, temos livros e artigos sobre a necessidade de planejamento formal em universidades (p. ex., Dubé e Brown, 1983; Doyle e Lynch, 1979; Hosmer, 1978); em escolas (Kaufman e Herman, 1991) e em hospitais (Peters, 1979; American Hospital Association, 1981). Quase todos se fiam nas suposições convencionais de planejamento, ou seja: as estratégias devem emanar da direção da organização plenamente desenvolvidas, as metas, ser declaradas com clareza, a formulação central de estratégias seguida por sua implementação difundida, ser os funcionários (nesse caso, professores universitários, professores, médicos, etc.) responder (ou deveriam) a essas estratégias centralmente impostas e assim por diante. É quase como se toda a estrutura devesse ser mudada para acomodar as necessidades do planejamento (como, de fato, os governos às vezes tentam fazer com as instituições profissionais públicas).

Na verdade, essas suposições estão erradas, sendo provenientes da má compreensão (ou de uma relutância em entender) de como as formas de organização não-máquina devem funcionar. O resultado tem sido muito desperdício, tentando encaixar os pinos quadrados do planejamento nos buracos redondos da organização. Na melhor das hipóteses, os pinos foram danificados – os planejadores fracassaram, simplesmente perderam seu tempo. Esse parece ter sido o resultado comum nas universidades, que em geral resistiram ao planejamento extensivo de ações (exceto, é claro, em determinados serviços de apoio do tipo máquina, quando isso pode ser apropriado). Todavia, na pior das hipóteses, os buracos foram danificados – os planejadores tiveram êxito e a *organização* perdeu seu tempo, talvez se tornando disfuncional no processo. Para citar o reitor de uma universidade, que provavelmente falou por muitos de seus colegas em sistemas educacionais, sem falar de hospitais, etc.: "Vejo o planejamento como uma burocracia em expansão, de pouca ajuda para mim, mas capaz de criar várias estruturas de coisas sem sentido com as quais tenho de lutar" (Hardy, 1987:72).

As razões desses problemas não são difíceis de entender, contanto que se permaneça aberto a formas de organização diferentes da máquina tradicional. Universidades, hospitais, empresas de engenharia e outros se encaixam melhor em uma configuração chamada profissional, dirigida por trabalho operacional altamente complexo, ainda que estável na execução. Como conseqüência dessa importante diferença, muitas das pedras filosofais da organização máquina, e do planejamento destro, desmoronam, especialmente as do controle de cima para baixo e da geração centralizada de estratégia. Além disso, as organizações profissionais são visivelmente ligadas de modo flexível em seus núcleos operacionais – os professores ensinam e fazem pesquisa em isolamento quase completo entre si, especialmente entre departamentos diferentes, e o mesmo vale para uma boa parte da prática médica nos hospitais.

O resultado é um processo de formação de estratégia quase diametralmente oposto ao da organização máquina – e da sabedoria convencional. Podemos resumir aqui as proposições de um modelo que desenvolvemos em um artigo anterior sobre "Formação de Estratégia no Cenário Universitário" (Hardy et al., 1984). Muitos participantes ficam envolvidos no processo, incluindo profissionais operacionais, que criam muitas das principais estratégias de produto-mercado individualmente, decidindo como atenderão seus próprios clientes. A influência direta dos administradores muitas vezes é restrita a estratégias de apoio; e junto com os profissionais operacionais, eles tendem a entrar em processos interativos complexos de escolha coletiva, que assumem tons universitários bem como políticos. O resultado é um processo muito fragmentado de formação de estratégia, sendo as estratégias da organização normalmente a agregação de todos os tipos de estratégias individuais e coletivas. March et al. (p. ex., March e Olsen, 1970) estiveram propensos a ver esses processos como "anarquias organizadas", ocorrendo em uma espécie de "lata de lixo" caótica. Ainda assim, acreditamos que haja mais ordem para eles do que isso. É irônico o fato de a orientação estratégica global das organizações profissionais parecer permanecer visivelmente estável, ao passo que as estratégias individuais parecem estar em um estado de mudança quase contínua.

A estabilidade da estratégia global pode indicar um papel para o planejamento de ações, mas a complexidade do trabalho profissional e sua descentralização para os funcionários operacionais profissionais impede isso em grande parte, ou pelo menos o restringe ao trabalho não profissional da equipe de apoio ou a áreas muito amplas ou periféricas da atividade organizacional (como a construção de novas instalações ou a programação da utilização do espaço).

No entanto, como Langley deixou claro em sua pesquisa (1986, 1988, 1989), assim como em sua contribuição para o trabalho de Hardy et al., a análise estratégica tem um papel importante a desempenhar na organização profissional, mas não da maneira habitual. Isso porque grande parte da análise é feita, não por planejadores da equipe, mas pelos próprios profissionais, e não é tão usada para controle e coordenação central quanto no debate e interação que compõem o processo coletivo de tomada de decisão. Em outras palavras, a "análise" costuma ser canhota, assim como destra.

> Um modelo de planejamento de estabilidade no emprego [da universidade] desenvolvido por um grupo de planejamento subordinado à administração central foi vigorosamente "contra-analisado" por um corpo docente ameaçado... e então contra-contra-analisado pelos planejadores. Aconteceram várias iterações com total participação do Conselho de Reitores e dos altos administradores antes de o problema ser resolvido por um acordo, que, pelo menos neste caso, foi muito favorável aos planejadores, embora incorporasse alguns dos interesses do corpo docente. O ponto, entretanto, é que mesmo quando a análise é iniciada por administrações centrais, ela muitas vezes se torna inextricavelmente ligada com os processos interativos de tomada de decisão. (Hardy et al., 1984:191)

Esse uso da análise é mesmo, consistente com as propostas de Mitroff (1972) de análise "facciosa", na qual os analistas tomam partido e se desafiam mutuamente, com isso extraindo os argumentos-chave. Rondinelli referiu-se a isso como "planejamento de defesa", o qual "não tem pretensão de objetividade", mas, em vez disso, representa "uma posição política ou as percepções de um 'público interessado' específico" (1976:80). Essa análise pode ajudar a expor tendências e inconsistências e a "forçar a revelação de" ideologias (Schlesinger, 1968:298). Assim, Hardy *et al.* concluíram que:

> ... a análise figura proeminentemente tanto nos processos universitários quanto nos políticos... estimulada pela existência de metas ambíguas e de múltiplos participantes. Em ambigüidade, há mais a ser descoberto por análise e mais maneiras de estruturar os assuntos logicamente. E, no que se refere aos múltiplos participantes, cada um tem mais razões para tentar estruturar assuntos de maneira própria para dirigir o pensamento dos outros pelo uso de argumento racional... (1984:189)

Como March e Simon afirmaram, de maneira mais simples, "a barganha (quando ocorrer) freqüentemente estará escondida dentro de uma estrutura analítica" (1958:131).

> Resumindo, a análise em universidades serve mais como um meio de exercer influência em interações do que de resolver questões exclusivamente suas. Ela pode ser usada para ajudar o entendimento pessoal de indivíduos ou grupos, mas também serve de meio de comunicação e focalização de atenção, de legitimar decisões, de construção de consenso e, talvez mais importante, de meio de persuasão. Deste modo, a análise ajuda a garantir que aquilo que se decide de fato tem alguma justificativa em princípio. (Hardy *et al.*, 192)

Em sua tese de doutorado, Langley (1986) considerou cuidadosamente os papéis do planejamento, assim como os da análise, em três organizações – uma profissional (um hospital), uma máquina e uma *adhocracia*. Na organização profissional, ela descreveu o que chamou de planejamento como uma atividade altamente participativa realizada em boa parte pelos próprios profissionais. Ele tinha três finalidades. A primeira era "relações públicas" (em nítido contraste com a organização máquina, que mantinha seus planos altamente confidenciais). A segunda era informativa, para "auto-conhecimento e insumo para visões estratégicas" (298), em outras palavras, como uma forma de análise estratégica. E a terceira era "terapia de grupo: construção de consenso, comunicação e legitimação da visão estratégica" (300), aparentemente com elementos dos papéis de catalisador de planejadores e de comunicação de planos.

Langley observou que os planos estratégicos do hospital em sua experiência correspondiam "à concatenação de listas de compras de vários departamentos médicos que não eliminavam quaisquer possibilidades, faziam quaisquer escolhas difíceis ou estabeleciam quaisquer padrões consistentes". Isso "não fornecia uma orientação muito clara para a ação futura" (301). No hospital estudado em profundidade, ela observou que, embora esse fenômeno estivesse presente, o esforço de persuasão e negociação da gerência sênior dava mais legitimidade ao plano. O plano de fato "criou algum tipo de foco", especialmente sobre as áreas amplas que seriam favorecidas para receber fundos (em outras palavras, serviu como uma forma de controle de desempenho). "As iniciativas ainda tinham de vir dos profissionais, mas os planos serviam como uma espécie de filtro para determinar quais iniciativas deveriam ser favorecidas e quais, desencorajadas" (1988:48). Apesar desse sucesso limitado, porém, o planejamento demonstrou ser "aqui um instrumento de controle muito cego quando comparado com a burocracia da máquina" (303; veja também Denis, Langley e Lozeau, 1991).

Planejamento e análise na organização *adhocracia*

Adhocracia é estrutura de projeto, que reúne as complexas habilidades de diferentes especialistas para lidar com um ambiente diferente – complexo e dinâmico. O planejamento, assim, pareceria perder de todas as maneiras. No entanto, algumas *adhocracias* requerem a intrincada ligação de uma miríade de tarefas, como na corrida da NASA para pôr um homem na Lua antes de 1970. A conseqüência parece ser uma forma muito flexível de programação estratégica, que delineia alvos amplos e um conjunto de marcos, enquanto deixa, flexibilidade considerável para se adaptar aos becos sem saída e descobertas criativas ao longo do que deve continuar sendo uma rota muito inexplorada. De certo modo, esses planos parecem mais controle de desempenho geral do que programas de ação específicos, ou talvez, mais razoavelmente, alguma coisa em posição intermediária. Para citar Chandler e Sayles, o planejamento no projeto Apolo da NASA revelou-se

> uma função bastante diferente nesses grandes sistemas evolucionários em que predominam as incertezas. Tradicionalmente, os gerentes são ensinados a identificar seus resultados e intenções finais, fixar objetivos que ajudem a alcançar esses resultados e então desenvolver planos operacionais. Infelizmente, essa seqüência confortante e lógica fica descontrolada no mundo real dos grandes sistemas. Objetivos claros muitas vezes mascaram intenções conflitantes que refletem as divergências entre os grupos temporariamente aliados na federação.... O planejamento torna-se um processo dinâmico, iterativo. Isso inevitavelmente dispersa a autoridade, pois um pequeno grupo de "planejadores" especializados de alto nível não pode definir a estratégia. (1971:7)

Assim, quando Loasby escreveu que, para manter a flexibilidade, "talvez a melhor maneira de as empresas abordarem o planejamento formal de longo prazo seja como algo que devem tentar evitar", pode ter falado sobretudo em *adhocracia*. "Isso não significa alguma coisa de que elas devem tentar se esquivar: significa organizar a maneira de fazer as coisas para precisar decidir o mínimo possível com antecedência" (1967:307).

Os planejadores canhotos, por outro lado, podem ter papéis mais combinados a desempenhar aqui. A formação de estratégia é um processo muito complexo e não tradicional na *adhocracia*, assumindo especialmente tons do modelo básico discutido anteriormente. Deste modo, há grande necessidade de fazer os participantes entendê-lo, o que realça a importância do papel de catalisador discutido anteriormente. E como as estratégias das *adhocracias* tendem a ser bem emergentes, o papel de encontrar estratégias torna-se igualmente crucial, de novo dando oportunidades aos planejadores canhotos. Além disso, as condições na *adhocracia* podem ser tão complexas e mudar tão depressa que costuma haver um apetite insaciável por análise estratégica, segundo Langley (1986), que resumiu suas descobertas em três formas de organização como segue:

> O estudo parece indicar que diferentes tipos de organização podem usar análise formal diferentemente, em maneiras consistentes com a natureza das configurações estruturais. As burocracias máquina, com seu estilo de tomada de decisão de cima para baixo, podem usar a análise mais para fins de informação, direção e controle, para determinar a substância das decisões e garantir que decisões tomadas nos níveis superiores sejam detalhadas e implementadas. As burocracias profissionais, nas quais as iniciativas estratégicas geralmente vêm de baixo para cima, podem requerer análise mais para comunicação (persuasão direta) e informação (verificação reativa), enquanto as propostas avançam para a aprovação. Finalmente, em uma *adhocracia*, a grande participação de indivíduos em decisões e a ambigüidade em torno da autoridade formal podem gerar usos ainda maiores da análise formal para fins de comunicação (especialmente posicionamento e persuasão direta). (1989:622)

Os planejadores criativos não terão falta de trabalho nas *adhocracias*. Na verdade, suspeitamos que os planejadores canhotos verdadeiramente criativos têm mais chances de ser bem recebidos aqui do que em qualquer outra forma de organização.

Papéis mínimos na organização empreendedora

Planejamento, planos e planejadores provavelmente devem encontrar resistência considerável na forma empreendedora de organização, que conta com meios muito diferentes de coordenação e controle. Aqui, pelo menos na versão idealizada, tudo gira em torno do executivo-chefe; essa pessoa controla pessoalmente as atividades, por meio de supervisão direta. O planejamento sério pode atrapalhar o líder, impedindo a livre movimentação, como discutimos no estudo da rede de supermercados Steinberg e como era evidente no tratamento da intuição gerencial da escola de planejamento. Os planejadores mais interessados em análise estratégica que em planejamento formal podem, porém, ser capazes de desenvolver aqui um nicho para si, se conseguirem chamar a atenção do executivo-chefe. Na verdade, aqui o planejador destro pode levar vantagem, pois o líder normalmente precisa ter sua intuição contrabalançada por uma consideração mais sistemática das questões. Ainda assim, pode não ser fácil fazer essa análise, devido à concentração de tantas informações críticas na cabeça do líder, além de sua propensão a agir de forma oportunista.

Em relação aos outros papéis do planejador, os líderes da maioria das organizações empreendedoras não apreciam alguém lhes dizendo como formar estratégia; de qualquer maneira, o processo costuma estar trancado em suas próprias mentes (subconscientes). E eles têm pouca necessidade de alguém para ajudá-los a encontrar estratégias, pois é muito improvável que elas se desenvolvam fora de seu próprio controle pessoal. De qualquer maneira, bons líderes intuitivos em geral fazem isso muito melhor do que pessoas da equipe, em especial nessas organizações tipicamente pequenas, simples e flexíveis. Naturalmente, à medida que a organização empreendedora cresce, se estabelece e começa a tomar a forma de máquina, a estratégia visionária do líder pode ter de ser definida por meio de programação estratégica e, então, a influência dos planejadores também poderá aumentar.

Controle de desempenho na organização diversificada

Finalmente, chegamos à organização diversificada. Conforme descrito em nossos trabalhos anteriores, ela costuma ser uma versão mais elaborada da forma máquina. Enquanto a última aumenta, satura seus mercados tradicionais e busca outros espaços para se expandir, ela normalmente diversifica suas estratégias de produto-mercado e então divisionaliza suas estruturas – divide-se em unidades individuais, cada uma dedicada a uma dessas estratégias. Assim, embora a ligação possa ser firme dentro das divisões (como nas máquinas), tende a ser flexível entre elas.

A chave para a organização diversificada é a relação entre as sedes centrais e as divisões. A primeira deve exercer algum tipo de controle, em geral referente a financiamento e desempenho, mas suficientemente flexível para permitir que as divisões gerenciem seus próprios negócios. A solução óbvia é a imposição de objetivos e orçamentos – em outras palavras, o uso de sistemas de controle de desempenho. Assim, aqui a sede tende a depender do planejamento não tanto para programar as estratégias em si quanto para fazer controle financeiro, embora técnicas como a matriz de participação-crescimento do Boston Consulting Group e a orçamentação de capital também introduzam uma medida das primeiras. É claro que, como vimos anteriormente, esses controles externos podem ter o efeito de encorajar a programação estratégica dentro das divisões. Portanto, pode-se presumir que não seja coincidência que grande parte da popularidade do "planejamento estratégico" nas empresas americanas tenha se desenvolvido exatamente nessas mesmas corporações diversificadas.

No entanto, como diz o ditado, pouco conhecimento pode ser uma coisa perigosa, e quanto mais uma sede distante da administração de um negócio específico tentar programar sua estratégia, ou encorajá-la a fazer o mesmo pelas razões erradas, até tentar usar diretamente os outros papéis dos próprios planejadores (especialmente análise estratégica), mais pode solapar a própria efetividade da divisão (como parece ter sido a experiência com a matriz de crescimento-participação, que agora em grande parte parece ser uma ferramenta do passado). Pode haver um pequeno papel para os planejadores das sedes como catalisadores, para transmitir conhecimento sobre o processo de estratégia, mas de outra forma os papéis parecem logicamente caber aos planejadores dentro das próprias divisões.

Planejamento sujeito a política e cultura

Em um livro sobre poder (Mintzberg, 1983) que seguiu aquele sobre os tipos estruturais, acrescentamos mais duas configurações às cinco iniciais, discutidas acima. Uma nós acabamos chamando de organização *política*, a outra, de organização *ideológica* (Mintzberg, 1989). A primeira é essencialmente tomada pela política, enquanto a segunda é dominada por uma cultura poderosa, que preferimos chamar de ideologia. Pode valer a pena considerar brevemente aqui a propensão de cada uma a se envolver em planejamento e a envolver planejadores.

Dentro de um contexto de política intensa, o planejamento formal pareceria logicamente diminuir. Aqui as suposições do planejamento convencional – por exemplo, que a estratégia emana de autoridade legítima no topo de uma hierarquia, que as metas podem ser concordadas e que os cursos de ação podem descer em cascata por uma hierarquia bem ordenada – fracassam e devem se encontrar meios diferentes de tomar decisões e evocar ações. Por exemplo, de acordo com o que van Gunsteren chamou de planejamento ortodoxo, "nada de política no nível de implementação! A implementação do plano deve ser neutra, apolítica, obediente" (1976:26). Caso contrário, ela não pode acontecer. Assim, há uma importante literatura de formação de política pública que a caracteriza como altamente fragmentada e politizada e, por isso, tem sido muito crítica ao planejamento, promovendo em seu lugar modos adaptáveis de formação de política baseados nos ajustes mútuos informais entre diversos participantes independentes (p. ex., Lindblom, 1965, 1968 e Braybrooke e Lindblom, 1963; assim como van Gunsteren, para não falar de algumas referências anteriores a Wildavsky!).

É claro que os planejadores também podem estar presentes no contexto político. Afinal, eles são comuns em todo o governo, enquanto nos negócios os planejadores estabelecidos só não desaparecem porque a luta política corpo-a-corpo assumiu o controle. Alguns planejadores simplesmente entram na briga, usando a análise estratégica para proteger e promover os próprios interesses (como discutimos no Capítulo 4). Aqueles que tentam ficar neutros podem ser engolidos por um partido (ou todos) ou então ser postos de lado: é difícil permanecer neutro em condições de política intensa. (Os planejadores poderem ficar acima da briga e fazer algum tipo de "análise do parceiro" objetiva é, em nossa opinião e conforme discutimos no Capítulo 3, pura tolice.) No entanto, do mesmo modo, a análise abertamente partidária dificilmente pode ser considerada trabalho regular dos planejadores (exceto quando formalmente representam um lado específico). Como concluímos no Capítulo 4, há períodos, especialmente durante mudanças difíceis, em que a política desorganizadora pode ser mais funcional para as organizações do que o planejamento ordenado.

Organizações com culturas fortes, enraizadas em histórias diferenciadas, tendem a induzir a um forte comprometimento de seu pessoal e, por isso – reintroduzindo a questão sobre cálculo *versus* comprometimento levantada no Capítulo 4 – a diminuir sua propensão a aceitar a natureza calculista do planejamento. O planejamento formal pode parecer excessivamente impessoal e tecnocrático nessas organizações ideológicas, que preferem contar, para a coordenação, com a padronização de normas por meio de socialização e doutrinação (Mintzberg, 1983: Capítulos 11 e 21). Mesmo os planejadores canhotos podem ter dificuldades aqui, pois essas organizações tendem a desencorajar a divisão de trabalho que põe os planejadores da equipe de um lado e os operadores de linha (sem falar nos gerentes) do outro. Isso deve ser especialmente válido para planejadores cujas conclusões divergem das normas aceitas da ideologia!

Para muitas pessoas, a empresa japonesa é um exemplo perfeito da organização ideológica, pelo menos no contexto de negócio. Considere, então, algumas evidências a respeito de seu planejamento. Hayashi constatou que a maioria das empresas japonesas que estudou "tinha apenas objetivos estratégicos e nenhum programa de ação explícito"; "havia falta de tecnologia de planejamento e de previsão"; e elas "desconfiavam do planejamento corporativo em geral" (1978:221, 222). "Um executivo de planejamento disse que, em sua empresa, o planejamento corporativo consistia em identificar os principais problemas e criar uma atmosfera que conduzisse ao desenvolvimento de idéias criativas e trabalho árduo dentro da empresa" (217).

Escrevendo inicialmente em japonês para um público japonês, Ohmae concluiu que "a maioria das grandes corporações americanas é administrada como a economia soviética", com ênfase em planos centrais e detalhes com os quais eles explicam as expectativas para as ações dos gerentes. Em sua visão, esta é "uma maneira visivelmente efetiva de matar a criatividade e o empreendedorismo nos membros da organização" (1982:224). Em contraste, ele descreveu a empresa japonesa como "menos planejada, menos rígida, mas mais orientada para a visão e a missão do que as organizações ocidentais" (225), indicações de sua orientação ideológica.

Planejamento em culturas diferentes

Como um último ponto, vamos considerar o efeito da cultura nacional sobre a propensão a se engajar em planejamento, pois existem evidências de que alguns países são mais inclinados a preferi-lo que outros, talvez devido a uma predisposição a determinadas formas relacionadas de organização.

Acabamos de discutir o exemplo das empresas japonesas que, preferindo uma cultura interna forte, parecem desencorajar o planejamento de ações até certo ponto. É interessante que Ohmae, na passagem citada acima, ao mesmo tempo em que associou as empresas japonesas com menos planejamento de ações, também tenha associado tanto o governo soviético como a empresa americana com mais planejamento. Poderíamos ter esperado isso dos extintos regimes comunistas, cujo sistema político era baseado em tal planejamento. Poderíamos até ter esperado isso dos franceses, que há muito têm um caso de amor com a forma cartesiana de pensamento, ou dos alemães e dos suíços, devido a sua preferência por estrutura ordenada. Todavia, por que isso aconteceria, no caso dos pragmáticos americanos, com uma ideologia política que é ostensivamente tão contrária ao planejamento central?

Que a relação existe, dificilmente é uma questão de opinião: nossa discussão deixou isso bem claro. A América é onde a escola de planejamento primeiro criou raízes e cresceu: é onde a General Electric e a Texas Instruments foram as primeiras com planejamento de ações, onde a ITT foi a primeira com controle de desempenho, onde o governo federal foi o primeiro com o SPPO. A América é que gerou a maioria da vasta literatura de planejamento, que deu origem às enormes sociedades de planejamento, que criou a maioria das *boutiques* de consultoria em estrátegia.

Em um estudo internacional, Steiner e Schollhammer (1975) constataram que o planejamento era mais comum e mais formalizado nos Estados Unidos, seguidos de perto por Inglaterra, Canadá e Austrália, com o Japão e a Itália no outro extremo da escala (a Itália, talvez, desencorajada por sua política difusa assim como por sua alta incidência de empresas empreendedoras). Assim, a propensão parece ser não só americana, mas anglo-saxônica, embora os americanos certamente tenham estado na frente.[21]

Como explicar isso? Talvez seja um reflexo do caso de amor americano (e anglo-saxônico em geral) com a "administração profissional", que talvez reflita ele próprio uma obsessão pelo controle – ter sob nosso controle, como pessoas,

---

[21] Al-Bazzaz e Grinyer (1981:163) também constataram que os suíços estavam lá no alto com os americanos, à frente dos britânicos. Rieger (1986) também discutiu o "fatalismo" como um fator que desencoraja o planejamento em algumas culturas, como a hindu e a islâmica.

em primeiro lugar, coisas físicas, em seguida, coisas sociais e, finalmente, as outras pessoas. Ou talvez a atenção ao planejamento reflita simplesmente a busca de maneiras para gerenciar as organizações gigantes que a América gerou por outros meios (isto é, iniciativa empreendedora). Em outras palavras, o planejamento pode representar o esforço para explorar o tamanho pela programação sistemática de estratégias (uma conclusão consistente com a análise de Chandler [1962 e 1977] da evolução da grande empresa americana). Neste caso, acreditamos – e argumentamos em todo este livro – que tem sido um esforço fracassado e terrivelmente dispendioso (cujo efeito completo, em nossa opinião, ainda não foi sentido).

Para concluir este livro, nossa discussão deixou claro que o "planejamento estratégico" não funcionou, que a forma (a "racionalidade" do planejamento) não está de acordo com a função (as necessidades de geração de estratégia). O planejamento nunca foi "a melhor maneira". Ainda assim, repensado como programação estratégica, ele pode às vezes ser uma boa maneira. Ele tem um importante papel a desempenhar nas organizações, da mesma forma que os planos e os planejadores, quando combinados com os contextos apropriados. O planejamento em demasia pode nos levar ao caos, mas o mesmo aconteceria com o planejamento de menos, e mais diretamente.

Aprendemos muito nesta ampla discussão. Várias décadas de experiência com o planejamento estratégico nos ensinaram sobre a necessidade de afrouxar o processo de formação de estratégia em vez de tentar lacrá-lo através de formalização arbitrária. Por meio de todas as partidas falsas e retórica excessiva, com certeza aprendemos o que o planejamento não é e o que não pode fazer. Contudo, também aprendemos o que o planejamento é e pode fazer e, talvez mais proveitoso, o que os próprios planejadores podem fazer além de planejar. Também aprendemos sobre nossa necessidade de solidificar nosso entendimento descritivo de fenômenos complexos – e enfrentar nossa ignorância em relação a eles – antes de saltarmos para a prescrição. Somente quando reconhecemos nossas fantasias, começamos a apreciar as maravilhas da realidade. E, por ironia, nossas experiências com planejamento estratégico nos ajudaram a desenvolver um pouco desse entendimento, mesmo que inadvertidamente. Com isso, concuímos que este longo exercício teve seus benefícios, tanto planejados quanto não-planejados.

Referências

Abell, D. F. "Strategic Windows." *Journal of Marketing* (July 1978:21-26).
Abell, D. F., and Hammond, J. S. *Strategic Market Planning* (Englewood Cliffs, NJ: Prentice-Hall, 1979).
Abernathy, W. J., and Utterback, J. M. "Innovation Over Time: Patterns of Industrial Innovation." *Technology Review* (June/July 1978).
Ackerman, R. W. Role of the Corporate Planning Executive (documento, Graduate School of Business Administration, Harvard University, 1972).
_____. *The Social Challenge to Business* (Cambridge, MA: Harvard University Press, 1975).
Ackoff, R. L. *A Concept of Corporate Planning* (New York: Wiley, 1970).
_____. "Science in the Systems Age: Beyond IE, OR, and MS." *Operations Research* (XXI, 1973:661-671).
_____. "Beyond Prediction and Preparation." *Journal of Management Studies* (XX, l[January], 1983:59-69).
Aguilar, F. J. *Scanning the Business Environment* (New York: Macmillan, 1967).
Al-Bazzaz, S. J., and Grinyer, P. H. "Corporate Planning in the U.K.: The State of the Art in the 70s." *Strategic Management Journal* (II, 1981:155-168).
_____. "How Planning Works in Practice: A Survey of 48 U.K. Companies." In D. E. Hussey, ed., *The Truth About Corporate Planning* (Oxford: Pergamon Press, 1983:211-236).
Allaire, Y., and Firsirotu, M. "Theories of Organizational Culture." *Organizational Studies* (V, 3, 1984:193-226).
_____. Shaping the Firm's Destiny: Strategic Thinking and Planning for the Modern Corporation (documento, Université du Québec à Montréal, January 1988).
_____. "Coping with Strategic Uncertainty." *Sloan Management Review* (XXX, 3, Spring 1989:7-16).
_____. "Strategic Plans as Contracts." *Long Range Planning* (23, 1, 1990:102-115).
Allen, M. G. "Diagramming GE'S Planning for What's Watt." *Planning Review* (V, 5[September], 1977:3-9).
_____. "Strategic Management Hits Its Stride." *Planning Review* (September 1985:6-9, 45).
Allio, R. J. "GE = Giant Entrepreneur?" (Entrevista com o planejador da GE M. A. Carpenter) *Planning Review* (January 1985:18-21, 46).
_____. "Forecasting: The Myth of Control." *Planning Review* (May 1986:6-11).
Allison, G. T. *Essence of Decision: Explaining the Cuban Missile Crisis* (Boston, MA: Little, Brown, 1971).
American Hospital Association, Department of Hospital Planning and Society for Hospital Planning. *Compendium of Resources for Strategic Planning in Hospitals* (Chicago, IL: 1981).
Andrews, F. "Management: How A Boss Works in Calculated Chaos." *The New York Times* (October, 29 1976).

Andrews, K. R. *The Concept of Corporate Strategy* (Homewood, IL.: Irwin, editions 1971, 1980, 1987).

Ansoff, H. I. "A Quasi-Analytical Approach of the Business Strategy Problem." *Management Technology* (IV, 1[June], 1964:67-77).

———. *Corporate Strategy* (New York: McGraw-Hill, 1965).

———. The Evolution of Corporate Planning (trabalho, Reprint #342, Graduate School of Industrial Administration, Carnegie-Mellon University, 1967).

———. "Managing Strategic Surprise by Response to Weak Signals." *California Management Review* (XVIII, 2, Winter 1975a:21-33).

———. An Applied Managerial Theory of Strategy Behavior (documento, European Institute for Advanced Studies in Management, Brussels, 1975b).

———. "The State of Practice in Planning Systems." *Sloan Management Review* (Winter 1977:1-24).

———. *Strategic Management* (London: Macmillan, 1979a).

———. The Changing Shape of the Strategic Problem (trabalho, European Institute for Advanced Studies in Management, Brussels, 1979b).

———. *Implanting Strategic Management* (Englewood Cliffs, NJ: Prentice-Hall, 1984).

———. "The Emerging Paradigm of Strategic Behavior." *Strategic Management Journal* (VIII, 1987:501-515).

———. *The New Corporate Strategy* (New York: Wiley, 1988).

Ansoff, H. I., and Brandenburg, R. C. "A Program of Research in Business Planning." *Management Science* (XIII, 6, 1967:B219-B239).

Ansoff, H. I., and Hayes, R. L. From Strategic Planning to Strategic Management, Management Under Discontinuity. (Atas de uma conferência no INSEAD, Fontainebleau, 1975.).

Ansoff, H. I., Avner, J., Brandenburg, R. C., Portner, F. E., and Radosevich, R. "Does Planning Pay? The Effect of Planning on Success of Acquisitions in American Firms." *Long Range Planning* (III, 2[December], 1970:2-7).

Ansoff, H. I., Eppink, J., and Gomer, H. Management of Strategic Surprise and Discontinuity: Problem of Managerial Decisiveness (documento, European Institute for Advanced Studies in Management, Brussels, 1975).

Anthony, R. N. *Planning and Control Systems: A Framework for Analysis* (Division of Research, Graduate School of Business Administration, Harvard University, 1965).

Armstrong, J. S. "The Value of Formal Planning for Strategic Decisions: Review of Empirical Research." *Strategic Management Journal* (III, 1982:197-211).

Barnard, C. I. *Organization and Management: Selected Papers* (Cambridge, MA: Harvard University Press, 1948).

Barreyre, P. Y. "The Management of Innovation in Small and Medium-Sized Industries." *International Studies of Management and Organization* (Fall/Winter 1977/1978:76-98).

Bartlett, F. C. *Remembering* (Cambridge: The University Press, 1932).

Bass, B. M. "When Planning for Others." *Journal of Applied Behavioral Science* (VI, 2[April/May/June], 1970:151-171).

Baughman, J. P. Problems and Performance of the Role of Chief Executive in the General Electric Company, 1882-1974 (documento, Graduate School of Business Administration, Harvard University, 1974).

Baum, H. S. *Planners and Public Expectations* (Cambridge, MA: Schenkman, 1983).

Bello, F. "The Magic that Made Polaroid." *Fortune* (April 1959:124-164).

Bennett, R. C., and Cooper, R. G. "The Misuse of Marketing: An American Tragedy." *Business Horizons* (November-December 1981:51-61).

Benningson, L. A., and Schwartz, H. M. *Implementing Strategy: The CEO's Change Agenda* (The MAC Group, Boston, 1985).

Benveniste, A. *The Politics of Expertise* (Berkeley, CA: Glendessary Press, 1972:105-118).

Berg, N. "Strategic Planning in Conglomerate Companies." *Harvard Business Review* (May/June 1965:79-92).

Berle, A. A., Jr., and Means, G. C. *The Modern Corporation and Private Property*, rev. ed. (New York: Harcourt, Brace, 1968).

Blass, W. P. "Optimizing the Corporate Planning Function."In *The Strategic Management Handbook*, K. J. Albert, ed. (New York: McGraw-Hill, 1983:Chapter 6).

Bolan, R. S. "Mapping the Planning Theory Terrain." In O. R. Godschalk, ed., *Planning in America: Learning from Turbulence* (American Institute of Planners, 1974:13-34).

Boston Consulting Group Inc. (The) *The Experience Curve Reviewed: IV, The Growth Share Matrix or the Product Portfolio* (panfleto, 1973).

Bourgeois, L. J., III. "Strategy and Environment: A Conceptual Integration." *Academy of Management Review* (V, 1, 1980a:25-39).

_____. "Performance and Consensus." *Strategic Management Journal* (I, 1980b:227-248).

Bourgeois, L. J., III, and Brodwin, D. R. "Strategic Implementation: Five Approaches to an Elusive Phenomenon." *Strategic Management Journal* (5, 1984:241-264).

Bower, J. L. *Managing the Resource Allocation Process: A Study of Planning and Investment* (Boston: Graduate School of Business Administration, Harvard University, 1970a).

_____. "Planning Within the Firm." *The American Economic Review, Papers and Proceedings* (1970b:186-194).

Boyd, B. K. "Strategic Planning and Financial Performance: A Meta-Analytical Review." *Journal of Management Studies* (XXVIII, 4[July], 1991:353-374).

Bracker, J. S., and Pearson, J. N. "Planning and Financial Performance of Small, Mature Firms." *Strategic Management Journal* (VII, 1986:503-522).

Bracker, J. S., Barbara, K. W. and Pearson, J. N. "Planning and Financial Performance Among Small Firms in a Growth Industry." *Strategic Management Journal* (IX, 1988:591-603).

Braybrooke, D., and Lindblom, C. E. *A Strategy of Decision* (New York: Free Press, 1963).

Bresser, R. K., and Bishop, R. C. "Dysfunctional Effects of Formal Planning: Two Theoretical Explanations." *Academy of Management Review* (VIII, 4, 1983:588-599).

Broms, H., and Gahmberg, H. *Semiotics of Management* (Helsinki School of Economics, 1987).

Brunsson, N. *Propensity To Change: An Empirical Study of Decisions on Reorientations* (Goteborg, BAS, 1976).

_____. "The Irrationality of Action and the Action Rationality: Decisions, Ideologies, and Organizational Actions." *Journal of Management Studies* (1, 1982:29-44).

Bryson, J. M. *Strategic Planning for Public and Nonprofit Organizations* (San Francisco: Jossey-Bass, 1988).

Bryson, J. M., and Einsweiler, R. C. Introduction. *Journal of the American Planning Association* (LIII, 1 [Winter], 1987:6-8).

Bryson, J. M., and Roering, W. D. "Applying Private-Sector Strategic Planning in the Public Sector." *Journal of the American Planning Association* (LIII, 1[Winter], 1987:9-22).

Bunge, M. *Intuition and Science* (Westport, CT: Greenwood Press, 1975, © 1972).

Burgelman, R. A. "A Process Model of Internal Corporate Venturing in the Diversified Major Firm." *Administrative Science Quarterly* (XXVIII, 1983a:223-244).

_____. "A Model of the Interaction of Strategic Behavior, Corporate Context, and the Concept of Strategy." *Academy of Management Review* (VIII, 1, 1983b:61-70).

_____. "Corporate Entrepreneurship and Strategic Management: Insights from a Process Study" *Management Science* (XXIX, 12, 1983c:1349-1364).

_____. Action and Cognition in Strategy-Making: Findings on the Interplay of Process and Content in Internal Corporate Ventures (documento, #703, Graduate School of Business, Stanford University, 1984a).

_____. Managing the Internal Corporate Venturing Process: Some Recommendations for Practice (documento, Graduate School of Business, Stanford University, 1984b).

_____. "Strategy Making as a Social Learning Process: The Case of Internal Corporate Venturing." *Interfaces* (18:3, May-June 1988:74-85).
Business Week. Texas Instruments Cleans up its Act (September 19, 1983:56-64).
_____. The New Breed of Strategic Planner (September, 17 1984a:62-66, 68).
_____. TI: Shot Full of Holes and Trying to Recover (November, 5 1984b:82-83).
Camillus, J. C. "Corporate Strategy and Executive Action: Transition Stages and Linkage Dimensions." *Academy of Management Review* (VI, 2, 1981:253-259).
Cannon, J. T. *Business Strategy and Policy* (New York: Harcourt, Brace, 1968).
Capon, N., and Spogli, J. R. "Strategic Marketing Planning: A Comparison and Critical Examination of Two Contemporary Approaches." In A. J. Rowe, R. O. Mason, K. E. Dickel (eds.), *Strategic Management and Business Policy: A Methodological Approach* (Reading, MA: Addison-Wesley, 1982:165-171).
Caropreso, F., ed. Getting Value from Strategic Planning; Highlights of a Conference (New York, The Conference Board, 1988).
Carrance, F. "Les Outils de Planification Stratégique au Concrèt" (Paris, Tese de Doutorado, Centre de Recherche en Gestion, Ecole Polytechnique, 1986).
Chakraborty, S., and David, G. S. "Why Managers Avoid Planning." *Planning Review* (May 1979:17-35).
Chakravarthy, B. S. "Adaptation: A Promising Metaphor for Strategic Management." *Academy of Management Review* (VII, 1, 1982:35-44).
_____. "On Tailoring a Strategic Planning System to its Context: Some Empirical Evidence." *Strategic Management Journal* (8, 1987:517-534).
Chamberlain, N. W. *Enterprise and Environment* (New York: McGraw-Hill, 1968).
Chandler, A. D., Jr. *Strategy and Structure: Chapter in the History of the Industrial Enterprise* (Cambridge, MA: MIT Press, 1962).
_____. *The Visible Hand* (Cambridge, MA: The Belknap Press of Harvard University Press, 1977).
Chandler, A. D., Jr., and Sayles, L. R. *Managing Large Systems* (New York: Harper & Row, 1971).
Channon, D. F. *Business Strategy and Policy* (New York: Harcourt, Brace and World, 1968).
_____. "Prediction and Practice in Multinational Strategic Planning." *Long Range Planning* (IX, 2[April], 1976:50-57).
_____. "Commentary." In D. E. Schendel and C. W. Hofer, eds., *Strategic Management* (Boston: Little, Brown, 1979:122-133).
Chapman, R. B., and Gabrielli, R. J. "Army Planning, Programming and Budgeting." In R. L. Cook, ed., *Army Command and Management: Theory and Practice, Volume II* (Carlisle Barracks, PA: US Army War College, 1976-1977:Chapter 12).
Cho, Y. H. Response to Peter May. *Public Administration Review* (March-April 1989:212).
Christensen, C. R., Andrews, K. R., Bower, J. L., Hamermesh, G., and Porter, M. E. *Business Policy: Text and Cases* Fifth edition (Homewood, IL.: Irwin, 1982).
Churchman, C. W. *The Systems Approach* (New York: Delacorte Press, 1968).
Clark, D. L. "In Consideration of Goal-Free Planning: The Failure of Traditional Planning Systems in Education." In D. L. Clark, Sue McKibbin, M. Malkas, eds. *New Perspectives on Planning in Educational Organizations* (Far West Laboratory, 1980).
Clausewitz, C. von. *On War*, Revised Edition, Volume I, II, III, Traduzido por J. J. Graham (London: Routledge and Kegan Paul, 1966).
Coffey, W. *303 of the World's Worst Predictions* (NY: Tribeca, 1983).
Cohen, M. D., and March, J. G. "Decisions, Presidents, and Status." In J. G. March and J. P. Olsen, eds., *Ambiguity and Choice in Organizations* (Bergen, Norway: Universitetsforlaget, 1976).
Cohen, S. M. "For G.E., Planning Crowned with Success" (entrevista com o planejador da GE, W. E. Rothschild). *Planning Review* (Março 1982:8-11).
Cohen, S. S. *Modern Capitalist Planning: The French Model* (Berkeley, CA: University of California Press, 1977).

Collier, D. "How to Implement Strategic Plans." *Journal of Business Strategy* (Winter 1984:92-96).
Collier, J. R. *Effective Long Range Business Planning* (Englewood Cliffs, NJ: Prentice-Hall, 1968).
Cooper, C. L. "Policy Planning – National and Foreign." In *Commission on the Organization of the Government for the Conduct of Foreign Policy, Volume 2, Appendix F* (United States Government Printing Office, June 1975:228-233).
Corpio, D., Cohen, B., Elred, J., Gangavane, V., Greiner, J., Hall, J., Jayaraman, L. L., Joylekar, P., Levine, R., Noad, A., Prasow, S., Sagasti, F., and Smith, F. "A Student Appraisal of the Proposed Guidelines for Operations Research." *Management Science* (18, 1972:B618-B625).
Curtis, C. P., and Greenslet, F. *The Practical Cogitator* (Boston, MA: Houghton Mifflin, 1945).
Cyert, R. M., and March, J. G. *A Behavioral Theory of the Firm* (Englewood Cliffs, NJ: Prentice-Hall, 1963).
Davidson, D. "Dirty Hands and the Ivory Tower." *Interfaces* (7, 1977:31-33).
Davis, K. "Management Comments and the Grapevine." *Harvard Business Review* (September/October 1953:43-49).
de Geus, A. P. "Planning as Learning." *Harvard Business Review* (March/April 1988:70-74).
De Monthoux, P. G. "Modernism and the Dominating Firm" (documento preparado no seminário da Young and Rubicam, Convergences et divergences culturelles en Europe, Paris, 1989).
de Montigny, J. Revisão da palestra de Harold Lardner, "Organizations and Misdirections." *Bulletin of the Canadian Operational Research Society* (1972:5).
Denis, J-L., Langley, A., and Lozeau D., "Formal Strategy in Hospitals," *Long Range Planning* (XXIV, 1, 1991:71-82).
Denning, B. W. "Strategic Environmental Appraisal." *Long Range Planning* (6, 1, March, 1973:22-27).
Denning, B. W., and Lehr, M. E. "The Extent and Nature of Corporate Long-Range Planning in the United Kingdom II." *The Journal of Management Studies* (IX, 1, 1972:1-18).
deVillafranca, J. Patterns in Strategic Change: The Evolutionary Model Versus the Revolutionary Model (documento do curso Ph.D. Management Policy, McGill University, 1983a).
_____. Review and Comparison: Corporate Planning: An Executive Viewpoint by P. Lorange and Challenging Strategic Planning Assumptions by R. O. Mason and J. J. Mitroff (documento do curso Ph.D. em Management Policy, McGill University, 1983b).
Devons, E. *Papers on Planning and Economics Management*, Sir Alec Cairncross, ed. (Manchester: Manchester University Press, 1970).
_____. *Planning in Practice, Essays in Aircraft Planning in War-Time* (Cambridge: The University Press, 1950).
Dill, W. R. "Commentary." In D. E. Schendel and C. W. Hofer, eds., *Strategic Management: A New View of Business Policy and Planning* (Boston, MA: Little, Brown, 1979).
Dimma, W. A. "Competitive Strategic Planning." *Business Quarterly* (50, 1 [Spring], 1985:22-26).
Dionne, J. "Creativity, Planning, and Running a Business." In F. Caropreso, *Getting Value from Strategic Planning: Highlights of a Conference* (New York: The Conference Board, 1988).
Dirsmith, M. W., Jablonsky, S. F., and Luzi, A. D. "Planning and Control in the U.S. Federal Government: A Critical Analysis of PPB, MBO, and ZBB." *Strategic Management Journal* (I, 1980:303-329).
Doktor, R. H. "Problem Solving Styles of Executives and Management Scientists." *TIMS Studies in the Management Sciences* (VIII, 1978:123-134).
Doktor, R. H., and Bloom, D. M. "Selective Lateralization of Cognitive Style Related to Occupation as Determined by EEG Alpha Asymmetry." *Psychophysiology* (1977:385-387).

Doktor, R. H., and Hamilton, W. F. "Cognitive Style and the Acceptance of Management Science Recommendations." *Management Science* (XIX, 8[April], 1973:884-894).

Donnelly, J. H., Gibson, J. L., and Ivancevich, J. M. *Fundamentals of Management, Functions-Behavior-Models* 4th edition (Plano, TX: BPI, 1981).

Doyle, P., and Lynch, J. E. "A Strategic Model for University Planning." *Journal of Operational Research* (XXX, 1979:603-609).

Dror, Y. *Ventures in Policy Sciences* (New York: American Elsevier, 1971).

Drucker, P. F. "Long-Range Planning." *Management Science* (April 1959:238-249).

_____. *Management: Tasks, Responsibilities, and Practices* (New York: Harper & Row, 1973).

Dubé, C. The Department of National Defence and the Defence Strategies from 1945 to 1970 (Tese de MBA, McGill University, 1973).

Dube, C. S., and Brown, A. W. "Strategic Assessment: A Rational Response to University Cutbacks." *Long-Range Planning* (XVI, 1983:105-113).

Duffy, M. F. "ZBB, MBO, PPB and Their Effectiveness Within the Planning/Marketing Process." *Strategic Management Journal* (X, 1989:163-173).

Durand, T. Strategic Planning In French Industry (documento, Ecole centrale de Paris, 1984).

Dyson, K. H. F. "Improving Policy-making in Bonn: Why the Central Planners Failed." *The Journal of Management Studies* (May 1975:157-174).

Edelman, F. "Four Ways to Oblivion – A Short Course in Survival." *Interfaces* (II, 4[August] 1972:14-17).

Eigerman, M. R. "Who Should Be Responsible for Business Strategy?" *The Journal of Business Strategy* (November/December 1988:40-44).

Ekman, B. "The Impact of the Environment of Planning Technology." In E. Shlefer, ed. *Proceedings of the XX International Meeting* (The Institute of Management Sciences, Tel Aviv, Israel: Jerusalem Academic Press, 1972).

Emery, F. E., and Trist, E. L. "The Causal Texture of Organizational Environments." *Human Relations* (XVIII, 1965:21-32).

Emshoff, J. R. "Planning the Process of Improving the Planning Process: A Case Study in Meta-Planning." *Management Science* (XXIV, 11[July], 1978:1095-1108).

Emshoff, J. R., and Freeman, R. E. "Who's Butting Into Your Business?" *Wharton Magazine* (IV, Fall 1979:44-59).

Engledow, J. L., and Lenz, R. T. The Evolution of Environmental Analysis Units in Ten Leading Edge Firms (documento, Strategy Research Center, Graduate School of Business, Columbia University, New York, 1984).

_____. "Whatever Happened to Environmental Analysis?" *Long Range Planning* (XVIII, 2, 1985:93-106).

Enthoven, A. C. Annex A in D. Novick's "Long-Range Planning Through Program Budgeting". In E. Jantsch, ed., *Perspectives of Planning* (Paris: OECD, 1969a:271-284).

_____. "Analysis, Judgment and Computers: Their Use in Complex Problems." *Business Horizons* (XII, 4[August], 1969b:29-36).

Fahey, L. "On Strategic Management Decision Processes." *Strategic Management Journal* (2, 1981:43-60).

Fahey, L. "Review of *The New Corporate Strategy* by H. I. Ansoff." *Academy of Management Review* XIV, 3, 1989:459-460.

Fahey, L., King, W. R., and Narayanan, V. K. "Environment Scanning and Forecasting in Strategic Planning – The State of the Art." *Long Range Planning* (XIV, February, 1981:32-38).

Fayol, H. *General and Industrial Management* (London: Pitman, 1949:43-53; publicado inicialmente em 1916).

Feld, M. D. "Information and Authority: The Structure of Military Organization." *American Sociological Review* (XXIV, 1, 1959:15-22).

Fincher, J. *Human Intelligence* (New York: Putnam's, 1976).

Forbes magazine, Edwin Land, "People Should Want More out of Life..." (June 1, 1975:50).
Forrester, J. W. *Industrial Dynamics* (Cambridge, MA: MIT Press, 1961).
_____. "Reflections on the Bellagio Conference." In E. Jantsch, ed., *Perspectives of Planning* (Paris: OECD, 1969a:503-510).
_____. "Planning Under the Dynamic Influences of Complex Social Systems." In E. Jantsch, ed., *Perspectives of Planning* (Paris: OECD, 1969b, 237-254).
_____. *Urban Dynamics* (Cambridge, MA: MIT Press, 1969c).
_____. *World Dynamics* (Wright-Allen Press, 1973).
_____. "The Counter-Intuitive Behavior of Social Systems." In *Collective Papers of J. W. Forrester* (Cambridge, MA: Wright-Allen Press, 1975).
_____. "What Do Planning Analysts Do? Planning and Policy Analysis as Organizing." *Policy Studies Journal* (Special Issue 2, 1980/81:595-604).
Foster, M. J. "The Value of Formal Planning for Strategic Decisions: A Comment." *Strategic Management Journal* (VII, 1986:179-182).
Franklin, S. G., Rue, L. W., Boulton, W. R., and Lindsay, W. M. "A Grass Roots Look at Corporate Long-Range Planning Practices." *Managerial Planning* (May/June 1981:13-18).
Fredrickson, J. W. "The Comprehensiveness of Strategic Decision Processes: Extension, Observations, Future Directions." *Academy of Management Journal* (September 1984:445-466).
Fredrickson, J. W., and Mitchell, T. R. "Strategic Decision Processes: Comprehensiveness and Performance in an Industry within an Unstable Environment." *Academy of Management Journal* (XXVII, 1984:399-423).
Freeman, R. E. *Strategic Management: A Stakeholder Approach* (London: Pitman, 1984).
French, R. *How Ottawa Decides: Planning and Industrial Policy-Making 1968– 1980* (Toronto: J. Lorimer, 1980).
Friedman, J. "A Conceptual Model for the Analysis of Planning Behavior." *Administration Science Quarterly* (XII, 1967-68:225-252).
Fulmer, R. M., and Rue, L. W. "The Practice and Profitability of Long-Range Planning." *Managerial Planning* (1974:1-7).
Galbraith, J. K. *The New Industrial State* (Boston, MA: Houghton Mifflin, 1967).
Galbraith, J. R., and Nathanson, D. A. *Strategy Implementation: The Role of Structure and Process* (St. Paul, MN: West, 1978).
George, C. *The History of Management Thought* (Englewood Cliffs, NJ: Prentice–Hall, 1972).
Gershefski, G. W. "Corporate Planning Models – The State of the Art." *Managerial Planning* (1969:31-35).
Ghoshal, S., and Westney, D. E. "Organizing Competitor Analysis Systems." *Strategic Management Journal* (12, 1991:17-31).
Gilmore, F. F. *Formulation and Advocacy of Business Policy* (Ithaca, NY: Cornell University, 1970, 1st edition 1968).
Gilmore, F. F., and Brandenburg, R. G. "Anatomy of Corporate Planning." *Harvard Business Review* (November/December 1962:61-69).
Gimpl, M. L. and Dakin, S. R. "Management and Magic." *California Management Review* (Fall 1984:125-136).
Ginter, P. M., Rucks, A. C., and Duncan, W. J. "Planners' Perceptions of the Strategic Management Process." *Journal of Management Studies* (XXII, 1985:581-596).
Gluck, F. W., Kaufman, S. P., and Walleck, A. S. "Strategic Management for Competitive Advantage." *Harvard Business Review* (July/August 1980:154-161).
Glueck, W. F. *Business Policy: Strategy Formation and Management Action* (New York: McGraw-Hill, 1976).
Gluntz, P. The Introduction of Corporate Planning as a Cultural Change (documento, CFSM, Agosto 1971).
Glynn, L. "An Embattled General Sues for Peace." *Maclean's* (March 4, 1985:48).
Godet, M. *Scenarios and Strategic Management* (London: Butterworths, 1987).

Gomer, H. Corporate Planning in Action (documento de doutorado, Institut d'Administration des Enterprises, Université de Grenoble, 1973).

_____. L'Utilization des systèmes formèls de planification d'entreprise face à la "Crise Petrolière" (Thèse doctorat troisième cycle, Institut d'Administration des Entreprises, Université de Grenoble, 1974).

_____. The Functions of Formal Planning Systems in Response to Sudden Change in the Environment (documento de doutorado, Graduate School of Business Administration, Harvard University, 1976).

Goold, M. Strategic Control Processes (documento, Strategic Management Center, London, 1990).

Goold, M., and Quinn, J. J. "The Paradox of Strategic Controls." *Strategic Management Journal* (11, 1990:43-57).

Gray, D. H. "Uses and Misuses of Strategic Planning." *Harvard Business Review* (January/February 1986:89-97).

Grinyer, P. H., and Norburn, D. "Strategic Planning in 21 U.K. Companies." *Long Range Planning* (August 1974:80-88).

_____. "Planning for Existing Markets." *International Studies of Management and Organization* (Fall/Winter 1977/78:99-122).

Grinyer, P. H., and Spender, J.-C. "Recipes, Crises, and Adaptation in Mature Business." *International Studies of Management and Organization* (IX, 3, 1979:113-133).

Grossman, S. D., and Lindhe, R. "The Relationship Between Long-Term Strategy and Capital Budgeting." *The Journal of Business Strategy* (1984:103-105).

Guiriek, J. C., and Thyreau, A. Planification et Communication: l'Expérience d'Air France *Revue Française de Gestion* (november-december, 1984:135-139).

Gupta, A. The Process of Strategy Formation: A Descriptive Analysis (tese de doutorado (Boston, MA: Graduate School of Business Administration, Harvard University, 1980).

Hafsi, T., and Thomas, H. Planning Under Uncertain and Ambiguous Conditions: The Case of Air France (documento, Graduate School of Business, University of Illinois, 1985).

Halberstam, D. *The Best and The Brightest* (New York: Random House, 1972).

Hall, R. I. "A System Pathology of an Organization: The Rise and Fall of the Old Saturday Evening Post." *Administration Science Quarterly* (XXI, June 1976:185-211).

Hall, R. I., and Menzies, W. "A Corporate System Model of a Sports Club: Using Simulation as an Aid to Policy Making in a Crisis." *Management Science* (XXIX, 1983:52-64).

Hall, W. K. "Strategic Planning Models: Are Top Managers Really Finding Them Useful?" *Journal of Business Policy* (III, 2[Winter] 1972/73:33-42).

Hamermesh, R. G. *Making Strategy Work* (New York: Wiley, 1986).

Hardy, C. *Organizational Closure: A Political Perspective* (tese de doutorado, School of Industrial and Business Studies, University of Warwick, 1982).

_____. "Using Content, Context, and Process to Manage University Cutbacks." *Canadian Journal of Higher Education* (XVII, 1, 1987:65-82).

Hardy, C., Langley, A., Mintzberg, H., and Rose, J. "Strategy Formation in the University Setting." In J. Bess, ed., *College and University Organization: Insights for the Behavioral Sciences* (New York: New York University Press, 1984:169-210).

Hax, A. C., and Majluf, N. S. *Strategic Management: An Integrative Approach* (Englewood Cliffs, NJ: Prentice-Hall, 1984).

Hayashi, K. "Corporate Planning Practices in Japanese Multinationals." *Academy of Management Journal* (XXI, 2, 1978:211-226).

Hayek, F. A. *The Road to Serfdom* (Chicago, IL: The University of Chicago Press, 1944).

Hayes, R. H. "Strategic Planning – Forward in Reverse?" *Harvard Business Review* (November/December 1985:111-119).

Hayes, R. H., Wheelwright, S. C., and Clark, K. B. *Dynamic Manufacturing* (New York: Free Press, 1988).

Hedberg, B. L. T., and Jonsson, S. A. "Strategy Formation as a Discontinuous Process." *International Studies of Management and Organization* (VII, 2, Summer 1977:88-109).
Heirs, B., and Pehrson, G. *The Mind of the Organization* (New York: Harper & Row, 1982).
Hekhuis, D. J. Commentary. In D. E. Schendel and C. W. Hofer, eds., *Strategic Management: A New View of Business Policy and Planning* (Boston, MA: Little, Brown, 1979).
Hekimian, J. A., and Mintzberg, H. "The Planning Dilemma." *Management Review* (May 1968:4-17).
Henderson, B. D. *On Corporate Strategy* (Cambridge, MA: Abt Books, 1979).
Herold, D. M. "Long-Range Planning and Organizational Performance: A Cross Valuation Study." *Academy of Management Journal* (March 1972:91-102).
Hertz, D. B., and Thomas, H. "Risk Analysis: Important New Tool for Business Planning." In R. B. Lamb, ed., *Competitive Strategic Management* (Englewood Cliffs, NJ: Prentice-Hall, 1984:597-610).
Higgins, R. B. "Reunite Management and Planning." *Long Range Planning* (August 1976:40-45).
Higgins, R. B., and Diffenbach, J. "The Impact of Strategic Planning on Stock Prices." *Journal of Business Strategy* (6, 2, Fall 1985:64-72).
Hilsman, R. "Policy-Making Is Politics." In J. N. Rosenau, ed., *International Politics and Foreign Policy* (New York: Free Press, 1969:232-238).
Hines, T. "Left Brain/Right Brain Mythology and Implications for Management and Training." *Academy of Management Review* (12, 4, 1987:600-606).
Hitch, C. J. *Decision-making for Defence* (Berkeley, CA: University of California Press, 1965).
Hofer, C. W., and Schendel, D. *Strategy Formulation: Analytical Concepts* (St. Paul, MN: West, 1978).
Hofstede, G. H. *Culture's Consequences, International Differences in Work-Related Values* (Beverly Hills, CA: Sage Publications, 1980).
Hogarth, R. M., and Makridakis, S. "Forecasting and Planning: An Evaluation." *Management Science* (XXVII, 2[Feb], 1981:115-138).
Holsti, O. R. "The Belief System and National Images: A Case Study." *Journal of Conflict Resolution* (VI, 3, 1962:244-251).
Hopwood, B. *What Ever Happened to the British Motorcycle Industry?* (San Leandro, CA: Haynes Publishing Co., 1981).
Horowitz, J. "Allemagne, Grande-Bretagne, France: Trois Styles de Management." *Revue Française de Gestion* (November/December 1978:45-53).
Hosmer, L. T. *Academic Strategy* (Graduate School of Business Administration, Ann Arbor, MI: University of Michigan Press, 1978).
Hrebiniak, L. G., and Joyce, W. F. *Implementing Strategy* (New York: Macmillan, 1984).
Huff, A. S. "Strategic Intelligence Systems." *Information & Management* (11, 1979:187-196).
———. "Planning to Plan." In D.L. Clark, S. McKibbin and M. Malkas, eds., *New Perspectives on Planning in Educational Organizations* (Far West Laboratory, 1980).
Huff, A. S., and Reger, R. K. "A Review of Strategic Process Research." *Journal of Management* (XIII, 2, 1987:211-236).
Hurst, D. K. "Why Strategic Management Is Bankrupt." *Organizational Dynamics* (XV, Autumm 1986:4-27).
Hussey, D., ed. *The Truth About Corporate Planning* (Oxford: Pergamon Press, 1983).
Ijiri, Y., Jaedicke, R. K., and Knight, K. E. "The Effect of Accounting Alternatives on Management Decisions." In A. Rappaport, ed., *Information for Decision-Making* (Englewood Cliffs, NJ: Prentice-Hall, 1970:421-435).
Ives, B., and Olson, M. H. "Manager or Technician? The Nature of the Information System's Manager's Job." *MIS Quarterly* (5, December d1981:49-63).
Jantsch, E., ed., *Perspectives of Planning* (Paris: OECD, 1969).
Javidan, M. "Where Planning Fails – An Executive Survey." *Long Range Planning* (XVIII, 5, 1985:89-96).

_____. "Perceived Attributes of Planning Staff Effectiveness." *Journal of Management Studies* (XXIV, 3[May], 1987:295-312).

Jelinek, M. *Institutionalizing Innovation* (New York: Praeger, 1979).

Jelinek, M., and Amar, D. Implementing Corporate Strategy: Theory and Reality (trabalho apresentado na Third Annual Conference Strategic Management Society, Paris, 1983).

Jelinek, M., and Schonhaven, C. B. *The Innovation Marathon: Lessons for High-Technology Firms* (Oxford: Basil Blackwell, 1990).

Jones, R. H. "The Evolution of Management Strategy at General Electric." In M. Zimet and R. G. Greenwood, eds., *The Evolving Science of Management* (New York: AMACOM, 1979:313-326).

Kaplan, A. *The Conduct of Inquiry* (San Francisco: Chandler Publishing, 1964).

Kast, F. E., and Rosenweig, J. E. *Organization and Management: A Systems Approach* (New York: McGraw-Hill, 1970).

Katz, D., and Kahn, R. L. *The Social Psychology of Organizations* 2nd edition (New York: Wiley, 1978).

Katz, R. L. *Cases and Concepts in Corporate Strategy* (Englewood Cliffs, NJ: Prentice-Hall, 1970).

Kaufman, J. L., and Jacobs, H. M. "A Public Planning Perspective on Strategic Planning." *Journal of the American Planning Association* (LIII, 1[Winter], 1987:23-33).

Kaufman, R., and Herman, J. *Strategic Planning in Education* (Lancaster, PA: Technomic, 1991).

Keane, J. G. "The Strategic Planning External Facilitator: Rationales and Roles." In R. B. Lamb and P. Shrivastrava, eds., *Advances in Strategic Management, Volume 3* (Greenwich, CT: JAI Press, 1985:151-162).

Kennedy, C. "Planning Global Strategies for 3M." *Long Range Planning* (XXI/I, 107[February], 1988:9-17).

Kepner, C. H., and Tregoe, B. B. *The New Rational Manager* (London: John Martin, 1980).

Kets de Vries, M. F. R. and Miller, D. *The Neurotic Organization* (San Francisco: Jossey-Bass, 1984).

Khandwalla, P. N. *The Design of Organizations* (Harcourt, Brace, 1977).

Kiechel, W., III. "Sniping at Strategic Planning." *Planning Review* (May 1984:8-11).

Kiesler, C. A. *The Psychology of Commitment: Experiments Linking Behavior to Belief* (New York: Academic Press, 1971).

King, W. R. "Evaluating Strategic Planning Systems." *Strategic Management Journal* (IV, 1983:263-277).

Kissinger, H. A. "Domestic Structure and Foreign Policy." In J. N. Rosenau, ed., *International Politics and Foreign Policy*, Revised Edition (New York: Free Press, 1969).

Klammer, T. P., and Walker, M. C. "The Continuing Increase in the Use of Sophisticated Capital Budgeting Techniques." *California Management Review* (XXVII, 1[Fall], 1984:137-148).

Koch, S. J. "Nondemocratic Nonplanning: The French Experience." *Policy Sciences 7* (1976:371-385).

Koontz, H. "A Preliminary Statement of Principles of Planning and Control." *Journal of the Academy of Management* (1, 1958:45-61).

Kotov, A. *Think Like a Grandmaster* (Trafalgar, U.K.: Batsford, 1971).

Kotler, P., and Singh, R. "Marketing Warfare in the 1980s." *Journal of Business Strategy* (Winter, 1981:30-41).

Kress, G., Koehler, G., and Springer, J. F., "Policy Drift: An Evaluation of the California Business Program." *Police Sciences Journal* (III, Special Issue, 1980:1101-1108).

Kudla, R. J. "The Effects of Strategic Planning on Common Stock Returns." *Academy of Management Journal* (XXIII, 1, 1980:5-20).

Kukalis, S. "Strategic Planning in Large US Corporations – A Survey." *OMEGA* (XVI, 5, 1988:393-404).

_____. "The Relationship Among Firm Characteristics and Design of Strategic Planning Systems in Large Organizations." *Journal of Management* (XV, 4, 1989:565-579).

_____. "Determinants of Strategic Planning Systems in Large Organizations: A Contingency Approach." *Journal of Management Studies* (XXVIII, 2, 1991:143-160).

Kundera, M. *The Unbearable Lightness of Being* (New York: Harper & Row, 1984).

Langley, A. "The Role of Rational Analysis in Organizations" (Ph.D. Theory Paper, Ecole des Hautes Etudes Commerciales de Montréal, December, 1982).

_____. *The Role of Formal Analysis in Organizations* (Tese de doutorado, Ecole des Hautes Etudes Commerciales de Montreal, 1986).

_____. "The Roles of Formal Strategic Planning." *Long Range Planning* (21, 3, 1988:40-50).

_____. "In Search of Rationality: The Purposes behind the Use of Formal Analysis in Organizations." *Administrative Science Quarterly* (XXXIV, December 1989:598-631).

Lauenstein, M. "The Strategy Audit." *Journal of Business Strategy* (IV, 3, 1984:87-91).

Laski, H. J. "The Limitations of the Expert." *Harper's Magazine* (162 [December 1930]:102-106).

Learned, E. P., Christensen, C. R., Andrews, K. R., and Guth, W. D. *Business Policy: Text and Cases* (Homewood, IL: Irwin, 1965).

Learned, E. P., and Sproat, A. T. *Organization Theory and Policy: Notes for Analysis* (Homewood, IL: Irwin, 1966).

Leavitt, H. J. "Beyond the Analytic Manager." *California Management Review* (17, 3, 1975a:5-12).

_____. "Beyond the Analytic Manager: Part II." (17, [Summer] 4, 1975b:11-21).

Leff, N. H., "Strategic Planning in an Uncertain World," *The Journal of Business Strategy* (IV[Spring], 1984:78-80).

Lenz, R. T. "Strategic Capability: A Concept and Framework for Analysis." *Academy of Management Review* (V, 2, 1980:225-234).

_____. "Environment, Strategy, Organization Structure and Performance: Patterns in One Industry." *Strategic Management Journal* (I, 1980b:209-226).

Lenz, R. T., and Engledow, J. L. "Environmental Analysis Units and Strategic Decision Making: A Field Study of Selected 'Leading-Edge' Corporations." *Strategic Management Journal* (XIX, 1986:69-89).

Lenz, R. T., and Lyles, M. A. "Paralysis by Analysis: Is Your Planning System Becoming Too Rational?" *Long Range Planning* (XVIII, 4[August], 1985:64-72).

Leontiades, M. "A Diagnostic Framework for Planning." *Strategic Management Journal* (IV, 1983:11-26).

_____. "Strategic Theory and Management Practice." *Journal of General Management* (Winter 1979-80:22-32).

Leontiades, M., and Tezel, A. "Planning Perceptions and Planning Results." *Strategic Management Journal* (I, 1980:65-75).

Levitt, T. "Marketing Myopia." *Harvard Business Review* (July/August 1960:45-56).

Lewis, W. A. *The Principles of Economic Planning* (London: Allen & Unwin, 1969).

Lewis, W. W. "The CEO and Corporate Strategy: Back to Basics." In A. C. Hax, ed., *Readings on Strategic Management* (Cambridge, MA: Ballinger, 1984:1-7).

Lindberg, E., and Zackrisson, U. "Deciding About the Uncertain: The Use of Forecasts as an Aid to Decision-Making." *Scandinavian Journal of Management* (7, 4, 1991:271-283).

Lindblom, C. E. *The Intelligence of Democracy* (New York: The Free Press, 1965).

_____. *The Policy-Making Process* (Englewood Cliffs, NJ: Prentice-Hall, 1968).

_____. "Policy Making and Planning." In *Politics and Markets: The World's Political-Economic Systems* (New York: Basic Books, 1977).

Linneman, R. E., and Kennell, J. D. "Shirt-Sleeve Approach to Long-Range Plans." *Harvard Business Review* (March/April, 1977:141-150).

Lipsky, M. "Standing the Study of Public Policy Implementation on Its Head." In W. D. Burnham and M. W. Weinberg, eds., *American Politics and Public Policy* (Cambridge, MA: MIT Press, 1978:391-402).

Litschert, R. J., and Nicholson, E. A., Jr. "Corporate Long-Range Planning Groups – Some Different Approaches." *Long Range Planning* (1974:62-66).

Loasby, B. J. "Long-Range Formal Planning in Perspective." *The Journal of Management Studies* (IV, 1967:300-308).

Lorange, P. "Formal Planning Systems: Their Role in Strategy Formulation and Implementation." In D. E. Schendel and C. W. Hofer, eds., *Strategic Management: A New View of Business Policy and Planning* (Boston, MA: Little, Brown, 1979).

_____. *Corporate Planning: An Executive Viewpoint* (Englewood Cliffs, NJ: Prentice-Hall, 1980a).

_____. Roles of the CEO in Strategic Planning and Control Processes. Em seminário sobre The Role of General Management in Strategy Formulation and Evaluation co-patrocinado por E.S.S.E.C., E.I.A.S.M. e I.A.E. (CERGY, France: April 28-30,1980b).

Lorange, P., and Vancil, R. F. *Strategic Planning Systems* (Englewood Cliffs, NJ: Prentice-Hall, 1977).

Lorange, P., Gordon, I. S., and Smith R. "The Management of Adaption and Integration." *Journal of General Management* (Summer 1979:31-41).

Lorange, P., and Murphy, D. C. "Strategy and Human Resources: Concepts and Practice." *Human Resource Management* (XXII, 1/2, 1983:111-133).

Mainer, R. The Impact of Strategic Planning on Executive Behavior (Management Consulting Division, Boston Safe Deposit and Trust Co., 1965).

Majone, G. "The Uses of Policy Analysis." In *The Future and the Past: Essays on Progress* (Russell Sage Foundation, Annual Report, 1976-1977:201-220).

_____. *Evidence, Argument and Persuasion in the Policy Process* (New Haven, CT: Yale University Press, 1989).

Majone, G., and Wildavsky, A. "Implementation as Evolution." *Policy Studies Review Annual* (II, 1978:103-117).

Makridakis, S. *Forecasting, Planning, and Strategy for the 21st Century* (New York: Free Press, 1990); também trechos do rascunho de 1979.

Makridakis, S., and Hibon, M. "Accuracy of Forecasting: An Empirical Investigation." *Journal of the Royal Statistical Society* (CXLII, Part 2 [Series A], 1979:97-145).

Makridakis, S., and Wheelwright, S. C. "Forecasting an Organization's Futures." *Handbook of Organizational Design* (1981:122-138).

_____. *Forecasting Methods for Management* (New York: Wiley, 1989).

Makridakis, S., Wheelwright, S. C., and McGee, V. *Forecasting, Methods and Applications* (New York: Wiley, 1983).

Makridakis, S., Faucheux, C., and Heau, D. What is Strategy? (trabalho apresentado no INSEAD, Fontainebleau, France, 1982).

Malik, Z. A., and Karger, D. W. "Does Long-Range Planning Improve Company Performance?" *Management Review* (LXIV, September 1975:27-31).

Malmlow, E. G. "Corporate Strategic Planning in Practice." *Long Range Planning* (V, 3, 1972:2-9).

March, J. G. "The Technology of Foolishness." In J. G. March and J. P. Olsen, eds., *Ambiguity and Choice in Organizations* (Bergen, Norway: Universitetsforlaget, 1976).

March, J. G. "Footnotes to Organizational Change." *Administration Science Quarterly* (XXVI, 1981:563-577).

March, J. G., and Olsen, J. P., eds., *Ambiguity and Choice in Organizations* (Bergen, Norway: Universitetsforlaget, 1976).

March, J. G., and Simon, H. A. *Organizations* (New York: Wiley, 1958).

Marks, M. "Organizational Adjustment to Uncertainty" *The Journal of Management Studies* (February 1977:1-7).

Marquardt, I. A. "Strategists Confront Planning Challenges." *The Journal of Business Strategy* (May/June 1990:4-8).
Marsh, P., Barwise, P., Thomas, K., and Wensley, R. "Managing Strategic Investment Decisions in Large Diversified Companies" (Centre for Business Strategy Report Series, London Business School, 1988).
Martinet, A. "Les discours sur la stratégie d'entreprise." *Revue Française de Gestion* (janvier/fevrier 1988:49-60).
Mason, R. O. "A Dialectical Approach to Strategic Planning." *Management Science* (XV, 8, 1969:B403-B414).
Mason, R. O., and Mitroff, I. I. A Teleological Power-Oriented Theory of Strategy (Preparado por Non-Traditional Approaches to Policy Research, University of Southern California, Los Angeles, 1981).
McCann, J. E., and Selsky, J. "Hyperturbulence and the Emergence of Type 5 Environments." *Academy of Management Review* (IX, 3,1984:460-470).
McConnell, J. D. "Strategic Planning: One Workable Approach." *Long Range Planning* (IV, 2, 1971:2-6).
McGinley, L. "Forecasters Overhaul 'Models' of Economy in Wake of 1982 Errors." *The Wall Street Journal* (February 17, 1983:1).
McKenney, J. L., and Keen, P. G. W. "How Managers' Minds Work." *Harvard Business Review* (X, 4[May/June], 1974:79-90).
McNichols, T. J. *Policy Making and Executive Action: Cases on Business Policy* (New York: McGraw-Hill, 1972).
Meadows, D. H., et al. *The Limits to Growth* (New York: Universe Books, 1972).
Meek, L. "Organizational Culture: Origins and Weaknesses." *Organizational Studies* (9, 4, 1988:453-473).
Merton, R. K. "Limited Perspective of Staff Specialists." In R. Dubin, ed., *Human Relations in Administration* (Englewood Cliffs, NJ: Prentice-Hall, 1968:119-121).
Meyerson, M., and Banfield, E. C. *Politics, Planning and the Public Interest; The Case of Public Housing in Chicago* (Glencoe, IL: Free Press, 1955).
Miles, R. H. *Coffin Nails and Corporate Strategies* (Englewood Cliffs, NJ: Prentice-Hall, 1982).
Miller, D., and Friesen, P. H. *Organizations: A Quantum View* (Englewood Cliffs, NJ: Prentice-Hall, 1984).
Miller, D., and Mintzberg, H. "The Case for Configuration." In D. Miller e P. H. Friesen, eds., *Organizations: A Quantum View* (Englewood Cliffs, NJ: Prentice-Hall, 1984).
Miller, G. A. "The Magic Number Seven Plus or Minus Two: Some Limits on Our Capacity for Processing Information." *Psychology Review* (March, 1956:81-97).
Miller, G. A., Galanter, E., and Pribram, K. H. *Plans and the Structure of Behavior* (New York: Henry Holt, 1960).
Millett, S. M., and Leppänen, R. "The Business Information and Analysis Function: A New Approach to Strategic Thinking and Planning." *Planning Review* (May/June, 1991:10-15).
Mintzberg, H. *The Nature of Managerial Work* (New York: Harper & Row, 1973).
_____. "Impediments to the Use of Management Information" (Society of Industrial Accountants, 1975a).
_____. "The Manager's Job: Folklore and Fact." *Harvard Business Review* (July/August 1975b).
_____. "Planning on the Left Side and Managing on the Right." *Harvard Business Review* (July/August 1976:49-58).
_____. Review of the "New Science of Management Decision" by Herbert Simon. *Administrative Science Quarterly* (June 1977).
_____. "Patterns in Strategy Formation." *Management Science* (XXIV, 9, 1978:934-948).
_____. *The Structuring of Organizations: A Synthesis of the Research* (Englewood Cliffs, NJ: Prentice-Hall, 1979a).

_____. "Beyond Implementation: An Analysis of the Resistance to Policy Analysis." In K. B. Haley, ed., *OR '78* (Amsterdam: North Holland Publishing Company, 1979b:106-162).

_____. "What Is Planning Anyway?" *Strategic Management Journal* (II, 1981:319-324).

_____. *Power In and Around Organizations* (Englewood Cliffs, NJ: Prentice– Hall, 1983).

_____. "Crafting Strategy." *Harvard Business Review* (July/August 1987:66-75).

_____. *Mintzberg on Management: Inside Our Strange World of Organizations* (New York: Free Press, 1989).

_____. "The Design School: Reconsidering the Basic Premises of Strategic Management." *Strategic Management Journal* (XI, 1990a:171-195).

_____. "Strategy Formation: Schools of Thought." In J. Frederickson, ed., *Perspectives on Strategic Management* (Boston: Ballinger, 1990b).

_____. "Learning 1, Planning 0: Reply to Igor Ansoff." *Strategic Management Journal* (12, 1991:463-466).

Mintzberg, H., Raisinghani, D., and Théorêt, A. "The Structure of 'Unstructured' Decision Processes." *Administration Science Quarterly* (XXI, June, 1976:246-275).

Mintzberg, H., and Waters, J. A. "Tracking Strategy in an Entrepreneurial Firm." *Academy of Management Journal* (XXV, 3, 1982:465-499).

Mintzberg, H., and McHugh, A. "Strategy Formation in an Adhocracy." *Administrative Science Quarterly* (XXX, 1985:160-197).

Mintzberg, H., Brunet, J. P., and Waters, J. A. "Does Planning Impede Strategic Thinking? Tracking the strategies of Air Canada from 1937 to 1976." In *Advances in Strategic Management*, 4, 3-41 (JAI Press, 1986).

Mitroff, I. I. "The Myth of Objectivity, or Why Science Needs a New Psychology of Science." *Management Science* (1972:B613-B618).

Mitroff, I. I., Barabha, V. P., and Kilmann, R. H. "The Application of Behavioral and Philosophical Technologies to Strategic Planning – A Case Study of a Large Federal Agency." *Management Science* (XXIV, 1, 1977:44-58).

Mockler, R. J. "A Catalog of Commercially Available Software for Strategic Planning." *Planning Review* (May/June, 1991:28-35).

Morse, P. M. "The History and Development of Operations Research." In G. J. Kelleher, ed., *The Challenge to Systems Analysis: Public Policy and Social Change* (New York: Wiley, 1970:21-28).

Murray, E. A., Jr. "Strategic Choice as a Negotiated Outcome." *Management Science* (XXIV, 9[May], 1978:960-972).

Neustadt, R. E. *Presidential Power: The Politics of Leadership* (New York: Wiley, 1960).

Newell, A., and Simon, H. A. *Human Problem Solving* (Englewood Cliffs, NJ: Prentice-Hall, 1972).

_____. "Computer Science as Empirical Inquiry: Symbols and Search." *Communication of the ACM* (19, 3, March 1976:113-126).

Newman, W. H. *Administrative Action: The Techniques of Organization & Management* (Englewood Cliffs, NJ: Prentice-Hall, 1951, 2nd edition, 1963).

Newman, W. H., Summer, C. E., and Warren, E. K. *The Process of Management* (Englewood Cliffs, NJ: Prentice-Hall, 2nd edition, 1967, 3rd edition, 1972).

Newman, W. H., and Logan, J. P. *Strategy, Policy, and Central Management* (South-Western, 1971).

Newman, W. H., Warren, E. K., and Schnee, J. E. *The Process of Management: Strategy, Action, Results* (Englewood Cliffs, NJ: Prentice-Hall, 5th edition, 1982).

Nonaka, I. "Toward Middle-Up-Down Management." *Sloan Management Review* (29, 3, Spring, 1988:9-18).

Norburn, D., and Grinyer, P. "Directors Without Direction." *Journal of General Management* (I, 2, 1973/74:37-48).

Normann, R. *Management for Growth* (New York: Wiley, 1977).

Normann, R., and Rhenman, E. *Formulation of Goals and Measurement of Effectiveness in the Public Administration* (Stockholm: SIAR, 1975).
Novick, D. "Long-Range Planning Through Program Budgeting." In E. Jantsch, ed., *Perspectives of Planning* (Paris: OECD, 1968:257-284).
Nutt, P. C. "Implementation Approaches for Project Planning." *Academy of Management Review* (8, 4, 1983a:600-611).
_____. "A Strategic Planning Network for Non-profit Organizations." *Strategic Management Journal* (5, 1, January-March, 1984a:57-75).
_____. "Planning Process Archetypes and Their Effectiveness." *Decision Sciences* (15, 1984b:221-238).
Nutt, P. C., and Backoff, A. Contingency Framework for Strategic Planning (rascunho, Graduate Program in Hospital and Health Services Administration, Ohio State University, 1983b).
Nystrom, H. *Creativity and Innovation* (New York: Wiley, 1979).
Ohmae, K. *The Mind of the Strategist* (New York: McGraw-Hill, 1982).
Oliver, S. L. "Management by Concept." *Forbes* (November 26, 1990:37-38).
Orlans, H. "Neutrality and Advocacy in Policy Research." *Policy Science* (6, 1975:107-119).
Ornstein, R. F. *The Psychology of Consciousness* (New York: Viking, 1972).
Ozbekhan, H. "Toward a General Theory of Planning." In E. Jantsch, ed., *Perspectives of Planning* (Paris: OECD, 1969:47-155).
Paine, F. T., and Naumes, W. *Strategy and Policy Formation: An Integrative Approach* (Philadelphia: Saunders, 1974).
Pant, P. N., and Starbuck, W. H. "Review of Forecasting and Research Methods." *Journal of Management* (16, 2, June, 1990:443-460).
Pascale, R. T. "Our Curious Addiction to Corporate Grand Strategy." *Fortune* (105, 2: Jan. 25, 1982:115-116).
_____. "Perspectives on Strategy: The Real Story Behind Honda's Success." *California Management Review* (Spring 1984:47-72).
Pearce, J. A., II, Freeman, E. B., and Robinson, R. B., Jr. "The Tenuous Link Between Formal Strategic Planning and Financial Performance." *Academy of Management Review* (XII, 4, 1987:658-675).
Pennington, M. W. "Why Has Planning Failed?" *Long Range Planning* (V, 1, 1972:2-9).
Perutz, P. Five Obstacles to Overcome in Order to Regain Initiative in the 1980s (apresentado no 6th Ticimese Marketing Congress, Geneva, 1980).
Peters, J. P. A Guide to Strategic Planning for Hospitals (Chicago, IL: American Hospital Association, 1979).
Peters, J. T., Hammond, K. R., and Summers, D. A. "A note on intuitive vs. analytic thinking." *Organizational Behavior and Human Performance* (12, 1974:125-131).
Peters, T. H. e Waterman, R. H., Jr. *In Search of Excellence* (New York: Harper & Row, 1982).
Pfeffner, J. M. "Administrative Rationality." *Public Administration Review* (1960:125-132).
Piercy, N., and Thomas, M. "Corporate Planning: Budgeting and Integration." *Journal of General Management* (XX, 2, 1984:51-66).
Pines, M. "We Are Left-Brained or Right-Brained." *The New York Times Magazine* (September 9, 1973).
Polanyi, M. *The Tacit Dimension* (Garden City, NY: Doubleday, 1966).
Porter, M. E. *Competitive Strategy: Techniques for Analyzing Industries and Competitors* (New York: Free Press, 1980).
_____. *Competitive Advantage: Creating and Sustaining Superior Performance* (New York: Free Press, 1985).
_____. "Corporate Strategy: The State of Strategic Thinking." *The Economist* (303, 7499 [May 23, 1987]:17-22).
Potts, M. "New Planning System Aims to Boost Speed, Flexibility." *The Washington Post* (September 30, 1984).

Powell, T. C. "Strategic Planning as Competitive Advantage." *Strategic Management Journal* (XIII, 1992:551-558).
Prahalad, C. K., and Hamel, G. "The Core Competence of the Corporation." *Harvard Business Review* (May/June 1990:79-91).
Quinn, J. B. *Strategies for Change: Logical Incrementalism* (Homewood, IL: Irwin, 1980a).
_____. "Managing Strategic Change." *Sloan Management Review* (Summer 1980b:3-20).
Quinn, J. B., Mintzberg, H., and James, R. M. *The Strategy Process* (Englewood Cliffs, NJ: Prentice-Hall, 1988).
Radosevich, R. A Critique of "Comprehensive Managerial Planning." In J. W. McLuin, ed., *Contemporary Management* (Englewood Cliffs, NJ: Prentice-Hall, 1974:356-361).
Ramanujam, V., and Venkatraman, N. "Planning System Characteristics and Planning Effectiveness." *Strategic Management Journal* (XIII, 1987:453-468).
_____. The Assessment of Strategic Planning Effectiveness: A Canonical Correlation Approach (trabalho apresentado na TIMS/ORSA Joint National Meeting, Boston, 1985).
Rappaport, A. *Creating Shareholder Value: The New Standard for Business Performance* (New York: Free Press, 1986).
Rea, R. H. "The Design of Integrated Technological Forecasting and Planning Systems for the Allocation of Resources." In E. Jantsch, ed., *Perspectives of Planning* (Paris: OECD, 1969:203-233).
Reid, D. M. "Operationalizing Strategic Planning." *Strategic Management Journal* (X, 1989:553-567).
Reimann, B. C. "Getting Value from Strategic Planning." *Planning Review* (May/June 1988:42-48).
Rein, M., and Rabinovitz, F. F. "Implementation: A Theoretical Perspective." In W. D. Burnham, and M. W. Weinberg, eds., *American Politics and Public Policy* (Cambridge, MA: MIT Press, 1979:307-333).
Restak, R. "The hemispheres of the brain have minds of their own." *The New York Times* (January 25, 1976).
Rhenman, E. *Organization Theory for Long-Range Planning* (New York: Wiley, 1973).
Rhyne, L. C. "The Relationship of Strategic Planning to Financial Performance." *Strategic Management Journal* (VII, 1986:423-436).
_____. "Contrasting Planning Systems in High, Medium, and Low Performance Companies." *Journal of Management Studies* (XXIV, 1987:363-385).
Rice, G. H., Jr. "Strategic Decision-Making in Small Business." *Journal of General Management* (IX, 1[Autumm], 1983:58-65).
Rieger, F. Cultural Influences on Organization and Management in International Airlines (Tese de doutorado, McGill University, Montreal, 1986).
Ringbakk, K. A. "Organized Corporate Planning Systems: An Empirical Study of Planning Practices and Experiences in American Big Business." (Resumos de dissertação) *Academy of Management Journal* (1968:354-355).
_____. "Why Planning Fails." *European Business* (XXIX, Spring, 1971:15-27).
_____. "The Corporate Planning Life Cycle – An International Point of View." *Long Range Planning* (September 1972:10-20).
Roach, J. D. C., and Allen, M.G. "Strengthening the Strategic Planning Process." In K. J. Albert, ed., *The Strategic Management Handbook* (New York: McGraw-Hill, 1983:Chapter 7).
Robinson, R. B., Jr., and Pearce, J. A., II. "The Impact of Formalyzed Strategic Planning on Financial Performance in Small Organizations." *Strategic Management Journal* (IV, 1983:197-207).
_____. "Planned Patterns of Strategic Behavior and their Relationship to Business-Unit Performance." *Strategic Management Journal* (IX, 1988:43-60).
Rogers, D. C. D. *Essentials of Business Policy* (New York: Harper & Row, 1975).

Rondinelli, D. A. "Public Planning and Political Strategy." *Long Range Planning* (IX, 2[April], 1976:75-82).

Rossotti, C. O. *Two Concepts of Long-Range Planning* (The Boston Consulting Group, Boston, MA, circa 1965).

Rothschild, W. E. *"Putting It All Together: A Guide to Strategic Thinking."* (New York: AMACOM, 1976).

———. *Strategic Alternatives: Selection, Development and Implementation* (New York: AMACOM, 1979).

———. "How to Ensure the Continued Growth of Strategic Planning." *Journal of Business Strategy* (I, Summer, 1980:11-18).

Rue, L. W., and Fulmer, R. M. Is Long-Range Planning Profitable? (Division of Policy and Planning, Atas do National Meeting of the Academy of Management, Boston, 1973:66-73).

Rule, E. G. "What's Happening to Strategic Planning in canadian Business?" *Business Quarterly* (LI, 4, 1987:43-47).

Rumelt, R. P. "Evaluation of Strategy: Theory and Models." In D. E. Schendel and C. W. Hofer, eds., *Strategic Management* (Boston, MA: Little, Brown, 1979a:196-212).

———. Strategic Fit and the Organization-Environment Debate (documento apresentado na Annual Meeting of the Western Region Academy of Management, Portland, Oregon, 1979b).

Rutenberg, D. P. What Strategic Planning Expects from Management Science (documento, Carnegie-Mellon University, Pittsburgh, 1976).

———. Playful Plans (documento 90-15, Queen's University, Kingston, Ontario, July 1990).

Saint-Exupéry, A. *Le Petit Prince* (New York: Harcourt, Brace, Jovanovich, 1943).

Sandy, W. "Link Your Business Plan to a Performance Plan." *The Journal of Business Strategy* (November/December 1990:4-8).

Sapp, R. W. "Banks Look Ahead: A Survey of Bank Planning." *The Magazine of Bank Administration* (July 1980:33-40).

Sarrazin, J. Le Role des Processus de Planification dans les Grandes Entreprises Françaises: Un Essai d'Interpretation (Thèse 3ieme cycle, Université de Droit, d'Economie et des Sciences d'Aix-Marseille, 1975).

———. "Decentralized Planning in a Large French Company: An Interpretive Study." *International Studies of Management and Organization* (Fall/Winter 1977/1978:37-59).

———. "Top Management's Role in Strategy Formulation: A Tentative Analytical Framework." *International Studies of Management and Organization* (XI, 2, 1981:9-23).

Saunders, C. B., and Tuggle, F. D. "Why Planners Don't." *Long Range Planning* (X, 3[June], 1977:19-24).

Sawyer, G. C. *Corporate Planning as a Creative Process* (Oxford, OH: Planning Executives Institute, 1983).

Sayles, L. *Managerial Behavior: Administration in Complex Organizations* (New York: McGraw-Hill, 1964).

———. "Whatever Happened to Management – Or Why the Dull Stepchild." *Business Horizons* (XIII, 2, April, 1970:25-34).

Schaffir, W. B. Introduction. In F. Caropreso, ed., *Getting Value from Strategic Planning* (New York: The Conference Board, 1988).

Schelling, T. C. *The Strategy of Conflict* 2d edition (Cambridge, MA: Harvard University Press, 1980).

Schendel, D. E., and Hofer, C. H., eds. *Strategic Management: A New View of Business Policy and Planning* (Boston, MA: Little, Brown, 1979).

Schlesinger, A. M. *The Bitter Heritage: Vietnam and the American Democracy, 1941-1968* (Greenwich, CT: Fawcett Publications, 1968).

Schlesinger, J. R. "Systems Analysis and the Political Process." *The Journal of Law and Economics* (1968).

Schmidt, J. A. "Case Study: The Strategic Review." *Planning Review* (July-August, 1988:14-19).

Schon, D. A., and Nutt, T. E. *Endemic Turbulence: The Future for Planning Education* (Chicago: American Institute of Planners, 1974:181-205).

Schwartz, H., and Davis, S. M. "Matching Corporate Culture and Business Strategy." *Organizational Dynamics* (Summer 1981:30-48).

Schwendiman, J. S. *Strategic and Long-Range Planning for the Multi-National Corporation* (New York: Praeger, 1973).

Selznick, P. *Leadership in Administration: A Sociological Interpretation* (Evanston, IL: Row, Peterson, 1957).

Shank, J. K., Niblock, E. G., and Sandall, W. T. "Balance 'Creativity' and 'Practicality' in Formal Planning." *Harvard Business Review* (Vol. 51, 1[January-February], 1973:87-95).

Shapiro, H. J., and Kallman, E. A. "Long-Range Planning Is Not for Everyone." *Planning Review* (VI, 1978:27-34).

Sharp, J. A. "Systems Dynamics Applications to Industrial and Other Systems." *Operational Research Quarterly* (XXVIII, 1977:489-504).

Sheehan, G. A. Long-Range Strategic Planning and Its Relationship to Firm Size, Firm Growth, and Firm Growth Variability (Tese de doutorado, University of Western Ontario, 1975).

Shelling, T. *The Strategy of Conflict* 2d edition (Cambridge, MA: Harvard University Press, 1980).

Shim, J. K., and McGlade, R. "The Use of Corporate Policy Models: Past, Present and Future." *Journal of the Operational Society* (XXXV, 10, 1984:885-893).

Shrader, C. B., Taylor, L., and Dalton, D. R. "Strategic Planning and Organizational Performance: A Critical Appraisal." *Journal of Management* (10:2, 1984:149-171).

Siegel, D. "Government Budgeting and Models of the Policy-Making Process." *Optimum* (VIII, 1, 1977:44-56).

Simon, H. A. *The Shape of Automation: for Men and Management* (New York: Harper & Row, 1965).

_____. Strategic Planning (Resumo de notas não publicadas, Groningen, Holland, Sept. 11, 1973).

_____. *The New Science of Management Decision* (Englewood Cliffs, NJ: Prentice-Hall, 1960, também Revised Edition, 1977).

_____. "The Information Processing Explanation of Gestalt Phenomena." *Computers in Human Behavior* (II, 1986, 4:241-255).

_____. "Making Management Decisions: The Role of Intuition and Emotion." *Academy of Management Executive* (I, February, 1987:57-64).

Simon, H. A., Dantzig, G. B., Hogarth, R., Plott, C. R., Raiffa, H., Schelling, T. C., Shepske, K. A., Thaler, R. A., Tversky, A., and Winter, S., "Decision Making and Problem Solving." *Interfaces* (XVII, 5, 1987:11-31).

Simons, R. "Planning, Control, and Uncertainty: A Process View." In W. J. Bruns, Jr., and R. S. Kaplan, eds., *Accounting and Management: Field Study Perspectives* (Cambridge, MA: Harvard Business School Press, 1987:Chapter 13.).

_____. "The Role of Management Control Systems in Creating Competitive Advantage: New Perspectives." *Accounting, Organizations and Society* (XV, 1990:127-143).

_____. "Strategic Orientation and Top Management Attention to Control Systems." *Strategic Management Journal* (XII, 1991:49-62).

_____. Rethinking the Role of Systems in Controlling Strategy (apresentado no 1988 Annual Meeting of the Strategic Management Society, Amsterdam, October 1988; publicado em 1991 pela Publishing Division, Harvard Business School, #9-191-091).

Sinha, D. K. "The Contribution of Formal Planning to Decisions." *Strategic Management Journal* (XI, 1990:479-492).

Smalter, D. J., and Ruggles, R. L., Jr. "Six Business Lessons from the Pentagon." *Harvard Business Review* (March/April 1966:64-75).
Snyder, N., and Glueck, W. F. "How Managers Plan – The Analysis of Managerial Activities." *Long Range Planning* (XIII, February 1980:70-76).
Soelberg, P. O. "Unprogrammed Decision Making." *Industrial Management Review* (VIII, 2, Spring 1967:19-29).
Spender, J.-C. *Industry Recipes* (Oxford: Basil Blackwell, 1989).
Sperry, R. "Messages from the Laboratory." *Engineering and Science* (1974: 29-32).
Starbuck, W. H. "Acting First and Thinking Later: Theory versus Reality in Strategic Change." In J. M. Pennings and Associates, *Organizational Strategy and Change* (San Francisco: Jossey-Bass, 1985:336-372).
Starbuck, W. H., Greve, A., and Hedberg, B. L. T. "Responding to Crises." *Journal of Business Administration* (1978:111-137).
Starr, M. K. *Management: A Modern Approach* (New York: Harcourt, Brace, Jovanovich, 1971).
Steinbruner, J. D. *The Cybernetic Theory of Decision: New Dimensions of Political Analysis* (Princeton University Press, 1974).
Steiner, G. A. *Top Management Planning* (New York: Macmillan, 1969).
_____. *Strategic Planning: What Every Manager Must Know* (New York: Free Press, 1979).
Steiner, G. A., and Kunin, H. E. "Formal Strategic Planning in the United States Today." *Long Range Planning* (XVI, 3, 1983:12-17).
Steiner, G. A., and Schollhammer, H. "Pitfalls in Multi-National Long-Range Planning." *Long Range Planning* (April 1975:2-12).
Stevenson, H. H. "Defining Corporate Strengths and Weaknesses." *Sloan Management Review* (Spring, 1976:51-68).
Stewart, R. *Managers and Their Jobs* (London: Macmillan, 1967).
Stewart, R. F. *A Framework for Business Planning* (Stanford, CA: Stanford Research Institute, 1963).
Stieglitz, H. *The Chief Executive – And His Job* (New York: The Conference Board, Personnel Policy Study No. 214, 1969).
Stokesbury, J. L. *A Short History of World War I* (New York: Morrow, 1981).
Strategic Planning Associates, "Strategy and Shareholder Value: The Value Curve." In R. B. Lamb, ed., *Competitive Strategic Management* (Englewood Cliffs, NJ: Prentice-Hall, 1984:571-596).
Summers, H. G., Jr. *On Strategy: The Vietnam War in Context* (Strategic Studies Institute, U.S. Army College, 1981).
Sun Tzu. *The Art of War* (New York: Oxford University Press, 1971).
Taylor, B. "Strategies for Planning." *Long Range Planning* (8, 4, 1975:27-40).
Taylor, F. W. "Shop Management." In *Scientific Management* (New York: Harper and Brothers, 1947, reimpressão do livro de 1911).
_____. *The Principles of Scientific Management* (New York: Harper & Row, 1913).
Taylor, R. N. "Psychological Aspects of Planning." *Long Range Planning* (IX, 2, 1976:66-74).
Taylor, W. D. Strategic Adaptation in Low-Growth Environments (Tese de doutorado, Ecole des Hautes Etudes Commerciales, Montreal, 1982).
Terreberry, S. "The Evolution of Organizational Environments." *Administration Science Quarterly* (XII, 1968:590-613).
Thompson, V. A. "How Scientific Management Thwarts Innovation." *Transaction* (June 1968:51-55).
Thompson, A. A., Jr., and Strickland, A. J., III. *Strategy Formulation and Implementation: Tasks of the General Manager* (Dallas, TX: Business Publications Inc., 1980).
Thorelli, H. B., ed. *Strategy + Structure = Performance, The Strategic Planning Imperative* (Bloomington, IN: Indiana University Press, 1977).

Thune, S. S., and House, R. J. "Where Long-Range Planning Pays Off." *Business Horizons* (April 1970:81-87).

Tilles, S. "How to Evaluate Corporate Strategy." *Harvard Business Review* (July/August1963:111-121).

_____. "Corporate Strategic Planning – The American Experience." In B. Taylor and K. Hawkins, eds., *A Handbook of Strategic Planning* (London: Longman, 1972:65-74).

Time magazine, "The Most Basic Form of Creativity" (June 26, 1972:84).

Tita, M. A., and Allio, R. J. "3M's Strategy System – Planning in an Innovative Corporation." *Planning Review* (XII, 5 September, 1984:10-15).

Toffler, A. *Future Shock* (New York: Random House, 1970).

_____. (1986) The Planning Forum Conference, Montreal, May 5, 1986: página 1 do polígrafo.

Tregoe, B. B., and Zimmerman, J. W. *Top Management Survey* (New York: Simon & Schuster, 1980).

Turban, E. "A Sample Survey of Operation Branch Activities at the Corporate Level." *Operational Research* (1972:708-721).

Tversky, A., and Kahneman, D. "Judgment Under Uncertainty: Heuristics and Biases." *Science* (1974:1124-1131).

Unterman, I. "American Finance: Three Views of Strategy." *Journal of General Management* (I, 3, 1974:39-47).

Uyterhoeven, H. E. R., Ackerman, R. W., and Rosenblum, J. W. *Strategy and Organization: Text and Cases in General Management* (Homewood, IL: Irwin, 1977).

Vancil, R. F. "The Accuracy of Long Range Planning." In D. E. Hussey, ed., *The Truth About Corporate Planning* (Oxford: Pergamon Press, 1983).

Van Gunsteren, H. R. *The Quest of Control: A Critique of the Rational Control Rule Approach in Public Affairs* (New York: Wiley, 1976).

Venkatraman, N., and Ramanujam, V. "Planning System Success: A Conceptualization and an Operational Model." *Management Science* (XXXIII, 6[June], 1987:687-705).

Wack, P. "Scenarios: Uncharted Waters Ahead." *Harvard Business Review* (September/October 1985a:73-89).

_____. "Scenarios: Shooting the Rapids." *Harvard Business Review* (November/December 1985b:139-150).

Wade, P. F. *The Manager/Management Scientist Interface* (Doctoral Theory Paper 1, McGill University, 1975).

Weick, K. E. *The Social Psychology of Organizing* (Reading, MA: Addison-Wesley, first edition 1969, second edition 1979).

_____. "Managerial Thought in the Context of Action." In S. Srivastra and Associates, ed., *The Executive Mind* (San Francisco: Jossey-Bass, 1983:221-242).

_____. "Cartographic Myths in Organizations." In A. S. Huff, ed., *Mapping Strategic Thought* (New York: Wiley, 1990:1-10).

Weizenbaum, J. *Computer Power and Human Reason* (San Francisco, CA: W. H. Freeman, 1976).

Welch, J. B. "Strategic Planning Could Improve Your Share Price." *Long Range Planning* (XVII, 2[April], 1984:144-147).

Westley, F. R. Harnessing a Vision: The Role of Images in Strategy-Making (documento, McGill University, Montreal, 1983).

Wheelwright, S. C. "Strategy, Management, and Strategic Planning Approaches." *Interfaces* (XIV, 1[January/February] 1984:19-33).

Whitehead, T. C. Uses and Limitations of Systems Analysis (tese de doutorado, Sloan School of Management, MIT, 1967).

Wildavsky, A. "The Political Essay of Efficiency: Environmental Benefit Analysis, Systems Analysis, and Program Budgeting." *Public Administration Review* (1966:292-310).

_____. "Does Planning Work?" *The Public Interest* (Summer, 1971:95-104).

_____. "If Planning Is Everything Maybe It's Nothing." *Policy Sciences 4* (1973:127-153).
_____. *The Politics of the Budgetary Process* 2nd edition (Boston, MA: Little, Brown, 1974).
_____. *Speaking Truth to Power: The Art and Craft of Policy Analysis* (Toronto: Little, Brown & Co., 1979).
Wilensky, H. L. *Organizational Intelligence: Knowledge and Policy in Government and Industry* (New York: Basic Books, 1967).
Williams, J. R. "Competitive Strategy Valuation." *The Journal of Business Strategy* (1984:36-46).
Wilson, J. H. "Reforming the Strategic Planning Process: Integration of Social Responsibility and Business Needs." *Long Range Planning* (XVII, 5, 1974:2-6).
Wise, T. A. "IBM's $5 Billion Gamble." *Fortune* (September 1966:118-123).
_____. "The Rocky Road to the Marketplace." *Fortune* (October 1966:138-143).
Wood, D. R., Jr., and LaForge, R. L. "The Impact of Comprehensive Planning on Financial Performance." *Academy of Management Journal* (XXII, 3, 1979:516-526).
Woodward, J. *Industrial Organization: Theory and Practice* (Oxford: Oxford University Press, 1965).
Wootton, B. *Freedom Under Planning* (Chapel Hill, NC: The University of North Carolina Press, 1945).
Worthy, J. C. *Big Business and Free Men* (New York: Harper & Row, 1959).
Wrapp, H. E. "Business Planners: Organization Dilemma." In D. M. Bowman and F. M. Fillerup, *Management: Organization and Planning* (New York: McGraw-Hill, 1963).
_____. "Good Managers Don't Make Policy Decisions." *Harvard Business Review* (September/October 1967:91-99).
Wright, R. V. L. "The State of the Art and Shortcomings in Planning Technology." In E. Schlefer, ed. *Proceedings of the IX International Meeting* (The Institute of Management Sciences, Tel Aviv, Israel: Jerusalem Academic Press, 1973:615-619).
Yavitz, B., and Newman, W. H. *Strategy in Action: The Execution, Politics, and Payoff of Business Planning* (New York: Free Press, 1982).
Zan, L. "What's Left for Formal Planning?" *Economia Aziendale* (VI, 2[March], 1987:187-204).

Índice

A

Abell, D. F., 133, 135, 136, 198, 198n7, 200
Abernathy, W. J., 272
Abrangência (Ansoff), 131
Acheson, Dean, 234
Ackerman, R. W., 164, 300
Ackoff, R. L., 23, 25, 58, 92, 122, 155, 162n7, 198, 201, 206, 239
Ações
    controle de desempenho influencia as, 76
    incentivo para, 236
    paralisia de, 236
    rastreamento de padrões de, 287-289
Administração
    científica (Taylor), 28-29, 32-33, 167-168, 170nn10,nn11, 186-187, 242
    por crise, 198
    usando o hemisfério direito, 251-254, 257-258
    Ver também Gerentes; Alta administração
Administração *ad hoc*, 130-131
Administração por objetivos (APO), 69
Aguilar, F. J., 212, 214
Air Canada, 102-104, 147, 150, 156-157, 265, 272-273
Air France, 102n9, 279-280
Al-Bazzaz, S. J., 273, 277, 290-291n15, 325n21
Albert, 184
Allaire, Y., 82-83, 113, 122n16, 146, 167, 184, 188, 222, 292, 302, 303
Allen, M. G., 95, 121, 153, 171, 185, 273n6
Allen, Woody, 17
Allio, R. J., 46, 95, 255, 266, 275n7, 294
Allison, G. T., 204-205, 214
Alta administração, 139-141
Amar, David, 60, 236, 238n32
Ambiente
    auditorias do ambiente externo e interno, 58-60
    dinâmico, 317
    planejamento controla o ambiente externo, 32
"A melhor maneira"
    condições que negam, 271
    de planejamento, 29, 138, 325
    para criar estratégia, 187
    pensamento relacionado com, 312
Análise
    associada com o hemisfério esquerdo do cérebro, 257-258
    comparada com intuição, 258-261
    flexível, 263-264
    ligada à intuição, 261-262
    não é síntese, 256
    papel da análise formal, 119
    precisão com, 260-261
    Ver também Decomposição
Análise *ad hoc*, 292
    estratégica, 293-294
    exame minucioso como, 298-300
    previsão como, 296
Análise de divergências (modelo de Ansoff), 50, 69
Análise dos *stakeholders*, 124-127, 162-163, 324
Análise estratégica
    definição, 290-291
    externa e interna, 294-298
    na organização profissional, 319-320
    tipos de, 294
Andrews, F., 200, 255
Andrews, K. R., 43, 45, 46, 133n19, 223, 266
Ansoff, H. I., 24n1, 26, 46-47, 57, 68, 84, 90, 93, 94-95, 121, 127-132, 133n19, 136-137, 139, 146-147, 152n3, 153, 162n7, 171-172, 189, 190-191, 194, 201, 205, 223, 233-234, 238, 265-266, 292
Anthony, R. N., 83, 120, 153, 162n7, 198, 266
APO. *Ver* Administração por objetivos (APO)
Aprendizado estratégico, 129, 175-176, 219, 270
Armstrong, J. S., 88, 121n15, 272
Articulação
    de estratégias, 268
    efeito da articulação clara, 149
    em planejamento formal, 27-28, 164
    forças, 180
Atividade política
    argumento a favor e contra, 165-168
    com planejamento, 159, 165-168

efeito do planejamento na, 137
papel na organização da, 168
planejamento no contexto da, 323-324
pode iniciar mudança, 169
Auditorias
do ambiente externo, 58-60
interna, 60
Autoridade formal, 168

B

Banfield, E. C., 143, 241
Barnard, Chester, 144n1, 194n4
Barreyre, P. Y., 279
Bartlett, F. C., 255
Bass, B. M., 142, 143
Batalha de Passchendaele. *Ver* Passchendaele (batalha)
Baughman, J. P., 227
Bello, F., 250
Bennett, R. C., 227
Benningson, L. A., 171
Benveniste, A., 181
Berg, N., 83-85
Berle, A., 163
Bishop, R. C., 89, 121
Blass, W. P., 95, 170, 199, 207, 301
Bloom, D. M., 252
Bolan, R. S., 23, 194n4
Boston Consulting Group, 39, 282, 323
Bourgeois, L. J., III, 162n7, 166
Bower, J. L., 63, 83, 84, 111, 112, 113, 117
Boyd, B. K., 91
Bracker, J. S., 91
Brandenburg, R. C., 24n1, 43, 238, 265-266
Braybrooke, D. D., 164, 324
Bresser, R. K., 89, 121
Broms, H., 113
Brown, A. W., 318
Brunet, J. P., 102, 147
Brunsson, N., 147, 150, 219
Bryson, J. M., 26, 67n10, 79, 97, 124-125, 171, 211n17, 251
Bunge, Mario, 247
Burgelman, R. A., 115n12, 150, 187, 287

C

Caixa-preta da formação de estratégia, 79, 83f, 85, 84, 263, 309-310
Camillus, J. C., 76, 78
Cannon, J. T., 57
Capon, N., 272
Carlzon, Jan, 269
Carpenter, Michael, 132-133
Carrance, F., 305
Centralização

condições para, 163
processo de planejamento acarreta, 143
Cérebro humano
dois hemisférios do, 243-247, 251-254, 266-267
pesquisa ligada ao, 244-247
Chakraborty, S., 31
Chakravarthy, B. S., 271, 300
Chamberlain, N. W., 22, 41, 144
Chandler, A. D., Jr., 124, 317, 321, 325
Channon, D. F., 273, 297
Cho, Y. H., 298
Christensen, C. R., 43-44, 45, 48, 224n22
Churchman, C. W., 170
Clark, D. L., 275
Clark, K. B., 111
Clausewitz, C. von, 108
Cohen, M. D., 179, 181, 235, 282
Cohen, S. M., 28, 95, 97n6
Collier, J. R., 140, 160
Complexidade
análise ou intuição para tratar da, 258-261
planejamento reduz, 276
Compromisso/Comprometimento
com planejamento de contingência, 206
com planejamento, 138-142, 146-148
condições para forte, 324
de gerentes médios, 141-142
decisão como, 234
em orçamentação de capital, 112
função baseada em, 206
no alto escalão, 139-141
Comunicação
análise de, 59
análise por planejadores, 295
Concorrentes
informal, 30
planos como meios de, 278-280, 309-310
Ver também Informações
verbal, 210-211, 255
Concordâncias (sobre metas), 166-167
Conflito
condições para conflito político, 166-167
nos esquemas de planejamento franceses, 98
planejamento para evitar, 170
Conhecimento
do gerente experiente, 248
intuitivo, 253-254
necessário para estratégia, 217
necessário para intuição, 258
organizado e decomposto para pensamento intuitivo, 248-249
Consenso
construção de, 29, 321
na técnica de Delfos, 192-193
Conservação (com planejamento), 149-150
Construção de cenários, 58-59, 202-205, 296
Ver também Planejamento de contingência
Controle
através de planejamento, 31-32, 167, 169-170

com implementação de planejamento, 62-65
com orçamentos, 72-74
com planejamento por decretação, 200-201
com plano mestre, 65
coordenação é, 170
de estratégia, 282-285
efeito do controle pessoal, 148
estratégico, 282
externo, 276-277
ilusão de controle, 176-178
interativo, 305-306
nos esquemas de planejamento franceses, 98
objetivos e orçamentos para, 76
obsessão pelo, 169-175, 177, 200
orçamentação de capital como controle *ad hoc*, 83-86
planos como instrumentos de, 278-279, 282, 309-310
remoto, 139
usando SPPO, 110
Controle de desempenho
  elementos de, 270
  em planejamento, 70f, 71f, 76-79
  na estrutura da organização, 83
  para estimular planejamento, 276-277
  planos como controle externo, 282
  uso da ITT de, 325
  Ver também Orçamentos; Objetivos
Cooper, C. L., 25, 216, 218
Cooper, R. G., 227
Coordenação
  é controle, 170
  em plano integrado, 149
  papel na organização da, 279
  planejamento para, 29-30
  usos em planejamento de, 142-143
Corpio, D., 160
Criação de valor, 62
Criatividade
  com planejamento formal, 153-154, 240
  como formação de estratégia, 242
  condições para, 240-241
  efeito do planejamento convencional sobre, 137, 165
Cultura
  efeito da cultura nacional, 325
  no processo de planejamento, 127
  organizações com forte, 324
Custos
  mais favorecidos que produtos, 164
  no planejamento do SPPO, 107
Cyert, R. M., 164, 281, 297

D

Dados factuais
  como informações confiáveis, 209-216
  efeito de restrição para, 217
  níveis de agregação dos, 212-214
Dados intangíveis, 211-212, 216, 216-218, 219, 264
Dakin, S. R., 176, 177, 193, 235-236, 276n9, 298
Dalton, D. R., 90
Darkazanli, S. K., 233
David, G. S., 167
Davidson, D., 261
Davis, K., 214
Davis, S. M., 127
de Geus, A. P., 294n16, 297, 301
de Monthoux, P. G., 242
de Montigny, J., 292
de Villafranca, J., 152-153
Decisão (como compromisso), 234
Declaração de Bellagio sobre Planejamento, 22, 118
Decomposição
  de estratégia, 269
  em formação de estratégia, 27
  em planejamento, 150, 276
  idéia de Ansoff de, 129-130
  para formalizar, 27, 28, 116, 239
  para implementação, 63-65
Denis, J.-L., 321
Denning, B. W., 27, 273
Descentralização (do processo de planejamento), 142-143
Descontinuidade
  com mudança em estratégia, 197
  previsão e gerenciamento, 189-192
  Ver também Sinais fracos; Gerenciamento de surpresas
Desempenho
  de previsão, 188-189
  medição de planejamento, 87-91
  pesquisas relacionadas com planejamento, 97, 133, 134, 155t
Desligamento
  condições para, 209-210
  da geração de estratégia, 216-223
  falácia do, 207-236
  suposições de, 184
Devons, Ely, 143, 215-216, 266, 270, 280
Diffenbach, J., 177-178
Dill, W. R., 131
Dimma, William, 188, 189, 311-312
Dinâmica da formação de estratégia, 196-200
Dionne, J., 226
Dirsmith, M. W., 180
Diversificação (modelo de Ansoff), 49-50
Doktor, Robert, 252, 257, 264
Donnelly, J. H., 121
Doyle, P., 318
Dror, Y., 23, 24n1, 27, 32, 170, 240
Drucker, Peter, 37, 54, 234
Dubé, C. S., 104-105, 206, 235, 318
Duffy, M. F., 76
Durand, T., 142, 151

Dyson, K. H. F., 200-201

E

Edelman, F., 183
Eigerman, M. R., 72
Ekman, B., 122
Emery, F. E., 171, 173
Emshoff, J. R., 124
Engledow, J. L., 60, 306
Enthoven, A., 106-108, 112
Eppink, J., 194
Escola ambiental, 19
Escola cognitiva, 19
Escola cultural, 19
Escola de configuração, 19
Escola do *design* ou modelo SWOT, 43-44
　avaliação de forças e fraquezas, 223-226
　formação de estratégia na, 43-44
　premissas da, 45-46
　redescobrimento, 132-133
Escola de planejamento, 19
　avaliação de estratégia na, 60, 62
　modelo de Steiner, 51-55
Escola do poder, 19
Escola do posicionamento, 19
Escola empreendedora, 19
Estabilidade
　em programação estratégica, 271-272
　planejamento traz, 156, 196
　previsão com, 194
　Ver também Organização máquina
Estratégia
　abordagem visionária para, 175-176
　artesanato, 101
　codificação de, 266, 267-269
　como padrão, 34-37
　como perspectiva, 37-39
　como plano, 34
　como posição de mercado, 37
　condições para mudar, 197
　criação de, 67-68
　criativa, 116-117
　definições de, 34-39
　descontinuidade com mudanças em, 197
　desenvolvimento de, 231-233
　elaboração de, 266, 269-270
　em formas de planejamento estratégico, 79-80
　emergente. *Ver* Estratégia emergente
　estágio de avaliação em planejamento, 60, 62
　exame minucioso da, 298-300
　hierarquias em planejamento, 63-65, 74, 76-77
　influências da, 115
　no modelo da escola do *design*, 43-44
　objetivo da, 149
　planejadores como descobridores de, 285-290
　planejamento formal para programar, 264
　por incrementalismo lógico, 100
　tornando operacional, 62-65
　visão de Ansoff de, 49
Estratégia emergente
　definição, 35-37
　em orçamentação de capital, 115
　formação de, 116
Estrategistas
　planejadores como, 308-310
Estudo do supermercado. *Ver* Steinberg, Inc.
Exame minucioso, 266, 298-300
Expansão corporativa (modelo de Ansoff), 49
Extrapolação
　condições para descontinuar, 196
　previsão como, 177, 194-195, 196

F

Fahey, L., 131n18, 192
Fayol, H., 22, 23, 30, 148, 157, 303n18
Feld, M. D., 158, 227-228
FIFO (first-in-first-out). *Ver* General Electric Company
Fincher, J., 254
Firsirotu, M., 82-83, 113, 122n16, 146, 167, 184, 188, 222, 292, 302, 303
Flexibilidade em planejamento, 155-159
Forças armadas canadenses, 104-105
Formação de estratégia
　análise dos interessados em, 124-127
　análise e intuição em, 261-262
　associação com mudança, 197
　caixa-preta da, 79, 83f, 263, 309
　com decisões *ad hoc*, 115
　como interferência, 198
　como processo de aprendizado, 231, 235
　condições dinâmicas do processo de, 198-200
　condições para, 242-243
　definição, 41
　escolas de, 18-19
　executada por sistemas, 146-147
　incompatível com planejamento, 197-200
　informações factuais em, 212-214
　insumos ao processo de, 187
　modelo básico de, 231-233
　na organização máquina, 315-316
　na organização profissional, 318-321
　natureza dinâmica da, 196-200
　no modelo da escola do *design*, 43-46
　no modelo da escola de planejamento (Ansoff), 46-48
　no modelo de planejamento, 46-48, 67
　orçamentação de capital em, 114-115
　papel de apoio na, 218
　programas de implementação, 65-67
　relação com orçamentação de capital, 114-116
Fórum de Planejamento, 132-156
Formalização
　por meio de decomposição, 239

de coordenação, 143
de geração de estratégia, 239
definição, 26-28
efeito sobre formulação, 62-63
ênfase do planejamento em, 146
necessidade do planejamento de, 62-63
papel de, 302-305
posição de Ansoff sobre, 130-131
requisitos para, 116
suposições de, 183-184
Formulação
efeito da formalização sobre, 62-63
em formação de estratégia, 62
interpretação de Ansoff de, 129-131
relação com implementação, 227-233
sob planejamento, 62
Forrester, J. W., 23, 239, 258-259, 296-297, 297-298, 317
Foster, M. J., 88, 121n15
França, planejamento na, 97-99, 105-106
Franklin, S. G., 82
Frederickson, J. W., 271
Freeman, R. E., 126-127, 151, 171
French, Richard, 109, 144
Friesen, P. H., 150
Fulmer, R. M., 90

G

Gahmberg, H., 113
Galanter, E., 149, 153, 280-281
Galbraith, J. K., 23, 32, 144-145, 174, 202, 274, 282
Galbraith, J. R., 241-242
General Electric Company, 63, 64-67, 162, 212-213, 220, 266, 325
  abandona o planejamento estratégico, (experiência FIFO), 94-97, 132-133, 136
  Grupo de Eletrodomésticos, 96-97, 141, 166-167
  Ver também Allen, M. G.; Jones, Reginald; Rothschild, W. E.; UEN (unidades estratégicas de negócio); Welch, Jack
General Motors, 132, 136
George, C., 25
Geração de estratégia. Ver Formação de estratégia
Gerenciamento de operações, 129
Gerenciamento de surpresas, 129-131, 190-192
  Ver também Sinais fracos; Sistema de surpresas estratégicas
Gerentes
  como pensadores estratégicos, 221-222
  compromisso dos gerentes médios, 141-142
  informações intangíveis usadas por, 216-218
  intuição de, 254-255
  papel de gerentes efetivos, 291
  papel na geração de estratégia, 219-223
Gershefski, G. W., 62
Ghoshal, S., 294-295

Gilmore, F. F., 22, 43
Gimpl, M. L., 176, 177, 193, 235-236, 276n9, 298
Ginter, P. M., 57
Gluck, F. W., 152n3, 155-156
Glueck, W. F., 24, 57, 84, 94
Gluntz, P., 153, 166
Glynn, L., 214n18
Godet, M., 124, 154, 195n5
Gomer, Hakan, 99, 153, 194, 271
Gordon, I. S., 148
Gould, M., 148, 268, 283
Gray, D. H., 78, 82, 121, 133, 151-152, 221, 222
Gretsky, Wayne, 251
Grinyer, P. H., 88nn3,nn4, 90, 166n9, 180, 272, 273, 277, 290-291n15, 325n21
Grossman, S. D., 75
Guiriek, J. C., 102-103n9, 279
Gupta, A., 178n15

H

Hafsi, T., 102n9, 267, 279-280
Hagashi, 324
Halberstam, D., 106, 108, 110, 206, 211
Hall, R. I., 62, 62n8, 259, 297
Hall, W., 62, 93
Hamel, G., 223
Hamermesh, R. G., 63, 95-96, 162, 200n8, 212-213
Hamilton, W. F., 264
Hammond, J. S., 133, 135, 136, 200
Hardy, C., 318, 319-320
Hax, A. C., 30, 62, 152n3, 242
Hayek, Friedrich, 144n1
Hayes, R. H., 45, 94, 111, 111-112, 116, 164n8, 186
Heirs, B., 167
Hekhuis, D. J., 30, 67
Hekimian, J. A., 257, 293
Henderson, B. D., 60
Herman, J., 318
Herold, D. M., 90
Hertz, D. B., 62
Hibon, M., 189
Hierarquia de programa de ação, 65
Hierarquias
  em estratégia decomposta, 269-270
  em planejamento estratégico, 63-65
  no modelo de planejamento, 69, 70f
  no modelo de planejamento desenvolvido, 69-70, 71f
  no modelo inicial de Ansoff, 50
  reforço da hierarquia organizacional, 168
Higgins, R. B., 121, 177-178
Hitch, C., 31
Hofer, C. H., 45-46, 50, 54n6, 57, 162n7, 223, 284, 300
Hofer, E., 201

Hofstede, G. H., 177
Hogarth, Robin, 176, 189, 194, 279
Holsti, O. R., 214
Hopwood, B., 208
Horowitz, J., 94
Hosmer, L. T., 318
House, R. J., 90
Hrebiniak, L. G., 231
Huff, A. S., 54n6, 59, 131, 177, 271, 276, 279, 306-307
Hurst, D. K., 153, 305
Hussey, David, 138
Hydro Quebec, 202n12

I

IBM Corporation, 147
Ijiri, Y., 214
Implementação
  em formação de estratégia, 62
  interpretação de Ansoff de, 129-130
  no modelo de planejamento, 68-69
  relação com formulação, 227-233
Incerteza
  em planejamento estratégico, 188
  planejamento para reduzir, 170-203
Incrementalismo lógico, 100, 150
Inflexibilidade
  do planejamento, 100, 137, 149-150, 155
  dos planos, 148-149
Informações
  coleta de, 59
  comunicação para prover, 279-280
  em formação de estratégia, 187, 212-214
  em orçamentação de capital, 111-112
  factuais não confiáveis, 214-216
  fornecidas pelos sistemas de administração formal, 211-216
  intangíveis, 211-212, 216, 255
  limitações das informações factuais ou formais, 211-212
  natureza histórica das informações factuais, 214
  planejamento para obter, 321
  ruído randômico como, 189
  verbais, 200, 210-211, 255
  Ver também Comunicação; Dados factuais; Dados intangíveis
Inovação, 240
Institucionalização
  posição de Ansoff sobre, 130-131
  de formação de estratégia, 33-34
Insumos
  ad hoc, 287, 292
  análise estratégica como, 310
  em geração de estratégia, 187
  na curva de formação de estratégia, 310
Integração
  falta no modelo de planejamento, 67

nos esquemas de planejamento franceses, 98
Inteligência estratégica, 59
Intuição, 167, 184
  análise de Simon de, 247-249
  argumento contra o uso de, 184
  características da, 162
  comparada com análise, 258-261
  custo do investimento em, 258
  efeito do planejamento convencional sobre, 165, 166
  em geração de estratégia, 255
  existência de, 243-244
  importância na administração, 254-255
  ineficaz, 258-259
  ligada à análise, 261-262
  na organização empreendedora, 322
  na visão pessoal do líder, 141-142
  quando preferida à análise, 167
  reprodução no planejamento formal, 184, 187
  Ver também Cérebro, conhecimento humano
Investimento
  em intuição, 258
  incentivos para planejar com capital, 273
Ives, B., 211

J

Jaedicke, R. K., 214
Janela estratégica, 198
Jantsch, E., 22, 118, 142
Javidan, M., 91, 94, 153, 285
Jelinek, M., 32-34, 60, 74, 119, 183, 184-185, 207, 236-238, 255, 266, 305
  Ver também Sistema OST (Objetivos, Estratégias e Táticas)
Jones, Reginald, 95-96, 136, 200n8, 212-213, 220
Joyce, W. F., 231

K

Kahn, R. L., 173
Kahneman, D., 259
Kallman, E. A., 90
Kant, Emmanuel, 133
Kaplan, Abraham, 292
Karger, D. W., 90
Kast, F. E., 258
Katz, D., 173
Katz, R. L., 57, 270
Kaufman, J. L., 318
Kaufman, S. P., 94
Keane, J. G., 40n5, 217
Keen, P. G. W., 241, 261
Kennedy, Carol, 154, 275n7
Kennell, J. D., 57
Kepner, C. H., 157
Kets de Vries, M. F. R., 170, 315

Khandwalla, P. N., 272
Kiechel, W., 36, 96, 229
Kiesler, C. A., 149
King, W. R., 312
Kissinger, Henry, 153, 179
Klammer, T. P., 87
Knight, K. E., 214
Koch, S. J., 105-106, 144, 176, 196
Koehler, G., 231
Koontz, H., 24, 155
Kotov, A., 196, 250
Kottler, P., 226, 227
Kress, G., 231
Kudla, R. J., 90
Kukalis, S., 91, 271n3, 272n4, 273
Kundera, M., 190
Kunin, H. E., 136

L

LaForge, R. L., 90
Land, Edwin, 249-250
Langley, A., 119, 179, 220, 263, 268, 279, 302, 302-303, 304, 310, 315, 319, 320-321, 321-322
Laski, Harold, 253
Lauenstein, M., 94
Learned, E. P., 43, 48, 57, 197n6, 224n22
Leavitt, H. J., 241, 253n40, 264
Leff, N. H., 171
Lehr, M. E., 273
Lei da variedade necessária de Ashby, 276, 317
Lei de planejamento de Gresham, 30, 208, 302
Lenz, R. T., 60, 157, 223, 306
Leontiades, M., 39, 88n5, 90
Leppänen, R., 291
Levitt, Theodore, 226, 226-227
Lewis, W. A., 77, 106, 124, 144, 145, 149
Lewis, Walker, 133
Lindberg, E., 294
Lindblom, C. E., 110, 153, 163-164, 324
Lindhe, R., 75
Linneman, R. E., 57
Lipsky, M., 231
Litschert, R. J., 306, 311
Loasby, B. J., 22, 30, 50, 65, 292, 321
Logan, J. P., 57
Lorange, P., 31, 32, 42n6, 57, 67, 69, 78, 84, 87, 89, 90, 97, 121, 122, 134-136, 139, 144-145, 148, 156, 162n7, 179, 187, 273, 285, 300, 312
Lozeau, D., 321
Lyles, M. A., 157
Lynch, J. E., 318

M

Mackier, 296
Mainer, R., 39

Majluf, N. S., 30, 62, 152n3, 242
Majone, G., 161, 230-231, 233, 299, 300
Makridakis, S., 58, 112, 157, 176, 189, 190, 192, 194, 200n9, 206, 279, 294, 304
Malik, Z. A., 90
Malmlow, E. G., 67
March, J. G., 30, 164, 179, 181, 204, 208, 235, 281, 282, 286-287, 297, 302, 319, 320
Marks, M., 157, 279
Marquardt, I. A., 40, 184
Marsh, P., 76, 89, 111, 112, 114, 119, 164, 189, 211, 268, 294, 303-304
Mason, R. O., 307n19
Matsushita, Konosuke, 221
Maturidade, indústria, 272-273, 317
    Ver também Organização máquina
McCann, J. E., 173
McConnell, J. D., 184
McDonald's, 37, 38, 154
McGee, V., 189
McGill University, 100-105
McGinley, L., 176
McGlade, R., 62
McHugh, 101, 162, 198, 225
McKenney, J. L., 241, 261
McNamara, Robert, 106-110, 211, 214, 214n18, 220
McNichols, T. J., 57
Meadows, D. H., 297
Means, G., 163
Menzies, W., 62, 297
Merton, R. K., 261
Metas
    articulação de, 163-164
    concordância sobre, 166-167
    condições para metas conservadoras, 162
    distintas de estratégias, 57
    econômicas, 164, 165
    implícitas em planejamento, 162-165
    influências do planejamento, 162-163
    organizacionais, 163
    reconciliação de, 164
    Ver também Objetivos
Meyerson, M., 143, 241
Michael, Donald, 294
Miles, R. H., 226n26
Miller, D., 150, 170, 315
Miller, G. A., 149, 153, 249, 280-281
Millett, S. M., 291
Mintzberg, H., 19, 25, 30, 43, 48n1, 76, 93, 101, 102, 142, 147, 149, 153, 162, 168, 178, 187, 191, 198, 199, 201n10, 210-211, 212, 214, 216, 221, 222, 225, 231-233, 233n29, 234, 241n35, 246n37, 247, 251, 254, 255, 257, 264-265, 273, 274, 275, 276n8, 292, 293, 297, 312n20, 312, 313, 323, 324-325
Mitchell, T. R., 271
Mitroff, I. I., 240n34, 307n19, 310, 320
Modelo de Ansoff, 48-51, 60-61

Modelo de planejamento do Exército dos EUA, 55, 56
Modelo de Steiner, 51-54
Modelo SWOT (forças e fraquezas, oportunidades e ameaças). *Ver* Escola do *design* ou modelo SWOT
Momentum com estratégia, 149
Morse, P. M., 292
Mudança
  atividade política pode iniciar, 169
  em estratégia, 197
  formalmente planejada, 149-150
  genérica planejada, 153-154
  incremental planejada, 150-153, 162, 165
  planejada a curto prazo, 154-155
  previsão de, 188-189
  quântica, 150, 162, 165
  Ver também Dinâmica; Flexibilidade
Murphy, D. C., 78
Murray, E. A., Jr., 271

N

Nathanson, D. A., 241-242
Naumes, W., 57
Naylor, Michael, 132, 156n5
Neustadt, Richard, 213-214
Newell, A., 247
Newman, W. H., 23, 31, 57, 65, 76-77, 87, 84, 115, 116, 117, 142, 148-149, 153-154, 192, 266, 267n1, 269-270, 273, 297
Nicholson, E. A., Jr., 306, 311
Nonaka, I., 288
Norburn, D., 88nn3,nn4, 90, 166n9, 180
Normann, R., 26, 63, 226, 227, 276
Novick, D., 77-78
Nutt, P. C., 24, 179
Nutt, T. E., 171, 174n13

O

Oakeshott, Michael, 132
Objetividade em planejamento, 159-162
Objetivos
  em formas de planejamento estratégico, 79
  fixação de, 57-58
  hierarquia no modelo de planejamento estratégico, 71-72, 76, 81
  no modelo de Ansoff, 50
  Ver também Sistema OST (Objetivos, Estratégias, Táticas)
Ohmae, Kenichi, 55, 229, 325
Oliver, S. L., 226
Olsen, J. P., 319
Olson, M. H., 211
Orçamentação (no SPPO), 106-107, 108
Orçamentação base zero, 75

Orçamentação de capital
  aplicação de, 68-69
  crítica da, 111, 164
  definição, 110
  influência na formação de estratégia, 115-118
  programas em sistemas de, 75
  relação com planejamento estratégico, 114-115
  sistema SPPO como, 110
Orçamentos
  como mecanismo de controle, 76
  hierarquia no modelo de planejamento estratégico, 72-74, 76, 81-82
Organização *adhocracia*, 313, 321-322
Organização diversificada, 323
Organização empreendedora, 322-323
Organização máquina, 229, 312-316
Organização profissional, 318-321
Organizações
  estabilidade necessária para, 156-159
  formas propostas para, 312-313
  natureza especializada de, 223-227
  Ver também Organização *adhocracia*; Organização diversificada; Organização empreendedora; Organização máquina; Organização profissional
Orlans, H., 160
Ornstein, R. F., 241, 245, 247, 250, 252, 266-267
Ozbekhan, H., 23, 24, 25

P

Paine, F. T., 57
Pant, P. N., 189, 190, 255
Papel de catalisador
  dos planejadores, 301, 302, 310
Pascale, R. T., 124, 176n14, 187, 198, 251n39
Passchendaele (batalha de), 158, 196, 209, 227, 228, 230
Pearce, J. A., II, 26, 88, 89-90, 91
Pennington, M. W., 40, 92, 136
Pensamento estratégico, 221-222, 234
  efeito da orçamentação de capital no, 116-118
  efeito do planejamento convencional no, 137
  planejador como catalisador para encorajar, 310
  necessidade de, 221-223
Pensamento
  humano, 244
  precede e segue a ação, 236
  quando dissociado da ação, 227, 233
  Ver também Intuição, Pensamento estratégico
Perfil de capacidade (Ansoff), 60-61
Perspectiva
  estratégia como, 37-38
  necessidades de mudança em, 168
Perutz, P., 225n25
Pesquisas, 87-91, 97, 133, 134, 155t
Peters, J. P., 318
Peters, J. T., 260-261

Peters, T. H., 148, 154, 234
Pfeffner, J. M., 211
Pherson, G., 167
Piercy, N., 78-79
Pines, Maya, 244-245, 246-247, 253
Planejadores
  canhotos, 310, 316-317, 321, 324
  canhotos e destros, 312, 315-316, 319-321
  como analistas, 290-300
  como catalisadores, 300-302, 310
  como descobridores de estratégias, 285-290
  como estrategistas, 308, 310
  criativos, 315-316, 322
  definição de, 39-41
  desligamento da geração de estratégia, 216-218
  destros, 312, 322
  metas preferidas pelos, 162
  na organização *adhocracia*, 321-322
  na organização máquina, 315-316
  negação dos fracassos em planejamento, 120-137
  no contexto político, 324
  papel de formação de estratégia de, 39-41, 119
  resposta à armadilha de, 133-137
  resposta ao fracasso dos, 120-121
  volta ao modelo da escola do *design*, 132-133
  Ver também Organização *adhocracia*; Organização diversificada; Organização empreendedora; Organização máquina; Organização profissional
Planejamento da guerra do Vietnã, 108-109, 149, 211
Planejamento de ações, 76-77, 277, 325
Planejamento de contingência, 206-207
Planejamento de relações públicas, 178-182, 321
Planejamento determinista, 198
Planejamento do governo dos EUA. *Ver* SPPO (Sistema de Planejamento-Programação-Orçamentação)
Planejamento estratégico
  análise financeira em, 62
  anedotas relacionadas com, 91-94
  como formação de estratégia, 34-39
  como jogo de números, 80-87
  convencional, 79-80
  hierarquias em, 63-65
  modelo de Ansoff de, 47-48
  modelo de Steiner de, 51-54
  modelo do Exército dos EUA, 55, 56
  no SPPO, 106
  orçamentação de capital como, 87-86
  papel da comunicação no, 279
  relação com orçamentação de capital, 114
  suposições em, 183-186
Planejamento por decretação, 200-202
Planejamento
  análise dos *stakeholders* em, 124-127
  argumentos para, 28-32
  armadilhas presumidas em, 133-137
  avaliação de estratégia em, 60, 62
  avaliação de forças e fraquezas, 223-226
  centralizado e descentralizado, 142-143
  com crise (Gomer), 99
  como controle do futuro, 23-24
  como intérprete de ações, 236
  como procedimento formalizado, 26-28, 40
  como programação estratégica, 325-326
  como tomada de decisão integrada, 25-26
  como tomada de decisão, 24-25
  condições para funcionar melhor, 150
  definições formal e operacional de, 23-28
  denota coordenação, 149
  descobertas de Sarrazin, 97-99
  determina estratégia, 267
  distinção entre metas e estratégias, 57
  efeito sobre criatividade, 153
  efeitos do, 118-119
  evidências anedóticas sobre a efetividade do, 91-94, 97
  forma recente de Ansoff de, 130-131
  formalização com, 62-63
  formas de, 124-125
  importância do, 122-123
  inflexibilidade do, 149, 155
  influencia metas, 162
  medição da efetividade, 87-91
  modelo de Ansoff, 48-51
  modelo de Steiner, 51-55
  mudança incremental, genérica e de curto prazo em, 150-155
  na organização profissional, 321
  natureza incremental do, 100
  papel do, 119, 276, 267
  papel dos planejadores em, 285-302, 310
  premissas do, 46-49
  programas de implementação, 65-67
  sistema SPPO do governo dos EUA, 106-110
  tornando as estratégias operacionais, 62-65
  tratamento de valores em, 58
  trivial, 181
  usando o hemisfério esquerdo, 251-254, 257-258
  Ver também Planejamento de contingência; Planejamento formal; SPPO (Sistema de Planejamento-Programação-Orçamentação); Planejamento de relações públicas; Planejamento estratégico
Plano mestre, 64, 65
  Ver também Sistemas de planos
Planos
  como instrumentos de controle, 280-282
  como simulações, 310
  como visão, 236
  definição, 41
  estratégia como, 34
  inflexibilidade dos, 148-149
  papéis dos, 278-282
  Ver também Plano mestre; Sistema de planos
Polyani, M., 217

Porter, M., 29, 30, 37, 39n4, 59, 94, 117n14, 154, 184, 202, 203, 206n13, 219, 223, 239, 250-251, 289, 294
Potts, M., 95, 154, 280
Prahalad, C. K., 223
Predeterminação
  como falácia, 187-207
  no processo de planejamento, 198
  suposição em planejamento da, 187, 196
Previsão
  baseada em extrapolação, 177, 194-195, 196
  com estabilidade, 194
  com fracassos em planejamento, 124
  como ferramenta em planejamento, 188-196
  condições para previsão confiável, 190, 192
  em auditoria externa, 58-59
  em orçamentação de capital, 112
  em planejamento, 154, 187-188
  inexatidão da previsão de longo prazo, 189
  Ver também Previsões de bastão de hóquei; Construção de cenários
Previsões de bastão de hóquei, 194-195
Pribam, K. H., 149, 153, 280-281
Programação
  condições para programação estratégica, 271-278
  em SPPO, 106
  estratégica, 266-270, 274, 277-279, 309
  planejamento como, 264-266
Programação estratégica
  condições para, 270, 277-278
  elementos da, 266
  na organização máquina, 313-315
  objetivo da, 274
  planejamento como, 325
  planos que emergem de, 279
  relação com formação de estratégia, 309
Programas
  hierarquia no modelo de planejamento de, 74-76, 76-77
  quando as estratégias mudam, 115-116
Projeto PIMS, 95

Q

Quantificação
  em planejamento, 58, 162, 164
  financeira, 62
  perdas no processo de, 214
  suposições de, 184-185
  tendência de, 210
  Ver também Dados factuais
Quinn, J. B., 100, 117-118, 123, 150, 153, 154-155, 187, 198, 206, 266, 267, 279, 282, 283, 290-291, 299, 302, 307, 310, 312

R

Rabinowitz, F. F., 230

Racionalidade, 27, 28, 160-162, 165, 325
Racionalismo, 132
Radosevich, R., 223
Raisinghani, D., 25, 214, 241n35, 255, 292
Ramanujam, V., 91, 148, 312
Rappaport, A., 62
Rea, R. H., 54
Reger, R. K., 54n6, 131, 271, 279
Reid, D. M., 136
Rein, M., 230
Restak, R., 253n41
Resultado, 310
Rhenman, E., 63, 196, 201, 275, 276
Rhyne, L. C., 91
Rice, G. H., Jr., 25, 219
Rieger, F., 325n
Ringbakk, K. A., 92, 122-123, 134-135, 136, 162, 167
Risco, 203
  Ver também Incerteza
Roach, J. D. C., 121, 185, 273n6
Robinson, R. B., Jr., 90, 91
Rogers, D. C. D., 87, 153
Rondinelli, D. A., 282-283, 320
Rosenweig, J. E., 258
Rossotti, C. O., 153
Rostow, W. W., 214n18
Rothschild, W. E., 95, 97n6, 136, 166-167
Royal Dutch Shell, 202-204, 294
Rue, L. W., 90
Ruggles, R. L., Jr., 106
Rule, E. G., 91
Rumelt, R. P., 37
Rutenberg, D. P., 291, 294, 297, 301-302

S

Saint-Exupéry, A., 176
Sapp, R. W., 273
Sarrazin, J., 97-99, 136, 237, 281, 288
Saunders, C. B., 93, 136
Sawyer, G. C., 23, 29, 41, 62, 185, 188n2, 189, 268, 271, 292
Sayles, Leonard, 25, 124, 192, 198, 208, 317, 321
Schaffir, W. B., 94
Schelling, T., 39n4
Schendel, D. E., 45-46, 50, 54n6, 57, 162n7, 223, 284, 300
Schlesinger, A. M., 320
Schmidt, J. A., 300n17
Schnee, J. E., 266, 269-270
Schollhammer, H., 325
Schon, D. A., 171, 172, 174n13
Schoonhoven, C. B., 74, 119, 238, 255, 266, 305
Schwartz, H. M., 127, 171
Schwendiman, J. S., 25, 30, 32, 39
Selsky, J., 173
Selznick, P., 43, 148, 223

Shank, J. K., 74
Shapiro, H. J., 90
Sharp, J. A., 240
Shaw, George Bernard, 169
Sheehan, G. A., 90, 162, 273
Shim, J. K., 62
Shrader, C. B., 90
Siegel, D., 72-73
SIG. *Ver* Sistema de informação gerencial (SIG)
Simon, H. A., 30, 63, 190, 208, 243, 246, 247-249, 250, 261, 293, 302, 320
Simons, Robert, 119, 283, 305-306
Simulações, 310
Sinais fracos, 190-192
Sinergia
  em estratégia criativa, 116-117
  no modelo da escola do planejamento, 50
  no modelo de Ansoff, 50, 67, 243
Singh, R., 226, 227
Sinha, D. K., 91
Síntese
  análise pode prover, 184
  associada com intuição, 257-258
  modela a percepção, 251
  modo dos gerentes de, 255
Sistema de surpresas estratégicas, 129-131
Sistema OST (Objetivos, Estratégias, Táticas), 33, 237-238, 241, 317
Sistemas de informação, 214
Sistemas de informação gerencial (SIG), 185, 210
Sistemas de planos (SRI), 64, 65
Smalter, D. J., 106
Smith, R., 148
Snyder, N., 24
Soelberg, P. O., 164
Solução de problemas
  abordagem analítica da, 260
  abordagem de Simon da, 247-249
Spender, J.-C., 133, 272
Sperry, Roger, 243, 244, 246-247, 251-252, 253
SPPO (Sistema de Planejamento-Programação-Orçamentação)
  componentes e implementação do, 106-108
  fracasso do, 84, 109-110, 220
  planejamento de ações com, 77, 325
  Ver também Hitch, C.; McNamara, Robert; Planejamento da guerra do Vietnã
Springer, J. F., 231
Sproat, A. T., 48, 224n22
Starbuck, W. H., 87, 88, 89, 90, 121n15, 189, 190, 255
Starr, M. K., 30
Steinberg, Inc., 63, 102, 178, 180, 190-191, 221, 225-226, 264-265, 322
Steinberg, Sam, 102, 178, 190-191, 192, 198, 199, 221
Steinbruner, J. D., 206n14

Steiner, G. A., 24, 27, 28, 39, 41, 64-65, 67, 69, 87, 87n2, 121, 122, 124, 133-135, 136-137, 139-140, 141, 155, 162n7, 184, 202n11, 226, 291, 315, 325
Stevenson, Howard, 223-224, 225n23
Stewart, R. F., 199
Stieglitz, H., 272
Stokesbury, J. L., 158
Strategic Planning Associates, 62
Strickland, A. J., III, 121
Subjetividade, 112
Summer, C. E., 65
Summers, H. G., Jr., 105, 108-109, 181
Sun Tzu, 22

T

Taylor, B., 164
Taylor, Frederick, 32-33, 138, 186-187, 242
Taylor, L., 90
Taylor, R. N., 159
Taylor, W. D., 181
Técnica de Delfos, 57, 192-193
Tendência
  de mudança incremental, 162
  de quantificação, 210
  em objetividade, 159-162
  em planejamento, 162, 164, 164-165
Terreberry, S., 171
Texas Instruments, 33, 237, 241, 317, 325
  Ver também Sistema OST (Objetivos, Estratégias, Táticas)
Tezel, A., 88n5, 90
Théorêt, A., 25, 214, 241n35, 255, 292
Thomas, H., 62, 102n9, 267, 279-280
Thomas, M., 78-79
Thompson, A. A., Jr., 121
Thompson, V., 162
Thoreau, A., 102-103n9, 279
Thune, S. S., 90
Tilles, S., 83, 208, 210, 266
Tita, M. A., 275n7
Toffler, Alvin, 171, 173
Tomada de decisão
  orçamentação de capital como, 117
  planejamento como, 24-26
3M Corporation, 154
Tregoe, B. B., 150-151, 152, 157, 255
Trist, E. L., 171, 173
Tuggle, F. D., 93, 136
Turban, E., 292
Turbulência
  como argumento para planejar, 173-174
  como mudança em planos idealizados, 174-175
  percepção de, 171-173
  realidade da, 196

resposta de Ansoff a, 128-129
Tversky, A., 259

U

UEN (unidade estratégica de negócio), 95, 162, 212-213
   planejamento de ações com, 77
   na General Electric, 66-67
Unidades estruturais, 77
Unterman, I., 121, 149
Utterback, J. M., 272
Uyterhoeven, H. E. R., 57

V

van Gunsteren, H. R., 25, 107, 132, 163, 177, 185, 192-193, 323
Vancil, R. F., 31, 67, 121, 122, 144-145, 162n7, 179, 194
Ventakraman, N., 91, 148, 312
Visão
   como estimulante para ação, 236
   construção de, 220
   estratégica, 219
   na criação de estratégia, 175-176, 187
   plano como, 236
   síntese modela a visão estratégica, 251, 255

W

Wack, Pierre, 59, 202-205, 206, 294, 306
Wade, P. F., 258
Walker, M. C., 87
Walleck, A. S., 94
Warren, E. K., 65, 266, 269-270
Waterman, R. H., Jr., 148, 154, 234
Waters, J. A., 102, 147, 153, 178, 191, 198, 221, 225, 264-265
Weick, Karl, 23, 30, 154, 156, 200, 206, 235, 236, 241, 242, 250, 255, 276, 286
Weizenbaum, J., 247
Welch, Jack, 88, 96, 113, 136, 213, 303, 317
Westley, F. R., 255
Westmoreland, George, 214n18
Westney, D. E., 294-295
Wheelwright, S. C., 58, 111, 189, 190, 200n9
Whitehead, T. C., 166, 264
Wildavsky, A., 22, 23, 30-31, 42, 58, 73-74, 89, 97, 106, 109, 110, 118-119, 121, 123, 142, 155, 157n6, 160-161, 162, 163, 165, 203, 179, 180, 183, 204, 230-231, 233, 239, 241, 264, 273-274
Wilensky, H. L., 211
Williams, J. R., 62
Wilson, J. H., 95, 193
Wise, T. A., 147
Wood, D. R., Jr., 90
Woodward, J., 273
Wootton, Barbara, 144n1
Worthy, James, 145-146, 170nn10,nn11, 203
Wrapp, H. E., 167-168, 288
Wright, R. V. L., 121

Y

Yavitz, B., 31, 87, 84, 115, 116, 117, 267n1, 297

Z

Zachrisson, U., 294
Zan, L., 28, 29, 32, 276, 305
Zimmerman, J. W., 150-151, 152, 255